UTB

UTB **3542**

Eine Arbeitsgemeinschaft der Verlage

Böhlau Verlag · Wien · Köln · Weimar
Verlag Barbara Budrich · Opladen · Farmington Hills
facultas.wuv · Wien
Wilhelm Fink · München
A. Francke Verlag · Tübingen und Basel
Haupt Verlag · Bern · Stuttgart · Wien
Julius Klinkhardt Verlagsbuchhandlung · Bad Heilbrunn
Mohr Siebeck · Tübingen
Nomos Verlagsgesellschaft · Baden-Baden
Orell Füssli Verlag · Zürich
Ernst Reinhardt Verlag · München · Basel
Ferdinand Schöningh · Paderborn · München · Wien · Zürich
Eugen Ulmer Verlag · Stuttgart
UVK Verlagsgesellschaft · Konstanz, mit UVK / Lucius · München
Vandenhoeck & Ruprecht · Göttingen · Oakville
vdf Hochschulverlag AG an der ETH Zürich

Rainer Ningel

Methoden der Klinischen Sozialarbeit

Mit einem Gastbeitrag von Sabine Link

Haupt Verlag
Bern · Stuttgart · Wien

Dr. Rainer Ningel ist Professor für Interventionslehre in der Sozialen Arbeit an der FH Koblenz. Seine Schwerpunkte sind Suchtkrankenhilfe, Klinische Sozialarbeit, Systemische Beratung, Case Management sowie Sport und Bewegung in der Sozialen Arbeit. Er ist Paar- und Familientherapeut, Case Manager, Suchtkrankentherapeut DAS und Supervisor für Systemisches Arbeiten und Case Management.

1. Auflage: 2011

Bibliografische Information der *Deutschen Nationalbibliothek:*
Die Deutsche Nationalbibliothek verzeichnet diese Publikation in der Deutschen Nationalbibliografie; detaillierte bibliografische Daten sind im Internet über http://dnb.d-nb.de abrufbar.

ISBN 978-3-2858-3542-0

Einbandgestaltung: Atelier Reichert, Stuttgart
Printed in Germany

www.haupt.ch

UTB-Bestellnummer: 978-3-8252-**3542**-0

Inhaltsverzeichnis

Teil I

Grundlagen

1. Einleitung

Für die Krisenintervention, Behandlung und Rehabilitation im gesundheitlichen Bereich bedarf es in Deutschland eines Heilberufs, der sich durch Alltagsorientierung, Person-in-der-Situation-Sichtweise und ein hohes Maß an personaler Kompetenz auszeichnet, um in planmäßigen interaktionellen Prozessen die Bewältigung von Krisensituationen und gesundheitlichen Beeinträchtigungen zu unterstützen und zu begleiten (Crefeld 2000).

Die Soziale Arbeit hat neben dem Methodenrepertoire den bio-psycho-sozialen Blick auf die Lebenswelt und den Lebensalltag ihrer Klienten. Diese Kompetenzen konnte sie bisher noch nicht auf Augenhöhe in die Hilfesysteme einbringen. Um endlich den ihr zustehenden Platz im Gesundheitswesen einnehmen zu können, braucht die Profession der Sozialen Arbeit mehr Akzeptanz und Anerkennung in der interdisziplinären Zusammenarbeit. Sie muss dafür auch etwas tun und die abwartende Haltung aufgeben, eigene unverwechselbar sozialarbeiterische Angebote machen und das eigene Profil schärfen.

Dazu muss die Soziale Arbeit sich auf ihre Entwicklung von der klassischen Sozialarbeit über therapeutische und systemische Beeinflussungen hin zu einer ressourcenorientierten ökologischen Profession besinnen und deutlich machen, welche Funktion die Klinische Sozialarbeit als behandelnde Soziale Arbeit hat und wie diese zum Beispiel auf der Folie des Case Managements methodisch umgesetzt werden kann. Die Klinische Sozialarbeit befasst sich als eine Teildisziplin der Sozialen Arbeit mit gesundheitlichen und sozialen Störungen sowie Krankheiten unter Berücksichtigung der Lebenslage der Betroffenen.

Die im Grundstudium erworbene Allzuständigkeit der Sozialen Arbeit ist für ganzheitliche Analysen, Diagnosen und Interventionen als Basiskompetenz unverzichtbar; dennoch braucht die Soziale Arbeit eine zusätzliche Spezialisierung, zum Beispiel auf das Feld der Alltagssituationen, die im Zusammenhang mit gesundheitlichen Problemstellungen stehen, zumal mittlerweile zweifelsfrei ist, das soziale, physische und psychische Aspekte in der Lebenswelt der Menschen untrennbar verknüpft sind und sich gegenseitig bedingen.

Um dieser komplexen Aufgabenstellung gerecht zu werden, bedarf es eines breiten Methodenspektrums und ausdifferenzierter Methodenkonzepte. Die Soziale Arbeit kann hier auf eine lange und konstruktive Entwicklung zurückblicken, muss aber auch bereit sein, dies sowohl mit dem nötigen Selbstbewusstsein als auch der gebotenen Bereitschaft zur Veränderung zu tun.

Die Klinische Sozialarbeit ist eine Teildisziplin der Sozialen Arbeit, die sich mit psychosozialen Störungen und sozialen Aspekten psychischer und somatischer Störungen und Krankheiten unter Berücksichtigung der Lebenslage der Betroffenen befasst. Gegenstand der Klinische Sozialarbeit sind u. a. die Themen: psychosoziale Diagnostik/Assessment, Soziotherapie, psychosoziale Beratung, Intervention, Betreuung, Case Management, Gesundheitsberatung, Prävention und Rehabilitation, gemeindenahe Versorgung, Evaluation (Pauls 2004).

Im 1. Teil des Buches wird die geschichtliche Entwicklung der Sozialen Arbeit dargestellt, von einer eher mütterlich versorgenden hin zu einer am Kunden orientierten ökonomischen Unterstützung von Menschen, die Probleme mit der Gestaltung ihres Lebensalltags haben. Im Verlauf dieses Entwicklungsprozesses musste die Soziale Arbeit einige «Häutungen» durchstehen: Veränderungen der Haltung zu Krankheit und Gesundheit, Phasen der «Politisierung» und «Therapeutisierung», Bemühungen um mehr Professionalität, einen Paradigmenwechsel von monokausalen Erklärungsansätzen hin zu prozessual-systemischen sowie die Hinwendung zu ökologisch und ökonomisch geprägten Handlungskonzepten. In der Klinischen Sozialarbeit als Spezialisierung der Sozialen Arbeit spiegeln sich die Erfahrungen der Profession wider, und in dem Methodenkonzept des Case Managements finden sie ihre zeitgemäße und hochprofessionelle Anwendung.

Im 2. Teil werden erst die fachlichen und ethischen Grundlagen professionellen Arbeitens und dann die für die Klinische Sozialarbeit relevanten Methoden der Sozialen Arbeit dargestellt. Dabei wird jeweils auf die theoretischen Grundlagen, Indikationen, praktischen Anwendungen und erforderlichen Kompetenzprofile eingegangen. Dieses Methodenmanual beschreibt die klassischen Konzepte der sozialen Einzelfallhilfe, Gruppenarbeit und Gemeinwesenarbeit sowie die später aus der Methodentrias hervorgegangenen Weiterentwicklungen bis hin zu den aktuellen Konzepten. Die Relevanz der therapeutischen Methoden, der Einfluss der systemischen Sicht und die Aspekte einer ökologisch orientierten Klinischen Sozialarbeit finden sich in zahlreichen innovativen Verfahren der Sozialen Arbeit wieder.

Begleitend werden, über das ganze Buch hinweg, einzelne Methodenelemente und Techniken anhand eines komplexen Falles aus der Praxis verdeutlicht.

Das Buch richtet sich an Praktiker, Studierende und interessierte Laien. Die Leserinnen und Leser mögen Verständnis dafür haben, dass der Einfachheit halber konsequent die männliche Form verwendet wird.

2. Entwicklungen

Sozialarbeiterisches Handeln hat sich entwickelt aus der klassischen Methodenlehre. Die unter dem Begriff der «Methodentrias» zusammengefassten Interventionsrichtungen (Soziale Einzelfallhilfe, Soziale Gruppenarbeit und Gemeinwesenarbeit) meinen methodisches Handeln als personen- und gegenstandsadäquates Vorgehen, das einem handlungsleitenden Interesse folgt.

Ziel des sozialarbeiterischen Handelns war es stets, den Not leidenden und hilfebedürftigen Menschen zu gesellschaftlich akzeptiertem Verhalten zurückzuführen. Die Kompetenz der Professionellen wurde durch die Beherrschung von Techniken, aber auch durch bestimmte Wertvorstellungen und Haltungen ausgewiesen. Die gesellschaftskritische Bewegung der 70er-Jahre forderte z. B. solch klare Haltungen und Wertvorstellungen vehement ein, wenn sie auch keine eigenständigen Methoden hervorbrachte.

Bei der in den 80er-Jahren einsetzenden Psychologisierung und Therapeutisierung der Sozialen Arbeit konnten vielfältige Methoden übernommen werden, die Grundausrichtungen Einzelarbeit und Gruppenarbeit blieben jedoch erhalten. Durch diese Übernahme von therapeutischen Verfahren wurde die Entwicklung von Kriterien forciert, nach denen bis heute Interventionsformen in das methodische Handeln der Sozialen Arbeit zu übertragen sind.

So muss eine Methode beschreibbar und nachvollziehbar sein, lehr- und lernbar, überprüfbar, zielgerichtet, theoretisch und wissenschaftlich fundiert. Es müssen Aussagen zum konkreten Handlungsrahmen des Arbeitsfeldes und zu den Evaluationsergebnissen gemacht werden. Dies alles dient der Qualitätsverbesserung Sozialer Arbeit (Galuske 2009).

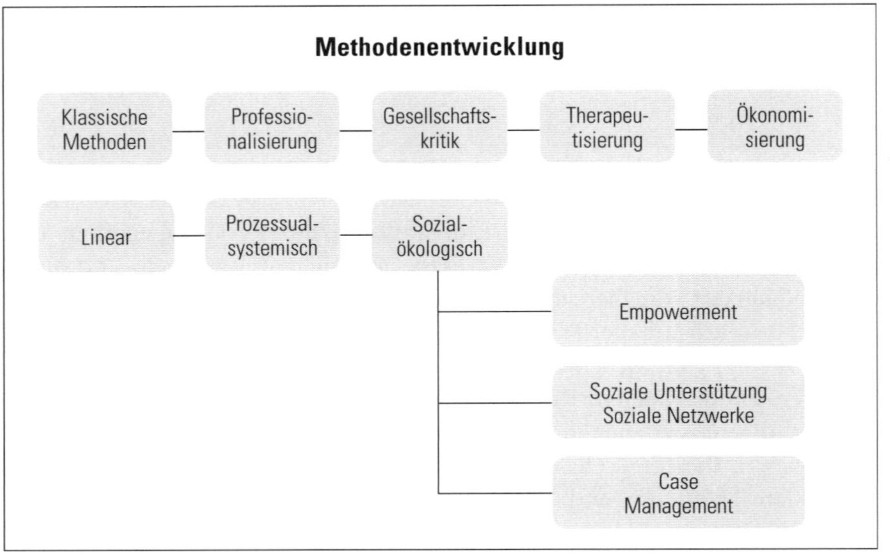

Abb. 1: Übersicht der Paradigmen- und Methodenentwicklung

In Abbildung 1 wird skizziert, wie sich die Methodenangebote der Sozialen Arbeit inhaltlich und parallel auch paradigmatisch verändert haben. Den frühen Ansätzen liegt ein lineares Denken zugrunde; sie orientieren sich an den Defiziten, die es zu beheben gilt. In den später folgenden systemischen Ansätzen werden die Probleme nicht als Eigenschaften einzelner Personen gesehen, sondern als Bestandteile sozialer Strukturen, die sich aus dem System heraus selbst organisieren. Hier gilt es, die im System verborgenen Selbstheilungskräfte aufzudecken und nutzbar zu machen.

Diese Entwicklung hin zur Systemsicht wurde auf dem Hintergrund eines Paradigmenwechsels beschrieben. Dieser suggerierte, dass alles Bisherige nun nicht mehr gültig sei, so als handele es sich um eine idealistische Verklärung oder ein neues Allheilmittel, wie man es schon oft in der Sozialen Arbeit erwartet hat. Entsprechend vehement waren die Widerstände und die ideologische Auseinandersetzung. Mittlerweile ist es gelungen, zum Beispiel in einer prozessual-systemischen Handlungstheorie,[1] diese beiden Ansätze zu integrieren.

1 Auf diese Handlungstheorie wird später in diesem Buch noch näher eingegangen.

Dabei wird das lineare Denken zwar abgelöst, die Orientierung an den individuellen Bedürfnissen der Menschen aber explizit ausgeführt.

Seit Mitte der 80er-Jahre entwickeln sich sozialökologische Konzepte. Umweltzerstörung, Migration, Wirtschaftskrise, Sozialabbau lenkten damals den Blick auf überindividuelle Merkmale und auf das Geflecht der ökologischen, ökonomischen und sozialen Bedingungen. Es verändert sich die Perspektive. Nicht mehr individuelles Versagen, sondern soziale, institutionelle und räumliche Faktoren gelten als Entstehungsbedingungen von Problemen.

In den Empowerment-Konzepten geht man von einer grundsätzlichen Selbstständigkeit und Fähigkeit zur Selbstorganisation des Menschen aus. Für die Anwendung dieser Kompetenzen müssen «lediglich» Entfaltungsmöglichkeiten geschaffen werden.

Die Konzepte «Soziale Unterstützung» und «Soziale Netzwerke» wollen die im Beziehungsgeflecht des Einzelnen liegenden Quellen sozialer Unterstützung offenlegen und die Fähigkeiten im Umgang mit diesen Ressourcen verbessern. Als eine solche Ressource wird auch die professionelle Soziale Arbeit selbst gesehen.

Das Case Management ist keine eigene Methode, sondern fokussiert als Methodenkonzept mehr die Organisation der Hilfen, also die Art und Weise, wie Unterstützung organisiert, abgesprochen und durchgeführt wird.

2.1 Soziale Arbeit und Gesundheit

Gesundheit war, wie eine große Zahl entsprechender Arbeitsfelder zeigt, schon immer ein Thema der Sozialen Arbeit. Dies ergibt sich zwangsläufig aus der traditionellen Ganzheitlichkeitsperspektive, die biologische, psychische und soziale Aspekte nicht nur sieht, sondern in ihrem Zusammenwirken betrachtet.

Auch in der Medizin ist der Gesundheitsbegriff Wandlungen unterworfen. Seit Ende der 60er-Jahre wurde die reine Suche nach Krankheitsursachen zunehmend kritisch gesehen. Der Kranke wurde stärker in die Verantwortung genommen und als handelndes und leidendes Subjekt in der ihm eigenen Lebenswelt betrachtet und behandelt; das hatte auch eine intensivere Einbeziehung der Betroffenen in die Behandlungsprozesse zur Folge.

Ein sich wandelndes Verständnis von Gesundheit stellte die psychosozialen, soziokulturellen und politökonomischen Phänomene in einen Zusammenhang mit dem Gesundheitsthema.

> «Wenn aber Gesundheit und Krankheit immer auch ein Problem mangelnder Qualität von Lebensweisen und sozialer Ungleichheit sind, dann kann sich die Soziale Arbeit nicht einem rein medizinischen Krankheitsverständnis unterwerfen, sondern muss Handlungsansätze entwickeln, die weniger von Defizit orientierten Mustern der Krankheitsbewältigung als von Ressourcen orientierten Strategien der Gesundheitsförderung und Lebensbewältigung bestimmt sind. Dazu gehört auch der Abschied vom Machbarkeitswahn biomedizinischer und sozialtechnologischer Expertenkonzepte, um stattdessen in Ressourcen orientierten Prozessen sozial benachteiligte und vulnerable Bevölkerungsgruppen dabei zu unterstützen, selbstverantwortlich Einfluss auf die eigenen gesundheitlichen Belange zu nehmen» (Mühlum 2002, S. 24).

Die Umsetzung dieser Ziele kann nur mit einer multiprofessionellen Medizin gelingen, deren Handeln auf einer multifaktoriellen Genese aller Erkrankungen basiert. Das kann die klassische Medizin alleine nicht leisten; sie bedarf hier durchaus der sozialen Hilfe. Daraus ergibt sich eine besondere Aufgabenstellung und Rolle der Sozialen Arbeit, die ursprünglich der Medizin zu mehr psychosozialer Kompetenz im Umgang mit Kranken verhelfen sollte.

Aktuelle Situation der Sozialen Arbeit im Gesundheitswesen

Soziale Arbeit in Krankenhäusern und Rehabilitationskliniken definierte sich bisher über die Themen:

- Rehabilitationsberatung
- Beratung zur Pflege und Versorgung
- Beratungsergebnisse/Maßnahmen, Anträge (Gödecker-Geenen & Weis 2002).

Der Schwerpunkt der Sozialen Arbeit im Krankenhaus liegt schon lange auf den administrativen Kompetenzen wie Vermittlung, Beratung zu Sozialrechtsfragen, Prüfungen von Ansprüchen und Ähnlichem. Grundsätzliche Beschreibungen der Beratungsleistung, Beratungsgrundlagen und Beratungsergebnisse fehlen. Die Situation der Praktiker vor Ort ist entsprechend unbefriedigend. Weder bietet sich ihnen ein Ort, an dem sie ihre Methodenkompetenz anwenden können, noch wird der nur dieser Profession eigene, ganzheitliche Blick auf die Lebenswelt des Klienten angemessen in die Behandlungsabläufe integriert. Zwar liegt der Blickwinkel der Gesundheitspolitik auch zunehmend auf dem Gesamtbehandlungsprozess, aber sie bleibt aus ökonomischen Gründen oft hinter den fachlichen Standards zurück; der Wunsch nach Beitragssatzstabilität hat Priorität.

Die Konsequenzen:
- Psychosoziale Aspekte treten in den Hintergrund,
- monetäre Aspekte dominieren Entscheidungen über Behandlungsverlauf,
- Patienten werden zu Fallpauschalen,
- Verkürzung der Verweildauer (ebd.).

Damit die Sozialarbeiter als Schnittstellenfachleute nicht in Gefahr geraten, zu reinen «Patientenverschickern» zu werden, ist eine neue Qualität der Sozialen Arbeit im Gesundheitswesen gefragt. Andere Berufe reklamieren bereits bei der Übernahme von Steuerungs- und Koordinierungsaufgaben (z. B. im Case Management) entsprechende Kompetenzen, die früher der Sozialen Arbeit zugeordnet wurden.

Es stellt sich die Frage, wer den Menschen in sozial schwierigen Lebenslagen Unterstützung gibt, die nicht über die sprachliche Intelligenz, Introspektionsfähigkeit und ausreichend soziale und materielle Ressourcen verfügen, um alleine, vermittels der Arbeit an ihren Gedanken, Gefühlen und Erinnerungen, wieder fähig zu werden, ihre Lebenssituation zu meistern. Die Psychotherapie kann hier nur einen Teil der Probleme erfolgreich angehen.

Die Soziale Arbeit hat die erforderlichen Kompetenzen:
- ganzheitlicher Blick auf kranke Menschen und ihre spezifischen Bedürfnisse,
- Fähigkeit der individuellen und ganzheitlichen Beratung,
- Kompetenz der Netzwerkkoordination,
- Koordination interdisziplinärer Zusammenarbeit.

> Im Gesundheitsbereich kommt es nun entscheidend darauf an, ob es der Sozialen Arbeit gelingt, den Nutzen der Integration von Klinischer Sozialarbeit in die Behandlung darzustellen. Um hier im Dialog mit anderen Professionen überzeugend zu argumentieren, muss die Soziale Arbeit verbindliche Aussagen zu ihrem Verständnis von Gesundheit und Krankheit machen und auch das ihren Überlegungen zugrunde liegende Paradigma darstellen. Nur so kann es ihr gelingen, sich einen angemessenen Ort für die praktische Umsetzung ihrer Theorien zu sichern.

Aspekt der Salutogenese

Der Gesundheitsbegriff ist ein soziokulturelles Produkt und damit wandelbar: Denken wir an Rubens und Twiggy, Wohlstandsspeck, Schlankheitswahn und Fitnesswelle mit ihren jeweils gesundheitlichen Folgen wie Magersucht, Adipositas, Überbelastung, Stresssymptomen und vielen anderen kulturspezifischen Störungsbildern. Gesundheitskonzepte sind auch räumlich bedingt. Konzepte zur Bekämpfung des Hungers in der Sahelzone werden zeitgleich geführt mit Diskussionen über die gefährlichen Nebenwirkungen von Diätprogrammen in den Wohlstandsgesellschaften. Während weltweit täglich 20 000 Kinder verhungern, entwickeln wir Disease-Management-Konzepte gegen Fettleibigkeit. In unserer Leistungsgesellschaft wird Gesundheit zum Zweckmittel für Leistungsfähigkeit, mit der gut funktionierenden Maschine als Vorbild. Gesundheit ist ein Zustand vollkommenen körperlichen, geistigen und sozialen Wohlbefindens (WHO 1946).

«Gesundheit ist auch noch im Sterben, Sterben ist bereits im vollen Leben möglich. Verzweiflung ist die Krankheit zum Tode, Erfüllung wäre Gesundheit zum Leben.» (Sören Kierkegaard)

Für Krankheiten gibt es Experten, für Gesundheit sind wir selbst zuständig. Während wir medizinisch sehr engmaschig betreut werden, wenn es darum geht, Erkrankungen und Störungen zu identifizieren, zu diagnostizieren und zu bewältigen, muss Gesundheit von jedem für sich selbst entdeckt werden. Gesundheit entwickelt sich zu einer dialogischen *Schatzsuche*, bei der Beratung und Kommunikation wichtige Werkzeuge sind. Gesundheit wird von uns bestenfalls als gelegentliches und flüchtiges Wohlgefühl wahrgenommen, bis sie dann von Krankheitssymptomen verdrängt und zu einem erstrebenswerten Ziel, nämlich der Abwesenheit von Krankheit, wird.

Im *Konzept der Salutogenese* wird Gesundheit verstanden als Ermöglichung des sozialen, körperlichen, seelischen und geistigen Wohlbefindens, was durchaus auch bedeuten kann, mit einer Erkrankung oder Behinderung zu leben. Das Interesse richtet sich heute nicht mehr in erster Linie auf die Entstehung von Krankheit (Pathogenese), sondern insbesondere auch auf die Entstehung von Gesundheit (Salutogenese). Die Salutogenese sucht nicht nach Fehlern, die zu Krankheit führen, sondern nach Kräften, die Gesundheit ermöglichen. Die grundlegende Frage ist: Wie kann jemand trotz krank machender Belastungen gesund bleiben? (Schiffer 2001).

Diese Frage mögen sich die chinesischen Hausärzte vor hundert Jahren wohl häufig gestellt haben, setzte doch die Bezahlung ihres Honorars eine gute Gesundheit der Klienten voraus. Anders ausgedrückt: Sobald die Klienten erkrankten, wurden die Zahlungen eingestellt. Es wurde die Gesundheit honoriert und nicht die Krankheit.

Die Salutogenese sieht Krankheit und Gesundheit auf einem Kontinuum angesiedelt, eine eindeutige Trennung ist nicht möglich. Menschen sind nie nur krank oder nur gesund, sondern immer beides. Der Tod ist in der Salutogenese nicht das Versagen letzter Reparaturmöglichkeiten, sondern ein fester und wichtiger Bestandteil des Lebens (Antonovsky 1997).

Der Begriff der Salutogenese ist eng verknüpft mit dem Namen Aaron Antonovsky (1923–1994), der seine Überlegungen aufgrund einer Untersuchung an Frauen verschiedener ethnischer Gruppen über die Auswirkungen der Wechseljahre entwickelte. Diese Frauen waren teilweise in Konzentrationslagern inhaftiert gewesen und litten, wie zu erwarten, unter signifikant stärkeren gesundheitlichen Belastungen. Aber es berichteten auch aus diesem Personenkreis immerhin 29 % der Frauen über eine relativ gute psychische Gesundheit. Diese Frauen waren trotz ihrer traumatischen Erfahrungen in den Konzentrationslagern nach ihrer Befreiung und dem Wechsel nach Israel sehr gut in der Lage, ihr Leben zu gestalten; anderen Frauen in gleicher Situation gelang das nicht. Teilweise gravierende Unterschiede zeigten sich bezüglich der Variablen: geistige Beweglichkeit, Neugierde, Fantasie, Experimentierlust, Interessen.

Wie ist es zu erklären, dass Menschen aus schwierigsten Lebensverhältnissen heraus in der Lage sind, attraktive und befriedigende Lebenskonzepte umzusetzen, und dass wiederum andere aus chancenreichen und günstigen Ausgangsbedingungen keinen Nutzen ziehen können?

Nach Antonovsky (1997) bestimmt das *Kohärenzgefühl*, ob es Menschen gelingt, gesund zu bleiben oder bei körperlichen oder seelischen Krankheiten trotz belastender Lebensumstände schneller wieder gesund zu werden.

Kohärenz *(lat: zusammenhängen, Halt haben)* zeigt sich in einem positiven Grundgefühl und den daraus resultierenden Überzeugungen eines Menschen, zwischen Alternativen wählen zu können, von anderen Menschen unterstützt zu werden, dem Leben gegenüber nicht hilflos zu sein und selbst zweckmäßig zu handeln. Antonovsky unterscheidet zwischen inneren und äußeren gesundheitsförderlichen Faktoren. Zu den *inneren Faktoren* gehören das Wissen, nicht alleine zu sein, Zuversicht und ein Vertrauen in die Zuverlässigkeit der zur Verfügung stehenden Ressourcen. Die *äußeren Faktoren* sind die Unterstützung selbst, wie sie zum Beispiel ein Kind durch die Versorgung durch die Mutter erlebt, und die tatsächliche Verfügbarkeit von Ressourcen, also die Ausstattung des sozialen Netzwerks.

Eine konstruktive Auseinandersetzung mit einer durch Erkrankung beeinträchtigten Lebenssituation gelingt am besten dann, wenn die Krankheit von dem Betroffenen verstanden wird, er über ausreichend Informationen verfügt und sich dialogisch damit auseinandersetzen konnte. Dann erscheint die Krankheit handhabbar, der Patient fühlt sich nicht willenlos ausgeliefert und sieht die Krankheit als eine Herausforderung, für die es sich im Interesse des weiteren Lebens zu engagieren lohnt.

Zahlreiche Menschen mit problematischer Sozialisation (Armut, problematische Erziehung) und chaotischen Lebenswegen kamen ausgesprochen gut über die Runden, waren intellektuell und selbstständig, im sozialen Umgang fröhlich, zugewandt und gelöst, sachlich nüchtern und einfallsreich bei der Meisterung von Lebensproblemen.

Diese «verletzlichen, aber unbesiegbaren Kinder» hatten offensichtlich Unterstützung, Freunde, Freiräume, über die sie sich entfalten konnten (Huckleberry Finn, Pippi Langstrumpf).

Mit Ressourcen wie Liebe, Freundschaft, Fantasie, Motivation, Spiel fördern wir die geistige Beweglichkeit (fit bis ins hohe Alter) und erhöhen die Chancen, Chaos, Schrecken und Traumatisierungen zu überstehen (Schiffer 2001).

In der Klinischen Sozialarbeit ist deshalb der Dialog wichtig, um die inneren Faktoren zu stärken und die äußeren zu erklären. Fehlt die salutogenetisch bedeutsame Ansprache als Ressource, hat der Klient den Eindruck, in der Behandlung (z. B. im Krankenhaus) erst richtig krank geworden zu sein.

Zur Schaffung dieser Voraussetzungen ist eine größere Anbindung *sozialer Unterstützung/sozialer Netzwerke* wichtig. Die Konzepte «Soziale Unterstützung» und «Soziales Netzwerk» haben eine Fülle von Forschungsaktivitäten hervorgerufen. Forschungsschwerpunkt der frühen epidemiologischen Untersuchungen war die Auswertung von Zusammenhängen grober Indices wie Schicht, Alter und Geschlecht mit psychischen Erkrankungen. Erwartungsgemäß korrelierte das Erkrankungsrisiko für psychische Störungen mit der sozialen Desintegration (Hollingshead & Redlich 1958; Merton 1968). Forschungsbemühungen unterschiedlicher Fachbereiche haben zu einer zunehmenden Ausdifferenzierung der Konzepte geführt. Es werden mittlerweile komplexere Modelle diskutiert und mehrdimensionale Konzepte entwickelt, wobei die Dimensionen als gleichrangig angesehen werden (Veiel 1985). Der Gedanke von *dem einen* Netzwerk ist der Vorstellung gewichen, dass jede Person Mitglied mehrerer, sich überlappender Netzwerke ist.

Mit dem Konstrukt «Soziales Netzwerk» soll der soziale Lebensraum abgebildet werden. Dies ist der Raum, der durch Bezüge zwischen Personen oder Personenäquivalenten konstituiert ist. Aufgrund der theoretisch unendlichen Menge an sozialen Bezügen, wie sie bereits Moreno (1934) dargestellt hat, müssen Randbedingungen zur Eingrenzung eines Netzwerks formuliert werden. Je nach Definition der Randbedingungen erhält man unterschiedliche soziale Netzwerke. Randbedingungen können zum Beispiel Kontaktqualitäten oder Kontaktquantitäten sein. Fokussiert man die positiv bewertete Funktion sozialer Netzwerke, so kommt man zum Begriff der sozialen Unterstützung (Baumann & Pfingstmann 1986).

Die Grenzziehung zwischen sozialem Netzwerk und sozialer Unterstützung ist noch unscharf und auf einer theoretisch allgemeingültigen Ebene wohl auch nicht möglich. In diesem Zusammenhang haben sich zwei Hypothesen als richtungweisend erwiesen, die anfangs kontrovers diskutiert wurden: Die *«main-effect»-Hypothese* geht davon aus, dass massive Integrations- und Unterstützungsdefizite als Stressoren fungieren und somit das Befinden der betreffenden Person unmittelbar ungünstig beeinflussen. Die *«buffering»-Hypothese* besagt, dass Personen, die über ein hohes Ausmaß sozialer Unterstützung und sozialer Beziehungen verfügen, im Falle des Eintretens kritischer Lebensereignisse weniger zur Ausbildung von Störungszeichen neigen. Cohen & Wills (1985) kamen zu dem Ergebnis, dass beide Hypothesen empirisch gestützt sind. Es werden zwei unterschiedliche Prozesse beschrieben, die sowohl jeder für sich allein als auch gemeinsam den Zusammenhängen zwischen sozialer Unterstützung und sozialem Netzwerk zugrunde liegen können.

Netzwerken werden drei charakteristische Merkmale zugesprochen:

- *strukturelle* Merkmale, die sich auf Größe und Dichte des Netzwerks beziehen,
- *interaktionale* Merkmale wie Rollenverhalten, Beziehungsdauer, Qualität der Beziehungen, Austausch an Unterstützung und
- *funktionale* Merkmale wie affektive, instrumentelle und kognitive Unterstützung.

Röhrle und Stark (1978) unterscheiden vier Kategorien sozialer Unterstützung:

- emotional unterstützendes Verhalten,
- Hilfen bei der Lösung von Problemen,
- indirekte persönliche Hilfspotenziale (z. B. das Gefühl, Hilfe innerhalb eines Netzwerks bekommen zu können),
- Hilfehandlungen, die direkt auf die Umwelt Einfluss nehmen.

Bei der Frage nach sozialer Unterstützung ist immer das gesamte Beziehungsgefüge zu berücksichtigen.

> «Die Suche nach Mangel an sozialer Unterstützung könnte also gleichzeitig die Suche sein nach dem Vorliegen einer Pathologie grundlegenden sozialen Austauschs» (Siegrist 1987, S. 370).

Lange Zeit wurde in der Sozialen Arbeit von einer nahezu ausschließlich individuellen Sichtweise ausgegangen; bestenfalls wurde versucht, die Auswirkungen individueller Probleme auf soziale Netzwerke zu berücksichtigen oder die Anteile der Umwelt am Zustandekommen der Problematik einzubeziehen. Zu berücksichtigen ist aber die Wechselwirkung zwischen Individuum und sozialem Netzwerk in ihrer gesamten Dynamik. Das Problemlöseverhalten des Einzelnen ist im Zusammenhang mit seinen Netzwerkbeziehungen zu analysieren. Entsprechend können Lösungen nicht ausschließlich vom Individuum ausgehen, sondern sind Forderungen, die an das gesamte Netzwerk gestellt werden sollten.

Aus sozialpsychologischer Sicht bezeichnet soziale Unterstützung die funktionalen Merkmale eines Netzwerks. Die Grundidee der sozialen Unterstützung ist die Befriedigung psychosozialer Bedürfnisse. Diese ist für eine gesunde physische, psychische und soziale Entwicklung notwendig (Kaplan et al. 1977, Veiel 1987).

Schon Weiss (1975) unterscheidet für diesen Bereich sechs verschiedene Bedürfnispositionen, die bestimmend sind für soziale Unterstützung in Beziehungen und beschreibt die Folgen eines defizitären Vorliegens.

1. Die enge Bindung an einen anderen Menschen geschieht in Sicherheit und Geborgenheit vermittelnden Beziehungen. Bei einem Mangel kommt es zur emotionalen Vereinsamung.
2. Soziale Integration im Zusammensein mit Menschen mit gleichem Interesse. Anregungen, Meinungen, Informationen und gemeinsame Interpretationen von gemeinsamen Erfahrungen schaffen eine Voraussetzung für aktives Teilnehmen am gesellschaftlichen Leben. Bei einem Mangel kommt es zur Eintönigkeit und Isolation.

3. Das Gefühl, von anderen Menschen gebraucht zu werden, eröffnet Perspektiven und schafft subjektiv Lebensinhalte. Aus Mangel an dieser Qualität kommt es zu dem Gefühl, überflüssig zu sein.
4. Selbstwertbestätigung durch die Fähigkeit, der eigenen sozialen Rolle gerecht zu werden. Defizite führen zu einem Mangel an Selbstachtung.
5. Eingebundensein in eine Gemeinschaft fördert das Vertrauen in die selbstlose Hilfe anderer, wie sie zum Beispiel in Familien gegeben werden kann. Mangel führt zu dem Gefühl, auf sich alleine angewiesen und schutzlos zu sein.
6. Orientierungsfähigkeit an anderen Menschen. Diese erlaubt Handlungsfähigkeit und emotionale Erleichterung, insbesondere in Stresssituationen und Lebenskrisen, dadurch, dass Autoritäten ihre Fähigkeiten zur Verfügung stellen. Ist dies nicht ausreichend gegeben, kommt es zu Orientierungslosigkeit, Unsicherheit und Angst.

Soziale Unterstützung zielt also auf die positive Wirkung von sozialen Netzwerken. Hier wird unterschieden in primäre Netzwerke (Familie, Freunde etc.), sekundäre Netzwerke (Vereine, Selbsthilfegruppen etc.) und tertiäre Netzwerke (Klinik, Beratungsstelle etc.). Die tertiären stellen professionelle Hilfen zur Verfügung. Primäre und sekundäre Netze liefern emotionalen Beistand, Nähe und Vertrauen, Problemlösung durch Gespräche, Ermutigung, Vermittlung bedeutsamer Informationen, praktische Unterstützung, materielle Unterstützung und soziale Integration.

Sind die einen Menschen umgebenden Netzwerke reichhaltig und stellen ihre Unterstützungsangebote zur Verfügung und ist zudem der Betroffene in der Lage, die Unterstützung zu erkennen, anzufordern und anzunehmen, dann können die positiven Effekte sein:

- verringertes Auftreten von überfordernden Belastungen
- Reduzierung krankheitsbedingter Belastungen

Wenn Menschen ihre Situation als unkontrollierbar erleben und den Eindruck haben, Ereignisse nicht beeinflussen oder vorhersehen zu können; wenn die gemachten Erfahrungen die Überzeugung manifestieren, dass das eigene Verhalten keine Wirkung zeigt und der Ausgang eines Prozesses nicht von den eigenen Handlungen und Motivationen beeinflusst wird, dann fehlen damit die wichtigsten Voraussetzungen für die Entwicklung eines Kohärenzgefühls, und es entwickelt sich im Laufe der Zeit ein psychologischer Zustand, den Seligman (1979) *Erlernte Hilflosigkeit* nennt.

Menschen, die gegen ihre eigene Natur leben, Interessen nicht ausleben, Neigungen nicht verfolgen, nur auf Druck Entscheidungen (z. B. eine Berufswahl) treffen, werden krank, weil sie den Eigen-Sinn verlieren. Sie geraten in unkontrollierbaren, existenziellen Stress. Aus der fehlenden Zuversicht, im eigenen Leben etwas bewirken zu können, resultieren drei Formen von Störungen:

- Die Motivation zu aktivem Handeln wird geschwächt.
- Die Fähigkeit, Erfolge wahrzunehmen, wird gestört.
- Die Tendenz zu emotionalen Reaktionen wird gestört.

Bereits die Erwartung, dass eine Konsequenz von den eigentlichen Reaktionen unabhängig ist, senkt die Motivation, diese Konsequenz kontrollieren zu wollen, und interferiert mit der Fähigkeit, zu lernen, dass die eigenen Reaktionen die Konsequenz tatsächlich kontrollieren. Dies löst, wenn die Konsequenz traumatisch ist, so lange Furcht aus, wie das Individuum sich der Unkontrollierbarkeit der Konsequenz nicht sicher ist; danach führt sie zur Depression.

Schon allein die Möglichkeit, eine Sinnperspektive zu schaffen, ist gesundheitsförderlich. Man denke an die Situation eines alten Menschen, dessen Partner gestorben ist. Eine liebevolle Einbindung in das soziale Umfeld, ja bereits die Perspektive einer Einbindung stellen eine Chance für Bewältigung der Situation dar.

Die salutogenetische Fragestellung ist also: Wie finde ich zu dem, was tragender Sinngrund in meinem Leben sein kann? Bei dieser Identitätssuche geht es um das Finden einer Balance zwischen der eigenen Einzigartigkeit und den Erwartungen der anderen. Krisen, Krankheiten und körperliche Veränderungen erschüttern das Selbstverständnis. Das Werden schließt Erleiden und aktives Gestalten mit ein.

Durch den Dialog wird der Mensch «am Du zum Ich»; er erwirbt Vertrautheit mit der Welt. Die Wahrnehmung der Umwelt ist ein Akt des Erlebens, in dem das Ich der Umwelt begegnet. Dem Wahrgenommenen wird Bedeutung und Sinn zugewiesen, und die Identität des sich darstellenden Subjekts wird anerkannt. Die eigene Innenwelt wird mit der Außenwelt in einen funktionalen Zusammenhang gebracht. Die Hoffnung, als in die Zukunft gerichtetes Moment, wird in der Fantasie mit Vergangenheit, Gegenwart und Zukunft zusammengebracht. Ein Kohärenzgefühl kann sich entfalten, weil auch zukünftige Momente von Hoffnung und Furcht die Gegenwart tangieren.

Hier hat die Klinische Sozialarbeit die Chance, sich selbst als spezielle Form sozialer Unterstützung einzubringen, mit dem Klienten Ressourcen zu entdecken und nutzbar zu machen, Dialogpartner zu sein und Dialoge zu moderieren, Kommunikation zu ermöglichen oder zu verflüssigen und, weil dies nicht einseitig möglich ist, mit einem ganzheitlichen Blick auf die Situation die Rolle des Klienten aus der «Problemecke herauszuholen» und ihn in seiner Rolle als Kommunikationspartner und Rolleninhaber innerhalb seiner Bezugssysteme zu begleiten.

2.2 Dichotomie: Monokausale Sicht – Systemsicht

Frühere Methodenkonzepte der Sozialen Arbeit, allen voraus die Einzelfallhilfe, beruhten auf einem reduktionistischen Paradigma, basierten also auf dem cartesianisch-newtonschen Denkmodell und versuchten deshalb, Probleme monokausal, monofaktoriell und eindimensional auf einen Faktor zu reduzieren.

Paradigma wird hier verstanden als ein «basales Denkmodell», als eine kognitive Matrix, die den Prozess analytischer Beschreibung sowie den Aufbau von Erklärungsprinzipien und von umfassenden Theorien determiniert. Auch der Sozialen Gruppenarbeit und der Gemeinwesenarbeit lag als Denkmodell der reduktionistische Ansatz zugrunde.

Das Interesse der Naturwissenschaften besteht darin, einfache Ursache-Wirkung-Zusammenhänge zu erkennen und durch deren Beschreibung die Welt vereinfachend zu erklären. So versucht die Medizin, Krankheiten über die Entdeckung ihrer Ursachen zu verstehen. Wo das nicht möglich ist, dienen Beschreibungen von Symptomen, die durch das Auftreten in bestimmten Kombinationen, die in gemeinsamen Übereinkünften festgelegt wurden und als eigenes Krankheitsbild definiert wurden, als Erklärungen. Suchterkrankungen, Erkältungskrankheiten oder andere Erkrankungen mit nicht genau bestimmbarer Genese können so zumindest aus juristischer Sicht eindeutig als Krankheiten klassifiziert und auch entsprechend behandelt werden.

Auch die Soziale Arbeit hat lange versucht, die Probleme ihrer Klienten über das Erkennen von Ursache-Wirkung-Zusammenhängen zu begreifen, und hat daraus entsprechend ihre Methoden abgeleitet. Dabei haben sich zwei konkurrierende Grundpositionen herausgebildet, die jeweils ihre spezifischen Problembeschreibungen und Problemerklärungen und so auch ihre je eigene Sicht auf die Position des Hilfesuchenden hatten, was natürlich auch hochbedeutsam für die Zielformulierungen und die Wahl der Bewältigungsstrategien war.

Abb. 2: Zwei Extrempositionen – Atomismus und Holismus

Atomismus (Individualismus)

Bei dieser Position steht das Individuum im Mittelpunkt der Betrachtung. Der Mensch wird als ein autonomes, selbstbestimmtes Wesen betrachtet, das Freiheit braucht und anstrebt. Die Gesellschaft ist der Zusammenschluss einzelner Individuen. Soziale Probleme werden letztlich als Problem der Selbstverwirklichung oder individueller Defizite angesehen. Die Problemursachen sind daher im Individuum selbst zu suchen; aufgrund ihrer Autonomie ist die Person nicht beeinflussbar. Als Ziele werden die Verwirklichung von Freiheit, Kreativität und eine Dominanz der Rechte über die Pflichten betrachtet. Fehler sollen individuell, über Strategien zur Entfaltung der Persönlichkeit des Einzelnen beseitigt werden. Der Auftrag der Sozialen Arbeit wäre hiernach also, zur Selbstverwirklichung des Einzelnen beizutragen. Eine entsprechende Handlungstheorie fordert Kontroll- und Repressionsfreiheit und ein nicht-direktives Vorgehen.

Die Soziale Arbeit konnte aus dieser Vorstellung einige Ansätze übernehmen. Zum Beispiel die Überzeugung, dass der Mensch als autonomes Wesen eigene Bedürfnisse hat und dass deshalb die Probleme und Veränderungsmöglichkeiten nicht nur im sozialen Kontext zu suchen sind, sondern auch in den einzelnen Personen. Daraus ergibt sich auch Mitverantwortung des Klienten für den Problemlösungsprozess und eine Verpflichtung zur aktiven Beteiligung (Staub-Bernasconi 1995a).

Holismus (Ganzheitlichkeit)

Hier steht die Gesellschaft im Mittelpunkt der Betrachtung, die Gesamtheit, das größere Ganze. Das Individuum wird nur insoweit betrachtet, als es seinen Beitrag leistet (vgl. hierzu auch den Gemeinschaftsbegriff von Nohl 1928 und Natorp 1920). Die Gesellschaft hat ein höherwertiges Systemziel, dem sich die Individuen unterordnen müssen.

Soziale Probleme sind Probleme von sozialer Abweichung, Normabweichungen und die zu geringe Leistung des Einzelnen für das Gemeinwesen. Bei dem Versuch der Benennung der Problemursachen wird zwischen zwei grundsätzlichen Perspektiven unterschieden. Bei der *systemimmanenten Perspektive* werden die Problemursachen für Abweichungen darin gesehen, dass Menschen zu wenig leisten und zum Systemziel beitragen oder dass sie nicht legitime Ansprüche haben. Bei der evolutionären/*systemkritischen Perspektive* wird davon ausgegangen, dass das Problem ein Ergebnis ungerechter Güterverteilung ist und dass die Gesellschaft ihrem Auftrag, für ihre Mitglieder zu sorgen, nicht gerecht wird. Als systemimmanentes Ziel sollen die Menschen befähigt werden, sich in die Gesellschaft zu integrieren. Aus systemkritischer Sicht wird als Ziel die Veränderung der Sozialstrukturen gesehen, durch die eine gleiche Verteilung erfolgen kann. Auftrag der Sozialen Arbeit wäre hiernach, sich politisch zu positionieren und an der Veränderung der Gesellschaft als Ganzes mitzuwirken.

Für eine Handlungstheorie der Sozialen Arbeit ergeben sich bei der systemimmanenten Perspektive Anpassung, Bestrafung und Resozialisierung des Einzelnen und Prävention. Aus systemkritischer Sicht wären eine Anpassung der Gesellschaft und die Überwindung der krank machenden Strukturen anzustreben. Auch aus dieser Vorstellung konnte die Soziale Arbeit Ansätze übernehmen: die besondere Bedeutung und Funktionen von sozialer Anerkennung, Solidarität, Wir-Gefühl und sozialer Gerechtigkeit sowie die Forderung nach einer politischen Sozialen Arbeit, die Abgrenzung des klientenzentrierten Vorgehens und damit eine Hinwendung von der Einzelfallhilfe zur Gemeinwesenarbeit und Lebensweltorientierten Sozialen Arbeit (Staub-Bernasconi 1995a).

Beide Ansätze waren lange unvereinbar, Spaltungen innerhalb der Sozialen Arbeit führten zu ideologisch geführten Auseinandersetzungen, wie sie aus dem Positivismusstreit bekannt sind. Keiner der beiden Ansätze bildete aber in befriedigender Weise die Lebenswirklichkeit der Klienten ab: Hier (Atomismus) werden die Bedeutung von Umwelt- und Erziehungseinflüssen, Sachzwängen und sozialen Bedingungen nicht angemessen einbezogen, dort (Holismus) werden der eigene Wille, die eigene Verantwortung, die individuellen Lebenskonzepte und Entfaltungspotenziale nicht berücksichtigt, und Soziale Arbeit wird als gesellschaftstabilisierende Kraft instrumentalisiert.

Modifizierungen der Konzepte in Richtung Ressourcenorientierung und Klientenorientierung waren der Erkenntnis geschuldet, dass Motivation und Zuversicht des Klienten eine wichtige Rolle in den Problemlösungen spielen und dass eine defizitorientierte Soziale Arbeit die eigenen Bemühungen um «Aufrichtung» des Klienten konterkariert. In der Praxis der Sozialen Arbeit beobachtet man bis heute, dass zwar im Dialog mit dem Klienten, nicht aber im Bewusstsein der Helfenden dieser Schritt vollzogen ist. Im professionellen Diskurs stehen die Defizite oft im Vordergrund, und der ressourcenorientierte Blick muss immer noch eingefordert werden.

Bei den Versuchen, die Positionen zu verknüpfen, zum Beispiel:

- durch Stärkung des Einzelnen, damit der seine Umweltbedingungen in seinem Sinne beeinflussen kann, oder
- durch gesellschaftliche Veränderungen, die der Individualität des Einzelnen mehr gerecht werden, oder
- durch die Versuche, durch politische Einflussnahme Chancengleichheit zu schaffen,

wurde das reduktionistische Paradigma nicht verlassen. Die Komplexität der Welt spiegelt sich in diesen Konzepten nicht wider.

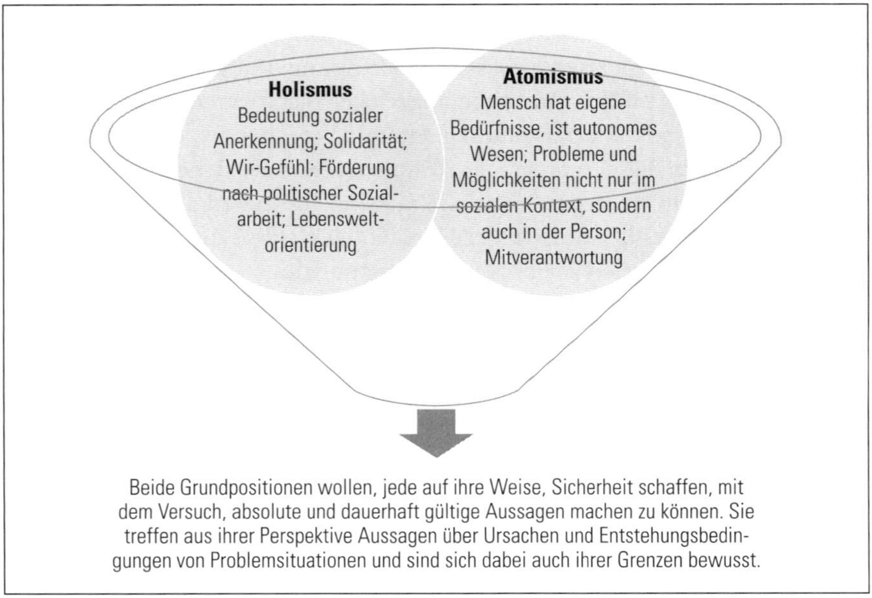

Abb. 3: Zeigt die Erkenntnisse, welche die Soziale Arbeit aus Atomismus und Holismus übernehmen kann

Systemische Perspektiven

Mit den Systemtheorien kam es zu einem Paradigmenwechsel, zu einer Sicht weg vom linear kausalen Denken. Dem systemtheoretischen Denken liegen folgende *Grundannahmen* zugrunde:

- Die Welt ist nicht wirklich/objektiv begreifbar oder abbildbar; sie ist ständigen Wandlungsprozessen unterworfen, hat eine prozessual-dynamische Grundstruktur. Alle Dinge stehen miteinander in Verbindung und sind in gewisser Weise relevant füreinander. Es gibt nicht eindeutig erfassbare Zusammenhänge, Lebewesen stehen in einer hochkomplexen dynamischen Wechselwirkung zueinander. Verlässliche Vorhersagen/Prognosen über die Entwicklungen von Beziehungen sind nicht möglich.
- Lebewesen sind keine Maschinen; sie funktionieren nicht auf Knopfdruck. Sie sind auch nicht Materialien, die man gezielt in eine vorher genau definierte Form bringen kann. Man mache sich einmal klar, welchen Unterschied es macht, ob ich gegen einen Stein trete oder gegen ein Hund!? Die Effekte eines Trittes gegen einen Stein ließen sich sicherlich von entsprechend ausgebildeten Professionen, unter Berücksichtigung der Beschaffenheit des Steines, der hinter dem Tritt stehenden Kraft, der Qualität des Schuhwerks, mit dem der Tritt ausgeführt wird, der Beschaffenheit des Untergrundes, auf dem der Stein liegt, und anderer Variablen exakt berechnen. Das Treten eines Hundes stellt, alle ethischen Aspekte einmal ausgeklammert, eine Interaktion zwischen zwei Lebewesen dar und wegen ihrer vermeintlich einfachen Struktur eine recht übersichtliche. Und dennoch ist bereits die Komplexität dieser Begegnung so hoch, dass man verlässliche Aussagen über die zu erwartende Reaktion des Hundes (die ja von der Gesamtheit der Erfahrungen seiner bisherigen Sozialisation abhängt), seine weitere Entwicklung, die Wirkung des Trittes auf seine zukünftigen Beziehungsgestaltungen gar nicht machen kann. Um die Reaktion des Hundes vorhersagen zu können, müsste man, neben so einfachen Dingen wie Rasse, Alter, Größe des Hundes, seine bisherige Sozialisation kennen; zum Beispiel die Art, wie er erzogen wurde, seine bisherigen Erfahrungen mit Menschen im Allgemeinen und die mit Getretenwerden im Besonderen. Auch das Konzept des Hundezüchters, das im Übrigen auch Rückschlüsse auf dessen Persönlichkeit zulässt, welches durch die den Züchter umgebende Umwelt und dessen Sozialisation beeinflusst wurde, wäre interessant. Neben diesen und noch vielen anderen Informationen aus der Vergangenheit käme aber auch der Situation, in welcher der Tritt ausgeführt wird, eine

Bedeutung zu. Wie ist die Stimmung des Hundes, wie die des Tretenden? Wie wird die Umwelt, beispielsweise Augenzeugen des Trittes, auf das Geschehen reagieren? Werden sich für den Tretenden soziale Konsequenzen ergeben, und wie wird er mit diesen umgehen? Und auch für die weitere Entwicklung ergeben sich mehr Fragen als Antworten. Wie wird der Hund diese Erfahrung in sein Lebenskonzept einbauen? Wird er in Zukunft ein bissiger Hund sein, oder wird er beim nächsten Anblick eines Menschen fliehen? Eine Frage, deren Beantwortung sicher abhängig davon ist, ob er auf den Tritt mit Beißen oder Fliehen reagiert und welche auch kaum vorhersagbare Gegenreaktion er damit auslöst. Auf die Nennung unzähliger weiterer, für eine eindeutige Prognose relevanter Informationen sei hier verzichtet.

Klar ist wohl, die Welt ist sehr komplex, und der Gedanke, dass man sie sich durch Wissen aneignen könnte, bleibt ein Mythos. Wenngleich uns Naturwissenschaftler, Politiker und Ökonomen ständig vom Gegenteil überzeugen wollen. Angesichts der sehr begrenzten Prognostizierbarkeit von Verhalten in sehr eng definierten Beziehungen (Hund und Mensch in einer einzigen Interaktion) wundert man sich schon, dass einige Menschen in unserer Gesellschaft deshalb sehr gut bezahlt werden, weil man ihnen zutraut, die Komplexität der gesamten Weltwirtschaft in einem solchen Maße zu verstehen, dass sie zu klaren Prognosen befähigt sind.

Was ist nun überhaupt ein System? Staub-Bernasconi (1995a) definiert es folgendermaßen:

> «Ein System ist etwas, das aus einer Anzahl von Komponenten besteht (Zusammensetzung), die untereinander eine Menge von Beziehungen unterhalten (interne Struktur), die sie untereinander mehr binden als gegenüber anderen Dingen, sodass sie sich gegenüber dem Rest der Welt abgrenzen (Umwelt)» (S. 127).

Ein System kann nach Willke (1993) auch definiert werden als:

> «einen ganzheitlichen Zusammenhang von Teilen, deren Beziehungen untereinander quantitativ intensiver und qualitativ produktiver sind als ihre Beziehungen zu anderen Elementen. Diese Unterschiedlichkeit der Beziehungen konstituiert eine Systemgrenze, die System und Umwelt des Systems trennt» (S. 282).

Menschen gehören vielen verschiedenen Systemen an und werden als Teile von diesen Systemen verstanden und stehen als solche miteinander im Austausch, sie gestalten Beziehungen. Für diese Beziehungsgestaltung gibt es spezielle Regeln des Austauschs (Interaktionsregeln), die die jeweiligen Systeme im Verlaufe ihres Entwicklungsprozesses ausdifferenzieren. Keines der unzähligen Systeme ist mit einem anderen identisch; jedes hat seine speziellen Normen, Regeln und Ziele. Da Systeme eine prozessual-systemische Grundstruktur haben, sind sie ständigen Wandlungsprozessen unterworfen und verändern sich fortlaufend. So wie man nicht zweimal in denselben Fluss springen kann, ist es auch nicht möglich, einem System ein zweites Mal zu begegnen. Dadurch ergibt sich, neben der oben beschriebenen Schwierigkeit, Prognosen zu Systementwicklungen zu machen, ein weiteres Problem: Wir sind nicht in der Lage, Systeme eindeutig zu erfassen.

Die *Kybernetik 1. Ordnung* hatte noch die Vorstellung, es könnten Aussagen darüber gemacht werden, wie ein System ist. Demzufolge bemühte man sich in den Hilfeprozessen um Macht, Kontrollen, Einflussnahme, Steuerung. Die *Kybernetik 2. Ordnung*, die die kybernetischen Prinzipien auf die Kybernetik bezieht, stellt klar, es gibt keine objektiv erkennbaren Systeme. Systeme können immer nur in dem jeweiligen Zeitausschnitt gesehen werden, sind ständig in Bewegung. Sie verändern sich auch durch die Beobachtung selbst. Der Beobachter oder der Berater muss als Teil des Kontexts mitkonzeptualisiert werden. Der Gedanke, mit strategisch angewandten Interventionen genau geplante Veränderungen zu bewirken, wird auf dem Hintergrund dieser Überlegungen ad absurdum geführt. Der Berater hat nicht die Lösung, er wird zu einem Teil des Problems. Es bleibt ein Konzept der Kooperation, das auf die Fähigkeiten zur Selbsthilfe und Selbstorganisation der Systeme setzt und demzufolge auch die Lösungen im Verhalten (auch im pathologischen Verhalten) der Systemteilnehmer sieht.

Mitglieder eines Systems werden als miteinander verbundene Teile eines Interaktionskreises gesehen. Das Verhalten des Einzelnen kann nicht als linearer Vorgang betrachtet werden. Kein Element des Systems kann einseitig Macht auf das Ganze ausüben, sondern wird immer gleichzeitig durch das Verhalten der anderen Systemmitglieder beeinflusst. Dabei versuchen die Systeme, im Gleichgewicht zu bleiben, um den Systemerhalt zu gewährleisten. So wie es ein Mobile (vgl. Abb. 4, Seite 30) immer wieder in die ursprüngliche Position drängt, so streben auch Systeme nach Homöostase und versuchen, auf Störungen entsprechend zu reagieren.

Die Systemsicht versteht Verhalten, auch problematisches Verhalten (z. B. Sucht, Suizid, Essstörung etc.), als eine Form der Beziehungsgestaltung. Jedes Verhalten macht «Sinn», womit nicht gesagt ist, dass es sinnvoll sei im Sinne von nachahmenswert. Der Sinn jeglichen Verhaltens besteht in der Funktion, die es für den Erhalt des Systems hat (Hollstein-Brinkmann 1993).

Ziel der Systemsicht ist es, die grundlegenden Spielregeln der Interaktionspartner zu entdecken und bei deren Veränderung behilflich zu sein. Es geht darum, die Selbstorganisation des Systems aufzudecken.

Ziel der Systemischen Beratung ist die Nutzung der Ressourcen und Ermöglichung von Entwicklung und Wachstum. Voraussetzung ist das Vertrauen des Therapeuten in die Fähigkeit zur Selbstorganisation des Systems.

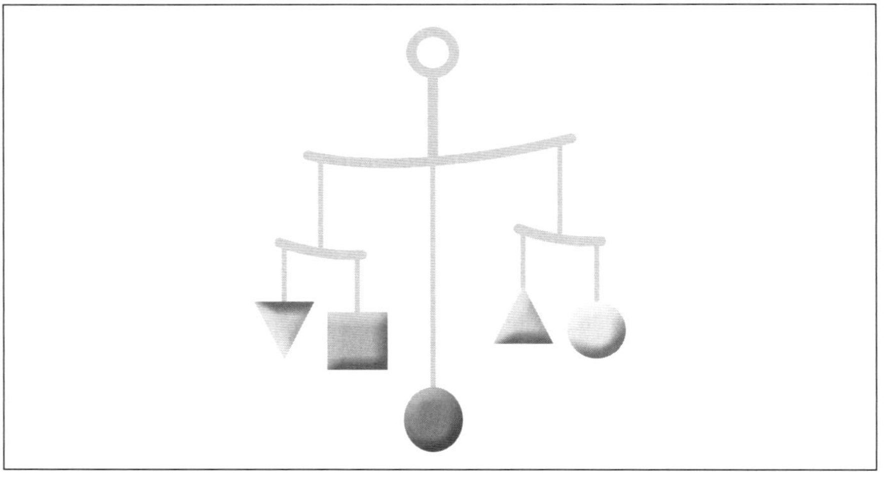

Abb. 4: Das System Mobile – Systeme streben in ihre ursprüngliche Position zurück

Beziehungen finden durch Kommunikation und Interaktion statt. Wie wir denken, fühlen, uns verhalten, was wir sehen, übersehen, hören, überhören, bestimmt sich zum großen Teil durch unsere Sprache. Wir schaffen Begriffe, ordnen zu, bewerten, etikettieren, bringen die Komplexität der Welt in eine Ordnung und konstruieren *unsere* Wirklichkeit. Von daher ist es ein Irrtum anzunehmen, das Verhalten eines Einzelnen sei die Ursache für das Verhalten eines oder mehrerer anderer. Es ist letztlich nicht zu klären, ob der Alkoholiker trinkt, weil seine Frau nörgelt, oder ob sie nörgelt, weil er trinkt. Beeinflussung findet vielmehr gegenseitig, wechselseitig und gleichzeitig statt. Zuweisungen wie Schuld/Unschuld, Opfer/Täter, Handelnder/Erleidender sind aus systemtheoretischer Betrachtung nicht mehr sinnvoll, es kommt auf den Standpunkt des Beobachters an.

Symptomatisches und problematisches Verhalten ist in erster Linie ein durch die soziale Interaktion mit wichtigen Bezugspersonen erlerntes und aufrechterhaltenes Verhalten. In der Systemtherapie wird grundsätzlich davon ausgegangen, dass die Ressourcen, die für eine Anpassung an jeweils veränderte Rahmenbedingungen benötigt werden, in jedem System vorhanden, aber aufgrund bestimmter Umstände blockiert sind.

Ein System (z. B. Familie), das sich in einer hochkomplexen Umwelt behaupten will, muss zwei Grundfähigkeiten beherrschen: Es muss den Veränderungseinflüssen Konstanz erhaltende Strukturen entgegensetzen *(Morphostase)* und sich gleichzeitig an veränderte Umweltbedingungen anpassen können *(Morphogenese)*. Diese Gestaltung der Beziehung zur Umwelt geschieht oft mit Strategien, die uns gesund anmuten. Aber auch pathologisches Verhalten, also solches, das vom System und seiner Umwelt als Symptom individueller Störungen bewertet wird, wird auf demselben Hintergrund entwickelt. Die Rollen der Symptome verdeutlicht die nachfolgende Abbildung 5:

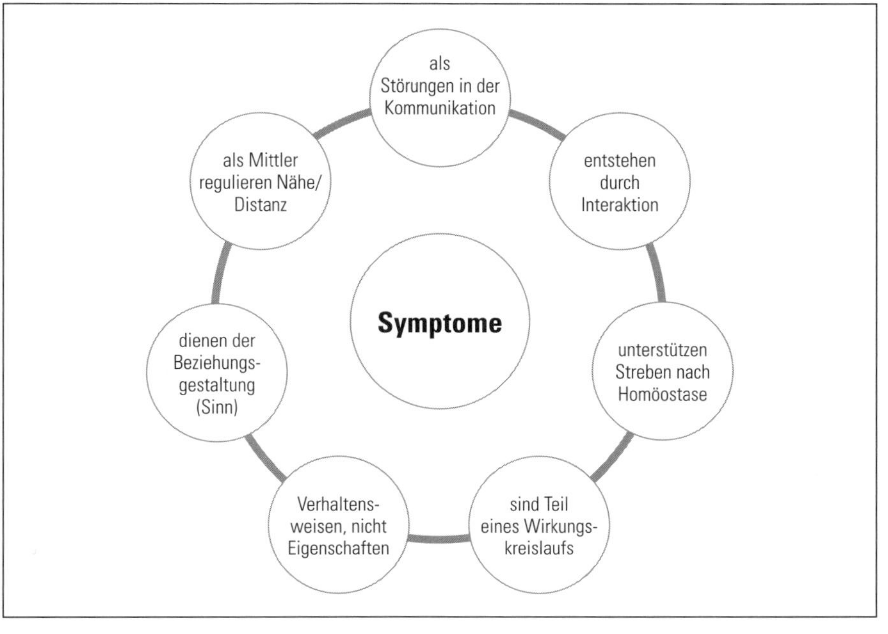

Abb. 5: Unterschiedliche Bedeutungen von Symptomen

Die Rolle des Klienten in der Sozialen Arbeit verändert sich; er wird zum Symptomträger für das System. Er stellt sich mit seinem Verhalten in den Dienst des Systems. Als Indexpatient (IP) «opfert» er sich, entwickelt Störungen, um damit die Außenwelt auf die Interaktionsstörungen hinzuweisen und den Bedarf nach professioneller Hilfe anzuzeigen. Das bedeutet:

- Moral verliert an Bedeutung
- Entlastung des Symptomträgers
- Verschiebung der Verantwortung
- Rolle des Indexpatienten

Ein Beispiel: Ein Alkoholiker leidet massiv unter den Folgen seiner Suchterkrankung. Es gelingt ihm jedoch trotz vieler Versprechen und Anstrengungen nicht, eine abstinente Lebensführung zu etablieren. Mit dem Ziel, den Leidensdruck zu erhöhen, wird ihm nun das Ausmaß der Folgen seines Trinkens verstärkt vor Augen geführt (ähnliche Versuche unternehmen übrigens Angehörige, wenn sie mit letzter Kraft an das Verantwortungsbewusstsein des Alkoholikers appellieren wollen). Erfolgreich; die Botschaft kommt an, und der Abhängige leidet unter noch stärkeren Schuld- und Schamgefühlen. Aber führt dies zur Abstinenz? Was macht ein Alkoholiker, wenn er in emotional schwierige Situationen kommt? Er trinkt, andere Lösungen hätte er gerne, sie stehen ihm aber nicht zur Verfügung. Der Versuch, zur Abstinenz zu motivieren, verkommt also zu einem neuen Anlass für erneuten Alkoholkonsum, im günstigen Fall versehen mit dem Vorsatz: Ab Morgen werde ich aber ernsthaft mit dem Trinken aufhören.

Eine Dynamik, auf die schon Antoine de Saint-Exupéry hinwies, wenn er in «Der kleine Prinz» auf dem dritten Planeten den Säufer sagen lässt, dass er trinke, um vergessen zu können, dass er sich seines Trinkens schäme.

Schuld und Schuldzuweisungen sind unter reduktionistischer Sicht auch eine Strategie, den Einzelnen zu einem veränderten Verhalten zu bewegen. Oft sind dabei erhebliche Widerstände zu überwinden, und es gibt eine Fülle an Techniken und Überlegungen zur Arbeit mit Widerständen.

Dass diese Motivationsanstrengungen nötig sind, zeigt schon, dass die Veränderungen nicht oder zumindest nicht vollständig von dem Klienten mitgetragen werden, dass es starke Kräfte in ihm oder in seinem Umfeld gibt, die eine Veränderung nicht wünschen. In der traditionellen Sozialen Arbeit wird dieses Phänomen mit der Stabilität der Störung erklärt. Oder es wird als ein Anzeichen für die Erkrankung selbst gewertet, wie zum Beispiel das Verharren des Alkoholabhängigen in seiner Sucht, die nicht mit Willen beherrschbar ist und bei der nur eine tiefe Akzeptanz der Störung und damit ein Einverstandensein mit der Problematik/Krankheit den Weg für ein Leben mit der Erkrankung öffnet. Bei einem reduktionistisch geprägten methodischen Vorgehen könnte man z. B. versuchen, die leidvollen Erfahrungen zu verstärken, in Erwartung reinigender und kathartischer Effekte, die zu einer emotionalen Krankheitsakzeptanz als Basis für abstinente Lebensführung führen.

Ein systemisches Vorgehen würde hier auf eine Bewertung der Störung verzichten und stattdessen nach der Funktion des Trinkens im System des IP fragen und mit dem Klienten nach alternativen Möglichkeiten zur Erreichung der Effekte suchen.

Die systemische Sicht hat also ihre Antwort auf einige praxisrelevante Fragen gefunden, die Umwelt aktiv in die Diagnostik einbezogen und für den Klienten eine günstigere Ausgangsposition geschaffen.

- Welche Stellung nimmt sie damit in der Sozialen Arbeit ein?
- Ist die Systemsicht nun die *eine* Sicht auf die Probleme der Menschen?
- Bietet sie eine Alternative zu den anderen Konzepten der Sozialen Arbeit?
- Oder ist sie eine wichtige Ergänzung, ein zusätzlicher Blick auf die Probleme und eine weitere diagnostische Möglichkeit, bei der der Einzelne im Zusammenhang mit seiner Umwelt unter Verzicht auf Schuldzuweisungen gesehen wird?

Symbiose

Die Paradigmen scheinen auf den ersten Blick unvereinbar oder nicht kompatibel. Und tatsächlich standen sie lange Zeit auch relativ unversöhnlich nebeneinander. Es wurde sehr ideologisch argumentiert, was insbesondere aus systemischer Sicht eine Paradoxie schien, weil sich ja aus dieser Perspektive «Schwarz-Weiß-Denken» und «Entweder-oder-Haltung» geradezu verboten. Diese Auseinandersetzungen haben nachgelassen oder zumindest an Schärfe verloren, als man erkannte, dass die Überlegungen des jeweils anderen Lagers auch nutz- und gewinnbringend mit den eigenen Konzepten verbunden werden können.

Mittlerweile kann man feststellen, dass, zumindest im methodischen Anwendungsbereich, Kombinationen sehr wohl möglich sind und dass es konzeptübergreifende Berührungspunkte gibt. Die beiden Denkmodelle schließen sich also nicht aus und können nicht nur in friedlicher Koexistenz nebeneinander existieren, sondern sind, in einem guten Gefüge zusammengebracht, durchaus gewinnbringende Ergänzungen füreinander.

Beispielsweise zeigen die Überlegungen des Soziologen Elias (1965) zu der Entwicklung von Etablierten und Außenseiterpositionen eine große praktisch-inhaltliche Nähe zu den systemischen Konzepten. Die Entwicklung von Interaktion und Kommunikation und die Auseinandersetzung mit der jeweils anderen Gruppe sind zentrale Aspekte seiner Theorie:

Etablierte messen sich an den Besten ihrer Gruppe, die Außenseiter an den Schlechtesten ihrer Gruppe

- Stigmatisierung
- Zuordnung von Persönlichkeitsvariablen
- Verinnerlichung von Persönlichkeitsvariablen
- Außenseiterbegriff wird zum Schimpfwort
- Systemstabilisierung

Objektive Gründe für Problem der A. werden gesucht *(Frage: Warum könnte das geschehen?)*

- Verantwortung abgeben
- Gutes Gewissen
- A. wieder produktiv und effektiv machen
- A. sind dankbar
- A. sind angewiesen auf E.

Etabliertensysteme und Außenseitersysteme stabilisieren sich durch Distanz
Je eigene Normen, deren Einhaltung die Position in der eigenen Gruppe stärkt
Akzeptanz in der eigenen Gruppe hängt ab von der Distanz zur anderen Gruppe

- Angst vor Statusverlust
- Ängstliche Menschen mit geringem Selbstwertgefühl können kaum Nähe zur anderen Gruppe zulassen

Konsequenz:

- Etablierte müssen Selbstbewusstsein aufbauen
- Angst vor Statusverlust abbauen
- Berührungsängste abbauen
- Auftrag der Sozialen Arbeit

Auch Einzelfallhilfe, Gruppenarbeit und Gemeinwesenarbeit können systemisch orientiert erfolgen; es gibt systemisches Arbeiten mit Einzelnen, systemische Gruppenarbeit, lebensweltorientierte Sozialarbeit (systemische Gemeinwesenarbeit). Sie kann immer dann erfolgen,

- wenn auf die Klärung einfacher Ursache-Wirkung-Zusammenhänge verzichtet wird,
- wenn die Klärung der Frage von Schuld und Verantwortung nicht Ziel der Beratung ist und
- wenn nicht ein Absolutheitsanspruch erhoben wird.

Auch die Systemiker weisen auf die unendliche Zahl von Beziehungen hin, in denen ein Mensch sich befindet, und auch darauf, dass diese alle zusammenhängen, sich ständig verändern und damit in irgendeiner Weise Einfluss aufeinander haben.

Folgende Thematik kursiert unter Mathematikern schon lange: Man wähle zufällig zwei Menschen an zwei beliebigen Orten auf der Welt aus. Über wie viele Freunde, Freunde von Freunden, Freunde von Freunden von Freunden lassen sie sich durchschnittlich miteinander verbinden? Kurz: Über wie viele Ecken kennen sich zwei beliebige Erdenbürger? Wie klein ist die Welt?

Popularität erlangte das «Kleine Welt Experiment» des US-amerikanischen Psychologen Stanley Milgram von 1967. Dabei sollten 300 Versuchsteilnehmer aus dem mittleren Westen der USA ein Päckchen an eine Zielperson in der Umgebung von Boston schicken. Sie durften das Päckchen aber nur an ihnen bekannte Personen weiterschicken. Falls sie ihre Aufgabe nicht direkt erledigen konnten, sollten sie die Sendung an einen Bekannten weiterreichen, der die Zielperson ihrer Meinung nach kennen könnte. Dabei hatte Milgram entdeckt, dass in der Regel sechs Zwischenstationen ausreichen, um die Päckchen vom Absender zum Empfänger zu liefern. Daraus entwickelte er die Theorie, dass jede Person der US-amerikanischen Bevölkerung von jeder anderen Person der USA durchschnittlich durch sechs Personen getrennt ist oder, andersherum formuliert, durch durchschnittlich sechs Personen erreicht werden kann.

Aber die systemische Beratung hat nicht den Anspruch, alle relevanten Variablen in die konkrete Beratung einzubeziehen: Die Fülle von Einflüssen muss durch Komplexitätsreduzierung geordnet werden. Es wird ein System umrahmt und damit überschaubar gemacht, und es werden die für die aktuelle Fragestellung relevanten Faktoren und Beziehungsqualitäten einbezogen.

Der systemische Berater weiß aber darum, dass es viele zusätzliche Einflussfaktoren gibt, und ist offen dafür, diese hinzuziehen oder den Rahmen des Systems entsprechend dem Prozessverlauf zu modifizieren. Er kann dann sehr wohl bewährte Techniken und Methoden (z. B. der Methodentrias etc.) zur Anwendung bringen, zumal es auch in diesen Konzepten um den Umgang und die Beziehungsqualitäten von Menschen mit sich, anderen Menschen, Gruppen oder der Gesellschaft geht, die sich in gelingenden oder nicht gelingenden Aktionen, Reaktionen und Dynamiken von Wechselwirkungen zeigen.

Bereits Moreno (1989) sagt: «Die menschliche Gesellschaft besteht aus ungefähr zwei Milliarden Menschen. Die Zahl der Wechselwirkungen zwischen diesen muss von astronomischer Größenordnung sein, da jede Wechselbeziehung die gesamte Weltsituation in irgendeiner Weise, wie geringfügig auch immer, beeinflusst.»

Der systemische Berater wird nicht gegen Widerstände arbeiten und ressourcenorientiert vorgehen. Er wird Bevormundung vermeiden und Systeme als gleichberechtigter Partner betrachten.

Die Vereinbarkeit zeigt sich auch in Konzepten wie der:

- *systemischen Verhaltenstherapie:* Sie stellt die Methode dar, in der nach lerntheoretisch begründeten Mechanismen Dinge erlernt, erworben und verlernt werden können. Dort dienen Ursache-Wirkung-Zusammenhänge geradezu als Grundlagen.
- *systemisch-analytischen Beratung*, bei der z. B. frühkindliche Lebenserfahrungen als Erklärung für aktuelles Verhalten herangezogen werden.
- *systemischen Arbeit mit Einzelnen*, bei der systemische Diagnostik und Verfahren auch z. B. durch Arbeit mit Stellvertretern oder Stuhlarbeit etc. auf den Einzelfall angewandt werden.

Auch die *ökologischen Konzepte* (Empowerment, Soziale Unterstützung, Soziale Netzwerke) befinden sich in großer Nähe zum systemischen Paradigma. Sie bedienen sich der Überlegungen der Systemtheorie, gehen ressourcenorientiert vor und unterstützen den Klienten dabei, seine Kompetenzen zu entdecken, zu fördern und konstruktiv zu nutzen und sich des unterstützenden Verhaltens in seinem sozialen Umfeld zu bedienen. Dies schließt die Kompetenzen im Kommunikations-

und Interaktionsverhalten mit ein. Es geht darum, die Fähigkeiten und Ressourcen zu erkennen, sie einzuordnen, sie zu bewerten, zu nutzen und anzufordern.

Die ökologischen Ansätze bilden die Symbiose aus den Entwicklungen der beiden Paradigmen. Voraussetzungen für ein solch gelingendes Zusammenwirken ist ein Einverständnis mit den folgenden Kernaussagen:

- Menschen/Systeme befinden sich in unendlich vielen Beziehungen unterschiedlicher Qualitäten, in denen sie Rollen einnehmen. Man kann nur einen Teil dieser Lebenswirklichkeit erfassen, muss sich aber dieser Einschränkung bewusst sein.
- Beziehungen zwischen Menschen/Systemen werden durch Kommunikation und Interaktion gestaltet.
- Beziehungskonstellationen wirken sich auf die Befindlichkeit von Menschen/Systemen aus. Menschen/Systeme werden also durch ihre Umwelt beeinflusst.
- Menschen/Systeme streben nach Selbsterhalt, indem sie sich austauschen, an Veränderungen anpassen (Morphogenese) und versuchen, andere an sich anzupassen (Morphostase).
- Menschen/Systeme wollen sich nicht verändern (sie streben nach Homöostase).
- Jedes Verhalten (auch pathologisches) von Menschen/Systemen hat aus deren Sicht einen Sinn.
- Menschen tragen Fähigkeiten in und um sich, die bei der Bewältigung von schwierigen Lebenssituationen hilfreich sein können. Deshalb muss sich sozialarbeiterisches Handeln auch immer an den vorhandenen Ressourcen orientieren.
- Jede Situation ist einzigartig. Also müssen die zur Verfügung gestellten Unterstützungsmaßnahmen die Besonderheit der jeweiligen Lebenslage berücksichtigen.
- Methodisches Arbeiten verlangt, sich selbst immer wieder zu hinterfragen und das Vorgehen zu überprüfen und wenn nötig zu modifizieren.

Die hohe Komplexität der Aufgabenstellungen, der hohe Anspruch an eine passgenaue Kombination der Hilfe- und Unterstützungsangebote und die gleichzeitige Begrenztheit der zur Verfügung stehenden Ressourcen erfordern von der sozialen Arbeit die Bereitschaft, ökonomische Aspekte in ihre Arbeit mit einzubeziehen. Das bedeutet konkret, durchgängig auf Effizienz und Effektivität der Arbeit zu achten und kontinuierlich das eigene Handeln zu reflektieren, zu evaluieren und gegebenenfalls zu optimieren. Hier erwächst eine anspruchsvolle Managementaufgabe.

Als modernes Methodenkonzept zur effektiven und effizienten Umsetzung von Methoden in der Sozialen Arbeit gilt das *Case Management*, in dem diese Kriterien erfüllt werden und bei dem gleichzeitig aber auch alle Methoden der Sozialen Arbeit nebeneinander angewandt werden können.[2]

2.3 Sozialmanagement

Management bezeichnet «das Handeln in Organisationen, das sich in den Bereichen Zielfindung, Problemlösung, Organisation, Planung, Führung und Erfolgskontrolle ereignet. (...) Auf sämtlichen Organisationsebenen sind Managementwissen und entsprechende Fähigkeiten notwendige Bestandteile beruflichen Handelns.» (Müller-Scholl & Priepke 1983). Der Begriff «Management» war und ist für den Bereich der Sozialen Arbeit gewöhnungsbedürftig. Er wird oft einseitig assoziiert mit «Top-Management» und dem in diesem Bereich tätigen Personenkreis. Die speziellen Persönlichkeitsvariablen, die dort als Basiskompetenzen vermutet werden, passen so gar nicht zum Bild einer Fachkraft der Sozialen Arbeit. Im Sozialwesen wird der Begriff zudem häufig mit dem Begriff Gewinnmaximierung gleichgesetzt als eine Zielorientierung, der sich die meisten Vertreter der Sozialen Arbeit nicht anschließen konnten (ebd.). So schien der Terminus Sozialmanagement, als die Managementtätigkeit in der Sozialen Arbeit, auf den ersten Blick nicht mit den Wertevorstellungen der Profession vereinbar.

> «Seit Mitte der 80er Jahre ist eine Facette der Methodendiskussion ins Zentrum professionellen Interesses gerückt, die bis zu diesem Zeitpunkt (...) eher am Rande der Fachdebatte stand: Ansätze und Konzepte der (Neu- bzw. Re-) Organisation sozialer Träger und Einrichtungen. Verstärkt wurde die Frage einer effektiveren und effizienteren Gestaltung der Organisationsstrukturen sozialer Träger unter dem Stichwort Sozialmanagement thematisiert» (Galuske 2005, S. 313).

Mit Sozialmanagement ist heute das Management von Organisationen/Unternehmen der Sozialwirtschaft und von Non-Profit-Bereichen wie z. B. Kommunalverwaltungen, Wohlfahrtsverbänden oder Jugendämter gemeint. Die dort anstehenden Aufgaben des Sozialmanagements wurden in der Vergangenheit entweder von Sozialarbeitern, Sozialpädagogen, Pädagogen, Psychologen ohne

---

2 Siehe Kapitel 4. Case Management.

weitere Managementkenntnisse oder durch Juristen oder Betriebswirte ohne näheren Bezug zum Sozialbereich wahrgenommen. Mit dem Sozialmanagement wird die Verknüpfung von Management und meist sozialpädagogischem und psychologischem Wissen angestrebt. Dieses Aufgabenbündel wurde erstmals in den 80er-Jahren thematisiert und bezog sich damals in erster Linie auf Fragen der personenorientierten Führung, Motivation und Zielsetzung.

Im späteren Verständnis beinhaltet Sozialmanagement alle Managementfunktionen, die für das Management von sozialen und Non-Profit-Organisationen notwendig sind; so insbesondere: Betriebswirtschaft, Finanzierung sozialer Organisationen, Leitbild- und Konzeptentwicklung, Öffentlichkeitsarbeit, öffentliche Beziehungen, Stadt- und Sozialmarketing, Organisationsentwicklung, Personalentwicklung, Personalführung, Projektmanagement, Qualitätsentwicklung und andere Teildisziplinen des Managements.

Im Gegensatz zum Management in anderen Wirtschaftsbereichen berücksichtigt das Sozialmanagement zahlreiche Besonderheiten von Organisationen des Sozialbereichs: den Dienstleistungscharakter der Sozialunternehmen, die Besonderheiten von Non-Profit-Organisationen und insbesondere der Wohlfahrtspflege, die enge Einbindung in das Recht sowie den Charakter der Dienstleistungen als meritorische Güter.[3] Mit zunehmender Verbreitung privatgewerblicher Anbieter wird Sozialmanagement auch als Management der Unternehmen der Sozialwirtschaft bezeichnet. Sozialmanagement wird auch als Management unter besonderer Berücksichtigung des Menschen und der menschlichen Beziehungen im Sinne eines «Human Resources Management» verstanden. Dieses Verständnis bezieht sich jedoch nicht spezifisch auf Organisationen des Sozialwesens.

Aufgaben, Ziele und Funktionen

Sozialmanagement hat eine effektive und optimale Hilfe für die Klienten zum Ziel. Des Weiteren zielt es auf eine optimale Funktion der Organisation. Um im Sinne aller Beteiligten erfolgreich arbeiten zu können, bedarf der «Sozialmanager» spezifischer Kenntnisse: zum einen über die Klienten in ihren Lebenslagen,

---

3 Der Begriff «meritorisches Gut» (*meritorisch* – veraltet für «verdienstvoll») bezeichnet in den Wirtschaftswissenschaften ein Gut, von dem angenommen wird, dass es einen größeren Nutzen stiften könnte, als sich in der in freier Marktwirtschaft bestehenden Nachfrage widerspiegelt. Damit wird dessen Förderung durch staatliche Subventionen begründet.

zum anderen über die Strukturen des professionellen Handelns sowohl inhaltlich als auch mit den jeweiligen regionalen Eigenheiten.

Eine weitere Aufgabe ist es, originäre Managementkonzepte zu entwickeln, deren Hauptaugenmerk auf das Wohl der Klienten gerichtet ist. Die Managementkonzepte orientieren sich an den speziellen Strukturen und Prozessen des Helfens und Beratens und eröffnen die Möglichkeit, die bestehenden Rahmenbedingungen der Hilfe- und Unterstützungsleistungen nach diesen Prinzipien neu zu gestalten. Soziale Organisationen zielen nicht auf Profit.

> «Das Sozialmanagement operiert daher auf dem schmalen Grat zwischen ökonomischer Effizienz und emanzipatorischem Fortschritt. Die Verpflichtungen des Sozialstaates, die Hilfebedürftigkeit bestimmter sozialer Gruppen und das Spiel von gesellschaftlichem Angebot und gesellschaftlicher Nachfrage bestimmen den Umfang und die Qualität der sozialen Dienstleistungen; es gilt, diesen ‹Markt› zu kontrollieren, damit hilfebedürftige Einzelne oder Gruppen nicht durch die Maschen des sozialen Netzes fallen» (Weigand 1994, S. 115 f.).

Sozialmanagement ist keine Technik, deren man sich bedient, «um Leistungsschwache problemlos den herrschenden gesellschaftlichen Normen anzupassen, sondern es agiert bewusst im Widerspruch von Normalität und Pathologie» (ebd.). Vielmehr ist die Aufgabe des Sozialmanagements, diesen Widerspruch deutlich zu machen, zu erörtern und zu erklären und als Thema der ganzen Gesellschaft darzustellen. Das Sozialmanagement darf sich anderer Managementtechniken bedienen und von ihnen lernen, aber es stellt kein Abbild oder gar deren Anwendung auf das Sozialwesen dar (ebd.).

Das Managementkonzept

Weigand (1994) definiert Management «als die Steuerung und Kontrolle der Strukturen und der Prozesse in Organisationen» (S. 121). Ziel des Managements ist dabei der auf der Basis von Ausgleich und Integration angelegte Erhalt und die konstruktive Weiterentwicklung der Organisation, ihrer Binnenkultur und ihrer Außenbeziehungen. «Nur unter diesen Voraussetzungen kann die Organisation den vielfältigen Ansprüchen und Hoffnungen gerecht werden, die Klientel, Mitarbeiter und Gesellschaft in sie setzen» (ebd.).

Sozialmanagement stellt eine bewusste und gewollte Führung, Steuerung und Kontrolle sozialer Organisationen in ihren inneren Abläufen und in ihren Wirkungen nach außen dar. Dabei wird neben der Leistungsfähigkeit und Ökonomie gleichfalls die soziale und humane Identität berücksichtigt. Diese schwierige Herausforderung wird häufig als Widerspruch erlebt und bedarf hoher persönlicher, sozialer, professioneller und politischer Kompetenz und kann nur von Menschen mit fachlicher und persönlicher Autorität bewältigt werden. Führungsverantwortung, Fähigkeit zur Delegation von Verantwortung sowie die Förderung von Selbstständigkeit und Teilhabe der Mitarbeiter in allen Bereichen der Entscheidungsfindung und der Umsetzung der Ergebnisse stehen gleichrangig nebeneinander. Integrative Wirkungen werden angestrebt: Alle Ebenen der Einrichtung werden hinsichtlich ihrer Zielformulierungen, ihrer Aufgaben und Rollen sowie ihres Umfelds zusammengefasst, ohne dabei die Psycho- und Soziodynamik auszuklammern. Da die Aufgaben als gemeinsame Herausforderungen verstanden werden, sind konstruktive Kommunikations- und Kooperationsprozesse unverzichtbar.

Analog zum Management in profitorientierten Dienstleistungen definiert auch das Sozialmanagement Leistungserwartungen und kontrolliert sie. Ziel ist eine bestmögliche Aufgabenerfüllung unter Berücksichtigung ökonomischer Aspekte. Hierzu müssen die benötigten Ressourcen bereitgestellt und organisatorische Rahmenbedingungen geschaffen werden. Sozialmanagement bedarf ebenso einer professionellen Personalpolitik, um klug und vorausschauend auf die Begrenztheit der zur Verfügung stehenden Ressource «Mitarbeiterschaft» zu achten. Zur Personalplanung und Personalentwicklung gehören Mitarbeitergespräche, Fortbildungen und Laufbahnplanung sowie die Förderung des Führungsnachwuchses. Dies bedarf in psychosozialen Organisationen sozialer und kommunikativer Kompetenzen, Teamfähigkeit, Integrationsvermögen, Aufrichtigkeit und Solidarität.

Gerechtigkeit, die in einem akzeptablen Verhältnis von Geben und Nehmen, Nähe und Distanz, Macht und Ohnmacht, Autorität und Abhängigkeit erlebt wird, ist konstitutiv für Organisationen und ist wichtig für die Identifikation der Mitarbeiter mit der Organisation. Daher sollte Sozialmanagement dafür Sorge tragen, dass die Einrichtung als eine Stelle wahrgenommen wird, an der konstruktive Konfliktaustragung, persönliches Wohlbefinden und sinnvolles Arbeiten stattfinden. Die Ausbildung für das Management hat den Schwerpunkt, die persönliche, soziale, professionelle und politische Kompetenz der «Manager» zu fördern und zu integrieren.

Sozialmanagement wird mittlerweile auch als sozialwissenschaftliches Studium angeboten, das sich an Sozialarbeiter, Sozialpädagogen, Pädagogen und ähnliche Berufsgruppen richtet, die sich so für Managementaufgaben in sozialen Organisationen und Aufgaben des Top- und mittleren Managements in der Sozialwirtschaft und dem öffentlichen Dienst qualifizieren.

3. Klinische Sozialarbeit

Die Soziale Arbeit im Gesundheitswesen hat eine lange Tradition. Die Klinische Sozialarbeit (KlinSA) ist eine behandelnde oder im Behandlungskontext stehende Sozialarbeit, die dazu beiträgt, Krankheiten, Behinderungen oder psychosoziale Krisen zu bewältigen oder ihre Folgen zu lindern. Sie konzentriert sich auf die psychosoziale Situation von Menschen und berücksichtigt die Wechselwirkung zwischen psychischen und sozialen Belastungen.

Die Klinische Sozialarbeit betrachtet nicht additiv soziale, psychische und physische Schwierigkeiten, sondern vielmehr die wechselseitige Abhängigkeit der Problemebenen. Eine vereinseitigende Hilfe wäre wirkungslos oder in ihrer Wirkung erheblich reduziert. Es müssen also entsprechende Methoden integriert werden (Ansen 2000).

«**Klinisch**» kennzeichnet Tätigkeiten, die sich unmittelbar, im direkten Kontakt mit Personen befassen. Die Vorrangigkeit der direkten Praxis mit Klienten kennzeichnet die Klinische Sozialarbeit. Gegenstand der Klinischen Sozialarbeit ist die professionelle und sozialarbeitswissenschaftlich fundierte Kunst der psychosozialen Beratung.

Soziale Arbeit will Lebenslagen konkret verbessern und Individuen befähigen, sich aktiv an diesem Prozess zu beteiligen. Das gilt auch für den und im Umgang mit kranken Menschen: Der Patient soll nicht in der Krankenrolle verharren, sondern am Behandlungsprozess beteiligt werden. Die Bereitschaft und Fähigkeit zur aktiven Mitarbeit hängen von der psychosozialen Befindlichkeit des Menschen ab. Dies ist vorrangiges Thema der Klinischen Sozialarbeit. Die Hilfen richten sich auf äußere und innere Lebensumstände, persönliche Eigenschaften[4] und den Zugang zu den gesundheitlichen Diensten. Soziale Kompetenzen sollen gefördert und soziale Teilhabe verbessert werden. Klinische Sozialarbeit ist nicht nur Sozialarbeit im Krankenhaus, sondern sie beinhaltet alles Sozialarbeiterische im gesamten Gesundheitsbereich und die von gesundheitlichen Problemstellungen betroffenen angrenzenden Felder der Sozialen

4 vgl. Kap. 2.1. Soziale Arbeit und Gesundheit: Aspekte der Salutogenese.

Arbeit. Kern des Handelns liegt in einer sach- und personengerechten Wahrnehmung und Bearbeitung individueller und sozialer Anliegen. Insofern gehören zur Klinischen Sozialarbeit nicht nur beratende und behandelnde, sondern selbstverständlich auch administrative und sozialrechtliche Kompetenzen (Mühlum 2003). Sie erfüllt dabei eine Vielzahl von Funktionen: diagnostische, beratende, therapeutische, gutachterliche, koordinierende, vermittelnde und dokumentierende (Pfannendörfer 1998).

3.1 Theorieansätze der Klinischen Sozialarbeit

Die Veränderungen der Gesellschaft bringen weitreichende soziale und psychische Anforderungen und Belastungen mit sich. Für viele Menschen bedeutet das Unsicherheit, Orientierungslosigkeit und in deren Folge vielfältige und teils schwerwiegende Gesundheitsprobleme. Der gesellschaftliche Wandel stellt die Angemessenheit der historisch gewachsenen professionellen Hilfesysteme infrage, und so wird es auch erforderlich, die Rolle der Sozialen Arbeit neu zu überdenken. Soziale Arbeit ist notwendiger denn je: Ihre Aufgabe ist es schließlich, einen Verbund institutionalisierter Lebenslagen und Hilfestrukturen für Menschen zu schaffen, die im Modernisierungsprozess bereits zu Schaden gekommen sind (Pauls 2004). Die Klinische Sozialarbeit stellt eine Teildisziplin der Sozialen Arbeit dar. Sie ist auf theoretische Konzepte und Modelle der beteiligten Bezugswissenschaften angewiesen. Die folgenden zusammengefassten Theorieansätze zeigen die jeweilige Bedeutung für die Klinische Sozialarbeit auf (ebd.).

Bio-psycho-soziale Zusammenhänge

Eine der zentralen Ursachen für die Entstehung von Krankheiten ist der Mangel an sozialer Zuwendung und psychosozialem Wohlbefinden. Ein Ausgleich oder gar Ersatz mithilfe von Medikamenten erscheint unwirklich und als nicht erstrebenswert. Die psychosoziale Integration und die vielfältigen Formen sozialer Unterstützung und sozialer Netzwerke stellen die besten Schutzfaktoren körperlicher und psychischer Erkrankung dar und gelten auch bei bereits bestehenden Problemlagen als eines der besten Heilmittel. Das zeigt die gesundheitswissenschaftliche Forschung in überzeugender Weise. Die Integration bzw. Re-Integration in die soziale Umgebung, die Erlangung bzw. Wiedererlangung psychischen und sozialen Wohlbefindens sind daher immer wichtiger Bestandteil im Prozess der Wiedergewinnung der Gesundheit. Der momentane Stand der Forschung zeigt deutlich, dass der sozialen Dimension im Gesundheitswesen der ihr zukommende Platz eingeräumt werden muss. Ortmann und Schaub (2002) bemängeln und kritisieren, dass «der biologische Zugang der gesellschaftlich akzeptierte, der psychologische der in Grenzen gewollte und der soziale als der vernachlässigte angesehen werden kann» (zit. in Pauls 2004, S. 35). Diese Kritik wird grafisch in Abbildung 6 dargestellt:

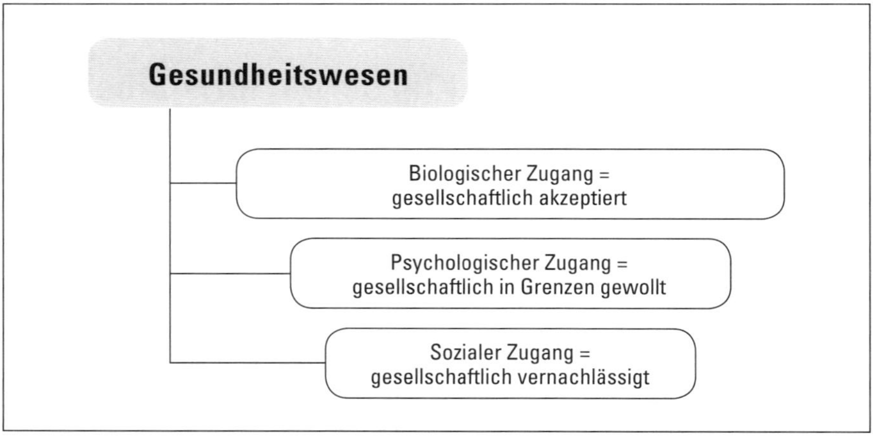

Abb. 6: Die momentane «Rangfolge» der Zugänge im Gesundheitswesen (in Anlehnung an Pauls 2004)

Auf das Zusammenwirken von korrespondierenden Abläufen und Vorgängen des Gehirns, des zentralen und peripheren Nervensystems, des immunologischen Systems, des Hormonsystems, des Herz-Kreislauf-Systems und des gastro-intestinalen Systems fokussieren und orientieren sich die biologisch naturwissenschaftlichen-objektivierenden Beobachtungen und Erklärungen. Dieser Blick dekonstruiert die in sozialer Bezogenheit stehende Personalität komplett (Pauls 2004). Habermas (2001) verweist in diesem Zusammenhang auf die Gefahr einer *«vollständige(n) Entsozialisierung»*, wenn das Bewusstsein der Menschen auf neurophysiologische Vorgänge reduziert würde. Zugleich ändere sich damit das Menschenbild und das menschliche Selbstverständnis, auch im Hinblick auf das natürliche Selbstbild und Bewusstsein von der Eigenverantwortlichkeit und Identität (ebd.).

Die Beeinflussung menschlicher Bewusstseinszustände ist Bestandteil und Aufgabe der Klinischen Sozialarbeit. Daran sind die Psychologie, die Soziale Arbeit, die Psychotherapie und andere Disziplinen in einem wechselseitigen

Verhältnis beteiligt. Ziel ist, benachteiligte Klienten im Fall der psychosozialen Behandlung durch psychosoziale Maßnahmen zur Selbsthilfe zu befähigen. «Die Unterstützung zu angemessener sozialer Teilhabe lässt diese Menschen zu einem handlungsfähigen, gesunden und glücklicheren Mitglied der Gesellschaft werden» (ebd., S. 44). Prozesse und Abläufe der Veränderung und der Verbesserung in sozialen und kommunikativen Strukturen bedürfen in der Regel der Beeinflussung der Psyche. Gleiches gilt auch umgekehrt: Der Ersatz problematischer sozialer Strukturen durch funktional bessere bedarf unerlässlich der begleitenden und unterstützenden Arbeit an der Wahrnehmung, Einschätzung und Bewertung und der Integration der Erfahrungen in das Selbstkonzept (ebd.).

In Bezug auf die Befunde von Bowlby (1995) und Grossmann et al. (1997) stellen Amini et al. (1996) einen Zusammenhang zwischen der Hirnstruktur und ihrer Bedeutung für die sozialen Bindungs- und Beziehungserfahrungen her und ziehen daraus verschiedene Schlussfolgerungen für die Klinische Sozialarbeit, vgl. Abbildung 7:

Soziale Tiere können ihr neuro-behaviorales Verhalten nicht alleine regulieren.

- Sie benötigen zum biologisch-neurologischen Funktionieren angemessenen sozialen Input.

↓

- Die Selbstregulation neuro-behavioraler und physiologischer Gleichgewichtszustände hängt von befriedigenden Beziehungsbindungen ab.

↓

- Grundlegende interpersonale Bezogenheit und soziale Bedürftigkeit sind kein Indiz von Pathologie oder Unangemessenheit

↓

- Soziale Bedürftigkeit hat Einfluss auf die Entwicklung bio-psycho-sozialer Abweichungen.

↓

- Stabile Muster bio-psycho-sozialer Regulationen schlagen sich als überdauernde biologisch-neutrale Struktur psychosozialer Erfahrungen im Gehirn nieder.

↓

- Diese neutrale Struktur hat Einfluss auf Erlebnisverarbeitung, das Sozialverhalten, die sozio-emotionalen Beziehungen und die körperliche Entwicklung.

Abb. 7: Bedeutung sozialer Bindungs- und Beziehungserfahrungen im Zusammenhang mit der Hirnstruktur in Hinblick auf Klinische Sozialarbeit (in Anlehnung an Amini et al. 1996)

Auch menschliche Wesen sind unmittelbar voneinander abhängig, um biologische Selbstregulation und darauf basierendes psychosozial angepasstes Verhalten entwickeln zu können. Das unterstreicht noch einmal die Bedeutung der Fürsorgebeziehung, die in soziale Regulationssysteme eingebettet ist.

Die sozialen Beziehungen und Strukturen beeinflussen grundsätzlich auch die biophysiologischen Zustände der Menschen und formen die biologischen Strukturen in spezifischer Weise. Damit hat die Soziale Arbeit grundsätzlich einen fundamentalen Bezug zum Gesundheitsthema. Die besondere Beziehung zwischen Klient und Berater bedeutet in der Klinischen Sozialarbeit weit mehr als einen kommunikativen Austausch von Informationen oder ein Gespräch, das psychische Vorgänge des Erlebens beeinflussen und Verhaltensänderungen bewirken soll. Die helfende soziale Beziehung ist grundsätzlich eine Bindungsbeziehung, die physiologische Regulationen einschließt und wahrscheinlich unter geeigneten Bedingungen in der Lage ist, neutrale Strukturen zu verändern. Die Wirkungen sozialer Interventionen beruhen aus diesem Verständnis darauf, dass es gelingt, durch eine hilfreiche soziale Beziehung auch biologische Prozesse bei Klienten zu beeinflussen («sozio-somatische» Zusammenhänge). Werden sie als komplexe Fürsorgebeziehung wirksam, sind sie für das biologische, psychologische und soziale Funktionieren und Verhalten des Organismus bedeutsam.

Im Rahmen einer personenbezogenen Klinischen Sozialarbeit erlauben die vorliegenden Ergebnisse gleichrangig neben einer somatischen, psychosomatischen und psychotherapeutischen Behandlung eine soziale Behandlung, wie Abbildung 8 zeigt:

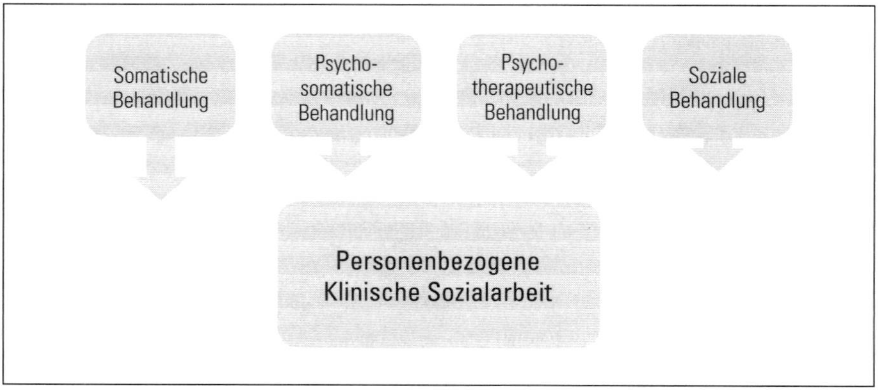

Abb. 8: Wünschenswerte gleichrangige Stellung der verschiedenen Behandlungsebenen einer personenbezogenen Klinischen Sozialarbeit (in Anlehnung an Pauls 2004)

Soziale Beziehungen bestimmen das zwischenmenschliche Handeln. Das wiederum erklärt, warum sich die biologischen und psychologischen Strukturen der Menschen in einer Gesellschaft in tiefer Abhängigkeit von den sozialen Beziehungen entwickeln. Die psychosoziale Behandlung menschlichen Sozialverhaltens bedarf daher immer der Berücksichtigung des Kontextes der sozialen Entwicklungen und der sozialen Situation, die sich immer im Rahmen zwischenmenschlicher Beziehung vermitteln. Bedeutende biologische Funktionen und Strukturen wachsen und werden entsprechend gesellschaftlichen Institutionen – und sie entwickeln sich in Interaktion mit ihnen (Pauls 2004).

Soziale Entwicklung

Im Rahmen gravierender sozialer Wechselwirkungen, die sich in einem dynamischen Prozess kontinuierlich verändern, entwickeln sich Menschen. Ihre Entwicklungen beeinflussen sowohl das Soziale als auch das Biologische; Gesundheit wäre also gleichzusetzen mit einer gesunden Entwicklung. Ein interaktionistisches Entwicklungskonzept lässt den Menschen aktiv seine Umwelt entdecken und strukturieren. Er konstruiert seine Welt (mit). Dieses Denken ist «eng verknüpft mit dem systemischen Denken: der Mensch und seine Umwelt bilden ein Gesamtsystem, beide sind darin aktiv und in ständiger Veränderung begriffen» (ebd., S. 56).

Für eine auf die Entwicklung von neuen und besseren Lebensperspektiven zielende Klinische Sozialarbeit ist eine entwicklungspsychologische Grundorientierung bedeutsam. Diese Zielsetzung basiert auf der Annahme, dass psychosoziale Störungen und sozial verursachte und sozialrelevante Erkrankungen im Kontext sozialer Abhängigkeitsverhältnisse und psychischer Entwicklungsprozesse der Individuen entstehen, verlaufen, wirken, vergehen und neue Formen gewinnen können.

Nachfolgende Aufzählung zeigt Ausschnitte der *Leitlinien eines integrativen systemisch-erfahrungsorientierten Verständnisses menschlicher Entwicklung*, die von besonderer Relevanz für die entwicklungspsychologische Grundorientierung sind:

- «Der Mensch ist ein aktives, selbstgestaltendes Wesen, das in fundamentaler Weise auf soziale Bindungen angewiesen ist und Bindungserfahrungen verinnerlicht.
- Menschen verändern und entwickeln sich im Lebensverlauf.
- Erleben und Verhalten entwickeln sich als kreative Anpassung des Organismus und der Person an die soziale Umgebung.

- Es gibt Spielräume, Chancen und Grenzen für eine Entwicklungsförderung und für individuelle Veränderung im Rahmen sozialer Maßnahmen.
- Die Entwicklung und das Verhalten des Einzelnen vollziehen sich immer in sich historisch wandelnden sozialen und ökologischen Kontexten.
- Die Entstehung psycho-sozialer Störungen ist komplex» (ebd., S. 57 ff.).

Probleme und Störungen, die klinisch-sozialarbeiterischer Interventionen bedürfen, entstehen häufig durch unbefriedigte entwicklungsbezogene Bedürfnisse. Oft sind sie Ergebnis mangelnder Passung zwischen Entwicklungsbedürfnis und den zur Verfügung stehenden Ressourcen der Umgebung oder einer Diskrepanz zwischen positiven Entwicklungschancen und den erlebten Grenzen der Entwicklungsmöglichkeiten. Der historische Wandel von werteorientierten Urteilen und Prognosen, die Verhalten als abweichend stigmatisieren, darf dabei nicht vernachlässigt werden. In der Praxis der Sozialen Arbeit treffen die Fachkräfte stets auf Menschen verschiedener Kulturen und Generationen. Dies ist für die Einordnung/Einschätzung von Problemen und Anliegen mit historischen und soziokulturell unterschiedlichen Werthaltungen und Normen nicht zu unterschätzen.

Montada (1995) betont in diesem Zusammenhang die Berücksichtigung der lebenslangen psychischen Entwicklung. Er formuliert u. a. folgende Fragen, die deren Bedeutung in der klinischen-sozialarbeiterischen Praxis reflektieren:

- Welche entwicklungsbedingten Bedürfnisse sind bei Menschen in unterschiedlichen Lebensaltern und Entwicklungsabschnitten zu erwarten?
- Welche Anforderungen sind in welchem Alter angemessen, in welcher Hinsicht ist Schutz und Schonung geboten?
- In welchen Entwicklungsperioden hat man mit welchen typischen Krisen und Problemen zu rechnen? (Pauls 2004, S. 61)

Für die Auswahl geeigneter, geplanter, begründeter und zielgerichteter klinisch-sozialarbeiterischer Interventionen mit vorhersagbaren Effekten für Persönlichkeitsentwicklungen und Verhaltensänderungen ergeben sich weitere Fragen:

- Ist eine Maßnahme dringend geboten oder überflüssig oder gar schädlich?
- Sollte ein Verbrechen bestraft werden und wie?
- Bei welchen Jugendlichen oder Familien ist ein Erziehungsbeistand sinnvoll? Wo müssen neben erzieherischen auch therapeutische Maßnahmen eingesetzt werden?

Thomae (1968) vertritt in seiner *Biographischen Persönlichkeitstheorie* die Annahme, «dass fast alles, was Form und geronnene Struktur am menschlichen Charakter ist, einmal Geschehen war und dass vieles, was jetzt Geschehnis ist, einmal Form, Haltung, Bereitschaft, Anlage, Triebkraft werden kann» (zit. in Pauls 2004, S. 62). Thomae zeigt auf, dass die Entwicklung und die Persönlichkeit aufeinander bezogen sind und daraus hervorgehen – jedoch in Abhängigkeit von dem individuell Geschehenen und von den individuell gemachten Erfahrungen. Diese Überlegung macht das Fundament des sozialen Zusammenhangs für die Entwicklung der Persönlichkeit offen- und sichtbar.

Thomaes Theorie ist verwandt mit dem Konzept der *Entwicklungsaufgaben* (Erikson 1950, Havighurst 1982). In diesem sind relativ typische Entwicklungsphasen beschrieben, die den Menschen vor Entwicklungsaufgaben stellen und die sie bewältigen müssen. Das Konzept beschreibt die Relevanz der Art und des Erfolgs der Bewältigung für die Formung und Gestaltung der Identität des Menschen.

Das *Konzept der lebenslangen Entwicklung* (Erikson 1980) beschreibt gleichermaßen die Entwicklung der Persönlichkeit «in Abhängigkeit von der Bewältigung zentraler zwischenmenschlicher Herausforderungen. Die jeweilige Entwicklungsphase, die zugehörige spezifische Herausforderung bzw. die Krisenthematik und die zu erringende Tugend bei erfolgreicher Bewältigung werden aufeinander bezogen. Jeder neu gewachsene Teil der Identität wird im Organismus/Umwelt-Feld auf die Probe gestellt und muss dabei die primäre eigene Verletzlichkeit überwinden. Danach folgt der nächste Schritt» (ebd., S. 63).

Entwicklungs- und Lebensaufgaben sind originär sozial definiert. Sie sind Ereignisse der Begegnung und Beziehung, die zu ständigen Formenbildungsprozessen und Umformungen des Selbst und der Identität führen. Zur schöpferischen Anpassung im gesamten Lebenszyklus müssen die Menschen immer wieder ein neues Gleichgewicht zwischen den verschiedenen Komponenten finden. Eine gesunde Entwicklung setzt voraus, die eigene Persönlichkeit und das Selbstbild in förderlicher Auseinandersetzung mit den vom sozialen Umfeld und der persönlichen Reifung gegebenen Entwicklungsaufgaben beständig und dauernd umzugestalten. Menschliche Entwicklung bedeutet Bewegung und Verwandlung (ebd., S. 65). Die Bildung und dynamische Entwicklung eines konsistenten, kohärenten und relativ stabilen Selbstkonzepts über die Lebensspanne erfordert bestimmte Voraussetzungen einer der Gesundheit zuträglichen sozialen und ökologischen Umwelt. Von besonderer Relevanz sind in diesem Zusammenhang die Komponenten Zeit, soziale Bindung und Kohärenz der Lebenserfahrungen. Dem entgegen wird im 21. Jahrhundert von Menschen verlangt, sich permanent flexibel zu verhalten, offen zu sein für kurzfristige Veränderungen, Bereitschaft, Risiken einzugehen, und möglichst unabhängig von alten Regeln und tradierten sozialen Prozeduren zu sein. In diesem Zusammenhang verweist Sennett (1998) darauf, dass «diese Flexibilität Angst erzeugt» (zit. in Pauls 2004, S. 67). Die gesellschaftlichen Bedingungen für die Persönlichkeitsentwicklung werden durch die Anforderung der Flexibilität tief gehend verändert.

Der unmittelbaren psychosozialen Beratung und Behandlung in der Klinischen Sozialarbeit sind immer auch das Selbstbild und die Selbstbewertung der Klienten in Interaktion und Abhängigkeit mit ihren Mitmenschen gegenwärtig. Hinzu kommen die Geschichten der Beziehungen, die sich im Selbsterleben niedergeschlagen haben. Für die hilfebedürftigen Menschen sind langfristige und unterstützende Beziehungen sowie Halt gebende Hilfen besonders wichtig. Sie bieten die Möglichkeit, stabile und «heilende» Verhältnisse der Anerkennung und Achtung im Rahmen professioneller unterstützender Beziehungen erfahrbar und integrierbar werden zu lassen. In diesem Sinne übernimmt und organisiert Klinische Sozialarbeit «kompensatorische Beziehungs- und Selbsterfahrungen im Rahmen von heilender Umweltunterstützung» (Sennett 1998 zit. in Pauls 2004, S. 67 f.). Sie führt im Idealfall zu einem stabilen Selbstkonzept, einem erhöhtem Bewusstsein für die eigene persönliche Bedeutung und einer erweiterten Orientierungs- und Handlungsfähigkeit bei den Klienten. Voraussetzung dafür sind konstruktive Netzwerke mit wirksamen Unterstützungsangeboten entsprechenden Interventionen, die die respektierenden und heilsamen Beziehungserfahrungen herstellen, stützen und aufrechterhalten.

Die Person-in-der-Situation

Das transaktionale Konzept der «Person-in-der-Situation» bzw. «Person-in-der-Umgebung» fokussiert auf das Zusammenwirken von Umgebung und Person. Dabei werden Personenvariablen, Situationsvariablen und die Interaktion zwischen diesen beiden Variablengruppen berücksichtigt. Es handelt sich um eine interaktionistische Konzeption, die die «Verschränkungen, Wechselwirkungen, das Ineinandergreifen von Person und Umwelt in den Mittelpunkt ... stellt» (Lantermann zit. in Pauls 2004, S. 68). Es stellt sich die Frage, wie sich die Situation beschreiben lässt und wie sie von der Person wahrgenommen, gedeutet und verarbeitet wird.

Das Verhalten eines Menschen wird immer auch von seiner eigenen Interpretation der Situationen beeinflusst und bestimmt. Situationen und Umgebungen liefern Reize, die von der Person verarbeitet werden müssen. Mischel (1968) unterscheidet dabei zwei Arten von Situationen. *Starke Situationen* sind so angelegt, dass sie jeden dazu anhalten, sich gleichartig zu verhalten (hoher Situationsdruck). *Schwache Situationen* sind dagegen so angelegt, dass sie nicht jeden zu gleichem Verhalten veranlassen (niedriger Situationsdruck). Interindividuelle Differenzen werden durch starke Situationen minimiert und durch schwache maximiert. Dabei wirkt eine Situation entsprechend der Bedeutung, die ihr eine Person beimisst. Bottenberg (1995) unterscheidet handlungsrelevante Situationen in *objektive Situationen,* mit objektiv messbaren Komponenten, die ein Dritter als Beobachter feststellen könnte, und *erlebte Situationen.* Hier sind die Komponenten subjektive Größen, die von der Person wahrgenommen, erlebt und erfahren werden.

«Situation» ist im Rahmen eines sozialarbeiterischen Blickfelds mehrdimensional:

- Situation als ganzheitliches Erleben und Verhalten, inklusive der nicht bewussten psychischen Vorgänge (bedeutet eine Zwischenstellung zwischen erlebter und objektiver Situation).
- Der psychosoziale Blick auf die Situation schließt in umfassender Weise die dingliche/materielle Umgebung und das soziale Umfeld ein, auch unabhängig von der Wahrnehmung durch das Subjekt.
- Auf der objektivierbaren Ebene sind auch nicht im Erleben repräsentierte leibliche Merkmale zur Situation zu zählen (z. B. Erkrankungen) (Pauls 2004).

Jedes Element einer Situation wie auch eine Situation als Ganzes steht in einem Zusammenhang mit anderen Elementen. Jedes Element gewinnt seine Bedeutung aus dem Gesamtzusammenhang oder dem Kontext, in dem es zutage tritt.

Soziale Arbeit interessiert der soziale Kontext, d. h. die sozialen Rahmenbedingungen und Zusammenhänge, in denen zwischenmenschliches Verhalten gezeigt wird und die das gezeigte zwischenmenschliche Verhalten erst verstehbar machen. Diese Anforderung erschwert den Gegenstand klinisch-psychosozialer Interventionen:

> «Steht der Klinische Sozialarbeiter doch immer in dem Spannungsfeld, über die Wahrnehmungen, Pläne und Entscheidungen der Person hinaus auch die objektiven Lebensbedingungen und die interpersonalen Situationen jenseits von deren Repräsentationen bei der Person selbst in seine diagnostischen Abklärungen und Interventionen einzubeziehen» (ebd., S. 72).

Dorfman (1996) zeigt die grundlegende Bedeutung des vorgestellten Ansatzes auf. Behandlungsbedürftige psychosoziale Probleme und Belastungen sind gleichsam das Ergebnis individueller, sozialer und umgebungsstruktureller Bedingungen. Abweichendes Verhalten stellt eine Reaktion der Person sowohl auf soziale Bedingungen der Umgebung als auch auf die eigenen psychischen Dispositionen dar. Dabei gelten die Bedingungen der Umgebung und die eigenen psychischen Dispositionen nicht zur Rechtfertigung für normabweichendes Verhalten. Die Verantwortung für die eigene Lebens-, Problem- und Krankheitsbewältigung bleibt stets beim Klienten; Schuldzuweisungen oder die Abgabe der Verantwortung an andere finden in diesem Ansatz keine Bedeutung. Klinische Sozialarbeit hat es, in Abgrenzung zur Klientel psychologischer Psychotherapie, häufig mit Menschen zu tun, die sich aufgrund sozialer Ungleichheit dauerhaft in benachteiligten, defizitären sozialen und materiellen Umgebungen befinden. Von diesen Umgebungen geht ein starker Situationsdruck aus. Extreme Lebenssituationen rufen psycho- und soziopathologische Reaktionen hervor. Vor dem Hintergrund extremer Bedingungen erscheinen sie oft als nachvollziehbare und an sich normale Reaktionen auf extrem unglückliche Lebensumstände, Situationen und Lernbiografien von Klienten.

Individuum und soziale Umwelt stehen in einer strukturellen Kopplung zueinander. Keine der beiden Einheiten kann ohne die andere existieren. Eine Kopplung aller Strukturelemente, im Sinne wechselseitiger Beeinflussung von Individuum, sozialem Kontext und physikalischer Welt, ist erforderlich. Für die Handlungslehre Klinischer Sozialarbeit resultiert daraus die Aufgabe, diese Ebenen mit ihren Wechselwirkungen zu konkreten Ansatzpunkten der Intervention mit entsprechenden Strategien und Methoden zu entwickeln.

Solche Ansatzpunkte sind:

- das Individuum mit seinen Bedürfnissen und Intentionen, seinen subjektiven Wahrnehmungen und Bewertungen und Handlungsmustern,
- die sozialen Beziehungen mit ihren Kommunikationsmustern und Interpretationen im Rahmen von Interaktionsstrukturen, interindividuellen Bindungen, sozialen Beziehungsnetzen und Unterstützungssystemen im Rahmen des gesellschaftlichen Kontextes, die für die Bewältigung von Lebens- und Entwicklungsaufgaben die wichtige Funktion der sozialen Unterstützung haben,
- die leiblich-biologische Dimension des Individuums, deren Befindlichkeit subjektiver und sozialer Interpretation bedarf,
- die objektiven Bedingungen der gesellschaftlichen Institutionen und Strukturen mit ihrer Chancenstruktur, Unterstützungssystemen und Defiziten,

- die materielle und physikalische Umwelt mit ihren objektiven, aber nur gesellschaftlich interpretativ und aspekthaft rekonstruierbaren Lebensbedingungen (Pauls 2004).

Auf der gesellschaftlichen und individuellen Wirklichkeit eines Hilfebedarfs stehen den komplexen Anforderungen einer klinisch-sozialarbeiterischen Praxis Konzepte mit begrenzter Reichweite zur Verfügung. Angemessen ist daher eine ausreichende Methodenvielfalt auf der Grundlage eines hinreichend kohärenten integrativen Handlungskonzepts.

Die Perspektive auf die Person-in-der-Situation bedarf eines Gesundheits- und Krankheitsverständnisses, das sowohl dem zugrunde liegenden bio-psycho-sozialen Ansatz gerecht wird als auch ökosoziale Aspekte einbezieht. Diese Überlegung führt in der Konsequenz dazu, dass die traditionelle Dichotomisierung zwischen «außermedizinischen» und «medizinischen» Bereichen mit ihrer Zuständigkeit für akute und chronische Erkrankungen und Behinderungen körperlicher und psychischer Art überwunden werden müssen. Weiter folgt aus dieser Überlegung, «das Gesundheitswesen muss sozialer werden, das Sozialwesen klinisch kompetenter» (Pauls 2004, S. 76).

Gesundheit und Krankheit

Bestimmte Beschwerden, Störungen, Symptome und Behinderungen lassen einen Menschen krank werden, krank sein oder sich krank fühlen. Er ist aber niemals nur oder ganz krank. Die sozialen Lebensumstände, die dadurch mit bedingte psychische Befindlichkeit und das Verhalten nehmen in bedeutsamem Ausmaß Einfluss auf die psychische und körperliche Gesundheit. Im November 1986 wurde die Ottawa-Charta verabschiedet, die ein umfassendes positives Gesundheitskonzept beschreibt. Entscheidende Merkmale dieses Gesundheitskonzepts sind der präventive Ansatz, die grundsätzliche Gemeindeorientierung, das Konzept des Empowerments und der sozialökologische Ansatz.

Die WHO beklagt die sogenannte «treatment gap» (Behandlungs-Kluft) in Bezug auf seelische Gefährdungen und Erkrankungen, die durch multiple psychosoziale, sozioökologische und ökonomische Beeinträchtigungen hervorgerufen werden. Neben Veränderungen in unseren Gesundheits- und Sozialsystemen bedarf es auch einer Modifizierung bestehender Formen klinisch-sozialer Behandlung. Erst ein solcher Ansatz schafft die Voraussetzungen, um den Anspruch einer, dem bio-psycho-sozialen Modell impliziten, komplexen Problemwahrnehmung und integrativen Problembearbeitung gerecht zu werden. «Die potenzielle Gleichrangigkeit der drei Systemebenen in Fragen von Gesundheit und Krankheit findet nämlich derzeit keine Entsprechung in der Versorgung und Behandlung von Patienten. Die soziale Systemebene wird dort weder systematisch in den Blick genommen, noch systematisch bearbeitet» (Kleve & Ortmann 2000, S. 117).

In der auf Leistung zielenden Gesellschaft wird psychosoziale Bedürftigkeit nicht geschätzt. Sie wird vielmehr selbst zu einem weiteren Problem, das Spannung und Stress sowohl bei der kranken Person als auch bei den Angehörigen und sonstigen Bezugspersonen erzeugt (Pauls 2004).

Das *biomedizinische Denken* ist pathogenetisch ausgerichtet und orientiert sich an Krankheiten. Die auftretenden Symptome werden durch organische Defekte erklärt. Der Krankheitsbegriff der biologisch ausgerichteten Medizin definiert Krankheit als Störung, als gestörte Struktur, als gestörtes Leben, die es zu beseitigen gilt. Störung wird auch als Ereignis betrachtet, das durch fremdes Eingreifen beseitigt werden kann. Die Therapie besteht zum Beispiel im Beseitigen von Störungen durch Vernichten von Bakterien, chirurgische Eingriffe, Ersetzen defekter Gene, Beseitigung äußerer oder innerer Stressoren. Das aus dem biomedizinischen Krankheitsmodell hervorgegangene Krankheitsverständnis hat in vielen Bereichen zu großen medizinischen Fortschritten geführt. Es gibt eine Fülle von Erkrankungen, bei denen eine «konsequente kausal-lineare Haltung lebensrettend sein kann» (Pauls 2004, S. 84). Dennoch sieht sich das Krankheitsmodell immer häufiger der Kritik ausgesetzt. Kritiker führen an, dass die Krankheit durch diagnostische Objektivierung und darauf basierender Elimination oder Modifikation des krank machenden Faktors beseitigt werde. Der Kranke mit seinem Erleben, seinem Verhalten und seiner sozialen Umwelt werde ausgeklammert und entsprechend seinen Symptomen entpersonalisiert. Subjektivität und soziale Beziehungen würden als Störfaktoren angesehen. Das Gesundheitsverständnis das sich über die Abwesenheit von mechanisch verstandenen Krankheiten definiert, versperre den Blick auf den Menschen mit seiner Geschichte und seinem sozialen Lebenszusammenhang. Der geltende biomedizinische Krankheitsbegriff lässt weder Raum für einen eigenständigen psychosozialen Begriff von Gesundheit noch für bio-soziale Krankheitsmodelle. Das bestehende Gesundheitssystem blendet soziale, psychische und ökologische Wechselwirkungen weitestgehend aus. Die Klinische Sozialarbeit jedoch bedarf eines Modells, in dem sich die multifaktorielle Problematik der Klienten wiederfindet und in dem das Behandlungskonzept die gesellschaftliche Einbettung des psychosozialen Menschen einschließt (ebd.).

Bio-psycho-soziales Denken

In den 1950er-Jahren begann die Erforschung von Risikofaktoren. Gezielt wurden auch soziale und psychologische Faktoren mit berücksichtigt. Im Rahmen dieser bio-psycho-sozialen Sicht wurden neben anderen zum Beispiel genetische Dispositionen, soziale Schicht, kritische Lebensereignisse oder gesundheitsschädigendes Verhalten einbezogen.

Auf der Grundlage des Risikofaktorenmodells wurde die Entwicklung einer Konzeption präventiver Gesundheitsmaßnahmen und der Gesundheitsförderung möglich. Setzte man früher auf hygienische Versorgungsmaßnahmen und Massenimpfprogramme, so wird nun die Vermeidung kontext- und lebensverhältnisbezogener Risikofaktoren angestrebt.

Engel (1977) formulierte in den 1970er-Jahren das bio-psycho-soziale Krankheitsmodell. Es beinhaltet neben den klassisch somatischen auch psychosoziale Faktoren zur Begründung von körperlichen Erkrankungen (vgl. Abb. 9). «Der Grundgedanke dieses Modells besteht darin, dass alle drei Bedingungen – die biologisch-organische, die psychische und die soziale – in sich kontinuierlich ändernden Wechselbeziehungen stehen und aus diesen Faktoren und deren Veränderungen sich Entwicklung und Verlauf von Störungen erklären lassen» (Jungnitsch 1999, S. 31, zit. in Pauls 2004, S. 86). Der Mensch ist in dieser Sicht ein Teil umfassender Systeme, stellt aber seinerseits wiederum selbst ein System dar, das aus vielen Subsystemen besteht.

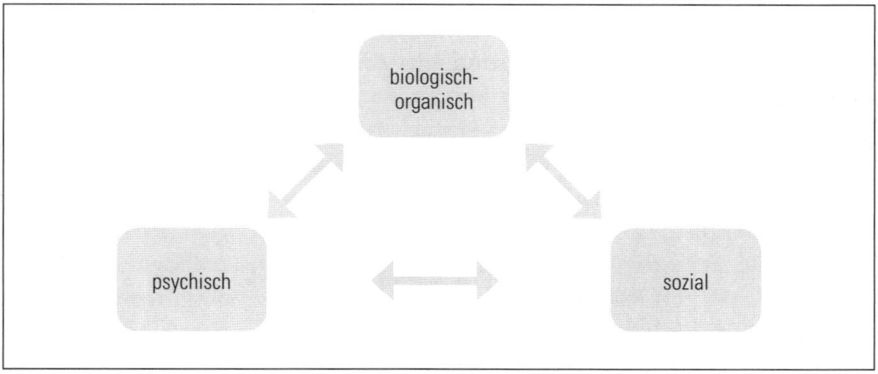

Abb. 9: Das bio-psycho-soziale Krankheitsmodell (in Anlehnung an Engel 1977)

Schützende Ressourcen des Organismus sind gleichermaßen von Bedeutung wie eine gegebene Vulnerabilität. Vielfältige Zusammenhänge und Verknüpfungen zwischen psychosozialen Belastungen, psychosozialen Bewältigungsressourcen, immunologischen und hormonalen Reaktionen zeigt die psychobiologische und psycho-neuro-immunologische Forschung auf; über psychophysiologische Vorgänge können die Zusammenhänge und Verknüpfungen zu Erkrankungen führen.

Die Einbeziehung dieser sozialen Variablen hat eine Veränderung des Gesundheits-Krankheits-Verständnisses gefördert, und zwar von einem weniger sozialen Krankheits-Verständnis hin zu einem sozialen.

Kritik am bio-psycho-sozialen Modell äußern Hurrelmann und Laaser: Für sie steht auch in diesem Modell mehr die Krankheits- denn die Gesundheitsforschung im Vordergrund. Eine Erforschung der Gesundheitsdynamik werde nicht geleistet im Gegensatz zur Krankheitsdynamik. Das bedürfe eines Paradigmenwechsels, aber mindestens einer Erweiterung des Modells, welche neben den Risiko- auch die Schutzfaktoren mit einbeziehe. «Ein Paradigmenwechsel würde eine Umkehr der Fragestellung der Krankheitswissenschaften einleiten, indem die Faktoren analysiert werden, die Gesundheit bewirken» (zit. in Pauls 2004, S. 89).

Salutogenese

Man ist nicht entweder gesund oder entweder krank. Krankheit und Gesundheit sind nicht sich einander ausschließende dichotome Pole. Der Mensch bewegt sich vielmehr auf einem Gesundheits-Krankheits-Kontinuum, vgl. Abbildung 10:

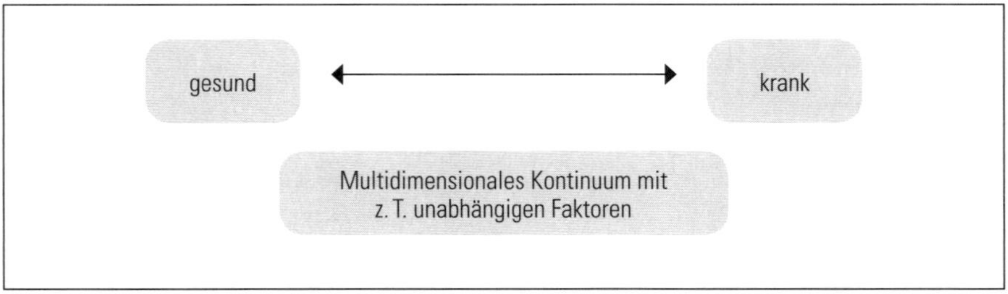

Abb. 10: Multidimensionales Kontinuum von Gesundheit und Krankheit (in Anlehnung an Antonovsky 1997)

Das positiv formulierte Konzept der Salutogenese wurde von dem israelisch-amerikanischen Medizinsoziologen Aaron Antonovsky in den 1970er-Jahren als Gegenbegriff zur primär defizitorientierten Pathogenese entwickelt (BZgA 2001). Das Modell beschreibt Gesundheit nicht als Zustand, sondern als Prozess, bei dem das Hauptmerk auf dem Genesungsweg liegt. Der Blick richtet sich nicht ausschließlich auf die Bekämpfung krank machender Einflüsse. Vielmehr geht es um die Stärkung von Ressourcen, um den Organismus gegen schwächende Einflüsse widerstandsfähiger zu machen (Antonovsky 1997). Zur Verdeutlichung des Konzepts der Salutogenese bedient sich Antonovsky der Flussmetapher.[5]

Antonovsky geht davon aus, dass der Mensch ständig den Kräften der Entropie (Tendenz zum Zustand völliger Unordnung) ausgesetzt ist. Lebensprozesse verfügen über Wirkkräfte gegen die Entropie. Diese negative Entropie entsteht, wenn es gelingt, gegen die Tendenz zu Chaos und Unordnung Zustände höherer Ordnung zu schaffen. Der ständige Druck in Richtung Unordnung und Heterostase ist ein grundsätzliches Charakteristikum eines jeden lebenden Organismus, daher ist gesundheitliche Abweichung und Krankheit kein unnormales Ereignis, als die es die pathogenetische Sicht darzustellen versucht, sondern vielmehr als aktive Adaption «an eine unweigerlich mit Stressoren angefüllte Umgebung» zu werten (Antonovsky 1997, S. 27). Diese Aussage bildet die Basis für Antonovskys Fragestellungen:

- Warum bleiben Menschen trotz vieler potenziell gefährdender Einflüsse relativ gesund?
- Wie werden Menschen wieder relativ gesund?
- Welche Faktoren tragen dazu bei, dass manche Menschen, deren Position auf dem Gesundheits-Krankheits-Kontinuum dauerhaft zum Krankheitspol verschoben ist, sich dennoch gesünder fühlen und ein zufriedeneres Leben führen können als andere?

Die Salutognese blickt und sucht nach Bewältigungsfähigkeiten und Copingmechanismen, die direkt der Gesundheit zugutekommen. Im Zentrum der Aufmerksamkeit stehen die Copingressourcen. Die Antwort auf seine Frage-

5 Er sieht den Fluss als Strom des Lebens – Menschen schwimmen im Fluss voller Gefahren. Die pathogenetische Medizin versucht, den Ertrinkenden aus dem Fluss zu retten. Antonovsky stellt sich jedoch die Frage, wie man aus den Menschen gute Schwimmer (Überlebende) machen kann. Die individuelle Fähigkeit zu schwimmen (leben) entspricht einer Persönlichkeitseigenschaft.

stellungen, warum sich Menschen auf der positiven Seite dieses Gesundheits-Krankheits-Kontinuums befinden oder warum sie sich auf den positiven Pol hin bewegen, gibt das Konzept des Kohärenzgefühls (Sense of Coherence). Es stellt gleichzeitig das Kernstück des salutogenetischen Modells dar.

Das Kohärenzgefühl drückt aus, in welchem Maße der Mensch ein durchdringendes, dynamisches Gefühl des Vertrauens besitzt, welches die Anregungen und Reize, die sich im Laufe des Lebens aus der inneren und äußeren Umgebung ergeben, strukturiert, vorhersehbar und erklärbar macht. Es ist ein Maß dafür, inwieweit dem Einzelnen Ressourcen zur Verfügung stehen, um den Anforderungen, die ebendiese Anregungen und Reize stellen, zu begegnen (Antonovsky 1997). Das Kohärenzgefühl setzt sich aus drei Komponenten, die Abbildung 11 zeigt, zusammen:

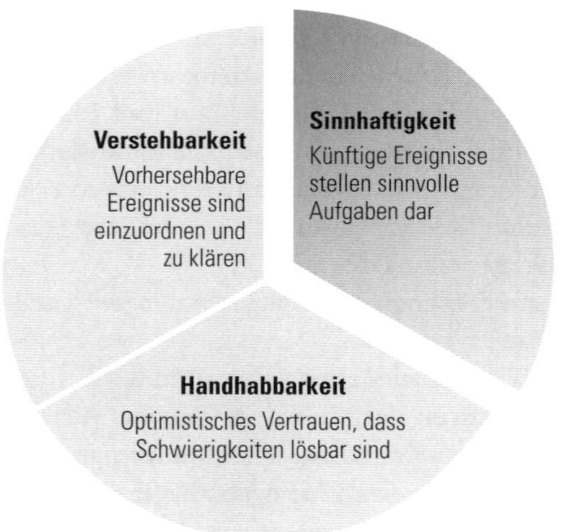

Abb. 11: Drei Komponenten des Kohärenzgefühls (in Anlehnung an Antonovsky 1997)

Die Komponente Sinnhaftigkeit ist dabei die bedeutsamste. Selbst bei hoher Ausprägung der beiden anderen sind sie ohne die erlebte Sinnhaftigkeit nur von kurzer Zeit (Antonovsky 1997); es kann sich kein hohes Kohärenzgefühl einstellen. Ein Mensch ohne Erleben von Sinnhaftigkeit, wird das Leben eher als Last empfinden und jede Herausforderung als Qual (ebd.).

Das Kohärenzgefühl beschreibt einen Sinn, eine Empfindung, ein Gefühl, ein Verständnis, eine Bedeutung oder auch eine Ansicht in Bezug auf einen

Zusammenhang oder eine Stimmigkeit. Es formuliert ein kognitives Raster im Sinne eines Wahrnehmungs- und Beurteilungsmusters. Das Kohärenzgefühl stellt keine spezielle Coping-Strategie dar. Vielmehr wird es als eine generelle Bewältigungsressource betrachtet. Es ist der entscheidende Prädiktor für die gelungene Bewältigung von belastenden Situationen und damit für Gesundheit (Wydler et al. 2000). Ein starkes und positives Kohärenzgefühl befähigt den Menschen, situations- und belastungsangemessen zu reagieren. Er ist in der Lage, aus seinem Repertoire generalisierter Widerstandsressourcen geeignete Mittel auszuwählen. Aber Belastungen und Risiken sind nicht zu vermeiden, sondern gehören vielmehr elementar zum Leben. Sie können in lebens- und gesundheitsfördernder Weise wirken, ebenso wie in krankmachender Weise (vgl. Flussmethaper).

Antonovsky steht gegenüber den Möglichkeiten langfristig positiver Veränderung des Kohärenzgefühls im Rahmen professioneller Interventionen skeptisch und zurückhaltend gegenüber. Für die klinischsozialarbeiterische Interventionskompetenz empfiehlt Antonovsky, die Experten-Kranken-Begegnung wie folgt zu gestalten:

- Keinen Schaden zufügen!
- Betroffene sollen sich als konsistent erleben!
- Möglichkeit eröffnen, verbessernde Erfahrungen zu identifizieren und im Sinne des Kohärenzgefühls zu fördern!

Psychosoziale Belastung und soziale Unterstützung

Zentrale Merkmale der psychosozialen Gesundheit sind der richtige Umgang mit Belastungssituationen sowie die konstruktive Art ihrer Bewältigung. Belastungen/Stressoren sind immer ein Ereignis von Faktoren der Lebenslage und der Lebensweise (Verhältnisse und Verhalten). Man kann Typen von Menschen im Umgang mit Belastungssituationen sowie belastende Situationen unterscheiden:

Es gibt Belastungen, die durch ihr objektives Ausmaß auch psychisch belastbare Personen in Krisen stürzen. Menschen, die besonders verwundbar sind, nicht über angemessene Kompetenzen zur Belastungsbewältigung und/ oder über zu wenig protektive Ressourcen (helfende, schützende, psychische, soziale oder materielle Unterstützungsquellen) verfügen, können aber bereits bei geringeren Belastungen in Krisen geraten. Auch Unterforderung kann belastend sein und zum Stressor werden.

Stress wird grundsätzlich als ein Gefüge belastender Faktoren betrachtet, die auf einen Einzelnen einwirken. Eine Belastung löst bestimmte Funktionen der Person bzw. des Organismus aus. Dieser Vorgang beeinflusst in der Regel die physische Befindlichkeit, die körperlichen Reaktionen und das soziale Verhalten.

Der Beitrag Sozialer Arbeit im Gesundheitswesen besteht, simpel formuliert, lediglich darin, den Einzelnen dabei zu unterstützen, Belastungen zu reduzieren oder zu vermeiden, um Stress und darauf zurückzuführende Störungen, Dysfunktionen und Erkrankungen zu beseitigen. Es wird erwartet, dass die direkte Einflussnahme auf eine soziale Situation die Belastungssituation und damit Stress für den Betroffenen reduziert. Dieser Ansatz entspricht jedoch nicht einem differenzierten psychosozialen Behandlungsmodell Klinischer Sozialarbeit (Pauls 2004).

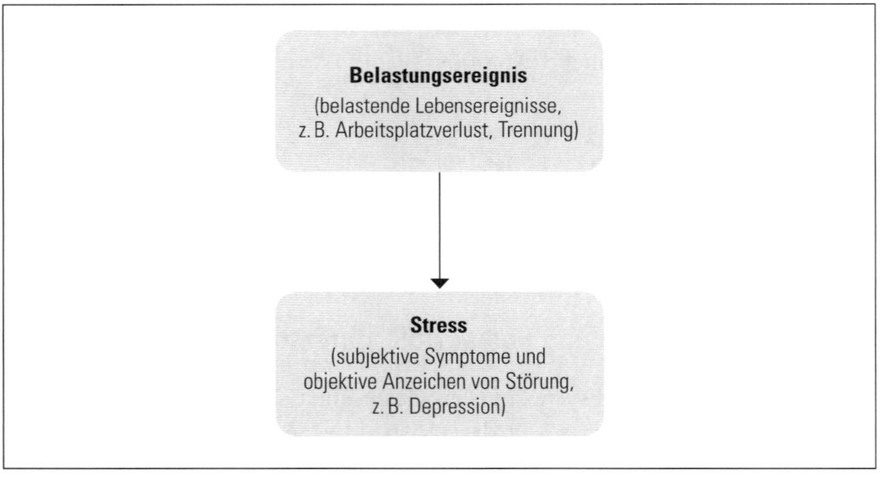

Abb. 12: Die verkürzte Sicht der Verbindung zwischen Belastungsereignis und Stress bis Anfang der 1970er-Jahre (Pauls, 2004, S. 98)

Das nachfolgende Modell (vgl. Abb. 13) eröffnet dagegen im Sinne eines differenzierten psychosozialen Behandlungsmodells der Klinischen Sozialarbeit ein weites Spektrum beratender, unterstützender und therapeutischer Optionen: Ziel ist es, vorhandene und bestehende Mittel, Kompetenzen, Fertigkeiten und Ressourcen der Individuen in ihrer Umgebung zu verbessern, um durch sie Belastungen bewältigen zu können.

Psychosoziale Gesundheit, Stressbewältigung und Stressprophylaxe betreffen:

- die individuelle innerpsychische Belastungsbewältigung,
- die Widerstandsressourcen und Widerstandsfähigkeit,
- die sozialen Beziehungen sowie die Lebens-, Wohn- und Arbeitsbedingungen,
- den biologischen Status und die ökonomische Situation.

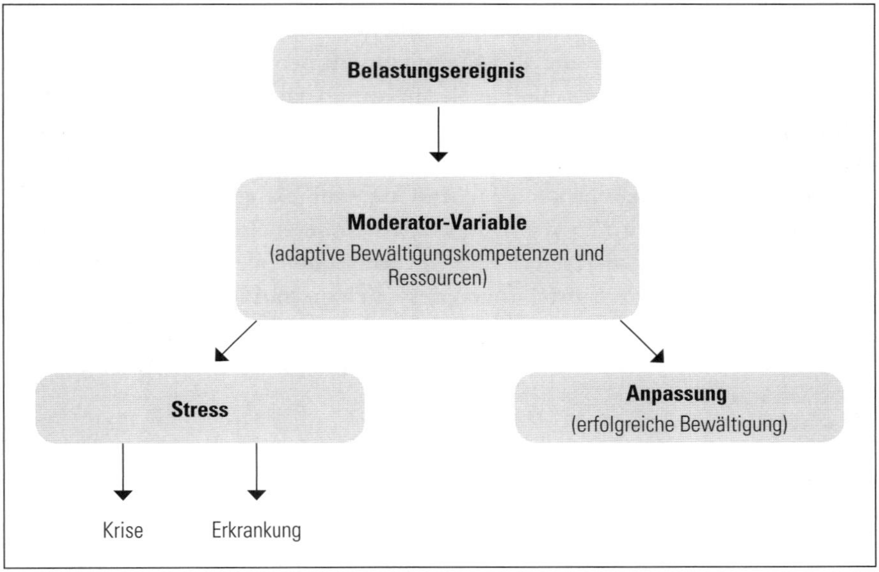

Abb. 13: Psychosoziales Behandlungsmodell Klinischer Sozialarbeit (Pauls 2004, S. 98)

Klinisch sozialarbeiterische Beratung und Hilfen zielen auf die Bewältigung von Belastung und Abbau von Stress. Dazu setzen sie neben der psychischen und sozial-emotionalen Ebene gleichermaßen auf der sozialökologischen und der materiellen Ebene (konkret objektiv) an. Ein belastendes Ereignis geschieht immer in einer konkreten Situation. «Klinisch-sozialarbeiterische Intervention findet häufig in solchen psychosozialen Problembereichen statt, die durch besonders belastende objektive Belastungsbedingungen der Lebenssituation gekennzeichnet sind» (Pauls 2004, S. 100). Daher sind Komponenten der Belastungssituation und Merkmale der Belastungsverarbeitung zu unterscheiden, insbesondere daher, weil Klinische Sozialarbeit über die psychische Beeinflussung hinausgehend konkrete Interventionen zur Beeinflussung der Lebensbedingungen und der Belastungssituation beinhaltet, zum Beispiel durch aufsuchende Maßnahmen oder grundlegende Veränderung des Aufenthaltsorts (Pauls 2004).

Stressmoderator: Soziale Unterstützung

Die Klienten der Klinischen Sozialarbeit sind in ihrem alltäglichen Leben vielfältigen Belastungen und Beeinträchtigungen ausgesetzt, die eng mit den Stärken und Schwächen ihres sozialen Netzwerks und ihren individuellen Bewältigungsmöglichkeiten und Ressourcen zusammenhängen. Von besonderer Relevanz für die Belastungsdiagnostik und die sozialarbeiterischen Hilfen zur Bewältigung der Belastung ist es daher, die komplexen und vielschichtigen Wechselwirkungen zwischen den Merkmalen sozialer Netzwerke, dem ihnen impliziten Unterstützungspotenzial und der subjektiven Belastungsbewältigung offensichtlich zu machen. Das Verstehen dieser Zusammenhänge bildet die Basis klinisch-sozialarbeiterischer Interventionen, gleichsam unter Berücksichtigung der sozialen Einstellungen der Klienten und ihrer Bereitschaft und auch Fähigkeit, soziale Unterstützung anzunehmen (ebd.).

Verschiedene Arten und Ansatzpunkte sozialer Unterstützung zeigt Abbildung 14:

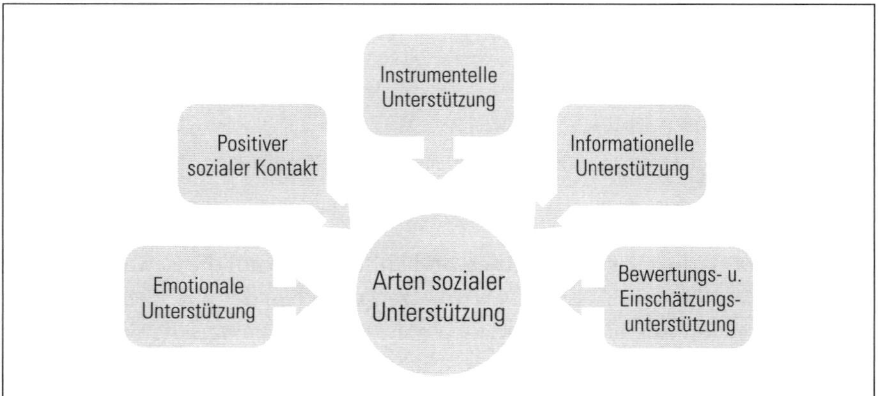

Abb. 14: Verschiedene Arten und Ansatzpunkte sozialer Unterstützung (in Anlehnung an Pauls 2004)

Die Absicherung im Netz der bekannten und auch vertrauten Sozialkontakte wirkt sich grundsätzlich positiv auf das psychosoziale Wohlbefinden aus. Es bietet jedoch keine Gewähr für entsprechend angemessene Unterstützung bei ernsten Belastungen. Pauls (2004) ergänzt dazu weiter: «Die Gegenwart eines anderen Menschen schützt das Individuum vor den schädigenden Auswirkungen möglicher Stress auslösender Faktoren. Menschen, die Belastungssituationen ausgesetzt sind, erfahren geringere schädigende Wirkungen auf ihre Gesundheit und ihr Wohlbefinden, wenn sie mit signifikanten anderen zusammen sind oder wissen (glauben), dass sie Zugang zu unterstützenden Bezügen haben» (S. 104).

Erforschungen der Interaktionseffekte zwischen sozialer Unterstützung und Bewältigung (Coping) haben Heller et al. (1986) durchgeführt (vgl. dazu auch Abb. 10). Im Mittelpunkt der Untersuchung stand die Bedeutung der Einschätzung, die die Einzelnen in Bezug auf ihre soziale Unterstützung machten. Schulz-Steinmann ging gleichermaßen vor:

> «Die erweiterte Perspektive definiert den Begriff Stress als Unfähigkeit einer Person, mit der Diskrepanz zwischen Bedürfnissen und Bedürfnisbefriedigung verhindernden sozialen Lebensumständen zurechtzukommen. Die Angst des Individuums, in bedrohlichen Umweltsituationen keine Handlungsmöglichkeiten zu haben und dieser Situation nicht entgehen zu können, ist der pathogene Anteil Stress. Der Umgang mit Stress beruht auf der individuellen Biographie, der Art und Weise der sozialen Unterstützung und der Art und Weise, Belastungen individuell zu verarbeiten (Coping). Stress kann in Folge von chronischen Anspannungen, z. B. durch Rollenkonflikte und Rollenambiguitäten wegen Doppelbelastungen durch Arbeit und Haushalt, durch anstrengende körperliche und nervliche Arbeitsbedingungen… auftreten. Auch Dauerarmut kann zu Stress und zum Absinken der Lebensenergie führen. Stress ist eine (archaische, anthropologisch konstante) subjektive Reaktionsweise, die jedoch stark von der Situationseinschätzung des Individuums abhängt» (Schulze-Steinmann 1996, S. 100, zit. in Pauls 2004, S. 111).

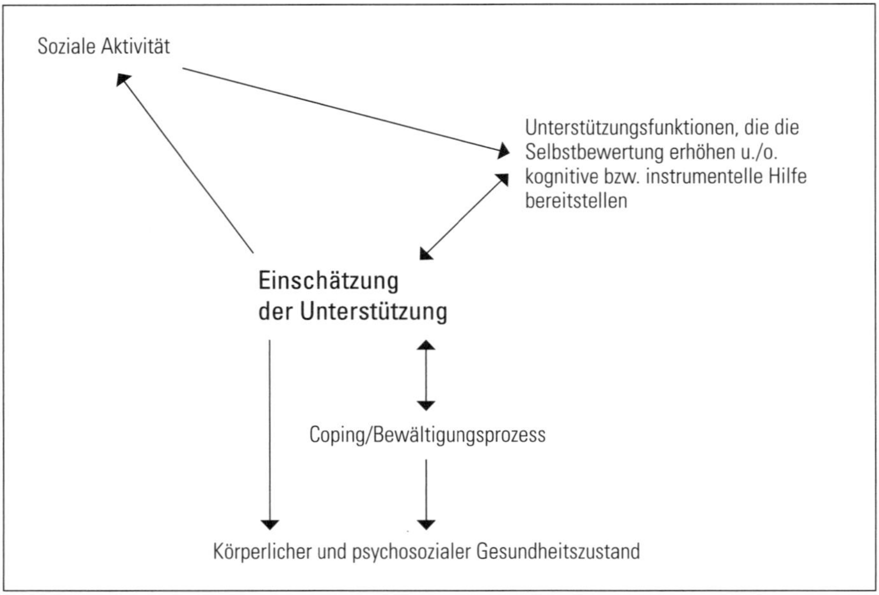

Abb. 15: Das Modell von Heller et al. (1986) rückt die Bedeutung der individuellen Wahrnehmung und Einschätzung der zur Verfügung stehenden sozialen Unterstützung in die Aufmerksamkeit. (Pauls 2004, S. 111)

Diese Sichtweise ist für die Klinische Sozialarbeit von großer Bedeutung; ist schließlich ein Schwerpunkt der Klinischen Sozialarbeit, auf die Bedeutung der individuellen Bewertungen und Einschätzungen der Klienten in Bezug auf angebotene Hilfen (und damit auf die individuellen Verarbeitungsfähigkeiten insgesamt) aufmerksam zu machen. Das Modell zeigt fundamentale Parallelen/Gemeinsamkeiten von Stressbewältigung und sozialer Unterstützung auf. In der Praxis der Klinischen Sozialarbeit in Beratung und psychosozialer Therapie sind beide Dimensionen zugleich zu beachten und in die Behandlung einzubeziehen (Pauls 2004).

3.2 Stellung der Sozialen Arbeit im Gesundheitswesen

Besonders in klar definierten Arbeitsfeldern (Gesundheitsdienst, Sozialdienst in Kliniken, Suchtberatung, Rehabilitation) war die Frage nach Gesundheit oder Krankheit in der Sozialen Arbeit immer von Bedeutung. Dies begründet sich respektive mit der Ganzheitlichkeitsperspektive (Gödecker-Geenen 2003).

Die Beziehung zwischen der Sozialen Arbeit und Medizin war wegen der ausschließlichen Fokussierung der Medizin auf somatische Aspekte und der entgegenstehenden Forderung der Sozialen Arbeit nach Berücksichtigung auch anderer Variablen immer problematisch. Hinzu kam, dass aufgrund der Verortung der Disziplinen in der Hierarchie der Hilfesysteme die Medizin deutlich höhere Machtanteile und Möglichkeiten der Einflussnahme hatte und aus dieser Position heraus erfolgreich die eigenen Überlegungen zur Basis und Voraussetzung für gemeinsames kooperatives Handeln machen konnte. Die Soziale Arbeit fand sich, übrigens nicht unverschuldet, teilweise resignierend, sich zur Verfügung stellend oder um Akzeptanz werbend, an den Rand der Hilfesysteme gedrängt. Dieser Zustand war aus sozialarbeiterischer Sicht kaum zu ändern, zumindest solange man sich mit mächtigen Professionen konkurrierend erlebte (Geißler-Piltz et al. 2005). Im Verlauf der 60er-Jahre entwickelte sich eine neue Sicht der Medizin auf die Krankheit bzw. auf die Gesundheit. Die reine Suche nach Krankheitsursachen wurde zunehmend kritisch gesehen. Der Kranke wurde nun mehr als handelndes und leidendes Subjekt in der ihm eigenen Lebenswelt betrachtet und behandelt, was eine veränderte und erweiterte Diagnostik, ein breiteres Angebot an sich ergänzenden Hilfemaßnahmen und eine verstärkte Kooperation mit anderen Professionen erforderte. Die Gesundheitspolitik bleibt bis heute aus ökonomischen Gründen (Relevanz der Beitragssatzstabilität) oft hinter den fachlichen Standards zurück. Verkürzte Liegezeiten bedingen eine stärkere Verzahnung von Diensten und Einrichtungen des Gesundheitswesens und einer tragfähigen Nachsorge. Diese veränderten fachlichen und politischen Bedingungen bergen Chancen für die Klinische Sozialarbeit, sie bedarf dazu jedoch unbedingt der theoretischen Fundierung.

Klinische Sozialarbeit muss, um diese Chancen zu wahren, überzeugend ihre besonderen Kompetenzen darstellen, sich gegenüber rivalisierenden Berufen durchsetzen und den Nutzen der Integration von Klinischer Sozialarbeit in die Behandlung dokumentieren (DGS 2001; Gödecker-Geenen 2003).

Klinische Sozialarbeit steht für eine spezialisierte Fachlichkeit sozialer Beratung und Behandlung im Gesundheitswesen (Geißler-Piltz et al. 2005). Ein Vergleich zwischen der Situation in den USA und in der BRD:

Situation in den USA: In den 60er-Jahren spaltet sich die Soziale Arbeit in zwei Grundrichtungen auf: Zum einen entwickelte sich eine Sozialarbeit mit gesellschaftspolitischer Orientierung und mit Engagement für soziale Reformen, zum anderen bildete sich eine Sozialarbeit mit Klienten in den Arbeitsformen der «direct practice» aus. Aus diesem Zweig reifte das Clinical Social Work. Die Klinische Sozialarbeit stellt in den USA seit 1980 die größte Berufsgruppe innerhalb der ambulant tätigen Therapeuten. Diese bieten «Psychotherapie plus», da sie die Lebenssituation des Klienten einbeziehen (Mühlum 2002; Pauls 2004).

Situation in Deutschland: Bereits früher gab es klinische Aspekte der Sozialen Arbeit. Die historische Verankerung der europäischen Sozialen Arbeit begründet sich im Armuts- und Gesundheitswesen (Mühlum 2002). Heute definiert sich Soziale Arbeit in Krankenhäusern und Rehabilitationskliniken meist über die Themen Rehabilitationsberatung, Beratung zur Pflege und Versorgung sowie Einleiten von Maßnahmen und Erstellen von Anträgen. Dabei fehlen grundsätzliche Beschreibungen der Beratungsleistung, Beratungsgrundlagen und Beratungsergebnisse. Der Schwerpunkt der Sozialen Arbeit im Krankenhaus liegt auf den administrativen Kompetenzen (Vermittlung, Beratung zu Sozialrechtsfragen) (Gödecker-Geenen & Weis 2002).

Körperliche, seelische und soziale Gesundheit bedeutet:

- konstruktive Sozialbeziehungen
- befriedigte Grundbedürfnisse
- angemessene Befriedigung persönlicher Bedürfnisse
- Anpassung der Lebensgestaltung an die Umwelt
- Sinnerfüllung
- Einklang mit biogenetischen und physiologischen Potenzialen und körperlichen Möglichkeiten

(Hurrelmann 2000, zit. in Ansen 2000, S. 103)

Die Bedingungen und strukturellen Gegebenheiten in Krankenhäusern, Rehabilitationskliniken und Einrichtungen des Gesundheitswesens haben sich verändert: Psychosoziale Aspekte treten in den Hintergrund und monetäre Aspekte dominieren Entscheidungen über den Behandlungsverlauf. Der einzelne Patient wird zur Fallpauschale, und seine Verweildauer verkürzt sich. Die in der Sozialen Arbeit Tätigen stellen Fachkräfte an den Schnittstellen dar und laufen dabei Gefahr, zu «Patientenverschickern» zu werden (Ansen 2000).

Sozialökonomische Voraussetzungen spielen eine Rolle bei Entstehung und Verlauf von Krankheiten, die Zusammenhänge zwischen sozialer Lage und Gesundheit sind empirisch eindeutig belegt. Dazu die Bundesregierung 2001: «Die Wahrscheinlichkeit, einen schlechten Gesundheitszustand zu haben, ist für beide Geschlechter in der Unterschicht mehr als doppelt so hoch.»

Dazu liegen zwei Erklärungen vor: Die *Selektionshypothese* beschreibt, dass krankheitsbedingte Einkommensverluste und Erwerbsminderungen einen sozialen Abstieg auslösen. Die *Kausalitätshypothese* geht davon aus, dass Lebensbelastungen in sozial benachteiligten Bevölkerungsgruppen zu einer erhöhten Morbidität führen. Dies belegt auch die Armutsforschung und verweist auf die Auffälligkeit bei psychischen Erkrankungen. Krankheitssymptome treten in der Regel in einer Zeit auf, in der wichtige Entwicklungsaufgaben anstehen (Beruf, Partnerschaft, Loslösung vom Elternhaus) (Ansen 2002).

Der Blickwinkel der Gesundheitspolitik klammert diese Überlegungen noch weitgehend aus, und sie richtet ihre Bemühungen zunehmend auf verbesserte Gesamtbehandlungsprozesse, indem sie zum Beispiel versucht, durch *Disease-Management*-Programme die Abläufe zu verbessern oder effizienter zu gestalten (Gödecker-Geenen & Weis 2002).

Aus einer sozialisationstheoretischen Perspektive muss der Mensch seine Umwelt verarbeiten. Jeder Einzelne setzt sich suchend, sondierend und gestaltend mit Umwelt auseinander und verarbeitet seine Realität, die sich aus psychischen und physischen Grundmerkmalen zusammensetzt (Wertstrukturen, Sozialstruktur, Lebensbedingungen und innere Realität). Eine gelingende Sozialisation hängt von einer gelingenden Realitätsverarbeitung ab. Diese wiederum führt zu einer Persönlichkeit (Eigenschaften, Handlungskompetenz, Selbstwahrnehmung), die mit den inneren und äußeren Bedingungen kompatibel ist und die im Laufe des Lebens eine Verbesserung der Verarbeitungsfähigkeit ermöglicht (Hurrelmann 2000).

Aufgabe der Klinischen Sozialarbeit wäre folglich, die Krankheitsbewältigung so zu begleiten, dass der Betroffene sich mit sozialen und biologischen Verhältnissen arrangieren kann.

Die rein *biomedizinische* Perspektive sucht nach Ursachen der Störungen und versucht diese zu beseitigen. Im Sozialrecht handelt es sich bei Krankheit um einen regelwidrigen körperlichen oder geistigen Zustand, der ärztlicher Behandlung bedarf und der in seinen Konsequenzen für die Arbeitsfähigkeit und Produktivität zu sehen ist. Dabei müssen die Sicht des Klienten und die der Profession nicht übereinstimmen, und es kommt unter Umständen zu konfliktträchtigen Situationen und Differenzen aufgrund unterschiedlicher Interpretationen von Krankheitszuständen. Dass solche Kontroversen negative Auswirkungen auf die helfende Beziehung zwischen Arzt und Patient haben können, ist unzweifelhaft. Die Soziale Arbeit, die traditionell die Beziehung zum und die Kommunikation mit dem Klienten als wichtige Instrumentarien ihres Handelns sieht (Nau 2002), hat zu den Auswirkungen gestörter Beziehungen auf die Effekte des professionellen Handelns eine klare Haltung: Sozialarbeiterische Interventionen gelingen nur auf der Basis einer konstruktiven professionellen Beziehung. In medizinischen und therapeutischen Kontexten wird das noch nicht so eindeutig gesehen (Ansen 2002). Die Unterscheidung *Krankheit* gegenüber *Kranksein* verdeutlicht folgende Abbildung:

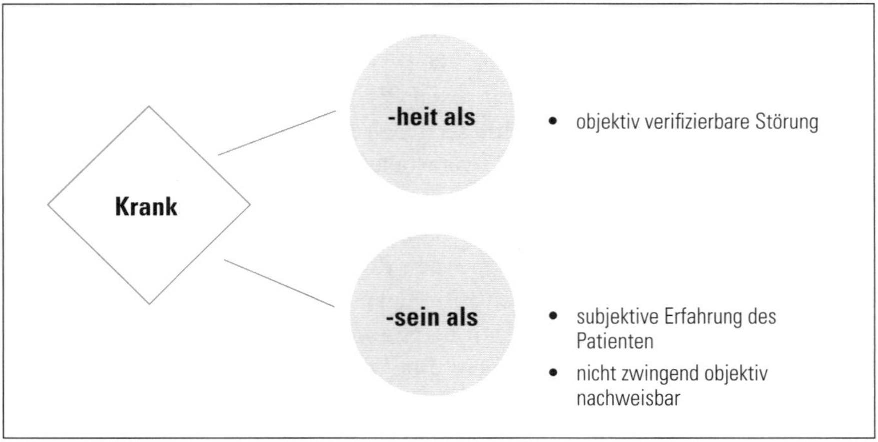

Abb. 16: Krankheit versus Kranksein

Der Arzt und der Patient sehen die Welt/die Krankheit aus unterschiedlicher Perspektive. Biologische Erklärung und gelebte Erfahrung sind nicht identisch, beide werden aber als wahr erlebt. In einer komplementären Beziehung, wie sie sich in dem klassischen Behandlungssetting darstellt, ist es eine Frage von Macht, wer über Wahrheit entscheidet. In einer symmetrischen/gleichberechtigten Beziehung könnten Wahrheit und Wirklichkeit im Dialog einer funktionierenden Beziehung gemeinsam differenziert und auf ihre Bedeutung für die Lebenswelt des Klienten hin analysiert werden (Ansen 2002).

Diese beiden Ebenen sollen nicht von der Klinischen Sozialarbeit gegeneinander ausgespielt, sondern gemeinsam wahrgenommen und berücksichtigt werden.

Soziale Arbeit darf sich nicht auf den rein medizinischen oder rechtlichen Bezugsrahmen reduzieren. Aus ihrer *psychosozialen Perspektive* ist Krankheit als mehrdimensionales Phänomen zu betrachten, das nur unter gleichzeitiger Berücksichtigung aller Dimensionen angemessen gewürdigt werden kann (Nau 2002).

Für die Klinische Sozialarbeit sind die sozialen und psychischen Probleme bedeutsam und in der Behandlung zu berücksichtigen.

Jede Zeit hat ihre Krankheiten

Heute dominieren chronisch degenerative Erkrankungen wie Herz-Kreislauf-Erkrankungen, bösartige Neubildungen, Erkrankungen im Stütz- und Bewegungssystem und psychische Erkrankungen das Bild.

Chronische Krankheiten

- sind nicht heilbar,
- begleiten den Patienten lebenslang, wenn es auch symptomfreie Abschnitte geben kann,
- haben Auswirkungen auf das Leben der Betroffenen und
- führen zu sozialen Reaktionen (wichtig für die Beurteilung der Krankheitsfolgen.

Kranke erleben eine Zäsur und müssen versuchen, sich mit ihrer Krankheit zu arrangieren. Das bedeutet, dass sie die krankheitsbedingten Symptome wahrnehmen und kontrollieren, über Behandlungswege entscheiden, Umgang mit Schmerz erlernen und die Beeinträchtigung durch den Krankheitsverlauf akzeptieren müssen. Veränderungen des Alltages müssen eingeleitet und Gewohnheiten umgestellt werden; dabei sollten Überforderungen sowie Einbußen von sozialen und beruflichen Rollen weitgehend vermieden werden. Es können familiale Belastungen entstehen, und es entwickelt sich eine Veränderung in den Netzwerken und der Unterstützung. Betroffene befinden sich unter Umständen in der Abhängigkeit von Versorgungsleistungen. Bei psychischen Störungen sind weitere Einschränkungen durch Minussymptomatik, emotionale Veränderung, Unfähigkeit, Freude zu empfinden, Antriebsarmut etc. zu benennen (Ansen 2002).

Erforderlich ist die Konfrontation mit der Tatsache, dass die Krankheit zu Beeinträchtigung führt, aber auch eine Förderung der verbleibenden Potenziale und Möglichkeiten, um eine möglichst hohe Lebensqualität zu erhalten.

Rolle des Klienten: Der Klient hat meist nicht die Kompetenzen für den optimalen Umgang mit seiner Erkrankung. Das kann auch nicht von ihm erwartet werden. Es kommt zu Verleugnung, Abwehr und sinnlosen Kämpfen gegen die Krankheit und manchmal auch zu Verweigerung einer aktiven Teilnahme am Bewältigungsprozess. In den Fällen, in denen die fehlende Compliance zu einem sekundären Krankheitsgewinn führt, entwickelt sich eine negative Dynamik und Chronifizierung des Widerstands gegen Hilfe und aufeinander abgestimmte pflegerische Versorgung; soziale Beratung und Begleitung bei Zunahme chronischer Erkrankungen werden immer wichtiger.

Voraussetzung der medizinischen Versorgung ist schließlich eine hoch entwickelte professionelle Kooperation (Ansen 2002).

Zusammenfassend ist festzustellen, dass ein sich wandelndes Verständnis von Gesundheit die psychosozialen, soziokulturellen und politökonomischen Phänomene in Zusammenhang mit dem Gesundheitsthema stellt. Der Einfluss der Sozialen Arbeit im Gesundheitswesen ist eher gering (Nau 2002). Daher stellt sich die Frage, in welcher Weise die Soziale Arbeit zur Verbesserung der gesundheitlichen Versorgung beitragen kann. Dazu gilt es klare Strategien entwickeln.

Abbildung 17 verdeutlicht das momentan vorherrschende Ungleichgewicht in Bezug auf den psychosozialen Beitrag der Sozialen Arbeit und die Managementaufgabe oder als der Servicedienstleistung der Sozialen Arbeit:

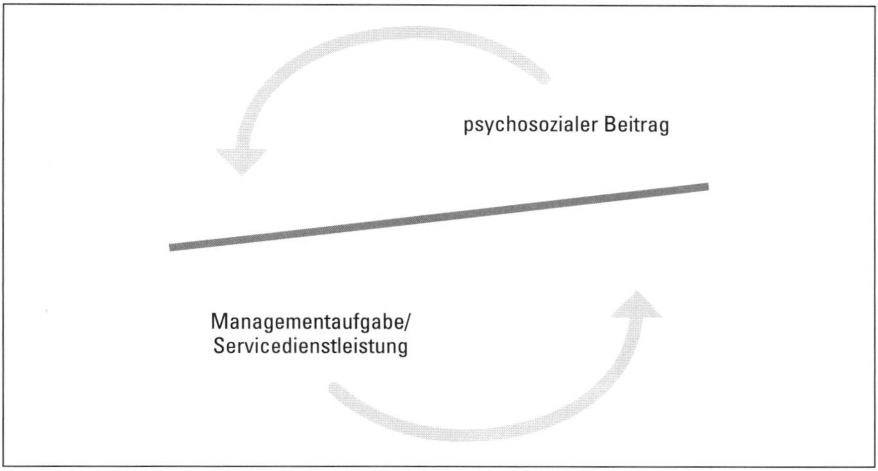

Abb. 17: Ziel ist eine Balance zwischen der Bereitstellung von Strukturen und psychosozialen Hilfen

Der psychosoziale Beitrag der Sozialen Arbeit bleibt zzt. noch weitgehend im Hintergrund. Befindet sich der Klient in einer akuten Krise, wird in der Regel der Mediziner oder der Psychologe hinzugerufen; die Soziale Arbeit dagegen wird mehr als Managementaufgabe oder als Servicedienstleistung gesehen.

> «Eine Sozialarbeit, die sich zum Verzahnungsmanager hat herunterwirtschaften lassen, ist keine Sozialarbeit mehr. Sie hat sich längst schon selbst verraten. Wer Menschen managt, kann nicht Sozialarbeiter sein.» (Senftleben 2001)

Medikationen ersetzen Gespräche oder verdecken fehlende Behandlungsmöglichkeiten. Soziale, biografische und psychische Aspekte und deren Auswirkungen passen nicht in das Konzept der Medizin. Die Budgetierung führt dazu, dass auch der Medizin Grenzen gesetzt werden. Das Potenzial der Betroffenen selbst wird bisher wenig genutzt. Soziale Arbeit ist immer Beziehungsarbeit und deshalb geeignet, personale Potenziale in den Genesungsprozess einzubeziehen (Gödecker-Geenen & Weis 2002; Nau 2002). Dazu stellt Ansen (2002) fest: «Die Stärke der Sozialen Arbeit liegt in der interdiszipinären Perspektive auf die Klienten und ihrer differenzierten Methoden, mit denen es gelingt, prekäre Lebenslagen konkret zu entlasten und zu verbessern» (zit. in Gödecker-Geenen 2002, S. 184).

Der an Ressourcen orientierte Ansatz gewinnt an Gewicht!

Soziale Arbeit
- hilft bei der Verbesserung der Lebensqualität,
- trägt zur Optimierung der Behandlung bei,
- orientiert sich am Gesamtprozess,
- kann Gesundheitspotenziale mobilisieren,
- kann Vernetzung bewirken,
- bietet Einbeziehung des familiären Bezugssystems,
- bewirkt Ressourcenförderung in Person und sozialem Umfeld und
- trägt zur Verbesserung von Lebenslagen bei (Nau 2002).

Eine klare berufliche Identität der Sozialen Arbeit wäre die Voraussetzung für ein erfolgreiches Bemühen um die richtigen Positionen innerhalb des Gesundheitswesens. Bisher gibt es noch nicht die konsensfähige Bezeichnung (vgl. Abb. 18), die der Vielfalt der Komplexität des sozialarbeiterischen Handelns gerecht wird (Nau 2002).

Viele in der Sozialen Arbeit Tätige absolvieren therapeutische Zusatzausbildungen, versuchen, das eigene Berufsfeld übergreifende Kompetenzen zu erwerben oder die eigene Interventionskompetenz durch Methoden anderer Professionen anzureichern, um Handlungssicherheit zu erlangen. Feldorientierung wird oft von Professoren anderer Herkunft (Sozialmediziner, Soziologen etc.) gelehrt. Offensichtlich kann die grundständige Ausbildung der Sozialen Arbeit die Identitätsprobleme nicht lösen. Eine Schärfung des fachlichen Profils auch durch Ausbildung und Lehre ist lange überfällig. Einzelne Praktiker haben durch ihr Auftreten im Berufsalltag und wegen ihrer Fähigkeiten im Umgang mit Klienten etc. in ihren konkreten Arbeitsbezügen hohe Anerkennung und Akzeptanz und werden als hoch kompetent geschätzt. Sie genießen

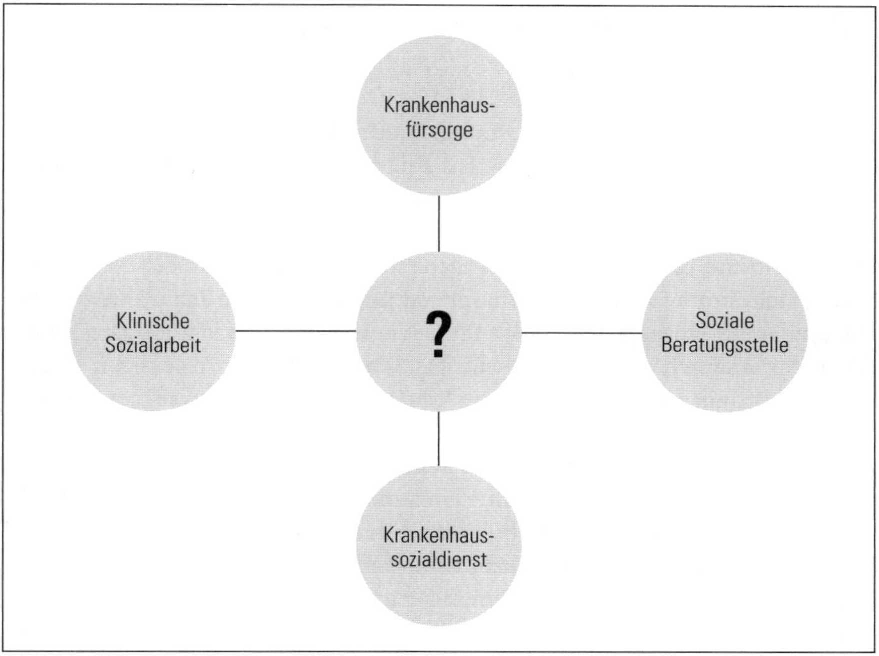

Abb. 18: Suche nach einer konsensfähigen Bezeichnung der Sozialen Arbeit im Gesundheitswesen

diese jedoch oft lediglich als einzelne Personen und nicht als Vertreter ihres Berufsstands (Dörr 2002; DGS 2001).

Die Unterscheidung gegenüber den anerkannten Heilberufen und der grundständigen Sozialen Arbeit lässt sich mit der spezifischen Aufgabenstellung der Klinischen Sozialarbeit fachlich begründen. Klinische Sozialarbeit wird durch die Ausdifferenzierung des Hilfesystems an Verbreitung und Profil gewinnen.

3.3 Interdisziplinäre Fachlichkeit und Zusammenarbeit

Das System der Gesundheitsversorgung unterliegt einem stetigen Wandel. Einer neuen Generation von Professionellen sind die Effekte der Hilfemaßnahmen oft wichtiger als berufspolitisches Taktieren und Bewahren von Positionen. Gemeinsame berufsübergreifende Strategien werden immer mehr zum Standard. Der Klient und die gemeinsame Aufgabe, die sich aus seiner Lebenssituation ergibt, steht immer mehr im Vordergrund und damit auch seine aktive Einbeziehung in die Prozesse. Das Wissen um Synergieeffekte macht die Zusammenarbeit mit anderen attraktiver; nicht das Separieren und Verteidigen eigener Standpunkte gilt als professionell, sondern die Bereitschaft zur Vernetzung und die Offenheit für problemorientierte Maßnahmenkombinationen. Man macht nicht mehr das, was man am besten kann, sondern bemüht sich, das zu tun, was dem Klienten hilft. Zudem führt ein zunehmendes Bewusstsein für die Begrenztheit von Ressourcen zu einem verstärkten Bemühen um Effizienz und Effektivität. Die Regeln der Zusammenarbeit zwischen den Professionellen, Klienten, Institutionen und Kostenträgern haben sich verändert (Gödecker-Geenen & Weis 2002; Gödecker-Geenen et al. 2003). Nachfolgende Tabelle 1 zeigt einen Überblick der Veränderungen (S. 75).
Ein bedarfsgerechtes Angebot muss heute unterschiedliche Berufsgruppen umfassen, die gemeinsam integrierte Versorgungsmaßnahmen realisieren. Diese sind

- ärztlich-pflegerische Behandlung,
- psychosoziale Beratung und Begleitung,
- Förderung von Selbsthilfegruppen,
- Gesundheitserziehung und -aufklärung sowie
- soziale Sicherung durch sozialrechtliche Leistungen (Wendt).

Die Gesundheit als regulative Leitidee stellt die Soziale Arbeit vor Herausforderungen, die durch einen rapiden sozialen Wandel (Modernisierungskrise) verschärft werden. Ein verändertes Gesundheitsbewusstsein umfasst nicht nur biologische Funktionen, sondern beeinflusst alle Grundanliegen des Menschen. Ein weiterer maßgeblicher Faktor ist die Wechselwirkung von sozialer und gesundheitlicher Ungleichheit (Mühlum 2002).

Klinische Sozialarbeit steht dabei auf einem noch ausbaufähigen sozialrechtlichen Fundament.

Gegenwärtiger Ansatz	Neue Regeln	Umsetzungsmöglichkeiten
Die Versorgung basiert primär auf Besuchen.	Die Versorgung basiert auf dauerhaften Heilbeziehungen (healing relationships).	Langzeitbetreuung; Sicherung der Rehabilitationserfolge; verhaltensbezogene Maßnahmen der Risikomodifikation.
Die professionelle Autonomie verursacht eine Variabilität der Versorgung.	Die Versorgung ist auf die Bedürfnisse und Werte des Patienten zugeschnitten.	Individuelle Behandlungspläne; Berücksichtigung der lebensweltlichen Bezüge; ein breites, flexibles und differenziertes Versorgungsspektrum.
Die Professionen kontrollieren die Versorgung.	Der Patient kontrolliert die Versorgung (source of control).	Patient als selbstverantwortlicher Manager seiner Krankheit und kompetenter Nutzer des Systems; Partizipation.
Die Information ist eine Akte (retrospektiv, archiviert, passiv, unbeweglich).	Wissen wird geteilt. Es besteht ein freier Informationsfluss.	Information und Schulung; evidenzbasierte Patienteninformationen; Nutzung neuer Informationstechnologien.
Die Entscheidung basiert auf Training und Erfahrung.	Die Entscheidung ist evidenzbasiert.	Evidenzbasierte Medizin, evidenzbasierte Leitlinien; Health Technology – Assessment; Entscheidungsanalysen – Versorgungsforschung.
Die Vermeidung von Schädigungen liegt im Bereich der individuellen Verantwortlichkeit.	Sicherheit wird als Systemeigenschaft betrachtet.	Qualitätsmanagement, Risk Management.
Heimlichkeit ist notwendig.	Transparenz ist notwendig.	Zertifizierte und öffentlich zugängliche Leistungs-und Qualitätsberichte; Aufklärung.
Das System reagiert auf Bedürfnisse.	Bedürfnisse werden antizipiert.	Umfassendes, individuelles Assessment; Erhebungen zu Präferenzen der Bevölkerung bzw. der Versicherten; Needs Assessment.
Es wird eine Kostenreduktion angestrebt.	Verschwendung (Überversorgung) wird kontinuierlich abgebaut.	Qualitätssicherung, Leitlinien; evidenzbasierte Medizin; Vergütungssysteme.
Die Rollenbilder der Gesundheitsberufe sind wichtiger als das System.	Die Kooperation zwischen den Leistungserbringern/ Professionen hat Priorität.	Integration, Vernetzung, Inter-/ Multidisziplinarität.

Tabelle 1: Neue Regeln für das System der Gesundheitsversorgung im 21. Jahrhundert

Die folgende Übersicht stellt das sozialrechtliche Fundament dar:

§ 37 a SGB V	begründet den Anspruch (Soziotherapie)
§ 26 Abs. 3 Nr. 1–7 SGB IX	benennt die möglichen Hilfen (Leistungen zur medizinischen Rehabilitation)

(3) Bestandteil der Leistungen nach Absatz 1 sind auch medizinische, psychologische und pädagogische Hilfen, soweit diese Leistungen im Einzelfall erforderlich sind, um die in Absatz 1 genannten Ziele zu erreichen oder zu sichern und Krankheitsfolgen zu vermeiden, zu überwinden, zu mindern oder ihre Verschlimmerung zu verhüten, insbesondere

1. *Hilfen zur Unterstützung bei der Krankheits- und Behinderungsverarbeitung,*
2. *Aktivierung von Selbsthilfepotentialen,*
3. *mit Zustimmung der Leistungsberechtigten Information und Beratung von Partnern und Angehörigen sowie von Vorgesetzten und Kollegen,*
4. *Vermittlung von Kontakten zu örtlichen Selbsthilfe und Beratungsmöglichkeiten,*
5. *Hilfen zur seelischen Stabilisierung und zur Förderung der sozialen Kompetenz, unter anderem durch Training sozialer und kommunikativer Fähigkeiten und im Umgang mit Krisensituationen,*
6. *Training lebenspraktischer Fähigkeiten,*
7. *Anleitung und Motivation zur Inanspruchnahme von Leistungen der medizinischen Rehabilitation.*

(Ansen 2002)

Gegenstand der Klinischen Sozialarbeit sind psychosoziale Störungen und körperliche Beeinträchtigungen in ihrem sozialen Zusammenhang, *Ziel der Klinischen Sozialarbeit* ist es, mit den Kompetenzen der Sozialen Arbeit auf Heilung, Linderung, Besserung bei den Klienten hinzuwirken (Dörr 2002; Pauls 2004). Psychotherapie und Psychologie haben ähnliche Interessen und Ziele. Um sich gegenüber diesen rivalisierenden Berufen durchzusetzen, müssen die Fachkräfte der Sozialen Arbeit über überzeugende und verlässliche Kompetenzen verfügen.

Eine Vielzahl von Psychologen hat mittlerweile die Rolle im Gesundheitswesen eingenommen, die ursprünglich den Tätigen in der Sozialen Arbeit zugedacht war. Fraglich ist, wer den Menschen in sozial schwierigen Lebenslagen Unterstützung gibt, die nicht über die sprachliche Intelligenz, die Introspektionsfähigkeit und den Reichtum sozialer und materieller Ressourcen verfügen, um alleine, vermittels der Arbeit an ihren Gedanken, Gefühlen und Erinnerungen, wieder fähig zu werden, ihre Lebenssituation zu meistern. Die Psychotherapie kann hier nur einen Teil der Probleme erfolgreich angehen. Nach §1 Abs. 3 Satz 4 PsychThG umfasst Psychotherapie keine Tätigkeiten, die der Aufarbeitung oder Überwindung von sozialen Konflikten dienen. Psychotherapie umfasst Tätigkeiten auf der Grundlage wissenschaftlich anerkannter therapeutischer Verfahren zur Feststellung, Heilung oder Linderung von psychischen Störungen mit Krankheitswert. Daher müssen geeignete Interventionskonzepte gefunden werden, in denen die Klinische Sozialarbeit nicht psychotherapeutische Arbeitsformen imitieren sollte.

Abbildung 19 stellt die primären Aufgaben/Ziele der Psychotherapie bzw. der Sozialen Arbeit dar:

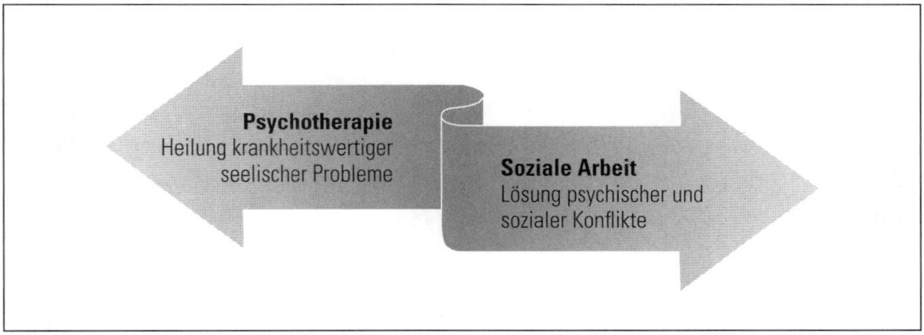

Abb. 19: Aufgaben und Ziele der Psychotherapie bzw. der Sozialen Arbeit

Klinische Sozialarbeit leistet mehr als Psychotherapie. Sie umgreift eine breitere Palette psychosozialer Probleme und richtet sich auch an Klienten, die ihren Hilfebedarf und ihr Befinden nicht angemessen artikulieren können: an alte Menschen, physisch und psychisch Schwache, sozial nicht integrierte Menschen, Psychotiker, Wohnungslose, Gefangene, junge Menschen mit Problemen in der Familie, Menschen in akuten Krisensituationen, Traumatisierte und Entwicklungsgestörte, Menschen mit problematischen Entwicklungen aufgrund sexueller Neigungen usw.

Psychosoziale Hilfe in solchen Problemkonstellationen erfordert mehr Flexibilität in den kommunikativen Mitteln und eine Bereitschaft, Ressourcen, die außerhalb der Person liegen, einzubeziehen und Arbeitsziele zu akzeptieren, die auch alltagspraktische Hilfe einschließt. Die Arbeit der im Krankenhaus Tätigen kann auf die Berücksichtigung sozialer und psychosozialer Aspekte nicht verzichten. Die Einbeziehung der Person und der Ressourcen ist unverzichtbar erforderlich, das Krankenhaus steht in der Verantwortung (Crefeld 2002).

Klinische Sozialarbeit kann die Chance für die Soziale Arbeit sein. Für die Medizin steht immer noch die Krankheit im Mittelpunkt. Der psychologische Blick achtet auf vornehmlich innerpsychische Strukturen und nicht auf den sozialen Kontext des kranken Menschen. Der soziale Kontext bleibt das originäre Betätigungsfeld der Sozialen Arbeit. Durch den veränderten Blick auf die multifaktorielle Genese aller Krankheiten bedarf es folglich einer Multiprofessionalisierung der Medizin, die durchaus auch die soziale Hilfe benötigt. Eine besondere Aufgabe kommt dabei der Sozialen Arbeit zu: Sie sollte ursprünglich der Medizin zu mehr psychosozialer Kompetenz im Umgang mit Kranken verhelfen (Geißler-Piltz 2005, Mühlum 2002).

Mühlum 2000:
«Soziale Arbeit sollte in der Klinik offensiv die Gesundheitsperspektive besetzen, anschlussfähig an die Gesundheitswissenschaften sein und als Partner der Medizin das individuelle Gesundheitsmanagement der Patienten unterstützen» (S. 11–14).

Viefhues 1969:
«Wenn es methodische Sozialarbeit nicht gäbe, müsste die Medizin sie jetzt erfinden» (S. 303).

Soziale Arbeit muss, um die eigene Rolle im Gesundheitswesen zu verbessern und dabei die Veränderungen der politischen Rahmenbedingungen zu beachten, den hohen Anforderungen an die Aus- und Weiterbildung der in der Medizin tätigen Berufe entsprechen und eine praxisgerechte fachlich-wissenschaftliche Fundierung der Sozialen Arbeit im Gesundheitswesen leisten. Das wiederum bedarf eigener berufsfeldspezifischer Handlungskonzepte und einer systematischen Evaluation (Geißler-Piltz 2005; DGS 2001; Wendt 2008; Mühlum 2003).

3.4 Professionalisierung

Kann die Klinische Sozialarbeit zu einem lange überfälligen Professionalisierungsschub der Sozialen Arbeit führen? Die Diskussion über die Notwendigkeit einer Klinischen Sozialarbeit wird kontrovers geführt. Sie berührt mehrere sehr sensible Dimensionen der Sozialen Arbeit:

- Ausbildung
- Fähigkeit, sich auf Spezialgebiete einzustellen
- Positionierung der Sozialen Arbeit im Gesundheitswesen
- Etablierung einer Fachsozialarbeit als aufbauende Zusatzqualifikation
- Grundsätzliche Ausbildungsstruktur der Sozialen Arbeit (Master-Studiengang: Klinische Sozialarbeit)

Erste Versuche zur systematischen Konzeptualisierung und Begründung der methodischen Grundlagen gab es in Deutschland durch Alice Salomons «Soziale Diagnose» und Siddy Wronskys «Soziale Therapie». Diese Bemühungen blieben jedoch in Deutschland fragmentarisch. In den USA konnte sich hingegen eine empirisch verstehende Wissenschaft entwickeln, die eine wirksame Gestaltung von Beratungs- und Unterstützungsprozessen für Menschen in schwierigen Lebenssituationen generierte. Das könnte hier durch die Etablierung einer Klinischen Sozialarbeit auch geschehen. Die nachfolgende Tabelle 2 (siehe Seite 80) veranschaulicht die Kontroverse Pro und Contra der Klinischen Sozialarbeit.

Mit der sozialtherapeutisch und sozialpsychiatrisch ausgerichteten Ausbildung und mit den Beratungs- und Behandlungsansätzen, wie sie zum Beispiel in der Familientherapie, Suchtbehandlung und bei Krisenintervention schon professionell angewandt werden, sind Elemente klinischer Praxis bereits in der grundständigen Ausbildung und Praxis der Sozialen Arbeit vorhanden. Diese Basisfähigkeiten sollen in den entsprechenden Master-Studiengängen qualitativ weiterentwickelt werden, um damit dem klinischen Anspruch gerecht zu werden. Das erfordert vertiefte Selbstreflexion, Methoden und Interventionskompetenz, theoretische Fundierung und Forschungsbefähigung. Die Gesellschaft ist im Wandel, und damit verändern sich auch die Themen der Sozialen Arbeit, und es stellt sich die Frage, wie sich die Soziale Arbeit in diesen Wandlungsprozessen verhält. Beharrt sie auf ihrer Ganzheitlichkeit, oder entwickelt sie eine eigene Spezialisierung und damit vielleicht einen stufenweisen Aufbau von Kompetenz (Mühlum 2002)?

Pro: Klinische Sozialarbeit	**Contra: Klinische Sozialarbeit**
• bringt Aufgabenbereich «auf den Begriff»	• Therapeutisierung der 70er-Jahre
• betont die Gesundheitsrelevanz Sozialer Arbeit	• Konkurrenz der etablierten Kliniker
• nennt Zuständigkeit für Gesundung/Heilung	• Gegenwehr der klinischen Psychologie
• stärkt die Gesundheitskompetenz der Sozialen Arbeit	• Medikalisierung des Sozialen
• positioniert Soziale Arbeit gegenüber Gesundheitsberufen	• Einordnung in das Medizinsystem
• schärft das Profil der Sozialen Arbeit	• Gefahr der Klientelisierung
• wirkt diffuser «Allzuständigkeit» entgegen	• Faszination von Behandlungsmacht
• verhindert Abspaltung an den Rändern	• unangepasste Übernahme des Case Social Work
• bietet neue Berufs-/Einsatzmöglichkeiten	• Verengung/Aufsplitterung der Sozialen Arbeit
• eröffnet Entwicklungs-/Karrierechancen	• unzureichende Abgrenzung zur allg. Sozialen Arbeit
• überwindet Randständigkeit der Sozialen Arbeit	• berufspolitische Vorbehalte
• ermutigt Theorie- und Forschungshaltung	• Konflikt mit etabliertem Kliniksozialdienst
• trägt zur Wissenschaftsentwicklung bei	• Abwertung grundständiger Sozialer Arbeit
• macht anschlussfähig an Gesundheitsdisziplin	• Entwertung anderer Zusatzqualifikationen
• gibt Anstöße zur Methodenentwicklung	• Rivalitäten «im eigenen Haus» der Sozialen Arbeit
• behauptet Soziale Arbeit in Behandlungskontexten	• Rückfall in Defizitorientierung
• ermöglicht akademische Weiterentwicklung	• klinische Fachlichkeit unzureichend
• begründet eigenständige Fachsozialarbeit	• Methodenarsenal unterentwickelt
• schafft Gegengewicht zur Ökonomisierung und Pädagogisierung der Sozialen Arbeit	• Verlust generalistischer Kompetenz

Tabelle 2: Übersicht der gegensätzlichen Begründungen (in Anlehung an Mühlum 2002)

Zitat aus der Ausschreibung des Masterstudiengangs zur Klinischen Sozialarbeit an der FH Coburg:

> «Klinische Sozialarbeit ist eine gesundheitsspezifische Fachsozialarbeit (klinisch = behandelnd). Ihr generelles Ziel ist die Einbeziehung der sozialen und psychosozialen Aspekte in die Beratung, (sozio-)therapeutische Behandlung und psychopädagogische Unterstützung von gesundheitlich gefährdeten, erkrankten und (vorübergehend oder dauerhaft) behinderten Menschen. Fokus ist die Person-in-ihrer-Welt im Rahmen eines bio-psycho-sozialen Verständnisses von Gesundheit, Störung und Krankheit. Klinische Sozialarbeit wirkt einer Verengung der Gesundheitsarbeit und Therapie auf ausschließlich somatische (Medizin) und psychische Aspekte (Psychotherapie) durch soziale Therapie- und Beratungskompetenz entgegen.» (Pauls 2004)

Spezialisierungsgegner halten die klinische Initiative für überzogen, befürchten eine Entwertung der Sozialen Arbeit und haben Sorge, dass ein Individualisierungsschub zu einem Ausblenden der Lebenswelt und der politischen Strukturen führen kann.

Befürworter sehen in der Spezialisierung ein Unterthema der Arbeitsteilung in einer komplexen Welt. Eine präzise Erfassung des Behandlungsgegenstands sei eine Form der Komplexitätsreduzierung und damit wichtige Voraussetzung für präzises und zielgerichtetes Handeln (Gödecker-Geenen et al. 2003). Überzeichnend könnte man diesen Konflikt kommentieren: Der Generalist weiß immer weniger von immer mehr, bis er nichts mehr von allem weiß. Der Spezialist weiß immer mehr von immer weniger, bis er alles von nichts weiß (Geißler-Piltz 2005).

Es ist sicher richtig, dass die Unterstützung bei der Bewältigung von Lebenskrisen und bei der Sicherstellung der Teilhabe an gesellschaftlichen Ressourcen originär, sozialarbeiterischer Auftrag ist (DBSH Bundesfachgruppe Soziale Arbeit im Gesundheitswesen). Dieses Bewusstsein ist im Grundstudium zu vermitteln und bedarf keiner spezialisierten Ausbildung. Kann damit aber jede fachliche Vertiefung verworfen werden? Der Generalist muss vor spezifischen Problemen versagen. Sollen die Probleme ausgeblendet, dilettantisch behandelt, anderen überlassen werden? Die Lösung, die wohl wie immer in der Mitte liegt, könnte eine generalistische Grundqualifikation sein, auf die unterschiedliche Spezialisierungsgrade aufbauen.

Nur so kann man der Individualität der Hilfesuchenden gerecht werden. Es gibt unterschiedlich gravierende Probleme von Menschen und auch unterschiedliche Formen der Bewältigung: Alltagsprobleme gelten als mühelos zu bewältigende Probleme (Mühlum 2003; siehe auch Abb. 14, S. 62). Fillip (1995) geht davon aus, dass Alltagsprobleme das weitere Leben des Menschen nicht sehr weitreichend beeinflussen; bei den alltäglichen Belastungen kommen in der Regel bereits bekannte und erprobte Mechanismen zum Tragen (Bremm 1990).

Abweichendes Verhalten kann zunächst als Handlung verstanden werden, welches zur Bewältigung von Orientierungsproblemen und Entwicklungsanforderungen oder von scheinbar nicht zu bewältigenden Problemen oder negativen kritischen Lebensereignissen beitragen soll. Die Bewältigung der Problemkonstellationen hängt unter anderem von den individuellen Kompetenzen und Kapazitäten ab, die ein Mensch aufgebaut und aktuell zur Verfügung hat. Die Ausprägung der Kompetenzen für die Problembewältigung ist ein maßgeblicher Faktor dafür, ob eine solche stresslastige Konstellation in ihren Folgen und Auswirkungen zu einem schweren und dauerhaften Problem wird oder nicht. Jugendliche sowie Erwachsene, die in ihrer Kindheit keine adäquaten Bewältigungsstrategien für Belastungen aufgebaut haben, reagieren oft emotional vermeidend auf stressreiche Situationen.

Menschen, die besonders verwundbar sind oder nicht über angemessene Kompetenzen zur Belastungsbewältigung und/oder über zu wenig protektive Ressourcen verfügen, können mit fachlicher Hilfe unterstützend und begleitend an die Problemlösung herangeführt werden. Die Entwicklung von Strategien bzw. der Aufbau von Widerstandsressourcen innerhalb der fachlichen Unterstützung ermöglicht den Abbau der aufgetretenen Unsicherheit/des vorhandenen Problems. Dies wiederum stellt einen Beitrag zum Selbstbewusstsein dar und damit auch zur Gesundheit des Menschen (vgl. Abb. 20, S. 83).

Eine Soziale Arbeit, die den unterschiedlichen Niveaus gerecht werden will, muss auf verschiedenen Niveaus von Fachlichkeit und Expertenschaft operieren.

Die grundständige Soziale Arbeit fördert den sozialen Wandel und die Lösung zwischenmenschlicher Probleme, befähigt Menschen, in freier Entscheidung ihr Leben zu gestalten. Soziale Arbeit will gesellschaftlich organisierte Unterstützungsleistung zu einem befriedigenden Leben für Einzelne, die Gruppe und Gemeinschaft beitragen. Die Profession hat hierzu bewährte Theorien, Konzepte und Methoden und nimmt Bezugswissenschaften in Anspruch.

Die Soziale Arbeit in der Klinik ist ein Beispiel für feldspezifische Differenzierung. Hier trifft die Soziale Arbeit auf kranke Menschen, mit spezifischen Formen des Leidens, auf Patienten statt Klienten, die in mehrfacher Hinsicht

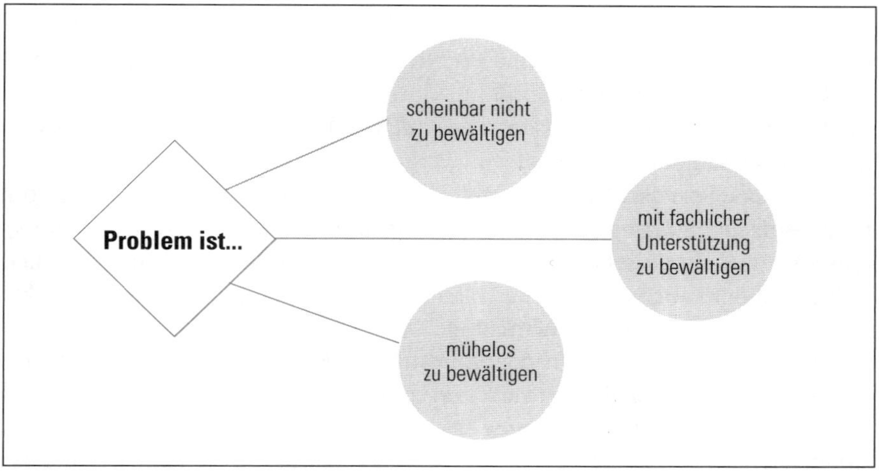

Abb. 20: Formen der Bewältigung

aus dem Alltag gerissen wurden und sich mit ihrer Krankenrolle, einer stationären Unterbringung und tendenziellen Fremdverfügung arrangieren müssen. Soziale Arbeit wird hier stärker als Dienstleistung begriffen und richtet sich grundsätzlich an alle Betroffenen.

In den tradierten Hierarchien der stationären Einrichtungen, in denen das Medizinsystem versucht, die Soziale Arbeit zu dominieren, wird diese zur Gesundheitsarbeit. Dennoch ist dieses Thema bisher kaum in Ausbildung und Theorie präsent, weil das Gesundheitssystem noch immer der medizinischen Logik folgt. Es entstehen neue Gesundheitsberufe, die die Sozialarbeit in die Defensive drängen. Aber Klinikalltag ist, dass Unsicherheit, Angst und Selbstwertprobleme verstärkt bei sozial Benachteiligten als Klienten der Sozialen Arbeit auftreten. Dieses Demoralisierungssyndrom ist das genaue Gegenteil von Kohärenzerfahrung und bringt zusätzliche Dynamik in die Krankheitsprozesse, statt Gesundungsprozesse zu fördern. So wird Gesundheitsförderung zur Sozialen Arbeit und umgekehrt. Hier ist besonderes Wissen und Können erforderlich.

Kliniksozialdienst ist ein Organisationsbegriff, Klinische Sozialarbeit eine Funktionsbezeichnung, vergleichbar der Klinischen Psychologie. Bislang kommt es hier noch zu Überschneidungen. Zuständigkeiten und Qualifikationen müssen definiert werden, um Anerkennung und fachliches Profil zu gewinnen. Klinische Sozialarbeit hilft bei der Bewältigung von Krankheit und Krankheitsfolgen, unterstützt im multiprofessionellen Team Gesundungsprozesse, leistet Gesundheitsmanagement, hilft bei der Verarbeitung von Verlusterfahrungen usw. Diese Klinische Fachlichkeit, also das Expertentum für psychosoziale Beratung und Behandlung, muss sich durch einschlägige Praxis und Methodenkompetenz ausweisen. Dies setzt Selbsterfahrung, Selbstreflexion und Zusatzqualifikation voraus.

Klinische Sozialarbeit ist eine Teildisziplin der Sozialen Arbeit, die sich mit psychosozialen Störungen und Abweichungen und den sozialen Aspekten psychischer und somatischer Erkrankungen und Behinderungen unter Berücksichtigung der Lebenslage des Betroffenen befasst. «Klinisch» weist auf direkte, personenzentrierte Einflussnahme hin.

Bei komplikationsreichen oder chronischen Krankheiten und Behinderungen, bei schwer zugänglichen Personen, psychischen oder psychiatrischen Störungen, Schmerz und Verzweiflung bis hin zur Suizidkrise ist von der Sozialen Arbeit als Fachsozialarbeit oder Klinische Sozialarbeit im engeren Sinne ein besonderer klinischer Beitrag gefragt, der über die zu erwartenden Grundkompetenzen einer generalistischen Ausbildung hinausgehen (Pauls 2001b; Mühlum 2002). Mühlum (2001) schlägt dazu eine gestufte Fachlichkeit vor (Abb. 21, S. 85):

«Klinische Sozialarbeit ist eine notwendige Spezialisierung!» (Mühlum 2002)

Leistung und Nutzen müssen transparent gemacht werden, Profilierung kann zur dauerhaften Implementierung führen. Notwendig ist ein wissenschaftlich fundierter Nachweis über Qualität und Effekte und Kosteneinsparungen. Dazu ist eine intensive Praxisforschung an Hochschulen gefordert.

Soziale Arbeit muss ihre grundsätzliche Zuständigkeit für Gesundheitsanliegen behaupten und eine deutlich höhere Kompetenz in Fragen der Gesundung und Heilung entwickeln. Diese Anforderungen bedürfen der Anstrengungen in Ausbildung, Praxis, Theorie- und Methodenentwicklung. Nicht jeder in der Klinik Tätige der Sozialen Arbeit arbeitet automatisch im klinischen Sinne. Patienten werden durch schwere Erkrankungen aus ihrem Alltagsleben gerissen und müssen lernen, die Krankheitsfolgen zu bewältigen, brauchen Unterstützung für den adäquaten Umgang mit der Erkrankung und bei der weiteren Lebensplanung. Hier kann die Soziale Arbeit einen wichtigen Beitrag leisten, der weit über das Einleiten von Maßnahmen hinausgeht. Solange der Sozialdienst im Krankenhaus als Vermittlungs- und Fürsorgestelle wahrgenommen wird, gibt es keinen Grund, ihn frühzeitig in die Behandlung einzubinden. Es besteht also die Notwendigkeit, sich mit den klinisch-methodischen Kompe-

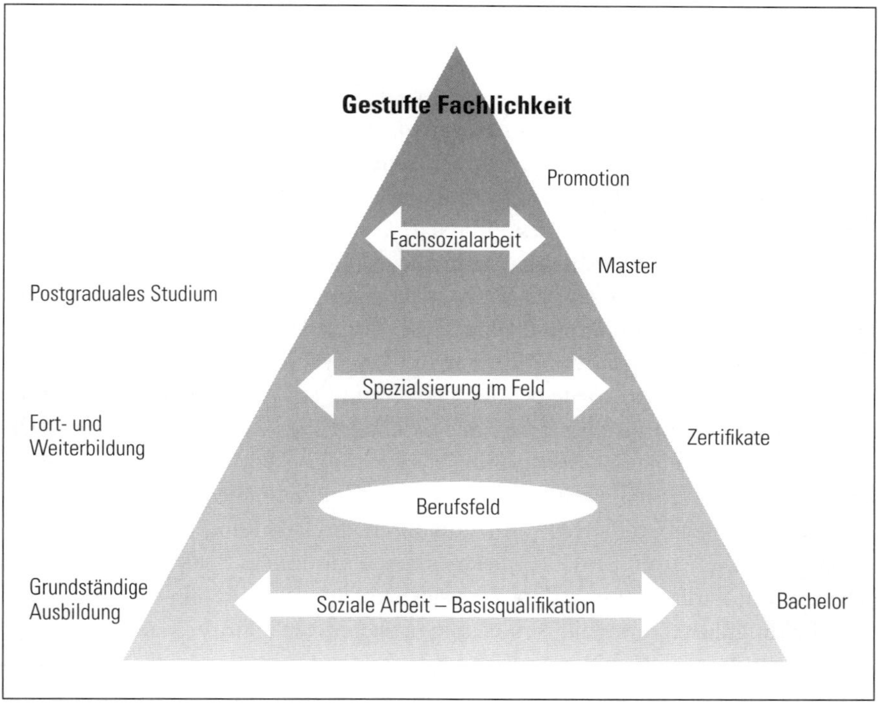

Abb. 21: Stufen der Fachlichkeit (Mühlum 2001)

tenzen der Sozialen Arbeit in Krankenhäusern und Reha-Kliniken auseinanderzusetzen (Mühlum 2003).

Waller (2001, S. 306) vertritt die Meinung, dass «die Minimierung krankheitsbedingter sozialer Ungleichheit (ist) die wichtigste Aufgabe der Sozialen Arbeit im Gesundheitswesen» ist. Diese Sicht ist eine zu eng gefasste. In der Klinischen Sozialarbeit dominieren wichtige instrumentelle Hilfen, die neben weiteren sozialpädagogischen Kompetenzen eingebracht werden sollten. So können neben den sozialen Faktoren auch Krankheitsentstehung, -verhalten und -bewältigung zentral berücksichtigt werden. Erst die Verknüpfung von traditionellen sozialarbeiterischen Hilfen mit sozialpädagogischen Elementen trägt einem psychosozialen Krankheitsverständnis Rechnung.

Hierbei stößt Soziale Arbeit immer an persönliche und anlagebedingte Grenzen des Klienten. Dieser muss erst lernen, mit seinen Beeinträchtigungen und Grenzen auszukommen, dazu braucht er Akzeptanz, Ermunterung zum Nutzen der Spielräume, emotionalen Beistand, Stärkung des Selbstwertgefühls und soziale Anerkennung. Die ethische Grundorientierung der Sozialen Arbeit verpflichtet dazu, den Klienten als Person zu würdigen. Er darf nicht zum Objekt degradiert und bevormundet werden.

Eine Auseinandersetzung des Patienten mit seiner Lebenssituation erfolgt in der Regel nach Abklingen der akuten Krise im Anschluss an die stationäre Behandlung. Dann stellen sich Fragen nach verbleibender Lebenszeit, sozialem Rückhalt, erhaltener Selbstständigkeit, Veränderungen der Lebensbereiche durch die Erkrankung, Abschied von Lebensgewohnheiten, Ausrichten einer neuen Lebensgestaltung auf die Krankheit, Entwicklung einer neuen Identität. Hier ist der Klient auf Hilfe und Beratung beim Aufbau neuer Deutungsmuster, der Erschließung alternativer Zielperspektiven, der Substitutionsmöglichkeiten für verlorene Optionen sowie bei der Versöhnung mit der Akzeptanz der veränderten Lebenssituation angewiesen; alles wichtige Voraussetzungen für die Wirksamkeit körperbezogener Behandlung. Die Klinische Sozialarbeit wird diesem Anspruch gerecht, weil sie parallel auf der kognitiven, emotionalen und handlungsbezogenen Ebene ansetzt und mit ihrem breiten Repertoire an Interventionsmöglichkeiten große Hilfe leisten kann. Emotionale Reaktionen (Abwehr, Resignation) kann sie durch Formen emotionaler Unterstützung und kognitiver Verarbeitung durch rationale Aufklärung begleiten. Sie kann Verhaltensänderungen unterstützen, Entscheidungshilfen geben, Handlungsmöglichkeiten erschließen und mit konkreten Anleitungen Kompetenzen für die Alltagsbewältigung fördern. Nach Mühlum (2003) ist Klinische Sozialarbeit nicht Soziale Arbeit im Krankenhaus. Der Kern ihres Handelns liegt vielmehr in einer sach- und personengerechten Wahrnehmung und in der Bearbeitung individueller und sozialer Anliegen. Man benötigt demzufolge neben beratenden und behandelnden selbstverständlich auch administrative und sozialrechtliche Kompetenzen.

Der Klinische Sozialarbeiter benötigt umfassendes Krankheitswissen, Kenntnisse über die typischen Auswirkungen, sozialrechtliches Wissen, Überblick über Behandlungsmöglichkeiten und die infrage kommenden Einrichtungen sowie Methodenkompetenz, um den Patienten zur Selbsthilfe anzuregen. Denn der, als Experte seiner Erkrankung, kann sich letztlich nur selbst helfen. Die Compliance stellt hierbei eine wichtige Voraussetzung für eine erfolgreiche Behandlung dar, insbesondere bei psychisch Kranken. Dies alles dient der sozialen Sicherung.

Die Klinische Sozialarbeit begreift den Klienten grundsätzlich als entwicklungsfähig; der Klient soll an seine Potenziale herangeführt werden.

Klinische Sozialarbeit als spezialisierte Soziale Arbeit im Gesundheitswesen orientiert sich am Ansatz der Gesundheitsförderung. Die Aufgabe der Klinischen Sozialarbeit besteht darin, die Lebensqualität kranker Menschen zu fördern. In der Gesundheitspolitik dominieren dagegen oft Kostenfragen. Maßnahmen haben dann Chancen, wenn sie zu Kostensenkungen im Gesundheits- und Krankheitsversorgungssystem beitragen. Der Klinischen Sozialarbeit darf es nicht darum gehen, einen ökonomischen Nachweis zu führen, dass ihre Maßnahmen Kosten senkt.

Eine Entwicklung und Implementierung der Klinischen Sozialarbeit ist erforderlich, um dem Anliegen der Not leidenden Menschen, dem Anspruch der Gesellschaft und den Anforderungen der Profession gerecht zu werden. Soziale Arbeit bietet Personen in schwierigen Lebensverhältnissen eine handlungsorientierte Perspektive. Sie erfasst, ausgehend von der Person, deren Probleme und interpretiert sie hinsichtlich Veränderungsmöglichkeiten. Dabei bezieht sie sich auf einen Ausschnitt des Gesundheitswesens, nämlich auf die Aspekte, die der unmittelbaren Versorgung von Klienten/Patienten dienen (Ansen 2002).

Typische *Handlungsfelder für Klinische Sozialarbeit* sind nach Wendt (2008):

- Psychiatrie, insbesondere im Sozialpsychiatrischen Dienst,
- in der stationären und ambulanten Suchtkrankenhilfe,
- in der Nachsorge bei schweren Erkrankungen und in der Rehabilitation,
- in Verbindung mit Anschlussheilbehandlungen in Einrichtungen der Rehabilitation,
- in der Pädiatrie, auch in Verbindung mit der Frühförderung behinderter Kinder und der Kinder- und Jugendhilfe und
- im Krankenhaussozialdienst.

Krankenhäuser sind verpflichtet zur persönlichen, in der Regel einzelfallorientierten sozialen Beratung und Begleitung der Patienten aller Altersgruppen, deren Lebenssituation sich aufgrund von Krankheit und Behinderung in physischer, psychischer, sozialer, beruflicher, wirtschaftlicher und/oder anderer Hinsicht verändert hat. Dies kann auch die Beratung der Angehörigen beinhalten.

Klinische Sozialarbeit erfüllt diese Verpflichtung (§112 Abs. 2, Nr. 4 u. 5 SGB V, Zweiseitige Verträge und Rahmenempfehlungen über Krankenhausbehandlung).

- Sie leistet persönliche Hilfe.
- Sie behandelt ganzheitlich.
- Sie gibt persönliche und lebenspraktische Hilfe.

- Sie fungiert als Schnittstelle zwischen Krankenhaus und häuslicher Umgebung (Kurlemann 2000).

Klinische Sozialarbeit leistet als dritte Dimension neben der Medizin und Pflege im Krankenhaus einen wichtigen Beitrag im Sinne einer patientenorientierten, ganzheitlichen Behandlung. Diese Verpflichtung stellt eine umfangreiche und hoch qualifizierte Aufgabe dar. Daraus resultieren spezielle Anforderungen an das Kompetenzprofil. Es erfordert spezielles Fachwissen, um eigenständige Aufgaben in Diagnostik, Therapie, Prävention, Nachsorge, Rehabilitation und sozialer Integration wahrnehmen zu können (Schmidt 2001).

Die Soziale Arbeit im Gesundheitswesen steht grundsätzlich allen zur Verfügung, hat aber eine besondere Verantwortung für benachteiligte und ausgegrenzte Menschen. Präzise ausgedrückt, bedeutet das: Alle Soziale Arbeit ist der Gesundheit dienlich. Wenn gesundheitsfördernde Aufgaben im Zentrum stehen, kann von Gesundheitssozialarbeit gesprochen werden. Sofern dies in schwierigen Beziehungs- und Behandlungskontexten geschieht, sprechen wir von Klinischer Sozialarbeit. Und diese verfügt über die erforderlichen Kompetenzen:

- Ganzheitlicher Blick auf kranke Menschen und ihre spezifischen Bedürfnisse,
- Kompetenz der individuellen und ganzheitlichen Beratung,
- Kompetenz der Netzwerkkoordination und
- Koordination interdisziplinärer Zusammenarbeit (Gödecker-Geenen et al. 2003).

Klinische Sozialarbeit als Teil der umfassenderen Sozialen Arbeit hat unterschiedliche Erwartungen im systematisch strukturierten Hilfeprozess zu erfüllen. Dorfman (1996) umschreibt die anspruchsvolle Aufgabe anhand der professionellen Rollen, aus denen heraus der Klinische Sozialarbeiter seine Funktionen erfüllt. Er muss

- Advocate oder Fürsprecher,
- Broker oder Ressourcenvermittler,
- Educator,
- Enabler,
- Case Manager,
- Counselor,
- Mediator,
- Consultant und
- Researcher/Evaluator sein (Mühlum 2002).

Eine Herausforderung stellt auch das notwendige *Kompetenzprofil* der Klinischen Sozialarbeit dar. Es beinhaltet nach Wendt (2000) die Fähigkeiten

- zum Aufbau einer persönlichen Beziehung,
- zur Herstellung und Aufrechterhaltung von Compliance,
- zur psychosozialen Einschätzung der Situation,
- zu einer umfassenden sozialen Beratung,
- zur Auswahl und Anwendung geeigneter Verfahren im Setting sozialer Dienste und Einrichtungen,
- zur Informationsgewinnung im gewöhnlichen Umfeld des Patienten,
- zur alltagsbezogenen Begleitung,
- zu einer systemischen Arbeit (Einbeziehung sozialer Kontexte, emotionaler Dimension, Ressourcen, Fähigkeit der Selbstorganisation, Systemkompetenz),
- zur Nutzung des Systems sozialer Sicherung (Netzwerkkompetenz),
- zu klienten-/patientenzentrierter sozialer Anwaltschaft (advocacy) und
- zur Evaluation der Unterstützungs- und Behandlungsprozesse und ihrer Erfolge.

Klinische Sozialarbeit ist die Arbeit am Menschen und für den Menschen (Wendt 1999). Sie beschäftigt sich mit sozialen Problemlagen, die durch Krankheit entstanden sind, handelt therapeutisch, präventiv oder rehabilitativ in einem sozialen Kontext, um Gesundheit wiederherzustellen, zu verbessern oder zu erhalten. Sie erfolgt zielgerichtet, planvoll, prozesshaft, beruflich organisiert in interdisziplinärer Zusammenarbeit und hat vorwiegend die Aufgabe zur Klärung (Sozialdiagnose) und Behandlung der sozialen Situation einer Person (Gödecker-Geenen & Nau 2002).

4. Case Management als Methodenkonzept in der Klinischen Sozialarbeit

Seit Mitte der 80er-Jahre entwickeln sich in der Sozialen Arbeit sozialökologische Methodenkonzepte. Umweltzerstörung, Migration, Wirtschaftskrise, Sozialabbau lenkten den Blick auf überindividuelle Merkmale und auf das Geflecht der ökologischen, ökonomischen und sozialen Bedingungen. Es verändert sich die Perspektive. Nicht mehr individuelles Versagen, sondern soziale, institutionelle und räumliche Faktoren gelten als Entstehungsbedingungen von Problemen.

Die Entwicklung der letzten Jahre führte zur Fokussierung auf einige Schwerpunkte:

Der Evaluation als praxisbezogene und die Praxis auswertende Forschung und der Selbstevaluation als Forschung in eigener Sache, als Auswertung und Bewertung des eigenen methodischen Handelns durch systematische Informationserhebung kommt immer mehr Bedeutung zu. Es soll der Nachweis der Wirksamkeit des eigenen Handelns erbracht werden. Die Rechenschaftslegung, als die differenzierte und ausführliche Dokumentation des eigenen Handelns, wird zur Basis für Evaluation und Argumentationshilfe im Kontakt mit dem Auftraggeber und Nachweis über Qualität und Quantität erbrachter Leistungen. Der Blick richtet sich verstärkt auf die Netzwerke der Klienten und auf interne und externe Ressourcen. Die Konzepte der Sozialen Unterstützung und des Empowerments dienen der Wahrnehmung und Analyse der unmittelbar alltäglichen Umwelt mit dem Ziel, die Selbstorganisation zu fördern. Neben der Schaffung neuer Sozialer Netzwerke geht es in erster Linie um die Aktivierung vorhandener Beziehungen. Es wird davon ausgegangen, dass im Individuum und im sozialen Umfeld in jedem Fall auch Ressourcen vorhanden sind, die zugänglich gemacht werden können. In den Empowermentkonzepten geht man von einer grundsätzlichen Selbstständigkeit und Fähigkeit zur Selbstorganisation des Menschen aus, dem für die Anwendung dieser Kompetenzen «nur» die entsprechenden Entfaltungsmöglichkeiten gegeben werden müssen (Herriger 2002). Die Konzepte «Soziale Unterstützung» und «Soziale Netzwerke» wollen die im Beziehungsgeflecht des Einzelnen liegenden Quellen sozialer Unterstützung offenlegen und die Fähigkeiten im Umgang mit diesen Ressourcen verbessern; eine solche Ressource ist auch die professionelle Soziale Arbeit

(Ningel 1991). Im Case Management (CM), einem neuen Anwendungskonzept sozialökologischer ressourcenorientierter Einzelfallhilfe, wird auf die Techniken und Strategien fokussiert, nach denen soziale Unterstützung organisiert, abgesprochen und durchgeführt wird. Konzepte wie «Soziale Unterstützung» und «Empowerment» wurden integriert und dienen heute der Wahrnehmung und Analyse der alltäglichen Umwelt, mit dem Ziel, die Selbstorganisation zu fördern und Netzwerke zu nutzen bzw. aufzubauen.

Case Management reizt dabei zunächst ganz ideologiekonform mit dem Versprechen von Effektivität und Effizienz in den humandienstlichen Arbeitsfeldern (Mennemann 2010). Es wird ausgegangen von der These, dass Soziale Arbeit effizienter und effektiver gestaltet werden kann. Dazu wurden die bisherigen Erfahrungen reflektiert und zu Erfolg versprechenden Konzepten verbunden. Formelle und informelle Netzwerke sind oft ausreichend vorhanden; ihre Nutzung geschieht aber häufig planlos, nicht bedarfs- und lebensweltorientiert und unflexibel. Vielfach sind Hilfeangebote unübersichtlich, schwer zugänglich oder passen nicht. Konkurrenzdenken, ideologische oder berufspolitische Barrieren verhindern konstruktive Zusammenarbeit.

Case Management als integrativer und prozessorientierter Ansatz zielt darauf ab, eine Separierung der Hilfen zu vermeiden (Löcherbach & Ningel 2001). Einem verbindlichen Ablaufschema folgend, werden Bedürfnisse, vorhandene und noch zu ergänzende Unterstützungsquellen gemeinsam mit dem Klienten ermittelt und optimal verknüpft. Die Mitarbeit des Klienten wird verbindlich eingefordert, als Kunde ist er aber auch gleichberechtigt in den Hilfeprozess einbezogen. Die hierzu erforderliche Transparenz der Hilfen ergibt sich durch intensive Kommunikation, gemeinsame Ablaufplanung, Zieldefinitionen und Benennung von Kriterien für die Zielerreichung.

Der Prozess findet auf zwei Ebenen statt. *Fallbezogen* ist Case Mangement eine Unterstützungsarbeit zur Verbesserung der persönlichen Netzwerke der Klienten. *Systembezogen* ist das Care Management die Netzwerkarbeit mit den professionellen und angrenzenden Netzwerken und ist als Versorgungsmanagement auf der Systemebene in seiner strategischen Zuständigkeit und normativen Verankerung dem Case Management in operativer Zuständigkeit übergeordnet: Im Case Management steht der Einzelfall im Fokus, im Care Management ein Versorgungsbereich bzw. eine zu «versorgende» Gruppe. Case Management organisiert und gestaltet Care auf der Fallebene und ist so die individualisierte Form von Care Management.

Die Maßnahmen erfolgen nutzerorientiert, bedarfdeckend, einrichtungs- und professionsübergreifend, integriert in ein Versorgungskontinuum und werden deshalb in besonderer Weise den Anforderungen an professionelles Handeln in der Sozialen Arbeit gerecht.

4.1 Case Management als Handlungsansatz in der Klinischen Sozialarbeit

Aus der Auseinandersetzung mit dem Gegenstand Sozialer Arbeit resultieren problem- und kontextspezifische Arbeitsweisen, die Methoden Sozialer Arbeit. Über diese Methoden wurde Soziale Arbeit bislang definiert. Es entstand eine Diskrepanz/Rivalität zwischen Theoriewissen und einer lange gewachsenen, reichen Praxiserfahrung. Dies führte erst zu einem Methodenpluralismus und in der Gegenreaktion zu alltagstheoretischen Ansätzen mit auf einfache Kategorien reduzierten Methoden. Ein innovativer Ansatz der Sozialen Arbeit sollte sich nicht nur über Methoden definieren, sondern von einer Handlungstheorie ausgehen, die Wissen und Begrifflichkeiten sowie Leitlinien für Reflexion und Beurteilung des praktischen Handelns bereitstellt, ein spezielles professionelles Handlungswissen anbietet und zudem noch Identität stiftende Funktion für die Professionellen hat (Miller 1999).

Um die Kriterien für professionelles methodisches Handeln zu erfüllen, muss die Problemsituation als Gegenstand der Behandlung definiert, benannt und auch umfassend verstanden und erklärt werden. Daraus sind dann Veränderungsziele abzuleiten, die den gesellschaftlichen, aber auch den individuellen Werten des Hilfesuchenden und des Helfers entsprechen müssen. Die Methoden zur Erreichung dieser Veränderungen müssen benannt, begründet und dann gezielt, angemessen (nicht der Zweck heiligt die Mittel), professionell, qualitativ und quantitativ verantwortbar angewendet und dabei dem Einzelfall gerecht werden.

Eine Qualitätskontrolle und -sicherung erfolgt durch sorgfältige Evaluation der Hilfeprozesse. Diese Maßnahmen, verbunden mit kontinuierlicher Reflexion des eigenen Handelns, sichern eine Fortentwicklung der Methode und Verbesserung der Methodenkompetenz des Helfers.

Nach den Kriterien an Methoden der Sozialen Arbeit, wie sie beispielsweise der «Sachverständigenrat für die Konzertierte Aktion im Gesundheitswesen» (2001)[6] formuliert hat, sollte Versorgung auf dauerhaften Heilbeziehungen beruhen und auf die Bedürfnisse und Werte des Klienten, der die Maßnahmen

---

6 Neue Regeln für das System der Gesundheitsfürsorge, siehe: www.svr-gesundheit.de

auch kontrolliert, zugeschnitten sein. Wissen wird mit dem Klienten geteilt, Entscheidungen werden evidenzbasiert, transparent und Risiko vermeidend getroffen. Verschwendung durch Überversorgung wird abgebaut; hierzu muss eine optimale Kooperation zwischen den Leistungserbringern/Professionellen Vorrang vor tradierten Rollenbildern der Gesundheitsberufe haben. Case Management entspricht in der Qualität seiner Angebote diesen Kriterien.

Case Management ist ein Handlungsansatz, der vieles von dem beinhaltet, was von der Sozialen Arbeit gefordert wird. Bislang gab es für den Hilfesuchenden den einen für ihn zuständigen Professionellen, der ihm gegenüber die Soziale Arbeit vertrat und dem er, im günstigen Fall seine Probleme anvertrauen konnte. Die Bedeutung der durch diese bisherige Praxis und durch therapeutische Konzepte untermauerten personalen Beziehungen zwischen dem Berater und Klienten, Therapeuten und Patienten steht nicht mehr im Vordergrund. Die Beziehung ist natürlich wichtig, sie wurde aber möglicherweise in der Vergangenheit auch überbewertet.

Im Case Management sollen alle zur Verfügung stehenden Ressourcen und geeigneten Netzwerkkompetenzen in den Hilfeprozess einbezogen werden. Wichtig ist, dass dieser Prozess strukturiert verläuft. Das Case Management organisiert zunächst Abläufe und klärt darin die jeweilige Zuständigkeit. Es sorgt für prozedurale Fairness (Wendt 2008) und Transparenz. Aufgabe des Case Manangers ist es, diesen Hilfeprozess zu organisieren, die Widerstände zu erfassen und Lösungsstrategien zu entwickeln und dabei den Klienten aktiv zu beteiligen. Gegebenenfalls müssen neue Netzwerke eingerichtet werden. Es geht also um die Erfassung und Verknüpfung zweier Systeme. Klientsystem und Hilfesystem sollen so miteinander vernetzt werden, dass der Klient die Möglichkeit hat, Ressourcen zu erkennen, anzufordern und anzunehmen. Für seine Akzeptanz der Hilfe, seine Bereitschaft, Unterstützung anzunehmen, ist seine Erwartung an die Unterstützungssysteme bedeutsam.

Das ist die Grundidee des Case Managements. Damit wird es, und das ist neu in der Sozialen Arbeit, eine systematische und fallbezogene Organisation von Arbeitsabläufen. Die früher häufig erfolgte Trennung der drei Dimensionen im Hilfeprozess: Methodik, Administration und Organisation wurden aufgehoben. Die Hilfe verändert sich: Während sonst Gegenstand der Hilfe in der Sozialen Arbeit der Klient mit allen seinen Problemen war, sollen nun nicht alle Probleme gelöst werden, sondern Ziel ist es, die zur Problembewältigung notwendigen Schritte sinnvoll zu organisieren. Die Nähe zum Klienten geht dabei nicht verloren, weil eine personale Beziehung Voraussetzung dafür ist, die vielfältigen Hilfen heranziehen zu können.

Häufig greifen Unterstützungsangebote nicht, weil die Passung der Hilfen nicht ausreichend bedacht wurde oder weil eine unkoordinierte Angebotsfülle zu falschen Maßnahmen oder zu Doppelbehandlungen führt. Hilfe wirkt effektiver und effizienter, wenn der Einsatz von Diensten koordiniert oder vernetzt werden kann. Das ist die Aufgabe des Case Managements. Seine Aufgabe in der Beziehung zum Klienten ist die Behandlung der internen und externen Widerstände und Hemmnisse. Case Management bedeutet Gestaltung der Kooperation von Nutzern und Leistungserbringern.

Hilfen werden nicht mehr separiert angeboten; der Prozess wird fokussiert (Abb. 22). Hierzu muss eine Strategie zur Optimierung der Unterstützung, Behandlung oder Pflege entwickelt werden.

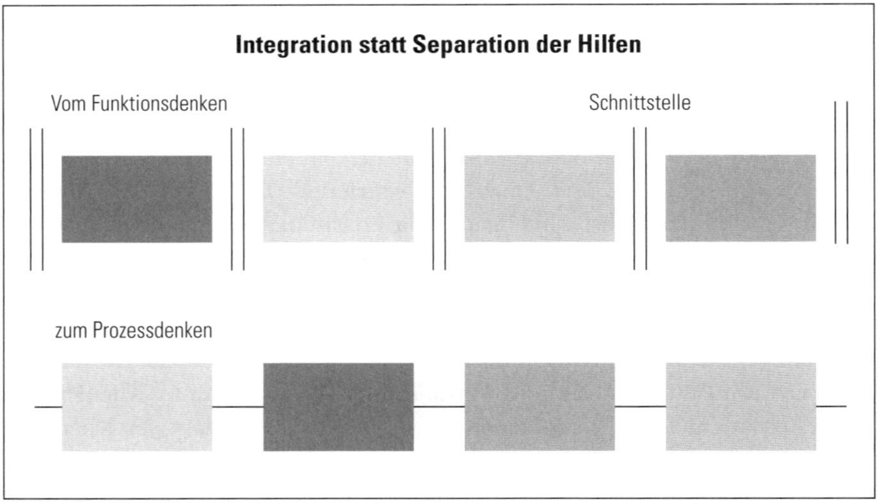

Abb. 22: Integration statt Separation der Hilfen

Das bedeutet aber auch, dass die Steuerung der Hilfeprozesse nicht an eine bestimmte Profession gebunden ist: Case Manager kann auch ein Arzt, Psychologe etc. sein. Allerdings bietet sich die Soziale Arbeit, aufgrund ihrer gesamten Grundausbildung und von ihrem theoretischen Verständnis her, eindeutig am ehesten für die Durchführung des Case Managements an. In der Regel hängt die Fallführung ab von dem Verhältnis zwischen Leistungsträger, Leistungserbringer und den die Dienste nutzenden Klienten.

4.2 Grundlagen des Case Managements

Gegenstand der Sozialen Arbeit sind die bio-psycho-sozialen Problemlagen von Menschen, die mehr oder weniger ausgegrenzt sind und nur mangelhaft am Leben teilhaben. Aber nicht alle Problemlagen rechtfertigen den Einsatz eines umfassenden und aufwendigen Case Managements. Die Problemsituationen der Adressaten müssen detailliert erfasst und eingeordnet werden. In der Regel handelt es sich beim Case Management um komplexe Problemlagen, die den Einsatz und die Koordinierung mehrerer Leistungserbringer erforderlich machen.

Erklärungsansätze

Spezielles Blickfeld der Sozialen Arbeit ist der Mensch in seiner Umwelt. Deshalb müssen Theorien der Bezugswissenschaften so umfassend herangezogen werden, dass sie dem bio-psycho-sozialen Menschenbild Sozialer Arbeit entsprechen. Beispielsweise fordert die Erklärung psychischer Erkrankungen Erkenntnisse und Ergebnisse aus der Medizin, Psychologie, Neurologie, Biologie, Soziologie und auch eine Berücksichtigung familialer, ökonomischer, ökologischer, soziologischer, juristischer, systemischer etc. Aspekte.

Die Bezugswissenschaften werden also nach ihren Beiträgen zur Problemerhellung gefragt. Der Case Manager als Koordinator von Hilfe muss deshalb natürlich Kenntnisse über Erklärungsansätze, Diagnoseverfahren und Methoden seiner Kooperationspartner haben. Er steht während des gesamten Hilfeprozesses vor der Aufgabe, die Kompatibilität der Hilfemaßnahmen zu überprüfen und auf Störungen angemessen zu reagieren. Hier gilt es auch, ideologische Hürden zu nehmen; oft basieren die Überlegungen der Dienstleister[7] auf unterschiedlichen Paradigmen, oder die Methodenansätze entstammen konkurrierenden Schulen. Um dieser Aufgabe gerecht werden zu können, reicht es nicht, eine eigene Interpretation der Problemsituation zu haben, sondern es ist ein Verständnis aller Ansätze nötig (Löcherbach & Ningel 2001).

Neben dem Wissen um die Probleme leisten aber auch Kenntnisse über die Bedürfnisse des Klienten einen wichtigen Beitrag zum Verständnis der Gesamtsituation. Um eine fundierte Aussage über den Bedarf und die Anforderungen

---

7 Hiermit sind im Case Management die zu koordinierenden Anbieter der Hilfemaßnahmen gemeint.

an Hilfesysteme treffen zu können, ist eine Inventur der zur Verfügung stehenden Ressourcen und Kompetenzen wichtig, zumal die Eigenverantwortlichkeit des Klienten oberste Priorität hat. Alles, was der Betroffene aus eigener Kraft für sich erreicht, kann als erlebte Bewältigungskompetenz und als Stärkung des Selbstwertgefühls erlebt werden, was den Umgang mit kommenden Herausforderungen positiv beeinflusst (Ningel 1991).

Ethik

Soziale Arbeit soll nicht nur Technik sein. Daher kommt der Frage nach den *Wertesystemen und Zielorientierungen* im Case Management eine große Bedeutung zu. Eine konfliktreiche Situation, an deren Klärung ja zumindest drei Parteien beteiligt sind und Einvernehmen erreichen müssen: der Klient, der Auftraggeber und die Profession, wobei die Profession als Kriterien ihr Fachwissen und ihre Berufsethik hat.

Neben dem Alltagshandeln muss sich natürlich auch professionelles Handeln auf diese ethischen Rahmenbedingungen hin überprüfen lassen. Dies scheint besonders einleuchtend bei einer Disziplin wie der Sozialen Arbeit, in der Professionelle ihre eigene Persönlichkeit, die ebenfalls geprägt ist durch Sozialisationsprozesse und bewältigte oder nicht bewältigte Herausforderungen innerhalb der Gesellschaft, als Instrument der Veränderung einbringen. Hier, wo man sich objektivem Beurteilen und Handeln bestenfalls annähern kann, sind ethische Grundlagen hoch bedeutsam. So wurden auch schon früh «codes of ethics» für die Soziale Arbeit entwickelt (siehe Kapitel 7 dieses Manuals), in denen die Grundsätze des Akzeptierens, der Individualisierung, der aktiven Beteiligung, der Vertraulichkeit, der Kommunikation und der Selbstkontrolle des Sozialarbeiters als Prinzipien eingefordert werden (Maas 1966; Lattke 1961).

Eine Ethik sagt, wie der Mensch handeln soll und wie nicht; sie bestimmt, wie er sich im Umgang mit seiner Umwelt zu entscheiden hat. Dazu gehört, auf der Ebene eines allgemein akzeptierten Menschenbilds, eine Auseinandersetzung mit dem Ausmaß individueller menschlicher Freiheit, aus der heraus sich Fragen gelingender oder auch nicht gelingender Interaktion, Kommunikation, Beziehungsgestaltung, Hilfe und Unterstützung beantworten. Diese Ethik schließt aber auch Aussagen zum verantwortungsbewussten, also technisch korrekten Methodeneinsatz ein. In der Sozialen Arbeit heißt das konkret, dass es eine Verpflichtung des Professionellen gibt, seine Methodenkompetenz kontinuierlich zu optimieren und im Einzelfall sehr konsequent die Qualität seiner Interventionen zu hinterfragen. Im Umgang mit menschlichen Schicksalen sind Experimente, Halbherzigkeiten, Intuitionen oder die Einzigartigkeit des Menschen vergessende Routinen nicht zu akzeptieren. Natürlich können langjährige Erfahrung und Berufspraxis sehr positive Effekte erzielen, und unbestritten können sie auch zu zügigeren und sehr hilfreichen Interventionsentscheidungen und -anwendungen führen; die Grenze liegt aber dort, wo sich das Handeln, aus welchen Gründen auch immer, der Reflexion entzieht.

Auch die früheren Ansätze der Sozialen Arbeit waren mit ihrem karitativen Auftrag moralisch und ethisch legitimiert, aber professionelles Tun muss Ansprüche erfüllen, die über den Wunsch, hilfreich zu sein, hinausgehen. Neben der Motivation, dem einzelnen Klienten bei der Gestaltung seines Alltags zu helfen, existiert auch ein gesellschaftlicher Auftrag (Engelke 1999). Die Soziale Arbeit muss Ressourcen verwalten, das Gemeinwohl im Blick haben, eine ganzheitliche Sicht haben und dabei die Verantwortung der Gesellschaft dem Einzelnen gegenüber ebenso mitdenken wie die Verantwortung des Einzelnen der Gesellschaft gegenüber. Außerdem muss sich die Soziale Arbeit auch ihre eigene Verantwortung den Beteiligten (Gesellschaft und Klient) gegenüber bewusst halten, die sich in der Vergangenheit immer wieder in den Ambivalenzen und Ambitendenzen des «Doppelten Mandates» problematisch zeigte. Da greifen Mildtätigkeit, Mütterlichkeit, karitatives Tun, wie es noch Alice Salomon als zentrale Hilfsquelle von den Helferinnen einforderte, zu kurz. Soziale Arbeit hat die Aufgabe, die Notleiden der Menschen zu verändern und einen Beitrag zur Veränderung ihrer Umwelt und ihrer Strukturen zu leisten.

Ziele

Das Vorgehen im Case Management ist zielorientiert. Ein Ziel ist ein in der Zukunft liegender angestrebter Zustand, eine gedankliche Vorwegnahme von wünschenswerten Veränderungen, die aufgrund von Werten festgelegt wird. Es kann Herausforderung sein, Motivation erzeugen und enthält eine Selbstverpflichtung des Einzelnen.

Solange der Weg nicht klar definiert ist, ist jeder Weg der richtige oder falsche. Nur eine klare Zielformulierung erzeugt Klarheit, Transparenz und ermöglicht Evaluation. Soll die Wirksamkeit der Arbeit beschreibbar und nachvollziehbar werden, muss zuvor klar benannt werden, was bewirkt werden soll. Deshalb ist die Zielentwicklung ein zentrales Element im Case Management. Es werden mit dem Klienten Ziele geklärt und festgelegt, Maßnahmen zur Zielerreichung benannt und Indikatoren zur Überprüfung der Zielerreichung formuliert. Die Zielformulierung sollte auch beschreiben, welches Ergebnis in welchen Umfang und zu welchem Zweitpunkt angestrebt wird. Dies ermöglicht dann, den Grad der Zielerreichung zu bestimmen (Brack & Geiser 1996). Die positiv formulierten und realistischen Ziele machen also deutlich, in welchem Zeitraum ein absichtsvolles Handeln zu welchen Effekten führt. In einem verbindlichen Serviceplan werden diese Überlegungen zusammengefasst.

Effektivität und Effizienz

Soziale Arbeit verändert sich. Ressourcenknappheit erfordert eine kritische Auseinandersetzung mit bisherigen Vorgehensweisen, durchaus auch mit dem Ziel, Kosten zu reduzieren und Verschwendung durch Überversorgung abzubauen. Leitlinien des Case Managements sind also Effektivität und Effizienz. Dieses marktwirtschaftlich anmutende Paradigma trifft in der Sozialen Arbeit, mit ihrem traditionell karitativen und/oder politisch motivierten Vorgehen, natürlich auf Kritik. Es wird unterstellt, dass Kosteneinsparungen angestrebt werden, die dann zulasten der Versorgungsqualität gehen. Nun sind Kosteneinsparungen grundsätzlich nichts Ehrenrühriges, und es mag auch zutreffen, dass mancher Geschäftsführer einer sozialen Einrichtung sich eine Verbilligung seiner Angebote verspricht. Aber: Sinn von Case-Management-Prozessen ist es nicht, Kosten zu reduzieren, sondern die Ressourcen angemessener und wirksamer einzusetzen.

Case Management ist ein dynamischer Prozess, der einer kontinuierlichen Qualitätskontrolle unterliegt und der durch Rückkoppelungsmechanismen einer laufenden Veränderung unterzogen wird. Die ausgewerteten Ergebnisse fließen in die Planung weiterer Schritte und in die Verbesserung der vorherigen Entscheidungen und Maßnahmen ein. Damit führen Case-Management-Prozesse zu einer Verbesserung der individuellen Situation des einzelnen Betroffenen, zu einer kontinuierlichen Konzeptdifferenzierung und auch zu einer günstigeren gesamtgesellschaftlichen Versorgung von Problemgruppen (Wendt 2008).

Adressatenorientierung

Beim Case Management handelt es sich um eine Strategie zur Förderung der effektiven Versorgung hilfebedürftiger Personen, die nicht in der Lage sind, die ihnen zustehenden Hilfeangebote selbst ausfindig zu machen oder diese angemessen in Anspruch zu nehmen. Wesentliche Aufgabe ist die Koordination der Hilfemaßnahmen. Case Management ist also im Wesentlichen Verknüpfungsaufgabe. Dabei wird davon ausgegangen, dass der Klient die Ressourcen, die er zur Bewältigung seiner Situation benötigt, zumindest zum Teil schon zur Verfügung hat, diese aber nicht nutzen kann (Ningel 1991; Herriger 2002). Das Case Management hat ein grundsätzliches Vertrauen in die Selbstheilungskräfte der Klientsysteme und zielt deshalb auf rasche Beendigung der Hilfeprozesse ab. Der Klient soll so viel Hilfe, wie er zur Lösung der definierten Problemsituation braucht, bekommen, aber so bald wie möglich die Verantwortung wieder selbst übernehmen. Grundsätzlich wird der Klient in alle Entscheidungen einbezogen. Dies gilt auch für Entscheidungen, die das Systemmanagement betreffen; hier kann er aber auch anwaltschaftlich vom Case Manager vertreten werden (z. B., wenn der direkte Kontakt mit den Hilfesystemen eine Überforderung für den Kunden wäre).

Vernetzung

Das Besondere am Case Management ist die Abkehr von der Leitidee der Sozialen Arbeit, dass sich ein einzelner Professioneller einem einzelnen Klienten widmet. Es wird ausgegangen von einer prinzipiellen Beteiligung mehrerer Personen, die neben- oder miteinander in einem strukturierten Prozess an der Problemlösung arbeiten. Zusätzlich werden Familienangehörige und informelle Helfer (Selbsthilfegruppen) in die Arbeit einbezogen. Der Case Manager ist nicht der omnipotente Helfer, der in einer komplementären Beziehung alle Probleme inhaltlich angeht und löst; er hat die Aufgabe, den Hilfeprozess zu organisieren. Es verändert sich der Inhalt des Vorgehens. Anstatt eigene Leistungen anzubieten, ist es sein Ziel, herauszufinden, was bisher eine Nutzung der Ressourcen verhindert hat. Die anspruchsvolle Aufgabe besteht darin, diesen Weg aufzuzeigen und die verschiedenen Helfer einzubeziehen. Vorhandene soziale Netze werden genutzt und Synergieeffekte gefördert. Auch unter erschwerten Bedingungen hat der Klient bisher sein Leben gestaltet; er hat also auch Ressourcen, ist in vielfältiger Weise eingebunden. Gegebenenfalls müssen neue Netzwerke eingerichtet werden. Es geht also um die Erfassung und Verknüpfung zweier Systeme (vgl. Abb. 23), die so miteinander vernetzt werden sollen, dass der Klient die Möglichkeit hat, Ressourcen zu nutzen (Frietsch & Löcherbach 1995). Hilfeleistungen werden nicht mehr einzeln angeboten, stehen nicht nebeneinander, mit all den Problemen, die an Schnittstellen und Übergängen zu bewältigen sind, sondern werden als Teil eines Gesamtprozesses verstanden und durchgeführt. Somit sollen Doppelbehandlungen oder die erneute Anwendung von bereits früher gescheiterten Interventionen verhindert werden (Löcherbach & Ningel 2001).

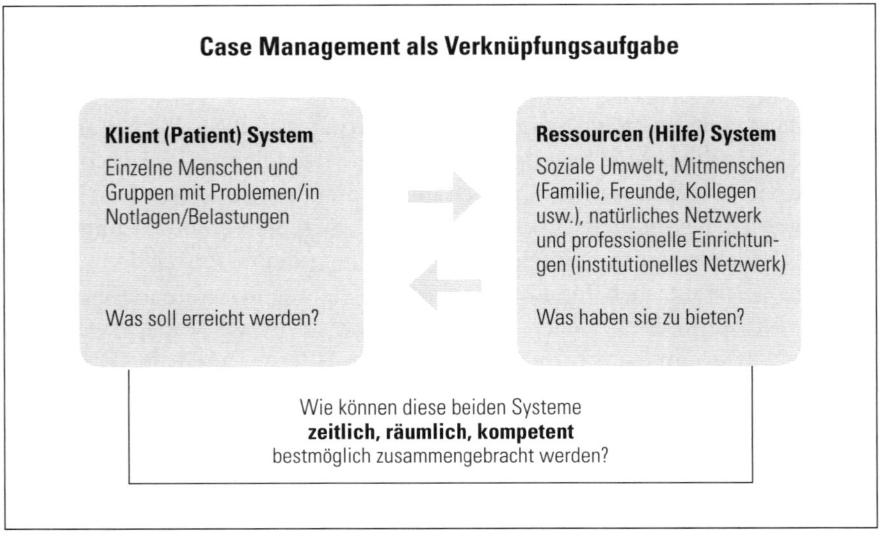

Abb. 23: Case Management als Verknüpfungsaufgabe (in Anlehnung an Wendt 1997, S. 30)

Gesellschaft

Konzepte der Sozialen Arbeit haben immer auch eine gesellschaftstabilisierende Funktion. Jede Gesellschaft hat ihre Problemfelder und -ausprägungen. Jede Zeit hat ihre eigenen Herausforderungen und auch Vorstellungen, wie auf diese zu reagieren ist. Die Probleme sind auch Symptome gesellschaftlicher Zustände und als solche, systemisch betrachtet, gezeigte Verhaltensweisen, die den Sinn haben, das System «Gesellschaft» zu stabilisieren.

Die Armenhilfe des Thomas v. Aquin basierte auf dem Wunsch, Gutes zu tun; letztlich hatte aber auch die Armenhilfe in erster Linie eine systemstabilisierende Funktion und damit einen gesellschaftlichen Auftrag. Diese gesellschaftstabilisierende Funktion konnte auch allen späteren Konzepten der Sozialen Arbeit nachgewiesen werden (Marburger 1979); Case Management macht also keine grundsätzliche Ausnahme. Allerdings ist gleichzeitig eine gesellschafts- bzw. systemkritische Funktion erforderlich, wenn zum Beispiel Versorgungssysteme reformiert werden sollen. Daher setzt sich die Deutsche Gesellschaft für Care und Case Management (DGCC) für ein sowohl fall- als auch systembezogenes Case Management ein.

4.3 Methoden und Anwendungen

Methodisches Handeln wird als Element einer Theorie der Sozialen Arbeit verstanden, von der es sich ableiten muss. Die Methodenanwendung sollte problembezogen sein. Es geht nicht mehr darum, welche Methode die einzelne Profession beherrscht, sondern darum, welche Verfahren zur speziellen Problemlösung notwendig sind. Es werden problembezogene Lösungen statt methodenbezogener Lösungen gesucht (Wendt 2001; Riet & Wouters 2002; Remmel-Faßbender 2002).

Problemorientierung

Problembezogenes Handeln bedeutet, sich einer Bandbreite methodischen Handelns zu bedienen. Methodisches Handeln an den Problembezügen auszurichten, folgt nicht mehr ausschließlich einer bestimmten Technik oder Schule. Methodenlehre im heutigen Sinne bedeutet deshalb auch nicht mehr, eine Methode anzuwenden und zu prüfen, ob ein spezieller Fall dazu passt, sondern eine Optimierung der Hilfeeffekte durch konzertante Anwendung verschiedener Arbeitsformen (Heiner et al. 1994). Die Interventionen «legen» sich nicht auf das ganze Leben des Klienten, sondern geschehen sparsam und lassen so viel Verantwortung wie möglich bei ihm. Sie folgen einer Behandlungshierarchie, die sich erstreckt von Maßnahmen zur Sicherung des Überlebens über Sicherung der sozialen Umgebung bis hin zu individuellen therapeutischen Hilfen (Schwoon 1992).

Transparenz

Die Versorgung in der Sozialen Arbeit erfolgt durchgehend transparent und ist auf die Bedürfnisse und Werte des Klienten zugeschnitten. Der Klient wird nicht mehr an die Methode angepasst, sondern umgekehrt werden ihm, nach sorgfältiger Anamnese und Diagnose, individuelle Behandlungssettings angeboten, für die er sich entscheiden kann (Adressatenorientierung). Tut er dies, dann verpflichtet er sich mit seiner Entscheidung auch zur Compliance und zu einer Mitverantwortung für den Behandlungsverlauf. Damit er dieser Verantwortung gerecht werden und entsprechende Entscheidungen treffen kann, muss er Anteil haben am Wissen um Methoden und deren Wirksamkeit. Es sind also transparente Behandlungsprozesse gefordert.

Ablaufplan

Das Case Management erfolgt in einer speziellen Schrittfolge: In der *Zugangseröffnung* ist die Erreichbarkeit der Dienste für den Klienten zu beachten. Wie hoch- oder niedrigschwellig sind die Angebote? Wie muss der Klient informiert werden über die Möglichkeiten der Inanspruchnahme der Hilfen? Dann erfolgt die *Feststellung des Handlungsbedarfs:* Was ist alles auf den verschiedenen Ebenen notwendig, nicht unbedingt auch erwünscht? Case Management hat nicht die Aufgabe, die Person zu ändern, sondern den Behandlungsbedarf zu erfassen. Der muss einvernehmlich mit dem Klienten festgestellt, ermittelt und ausgehandelt werden, und natürlich kann dabei die fachliche Einschätzung von der Meinung des Klienten abweichen. Es gilt, unter Berücksichtigung der Handlungskompetenzen des Klienten, eine gemeinsame Leitlinie zu entwickeln. Der nächste Schritt beinhaltet die *Zielvereinbarung,* Planung des Weges und die daraus resultierenden Entscheidungen. Es ist zu klären, welche Dienste oder Leistungen in welcher Reihenfolge in Anspruch genommen werden. Die Schritte müssen kompatibel sein, Doppel- oder Fehlbehandlungen müssen vermieden werden. Aufgabe ist es, den optimalen Prozess anzustreben. Die *kontrollierte Durchführung* ist eine Innovation in der Sozialen Arbeit. Der Case Manager zeichnet verantwortlich für das Funktionieren der Hilfe. Er begleitet das Prozessgeschehen, achtet darauf, dass die Hilfe passt. Er ist fallführend, muss autoritär sein, hat die Aufgabe, nachzuprüfen, ob und wie die Hilfe greift. Gegebenenfalls muss er Rücksprache halten und Maßnahmen diskutieren. Ebenfalls neu in der Sozialen Arbeit ist die *Evaluation* durch den Case Manager gemeinsam mit dem Klienten (Wie erfährt er die Hilfe?) und den begleitenden Diensten. Unter dem Aspekt der Qualitätssicherung und der Effizienzsteigerung gewinnt die lückenlose Dokumentation und abschließende *Rechenschaftslegung* zunehmend an Bedeutung.[8]

Professionalität

Professionelles Handeln bedeutet in der heutigen Sozialen Arbeit, sich einer Bandbreite methodischen Handelns zu bedienen und nicht mehr einer bestimmten Technik oder Schule zu folgen. Das erwartete Kompetenzprofil einer Fachkraft der Sozialen Arbeit ist entsprechend anspruchsvoll. Ist diese Fach-

8 Auf die konkrete Ausgestaltung der Phasen wird unter 4.4 eingegangen.

kraft nun in der Funktion eines Case Managers mit seinen vielfältigen Aufgabenbereichen und -ebenen tätig, dann erhöht sich dieser Anspruch deutlich; insbesondere auch wegen der fallbezogenen (Case Management) und systembezogenen (Care Management) Aufgabenstellungen. Der Case Manager muss über die Fähigkeiten verfügen, methodisch und planmäßig zu arbeiten, eine professionelle Vertrauensbeziehung aufzubauen, kompetent zuzuhören, sich einzufühlen und Klienten ihre Selbstständigkeit zurückzugeben, energisch direktiv aufzutreten und Distanz zu bewahren, Interessen zu vertreten, kreative Lösungen beizusteuern und Defizite in der Hilfeleistung zu signalisieren. Löcherbach und Ningel (2001) nennen fünf Kompetenzbereiche:

- Berufliches Selbstverständnis,
- Sach- und Systemkompetenz (Feldkompetenz),
- Methoden- und Verfahrenskompetenz,
- Personale Kompetenz (Selbstkompetenz) und
- Soziale Kompetenz.

Van Riet und Wouters (2002) sind der Meinung, das Profil des Case Managers basiere

> «nicht in erster Linie auf Persönlichkeitsmerkmalen oder Fähigkeiten/Fertigkeiten, sondern auf einer Vorstellung von Hilfeleistungen, in der Klienten/Klientinnen den zentrifugalen Punkt bilden und in allen Fällen als *handelnde* Personen partizipieren. Ein/e Case Manager/in muss nach unserem Dafürhalten eine Person sein, die von einer möglichst großen Selbstbestimmung der Klienten/Klientinnen ausgeht und alle ihre Aktivitäten an diesem Prinzip ausrichtet. Ausgehend von dieser Optik kann Case Management auch als (professionelles) Organisieren von Hilfe- und Dienstleistungen in Bezug auf komplexe und/oder dauerhafte Problematik definiert werden – dies in der erklärten Absicht, die Klienten/Klientinnen (wieder) so weit zu bringen, dass sie möglichst unabhängig bzw. selbstständig handeln und entscheiden können» (S. 95).

Case Management basiert auf Zusammenarbeit und fordert diese ein, damit eine Integration diverser Dienstleistungen gelingt. In der Zusammenarbeit mit Klienten bedarf es dabei anderer Kompetenzen und Vorgehensweisen, als beim Management der Case-Management-Strukturen einer Organisation oder bei der fall- und einrichtungsübergreifenden Netzwerkarbeit. Hier beansprucht Case Management in seiner Zuständigkeit für eine individuell angemessene und humandienstliche Versorgung eine eigene Fachlichkeit und Kompetenz, die sich von der speziellen Zuständigkeit anderer Humanberufe unterscheidet (Wendt 2008).

Qualitätssicherung

Eine angemessene Fallsteuerung lässt sich nur gewährleisten, wenn die Güte des Verfahrens in den unterschiedlichen Anwendungen gesichert wird. Die Evaluation gewinnt in der Sozialen Arbeit unter dem Aspekt der Qualitätssicherung zunehmend an Bedeutung. Wie hat die Hilfe funktioniert? Welche Effekte und Nebeneffekte hat es gegeben? Wie effektiv und effizient war das Handeln? Wie konnte die Serviceplanung umgesetzt werden? Die Ergebnisse der Evaluation haben Auswirkungen auf das Problemverständnis, die Erklärungsansätze, auf die Werte und Normen und auf den Methodeneinsatz. Aus den Erkenntnissen über Nutzen und Schaden des Handelns ergeben sich wichtige Hinweise für zukünftige Strategien. Die Erkenntnisse werden, unabhängig davon, ob es sich um Alltagswissen oder wissenschaftlich gewonnenes Wissen handelt, verknüpft und die Ausstattungs-, Austausch- und Machtbeziehungen zwischen Einzelnen oder Systemen werden analysiert. Diese wichtige Abfolge gilt für ein ganzes Handlungsfeld, aber auch für den Einzelfall.

Formen und Modelle

Es gibt verschiedene Modelle zum Case Management. Dabei sind fünf grundsätzliche Einsatzbereiche des Case Managements zu unterscheiden. In Sozialdiensten ist Case Management ein *Unterstützungsmanagement*, das den Einsatz von personenbezogenen Hilfen (ASD, Beratungsstellen, pekuniärer Unterstützung, Vermittlung von Maßnahmen etc.) zur Problembewältigung steuert (Neuffer 1998; Löcherbach 1996). In Gesundheitseinrichtungen und ärztlichen Diensten ist Case Management ein *Fallmanagement*, das insbesondere ambulante und stationäre Behandlungen der Patienten koordiniert; die Maßnahmen vor und nach der Behandlung sind hier mit eingeschlossen (Nau 1999). In Pflegediensten handelt es sich um ein *Pflegeprozessmanagement* zur Absicherung der Qualität und Ganzheitlichkeit pflegerischer Versorgung (Wendt 1997). In der Rehabilitation, insbesondere in der Behindertenhilfe und in der Unfallversicherung, wird von einem *Rehamanagement* gesprochen, und in der Beschäftigungsförderung ist das *Fallmanagement* gesetzlich in das SGB II und III integriert.

Auch auf die Person des Case Managers bezogen, gibt es verschiedene Modelle. Der *Generalist* übernimmt die gesamte Fallsteuerung, arbeitet aber nicht inhaltlich an einzelnen Problemen mit dem Klienten. Die Überwachung der Hilfe und die Organisation der Begleitung stellen die Form der Hilfe dar.

Der *therapeutische Case Manager* ist dem früheren klassischen Gruppen- und Einzelfallhelfer zuzuordnen. Er arbeitet selbst inhaltlich mit dem Klienten und nimmt die Hilfen, die zusätzlich notwendig sind, hinzu, fordert sie an, vernetzt sie miteinander und mit der eigenen Tätigkeit. Beim *Team Case Management* in einem multiprofessionellen Team kommt es darauf an, die Fallführung so zu gestalten, dass dem Klienten die Hilfen, die vielfältiger Art sind und von verschiedenen Professionen geleistet werden, optimal nutzbar gemacht werden.

4.4 Phasen des Case Managements

Case-Management-Prozesse verlaufen nach einem genau beschriebenen, verbindlichen und nachvollziehbaren Ablaufplan (vgl. Abb. 24, S. 107), an dem sich Dienstleister und Klient jederzeit orientieren und an dessen Einhaltung sie sich auch überprüfen lassen müssen.

Zugangseröffnung[9] (Intake, Enagement)

Wenngleich das Methodenkonzept des Case Managements für die Hilfesysteme bereits Qualitätsstandards geschaffen hat, es eine zunehmende Nachfrage nach entsprechenden Fort- und Weiterbildungen gibt sowie auch aus gesundheitspolitischer Richtung klare positive Signale kommen und in der Praxis grundsätzlich immer häufiger Angebote um Case-Management-Kriterien erweitert wurden, so gibt es dennoch immer noch erhebliche Schwierigkeiten bei der Implementierung im Einzelfall. Systemische Aspekte des Systemerhalts und morphostatisch wirkende Kräfte tendieren eher in Richtung Erhalt des Bestehenden. Ein schlichtes Auswechseln der Methodenkonzepte kann nicht funktionieren; Umstellungen bedeuten Prozesse, in denen die Beteiligten behutsam, aber konsequent mitgenommen werden müssen. Heute bieten viele Einrichtungen zusätzlich zu den bestehenden Angeboten auch die umfangreiche und arbeitsintensive Case-Management-Begleitung für Klienten mit speziellen Indikationen und unter bestimmten Voraussetzungen an.

---

9 Die Terminologie ist noch nicht eindeutig und meist von verschiedenen Anglizismen geprägt. Hier wird jeweils der deutsche Begriff gewählt; die englischen Bezeichnungen stehen in Klammern dahinter.

Die Implementierung des Case Managements in einer Einrichtung bedarf der systematischen Vorbereitung. Die Leistung muss vorgestellt, zugänglich und erreichbar gemacht werden. Die Zielgruppe muss festgelegt, und die Klientenprofile müssen erstellt werden. Um dies tun zu können, sollten die Bedürfnisse und Bedarfe bekannt sein. Die Einrichtung muss deutlich machen: Was bieten wir wem warum an! Die Rollen und der Auftrag müssen geklärt sein.

Es geht darum, möglichst zielgenau die «richtigen» Klienten zu finden, also diejenigen, für deren inhaltlich-thematische Problemlage die Stelle zuständig ist und die ein Case Management benötigen.

In der *Phase der Zugangseröffnung* geht es um ein erstes Kennenlernen und um die Frage der Indikation. Ziel ist also die Entscheidung: Ist der Klient an der richtigen Stelle? Da das Ergebnis offen ist, sollte von Beginn an der Klient wie ein potenzieller Kunde behandelt werden. Vom ersten Kontakt an wird darauf geachtet, die richtigen Dinge richtig zu tun. Der Klient wird von Beginn an zum aktiven Partner, der in einem kommunikativen Prozess in die Auftragsklärung einbezogen wird. Seine Ängste und Zweifel werden berücksichtigt, Vorurteile thematisiert und Motivationsprobleme hinterfragt.

Mit den Klienten findet in einem Prozess kommunikativen Verhandelns ein Austausch über Anlass, Problemformulierung und Zieldefinition statt. Gerade bei sekundär motivierten Pflichtkontakten kann hier «Druck von außen» Motivation und Zustimmung zum Auftrag erzeugen. Durch Transparenz und Offenheit kann Vertrauen gewonnen und die Zuversicht und Hoffnung vermittelt werden, dass die Maßnahme hilfreich sein kann. Eine berufsethische Haltung des Case Managers ist, dass verschiedene Lebensentwürfe und Problemlösungen zulässig sind. Deshalb sollte die Ressourceneinschätzung gemeinsam mit dem Klienten vorgenommen werden.

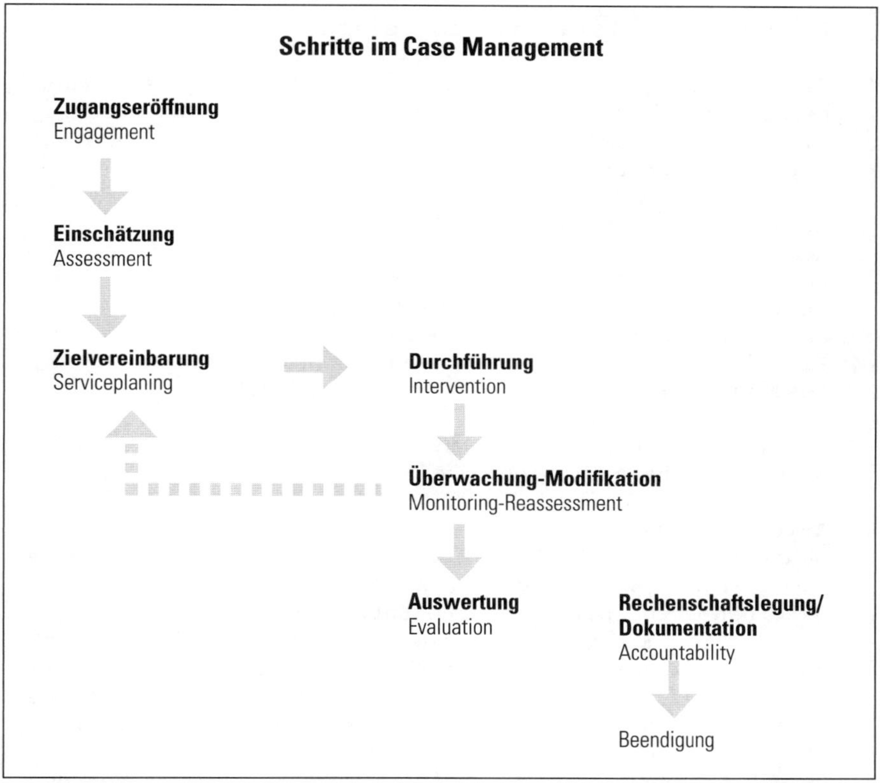

Abb. 24: Der Prozess der Fallführung folgt einer klaren Struktur.

Klinische Sozialarbeit am Beispiel Anna B.

Eine berufsethische Haltung des Case Managers ist, dass verschiedene Lebensentwürfe und Problemlösungen zulässig sind. Deshalb sollte die Ressourceneinschätzung gemeinsam mit dem Klienten vorgenommen werden.

Anna B. (geb. 1987)

Name:	Anna B.
Geb.-Datum:	20.07.1987
GKV:	AOK Mainz
Familienstand:	ledig
Kinder:	1 Tochter (3 Jahre)
Geschwister:	1 Bruder, 23 Jahre
1 Schwester, 16 Jahre	
Entgiftungsbehandlungen:	mindestens 3 (RMFK)
Entwöhnungsbehandlungen:	keine

Anmeldeverhalten:
Während der letzten Entgiftung im Frühjahr diesen Jahres in der Rhein Mosel Fachklinik (RMFK) wurde Anna von der externen Drogenberatung eine Entwöhnungsbehandlung angeraten. Diesem Angebot hat sie noch nicht zustimmen können, habe jedoch gemerkt, dass sich der Suchtmittelkonsum sehr negativ auf ihr Leben auswirke und dass sie «ohne fremde Hilfe wohl den Absprung» nicht schaffen werde Deshalb habe sie sich an die Jugend- und Drogenberatungsstelle (Stadt K.) gewandt und wird dort seit einigen Wochen psychosozial von Anton A., Dipl. Sozialarbeiter, begleitet.

Anton macht Anna klar, dass vor einer Vermittlung in eine Suchttherapie (Fachklinik der medizinischen Rehabilitation) in der Regel eine psychosoziale Beratung erforderlich ist, die im Wesentlichen beinhaltet:

- eine differenzierte Sozial-, Familien- und Suchtanamnese
- die Abklärung der Mitwirkungsbereitschaft
- die Einsicht in die Suchterkrankung
- die Abklärung der Erforderlichkeit einer stationären oder ambulanten medizinischen Rehabilitation
- die Schuldenproblematik
- die Analyse der Schul- und Ausbildungsbiografie
- die Vereinbarung von Rehabilitationszielen (Maßnahmen der beruflichen Integration)

Grundlegende Kriterien, die den Aufwand eines Case-Management-Prozesses rechtfertigen, sind:

- Es handelt sich um eine komplexe Problemsituation.
- Es sind an einer optimalen Versorgung mehrere Dienstleister beteiligt.
- Die Adressatin verfügt über ausreichende Motivation und Compliance.

Können diese Fragen positiv beantwortet werden, ist der Weg frei für die zweite Phase des Prozesses.

Feststellung des Handlungsbedarfs (Assessment)

Hier geht es darum, mit aktiver Beteiligung des Betroffenen ein Bild der Gesamtsituation durch eine Problem- und Ressourcenanalyse zu bekommen, um die Verbesserungspotenziale einschätzen zu können.

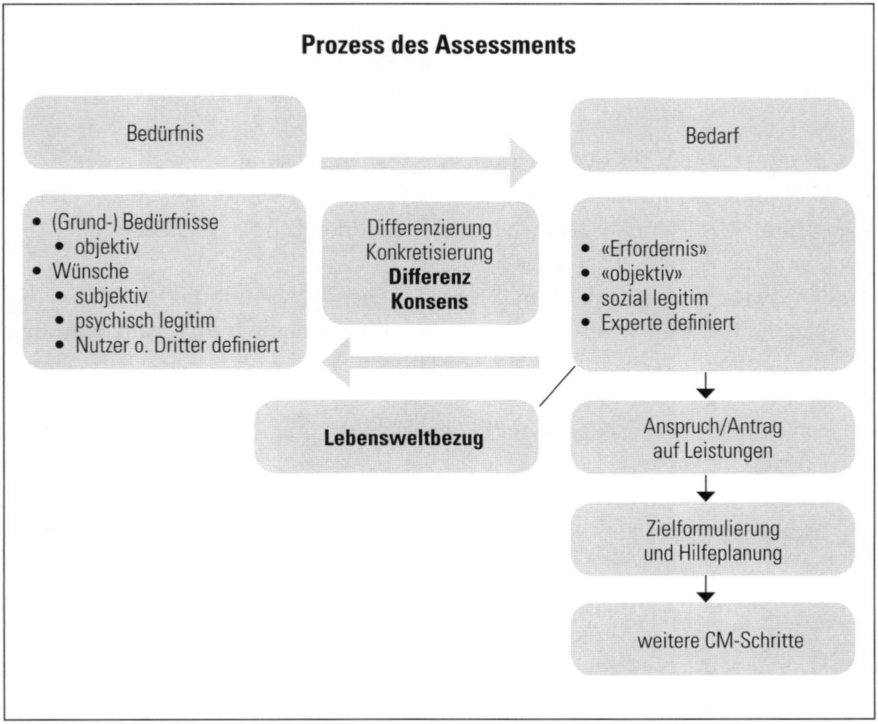

Abb. 25: Prozess des Assessments (in Anlehnung an Löcherbach 2004)

Der Schwerpunkt der *Assessment-Phase* liegt in der Erfassung des Bedarfs als Grundlage für die Definition der Aufgabenstellung. Vorhandene Bewältigungsstrategien und Ressourcen werden in ihrer Gesamtheit und im Rahmen des sozialen Umfelds gezielt ermittelt und sollen gestärkt werden. Die Lebenssituation des Klienten wird analysiert, und es werden die daraus resultierenden Hilfeerfordernisse abgeleitet. Diese Phase dient der kooperativen Bestandsaufnahme und Einschätzung der Situation des Hilfebedürftigen. Im Vordergrund steht die kooperative Informationsbeschaffung und Gesprächsführung, wobei die Aufmerksamkeit auf den Stärken des Klienten, auf der Analyse seines Umfelds und dem erforderlichen Unterstützungsbedarf liegt. Wichtig ist hier der Aufbau einer tragfähigen und vertrauensvollen Beziehung durch aktives Zuhören, Kundenorientierung, sorgfältige Diagnostik und respektvolles, aber eindeutiges Hinweisen auf auftretende Diskrepanzen.

Im Fokus der mithilfe eines strukturierten Interviews (Anleitungsbögen) erfolgenden Phase der Informationsgewinnung stehen Fragen nach

- Problemen oder Belastungssituationen, die dem Betroffenen am meisten Schwierigkeiten bereiten oder ein Risiko bedeuten,
- eigenen Stärken und Fähigkeiten des Klienten,
- der Aktivierbarkeit von eigenen Kompetenzen, Ressourcen aus den Netzwerken,
- geeigneten und für den Klienten akzeptablen Lösungsmöglichkeiten,
- Vorhandensein und Verfügbarkeit natürlicher Unterstützungsnetzwerke,
- prognostizierbaren Kosten-Nutzen-Relationen (Löcherbach 2004).

Zu den Zielen und Aufgaben im Assessment gehören somit die

- ganzheitliche systemische Analyse der Situation, die individuelle, familiale und umfeldbezogene Faktoren einschließt,
- Ermittlung und Analyse der Ressourcen,
- Erfassung biografischer Aspekte der Problemsituation und bereits erfolgter Lösungsversuche,
- gemeinsame Einschätzung der Situation, der Beziehungen, der personalen und institutionellen Netzwerke durch die Klienten, durch die Beteiligten im Umfeld und bereits tätigen Institutionen und durch den Case Manager (Neuffer 2005).

Funktional betrachtet, geht es in dieser Phase immer darum, Problemlagen des Hilfeempfängers als solche zu erkennen, ihre Ursachen und Verknüpfungen zu identifizieren und in Bezug zum Ziel der Dienstleistung zu setzen. Ein Assessment ist ein zielgerichteter Beratungs- und Aushandlungsprozess, getragen von einer Gesprächsführung, die den Klienten hilft, sich auf die belastete Lebenssituation einzulassen. Die in diesem Prozess gesammelten und dokumentierten Informationen bilden die notwendige Voraussetzung für die Erstellung eines bedarfsorientierten individuellen Serviceplans.

Assessment am Beispiel Anna B.

Das ärztliche Gutachten ergibt nach DSM-IV:

Achse I: 304.80 Polytoxikomanie
Achse II: 301.83 Borderline Persönlichkeitsstörung
Achse III: Virushepatitis Typ B
Achse IV: Probleme in der Ursprungsfamilie
fehlende berufliche Integration
(nicht abgeschlossene Berufsausbildung)
Arbeitslosigkeit
fehlende berufliche und soziale Perspektiven
mangelnde Freizeitkompetenz
mangelnde Beziehungskompetenz (insbesondere Partnerschaftsprobleme)
fehlendes soziales Netzwerk
Schuldenproblematik
sexueller Missbrauch
Schwangerschaftsabbruch
Selbstverletzung
Achse V: GAF 50

Klinische Anamnese:

Im Herbst vergangenen Jahres sei sie wegen der Suchterkrankung in der RMFK zu einer dreiwöchigen Entgiftung gewesen, jedoch bereits 2 Tage nach Entlassung wieder rückfällig geworden. Im Mai dieses Jahres habe sie sich erneut einer Entgiftungsbehandlung im LKH unterzogen, dort habe man sie auf die Beratungs- u. Hilfeangebote der Jugend- und Drogenberatungsstelle hingewiesen.

Funktionseinschränkungen in Alltag und Beruf

Alles habe sich nur noch um die Beschaffung und den Konsum von Drogen gedreht. Konnte nicht mehr regelmäßig arbeiten. Nur Gelegenheitsjobs, habe zuletzt den Alltag nicht mehr bewältigen können, sich in Beziehungen ausnützen lassen. Sei zuletzt mit der Erziehung der Tochter vollkommen überfordert gewesen und habe dem Kind gegenüber starke Schuldgefühle.

Zurzeit sei sie sehr aufgedreht und nervös, habe Angst vor der Zukunft, sowohl vor polizeilichen Ermittlungen und den entsprechenden justiziellen Maßnahmen als auch vor einer medizinischen Rehabilitation für Suchtkranke.

Suchtanamnese:
Mit 13 Jahren erster Suchtmittelkonsum (Alkohol, Cannabis), um in der Clique dazuzugehören, wollte Selbstwertproblematik überspielen; erhielt wenig Anerkennung durch Bezugspersonen. Suchtmittelkonsum als Kompensation fehlender Anerkennung durch die Familie und andere relevante Bezugspersonen.

Rebellion und Auflehnung innerhalb der Familie; sie sei zunehmend in ihrem sozialen Umfeld aggressiv geworden. Für die Gruppe sei sie durch dieses Verhalten attraktiv gewesen.

Ab 14 Jahren: regelmäßiger, teilweise exzessiver Alkoholkonsum (anfangs Bier und Wein, bald aber Schnäpse, Steigerung der Trinkmenge bis zu 5 Flaschen Bier und eine halbe Flasche Wodka am Tag) hauptsächlich am Wochenende. Anfangs, um dazu zu gehören, später, weil sie den Alkohol brauchte. In den letzten 2 Jahren wurde der Alkoholkonsum reduziert.

Mit 15 Jahren begonnen, Haschisch zu rauchen, später zusätzlich auch als Tee. Sie sei neugierig gewesen auf das Suchtmittel und habe damit auch Beziehungen gestaltet. Der Konsum hat sich in dieser Phase auf täglich 2–3 g gesteigert.

Mit 16 oraler Konsum von Ecstasy am Wochenende. Neugier und Wunsch nach Spass als Motiv. Insgesamt jedoch nur ca 15-mal konsumiert, dann jeweils 2–3 Pillen.

Alternativ habe sie zu dieser Zeit auch Amphetamine nasal konsumiert, vor allem um in Partystimmung zu kommen, bis 2 g täglich. Auf Parties habe sie gelegentlich auch Pilze mit psychotroper Wirkung konsumiert.

Ab 17 (nach der Geburt der Tochter) Heroinkonsum, anfangs nasal, später i.V., anfangs neugierig, später um wegzutauchen, zuletzt bis 1 g täglich.

Ab 19 oraler Konsum von Benzodiazepinen, zur Beruhigung, auch wegen ihrer aus der Beschaffungskriminalität resultierenden Folgen der Sucht.

Seit Ende des 18 Lebensjahrs Kokainkonsum (nasal), um den Kick zu haben, habe sie sehr fasziniert, bis zu 2 g täglich.

Folgen der Sucht

Familiale Probleme: Vater hat sie «aus dem Haus geworfen», während sie schwanger war.

Mutter habe sehr geweint und sich Sorgen gemacht, manchmal heimlich (hinter dem Rücken des Vaters) Kontakt gesucht.

Älterer Bruder sei sehr wütend auf sie gewesen und habe gedroht, sie zu verprügeln.

Jüngere Schwester habe sich Anna zum Vorbild genommen und auch schon erste Kontakte mit Suchtmitteln.

Verantwortung für die 3-jährige Tochter habe sie nicht übernehmen können, diese oft vernachlässigt.

Partnerschaften seien immer nach ein paar Monaten gescheitert.

Weiter wurde erhoben:

fehlende Ausbildung und berufliche Integration, Schulden, Delinquenz, mehrere kleine Diebstähle, gelegentlich habe sie in kleinem Stil gedealt.

Prostituiert habe sie sich nicht, sei aber bei Bekannten schnell bereit gewesen zu sexuellen Kontakten, wenn diese gemeinsamen Drogenkonsum in Aussicht gestellt hätten.

Psychiatrische Anamnese:

Bereits als Kind erfolglos um Wohlwollen und Anerkennung in Beziehungen bemüht gewesen. Hatte den Eindruck, dass niemand sie akzeptiere.

Eindruck wurde verstärkt dadurch, dass sie in dem kleinen Dorf als «Gastarbeiterfamilie» nicht integriert waren. Sie habe oft unter Anfeindungen von Gleichaltrigen, aber auch Erwachsenen gelitten.

Die Eltern seien selbst nicht mit der Situation klargekommen. Der Bruder habe erfolgreich versucht, durch Leistung zu imponieren.

Ihr seien in der Pubertät ständig Jungs «durch den Kopf gegangen», sehr viele wechselnde Freundschaften und Beziehungen scheiterten; dadurch sei sie noch mehr ins Abseits geraten und habe einen «schlechten Ruf bekommen».

Weiter sei kennzeichend:

viele Streitereien mit Gleichaltrigen, Außenseiterin, Verletzungen, Demütigungen.

Mit 13 habe sie sich dann einer Clique angeschlossen, glaubte, dort eher akzeptiert zu werden und Schutz gegen Gleichaltrige zu bekommen.

(In dieser Gruppe sei sie jedoch sehr ausgenützt und einmal auch vergewaltigt worden. Aus dieser Vergewaltigung resultierte eine Schwangerschaft; sie habe sich das Kind «wegmachen lassen», was sie bis heute nicht verarbeitet habe; dennoch sei sie immer wieder zu «meiner Gang» hingegangen.)

Ständig Eindruck, nicht gut auszusehen, hässlich zu sein, als Beziehungspartnerin nicht attraktiv zu sein.

Hat ständig ausprobiert, ob andere sie akzeptierten. Problematisches Kommunikations- und Interaktionsverhalten.

Oft ausgerastet, Kurzschlusshandlungen. Mit dem Wunsch, Grenzen zu spüren, habe sie sich auch die Haut aufgeritzt. Schwierigkeiten, sich unter Kontrolle zu bringen. Fremdbild-Selbstbild-Diskrepanz.

Suizidalität:
Gelegentlich sei es zu Suizidgedanken gekommen. Die Möglichkeit, sich umzubringen sei «ihr Joker», falls gar nichts mehr gehe. Einmal habe sie beim «Ritzen», etwas zu tief geschnitten, was von dem Notarzt als Suizidversuch gewertet worden sei. Aktuell keine Suizidalität.

Biografische Angaben:
20-jährige Anna wuchs gemeinsam mit dem 3 Jahre älteren Bruder und der 4 Jahre jüngeren Schwester bei den Eltern auf.

Annas Eltern kommen aus Italien, Vater gehörte zur sog. «Gastarbeiter-Generation»; nach 4 Jahren in Deutschland hat er die Familie nachgeholt; ihr Bruder Salvatore war zu diesem Zeitpunkt bereits 3 Jahre alt. Die Familie lebte in einem kleinen Dorf, seien dort «die Itaker» (Außenseiter) gewesen, worunter insbesondere der Vater sehr gelitten habe.

Die Mutter war Hausfrau und habe nur Italienisch gesprochen, habe gelegentlich Putzjobs übernommen, sie habe oft geweint und Heimweh nach Italien gehabt; sie habe etwas Wärme in die Familie gebracht, aber den Kindern keine Orientierung geben können. Gegen den Vater habe sich die Mutter nicht durchsetzen können, dafür habe Anna die Mutter manchmal verachtet, sich gegen diese gewandt und ausprobiert, wie weit sie gehen könne. In der Pubertät hätten Annas viele und wechselnde Beziehungen die Mutter sehr belastet.

Der Vater habe versucht, durch angepasstes Verhalten die Anerkennung im Dorf zu bekommen, und auch von seinen

Kindern verlangt, dass sie durch Fleiß und tadelloses Benehmen das Ansehen der Familie im Dorf verbessern. Es sei dem Vater dann auch gelungen, ein eigenes kleines Häuschen zu erwerben und zu renovieren. Der Vater sei sehr impulsiv gewesen und oft auch jähzornig, unberechenbar.

Anna habe das anfangs auch probiert, dem Wunsch des Vaters zu entsprechen, sei aber trotz aller Bemühungen die «Itakerin» geblieben. Da habe sie eine «Kehrtwendung gemacht» und den Leuten dann auch Anlass zur Ablehnung gegeben.

Mit ihren Eltern – beide leben mit einer kleinen Rente (zus. 1T€) im eigenen Häuschen auf dem Land – hat sie sich wegen ihrer Drogengeschichte seit Jahren überworfen, weil der Vater sie rigoros aus dem Haus geschmissen hat, als sie schwanger war.

Zu dem älteren Bruder, der als KFZ-Mechaniker arbeitet und sich auf den Meisterbrief vorbereitet, besteht kaum Kontakt; dieser lehne Anna und ihre «unmoralische und entwürdigende» Lebensweise ab und tendiere dazu, die Rolle des älteren Bruders, der über die jüngere Schwester bestimmen kann, einzunehmen.

Mit der jüngeren Schwester (sie besucht noch die Regionalschule) treffe sie sich gelegentlich; diese sei aber zum Leidwesen der Eltern und des Bruders in ein ähnliches «Fahrwasser geraten» wie die ältere Schwester. Anna versuche, ihr immer klar zu machen, dass sie nicht ihre Fehler wiederholen solle.

Schulische Entwicklung:
Anna hat die Hauptschule besucht und oft die Schule «geschwänzt»; 15-jährig mit mäßigen Noten den Hauptschulabschluss erlangt.

Berufliche Entwicklung:
Lange bekam Anna keine Lehrstelle, bemühte sich auch nur halbherzig. Mit 16 Jahren begann sie eine Lehre als Verkäuferin, die sie nach ca. 1 Jahr wegen Streit mit dem Filialleiter über Fehlzeiten während der Schwangerschaft abbrach. Von D-Dorf zog sie dann nach S-Stadt. Danach hat sie nur Gelegenheitsjobs gehabt, mit mehr oder weniger großen Pausen, bei Freunden gelebt, aber seit der Lehre nicht mehr mit Steuerkarte gearbeitet.

Perspektivisch strebt Anna eine Verbesserung ihrer Schulausbildung und anschließend das Erlernen eines Berufs (vorzugsweise im sozialen Bereich) an.

Psychosexuelle Entwicklung:

Problematisch, von Kindheit an, versucht, Menschen an sich zu binden, dies in der Pubertät auch durch Sexualität versucht, viele Beziehungen, bei denen sie sich nicht ausreichend schützen konnte. Vergewaltigung mit 15 Jahren und anschließender Schwangerschaftsabbruch. Freude an Sexualität verloren, jedoch Sex weiter funktional eingesetzt. Nie längerfristige Beziehungen. Lediglich die Beziehung zum Kindsvater habe fast ein Jahr gedauert; dieser habe sich aber während der Schwangerschaft aus dem Staub gemacht.

Juristische Anamnese:
Mehrfach wegen Beschaffungsdelikten polizeilich aufgefallen und registriert, jedoch erfolgten bisher noch keine Verurteilungen wegen BtMG-Verstößen. Jetzt stehe möglicherweise ein Verfahren an. Sie habe eine Vorladung zur Polizei erhalten. Ein Freund habe ihr «gesteckt», dass sie von einem Dealer im Rahmen seiner «Lebensbeichte» belastet worden sei, für ihn über sechs Monate lang täglich mehrere Gramm «H» und «Koks» vermittelt zu haben.

Sozialanamnese:
Alleine lebend, mit Kind, in Wohngemeinschaft (renovierungsbedürftiger AB; 2 Zimmer) mit einem «älteren Freund» (Sozialfreier). Gelegenheitsjobs, Schulden in unbekannter Höhe, da sie seit Jahren Rechnungen und Mahnungen nicht mehr beachtet habe.

Beziehungsanamnese:
Sehr viele wechselnde Beziehungen, häufig mit Drogenabhängigen. Seit 1 Monat in einer neuen Partnerschaft, auf die sie große Hoffnungen setzt. «Dieses Mal ist alles anders und besser. Er versteht mich.» Dadurch Konflikte mit dem älteren Freund.
Freundeskreis besteht nicht, auch keine Freizeitinteressen; sie höre allerdings gerne «Techno» und tanze gerne.

Zusammenfassung:
Anna B. verfügt über eine Wohnung, materielle Grundversorgung und einige bestehende Beziehungen, von denen besonders die zu ihrer Tochter gleichzeitig sozialer Rückhalt und Herausforderung bedeutet. Anna B. konnte sich für ihre Interessen einsetzen und in vielen Situationen auch konsequent Ziele verfolgen. Sie verfügt über soziale Kom-

petenzen, zeigt Veränderungsbereitschaft und eine gute Behandlungsmotivation mit ausreichender Compliance.

Anzustreben sind eine gesunde (abstintente) Lebensführung, materielle Absicherung, gesellschaftliche Teilhabe durch berufliche und soziale Integration und insbesondere eine konsequente und konstruktive Übernahme der Mutterrolle.

Es stehen zur Erreichung dieser Ziele neben formellen Hilfen (Medizin, Psychotherapie, Psychosoziale Beratungsstelle, ambulante und stationäre Suchtkrankenhilfe, Sozialpädagogische Familienhilfe, Schuldnerberatung, berufliche Rehabilitation) mit der Tochter und dem Lebensgefährten und (bei günstiger Entwicklung) der Ursprungsfamilie auch tragfähige informelle Netzwerke zur Verfügung.

Das Assessment stellt ein interaktionelles und kommunikatives Vorgehen dar und ist daher mehr als die pure Anwendung von Instrumenten. Es ist ein ganzheitlicher und ökonomischer Prozess, der, orientiert an den Zielen und Ressourcen, auf der Organisationsebene die Entwicklung von Prozeduren braucht. Diese werden in der folgenden Phase der Serviceplanung entwickelt und kombiniert.

Es kann beim Assessment durchaus zu unterschiedlichen Einschätzungen zwischen der zu unterstützenden Person und anderen Beteiligten aus den formellen und informellen Netzwerken kommen. Aufgabe ist es hier, eine systemische Sicht auf die beschriebene komplexe Problemlage zu erhalten und diese in die Ermittlung des Hilfebedarfs und die Vermittlung von Hilfen einzubeziehen.

Serviceplanung

Der *Serviceplan* ist ein Bündel zusammenhängender Aktivitäten, die sich auf das konzentrieren, was der Klient wirklich will und zu einer befriedigenden, selbstständigen Lebensführung braucht. Die dazu nötigen Maßnahmen müssen in Verhandlungsprozessen verstanden, abgeklärt und hinterfragt werden, wobei Verhandlung im Case Management die inhaltliche Auseinandersetzung mit dem Ziel eines gemeinsamen Verständnisses meint.

In einem differenzierten Prozess werden aus den Ergebnissen des Assessments Veränderungsziele abgeleitet, die auch eine Selbstverpflichtung der Beteiligten enthalten. Wenn die Ziele aufgrund von Werten festgelegt und konkret formuliert wurden, werden Art und zeitlicher Rahmen der Maßnahmen zur Zielerreichung sowie exakte Indikatoren zu deren Überprüfung benannt. Diese

Planungsphase dient der gemeinsamen Erarbeitung eines Hilfe- und Unterstützungsplans mit dem Klienten. Leitlinie der Planung sind die Kriterien Effektivität und Effizienz.

Am Beginn steht die Zielfindung, das heißt die gemeinsame Festlegung dessen, was für den Hilfesuchenden erreicht werden kann und soll. Handlungsplanung und Qualitätsentwicklung sind ohne eindeutige Zielformulierung nicht zu erreichen.

Reha-Ziele am Beispiel Anna B.

- Aufbau einer tragfähigen, vertrauensvollen «therapeutischen» Beziehung
- Erwerb und Stabilisierung von Einsicht in die Suchterkrankung
- Emotionale Fundierung der Krankheitseinsicht
- Erwerb einer stabilen Abstinenzentscheidung
- Erwerb und Stabilisierung von Einsicht in die Persönlichkeitsstörung
- Auseinandersetzung mit suchtauslösenden und -aufrechterhaltenden Bedingungen
- Auseinandersetzung mit Personen der Ursprungsfamilie
- Klärung der Beziehungen zu Personen der Ursprungsfamilie
- Verbesserung des Selbstwertgefühls
- Verbesserung der Beziehungsfähigkeit
- Verbesserung der sozialen Kompetenz
- Verbesserung der Interaktions- und Kommunikationsfähigkeit
- Verbesserung der Fähigkeiten im Umgang mit Bedürfnissen
- Verbesserung der Fähigkeiten im Umgang mit Gefühlen
- Erlernen von alters- und situationsadäquaten Konfliktverarbeitungsmechanismen
- Auseinandersetzung mit traumatischem Erleben (Vergewaltigung)
- Wiederherstellung der Arbeitsfähigkeit
- Vermittlung auf den Arbeitsmarkt (Bewerbertraining) bzw. Vermittlung in Ausbildung
- Erwerb und Verbesserung beruflicher Basiskompetenzen
- Aufbau eines konstruktiven sozialen Netzwerks
- Anleitung und Unterstützung bei der Strukturierung des Alltags
- Entwicklung realistischer sozialer und beruflicher Perspektiven
- Verbesserung des Freizeitverhaltens
- Klärung und ggf. Einüben der Mutterrolle
- Abbau von Schulden (Schuldnerberatung)
- Klärung von materiellen, finanziellen und ideellen Ansprüchen

Ein Ziel ist ein in der Zukunft liegender angestrebter Zustand, eine gedankliche Vorwegnahme von wünschenswerten «Endzuständen», die durch gemeinsames Handeln mit Einzelnen, Gruppen, Familien, Teams, Gremien oder in der Gesellschaft erreicht werden sollen. Es wird aufgrund von Werten festgelegt und enthält die Selbstverpflichtung des Einzelnen oder von Gruppen. Ein Ziel kann eine Herausforderung darstellen, Motivation zu erzeugen und «durchzuhalten».

Die Wirkung guter Zielformulierung ist es, Klarheit zu gewinnen, Effektivität zu sichern, Effizienz zu steigern und Transparenz zu schaffen. Nur so ist auch die Basis für Evaluation, Selbstevaluation und Qualitätsentwicklung gegeben.

Planung ist der Ersatz von Versuch und Irrtum oder Zufall durch systematische Vorbereitung und Abstimmung von Entscheidungen auf Zielerreichung hin. Im Rahmen der Serviceplanung werden Ziele geklärt und festgelegt, dann die Maßnahmen zur Zielerreichung benannt und zusätzlich verbindliche Indikatoren zur Überprüfung einer gelungenen Zielerreichung formuliert. Kriterien für Zielformulierung:

- Das Ziel ist positiv zu formulieren.
- Das Ziel muss deutlich machen, auf wen sich das Ziel bezieht, für wen was als Veränderung gilt.
- Der Zeitpunkt der Zielerreichung ist anzugeben oder zumindest einzugrenzen.
- Das Ziel muss realistisch und realisierbar sein.
- Das absichtsvolle Handeln zur Zielerreichung ist zu benennen.

Im Anschluss an die Zielformulierung werden konkrete Teilziele, Aufgaben, Rechte und Pflichten definiert. Die Handlungsabläufe werden vorstrukturiert und Methoden der Dokumentation vereinbart. Der Serviceplan ist das Kernstück des Case Managements; die Konkretisierung künftiger Handlungsabläufe ist bindender als bei der klassischen Zielvereinbarung der psychosozialen Beratung. Abweichungen von der Planung lassen sich identifizieren und gemeinsam auf der Basis der dokumentierten Vereinbarungen thematisieren und ggf. zur systematischen Modifikation der Hilfeplanung bzw. Fortschreibung nutzen.

Außerdem ist die Serviceplanung umfassender, denn es geht um Leistungs- und Koordinationssteuerung. Neben der Planung von Hilfen zur Problemlösung und dem Abschluss von Vereinbarungen zwischen dem Case Manager und dem Ratsuchenden erfordert die Realisierung der getroffenen Vereinbarungen eine neue Handlungsform und Vorgehensweise. Die Hilfeplanung geht über in die Organisation und Bereitstellung eines Hilfeangebots und wird durch das Knüpfen von Unterstützungsnetzen durch Kontaktierung, Vermittlung an die konkret Hilfe leistenden Institutionen zur Leistungs- und Koordinationssteuerung. Während Hilfeplanung noch ganz an der individuellen Bedarfslage ansetzt und – hypothetisch – Angebote sequenziell hintereinanderschaltet, kommt es beim Case Management darauf an, aus dem hypothetischen Angebot eine reale, abrufbare und verbindliche Hilfeleistung zu machen.

Es geht um zwei Prozessebenen: Einerseits wird das Verhältnis von Case Manager und Ratsuchendem im Rahmen der getroffenen Zielvereinbarung verbindlich gestaltet. Andererseits hat der Case Manager die Aufgabe, die Hilfeleistung zu planen und zu organisieren.

Der konkrete Serviceplan im Case Management ist das detaillierte Ergebnis der Planung

- *was wo wie und mit welchen Mitteln* zu erfolgen hat,
- *wer was in welcher Zeit mit welcher Verantwortung* zur Zielerreichung beiträgt,
- *welche Verbesserungen* (Ziele – Resultate) durch *welche Maßnahmen* in *welcher Zeit* zu erwarten sind.

Professionellem Handeln geht immer Planung voraus. Diese muss auf der Basis einer zuverlässigen, relevanten Datensammlung erfolgen. Der Serviceplan im Case Management benennt, *was in welchem Umfang konkret* zu leisten ist. Er ist das Fundament, auf dem die kontrollierte Durchführung, das Monitoring und die Evaluation erfolgen (siehe Tabelle 3, S. 122/123).

Vermittlung (Linking)

Nach Abschluss der Serviceplanung werden die vereinbarten Maßnahmen initiiert und Verbindungen zwischen Hilfesuchenden und informellen bzw. formellen Hilferessourcen (Linking) geschaffen. Der Case Manager begleitet den Klienten und unterstützt ihn bei der Inanspruchnahme der Leistungen. Koordinierte Hilfen aus dem Netzwerk werden vermittelt und Kontakte angebahnt. Nicht zuletzt geht es auch um die Klärung der finanziellen Situation und damit der Kostenübernahme.

Ziel ist es, Verbindungen zwischen und mit allen Personen und/oder Diensten, die am Hilfeplan beteiligt sind, zu knüpfen. Das sind konkret: die Klienten, die Mitglieder des sozialen Netzes und des professionellen Netzes und natürlich der Case Manager. Auf der praktischen Ebene zeigt sich das Gelingen dieser Phase in einer konstruktiven Kommunikation und Interaktion der Beteiligten sowie in einer gemeinsamen kooperativen und zum Wohle des Klienten zielgerichteten Arbeitshaltung und in der Transparenz des Prozesses.

Kontrollierte Durchführung und Steuerung des Hilfeprozesses (Monitoring)

«Mit Hilfe des Monitorings wird festgestellt, ob ein Plan greift oder nicht» (Riet & Wouters 2002, S. 227).

Die Hilfeprozesse werden nun in Gang gesetzt und von dem Case Manager gesteuert und überwacht. Dazu muss der Kontakt zu den Dienstleistern gestaltet und deren Arbeit begleitet werden. Hier ist die Gewährleistung kooperativen und abgestimmten Handelns sehr wichtig. Das Monitoring sichert im Case Management die Einhaltung der Vereinbarungen durch den Klienten, aber auch dessen Unterstützung, wenn Einrichtungen oder Dienste ihren übernommenen Verpflichtungen nicht nachkommen. Die konfliktfreie Durchführung der Kontrolle setzt ein gutes Netzwerkklima voraus, für dessen Pflege der Case Manager verantwortlich zeichnet. Für ein Case-Management-Ausführungsteam gelten ähnliche Regeln und Gesetzmäßigkeiten wie in der sozialen Gruppenarbeit. Entscheidend für eine wirksame und dauerhaft befriedigende Zusammenarbeit sind die Variablen: Offenheit, Vertrauen, Transparenz, konstruktive Arbeitshaltung und Kohäsion. Der Umgang mit den Kooperationspartnern stellt besondere Anforderungen an die Person des fallführenden Case Managers. Er braucht neben einem fundierten Wissen über die Situation des Klienten und die Arbeit der verschiedenen Professionen auch hohe Leitungskompetenz und eine ausgeprägte Fähigkeit zum Verhandeln, Vermitteln und Vereinbaren.

Neben dem kontinuierlichen Austausch zwischen Case Manager und den einzelnen Dienstleistern sind besonders Helferkonferenzen ein geeignetes Forum, um die Hilfen aufeinander abzustimmen, Schwierigkeiten in der Zusammenarbeit zu thematisieren oder Fehlentwicklungen zu vermeiden.

Case Managern kommt hierbei generell die Aufgabe zu, ihre Klienten «anwaltlich» zu vertreten, Interventionen zu ihren Gunsten zu veranlassen und Nachteile zu verhindern. Diese Phase ist sehr sensibel; hier beweist sich die Belastbarkeit des Verhältnisses des Case Managers zu den anderen Diensten.

Die Aufgabenstellungen sind vielfältig:

- Koordination von Dienstleistungen *für* den Patienten (Bürger)
- Erhebung und Nutzung von Dienstleistungen in Einrichtungen, Diensten, Praxen, sozialen Netzen
- Kooperation der Fachkräfte *mit* dem Patienten (Bürger)
- Gestaltung von Beziehungen *zu* Personen aus Einrichtungen, Diensten, Praxen, Sozialen Netzen (sporadisch/vertraglich)

Klient:		Anna B.		CM:		Anton A.	
Versicherung:		AOK Mainz		Dienstleister:		DROBS K.	
Geburtsdatum:		20.07.1987		Datum:		xx.xx.xxxx	
Problemstellung:		Polytoxikomanie, Borderlinesyndrom, fehlende berufliche und soziale Integration, mangelnde Freizeitkompetenz, Beziehungsdefizite, Schuldenproblematik					
Zielsetzung:		Berufliche und soziale Integration, Befähigung zur autonomen Lebensführung					
Nr	Bereich	Probleme/Bedarfe	Rahmenziele	Maßnahmen	Durchführender	Rang	Indikatoren für Zielerreichung
1	Allgemeine Versorgung	Zugang zu Versorgungsangeboten Nutzung von VA Motivation, Perspektive	Tragfähige Compliance	Motivierende Gesprächsführung	CM: Anton A. DROBS	1-2 W sofort	Aktive Mitarbeit
2	Medizinische Versorgung	Körperliche Abhängigkeit	Entgiftung und ph. Regeneration	Qualifizierte Entzugsbehandlung	Rhein-Mosel-FK	1- 2 W sofort	4 Negative Urinkontrollen
		Hepathitis	Körperliche Gesundheit	Med. Versorgung	Facharzt	1-26 W sofort	Verbesserte Leberwerte
		Borderline	Psychische Gesundheit	Psychiatrische Versorgung	Rhein-Mosel-FK	1-26 W sofort	Symptombesserung (Beziehungskomp.)
3	Psychotherapeutische Versorgung	Psychische Abhängigkeit	Erfolgreiche Bearbeitung der Suchtproblematik	Psychotherapie, Soziotherapie, Ergotherapie	Klinik am Waldsee Psychiater, Ps.th., SA, Ergotherapie	2-26 W nach Entzug	Emotionale Krankheitseinsicht
		Traumatisierung des sex. Missbrauchs	Belastungsminderung durch Aufarbeitung	Psychotherapie	Klinik am Waldsee Psychotherapeut	5-26 W	Traumabewältigung
		Schwangerschaftsabbruch	Befreiung von Schuldgefühlen	Psychotherapie	Klinik am Waldsee Psychotherapeut	5-26 W	Emotionale Akzeptanz
4	Selbstmanagement	Mangelnde Krankheitseinsicht	Krankheitseinsicht	Psychosoziale Beratung	Sozialarbeiter	2-6 W	Abstinenzbereitschaft, Behandlungsmotivation
		Mangelndes Selbstwertgefühl, Insuffizienzgefühle	Stabiles Selbstbewussstein	Psychosoziale Beratung	Sozialarbeiter	4-20 W	Selbstsicherheit, Durchsetzungsfähigkeit
		Selbst-/Fremdgefährdung	Selbstakzeptanz	Psychosoziale Beratung	Sozialarbeiter	4-20 W	Bessere Impulskontrolle
5	Sozialverhalten	Beziehung zur Tochter	Erziehungskompetenz, adäquates Rollenverhalten	Psychotherapie (Einzeltherapie)	Psychotherapeut In FK am Waldsee	6-26 W	Entscheidung über zukünftige Bez.gestaltung
		Partnerschaft	Beziehungskompetenz	Systemische Beratung	Psychotherapeut In FK am Waldsee	10-26 W	Beziehungsfähigkeit, Nähe-Distanz-Regelung

Klient:		Anna B.		CM:		Anton A.	
Versicherung:		AOK Mainz		Dienstleister:		DROBS K.	
Geburtsdatum:		20.07.1987		Datum:		xx.xx.xxxx	
Problemstellung:		Polytoxikomanie, Borderlinesyndrom, fehlende berufliche und soziale Integration, mangelnde Freizeitkompetenz, Beziehungsdefizite, Schuldenproblematik					
Zielsetzung:		Berufliche und soziale Integration, Befähigung zur autonomen Lebensführung					
Nr	**Bereich**	**Probleme/Bedarfe**	**Rahmenziele**	**Maßnahmen**	**Durchführender**	**Rang**	**Indikatoren für Zielerreichung**
6	Psychosozialer Bereich	Alltagsgestaltung, Abstinenzstabilisierung	Suchtmittelfreiheit, Abstinenz fördernde Lebensgestaltung	Psychosoz. Ber., Nachsorgegruppe, SHG	PSD DROBS	ab 26 W	Abstinentes Leben, regelm. Besuch von SHG
		Fehlendes soziales Netz	Soziale Unterstützung	Psychosoz. Beratung, Netzwerkaufbau	CM: Anton A. DROBS	Ab 20 W	Qualität und Quantität der Sozialkontakte
7	Ausbildung und Beruf	Schulische und berufliche Ausbildung	Schulische und berufliche Qualifizierung	Analyse der schul. und berufl. Soz., Ressourcenanalyse, Quali.maßnahmen	Ergotherapeut, Arbeitstherapeut, Bildungsträger	8-22 W	Entscheidung berufl. Ziele, in Praktikum
8	Wohnsituation	Prekäre Wohnsituation	Neue Wohnung	Begleitung, Beratung, Unterstützung	KaW Sozialberatung CM: Anton A.	Ab 16 W	Angemessene Wohnsituation
9	Finanzieller Bereich	Überschuldung	Solvenz	Schuldnerberatung	Schuldnerberatung nach InSO anerkannt	3-20 W	Transparenz, Strategie
10	Rechtliche Situation	Abklärungsbedarf Delinquenzvorwurf	Vermeidung von Haft, (evtl. §§ 35,36)	Rechtliche Beratung, Begleitung	Klinik am Waldsee Sozialberatung	Ab 15 W	Status: nicht vorbestraft

Tabelle 3: Serviceplan Anna B.

Der Umsetzungsprozess der in der Hilfeplanung vereinbarten Handlungsschritte und Angebote muss durch ein geeignetes Dokumentationssystem festgehalten werden. Auf diese Weise sind Zielabweichungen erkennbar, und es werden zugleich Daten erfasst, die das Assessment fortschreiben und eventuell zu einem Re-Assessment führen.

Die konkrete Funktion des *Monitorings* liegt also in der Bereitstellung von Daten und Informationen darüber, wie der Hilfeprozess funktioniert, ob die vereinbarten Leistungen tatsächlich erbracht und ob die erwünschte Wirkung erzielt worden ist.

Hierzu werden alle Kontakte und Absprachen zwischen Case Manager, Klienten und Teilnehmern der formellen und informellen Netzwerke dokumentiert, Verlaufsberichte erstellt und Zwischenberichte verfasst. Ziel dieser Phase ist die kritische Verfolgung des Hilfeplans im Hinblick auf Leistungen, deren Angemessenheit, Wirksamkeit, Qualität und Resultat. Soll die Wirksamkeit der Arbeit beschreibbar und nachvollziehbar werden, muss zuvor klar sein, was bewirkt werden soll. Gegebenenfalls entwickelt sich der Fall in einer Weise, die ein Erreichen der ursprünglichen Zielvereinbarungen nicht mehr realistisch oder adäquat erscheinen lässt. Das kann zum Beispiel durch gravierende Veränderungen in der Situation des Klienten oder auch durch nicht vorhersehbare Prozessentwicklungen geschehen. Dann kann es zu einem Re-Assessment, also einer Neueinschätzung der Bedarfslage und einer Modifikation bzw. Revision des Vorgehens kommen. Dies sollte aber die Ausnahme sein. Grundsätzlicher Anspruch ist eine sorgfältige und aussichtsreiche, weitsichtige, verlässliche und Eventualitäten berücksichtigende Serviceplanung, deren Umsetzung ohne Modifikationen und aufwendiges Umstrukturieren mit Effekten für alle Prozessbeteiligten auskommt.

Auswertung und Abschluss (Evaluation)

In einer gemeinsamen *Evaluation* werden mit dem Klienten die Leistungen, die Qualität der Maßnahmen und ihre Effekte, insbesondere die Erreichung der angekündigten Ziele und Teilziele überprüft und Konsequenzen für weitere Hilfen abgeleitet.

Während das Monitoring der fortlaufenden Beobachtung des Fallverlaufs dient und insofern ein wichtiges Instrument für das Fallcontrolling darstellt, dient die Evaluation der Betrachtung des gesamten Falles nach dessen Abschluss. Das geschieht auf mehreren Ebenen. Es geht darum,

- das Ergebnis nach Maßgabe vorab festgelegter Kriterien zu beurteilen,
- die Arbeit der Beteiligten (auch die Kooperation mit den Kunden) retrospektiv zu bewerten,
- vorhandene Angebotsdefizite und Angebotslücken zu identifizieren,
- Erkenntnisse über Stärken und Schwächen der Beteiligten zu gewinnen und
- Informationen über Versorgungsmängel zu nutzen, um neue, adäquate und innovative Dienstleistungsprogramme zu einer Optimierung der Versorgungsplanung zu nutzen.

Effektivität, Effizienz und Qualität der Sozialen Arbeit sind nicht voneinander zu trennen. Der Case Manager hat die vom Klienten benötigte Dienstleistung in einer hohen Qualität effizient und effektiv zu gewährleisten, dabei nicht nur den eigenen Prozess qualitativ zu sichern, sondern auch die Dienste, an die der Case Manager vermittelt.

Beim Case Management sind nach Wendt (1999) verschiedene Qualitätsdimensionen (vgl. Abb. 26) zu unterscheiden:

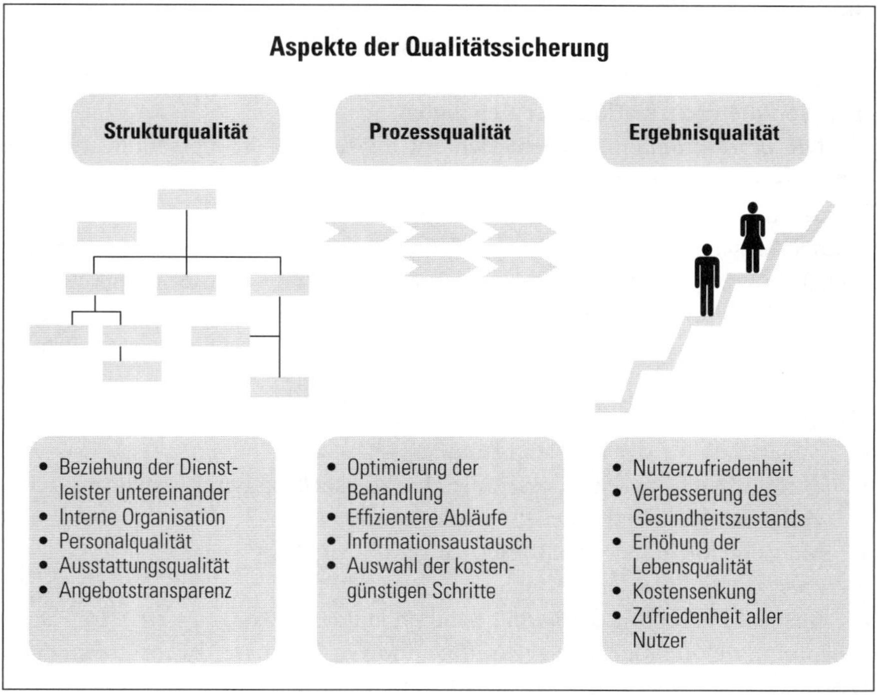

Abb. 26: Aspekte der Qualitätssicherung (in Anlehnung an Wendt 1990)

Qualität «… ist die Gesamtheit von Merkmalen einer Einheit bezüglich ihrer Eignung, festgelegte und vorausgesetzte Erfordernisse zu erfüllen oder einfach: die Erfüllung vereinbarter Kundenanforderungen (ISO Norm 9000)». Brack (1995) beschreibt Qualität als eine jedem Klienten zustehende Arbeitsqualität, die dem gegenwärtigen Stand des Berufswissens entspricht.

Die *Strukturqualität* bezieht sich auf das organisatorische Gerüst, in dem Ressourcen bereitgehalten werden oder sich erschließen lassen. Es stellen sich Fragen nach der Organisation der sozialen und gesundheitlichen Versorgung, dem Personaleinsatz und der Ausbildung der Professionellen sowie deren Unterstützung durch Weiterbildungen, Teamsupervisionen, QS-Zirkel. Aber auch die Erreichbarkeit der Angebote, die räumlichen und baulichen Gegebenheiten und die dienstlichen Informations- und Kommunikationsabläufe betreffen die Strukturen der Hilfe.

Auf eine hohe *Prozessqualität* richtet der Case Manager seine gesamte Arbeitsweise aus. Sie bietet Orientierung und Standard für gelungene Case-Management-Strategien. Gemeint ist die Art und Weise (Methoden) der Leistungserbringung, der gekonnte Ressourceneinsatz, der sich in der Effizienz der Abläufe spiegelt, die Qualität der Zusammenarbeit zwischen allen Beteiligten, Erstellung und Fortschreibung des Hilfeplans, die Transparenz der Maßnahmen und die Partizipation aller Beteiligten.

Die *Ergebnisqualität* bezieht sich auf die tatsächlich messbaren und operationalisierbaren Erfolge und Veränderungen. Ob und auf welchem Niveau wurden die Ziele in einem Soll-Ist-Vergleich erreicht? Wie hoch ist die Zufriedenheit der Nutzer? Wie war das Niveau der erforderlichen Kooperation? Sind Erhöhungen der Lebensqualität feststellbar, hat sich die Alltagssituation geklärt? Konnten die Veränderungen in die Lebenswelt des Klienten nachhaltig transferiert werden? In welchem Maße konnten Ressourcen aktiviert werden?

Zusammengefasst geht es bei der Evaluation im Case Management um die *Überprüfung der Qualitätskriterien* im Case Management:

- Zugänglichkeit der Dienstleistungen
- Zeitrahmen, innerhalb dessen die Dienstleistungen bereitgestellt werden
- Verlässlichkeit bei der Leistungserbringung
- Menschlichkeit des Leistungserbringers
- Zweckmäßigkeit der Leistung
- positive Ergebnisse der bereitgestellten Hilfeangebote

Um hier eindeutige, aussagekräftige und vergleichbare Ergebnisse zu erhalten, müssen allgemeingültige Standards für alle am Case-Management-Prozess beteiligten Praktiker verbindlich formuliert werden.

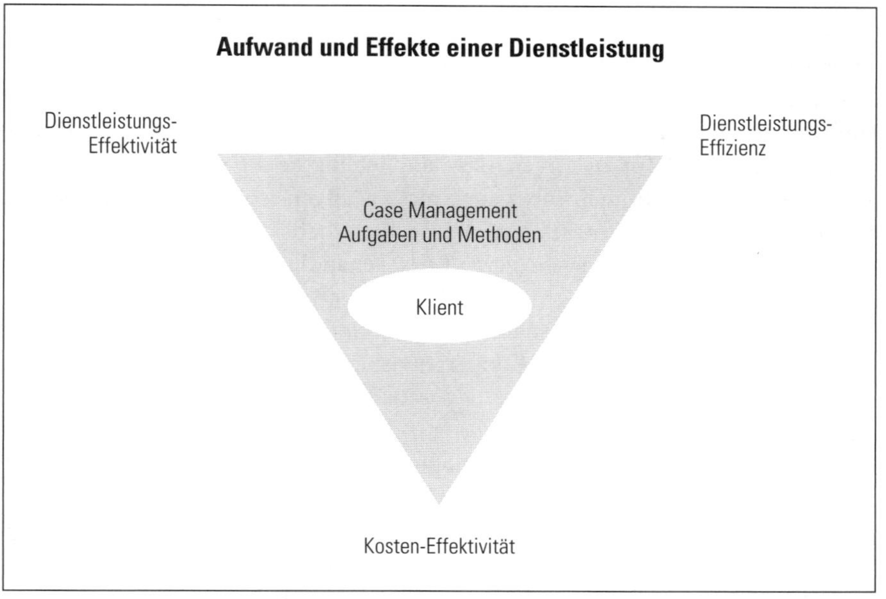

Abb. 27: Aufwand und Effekte einer Dienstleistung

Rechenschaftslegung

Qualitativ hochwertige Soziale Arbeit ist teuer, darf es auch sein; aber die Verwendung der Mittel müssen offengelegt werden. Dazu ist es notwendig, die Behandlung so zu dokumentieren, dass erkennbar wird, welche Leistungen der Klient zur Zielerreichung erhalten hat und aus welchen Überlegungen die konkreten Planungen und Durchführungen resultieren. Die *Rechenschaftslegung* wird, weil sie meist mit einem aufwendigen Berichtswesen einhergeht, oft als lästig empfunden, als Störung der Behandlung, als Verbrauch von Kräften, die im direkten Kontakt mit dem Klienten verloren gehen. Dennoch: Rechenschaftslegung ist notwendig, auch zur Reflexion des eigenen Handelns (Wendt 1997; Raiff & Shore 1997).

Rechenschaftslegung gilt einerseits als Leistungsnachweis für Zuwendungsgeber und andere zentrale Stellen und ist andererseits Grundlage für Anträge an Träger und langfristig auch für eine inhaltliche und konzeptionelle Verbesserung des Programms.

Bei der konkreten Umsetzung ist stets auch nach den Adressaten der Berichte zu fragen. Welches Wissen und welche Erfahrungen können vorausgesetzt werden, und welche Daten sind für welchen Empfänger relevant? Hier sind einerseits datenschutzrechtliche Aspekte zu berücksichtigen, es muss aber auch zum Schutz des Klienten darauf geachtet werden, dass die Informationen gezielt und nur in dem für die einzelnen Adressaten nötigen Umfang weitergegeben werden. Um hier dafür zu sorgen, dass alle Beteiligten die richtigen Informationen bekommen (nicht mehr, aber auch nicht weniger), sollte nach deren berechtigtem professionellem Interesse an der Rechenschaftslegung gefragt werden.

Alle Aktivitäten werden im Verlauf des Behandlungsprozesses nach den im Unterkapitel «Auswertung» genannten Kriterien dokumentiert, sodass alle Beteiligten über den Stand der Maßnahme jederzeit informiert und so in Vertretungssituationen oder Ausfällen von Kooperationspartnern zumindest nicht Wissensdefizite die Fortführung des Prozesses zusätzlich erschweren. Ein abschließender Bericht ist, bezogen auf den Fall und auf das System, eine Rückschau auf die Gesamtbehandlung, in ihrem chronologischen Verlauf, beginnend mit der Entscheidung für ein Case Management, über Bedarfsanalyse, Zielfindungen, Entscheidungsprozesse, Aktivitäten, Krisensituationen bis hin zu den Auswertungsergebnissen und den daraus resultierenden Schlussfolgerungen, Empfehlungen, Vorschlägen, Perspektiven, praktischen Maßnahmen und Prognosen.

Mit der Rechenschaftslegung präsentiert sich das Case Management abschließend als …

- … anspruchsvolle (Fall-)Managementaufgabe,
- … effektive und effiziente Nutzung der bestehenden Ressourcen statt Unter-, Über- oder Fehlversorgung,
- … Ermunterung zu selbstständigem Handeln statt Bevormundung und
- … Integration in ein Gesamtkonzept statt Separierung der Hilfen.

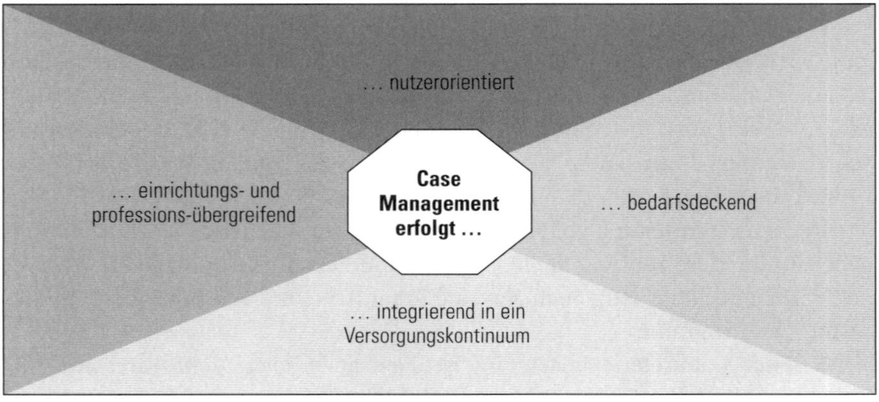

Abb. 28: Das Vorgehen basiert auf unterschiedlichen Handlungsgrundsätzen

5. Schlussbetrachtung

Die Soziale Arbeit hat im Laufe ihrer Entwicklung sich immer wieder kritisch hinterfragt, um Positionen gerungen, Skepsis aufgeworfen und teilweise überwunden, Überlegungen angestellt, Entscheidungen getroffen und verworfen; kurzum, sie hat sich weiterentwickelt. Dabei musste sie sich mit sich selbst und mit ihren Umwelten, den benachbarten Professionen und den Adressaten ihrer Arbeit auseinandersetzen. Bezugsrahmen waren dabei stets der Lebensalltag und die Notlagen der Klienten. Es wurden Wunden geschlagen und Chancen verpasst, aber es wurde auch Lernfähigkeit bewiesen, und so konnte ein beeindruckendes Methodenrepertoire entstehen, das es ermöglicht, den Gegenstand der Sozialen Arbeit genau zu identifizieren, Handlungsfelder und Anwendungsgebiete zu bestimmen und innerhalb dieser professionell und kooperierend auf die individuellen Bedürfnisse der einzelnen Menschen und ihrer Bezugssysteme einzugehen.

Die Soziale Arbeit im Gesundheitswesen befindet sich in einem ständigen Prozess der Veränderung. So wie man nicht zweimal in denselben Fluss springen kann, so hatte man auch stets mit einer flüchtigen, auf die jeweilige Umwelt regierenden Sozialen Arbeit zu tun, die versucht hat, ihre Position zu finden und sich den aus Paradigmenwechseln und gesellschaftlichen Veränderungen entstandenen Herausforderungen zu stellen. Dabei war sie stets auch morphostatischen Kräften ausgesetzt und wirkte nie, als ob sie sich wirklich durch erfolgreiches Umsetzen des Konzepts der «Hilfe zur Selbsthilfe» selbst überflüssig machen wollte. So wurden Werte- und Wissensbestände bewahrt und modifiziert. Ergebnis sind neue, moderne Handlungskonzepte, die eine lange Erfahrung integrieren, notwendige Innovationen zulassen und sich eines breiten Methodenrepertoires bedienen können. Insbesondere für die Klinische Sozialarbeit bietet sich so eine Fülle von Interventionsstrategien und Handlungsoptionen, die, recht genutzt, Professionalität ermöglichen und die Stellung der Sozialen Arbeit im Gesundheitswesen erheblich verbessern können.

Teil II

Methodenanwendung

6. Einleitung

Methoden der Sozialen Arbeit sind der modale Weg des Vorgehens und somit Bestandteil einer Handlungslehre, auf die sie von den Zielen her bezogen und begründbar sein müssen.

Brack (1980) und Müller (2006) betonen, dass die Methode zumindest schwerpunktmäßig Aussagen zum Vorgehen der Fachkraft der Sozialen Arbeit machen und dabei die Frage beantworten muss, wie ein Klient von einem Ausgangspunkt, der sich aus der Analyse des Problems ergibt (Ist-Zustand) zum erwünschten und erreichbaren Ziel (Soll-Zustand), nämlich der Veränderung/ Verbesserung des Zustands oder im Idealfall zur Lösung dieses Problems, kommen kann.

Perlman (1973), Biestek (1970), Hollis (1974) sehen in den Methodenkonzepten der Sozialen Arbeit keine einheitliche Handlungsform, sondern verstehen sie als Mittel, Menschen zu gesellschaftlich akzeptiertem Verhalten zurückzuführen. Dieser Reintegrationsprozess beinhalte die Vermittlung und Vereinbarung von Wertvorstellungen, allgemeine Prinzipien, persönliche Überzeugungen und Erfahrungswissen.

Heiner et al. (1995) definieren methodisches Handeln als Instrument auf der Prozessebene:

> «Als methodisches Handeln in der Sozialen Arbeit verstehen wir alle Tätigkeiten, mit denen Ereignisse und Strukturen in komplexen sozialen Situationen in einen systematischen Zusammenhang gebracht werden.
>
> Methodisches Handeln strukturiert den gesamten Prozess der Wahrnehmung und sprachlich reflexiven Erfassung der Ausgangssituation, des Nachdenkens über Arbeitsaufträge, die Notwendigkeit und Legitimation zum Handeln, des Entwerfens und Erprobens von Handlungsplänen und der Auswertung des Geschehens» (S. 291).

Der Methodenbegriff war und ist uneindeutig und vielschichtig. Die klassischen Methoden werden nach wie vor gelehrt, jedoch haben sich auch die therapeutischen Schulen in der Ausbildung etabliert. Festzustellen ist ebenfalls eine ungebrochene Nachfrage nach methodischen Zusatzausbildungen. Das Streben nach mehr methodischer Kompetenz wird durch Staub-Bernasconi (2007) bestärkt: Methodisches Können im Sinne der praktischen Handhabung einer Situation (Interventionsebene) ist Bestandteil professionellen Handelns in Verknüpfung mit Fachwissen, ethischen Fragestellungen, institutionellen Gegebenheiten und sozial und gesellschaftspolitischen Grundpositionen.

Geißler & Hege (2001) beschreiben Soziale Arbeit, trotz aller notwendigen wissenschaftlichen und systematischen Begründungen, in den überwiegenden Handlungsbereichen immer auch als eine personenbezogene, damit individuelle und kommunikative Beziehungsarbeit. Deren Handhabung erfordert neben der

- *instrumentellen Kompetenz,* also der Beherrschung von Fähigkeiten und Fertigkeiten,
- *reflexiven Kompetenz,* die eigene Entwicklung nicht zu verlieren und zu verleugnen, sondern in berufliches Handeln zu integrieren, besonders auch
- *soziale Kompetenz,* die sich in Rollendistanz, Aufrichtigkeit, kommunikativen Fähigkeiten, Empathie, Dialogfähigkeit, Zuhörenkönnen zeigt.

Als Grundanforderungen müssen Methoden Kriterien erfüllen, nach denen Interventionsformen in das methodische Handeln der Sozialen Arbeit zu übertragen sind. So muss eine Methode beschreibbar und nachvollziehbar sein, lehr- und lernbar, überprüfbar, zielgerichtet, theoretisch und wissenschaftlich fundiert. Es müssen Aussagen zum konkreten Handlungsrahmen des Arbeitsfelds und zu den Evaluationsergebnissen gemacht werden. Dies alles dient der Qualitätsverbesserung Sozialer Arbeit (Heiner et al. 1998; Löcherbach 2005).

Methodische Handlungskonzepte in der Sozialen Arbeit müssen gegenstandsbezogen, problembezogen, handlungsbezogen, praxisorientiert und entwicklungsbezogen sein, um innerhalb der Sozialen Arbeit den sozialen und emotionalen Problemen der Menschen gerecht zu werden (Schmidt-Grunert 1998).

Eine Methode ist ein vorausgedachter Plan des sozialpädagogischen Handelns. Sie muss daher immer personenadäquat und gegenstandsadäquat erfolgen (Geißler & Hege 2001).

Die gesellschaftstabilisierende Funktion der Sozialen Arbeit und ihrer Methoden wurde von Marburger (1979) ausführlich beschrieben: Soziale Arbeit passt sich offensichtlich dem jeweiligen Zeitgeist und der politischen Situation problemlos an und erfüllt, was wenig schmeichelhaft ist, aktiv oder reaktiv die ihr zugewiesenen Aufgaben im Dienste des jeweiligen Systems.

Methoden sind offensichtlich nie neutral, sondern immer in einen gesellschaftlichen Kontext eingebettet. Sie folgen einem theoriegeleiteten Professionsverständnis (z. B. Defizitorientierung und Ressourcenorientierung, lineares und systemisches Denken) und hängen von der Bestimmung der Aufgaben Sozialer Arbeit (von öffentlichen Aufgaben bis hin zur individuellen Beratung)

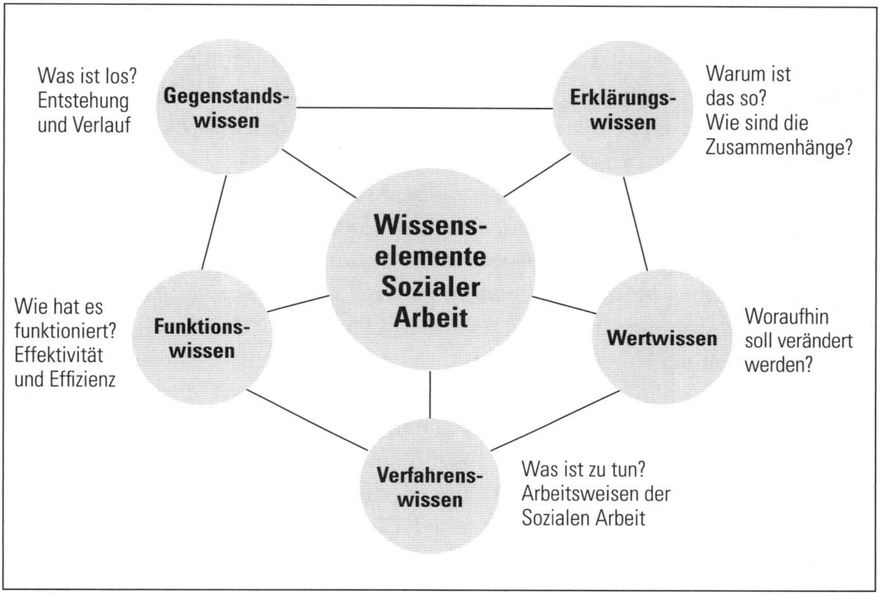

Abb. 29: Wissensbasierte Soziale Arbeit (Staub-Bernasconi 1986)

ab. Die stetige Ausdifferenzierung der Arbeitsfelder (z. B. Gewalt gegen Frauen, Aidsberatung), veränderte Lebenslagen (z. B. familiale Strukturen, Arbeitslosigkeit), neue Aufgaben (z. B. durch KJHG, Pflegeversicherung) und Umbruchsituationen (z. B. Haushaltsdefizite, Umbau der Sozialleistungen) erfordern ständige Anpassungen und Modifikationen.

Der Begriff «*problembezogene Handlungsweise*» hat fachliche Verbreitung gefunden. Staub-Bernasconi (1995a) erklärt diese Entwicklung damit, dass die Begründung einer Arbeitsweise von der Problembezogenheit (Definition und Ziele) und den Erfordernissen abhängt; eine Schuldnerberatung erfordert andere Verfahren als eine Scheidungsberatung.

Gegenstand der Sozialen Arbeit sind die sozialen Probleme von Menschen, die mehr oder weniger ausgegrenzt sind und nur mangelhaft am Leben teilhaben. Soziale Arbeit hat die Aufgabe, die Notleiden der Menschen zu verändern und einen Beitrag zur Veränderung ihrer Umwelt und ihrer Strukturen zu leisten. Damit hier die Methodenlehre sinnvoll integriert werden kann, brauchen wir eine Handlungstheorie für die gesamte Soziale Arbeit.

Aus der Auseinandersetzung mit dem Gegenstand Sozialer Arbeit resultieren problem- und kontextspezifische Arbeitsweisen, die Methoden Sozialer

Arbeit. Über diese Methoden wurde Soziale Arbeit bislang definiert. Es entstand eine Diskrepanz/Rivalität zwischen Theoriewissen und einer lange gewachsenen, reichen praktischen Erfahrung. Dies führte erst zu einem Methodenpluralismus und in der Gegenreaktion zu alltagstheoretischen Ansätzen mit auf einfache Kategorien reduzierten Methoden.

Ein innovativer Ansatz der Sozialen Arbeit beinhaltet, sich nicht über Methoden zu definieren, sondern von einer *Handlungstheorie* auszugehen. Mit den Bausteinen Sozialer Arbeit entwickelt Staub-Bernasconi (1986) ein handlungstheoretisches Modell, das sowohl generell für die Soziale Arbeit anwendbar ist als auch für einzelne Bereiche und mit leichten Veränderungen sogar für Fragestellungen der Einzelfallbehandlung (vgl. Abb. 29, S. 135).

Als Basis beschäftigt sich das *Gegenstandswissen (Was ist los?)* mit den Problemen, sammelt Informationen und Daten zu den Problemen, beschreibt ausführlich alle Aspekte des Problems bis hin zu dem Versuch der Klassifizierung.

Ist das Problem beschrieben, stellt sich die Frage nach dem *Erklärungswissen (Wie wird das Problem erklärt?)*. Bei der Beantwortung dieser Frage spielen die Beiträge der Bezugswissenschaften eine wichtige Rolle. Beispielsweise fordert die Erklärung psychischer Erkrankungen Erkenntnisse und Ergebnisse aus der Medizin, Psychologie, Neurologie, Biologie, Soziologie. Spezielles Blickfeld der Sozialen Arbeit ist der Mensch in seiner Umwelt. Deshalb müssen Theorien der Bezugswissenschaften so umfassend herangezogen werden, dass sie dem Menschenbild Sozialer Arbeit entsprechen. Dies bedeutet auch eine Berücksichtigung z. B. familialer, ökonomischer, soziologischer, systemischer Aspekte und nicht nur genetischer oder biologischer Variablen bei der Genese von Erkrankungen. Bezugswissenschaften werden nach ihren Beiträgen zur Problemerhellung gefragt.

Damit Soziale Arbeit nicht nur Technik ist, kommt dem *Wertewissen (Woraufhin soll verändert werden?)* große Bedeutung zu. Das Wertewissen stellt eine konfliktreiche Wissensform dar, da zumindest drei Parteien beteiligt sind: der Klient, der Auftraggeber und die Profession, wobei Letztgenannte als Kriterium ihr Fachwissen und ihre Berufsethik hat.

Wenn diese drei Wissensebenen geklärt sind, folgt das *Verfahrenswissen (Wie gehe ich vor?)*. Dieses soll problembezogen sein. Es geht nicht mehr darum, welche Methode beherrscht die Fachkraft der Sozialen Arbeit, sondern darum, welche Verfahren zur Problemlösung erforderlich sind: problembezogene Lösungen statt methodenbezogener Lösungen.

Wichtig und in der Sozialen Arbeit zunehmend unter dem Aspekt der Qualitätsentwicklung und -sicherung von Bedeutung ist das *Funktionswissen (Wie hat es funktioniert? Welche Effekte und Nebeneffekte hat es gegeben? Trotz sorgfältigster Planung lassen sich nicht alle Effekte vorhersehen: Wie effizient war das Handeln?).* Das Funktionswissen hat Auswirkungen auf die anderen, vorher genannten Wissensformen. Direkt natürlich auf das Verfahrenswissen. Das Wissen darüber, was funktioniert hat und was nicht, gibt wichtige Hinweise, was in Zukunft besser gemacht werden muss. Aber auch auf das Wertewissen, z. B. bei der Fragestellung: Wem hat das Handeln genutzt oder geschadet? Es kann sich auch auf das Erklärungswissen auswirken, wenn festgestellt wird, dass das Erklärungsmuster, das dem Handeln zugrunde lag, nicht zutreffend war. Möglicherweise wirkt sich das Funktionswissen sogar auf das Gegenstandswissen aus, wenn das Wissen über ein Problem zu grundsätzlich neuen Sichtweisen führt.

Die Wissensebenen werden, unabhängig davon, ob es sich um Alltagswissen oder wissenschaftlich gewonnenes Wissen handelt, verknüpft. Die Ausstattungs-, Austausch- und Machtbeziehungen zwischen Einzelnen oder Systemen werden analysiert. Diese wichtige Abfolge gilt für ein ganzes Handlungsfeld, aber auch für den Einzelfall.

Methodisches Handeln ist in engerem Sinne Verfahrenswissen, wird also als Element einer Theorie der Sozialen Arbeit verstanden, von der es sich ableiten muss. Die Methode ist nicht ein eigenständiges Behandlungsverfahren, von dem eine methodenbezogene Theorie formuliert wird.

Problembezogenes Handeln bedeutet, sich einer Bandbreite methodischen Handelns zu bedienen. Methodisches Handeln ist an den Problembezügen auszurichten, folgt nicht mehr ausschließlich einer bestimmten Technik oder Schule. Methodenlehre im heutigen Sinne bedeutet deshalb auch nicht mehr, eine Methode anzuwenden und zu prüfen, ob ein spezieller Fall dazu passt, sondern eine Optimierung der Hilfeeffekte durch konzertante Anwendung verschiedener Arbeitsformen.

Sind die Methoden also der «Kristallisationspunkt» oder das «Scharnier» zwischen Theorie und Praxis und die Methodenlehre die Brücke zwischen den beiden kaum zu versöhnenden Subbereichen eines Systems der Sozialen Arbeit? Dieses Verständnis erfordert eine Auseinandersetzung mit der Entwicklung der Methoden.

Alice Salomon (1872–1948) gilt als Pionierin der Sozialen Arbeit in Deutschland.

Unter dem Eindruck großer wirtschaftlicher Not und medizinischer Unterversorgung ganzer Bevölkerungsschichten richtet sie 1890 den Fokus auf die Armenpflege und die Bekämpfung der Säuglings- und Müttersterblichkeit, gründet die Mädchen- und Frauengruppe für soziale Hilfsarbeit in Berlin, führt dort erste Ausbildungskurse durch. Durch diese erste Soziale Frauenschule, die vielen als die «Wurzel der sozialen Berufsausbildung» gilt, erfährt die berufliche Tätigkeit von Frauen als eigenständige Kulturleistung eine enorme Aufwertung. Es gibt erste bezahlte Stellen in der Familienfürsorge. Im Mittelpunkt des Konzepts steht die «weibliche Wesensart und soziale Mütterlichkeit», denn

> «...neben allen Eigenschaften, die Mann und Frau in gleichem Maße besitzen können, neben Pflichttreue, Eifer, Ausdauer und Zuverlässigkeit, bringt die Frau für diese Arbeitsgebiete noch ihr ausgeprägtes Gefühlsleben mit, ihre alles verstehende Milde und Nachsicht, ihre Sorgfalt und Gewissenhaftigkeit bei der Verrichtung auch kleiner unbedeutender Aufgaben, schließlich ihre Mütterlichkeit, die Fähigkeit die Mutterliebe vom Haus auf die Gemeinde zu übertragen, auf die Welt, die dieser Kräfte so dringend bedarf» (A. Salomon, zit. nach Gildemeister 1992).

Salomon (1927) verfolgt das Ziel, Bedürftige und Benachteiligte nachhaltig zu integrieren. Die Technik und Methodik zur Diagnose und Behandlung entnimmt sie den Bezugswissenschaften Psychologie, Recht und Medizin. Salomons Soziale Arbeit ist individuell ausgerichtet und umfasst fast nur auf Einzelfallhilfe bezogene Arbeit mit stark psychologischer Ausrichtung. Dennoch orientiert sie sich auch an sozialpädagogischem Vorgehen. Sie weist darauf hin, dass Fürsorge entweder darin bestehe, Menschen bei ihrer Integration in eine gegebene Welt zu unterstützen, oder dass man diese Welt so umgestalte, verändere, beeinflusse, dass Menschen sich ihr bewähren und ihre Kräfte entfalten können.

Salomon greift die Frage der sozialen Missstände auf und setzt sich mit dem Milieu auseinander. Sie fordert, den Menschen in seiner Gesamtheit zu sehen. Die Frage nach Anwendung des Wissens ist für sie zentral. Im Unterschied zur Laienarbeit versucht sie, systematisch zu erfassen, zu bewerten, zu dokumentieren und auszuwerten. Die Methodenlehre war für sie die Aufarbeitung konkreter Fälle aus der Praxis.

> «Die Pioniereinrichtungen zur Ausbildung von Fürsorgerinnen waren vor dem Ersten Weltkrieg entstanden. A. Salomon hatte angesichts einer Flut von Nachfolgeschulen Anfang 1917 die erste Konferenz Sozialer Frauenschulen initiiert, um eine Vereinheitlichung des sozialen Ausbildungswesens voranzutreiben. Auf dieser Konferenz entschloss man sich, Kriterien über Mindestanforderungen für den Besuch einer Sozialen Frauenschule aufzustellen. Zur Erlangung der staatlichen Anerkennung der Schulen mussten auch verbindliche curriculare Vorstellungen für einen Lehrstoffkatalog formuliert werden. Im Oktober

> 1920 entstand die erste gültige Prüfungsordnung für Soziale Frauenschulen in Preußen. (...) Die Kommissionsentwürfe der Lehrplankonferenz 1928 bildeten die Grundlage für die 1930 vom Ministerium für Volkswohlfahrt herausgegebenen Richtlinien für die Lehrpläne. (...) Es wurde eine Mindestanzahl von 1260 Unterrichtsstunden im Verlauf der zweijährigen Ausbildung festgelegt sowie ein Grundschema für die Lehranordnung von Theorie und Praxis in der Oberstufe entworfen» (Zeller, 1994, S. 72).

Parallel zu den Aktivitäten von Salomon entwickelte sich die Methode der Familienfürsorge.

Es galt, Familien in ihrem Erziehungsauftrag zu unterstützen und die dazu bereitgestellten Mittel zu verwalten, also Ansprüche und Berechtigungen zu überprüfen und zuzuteilen. Die Fürsorgerinnen arbeiteten überwiegend im Außendienst; Soziale Arbeit wurde in der Familienfürsorge überwiegend im bürokratischen Fürsorgewesen ausgeübt (Zeller 1994).

«§1 einer Dienstanweisung für die kommunale Familienfürsorge 1925: Die Familienfürsorge ist die zusammengefasste Außenfürsorge des Wohlfahrts- und Gesundheitsamtes und dient der Förderung des Familienwohles.» (Zeller 1994, S. 119)

Die Konstitutionsphase der Sozialen Arbeit war durch einen unauflöslichen Widerspruch gekennzeichnet: Hier die starke Bürokratielastigkeit mit ihrer Fixierung auf Organisation und Absicherung im Rahmen der öffentlichen Verwaltung und dort die Tendenz zur Verinnerlichung eines weiblichen Dienstethos mit dem Anspruch auf empathische Umsetzung der sozialpädagogischen Ansprüche. Hinzu kam die problematische Rolle der Professionellen, die sich durch die Anforderungen des «Doppelten Mandates» ergab. Auch diese trug kaum zu einer breiten gesellschaftlichen Anerkennung des professionellen Handelns bei. Als Folge haben die methodische Kompetenz und deren Reflexion nicht die gewünschte und geforderte zentrale Rolle innerhalb der Sozialen Arbeit bekommen.

Die Soziale Arbeit entstand aus dem Geist der Mütterlichkeit, nicht aus dem Geist der Soziologie; deshalb fehlte ihr lange Zeit ein tragfähiges methodisches Fundament.

Die klassischen Methoden der Sozialen Arbeit sind nach Galuske (2009) eine recht diffuse Mischung von Techniken und Werten. Es fehlten wissenschaftlich generierte Handlungsanleitungen, was sich auch in der zentralen

Stellung der «Persönlichkeit des Helfenden» und der «helfenden Beziehung» ausdrücke.

Insbesondere habe auch die geschlechtsspezifische Berufssituation zu einer bis heute andauernden Minderbewertung sozialer Tätigkeit geführt. Zwar habe die Entwicklung der Sozialen Einzelhilfe zu einer Professionalisierung beigetragen, der angestrebte Status und die Gleichberechtigung mit vergleichbaren Professionen wie Medizinern und Juristen sei nicht erreicht worden. «Dies mag an den spezifischen Handlungsbedingungen der Sozialen Arbeit liegen, oder aber an der Qualität der Methoden, die nur bedingt das hielten, was sie versprachen» (Galuske 2005, S. 86).

Der Widerspruch von

- professioneller Hilfe und Selbsthilfe,
- materiellen und individuumzentrierten Hilfen
- Beratungsauftrag und Kontrollfunktion (doppeltes Mandat)

ist bis heute konstitutiv für die Soziale Arbeit.

7. Kompetenzen, Haltungen, Prinzipien

Die Fachkräfte der Sozialen Arbeit/Klinischen Sozialarbeit bedürfen neben dem theoretischen und methodischen Wissen und den Kompetenzen weiteren Wissens und der Kompetenzen über den Umgang mit und den Zugang zu ihren Klienten, aber auch über den schützenden Umgang mit sich selbst in ihrer täglichen Arbeit. Die eigene Haltung zur Arbeit, die Erwartungen an deren Effekte und die aus der individuellen Entwicklung resultierenden Vorstellungen von gelingender Kommunikation und Interaktion in Beziehungen prägen die einzelnen Hilfeprozesse und sind zugleich wichtige Variablen für berufliche Sozialisationen. Die ethischen Prinzipien, die kommunikative Kompetenz, der Einsatz von Humor, die reflektierte Verhaltensbeobachtung, die Supervision und die Intervision nehmen hier eine bedeutende Rolle ein.

7.1 Ethic Cares

Ethik der Achtsamkeit – Care ethics

Klienten der Sozialen Arbeit gelten heute als mündige Erwachsene, die der Gesellschaft gegenüber Rechte haben, die auch einzufordern sind. Die Rolle des Klienten als Kunde weist auf seinen Anspruch auf respektvollen Umgang, das Ziel einer angestrebten Kooperation bei der Verfolgung der gemeinsam vereinbarten Ziele und auf sein Recht auf Berücksichtigung seiner individuellen Bedürfnisse, die sich auch in den Begriffen Ganzheitlichkeit, Klientenorientierung, Empowerment, Selbstbestimmung, Selbstvertretung zeigen, hin. Das tangiert natürlich auch die Rolle des Menschen in den helfenden Berufen. So sind van Riet und Wouters (2002) der Meinung, dass der Klient als handelnde Person den zentrifugalen Punkt der Zusammenarbeit bildet. Die Professionellen sollten demzufolge ihre Interventionen an einer möglichst großen Selbstbestimmung der Klienten ausrichten, um sie zu unabhängigem und freiem Handeln zu befähigen (ebd.).

Im Mittelpunkt der sozialarbeiterischen Bemühungen steht der Klient, der immer stärker in der Rolle eines Kunden gesehen wird. Bei aller Kundenorientierung muss aber auch klar sein, dass es sich auch um einen leidenden Menschen handelt, der Beratung und Hilfe erwartet. Das altmodische *Wohl der*

Kranken und Bedürftigen als Zielvorstellung ist nicht passé. Die Professionellen müssen mit dem Spannungsfeld zwischen ihrer Expertise einerseits und dem Ernstnehmen der Wünsche und Prioritäten der Kranken andererseits umgehen lernen (Walter 2000).

Mit Care als Fachterminus wird sowohl die Sorge und die Sorgearbeit bezeichnet, mit der betroffene Menschen eigene und gemeinsame Lebensprobleme zu bewältigen versuchen, als auch die Versorgung, die in unpersönlich organisierter Weise vorhanden ist und in der sich Dienste und Einrichtungen auftragsgemäß um das Ergehen von Menschen kümmern.

Nach Phillips (2007) lassen sich unter Care alle Aspekte des Lebens in die Umsorge und Besorgung einbeziehen. Aus Sicht der Humandienste wird mit dem Begriff auf die Umsorge abgehoben, in der sie sich der Lasten und Leiden von Menschen annimmt und sich ihrem Wohlergehen widmet (Wendt 2009).

Dabei steht Care einerseits für familienähnliche Sorgeaktivitäten, andererseits umschreibt der Begriff aber auch die ganze «Industrie» der Versorgung, unabhängig von den daran beteiligten Berufen und Verfahren (siehe zum Bedeutungsspektrum von Care ausführlich Phillips 2007) und verweist somit auch darauf, wie sich Menschen um sich selbst und umeinander kümmern und wie formell und informell für individuelle Befindlichkeit und gemeinsames Wohlergehen Sorge getragen wird.

Es sind also humane und ökonomische Interessen berührt, was zu Schwierigkeiten bei der Realisierung von Werten und Haltungen im Umgang mit den Klienten führen kann. Diese zeigen sich dann oft als unvereinbare Ambitendenzen auf der Fallebene, wenn der konkrete Umgang mit den Klienten durch organisatorische Rahmenbedingungen nicht gestützt, sondern erschwert wird. Die zunehmende Ausdifferenzierung und Technisierung, die für Behandlungsmaßnahmen im Einzelnen notwendig sind, das Primat der ökonomischen Orientierung im Gesundheitswesen, lassen vergessen, dass die Haltung von Care (sich kümmern, sich sorgen, versorgen) ein Grundpfeiler der Gesundungsprozesse ist, der auch strukturell und finanziell abgesichert werden muss.

Care Ethics oder die Ethik der Achtsamkeit bringt das Anliegen der menschlichen Bezogenheit aufeinander und die Angewiesenheit auf Unterstützung zum Ausdruck und macht Vorschläge, wie menschliche Beziehungen in Situationen der Hilfe respektvoll zu gestalten sind. Anliegen ist es, befriedigende menschliche Beziehungen in Situationen der Betreuung, Beratung, Unterstützung und Begleitung zu gestalten, auch wenn die Beteiligten in einer komplementären und unsymmetrischen Beziehung zueinander stehen, die nicht durch reziproken Austausch gekennzeichnet ist (Niehoff 2005).

Nach Conradi (2001) geht es bei Care nicht um Selbstaufopferung, sondern darum, die Sorge für andere und die Selbstsorge in ein ausgewogenes Verhältnis zu bringen. Care ist etwas anderes als Selbstlosigkeit oder Altruismus, sondern eine interaktive menschliche Praxis. Care ist nicht eine Tätigkeit, die eine Person für eine andere unternimmt, sondern eine Interaktion, an der mindestens zwei Personen gestaltend beteiligt sind, deren Verhältnis zueinander sich dialogisch und beidseitig aktiv gestaltet.

In Care verbinden sich zwei Dimensionen: «Die Einsicht in eine grundlegende Bedürftigkeit von Menschen sowie ihre Angewiesenheit aufeinander und Aktivitäten engagierter Sorge» (ebd., S. 48). Die Care-Praxis ist asymmetrisch angelegt, da sie auf einer unausgeglichenen Machtbalance geschieht.

> «Die Machtdifferenzen, die in je konkreten Care-Interaktionen entstehen, führen nicht zwangsläufig zu Demütigung, Entmündigung, Bevormundung oder Unterordnung. Es geht mehr darum, in den Care-Interaktionen Möglichkeiten zur Ermächtigung (Empowerment) der Beteiligten zu erkennen. Entgegen gängigen Vorstellungen muss Ermächtigung nicht zwangsläufig an Autonomie gebunden sein» (ebd., S. 54).

Mit dem Begriff Ethik der Achtsamkeit wird auf die Notwendigkeit hingewiesen, Achtung zu entwickeln, unabhängig davon, ob eine Person sich als ähnlich oder als verschieden oder als mehr oder weniger autonom empfindet.

> «Achtsamkeit drückt aber auch das Anliegen aus, dass Menschen sich anderen Menschen zuwenden, sie ernst nehmen, auf sie eingehen, für sie sorgen, sowie Menschen Zuwendung zulassen, reagieren, sich einlassen. Achtsamkeit unterscheidet sich von der herkömmlichen Fassung von Achtung, der zur Folge autonome Menschen sich gegenseitig respektieren (sollen)» (ebd., S. 55 f.).

Die Ethik der Achtsamkeit stammt ursprünglich aus feministischen Konzepten einer sorgenden Ethik. Es geht hier also durchaus um die Frage von Fürsorge und Mütterlichkeit, weibliche Eigenschaften, die von Alice Salomon noch als Bedingungen und Grundkompetenzen für die Umsetzung Sozialer Arbeit genannt, als natürliche Fähigkeiten gelobt und im Zuge der Professionalisierung dann kritisiert wurden, um dann in den letzten Jahren, auch unter einer Genderperspektive, wieder positiv gewendet zu werden: Sorge und Fürsorge werden als wichtige Fähigkeit gesehen und wieder in Konzepte aufgenommen, allerdings mit der klaren Vorgabe, die Selbstständigkeit und Selbstbestimmung der Klienten nicht aus dem Auge zu verlieren. Die erdrückende Mütterlichkeit der frühen Sozialen Arbeit weicht also einem «sich kümmern» in Abstimmung mit und nicht einfach für den Patienten. Das Spannungsfeld von Bedürfnissen und Bedarfen wird neu interpretiert. Auf der einen Seite die subjektiven und legitimen Bedürfnisse des Klienten, auf der anderen die tatsächlichen Bedarfe, die sich an seiner Notwendigkeit oder professionellen Erforderlichkeit messen lassen muss. Die Bedürfnisse definiert der Klient, die Bedarfsfeststellung trifft der Experte, und nicht immer lassen sich die Wünsche der Klienten auch als Bedarf feststellen, was bei einer Sozialen Arbeit, die auf der Basis einer vertrauensvollen Beziehung basieren soll, zu erheblichen Problemen führen kann. Der Klient fühlt sich nicht ernst genommen, nicht adäquat behandelt und wertgeschätzt und verliert an Compliance (Bundesärztekammer 2007, 104). Da weder die Klientenwünsche allein noch die ausschließlich strikte evidenzbasierte Vorgehensweise zielführend sind, ist, um diesen negativen Entwicklungen vorzubeugen, ein optimales Ausbalancieren erforderlich. Der Versorgungsbedarf muss in einem Begleitungsprozess an die Bedürfnisse der Patienten angepasst und mit diesen in Einklang gebracht werden.

Löcherbach et al. (2009) weist darauf hin, dass Hilfen dann dort besonders effektiv sind, wo die subjektiven Bedürfnisse und Einschätzungen des Klienten mit den objektiven, von Experten definierten Notwendigkeiten sinnvoll verbunden werden. Diesen Prozess zu gestalten, heißt, unbedingt die Würde des Klienten zu wahren, emphatisch zu sein und im gegenseitigen Respekt die Vorgehensweisen am individuellen Bedarf und unter Berücksichtigung der Bedürfnisse und der Selbstbestimmung der Patienten auszurichten. Dies ist eine Herausforderung, da auch immer berücksichtigt werden muss, dass die Hilfen auf der Basis asymmetrischer Verhältnisse und komplementärer Beziehungen stattfinden (Schulz-Nieswandt 2009).

Letztlich geht es um die Gestaltung einer potenziell schwierigen Beziehung, in die sich der Professionelle als Person mit einbringt. Traditionell berücksichtigt die Ausbildung in der Sozialen Arbeit dies durch einen hohen Selbsterfahrungsanteil, der die Persönlichkeitsentwicklung im Rahmen der Kompetenzentwicklung in besonderer Weise curricular verankert. Die hierfür erforderlichen Kompetenzen können als Wachstumsprozesse nicht einfach angeeignet oder erlernt werden, sondern müssen – um wirklich in der Praxis wirksam zu sein – in eine Haltung münden: in eine Haltung von Respekt und Achtung, die verinnerlicht wird. Dies verlangt Persönlichkeitsbildung, Ausbildung von Haltungen und auf der Systemebene, Mitarbeit zur Verbesserung der Realisierungschancen in der Praxis.

Damit eine Ethik der Achtsamkeit wirklich ermöglicht wird, bedarf es einer stärkeren strukturellen Kopplung, eines systemkompatiblen Sinnzusammenhangs zwischen dem professionellen Helfersystem und dem ökonomischen System; Achtsamkeit bedarf also auch des Andockens an die wirtschaftlichen Entscheidungsinstanzen, damit sie dort als sinnbasierte Umweltsignale wahrgenommen werden und dazu führen, dass der für die Hilfen erforderliche Ressourcenbedarf bereitgestellt wird.

Die politischen und wirtschaftlichen Rahmenbedingungen verlangen Nachhaltigkeit und Qualität und richten ihre Geldtransfers danach aus. Aber bessere ökonomische Anreize alleine reichen nicht aus. Es bedarf neben einer Ausbildung zur Ethik der Achtsamkeit und der günstigen strukturellen Rahmenbedingungen für ein nachhaltiges Wirksamwerden immer auch der intrinsichen Motivation der Helfer, der Überzeugung von der Wirksamkeit und Richtigkeit des eigenen Handelns und der, in den letzten Jahren bisweilen als unprofessionell belächelten, aber seit den Anfängen der Sozialen Arbeit Identität stiftenden Freude an der Arbeit mit Menschen.

7.2 Kommunikative Kompetenz

Der Gesprächsführung kommt eine grundsätzliche Bedeutung für die Soziale Arbeit zu. Daher muss damit die Forderung nach einer hohen kommunikativen Kompetenz der Professionellen verbunden sein. Dieser Kompetenzbegriff bezieht sich nicht nur auf Sprache, sondern auch auf andere mögliche Arten des Verhaltens, wie Gesten, Ausdruck, Gebärden und Handeln.

Soziale Arbeit hat es insbesondere mit Personen oder Gruppen zu tun, bei denen soziale Not herrscht und bei denen auch die kommunikative Kompetenz häufig eingeschränkt ist oder andersartigen Mustern unterliegt. An einer Korrelation zwischen Sprache und sozialer Situation bestehen keine Zweifel. «Andersartig» meint hier eine Kommunikationsform, die von der normgebenden Instanz, also vom mittelständischen Rede- und Ausdrucksverhalten abweicht oder nicht angemessen erfasst werden kann. Kommunikationsprobleme werden unter psychischen Belastungen verstärkt, führen gleichzeitig aber auch zu weiteren Belastungen.

Soziale Arbeit ist besonders interessiert an der Analyse, am Verständnis und an der Bewältigung von Kommunikationsstörungen sowie der Verbesserung der kommunikativen Kompetenz. Nicht nur das Selbstkonzept und die Identität von Einzelpersonen sind betroffen, sondern auch deren Beziehungen, zum Beispiel in der Familie oder im Freundeskreis.

Die Störungen der Kommunikation sind vielfältig:
- technische Störungen (z. B. leises Sprechen),
- semantische Störungen (Wahl des Ausdrucks, Dialekt),
- pragmatische Störungen (Beziehungsstörungen; die Faktoren der Situation fließen in die Kommunikation ein).

Die gestörte Kommunikation führt umso mehr zu krisenhaften Situationen, je stärker die Menschen aufeinander angewiesen sind. Handeln in der Sozialen Arbeit findet häufig statt, wenn Menschen besonders auf Rat und Hilfe angewiesen sind und Orientierung brauchen oder sich in Not befinden.

Ihre lebensweltlichen Kommunikationsbeziehungen sind also gestört; von dieser Störung kann personinterne und auch personexterne Kommunikation betroffen sein. Sozialarbeiterisches Eingreifen wird dann oft als weiterer Störfaktor erlebt, z. B. wenn die tatsächlich erlebte und erfahrene Biografie diskrepant ist zu der Aktenbiografie des Klienten. Die Aktenbiografie ist die entscheidende Definitionsmacht. Der Klient erlebt Ohnmacht, was selten zur Rebellion führt, aber oft zu Überwerfung, Verstummung oder schweigsamer Hinnahme des Verordneten.

Bei der biografisch bestimmten Kommunikationsstörung entwickelt der Klient eine ihn schützende Privatsprache (in Cliquen restringierter und elaborierter Code, Szenesprache, Knastjargon etc.). Diese Problematik bedarf des therapeutischen Diskurses durch Rekonstruktion der Bedeutungsinhalte und durch «szenisches Verstehen». Häufig jedoch werden Kommunikationsstörungen in der Aktion verstärkt oder erzeugt. Hier bedarf es weniger komplizierter Therapien als angemessener Interaktionsmuster, unter denen die kommunikative Komponente, also die kommunikative Kompetenz der Fachkraft der Sozialen Arbeit eine herausragende Rolle spielt.

> Wird beispielsweise ein Jugendlicher durch eine Heimweinweisung aus der Milieuidentität herausgenommen und konfrontiert mit der Heimsituation, also mit neuen Beziehungsformen, Kommunikationsformen, Sprachcodes, Regeln etc., dann potenzieren sich ohnehin mitgebrachte Störungen.

Beziehungen, auch professionelle, werden über Kommunikation gestaltet, deshalb muss die Soziale Arbeit um die Gesetzmäßigkeiten und Möglichkeiten, aber potenziellen Inkongruenzen wissen. Nothdurft (2000) nennt fünf Dimensionen verbaler Interaktion:

1. *Interaktive Bezogenheit:* Das Verhalten des Sprechers wird beeinflusst vom Verhalten des Zuhörers. Diese Beeinflussung kann verbal oder nonverbal, simultan oder zeitlich verschoben, durch Rückfragen oder eine Anpassung an den Gesprächspartner erfolgen. Gesprächsinhalte verändern ihre Bedeutung mit dem jeweiligen Gesprächspartner und dessen Reaktion im Redeverhalten. Das Verhalten eines Gesprächsteilnehmers in zwischenmenschlicher Kommunikation ist also abhängig vom Verhalten der anderen Gesprächsteilnehmer, Sprachcodes und Formulierungen der Botschaft. Jede Äußerung ist wesentlich auf die anderen bezogen: «Einen Witz habe ich erst erzählt, wenn mein Gegenüber lacht.»

   Bereits Sartre (1962) hebt die Bedeutung, die alleine der Blick des Gegenübers für den Gesprächsverlauf hat, hervor: Bevor das erste Wort gesprochen sei zwischen Menschen, die sich begegnen, verändere sich jeder der Beteiligten schon dadurch, dass er vom anderen angeblickt wird. Das Wissen, unter Beobachtung zu stehen, verändert Selbstwahrnehmung und Selbstbewusstsein und damit auch das Verhalten.

   Der Professionelle in der Sozialen Arbeit ist im Gelingen dessen, was er mit seinem Hauptwerkzeug, der zwischenmenschlichen Kommunikation, tut, immer vom Verhalten des Klienten abhängig und umgekehrt. Üblicherweise wird diese Abhängigkeit, wenn sie denn wahrgenommen wurde, als notwendiges Übel akzeptiert; der andere ist quasi Störer des Vorhabens. Eine Alternative wäre es, mit der Interdependenz des eigenen Handelns umgehen zu lernen, die Eigenverantwortlichkeit in Gesprächen zu erkennen und Handlungsspielräume für andere so zu organisieren, dass die Interessen kompatibel sind.

2. *Kontextuelle Gebundenheit:* Die Bedeutung eines Wortes hängt vom Gesprächskontext ab. Wörter sind in dem Zusammenhang zu sehen, in dem sie geäußert werden. Alles, was geschieht, trägt zur Bildung und Veränderung dieses Zusammenhanges bei. Aus dem Zusammenhang gerissen, erfahren die Beiträge andere Interpretation. So kann die Frage: «Können Sie mir sagen, wie spät es ist?» unterschiedliche Bedeutungen haben und je nach Zusammenhang als Frage nach Uhrzeit, Vorbereitung zum Aufbruch, Vorwurf an zu spät Kommende, Teil einer Schauspielaufführung oder Parole zwischen Spionen interpretiert werden.

   Bei dem Versuch, die Bedeutung einer Handlung oder Aussage oder Formulierung zu bestimmen, greifen Menschen auf eine Vielzahl unterschiedlicher Gesichtspunkte zurück. Sie haben zum Beispiel Vermutungen über die Absicht des Sprechers, entwickeln Deutungen zu den Ausspracheeigenschaften, positionieren die Äußerung im Gesprächszusammenhang, bringen das Gesagte in Verbindung mit kulturellen Wissensbeständen. Bei einer so komplexen Interpretationslage kann das Auftreten von Missverständnissen nicht überraschen, sondern muss eher als Normalfall und in der Kommunikation erwartbar gesehen werden.

Die Soziale Arbeit muss sich von der Vorstellung einer eindeutigen und klaren Kommunikation verabschieden und stattdessen die Ambivalenzen der jeweiligen Situation herausarbeiten und ertragen.

Watzlawick (1996) zeigt in einem Beispiel, wie die Bedeutung eines Kusses vom jeweiligen Kontext abhängt. Die in England stationierten amerikanischen Soldaten waren der Ansicht, dass englische Mädchen sexuell leicht zugänglich waren. Die Engländerinnen beschrieben ihrerseits die amerikanischen Soldaten als übertrieben stürmisch.

Die Lösung des Widerspruchs überraschte. Das Paarungsverhalten vom Kennenlernen der Partner bis zum Geschlechtsverkehr durchläuft in England und in Amerika etwa 30 verschiedene Verhaltensformen. Die Reihenfolge der Verhaltesformen ist aber in den beiden Kulturbereichen unterschiedlich. Küssen kommt in Amerika relativ früh (etwa Stufe 5), in England relativ spät (etwa Stufe 25). Engländerinnen, die von ihrem Soldaten geküsst wurden, fühlten sich um einen Teil des richtigen Paarungsverhaltens (5–24) betrogen und mussten entscheiden, ob sie an diesem Punkt die Beziehung abbrechen oder sie sich nun bald dem Partner sexuell hingeben sollen. Entschieden sie sich für die letzte Alternative, sah sich der Amerikaner einem Verhalten gegenüber, das in das Frühstadium der Beziehung nicht passte und nur als schamlos bezeichnet werden konnte.

Eine Lösung dieses Beziehungskonflikts war kaum möglich, weil kulturell bedingte Verhaltensabläufe meist nicht bewusst ablaufen. Ins Bewusstsein dringt nur das Gefühl: «Der andere benimmt sich falsch.»

3. *Prozessualität des interaktiven Geschehens:* Gemeint ist die Zeitlichkeit von Gesprächen. Gespräche sind Ereignisse, die sich im Verlauf der Zeit herausbilden und verändern und daher durch ihre Bewegung bestimmt werden. Nichts bleibt, wie es ist. Jeder weitere Redebeitrag verändert die Gesamtkontur und verleiht neue Bedeutung. Zeitlichkeit bedeutet aber auch Unübersichtlichkeit. Einzelne Beiträge sind flüchtig und vergänglich.

Gesprächsgeschehen ist, im Gegensatz zu schriftlichem Text, nicht auf Dauer fixiert. Die Gesprächsteilnehmer, und in der professionellen Beratung insbesondere die Berater, müssen in der Lage sein, das vergängliche Geschehen durch metakommunikative Ordnungsanstrengungen sicherzustellen und den Gesprächen Gestalt zu verleihen.

4. *Materialität der Redebeiträge:* Materialität ist der gesamte Bereich von Ausdrucksqualitäten, bezieht also auch Eindrücke, Empfindungen und Erlebnisse mit ein. Stimme und Gestik haben eigenes Gewicht, Stimmqualität, Tönung, Lautstärke, Dramatik, Tempo bilden eine Dimension des Sprechens, durch die Deutungen und Eindrücke gesteuert werden. Sprachrhythmus, Sprechklang, begleitende Gestik, Lebendigkeit oder Anschaulichkeit sind für gelingende Kommunikation bedeutsam.

Professionelle der Sozialen Arbeit sollten in der Lage sein, die sprachlichen und nonverbalen Ausdrucksmöglichkeiten auszuschöpfen, solche Kommunikationsphänomene auch in ihrer Bedeutung wahrzunehmen und zu interpretieren. Dazu müssen die Regeln, nach denen Kommunikation verläuft, bekannt und verinnerlicht sein.

Watzlawick (2000) hat auf dem Hintergrund des systemischen Paradigmas Regeln für Kommunikationsprozesse erstellt, die auch für die kommunikative Situation der Beratung relevant sind. Dass Kommunikation nach bestimmten Regeln abläuft, wird häufig erst bei deren Misslingen deutlich. Kommunikation ist also nicht nur gelungene Kommunikation, sondern beinhaltet auch das Nicht-Verstehen. Zwischen einem Sender und einem Empfänger werden Nachrichten ausgetauscht. Es erfolgt eine Rückmeldung des Empfängers, wie die Nachricht angekommen ist.

Watzlawick beschreibt Beziehungen zwischen Menschen als Regelkreis. Eigenes Verhalten wirkt sich auf andere aus und wird durch das Verhalten anderer mit bedingt. Der Einzelne ist nicht nur aus seinen Handlungen zu verstehen, sondern im Zusammenhang mit den Reaktionen seiner Mitmenschen zu begreifen, er ist Teil eines Systems.

Regeln der Kommunikationsprozesse am Beispiel Anna B.
Anton macht die Befürwortung einer stationären Behandlung von der Durchführung einer qualifizierten Entzugsbehandlung abhängig und lässt sich auf Annas Plan, es noch einmal stationär zu probieren, nicht ein. Anna meint, dass es dann ja wohl keinen Sinn hat, weiterzureden. Sie antwortet nicht mehr auf Antons Fragen.

Regel 1: Es ist unmöglich, nicht zu kommunizieren.

> Anton möchte seine Haltung begründen und redet auf Anna ein. Die wendet sich ihm dann doch zu und schimpft, dass er voller Misstrauen ihr gegenüber sei. Und nicht erst seit heute, das sei ihr schon von Anfang an aufgefallen. Anton verteidigt sich, Anna macht Vorwürfe.

Regel 2: Jede Kommunikation hat einen Inhalts- und einen Beziehungsaspekt, wobei der Beziehungsaspekt dem Inhaltsaspekt übergeordnet ist.

> Anton bestreitet sein fehlendes Vertrauen und weist auf die zahlreichen gescheiterten Abstinenzversuche hin. Anna sagt, dass er ihr von Beginn an nichts zugetraut habe und ungerecht sei. Beide machen sich Schuldzuweisungen.

Regel 3: Jede Kommunikation enthält in der unterschiedlichen Sicht der verschiedenen Partner eine Struktur, die als Interpunktion einer Ereignisabfolge erscheint.

> Anton betont halb abgewandt und mit verschränkten Armen seine Offenheit. Anna betont, wie gleichgültig Anton ihr sei, und trommelt dabei nervös auf den Tisch. Sie klopft auf den Tisch: «Wegen Ihnen rege ich mich nicht auf!»

Regel 4: Die menschliche Kommunikation kann in «digitaler» (= genau bezeichenbarer) oder in «analoger» (= übertragener) Weise erfolgen.

Digital ist Kommunikation, wenn die Mitteilung eindeutig verschlüsselt ist, z. B. in Zahlen, Worten, Buchstaben. Es handelt sich meist um verbale, also Sprache verwendende Kommunikation. Bei der analogen Kommunikation sind Informationen in Zeichen verschlüsselt, die nur eine ungefähre Interpretation erlauben. Dies ist der meist der Fall bei nonverbaler (Mimik, Gebärden, Blicke) oder paraverbaler (Tonfall, Sprachstil) Kommunikation. Es gibt hier keine klare Regel zur Entschlüsselung und deshalb auch unterschiedliche Interpretationsmöglichkeiten. Man denke an die verschiedenen Bedeutungen des Lächelns, das Sympathie, aber auch Verächtlichkeit, Grinsen, Fröhlichkeit und vieles mehr ausdrücken kann.

Inhalte werden meist über digitale, Beziehungen über analoge Kommunikation ausgedrückt. Für gelingende Beziehungsklärung sind klare digitale Rückmeldungen wie zum Beispiel durch Feedback wichtig. Widersprüchliche Botschaften führen oft zu Beziehungsfallen. Der Berater muss sich bewusst sein, ob seine digitalen und analogen Botschaften übereinstimmen.

> Anton wird ärgerlich und schimpft über Annas Auftreten. Die wird anfangs kleinlauter, beginnt dann aber, sich zu wehren. Beide brüllen sich an. Anton mahnt zur Bedächtigkeit.

Regel 5: Zwischenmenschliche Kommunikationsabläufe sind entweder symmetrisch oder komplementär, je nachdem, ob die Beziehung zwischen den Partnern auf Gleichheit oder Unterschiedlichkeit beruht.

In *symmetrischen* Beziehungen gehen beide Partner von einem ebenbürtigen Verhältnis zueinander aus. Beide reden gleich viel oder wenig, sind ähnlich stark engagiert oder passiv. In *komplementären* Beziehungen steht das Verhalten der Partner in einem Ergänzungsverhältnis. Einer redet viel, während der andere schweigt, einer ist aktiv und der andere passiv.

Die Verhaltensweisen sind ineinander verzahnt, so können ein Vorgesetzter und ein Angestellter ihre Positionen nur mit Bezug auf den anderen jeweils definieren.

Symmetrisches und komplementäres Verhalten kann Gleichgewicht zwischen den Kommunikationspartnern ausdrücken, wenn sie der Beziehungsdefinition entsprechen. Entsprechen sie nicht der Beziehungsdefinition, kommt es zu Störungen: Kommunikation kann eskalieren. Bei einer symmetrischen Eskalation fallen sich zum Beispiel beide ständig ins Wort. Eine komplementäre Eskalation wäre es, wenn der Berater zu viel redet und der Klient immer schweigsamer wird. Die Verantwortung für die Kommunikationsabläufe liegen in der professionellen Beratung beim Berater; er muss sich auf den Ratsuchenden einstellen.

Beratungssituationen beruhen eher auf komplementären Beziehungen und auf der Inhaltsebene. Der Berater hat sein Fachwissen, das dem Ratsuchenden zur Verfügung gestellt wird. Gleichwertige, symmetrische Kommunikation sollte aber auf der Beziehungsebene stattfinden; beide akzeptieren sich als Person.

> Anton sagt, dass das so nichts bringt, sucht das Gespräch und will einen neuen Termin vereinbaren. Anna schweigt und zeigt nicht, ob sie wirklich zuhört (siehe Regel 1). Anton beendet nach mehreren Anläufen das Gespräch.

5. *Metakommunikation:* Wenn auch die nicht direktive Kommunikation als Basis für Gesprächsführung gilt, so kann doch keine Art der Gesprächs-

führung Kommunikationsstörungen ganz ausschließen. Liegen diese vor, so haben Berater und Klient oft nur ein ungutes Gefühl. Aufgabe des Beraters ist es, auf einer Ebene der Metakommunikation dieses Gefühl oder die festgestellte Blockade im Gespräch zu thematisieren, nicht vorwurfsvoll, sondern als Rückmeldung und Darstellung des eigenen Empfindens.

Schulz von Thun (1992) hat die Überlegungen von Watzlawick zur zwischenmenschlichen Kommunikation fortgeführt und stellt in seinem Konzept der «Anatomie einer Nachricht» fest, dass durch Kommunikation Nachrichten von einem Sender zu einem Empfänger gesandt werden und dass jede dieser Nachrichten für den Sender und Empfänger vier Seiten hat. Es geht dem Sender neben *Sachinhalt (Worüber ich informiere)* immer auch um *Selbstoffenbarung (Was ich von mir selbst kundgebe)*, die *Beziehung (Was ich von dir halte)* und einen *Appell (Wozu ich dich veranlassen möchte)*.

Auch der Empfänger hört mit einem *Sach-Ohr (Wie ist das zu verstehen?)*, einem *Selbstoffenbarungs-Ohr (Was ist das für einer)*, einem *Beziehungs-Ohr (Wie redet der mit mir? Was hält er von mir? Was fällt ihm ein? Was ist mit ihm?)* und einem *Appell-Ohr (Was soll ich tun, denken, fühlen? Was will er von mir?)*.

Anton sagt:	
Sachinhalt:	Stationäre Behandlung setzt eine qualifizierte Entgiftung voraus.
Selbstoffenbarung:	Ich strebe eine professionelle Vorgehensweise an.
Beziehung:	Ich traue Ihnen einen ambulanten Entzug nicht zu.
Appell:	Ich möchte, dass Sie mir vertrauen und meinen Vorschlag akzeptieren.
Anna hört:	
Sach-Ohr:	Sie präferieren die stationäre Entgiftung.
Selbstoffenbarungs-Ohr:	Er will sich absichern.
Beziehungs-Ohr:	Er hat die Macht und will über mich bestimmen.
Appell-Ohr:	Er lässt mir keine Wahl und gibt klare Strukturen vor.

Ursachen für Vermittlungsfehler können liegen im Selbstkonzept des Empfängers, dessen Selbstbild zu Selbstbestätigung tendiert, aber auch in dem Bild, das der Empfänger vom Sender hat; die Decodierung einer Botschaft ist beziehungsabhängig. Oft werden auch Botschaften korreliert, mit der Kernbotschaft gekoppelte Botschaften werden hineingehört.

Es ist also nicht immer alles so, wie es scheint. Nicht das Naheliegende ist immer das Richtige, vordergründige Interpretationen vernachlässigen oft wichtige Aspekte, Wahrheit und Wirklichkeit sind nicht per se identisch. Objektivität ist ein Mythos, bestenfalls erstrebenswert, aber meist nicht erreichbar. Um in der Sozialen Arbeit verlässlich handeln zu können, bedarf es einer hohen kommunikativen Kompetenz, die sich aber auch in der Akzeptanz ihrer Begrenztheit und Störungsanfälligkeit zeigt. Es muss also heißen: «Augen und Ohren auf!» Die reflektierte Beobachtung (früher Verhaltensbeobachtung) ist eine weitere unverzichtbare Kompetenz neben der Beherrschung von Sprache.

7.3 Humor als Ethos (Beitrag von Sabine Link)

... oder: *«Wann immer wir schwächeln, hilft uns ein Lächeln.»*

Über sich selbst (und auch über seinen Beruf) zu lachen, bedeutet, Respekt gegenüber sich selbst zu wahren und gleichzeitig, sich selbst nicht zu ernst zu nehmen und respektlos mit den eigenen Schwächen, Vorlieben und Überzeugungen umzugehen.

Die Soziale Arbeit strebt die Bewältigung individueller und sozialer Probleme mittels finanzieller und professioneller Unterstützung an: von der Kindergartenbetreuung zur Erziehungsberatungsstelle oder von der Schuldnerberatung bis zur Versorgung von Wohnungslosen – die verschiedenen Einrichtungen und Dienste decken ein breites Spektrum ab. Dabei stellen Einzelne, Gruppen oder Gruppierungen im Gemeinwesen die Zielgruppen dar. Mit der gesellschaftlichen Funktion der Sozialen Arbeit ist eine enge Verkopplung von unterstützenden und überwachenden bzw. sanktionierenden Aufgaben verbunden. Die Soziale Arbeit unterliegt dem «Doppelten Mandat»: Elemente von Hilfe und Kontrolle in unterschiedlichen Formen vermischen sich (Herwig-Lempp & Schwabe 2002). Aus systemtheoretischer Betrachtungsweise erfüllt die Soziale Arbeit drei Funktionen: Exklusions-Vermeidung, Inklusions-Vermittlung sowie Exklusions-Verwaltung. Mit der Exklusions-Vermeidung ist die Prävention und Bewältigung von Belastungen und Krisen innerhalb der verschiedenen sozialen Systeme gemeint. Die veränderbaren Ursachen sollen geklärt, die systemeigenen Potenziale gestärkt und dadurch eine möglicherweise drohende Ausschließung vermieden werden. Die Inklusions-Vermittlung meint die Wiedereingliederung eines Einzelnen oder einer Gruppe. Dazu gehört auch die Vorbereitung des aufnehmenden Systems, um einen angemessenen Umgang mit der zu integrierenden Person/Gruppe zu gewährleisten. Die Betreuung einer dauerhaft von bestimmten Teilsystemen ausgeschlossenen Gruppe findet durch die Exklusions-Verwaltung statt. Hierbei gilt es, die Befriedigung materieller, persönlicher und kultureller Bedürfnisse des jeweils Betroffenen zu gewährleisten.

Die Soziale Arbeit gilt eher als humorlose Profession. Kontinuierlicher Stress erzeugt schlechte Stimmung, die in der Folge auch chronisch werden kann. Die Hauptkraft des Humors liegt darin, Gesundheit und Heilung zu fördern – Stresshormone werden reduziert, das Immunsystem gestärkt, und folglich kann Humor das Risiko verringern, dass aus Belastungen gesundheitliche Schäden entstehen. Die Auseinandersetzung mit dem eigenen Sinn für Humor und die «Verinnerlichung» einer humorvollen Haltung stellt auch für die Fachkräfte der Sozialen Arbeit/der Klinischen Sozialarbeit eine wertvolle Ressource dar, um im täglichen Geschehen agieren zu können.

Humor gilt als eine hochgeschätzte Charaktereigenschaft. Lauer (1974) begreift Humor als ein höchst persönliches Ethos. Er sieht die Aufgaben z. B. von Erziehern, Politikern, Theologen und Therapeuten darin, dafür Sorge zu tragen, dass die Bedingungen für Humor günstig werden. Lauer appelliert weiter, dass der derjenige, der Humor habe, sich diese Gnade nicht verscherzen sollte. Er setzt damit einen sprachlichen Hinweis auf die Gefahr des allzu Leichtnehmens: Es geht ihm darum, mit Humor das Leben zu meistern – Humor als ein Ethos, das der Mensch besitzt (wird andererseits der Mensch vom Humor besessen, hat derjenige keinen Humor mehr, sondern eher besitzt diesen Menschen eine komische Kraft). Wahrer Humor ist «geprägt von der mit der liebenden Teilnahme vergebenden Verantwortung» (S. 341). Humor stellt eine innere Haltung dar, durch die der Mensch sich selbst beim Denken und Handeln zuschauen kann. Hirschhausen (2005) vertritt die Auffassung, dass man seine Haltung leichter ändern kann als die Situation. Er ist weiter davon überzeugt, dass jeder Mensch Humor hat, er müsse sich dazu nur die Erlaubnis geben. Titze (2007b) bestätigt dies und bekräftigt, dass der Mensch sich dazu von seinem albernen inneren Kind inspirieren lassen müsste: Der typische Erwachsene ist vernünftig und ernst, das typische Kind steht dagegen noch nicht im Bannkreis perfektionistischer Selbstkontrolle und dem Ernst des Lebens. Weiter beschreibt er einen Menschen mit einer humorvollen inneren Haltung als solchen, der den Mut zur Lächerlichkeit und den Mut zur Unvollkommenheit besitze. Das wiederum stellt eine Befreiung vom Zwang des Tadel-

und Makellosen dar. Dies bestätigt auch die Umfrage von Paprotta und dem «Esslinger Humorteam» (2006): Humor gilt überwiegend als innere Haltung, die habituell zu einer Person gehört und von deren Sensibilität und Selbstreflexion das alltägliche Leben und die Arbeit beeinflusst wird. Des Weiteren wird Humor als Selbstschutz instrumentalisiert, um über eine humorige Sichtweise Abstand zu gewinnen und handlungsfähig zu bleiben. Eine humorvolle Grundeinstellung kann dazu befähigen, der Welt mit Sympathie und Herzlichkeit zu begegnen und die Ambivalenzen des Lebens positiv zu bewerten. Das soziale Leben kann durch eine humorvolle innere Haltung erleichtert werden. Es können zwischenmenschliche Brücken geschlagen werden, ohne sich bewusst oder gezielt dafür einsetzen zu müssen (Rülke 2007).

Platzierung von Humor in der Sozialen Arbeit/ Klinischen Sozialarbeit

Wie weiter oben beschrieben, stehen nicht nur die gesellschaftliche Funktion der Sozialen Arbeit, sondern auch ihre Grundhaltung, ihre Theorien und ihre Methoden unter systemtheoretischem Einfluss. Die logische Folge scheint daher, dass neben den theoretischen auch die methodischen Impulse in die Soziale Arbeit transportiert werden. Wenn die Soziale Arbeit beginnt, systemisch zu denken, dann zeigt sich in der Konsequenz ein systemisches Handeln. Dazu gehören eine veränderte Grundhaltung und der Blick auf die Fähigkeiten und Stärken der Klienten. Trotz einiger Traditionen, wie die Hilfe zur Selbsthilfe, ist diese Sichtweise noch oft fremd und ungewohnt. Die systemische Arbeitsweise richtet die Aufmerksamkeit auf die aktive Suche nach gelingenden Bereichen (ebd.).

Humor kann als Medium sozialarbeiterischer Intervention verstanden werden. Es beruht auf grundsätzlicher Ressourcenorientierung. Der Einsatz von Humor lässt sich sehr gut mit Konzepten und Modellen verbinden, die davon ausgehen, dass die Kräfte zur Entwicklung von Ausgeglichenheit und zur Bewältigung schwieriger Lebenslagen zum großen Teil in den Betroffenen selbst liegen. Von einem solchen Ansatz geht das erziehungswissenschaftliche Konzept der Resilienz aus. Resilienz beschreibt eine Fähigkeit zum Ausgleich von Fehlern oder Abweichungen und zur inneren Aufrichtung in Lebenskrisen. Menschen sind in der Lage, sich erfolgreicher an verändernde Umwelten anzupassen bzw. sich auf diese einzustellen. Eng verwandt und ähnlich anschlussfähig ist das bereits weiter oben beschriebene gesundheitswissenschaftliche Konzept der Salutogenese.

Dieses Konzept steht in Abkehr von dem primär defizitorientierten Krankheitskonzept der Pathogenese. Das positive Gesundheitskonzept beschäftigt sich mit der Gesundheitsentstehung, das Hauptaugenmerk liegt auf dem Genesungsweg. Mit dem Einzug dieser neuen Gesinnung stellt sich auch verstärkt die Frage, wie Lachen und Humor mit Gesundheit im Verhältnis stehen. Die für die Salutogenese als entscheidend veranschlagten personalen Ressourcen zeigen im Vergleich eine Deckung mit den bisher im Zusammenhang mit Humor und Provokation betrachteten persönlichen Merkmalen. *Funktionierende Anteile* wie eine internale Kontrollüberzeugung, Selbstschutz gegenüber Stress, Selbstwirksamkeit, Kohärenzsinn, Autonomie, Empathie, Selbstwert und Optimismus erhöhen die Wahrscheinlichkeit, dass sich ein Mensch gesund fühlen wird.

Humor in der Sozialen Arbeit/Klinischen Sozialarbeit

Zentral bei den Handlungskonzepten der Klinischen Sozialarbeit ist, die Ressourcen zur Lösung schwieriger Problemlagen im Wesentlichen bei bzw. von den Betroffenen selbst zu suchen (Herriger 2007). Humoristische Interventionen können dabei folgende Funktionen übernehmen:

- Heiterkeit, Freude und Optimismus kennzeichnen den humorvollen Menschen. Die Gegenstimmungen des Ernstes, der Traurigkeit und des Pessimismus sind ihm allerdings ebenfalls bekannt (Bernhardt 1985).
- Der Ernst ihrer Lage ist den Klienten der Sozialen Arbeit meist bekannt, Traurigkeit und Pessimismus sind auch keine Unbekannten für sie. Klienten der Sozialen Arbeit besitzen also ebenfalls das Bewusstsein und die Gefühlsstimmungen, die den humorvollen Menschen zugesprochen werden. Folglich besitzen sie somit auch die Grundlagen zur Fähigkeit und zur Gabe, den Widrigkeiten der Welt und der Menschen, den Schwierigkeiten und Missgeschicken des Alltags mit heiterer Gelassenheit zu begegnen, sie nicht so tragisch zu nehmen und über sie und sich selbst lachen zu können.
- Klienten der Sozialen Arbeit erleben sich selbst oft als hilflos, nutzlos, depressiv, traurig und mutlos. Ein Selbstgefühl und Selbstwert sind oft nicht vorhanden. In vielen Fällen kommt ein Suchtmittel hinzu, das die vermeintlich einzige Bewältigungsstrategie darstellt, um den scheinbar nicht zu bewältigenden Gegebenheiten des Lebens zu begegnen. Exkurs zur Etymologie des Humors: *Humores* bedeutet (Körper-)Flüssigkeit und, je nach Mischung der unterschiedlichen *Humores* entstehen entsprechende Temperamentsformen. Weiter überlegt, erklärt dies, dass Humor verflüssigen kann. Eine humorvolle Lebenseinstellung, eine humorvolle Sichtweise

kann die Klienten befähigen, Hemmungen und Blockaden zu verflüssigen. Rigides Abwehrverhalten und festgefahrene Strukturen können mittels Humor aufweichen.

- Zu jedem Setting in der Klinischen Sozialarbeit gehören Anamnesen. Bei einer Krankheit kann einem der Humor vergehen. Dabei wird oft vergessen, dass eine intakte Seele die Grundvoraussetzung für einen gesunden Körper darstellt. Nachweislich tut Humor der Seele und der Gesundheit gut. Chronische Krankheiten haben einen viel günstigeren Verlauf, wenn sie positiv respektive mit Humor angenommen werden. Deshalb gilt auch für chronisch kranke Menschen: Das Lachen nie verlieren! Aus diesem Grund sollte zur Abwechslung mit den Patienten zusätzlich eine Humoranamnese angestrebt werden.
- Durch eine Erkrankung kann den Betroffenen das Lachen vergehen. Es erscheint logisch, dass dort kein Platz für Spaß und Humor zu sein scheint. Eine humorvollere Lebenseinstellung/-haltung kann jedoch dabei helfen, sich selbst gegenüber positiver eingestellt zu sein. Sie kann davor beschützen und bewahren, sich nicht als Verlierer abzustempeln und somit schlussendlich den Konsum zu entschuldigen. Ein weiterer positiver Aspekt ist, dass humorvollere Menschen selbstsicherer sind. Sie nehmen sich und ihre Situation weniger ernst und können sich so Distanz verschaffen. Die Veränderung zu einer humorvolleren Einstellung funktioniert nicht von heute auf morgen, ebenso wenig wie der Weg hin zu einem «gesunden» Leben. Die Veränderung hin zu einer humorvolleren Einstellung kostet nichts und ist zugleich hilfreich auf dem Weg hin zu einem gesunden Leben und darüber hinaus.
- Jeder Erwachsene war definitiv Kind. Dieses spielfreudige Kind, das am Anfang jeder Lebensgeschichte steht, ist ein Teil von jedem selbst. Es besteht die Möglichkeit, dieses Kind wieder aufleben zu lassen und so wieder an den eigenen Humor zu gelangen. Kinder lachen über scheinbar absurde, anormale Situationen – Erwachsene bedürfen dazu jedoch einer gewissen «Portion Mut zur Lächerlichkeit» und auch zur Unvollkommenheit, um gelegentlich wieder dem Kindsein näher zu kommen (Titze/Patsch 2006).
- Klienten der Sozialen Arbeit erleben sich selbst oft als zurückgezogen, still, misstrauisch, verunsichert und mit geringer Selbstwirksamkeitseinschätzung einerseits. Diese kann andererseits auch manchmal völlig überzogen sein, was mit einer Vielzahl von Fehlschlägen einhergehen kann. Für die zwischenmenschliche Kommunikation kann Humor also in diesem Zusammenhang sehr bedeutsam sein: Humor ist der schnellste Weg zu ge-

lungener zwischenmenschlicher Kommunikation und zu einem guten Umgangston. Dieser wiederum fördert ein positives Aktionsbündnis. Humor führt somit zu einer von Offenheit und Gleichwertigkeit geprägten Interaktionsweise, die das Vertrauen in sich selbst und in andere fördern kann. Es dürfen Fehler geschehen, die nicht gleichsam eine Katastrophe bedeuten.

- Humor stellt Begegnung mit sich selbst und mit anderen dar. Klienten der Sozialen Arbeit erleben sich selbst oft als gehemmt und blockiert, handlungsunfähig und entscheidungsunfreudig sowie isoliert. Durch und mit einer humorvolleren Lebenseinstellung ist es möglich, die genannten Eigenschaften Schritt für Schritt zu verändern. Dabei geht es nicht darum, ständig zu lächeln oder zu lachen, sondern den nötigen Abstand zu der Situation, die jemanden unter Druck setzt und stresst, zu finden. Dazu ist es notwendig, eine stressige Situation erst einmal ganz bewusst als solche zu erleben (was sich im Rahmen eines stationären Aufenthalts sicherlich immer anbietet) und dann zu versuchen, etwas Neues, etwas Humorvolles auszuprobieren.
- In vielen sozialarbeiterischen und therapeutischen Settings wird in der Vergangenheit gegraben (Hesse 2002). Es scheint in vielen Fällen nützlich zu sein, die Verbindung der aktuellen Problematik zu den vergangenen Erlebnissen herzustellen. Die unaufhörliche Beleuchtung des Vergangenen behebt jedoch keineswegs die Traumata, vielmehr stärken die negativen, gefühlsbeladenen Erinnerungen eher die Opferrolle. Wenn der Blick zurück in die Vergangenheit geht, dann auf die heiteren, gelingenden Situationen, um sich dadurch der eigenen Kräfte zu besinnen: Mit dem «Kind» im Rücken die Aufmerksamkeit auf das Erwachsenwerden lenken und auf die Jahrzehnte, die noch vor dem Klienten liegen.
- Negatives und pessimistisches Denken ist eine weit verbreitete und häufig verfestigte Struktur. Eine Veränderung ist nicht von heute auf morgen zu schaffen. Jeder kann selbst jeden Morgen neu entscheiden, welches Denken seinen Tag begleiten soll. Wichtig ist dabei, dass die Klienten sich dessen bewusst werden müssen. Wie zuvor bereits beschrieben, bedürfen Entwicklungen der Zeit und Geduld: sowohl die Entwicklung hin zu einem eigenverantwortlichen Leben als auch die Entwicklung zu einer humorvolleren Lebenseinstellung.
- Humor macht mobil. Humor dient als Motor auf der täglichen Fahrt des Lebens. Das Denken der Klienten ist oft verbohrt, eingefahren, fixiert. Stress und der Verlust einer ausgewogenen Perspektive sind die Folgen. Druck und Bedrohung schalten das Großhirn aus, das Zwischenhirn reagiert mit

Kampf- und Fluchtreflexen. Diese aktivieren den Einzelnen zwar emotional, durch das teilweise Abschalten des Großhirns kann er aber «blind» werden, will heißen, er sieht keinen Ausweg mehr. Eine humorvollere Lebenseinstellung führt zu Distanz und einer ausgewogeneren Perspektive, die offen und aktiv für die scheinbaren Hemmnisse und Blockaden werden lässt. Wer lacht, schaltet das Großhirn ein, stellt sein Gleichgewicht her und kann relativieren. Der Humor ermöglicht eine heitere Sicht von gar nicht so heiteren Dingen. Er hilft mit, den Widrigkeiten des Alltags mit dem nötigen Abstand zu begegnen. Er unterstützt, handlungsfähig zu bleiben bzw. zu werden und macht den Menschen zum Akteur (Höfner & Schachtner 2006).

Humormethoden

Eine Untersuchung von Sabine Paprotta und dem «Esslinger Humorteam» hat ergeben, dass hauptsächlich paradoxe Intervention, Übertreibungen, Wortspiele, und Metapher zur Gestaltung einer humorvollen Intervention eingesetzt werden (Paprotta 2006). Gleiches beschreiben auch Titze und Patsch (2006). Zum Sinn des Unsinns wird dort dargelegt, wie es dazu kommt, dass wir zumindest darüber schmunzeln, wenn jemand etwas Unsinniges, Verrücktes tut. Es scheint das Überraschungsmoment zu sein; statt dem Erwarteten geschieht etwas völlig Unerwartetes.

Unter Paradoxie versteht man eine logische Widersinnigkeit. Der Philosoph Schopenhauer (1788–1860) führt das Wesen der Paradoxie auf die fehlende Übereinstimmung, die Inkongruenz verschiedener Abstraktionsebenen zurück. Sie werden widersinnigerweise einander gleichgesetzt. Das stellt für Schopenhauer den Ursprung der Lächerlichkeit dar. Der Begriff Intervention steht für ein Eingreifen, um der Entstehung bzw. Fortdauer von Störungen entgegenzuwirken und idealerweise abzubauen (Titze 1995).

Die *Paradoxe Intervention* (oder Der Sinn im Widersinn) wurde bereits in den 1970er-Jahren in der systemischen Therapie eingeführt. Der Ausgangsgedanke dieser Methode liegt darin, dass jedes Verhalten in seinem System eine soziale Funktion hat. Problematische Verhaltensweisen werden als eine Reaktion auf paradoxe, also widersinnige Kommunikation verstanden und dienen zum Bestehen des Systems. Ziel der Paradoxen Intervention ist es, das verinnerlichte Verhaltensmuster zu unterbrechen. Der Schwerpunkt der Paradoxen Intervention zielt direkt auf die Verhaltensebene und hofft auf eine daraus resultierende Veränderung des Denkens. Die Paradoxien in den Köpfen/Systemen der Klienten sollen mithilfe von Gegenparadoxien aufgebrochen und überwunden werden. Das Gegenparadoxon stellt eine Symptomverschreibung dar. Das bedeutet, dass das als problematisch geltende Benehmen angefordert wird. Die Verschreibung, quasi Verhalten auf Rezept, bewirkt eine verstärkte Ausführung des ungewünschten Verhaltens. Dadurch soll sich der Klient seines widersinnigen Verhaltens bewusst werden und eine ausreichende Distanz zwischen seinem Symptom und seinem Selbst einlegen. Die Möglichkeiten zu einem wirkungsvolleren Umgang mit dem Problem können so mobilisiert werden (Bernhardt 1985).

Titze und Patsch (2006) beschreiben das Paradoxe als ein Phänomen der Grenzüberschreitung. Durch paradoxe Aussagen, die nicht in einen logisch definierten Zusammenhang passen, wird der vertraute Bezugsrahmen gesprengt. Eine Verwirrung stiftende Aussage stößt bei Vernunftmenschen häufig auf einen inneren Widerstand und bringt dann ein «komisches Gefühl» mit sich, welches jedoch wiederum zur Folge haben kann, dass die Wirklichkeit aus einer anderen Perspektive wahrgenommen werden kann.

«Ich könnte die ganze Welt umarmen» ist nur ein Beispiel für unrealistische Aussagen. Aus einem Maulwurfshügel wird der größte Berg und aus einer Mücke ein Elefant. Durch Übertreibungen verlassen wir die Welt der realen Tatsachen und begeben uns in eine der Absurditäten. Aus dieser Welt betrachtet, erscheinen die kleinen Verfehlungen des alltäglichen Lebens lächerlich (ebd.).

Auch Wortspiele erzielen eine paradoxe Wirkung. Paradox wäre demnach, wenn …

- ein Angeklagter sitzen muss, weil er gestanden hat,
- ein Stehkragen sitzen soll oder
- jemand ein eingefleischter Vegetarier ist (ebd.).

In einer *Metapher* wird ein Wort in einer übertragenen Bedeutung gebraucht. Zwischen der wörtlich bezeichneten und der übertragen gemeinten Sache besteht eine Beziehung der Ähnlichkeit. Sie werden beispielsweise dann eingesetzt, wenn ein abstrakter Begriff durch einen bildhaften Sachverhalt veranschaulicht werden soll.

Ein Beispiel: Ein Klient spricht in der Beratungsstelle über seine berufliche Zukunft: «Meinen Traumjob werde ich schon irgendwann finden. Um Stellenanzeigen zu lesen, habe ich aber keine Zeit.» Die Erwiderung mit Hilfe der Metapher: «Sie können nur dann auf einen Lottogewinn hoffen, wenn Sie auch ein Los gekauft haben.» Die Kernaussage dieser Metapher ist: Bevor du viel Zeit in eine Sache investierst, überprüfe, ob die Basis gelegt ist, damit die Sache funktionieren kann (Pöhn 2007).

Durch eine initiierte humorvolle und verbildlichte Sichtweise können die Klienten befähigt werden, den starren Blick vom Problem abzuwenden. Der Fokus wird erweitert, andere vorhandene Wirklichkeitskonstruktionen können erkannt werden. Die Problemsicht relativiert sich. Die neue veränderte Betrachtung lässt verfestigte Denkstrukturen aufbrechen, neue Deutungsangebote können angenommen und in der Folge neue Handlungsstrategien erkannt werden (Paprotta 2006).

Formen der Humoranwendung

Um potenzielle schädliche Wirkungen im therapeutischen und alltäglichen Kontext auszuschließen, bedarf der Einsatz von Humor großer Sorgfalt und Umsicht. Es gibt verschiedene Formen therapeutischer Humoranwendung, vom besonders hilfreichen hin zum schädlichen Humor.

Sehr hilfreicher Humor des Professionellen steht in Einklang mit den Bedürfnissen des Klienten. Ihm wird ermöglicht, neue Entscheidungsperspektiven zu finden. Gleichzeitig können Formen der Fehlanpassung aufgedeckt werden. Achtung und Würde des Klienten gehen dabei nicht verloren. Die Einsichtsfähigkeit kann konsequent gefördert werden; ebenso können die Verhaltensmuster erkannt und verändert werden. Offenheit und Freimütigkeit prägen die Qualität der Beziehung.

Besonders hilfreicher Humor zeichnet sich durch eine tief gehende Empathie seitens des Professionellen aus. Der Humor charakterisiert sich durch Schlagfertigkeit, Spontaneität und zeitliche Übereinstimmung. Für die Klienten stellt diese Form des Humors stets eine Herausforderung dar, ihr Potential auszuschöpfen und eine umfassende Umstrukturierung in Gang zu setzen. Der Prozess der Selbsterkenntnis der Klienten wird spielerisch angeregt, indem Probleme humorvoll definiert und präsentiert werden. Nicht zuletzt erhalten sie auch die Gelegenheit, neben neuen Zielen und Lösungen ihren eigenen Sinn für Humor zu entdecken (Salameh 2007).

Humor hat im therapeutischen Kontext aber auch Grenzen. So listet der Psychoanalytiker Kubie (1971) eine ganze Reihe Argumente auf, die seines Erachtens Schwierigkeiten im Einsatz von Humor in der Therapie verursachen können. Exemplarisch sind zu nennen:

- Der Fluss der freien Assoziationen wird durch den Humor beim Patienten abgelenkt, wenn nicht sogar unterbrochen oder blockiert.
- Humor verwirrt den Patienten. Er kann nicht klar unterscheiden, ob der Therapeut einen Scherz gemacht hat oder das, was er sagte, ernst meinte.

- Es ist für den Patienten besonders quälend, zu erfahren, wie der Therapeut die Dinge leicht und unernst nimmt, während er unter ihnen leidet.
- Der Therapeut missbraucht den Humor zur Selbstdarstellung. Darunter leidet der Patient (Frings 1996).

Salameh (1986) kritisiert Kubies (1971) Position dahin gehend, dass er die positiven Humor- und Lacherlebnisse, die in der Psychotherapie und auf dem Weg des Persönlichkeitswachstums gut angebracht sein können, völlig außer Acht lässt. Unter Berücksichtigung der Differenzierung zwischen therapeutischem Humor und böswilligem Humor nennt auch Salameh (1986) destruktiven und schädlichen Humor. *Destruktiver Humor* zeigt sich in sarkastischem und entwertendem Humor seitens des Therapeuten. Beim Patienten entstehen Gefühle von Verletztsein und Misstrauen. Diese nicht förderliche Art des Humors entsteht dann, wenn der Therapeut seinen eigenen Affekten der Wut oder Verärgerung Luft verschafft. Gegenüber dem Klienten wirkt dieses Verhalten unsensibel. Das therapeutische Klima wird nachhaltig beeinträchtigt, und gewöhnlich kommt es zu einer Beeinträchtigung der therapeutischen Beziehung und des therapeutischen Prozesses. Beim *schädlichen Humor* vermischt der Therapeut Unwichtiges mit unpassenden ironischen, teilweise sarkastischen Bemerkungen. Auch diese Form der Humoranwendung ist für den therapeutischen Prozess nicht geeignet: Hohn und Spott sind mit dem Anliegen therapeutischer Humoranwendung nicht zu vereinbaren (ebd; Titze & Eschenröder 2007).

Ethische Richtlinien der Gesellschaft zur Förderung von Humor in Therapie, Pflege und Beratung HumorCare Schweiz

Heute bereits bedienen sich einige Berufsfelder der Humorkonzepte, um die positiven Wirkungen des Humors auf das subjektive Wohlbefinden des Menschen in ihrer Arbeit als Ressource zu nutzen.

In der Sozialen Arbeit dagegen stellt der Einsatz von Humor «noch eine weitgehend unentdeckte Ressource für die Gestaltung von Arbeitsbündnissen sowie für die Bewältigung des professionellen Alltages» (Effinger 2006, S. 1) dar. Dennoch wagt man sich in der Sozialen Arbeit bereits vereinzelt an den Humor heran. Beim Einsatz des gesundheitsfördernden Humors sind jedoch Leitlinien und Herangehensweisen zu beachten und einzuhalten.

Beispielhaft werden nachfolgend die ethischen Richtlinien von HumorCare Schweiz vorgestellt. HumorCare Schweiz fördert und unterstützt die wissenschaftlich orientierte Anwendung von Humor in beratenden, pflegerischen, psychosozialen und pädagogischen Berufen sowie in den entsprechenden Institutionen. HumorCare Schweiz ist ein Verein nach Art. 60 ff. des Schweizer Zivilgesetzbuchs.

> «Die Kultur und die Anwendung von Humor hängen von individuellen und kollektiven Werthaltungen ab und können je nach geographischer Region und persönlichen Präferenzen variieren. Die ethischen Richtlinien unterstützen diese Vielfalt und definieren die gemeinsame Basis, auf welcher HumorCare Schweiz arbeitet. Die ethischen Richtlinien schließen jede Form von schädlichem und unreflektiertem Humor wie Sarkasmus, Zynismus, Ridikulisierung, Mobbing u. ä. aus.
>
> Der Humor stellt ein komplexes Phänomen dar, das kognitive, affektive und physiologische Aspekte einbezieht. Humor führt zu einer Erheiterung, die sich im Lächeln und Lachen äußern kann, wodurch sich auch kommunikative Auswirkungen ergeben. Humor kann immer dann entstehen, wenn sich komische Normverletzungen ergeben, die einen vorgegebenen Bezugsrahmen sprengen. Geschieht dies unfreiwillig (wie im Fall körperlicher, geistiger oder psychischer Behinderungen), kann dies zu beschämenden, peinlichen Konsequenzen führen. Gerade psychisch kranke Menschen verhalten sich häufig unfreiwillig komisch. Sie können dadurch zu Objekten der Lächerlichkeit und zur Zielscheibe eines destruktiven, schwarzen Humors (Ironie, Sarkasmus, Zynismus) werden. Die Mitglieder von HumorCare verpflichten sich, diese Art des Humors grundsätzlich zu vermeiden.
>
> Freiwillige Komik entsteht, wenn sich ein Mensch bewusst und gezielt auf kommunikative und aktionale Normverletzungen einlässt, die zu einem erheiternden Effekt führen. Dies setzt das Wissen um spezifische kontrollierbare Techniken voraus, die grundsätzlich erlernbar sind, daneben aber auch Ausdruck individueller Kreativität und Schlagfertigkeit sind. Professionelle HumoristInnen haben sich in diesem Zusammenhang ein großes Repertoire an Techniken erarbeitet, das es ihnen ermöglicht, andere Menschen zu verblüffen und zu erheitern. Ihr Ziel ist es, andere möglichst häufig zum Lachen zu bringen. Dieser Effekt ist vom therapeutischen Standpunkt aus unspezifisch. Therapeutisch wirksamer Humor zielt nicht auf den schnellen Effekt ab. Seine primäre Intention ist die systematische Vermittlung von Einsicht in das Entstehen jener komischen Phänomene, die die Identität eines Menschen in unfreiwilliger Weise akzentuieren und bestehende Krankheitssymptome dadurch verstärken können. Wer diese Wirkung bewusst reflektieren und steuern kann, vermag einen Identitätswandel zu vollziehen, der einem anderen Weg des Denkens und Handelns entspricht und zu einer aktiven Selbstbestimmung hinführt. Dieser Prozess beruht zunächst auf der Empathie und wohlwollenden Akzeptanz seitens derjenigen, die therapeutisch wirksamen Humor

anwenden. Grundlegendes Ziel ist die Ermutigung, sich selbst nicht allzu ernst zu nehmen (Mut zur Unvollkommenheit), über sich selbst lachen zu können (Mut zur Lächerlichkeit) und starre soziale Normen und Idealvorstellungen relativieren bzw. in Frage stellen zu können (Mut zum Widersinn/Unsinn). Im Zuge reziproker Identifikation sollen diejenigen, die therapeutisch wirksamen Humor anwenden, sich selbst zum Spiegelbild dieses Einstellungswandels machen. Dabei können entsprechende Techniken des Humors vermittelt und eingeübt werden. Sie erfüllen die Funktion spezifischer Hilfsmittel im Zusammenhang mit diesem ermutigenden Einstellungswandel.

Die Mitglieder von HumorCare sind, auch wenn sie über ein entsprechendes Expertenwissen verfügen, primär nicht auf das Ziel ausgerichtet, andere Menschen unspezifisch zu unterhalten. Sie präsentieren sich ihren KlientInnen daher nicht als KomikerInnen, Clowns oder WitzeerzählerInnen, um sie unreflektiert zum Lachen zu bringen. Sie setzen ihre Fähigkeiten vielmehr dosiert ein, um den therapeutisch wirksamen Ermutigungsprozess humorvoll zu fördern.

Wenn Mitglieder von HumorCare als UnterhaltungskünstlerInnen in der Öffentlichkeit auftreten, weisen sie diese Darbietungen nicht als Beispiele therapeutisch wirksamen Humors aus. Wenn Mitglieder von HumorCare in der Öffentlichkeit oder in den Medien Aussagen zu Fragen therapeutisch wirksamen Humors machen, sind sie verpflichtet, dies in einer angemessenen Weise zu tun. Sie sollen sich dabei auf die Vermittlung sachlicher Informationen beschränken und von einer Darstellungsweise Abstand nehmen, die einen reißerischen, unseriösen oder sonst wie unwürdigen Eindruck erwecken.

Mitglieder von HumorCare sind für ihre beruflichen Aktivitäten verantwortlich. Ihre Arbeit basiert auf einer empathischen Grundhaltung und dem Respekt für die Würde, die Persönlichkeit sowie die Privatsphäre ihrer KlientInnen. Im Übrigen sind die Mitglieder von HumorCare gehalten, sich jenen ethischen Richtlinien verpflichtet zu fühlen, die für die jeweiligen Berufsgruppen bereits verbindlich sind.»

Diese ethischen Richtlinien verdeutlichen den sensiblen und sorgsamen Umgang mit Humor, um diesen als Ressource in der Sozialen Arbeit/der Klinischen Sozialarbeit tatsächlich wirksam einsetzen zu können.

Bedeutung für die Soziale Arbeit/Klinische Sozialarbeit

Die Soziale Arbeit hat wesentliche Impulse aus der Familientherapie und dem systemischen Ansatz erhalten. Der therapeutische Humor hat seinen festen Platz im weiten Bereich psychosozialer Aktivitäten gefunden. Dazu gehören die Psychotherapie, die Krankenpflege, die Pädagogik, die Persönlichkeitsbildung sowie die Lebensberatung (Salameh 2007). Literatur zu «Humor in der Psychotherapie», «Humor in der Schule» oder zum «Therapeutischen Humor» gibt es zu Genüge. Therapie gilt als spezialisiertes, vorab strukturiertes und hochschwelliges Setting. Soziale Arbeit lässt sich durch eine geringere Spezialisierung und größere Offenheit in Bezug auf das Vorgehen im Einzelfall charakterisieren. Die Hilfeleistungen knüpfen bewusst an den Alltagsbedürfnissen an. Soziale Arbeit kann Therapie nicht ersetzen. Dennoch gibt es Parallelen: Sowohl in der Paar- und Familientherapie als auch in der Sozialen Arbeit werden Dialoge mit Personen gestaltet. Die Dialoge haben den Anspruch, Situationsklärungen zu ermöglichen und/oder hilfreiche Veränderungen anzustoßen. Die therapeutische Arbeit bedient sich bei der Ressourcen- und Lösungsfindung ganz gezielt und bewusst des Humors. Auch in der Sozialen Arbeit ist der Blick auf die Stärken und Fähigkeiten der Klienten gerichtet, auch in der Sozialen Arbeit geht es darum, den Klienten verkannte oder verleugnete Entscheidungsspielräume bewusst werden zu lassen, diese zu erweitern oder sie konstruktiver und kreativer zu nutzen. In beiden Disziplinen soll die Gesundung gefördert und der Blick auf die gelingenden und funktionierenden Anteile gerichtet werden. Der Arbeitsauftrag der Sozialen Arbeit findet lediglich auf einer anderen, der gesellschaftlichen, Ebene statt. Daher erscheint es logisch wie sinnvoll, den Impuls «Humor» auf die Soziale Arbeit endgültig überspringen zu lassen, um die positiven gesundheitlichen und sozialen Wirkungen für die Klienten als auch für die Sozialarbeiter/-pädagogen nutzen zu können. Gleiches betont Effinger:

> «Eine lachende Sozialarbeit kann durchaus einen bedeutenden Beitrag zur Gestaltung unseres professionellen Alltags und zur Lebensführung unserer Adressaten leisten. Ich halte Humor für ein unterschätztes Element. Geschickt eingesetzt, kann es ein effizientes Lösungsmittel in einer ressourcenorientierten Handlungsstrategie sein» (Effinger 2005, S. 8).

7.4 Reflektierte Beobachtung

«Beobachten bedeutet, Vorgänge, Geschehnisse oder Sachverhalte durch unsere Sinnesorgane wahrzunehmen und zu erfassen» (Altenthan et al. 2003, S. 58). Beobachtung kann einfach nur der Orientierung im Alltag und Beruf dienen. Sie kann aber auch zielgerichtet oder gar als professionelles Handeln erfolgen. Beobachten kann Alltagstätigkeit, aber auch methodisches Handeln mit bewusstem Klassifizieren (Bereiche abgrenzen), Kategorienbildungen (Einteilen, Ordnen) und Interpretieren (Erklären, Beurteilung der Ergebnisse) sein.

So wie ein Mensch sich nicht nicht verhalten kann (Watzlawick 2000), so kann er auch nicht nicht wahrnehmen. Auch die freie, unsystematische Beobachtung versorgt uns mit wichtigen Informationen für unser Handeln. Beobachtung ist nicht ausschließlich visuelle Beobachtung, sondern findet grundsätzlich mit allen Sinnesorganen statt (evtl. auch mithilfe technischer Medien).

Die Beobachtung hat als Grundlage die Wahrnehmung, da der Mensch diese gezielt einsetzen muss, um die Ergebnisse im gewünschten Bereich zu erlangen. *Wahrnehmung* ist ein unwillkürlicher Vorgang, der mit allen Sinnen stattfindet, erst die *Beobachtung* wird willkürlich und gezielt. «Wahrnehmung ist der Prozess und das Ergebnis der Informationsgewinnung und Verarbeitung von Reizen aus der Umwelt und dem Körperinneren» (Altenthan et al. 2003, S. 85). Beobachten ist aktive Auseinandersetzung. Die Beobachtungen werden gemacht und vom Beobachter mit seinen Erwartungen und Einstellungen mitbestimmt. Weil sie übersetzt werden müssen, kann es zu Kommunikationsproblemen kommen.

Beobachtungsfähigkeit ergibt sich nicht nur aus Personenwahrnehmung; auch der Gegenstand (Interaktion, Gruppe etc.) muss vertraut sein. Neben Techniken des Beobachtens sind Einstellungen und Interessen des Beobachters, die Beobachtungszwecke, Einfluss der Beobachtung auf den Beobachteten bedeutsam.

Durch die unterschiedlichen subjektiven Hintergründe der einzelnen Beobachter kommt es zu verschiedenen Gewichtungen und Bedeutungszumessungen. Deshalb müssen bei professioneller Beobachtung systematische Beobachtungsformen zwischengeschaltet werden, um die Subjektivität der Aussagen zu reduzieren. Beobachten als aktiver Prozess ist die Suche nach der besten Deutung der erhaltenen Daten. Es ist wichtig, sich bewusst zu halten, dass frühere Erfahrungen und Erkenntnisse in die Beobachtung einfließen und Einstellungen und Erwartungen geformt haben. Objekte und Situationen haben eine bestimmte Bedeutung für den Beobachter.

Mit dem Beobachter und dem Beobachtungsgegenstand treffen also zwei Welten aufeinander. Wie sich auch unter der Perspektive des Paradigmenwechsels die reflektierte Beobachtung, der Beobachtungsgegenstand, die Ziele und die Interpretationen verändert haben, zeigt Tabelle 4.

Wahrnehmung vermittelt zwischen der äußeren Welt und dem individuellen Ich. Um in die umgebende Welt einzudringen, bedienen wir uns vier besonderer Funktionen:

Entwicklung von linearer zu zirkulärer Beobachtung (Paradigmenwechsel)	
Lineare Beobachtung	**Zirkuläre Beobachtung**
Klassische Sicht	Systemische Sicht
Inhalt	Beziehung
Person	System
Ursache/Wirkung	Zirkularität
Vergangenheit	Gegenwart/Zukunft
Lösung/Problem	Ressourcen

Tabelle 4: Entwicklung von linearer zu zirkulärer Beobachtung (Paradigmenwechsel)

Selektion (Auswahl): Der Mensch erlebt immer nur einen Teil seines gesamten Lebensraums und wählt zudem noch aktiv aus dem Reizangebot aus. Diese Reizflut muss gemanagt werden. Nur ein Teil der Reize wird bewusst wahrgenommen. Es kommt zu einer Selektion der Aufmerksamkeit nach Häufigkeit, Neuheit, Intensität etc. der Reize.

Organisation (Ordnungsbildung): Erwachsene nehmen stets eher ein Ganzes (sinnvolle Gestalt) als die Summe der Einzelaspekte wahr. Kinder lassen sich durch Einzelheiten ablenken, akzentuieren Details, integrieren sie erst nach und nach in eine unklare, mehrdeutige Figur. Bei der Wahrnehmung treten bestimmte Objekte in den Vordergrund, werden zur Figur, alles Übrige tritt in den Hintergrund: Es wird geordnet.

Akzentuierung (Betonung): Biologisch wichtige und sozial bedeutsame Reize werden vorrangig oder häufiger wahrgenommen. Bestimmte Sichtweisen werden betont, andere Alternativen werden vernachlässigt.

Fixation (Verfestigung): Umwelt ist selten eindeutig. Eine von unseren Erwartungen und Einstellungen bestimmte Wahrnehmungsalternative setzt sich durch. Unsere Einstellungen wehren sich gegen Veränderung, deshalb strebt unsere Wahrnehmung danach, dass die Erwartungen verstärkt werden. Eigenschaften sollen unveränderlich bleiben, das bietet den Menschen Sicherheit. Angst, Erregtheit und Krisen, wie wir sie bei den Klienten der Sozialen Arbeit erleben, bieten eine größere Chance für Veränderung.

Soziale Wahrnehmung formt unser Selbstbild, die Einstellungen und Erwartungen, die uns entgegengebracht und dann verinnerlicht wurden, und unser Fremdbild. Das Fremdbild wird für die alltägliche Handlungsorientierung benötigt. Wir müssen wissen, welche Motive das Verhalten des anderen begründen, um uns richtig verhalten zu können und voraussehen zu können. Durch das Wissen um die anderen bekommen unsere Interaktionen eine gewisse Beständigkeit. Vermutungen, wie der andere uns wahrnimmt, welchen Eindruck er haben könnte, steuern zusätzlich unser Verhalten. Die Anwesenheit des einen kann schon Eigenheiten des anderen verändern. Das ist bedeutsam für den sozialarbeiterischen Kontakt.

Um stärker situationsbedingte und soziale Faktoren in eine Beobachtung und Beurteilung einzubeziehen, muss der Beobachter die Lebenssituation des anderen «durch dessen Brille» wahrnehmen, seine Perspektive übernehmen. Die Art und Weise, wie ein Beobachter dem beobachteten Verhalten innere oder äußere Ursachen zuschreibt und Absichten oder Zielsetzungen vermutet, lässt Rückschlüsse auf dessen eigene Person zu. Das subjektive Bild des Menschen steht in Wechselbeziehung zu seinem Selbstbild. Rückmeldungen an andere sind Rückmeldungen an uns selbst.

Es ist zu unterscheiden zwischen unsystematischer, freier Beobachtung und der Beobachtung als wissenschaftlicher Methode. Entsteht aus einer Fragestellung ein Bedürfnis nach theoretischer Abklärung darüber, was, warum und unter welchen Hypothesen beobachtet werden soll, dann kommt Beobachtung als wissenschaftliche Methode zum Zuge.

Die systematische (wissenschaftlich strukturierte) Beobachtung setzt einen theoretischen Bezugsrahmen, systematische Planung, systematische Aufzeichnung sowie Überprüfung und Kontrolle der Genauigkeit voraus.

Bei der Planung einer Beobachtung spielen vor allem die W-Fragen eine bedeutende Rolle:

Wer?	– Werde ich selber oder werden andere Personen beauftragt, die Beobachtung durchzuführen?
Wen?	– Welche Person soll beobachtet werden?
Was?	– Sollen ein bestimmter Aspekt, das äußere Erscheinungsbild oder alle Persönlichkeitsbereiche beobachtet werden?
Warum?	– Gab es einen Anlass oder einen Auslöser, der zu dieser Beobachtung führte?
Wo?	– In welcher Situation bzw. an welchem Ort soll die Person beobachtet werden?
Wann?	– An welchem Tag bzw. zu welcher Uhrzeit soll die Beobachtung stattfinden?
Wie?	– Welche Form der Verhaltensbeobachtung?

Der Sozialen Arbeit stehen verschiedene **Methoden der Datenerhebung** zur Verfügung:

Experimente dienen dem Aufdecken allgemeiner Gesetzmäßigkeiten. Es werden wenige Variablen ausgewählt und unter künstlichen Bedingungen registriert. Beobachtung begrenzt sich auf das Ablesen bestimmter Messwerte.

Tests sind wissenschaftliche Routineverfahren und dienen der Untersuchung eines oder mehrerer empirisch abgrenzbarer Persönlichkeitsmerkmale. Ziel ist es, möglichst quantitative Aussagen über den Grad der individuellen Merkmalsausprägung zu erhalten. Der Test entzieht sich der unmittelbaren Beobachtung. Mangel der Tests ist, dass sie nur das Lösungsergebnis, nicht aber den Lösungsverlauf untersuchen.

Befragungen gelten als eher unzuverlässige Instrumente. Sie können in unterschiedlichen Formen als Beratungsgespräch, therapeutisches Gespräch, Anamneseerhebung, Interview etc. durchgeführt werden. Die Befragung gewinnt an Bedeutung, wenn dadurch Material von anderen Untersuchungsmethoden gestützt wird. Es ist aber immer zu berücksichtigen, dass die Frage angemessen erfasst werden muss und nicht suggestiv gefragt werden darf. Die intellektuellen Fähigkeiten des Probanden sind zu berücksichtigen und psychische Hemmnisse müssen einkalkuliert werden. Der Befragende muss sich bei der Deutung der Antworten kontrollieren, um Subjektivität zu reduzieren. Befragungen sollen in jedem Fall durch Beobachtung des Verhaltens begleitet werden.

Selbstbeobachtung kann eine hilfreiche Ergänzung zur Fremdbeobachtung sein, ist aber eine sehr subjektive Interpretation, weil die Berichte über seelische Vorgänge zeitlich verzögert erfolgen und aus der unzuverlässigen Quelle des Gedächtnisses (Erinnerung) stammen. Die Selbstbeobachtung unterbricht zudem seelische Abläufe und verändert sie. Weil eigene Wahrnehmungs-, Denk- und Verhaltensstörungen kontrolliert und beeinflusst werden können, ist die Selbstbeobachtung eher ein therapeutisches Instrument. Ihr Aussagewert ist beschränkt wegen der mangelnden Fähigkeit, eigene Gedanken und Gefühle zu analysieren und zu kommunizieren.

Unsystematische Fremdbeobachtung ist eher Gelegenheitsbeobachtung und dient der ersten Orientierung. Sie kann der Vorbereitung systematischer und methodisch kontrollierter Beobachtung dienen. Exemplarische Beobachtungen (wenn eine Beobachtungssituation bestimmt wurde) oder mehrere situationsbezogene (freie) Verhaltensbeobachtungen können systematisch gewonnene Erkenntnisse ergänzen.

Mit der *Systematischen Verhaltensbeobachtung* sollen Hypothesen nachgewiesen, bestätigt oder widerlegt werden. Deshalb muss die Beobachtung, wie alle Methoden (psychologischer) Forschung, spezielle Kriterien erfüllen:

Objektivität: Mehrere Beobachter des Ereignisses müssen in der Lage sein, gleiche Beobachtungen zu machen. Beobachtungsgenauigkeit, Verfahrensregeln, Registriertechnik, Einsatz zusätzlicher Instrumente, Übersetzung der Ergebnisse etc. müssen vorher geklärt sein. Der Standort des zu beobachtenden Gegenstands sollte vorher in einem Protokoll erfasst sein.

Validität ist der Grad an Genauigkeit, mit der eine Methode Verhaltensweisen erfasst. Die Methode muss auch messen, was sie messen soll, und andere Effekte ausschließen. So soll ein Konzentrationstest die Konzentration und nicht Ausdauer oder Reaktion messen.

Reliabilität ist das Kriterium für die Zuverlässigkeit, mit der verschiedene Beobachter zu dem gleichen Ergebnis kommen. Beobachtungen und Protokollierung müssen zuverlässig sein. Der Spielraum für interpretierendes oder wertendes Aufzeichnen muss eingeengt werden. Standardisierte Beobachtungssituationen sind zu schaffen, in denen Rohmaterial gesammelt wird.

Reflektierte Beobachtung findet in einem definierten Rahmen statt. Es werden klare Beobachtungspläne entwickelt und Beobachtungsbereiche festgelegt. Umweltbedingungen beeinflussen den zu Beobachtenden und kennzeichnen das Ausmaß an Kontrolle des Beobachters. Beobachtung von Verhalten unter natürlichen Bedingungen bietet zwar gute diagnostische Möglichkeiten, die Vielfalt der Verhaltensweisen und Einflüsse ist aber schwer zu erfassen. Beobachtungen in standardisierten Situationen finden in vereinheitlichten Situationen mit definierten Kontrollmechanismen und unter geplanten Bedingungen statt, zum Beispiel in Beobachtungsräumen, in denen Technik (Video, Einweg etc.) genutzt werden kann. Der Beobachter hat während der Beobachtung wenig Einflussmöglichkeit.

Nimmt der Beobachter aktiv teil, tritt also in Interaktion mit dem Beobachteten, sind kaum unmittelbare, zeitgleiche Protokollierungen möglich, und man ist auf Gedächtnisprotokolle angewiesen. Bei der nicht teilnehmenden (passiven) Beobachtung tritt der Beobachter nicht in Interaktion mit dem Beobachteten, dennoch ist er auch hier Teil der Beobachtungssituation.

Erfolgt die Beobachtung verdeckt, wissen die zu Beobachtenden nicht, dass sie beobachtet werden, bei der offenen Beobachtung sind die zu Beobachtenden informiert. Das Bewusstsein, beobachtet zu werden, verändert das Verhalten. Aktive Teilnahme vermindert den Beobachtereffekt.

Es können Zeitstichproben erhoben werden, hier werden vorher Beobachtungszeiten festgesetzt, oder Ereignisstichproben, bei denen der Beobachtungszeitpunkt und Unterbrechungen durch Art und Auftreten der Ereignisses festgelegt werden. Die Beobachtung kann sich eindimensional auf eine Variable beschränken oder mehrdimensional auf mehrere Variablen oder Ebenen abzielen.

Beobachtungsfehler

Menschen streben nach einem vollständigen Bild des Mitmenschen und haben deshalb innere Ordnungsschemata entwickelt. Personenwahrnehmung ist meist schon Personenbeurteilung. Es bildet sich ein Eindruck vom Mitmenschen, der danach strebt, verfestigt zu werden. Dann werden Einstellungen vorgenommen und Urteile gefällt. Beim Versuch, das Verhalten des anderen zu begründen, werden Motive und Eigenschaften zugeschrieben. Dabei wird von beobachtbaren Merkmalen auf überdauernde Verhaltensweisen geschlossen.

Zur Verständigung benötigen Menschen Verständigungsmittel (Zeichen) wie Sprache, paraverbale Sprache (Sprechart, Stimme, Pausen, Rhetorik, Schreibstil etc.) und nonverbale Zeichen (Gestik, Mimik, Geruch, Kleidung, Aussehen etc.). Diese Zeichen müssen gedeutet werden. Zwar können wir von einem gemeinsamen Kommunikationsrepertoire ausgehen, jedoch nicht von gleichen Deutungen und Erklärungen.

Beobachtungsfehler können aus der Situation des Beobachters resultieren:

Emotionen und Bedürfnisse verändern die Wahrnehmung. Wer Hunger hat, nimmt Essen wahr; wer Angst hat, nimmt Geräusche anders wahr.

Halo-Effekt: Es wird aufgrund weniger auffälliger Merkmale oder wegen im Voraus bekannter Informationen ein Gesamturteil über die Persönlichkeit gefällt.

Abwehr: Abwehrmechanismen laufen unwillkürlich ab, sie sollen uns helfen, schmerzhafte Informationen zu vermeiden und die Sinne auf angenehme Aspekte zu richten. Es gibt verschiedene Formen:

- Projektion: Wenn Selbsteinschätzung und Idealbild nicht übereinstimmen, brauchen wir den anderen als Projektionsfläche, nehmen ihn auf dem Hintergrund unserer eigenen Probleme und Bedürfnisse wahr, unterstellen ihm unsere Schwierigkeiten. Es kommt zu Gegenübertragungen.
- Rationalisierung: Vernünftige Gründe werden konstruiert, um das Verhalten zu rechtfertigen.
- Leugnung: Angst machende Realität wird partiell nicht wahrgenommen.

- Bagatellisierung: Verhalten wird als nebensächlich und unbedeutend gesehen.
- Verharmlosung: Die Qualität des Verhaltens wird heruntergespielt.

Erinnerungstäuschungen: Beobachtungen und Erfahrungen, die über Jahren gemacht wurden, fließen mit ein, vermischen sich mit Vermutungen. Handlungsabläufe sollen mit früheren Handlungsabläufen deckungsgleich gemacht werden.

Erster Eindruck (Vorabschätzung und Erwartungshaltung): Sobald wir etwas beobachten, beginnen wir, einen gesamten Eindruck zu bekommen, integrieren alle Beobachtungen in das gewonnene erste Bild. Späteres Verhalten wird im Sinne des ersten Eindrucks gedeutet.

Implizite Persönlichkeitstheorie: Laienhafte Persönlichkeitstheorie, die darauf beruht, zusammen vorkommende Eigenschaften und ihre Zentralität in vorgefertigte Persönlichkeitstheorien zu integrieren. Als Ursachen für das Verhalten anderer werden vorzugsweise Eigenschaften angenommen, als Ursache für das eigene Verhalten werden eher die Situationen gesehen.

Großzügigkeit, Milde: Aggressiv gehemmte Menschen wollen nichts Schlechtes über andere sagen, um sich nicht rechtfertigen zu müssen. Dahinter steckt der Wunsch nach Sympathie, Vertrauen etc.

Logischer Irrtum: Merkmale, die als logisch zusammengehörig betrachtet werden, werden ähnlich gewertet (Dicke sind gemütlich, Leistungsschwache sind faul, Blondinen sind dumm).

Irrtum des Mittelwerts: Vermeidung von Extremurteilen, der graue Mittelbereich wird bevorzugt.

Einstellungsfehler: Bei sich selbst beobachtete Merkmale werden in der Beurteilung anderer oft vermieden. Bei zu hoher Identifikation kann aber auch angenommen werden, dass der zu Beobachtende ähnliche Motive und Persönlichkeitseigenschaften hat wie der Beobachter.

Nähe: Tendenz, benachbarte Merkmale auf einem Beurteilungsbogen oder bei rasch aufeinanderfolgenden Stellungnahmen ähnlich zu beurteilen.

Vereinfachung: Auswahl der Beobachtungsinhalte führt zur Verkürzung.

Verallgemeinerung: Aus der Beobachtung einzelner Verhaltensweisen werden überdauernde Merkmale abgeleitet.

Probleme der Wiedergabe: Technische Schwierigkeiten, Probleme mit der Dokumentation.

Probleme, die bei dem Beobachteten auftreten können, sind:

Versuchspersoneneffekt: Das Wissen darum, beobachtet zu werden, beeinflusst das Verhalten.

Rollenselektion: Das Wissen darum, beobachtet zu werden, birgt die Gefahr, eine Rolle zu spielen.

Soziale Erwünschtheit, Erwartung: Der Wunsch nach sozialer Akzeptanz beeinflusst das Verhalten.

Konformitätsdruck: Gruppenkohäsion führt bei einer hohen Identifikation mit Gruppenidealen zu dem Wunsch, dazuzugehören. Einstellungen und Urteile und Vorurteile werden übernommen.

Beeinflussung durch Autorität: Insbesondere bei charismatischen Personen.

Sich-Einstellen auf den Beurteiler: Durch die Übernahme des Wertesystems entsteht eine Verbundenheit, die sich auf die Beurteilung auswirkt.

Beobachtungsgegenstand: Gegenstand der Beobachtung können Räume, Interaktionen, Persönlichkeiten und Gruppen von Menschen sein.

- *Der Raum:* Lebewesen sind von ihrer Umwelt abhängig, der Lebensraum bestimmt das Verhalten. Der Mensch nimmt durch Gestaltung seines Lebensraums Einfluss auf die Umwelt, er gestaltet seine Lebensbereiche, die Lebensumwelt ist sein Produkt, wirkt aber auch auf ihn zurück und wird Ausdruck der Identität. Privater Raum ist Schutz und Ort des Rückzugs. Seine Beobachtung ist wichtige Ergänzung einer ganzheitlichen Wahrnehmung.
- *Die Interaktion:* Die Interaktionen in Alltagssituationen waren der eigentliche und ursprüngliche Gegenstand der Verhaltensbeobachtung. Ziele der Beobachtung von Interaktionsprozessen sind der Interaktionsprozess selbst (Verhalten, Störungen, Lösungen, Beziehungen), das Kommunikationsverhalten (Wege, Mittel, Qualität) und die Persönlichkeit (Verstehen und Erklären von Verhalten).
- *Die Persönlichkeit:* Beobachtet werden alle Aspekte der Persönlichkeit, deren Handlungssystem, Wandel der Persönlichkeitsprozesse (statische und dynamische Merkmale), Motivation, Ziele etc.
- Auch in der Beobachtungssituation kommt es zu Interaktionen, in denen sich die Partner nach Interaktionsgesetzen aufeinander einstellen und beeinflussen.
- Der Beobachter ist auch Teil des Beobachtungsfelds. Der Zweck sollte das Vorgehen bestimmen, deshalb sollten vorher Ziele, Dimensionen und Beschreibungskategorien ausgewählt werden. Man sollte einfache, grundlegende Kategorien anwenden, sich die Vereinfachung bewusst halten und bei der Beurteilung Verallgemeinerung vermeiden. Als Informationsquellen können Aussehen, Physiologie, Ausdruck, Verhalten, Leistungen, Lebenslauf, Umwelt, Indirekte Verhaltenskriterien (Zimmer, Einrichtung, Auto etc.), Selbstauskunft und Fremdanamnese berücksichtigt werden.

- *Die Gruppe* als sozialer Mikrokosmos ist Abbild der Wirklichkeit und bietet die Möglichkeit zum Sammeln sozialer Erfahrungen und zur Internalisierung von Verantwortlichkeit und Solidarität. Sie ist Feld der Erprobung und Einübung neuer alternativer Verhaltensweisen, bietet Möglichkeit der Identifikation und bestimmt als Bezugsgruppe unser Verhalten, Rollenübernahmen und Positionen in der Gruppe. Beobachtet werden insbesondere die Gruppenbeziehungen, Sozialverhalten von Gruppen.

Beobachtung bedeutet immer auch Kommunikation oder Interaktion. Objektivität ist zwar nicht erreichbar, sollte aber immer angestrebt werden, indem versucht wird, die Beobachtungen fehlerfrei in Sprache zu übertragen. Zur Kontrolle des gemeinsamen Handelns ist ein Protokoll nötig. Der Beobachter muss die Situation des Beobachteten kennen und Einfühlungsvermögen besitzen. Er braucht eine gute Beobachtungsleistung, Wahrnehmungsschärfe und muss die erfassten Details differenziert beschreiben können.

Beschreibung

Beobachtungen können wir mitteilen, wir können sprechen oder schreiben. Was jemand meint, beobachtet zu haben, ist uns immer nur über seinen Bericht (Beobachtung in Sprache fassen) zugänglich. Der Beobachter kann unterschiedlich stark beteiligt sein. Der Grad der Beteiligung wirkt sich auf den Bericht aus. Größere innere Anteilnahme kann die Wahrnehmung schärfen, aber auch die Subjektivität erhöhen. Der Bericht hat eine besondere Gesamtstruktur, in der sich der Blickwinkel des Beobachters zeigt.

Jeder Beobachtungsbericht enthält unvermeidlich einen gewissen Anteil an Interpretationen. Das ist unvermeidlich aufgrund der Angewiesenheit auf sprachliche Ausdrücke, die bereits belegt sind und allgemeine Auffassungsschemata darstellen. Die Verwendung von Ausdrücken bedeutet die Anwendung eines allgemeinen Begriffs auf einen einzelnen besonderen Fall. Der Beobachter interpretiert seine Wahrnehmung bestimmter Verhaltensweisen, er deutet wahrgenommene Situationen. Er konstruiert also jeweils für das Beobachtete einen Sinnzusammenhang, der mit Sprache dargestellt wird.

Je allgemeiner die Sprache wird, umso mehr verliert der Bericht an Aussagekraft, ist dann durch andere kaum mehr kontrollier- oder nachvollziehbar. Wenn in dem Bericht Erklärungen enthalten sind, erschwert sich die Situation desjenigen, der den Bericht objektiv erfassen will; Erklärungen sollten in Beobachtungsberichten vermieden werden.

Eine gewisse Sprachfähigkeit des Beobachters ist Voraussetzung. Es werden Sprachkategorien oder Begriffssammlungen angeboten, die die Arbeit erleichtern sollen («Sehhilfen»), die aber auch den Nachteil haben können, dass unter Umständen vorschnell Begriffe vergeben werden und die nötige Auseinandersetzung mit der Situation nicht mehr stattfindet. Die sprachliche Formulierung ist auch ein Schritt auf dem Weg zur Deutung und Beurteilung. Durch die Umsetzung in Sprache wird manches deutlicher. Oft ist es erst nach eingehender Verhaltensbeobachtung möglich, Verhalten in Sprache zu fassen, dann wird Sprache zum Ergebnis.

Beobachtungssysteme

Beobachtungssysteme sind einheitliche Vorgehensweisen zur Beschreibung von Wahrnehmungen. Sie müssen vorher festgelegt werden, damit sie nachvollziehbar und wiederholbar sind. Welches Beobachtungssystem gewählt und wie es gestaltet wird, hängt von den Beobachtungsabsichten ab.

In *Verbalsystemen* werden Verhaltensweisen in der Umgangssprache aufgezeichnet. *Selbstaufzeichnungen* wie zum Beispiel Tagebuchaufzeichnungen werden oft in der Heimerziehung und in Resozialisierungsprojekten angewandt; dort sollen die Jugendlichen von sich und ihrer Lebenssituation berichten. Die Aufzeichnungen sind sehr subjektiv, und Objektivitätskontrolle ist kaum möglich.

In *Fremdaufzeichnungen* beschreibt der zu Beobachtende Situationen oder Ereignisse. Es wird die Form seiner Beschreibung gedeutet, es werden also Rückschlüsse darauf gezogen, was für ihn wichtig ist, wie er die Welt sieht.

Bei *Verlaufsprotokollen* (Verhaltensprotokollen) wird ein Geschehen während einer bestimmten Zeitspanne in ununterbrochenem Ablauf aufgezeichnet werden.

In *Ereignisbeschreibungen* wird ein Ereignis von Beginn bis Ende beschrieben und sprachlich dargestellt. Es wird das Gesamtverhalten berücksichtigt. Fokussiert werden nur die problematischen Ereignisse wie zum Beispiel ein Streit, ein emotionaler Ausbruch, der Verlust der Impulskontrolle oder Kommunikationsprozesse etc.

Bei *Nominalsystemen* wird auf Aussagen in Umgangssprache verzichtet. Es werden entweder *Begriffssysteme* verwendet, bei denen bestimmte Begriffe vorgegeben werden, mit denen Eigenschaften charakterisiert werden sollen. Es geht darum, die Wahrnehmung für begrenzte Verhaltensbereiche zu schärfen. Alternativ kommen *Kategoriensysteme* zum Einsatz, bei denen die Beobachtung stark systematisiert wird. Es werden theoretisch begründete Beobachtungskategorien gebildet und Beobachtungseinheiten festgelegt. Bei den *Quantifizierungssystemen* werden Verhaltensweisen quantitativ erfasst und gezählt. Es interessiert ausschließlich die Dimension der Häufigkeit.

Beurteilung

Jede Beurteilung geht mit Entscheidungen einher. In einer Beurteilung werden Merkmale, Gemeinsamkeiten, Unterschiede etc. von Personen oder Situationen oder Sachverhalten erfasst. Bei expliziten (ausdrücklichen und offensichtlichen) Beurteilungen erfolgen diese Entscheidungsschritte bewusst und sind verbal kommunizierbar. Bei impliziten (unausgesprochenen) Beurteilungen kann nur indirekt aus dem beobachtenden Verhalten des Beobachters geschlossen werden.

Deutungen oder *Interpretationen* sind Bindeglieder zwischen Beobachtung und Beurteilung. Eine Beurteilung geht aus der Kombination mehrerer Informationen der Einzelurteile hervor. Auf dem Weg zum Beurteilungsergebnis werden in vielen Fällen noch deutende oder erklärende Zwischenglieder gebildet. Deutungen des beobachteten Verhaltens sind riskant, haben oft große praktische Tragweite. Sie erfordern deshalb überlegtes Vorgehen, Übung und sozial-menschliche Verantwortung. Vorschnelle Deutungen führen leicht in die Irre. Es ist erforderlich, mehrere Hypothesen und Deutungsmöglichkeiten zu sammeln und zu prüfen.

Das Herstellen monokausaler Zusammenhänge, also von Erklärungen, warum etwas der Fall ist, stellen ein weiteres Bindeglied zwischen Beobachtung und Beurteilung dar. Es werden mindestens zwei Sachverhalte beschrieben, die sich aufeinander beziehen. Erklärungen sagen etwas aus über den Zusammenhang von Bedingungen und Folgen, stellen Hypothesen dar, die etwas plausibel machen, nennen wahrscheinliche Bedingungen. In der Sozialen Arbeit empfiehlt es sich, eher von Bedingungen als von Ursachen zu sprechen, denn Erklärungen gelten nie absolut, Erscheinungen sind meist nicht auf eine einzelne Bedingung zurückzuführen. Interpretationen sollten nicht unter Zeitdruck, unter dem Einfluss äußerer oder persönlicher Störungen (Müdigkeit, Stimmungen) oder in einer zu hohen Frequenz erfolgen. Es ist wichtig, alle Informationen einzubeziehen und durch Herstellen einer ausreichenden Distanz zu starke emotionale Beeinflussungen zu vermeiden.

Beurteilungen sind niemals Selbstzweck, sie stehen immer im Dienst praktischer Entscheidungen. In der Regel ist auch eine Prognose in die Beurteilung mit eingeschlossen.

Diagnostik

Die klassische Diagnostik (quantitative Untersuchung) ist eine ganz wesentliche Testdiagnostik und basiert auf der Annahme von überdauernden und generalisierbaren Persönlichkeitsmerkmalen. Äußere situative Bedingungen werden vernachlässigt. Ursachen der Störung werden deshalb stärker der Einzelperson angelastet. Es wird versucht, möglichst messgenau Einzeldimensionen zu erfassen; Ganzheitlichkeit, Strukturiertheit und Dynamik der Gesamtpersönlichkeit bleiben weitestgehend unberücksichtigt.

Qualitative Diagnostik analysiert Verhalten, gibt Hinweise auf jetzt bestehende Mängel und auf Verhaltensweisen, die in Zukunft an deren Stelle rücken könnten.

In der *Psychodiagnostik* werden verschiedene Verfahren angewandt. Die *biografische Anamnese* verbindet objektiv harte Daten der Lebensgeschichte mit subjektiv weichen Daten der Erlebensgeschichte. Daten werden vom Untersuchten selbst und von dessen Bezugspersonen eingenommen (Eigen- und Fremdanamnese).

Bei der *Exploration* werden objektive Daten, z. B. testpsychologische Befunde, ergänzt oder bestätigt. Es geht um neutrale Fragen, keine Deutungen. *Interviews* können standardisiert, also mit vorher festgelegter Reihenfolge der Fragen oder einem Fragenkatalog in offener Form (freie Beantwortung möglich) oder geschlossener Form (Mehrfachwahl), nicht standardisiert (freie Exploration) oder teilstandardisiert (Zwischenform) durchgeführt werden.

Der Diagnoseprozess ist ein sich entwickelnder Prozess sozialer Wahrnehmung und Kommunikation. Er beginnt mit der Formulierung einer Fragestellung. Einzelbefunde werden zu einem Gesamtbefund verknüpft, der Störungen begreifbar macht, aber auch positive Eigenschaften und Kompetenzen aufzeigt. Als Anleitung zum besseren Verstehen des Klienten wird als zusammenfassende Darstellung der Untersuchungsergebnisse ein Gutachten erstellt, in dem die Faktoren angemessen eingeschätzt und die Schlussfolgerungen sinnvoll begründet werden. Es können von einem Gutachten vorhersagbare Entwicklungen, die Hilfe zur Bewältigung von Alltags- und Lebenssituationen ermöglichen, erwartet werden. Die Sprache des Diagnostikers muss verstehbar sein. Die Befunde begründen das weitere Vorgehen im Rahmen psychologischer, therapeutischer oder sozialarbeiterischer Diagnostik.

7.5 Supervision und Intervision

Der Begriff Supervision kommt aus dem Lateinischen (supervidere) und bedeutet so viel wie «etwas von oben überblicken», wobei diese Übersetzung einen früheren Supervisionsbegriff repräsentiert. Heute wird Supervision als ein eigenständiges Konzept der Beratung, das zur Sicherung und Verbesserung der Qualität beruflicher Arbeit eingesetzt wird, definiert. Supervision entwickelte sich Ende des 19. Jahrhunderts in den USA im Zusammenhang mit der Entstehung von an Kommunikation und Beziehungsarbeit orientierten Dienstleistungsberufen wie der Sozialarbeit, Beratung und Psychotherapie. Supervision diente hier erst als Kontrolle und Anleitung. Die 1920 entwickelte Fallreflexion der psychoanalytischen Aus- und Weiterbildung (Kontrollanalyse) sowie die seit 1950 von Michael Balint entwickelte tiefenpsychologische Fortbildung von Ärzten in Balintgruppen, die später auch anderen Berufsgruppen zur Verfügung standen, führten zu einer Erweiterung und Ausdifferenzierung der Methode.

In Deutschland wurde etwa 1962 die Praxisberatung Bestandteil der Ausbildung an höheren Fachschulen – später Fachhochschulen – für Sozialarbeit. Ab 1970 etablierte sich der Begriff Supervision auch in Deutschland. Supervision diente als Hilfe zum Verständnis der Interaktionen mit dem Klienten, aber auch der Kontrolle zur Einhaltung beruflicher Standards. 1989 wurde die Deutsche Gesellschaft für Supervision e.V. (DGSv) gegründet. Heute ist die deutschsprachige Supervisionsszene wegen ihres hohen Niveaus an Theoriebildung und Professionalität international führend (Belardi 2006; Buchinger & Klinkhammer 2007; DGSv 2003).

Supervision bezieht sich auf psychische, soziale und institutionelle Faktoren. Sie behandelt und bearbeitet selbstreflexiv Fragen, Problemfelder, Konflikte und Fallbeispiele aus dem beruflichen Alltag und fördert somit das Lernen von Einzelpersonen, Gruppen, Teams und Organisationen. In diesem Sinne dient Supervision der Reflexion beruflichen interaktionalen Handelns in den Bereichen Bildung, Gesundheitswesen, Kultur, Politik, Seelsorge, Soziale Arbeit, Verwaltung und Wirtschaft (DGSv 2003) mit dem Ziel, Berufstätige dieser Arbeitsfelder bei der Verbesserung ihrer beruflichen Praxis zu unterstützen (Schreyögg 1991). Am Supervisionsprozess beteiligt sind der Supervisor und die Supervisanden. Der Supervisor ist für einen angemessenen Bearbeitungsprozess eingebrachter Themen, Fragen, Probleme und für dessen Steuerung verantwortlich, während die Supervisanden dafür zuständig sind, ihre Anliegen und Themen einzubringen und sich am Umsetzungs- und Lernprozess zu beteiligen.

Theoretische Grundlagen der Supervision

Angesichts der Gegenstandsbreite, mit der sich Supervision heute befasst, lassen sich das interaktive Geschehen zwischen Supervisor und Supervisand sowie die jeweils relevanten supervisorischen Themen nicht nur mit einem einzigen Verfahren und seinen theoretischen Implikationen angemessen bearbeiten. In diesem Sinne ist eine gewisse Theorie- und Methodenpluralität unumgänglich. Je nach dem aktuell relevanten Phänomen werden unterschiedliche theoretische Ansätze herangezogen. Vor diesem Hintergrund entstand der integrative Supervisionsansatz als spezifische Modellkonstruktion, die verschiedene Methoden und Theorien so miteinander verschränkt, dass ein in sich geschlossenes Handlungsmodell entsteht (Schreyögg 2004).

Der *integrative Supervisionsansatz* (Möller 2008) schließt an die Parameter der Integrativen Therapie an: zum Einen an die Gestalttherapie (Frits Perls), zum Anderen an das Psychodrama (Jacob Levy Moreno). Der Ansatz geht davon aus, dass das planende Handeln des integrativen Supervisors eine Wissensstruktur auf metatheoretischer, theoretischer, supervisionstheoretischer und praxeologischer Ebene voraussetzt.

Das *Metamodell* beinhaltet die anthropologischen und erkenntnistheoretischen Prämissen, wählt den phänomenologischen Zugang, und in diesem Sinne wird dann der Wahrnehmungs- und Erkenntnishorizont an ein deutendes, strukturierendes und erkennendes Subjekt gebunden. Individualität, Interaktion und Eingebundensein in raumzeitliche Kontextbedingungen bedingen das Menschsein. Die Institutionen, in denen die Interaktionen stattfinden, verleihen Sicherheit, engen jedoch auch ein.

Auf der *Theorieebene* werden Deutungs- und Strukturierungsmuster der phänomenalen Vielfalt und theoretische Konstruktionen zur Analyse von Ist- und Sollzuständen definiert, die zu einem mehrperspektivischen Vorgehen beitragen und auch das Erschließen des Nicht-Sichtbaren ermöglichen. Der multiparadigmatische Ansatz ermöglicht unterschiedliche Problemformulierungen und beinhaltet entsprechend soziologische, sozialpsychologische und kommunikations- und rollentheoretische Konzepte.

Die *Supervisionstheorie* fokussiert auf den Veränderungsprozess vom Ist- in den Sollzustand, auf grundsätzliche Wirkfaktoren von Veränderung, die Gestaltung der Beziehung zu den Supervisanden und die Handhabungen der aktuellen Situation. Im Mittelpunkt der Betrachtung stehen die historische Genese und die persönlichen Potenziale einer Person unter personalen, sozialen und fachlichen Aspekten. Ziel ist die Förderung von Kompetenz und Performance der Professionellen.

In der *praktischen Umsetzung* bringen Supervisanden ein Thema hervor, welches bearbeitet werden soll. Die Bedeutung des Themas sowie sein Übertragungs-/Gegenübertragungspotenzial werden auf individueller, interaktionistischer und systemischer Ebene ausgeleuchtet. Der Supervisor übernimmt die theoriegeleitete Deutungs- und Strukturierungsarbeit, leitet entsprechende Interventionsstrategien ab und fragt nach den Techniken und Methoden, die Veränderung bewirken und nach den dazu erforderlichen prozessualen Anweisungen. Ziel ist dabei die Entwicklung professioneller Handlungsmuster.

Für den Bereich der Klinischen Sozialen Arbeit ist insbesondere die *Clinical Supervision* von zentraler Bedeutung, weil:

- sie inhaltlich auf die Auseinandersetzung mit sozialen Handlungsvollzügen von Praktikern ausgerichtet ist und deren Handlungskompetenz verbessern soll,
- sie dabei drei potenzielle Beratungsaufgaben übernimmt, die in kognitiv orientierter Fachberatung, psychotherapieähnlicher Beratung und Organisationsberatung bestehen,
- die thematischen Auseinandersetzungen mit ihren potenziellen Beratungsaufgaben in einem kontextuellen Rahmen stehen, der die formalen Rollenkonstellationen in der Supervision bestimmt,
- sich die thematischen Auseinandersetzungen mit ihren jeweiligen kontextbezogenen Beratungsaufgaben in konkreten supervisorischen Beziehungen realisieren sowie
- Themen und durch den Kontext geprägte Beziehungen die jeweilige supervisorische Situation prägen, die vom Supervisor gehandhabt werden muss (Schreyögg 2004).

	Administrative Supervision	Ausbildungssupervision	Supervision in OE-Prozessen (Clinical SV)	Berufsbegleitende Supervision (Clinical Supervision)		
ZIELE	Kontrolle der Arbeit Fachliche Begleitung Personalführung Personalentwicklung	Erlernen einer bestimmten Methode oder Profession	Begleitung von strukturellen Veränderungsprozessen	**Bzgl. Klient** Fachkompetenz erhöhen Prof. Identität entwickeln Kontrolle der Arbeit	**Bzgl. Kooperation** Effektivierung Kooperation Arbeitszufriedenheit Stärkung Aufgaben- u. Klientbezogenheit	**Bzgl. Rolle** Aufgaben klären Rollengestaltung Einklang zw. Rolle, Person, Organisation Karriereplanung
SETTING	Teil der Personalführung	Teil d. übergreifenden Ausbildungssystems	In OE-Prozess eingegliederte Form v. berufsbegleitender SV	Gruppensupervision Balintgruppe Einzelsupervision	Teamsupervision Projektsupervision	Einzelsupervision Leitungsberatung
QUALIFIKATION	Fachlicher Vorgesetzter mit Qualifikation im Mitarbeitergespräch und beruflicher Beratung	Meister der Methode oder Profession	Supervisor mit Kenntnis von OE-Methoden	Erfahrene Angehörige einer Profession, die SV oder Balintgruppenarbeit gelernt haben	In Institutionsanalyse ausgebildete Supervisoren	In Institutions- und Rollenanalyse ausgebildete Supervisoren

Grafik 1: Typen von Supervision (Organisationsentwicklungsprozess (in Anlehnung an Rappe-Gisecke 2003)

Die Inhalte der Supervision ergeben sich aus der Besonderheit professioneller Praxis, die verstanden werden kann als interaktives Geschehen, bei dem die eine Person eine andere in einem institutionalisierten Rahmen zu verändern sucht. Sie umfassen sowohl planmäßige (bewusstseinsfähige und konzeptionell orientierte Strategien, fachliche Kompetenz) als auch unplanmäßige Handlungs- und Deutungsmuster (erworbene Typisierungsschemata, Rollendefinitionen, politische, gesellschaftliche, ökonomische Einflüsse).

Schwarz (2009) unterscheidet bezüglich der Aufgaben von Supervision in:

1. Veränderung von Deutungs- und Handlungsmustern gegenüber dem Klienten über kognitiv orientierte Fachberatung und psychotherapieähnliche Beratung, indem fachspezifische Diagnosen und Methoden analysiert, differenziert, korrigiert und gegenüber dem Klienten aktualisiert werden und
2. Veränderung von Deutungs- und Handlungsmustern gegenüber dem Kontext über psychotherapieähnliche Beratung, um die Potenziale der Supervisanden zu erweitern, personale Anteile zu beseitigen, die die Interaktion mit dem Klienten stören.

Supervision ist in ihrem Kern Beziehungsarbeit, in der es darum geht, dass der Supervisor eine vertrauensvolle Beziehung zu den Supervisanden eingeht und sich gleichzeitig von ihnen abgrenzt. Der geschützte Rahmen der Supervision sollte zudem frei sein von Kontrolle und Bewertung.

Der Supervisionsprozess ist geprägt von den Beratungsaufgaben, den daraus resultierenden Themen und Inhalten, den Beziehungen zwischen den an der Supervision beteiligten Personen sowie durch die strukturellen Gegebenheiten der jeweiligen Organisation. Um diesen komplexen Prozess handhaben und zielgerecht handeln zu können, benötigt jeder Supervisor ein ausgeprägtes Spektrum an Kompetenzen. Hierzu zählen neben den Basiskenntnissen in der personen-, interaktions- und organisationsbezogenen therapeutischen bzw. beraterischen Theorie und Methodik (Buchinger & Klinkhammer 2007) insbesondere:

- *Personenkompetenz* – Die Person des Beraters ist von großer Bedeutung für das Beratungshandeln.
- *Organisationskompetenz* – Alle Beratung von Supervisoren geschieht im Kontext von Organisationen – direkt oder indirekt – , und diesem Aspekt wird entsprechend Rechnung getragen.
- *Beratungskompetenz* – Beratung ist ein spezifischer Kommunikationsmodus, dessen Besonderheiten ausgebildet und reflektiert werden.

- *Diagnosekompetenz* – Supervisoren unterstützen bereits bei der Eingrenzung, Beschreibung und Bewertung des genauen Beratungsanliegens und übernehmen eine Lotsenfunktion für den Einsatz angemessener Beratungsinstrumente.
- *Interventionskompetenz* – Supervisoren stellen ihre Eindrücke, Gedanken, Deutungen, Vorschläge und Fragen im Beratungsprozess zur Verfügung, um Verstehen und Entwicklung zu ermöglichen.
- *Methodenkompetenz* – Supervisoren nutzen ein methodisches «Handwerkszeug», mit dessen Hilfe sie intervenieren (Übungen, szenische Formen u. a.).
- *Marktkompetenz* – Supervisoren und ihre Kunden bewegen sich auf Märkten. Sowohl das Verständnis des Beratungsmarkts wie insbesondere die Kenntnis des Marktes des Kunden sind eine Voraussetzung für das Gelingen der Beratung (DGSv 2009).

Als übergeordnetes Ziel der Supervision gilt die konstruktive Gestaltung der beruflichen Praxis. Wie und mit welchen Methoden dieses Ziel erreicht wird, gestaltet sich in Abhängigkeit von der jeweiligen theoretischen und methodischen Orientierung, den Adressaten, den Arbeitsfeldern sowie den verschiedenen Formen von Supervision. Schwerpunktmäßig zielt Supervision jedoch auf die Erreichung:

- *kognitiver Ziele* – in diesem Sinne versucht Supervision eine Verbesserung der für die Problemlösung angemessenen Wissensstrukturen herbeizuführen;
- *gesteigerter Handlungskompetenz* – Steigerung professioneller Fertigkeiten auf fachlicher und sozialer Ebene sowie
- *Selbsterfahrung* – Supervision will persönliche Erkenntnis der Supervisanden bezüglich ihrer berufsbezogenen Einstellungen, Werthaltung und Gefühle erweitern (Belardi 2006).

Praxis und Anwendung

Der supervisorische Prozess vollzieht sich in vier Phasen (Schwarz 2009; Möller 2003), die in der Praxis nicht linear ablaufen – Sprünge, Abbrüche und Blockierungen sind möglich:

Initialphase	• gegenseitiges Kennenlernen von Supervisor und Supervisand • Identifizierung und Formulierung von Problemen und Themen • Konzept- und Hypothesenbildung • Klärung der Rahmenbedingungen, d. h. zeitlicher Rahmen der SV, Rolle des Supervisors, Teilnahme best. Personen (wie Leitung)
↓	
Aktionsphase	• Themen- und Problembearbeitung • Veränderung von Wahrnehmen, Denken oder Fühlen • Herstellung eines neuen Konsens über die Situation
↓	
Integrationsphase	• der neue Konsens wird ausgearbeitet • das Erarbeitete, neue Wahrnehmungen und neue Erkenntnisse werden in die informelle Struktur integriert • Ableitung von Handlungskonsequenzen
↓	
Neuorientierungsphase	• Transfer des Neuen in die berufliche Alltagssituation • Neue Konzepte werden auf Übertragbarkeit in die Praxis geprüft

Abb. 30: Praxis und Anwendung der Supervision

In der Praxis sind unterschiedliche Modelle und Formen von Supervision vorzufinden, die sich in Abhängigkeit von ihrem jeweiligen Gegenstandsbereich ergeben, oft aber nicht ganz klar voneinander zu trennen sind. Je nachdem, ob die Klientenarbeit, das Supervisandensystem, Team oder die Gruppe oder aber die Supervision in Organisationen im Mittelpunkt des Interesses stehen, wird unterschieden zwischen:

Einzelsupervision: Beratungssituation zwischen einem einzelnen Mitarbeiter und dem Supervisor dient u. a. der Begleitung beruflicher Veränderungsprozesse, der Bearbeitung besonders schwieriger Konflikt- oder Entscheidungssituationen, der Reflexion der eigenen beruflichen Rolle (Schwarz 2009).

Gruppensupervision: Form der Beratung in heterogenen Gruppen, in der die Gruppenmitglieder ihre Erfahrungen und Probleme im beruflichen Handeln in Bezug auf Klientel, Mitarbeiter und Organisation vor der gesamten Gruppe besprechen und mit dem Supervisor bearbeiten. Ziel ist die Befähigung, besser und zielgerechter beruflich zu handeln. Gruppensupervision bietet die Möglichkeit, das berufliche Handeln in seiner Verbindung zu Haltungen, Einstellungen jedes einzelnen Teilnehmers einzugeben und zu reflektieren. Sie ermöglicht Verhaltensänderungen sowie die Überprüfung von Veränderungsprozessen (Schreyögg 2004).

Teamsupervision: Spezielle Form der Gruppensupervision mit homogenen Gruppen, z. B. ein Mitarbeiterteam, das in einer Einrichtung eng miteinander zusammenarbeitet. Sie kann als Fall-Supervision durchgeführt werden, wenn die Helfer-Klienten-Beziehung im Vordergrund steht oder als reine Team-Supervision, wenn sie auf die Untersuchung und Veränderung der Kooperation und der damit zusammenhängenden Teamstrukturen zielt (Schreyögg 2004).

Balintgruppen: Diese besondere Form der Gruppensupervision stammt ursprünglich aus dem Bereich der Weiterbildung psychotherapeutisch orientierter Ärzte (Belardi 2006). Professionelle Helfer, die beruflich unabhängig voneinander sind, besprechen fallbezogen ihre Arbeitsprobleme, wobei jeweils ein Mitglied über die persönlichen Eindrücke, Gefühle, Schwierigkeiten und Einstellungen zur Betreuung eines bestimmten Patienten berichtet. Ziel ist die Erforschung und Transparenz der beruflichen Beziehung sowie die Ausbildung der Mitglieder einer Gruppe für den Umgang mit Menschen (Schwarz 2009).

Systemische Supervision

In der systemischen Beratung stehen die kommunikativen und interaktiven Prozesse, die sich in den Beziehungen zwischen den Systemteilnehmern abspielen, im Vordergrund. Die Gestaltung dieser Beziehungen ist das alles überlagernde Thema.[10] Hinzu kommt, dass aus systemischer Sicht eine objektive Wahrnehmung des Gegenstands der Sozialen Arbeit nicht möglich ist, weil sich alleine durch die Präsenz des Professionellen gravierende Beeinflussungen und Veränderungen ergeben. Durch die in der Kybernetik 2. Ordnung beschriebenen Mechanismen wird der Professionelle zu einem Teil des Systems und muss seine Rolle mit bedenken, sowohl bei seinen Interventionen als auch bei der Reflexion und Evaluation der Beratungsprozesse. Wenn dieses Paradigma für die Situation des Beraters gilt, dann hat es ebenso Relevanz für die supervisorischen Prozesse. Auch der Supervisand verändert sich durch die Anwesenheit eines Supervisors, reagiert auf die neue Situation durch eigene Verhaltensmodifikationen und veränderte Darstellung des Klienten und der professionellen Beziehung.

Die systemische Supervision öffnet daher den Blick, erweitert das Supervisionsspektrum und berücksichtigt mehrere Supervisionsniveaus (Abb. 31).

Auf dem *Klientniveau (1)* liegt der Fokus auf den Inhalten des Problems und den Kontextbedingungen. Es werden die Prozesse und Verhaltensbeobachtungen beschrieben und verbale und nonverbale Kommunikationserfahrungen reflektiert. Das Problem wird differenziert dargestellt, wobei beobachtbares Verhalten Priorität hat. Ziel ist die Verbesserung der Beobachtungsfähigkeit.

---

10 Siehe hierzu auch: Systemische Beratung in diesem Buch.

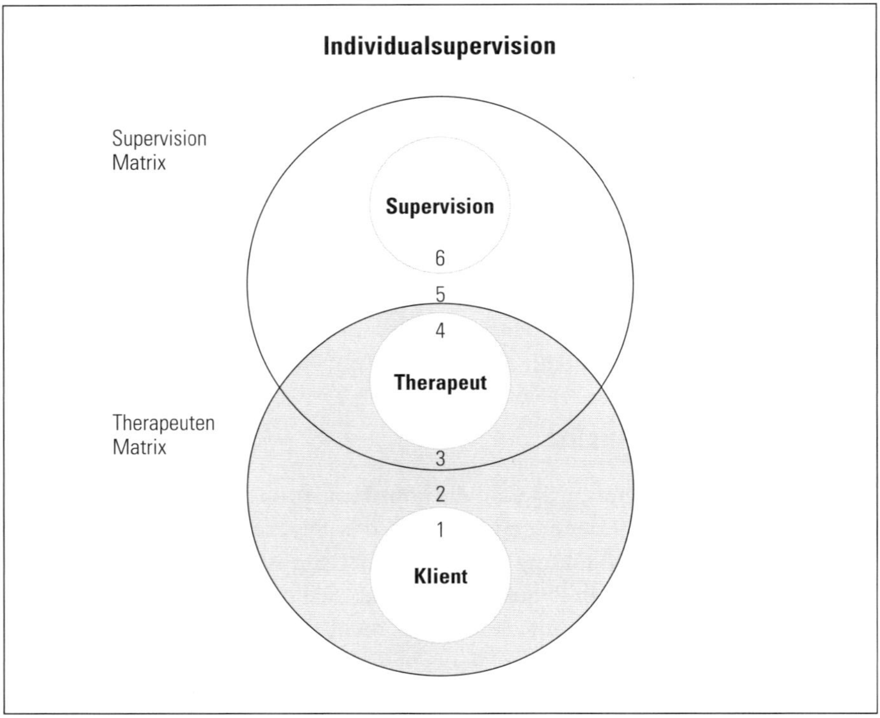

Abb. 31: Stufen der Individualsupervision in Anlehnung an Hawkins et al. (1989/2000): Die Individualsupervision erfolgt auf verschiedenen Ebenen (1-6)

Außerdem geht es um eine Beobachtung des systemischen Kontexts und der informellen Bedingungen der Arbeit zwischen Therapeut und Klient. Es kann zum Beispiel ein Organigramm der Institution erstellt und die Stellung der einzelnen Akteure überprüft werden.

Auf dem *Niveau 2* werden die lang- und kurzfristigen Strategien, Techniken und Interventionen des Supervisanden exploriert. Ziel ist es, Begründungen für das bisherige Vorgehen des Beraters zu hinterfragen, dessen Kompetenzen und Fähigkeiten zu verbessern und zu entwickeln und bei Bedarf alternative Strategien zu entwerfen.

Auf dem *Niveau der Berater-Klient-Beziehung (3)* werden die bisherigen Prozesse exploriert. Der Fokus liegt auf der professionellen Beziehung: Wie kam Beziehung zustande? Wie hat sie sich entwickelt? Wer hat Kontakt aufgenommen? Welche Botschaften (auch nonverbale) wurden wahrgenommen?

Auf dem *Niveau 4* wird besonders auf die Gegenübertragung des Supervisanden geachtet. Wie reagiert der Supervisand unbewusst und bewusst auf den Klienten? Wie reagiert der Supervisand auf das gesamte System und auf seine Arbeit? Werden Probleme des Klienten auf den Berater übertragen? Gibt es eine Resonanz mit der eigenen Geschichte des Supervisanden? Hier sind auch Geschlechterrolle, Kultur, Alter, Schicht, Beruf zu beachten.

Auf dem *Niveau 5* geht es um die «Hier-und-Jetzt-Prozesse» zwischen Supervisor und Supervisand. Der Supervisionsprozess kann ein Spiegel oder (unbewusste) Parallele zu der Berater-Klient-Beziehung sein. So kann (mit Vorsicht) über das Verhalten des Supervisanden auf den Klienten geschlossen werden. Ist zum Beispiel der Supervisand angepasst, kann es sein, dass der Klient in der Beratung ebenfalls angepasst ist.

Die Reaktionen und Gefühle des Supervisors werden auf dem *Supervisionsniveau (6)* thematisiert. Der Fokus liegt auf den eigenen Reaktionen und Gegenübertragungen des Supervisors zum Klient oder Fall. Hier spielen auch Gegenübertragungen und Reaktionen des Supervisors zum Supervisanden eine Rolle, seine Fantasien, Gefühle, Gedanken, Bilder. Die Eigenschaften des Supervisanden stimulieren eigene Erfahrungen und Eigenschaften des Supervisors. Der Supervisor sollte sich bewusst machen, wie er sich durch diesen Supervisanden fühlt, und auch auf seine eigene Befindlichkeit achten.

Supervision am Beispiel Anna B.

Thema der Supervision ist der Streit um die Entgiftung (siehe S. 149)

Niveau 1: Ist im Fall Anna eine stationäre Entgiftung angebracht? Wie sind die objektiven Bedingungen?

Niveau 2: Wie ist der Fall Anna bisher gelaufen? Was hat Anton weshalb gemacht?

Niveau 3: Wie gehen Anna und Anton miteinander um? Wie hat sich die Beziehung entwickelt? Wie sind die Vorwürfe entstanden?

Niveau 4: Wie schätzt Anton seine Interventionen ein? Wie geht es ihm im Umgang mit Anna? Kann er Nähe und Distanz professionell gestalten? Wie sehr ist er von ihrer Situation emotional beteiligt.

Niveau 5: Wie wird Anton von dem Supervisor erlebt? Wie (hilfreich, bedrohlich, entspannend, beängstigend, unterstützend) erlebt er den Supervisor?

Niveau 6: Wie fühlt sich der Supervisor in der Zusammenarbeit mit Anton? Wie geht es ihm beim Gedanken an den Beratungsprozess?

Grenzen der Supervision

Supervisoren sind für die komplexen Aufgabenstellungen der Supervision speziell ausgebildete Fachkräfte, die über eine entsprechende Feld-, Organisations-, Beratungs- sowie Subjektkompetenz verfügen. Das bedeutet, dass sie ein hohes Maß an persönlicher Eigenschulung erfahren haben, die es ihnen ermöglicht, sich selbst optimal dem Beratungsprozess zur Verfügung zu stellen. Die vielseitigen Anforderungen verlangen von Supervisionsfachleuten eine qualifizierte Ausbildung, einen breiten Erfahrungshintergrund, regelmäßige Kontrolle ihrer Supervisionstätigkeit und permanente Weiterbildung. Seit ihrer Gründung 1989 setzt sich die DGSv für die Entwicklung und Sicherung der Qualität von Supervision ein. Die Standards für die Ausbildung stellen die inhaltlichen und formalen Rahmenanforderungen für Weiterbildungen in Supervision dar, die Grundlage einer verbandseigenen Zertifizierung sind (www.dgsv.de).

Grenzen zeigen sich in der Supervision in der Art, dass fehlende Fachkompetenz eines Einzelnen durch Supervision nicht aufgearbeitet werden kann. Auch können erforderliche Selbsterfahrungen zur eigenen Professionalisierung durch einen Supervisor nicht übermittelt werden. Diesen Bedürfnissen muss in einem anderen Setting (Beratung, Weiterbildung etc.) nachgekommen werden. Auch kann der Supervisor keine Leitungsaufgaben übernehmen, die ihm oftmals verdeckt vom Team oder auch von der Leitung übertragen werden. In der Teamsupervision ist eine offene Kooperation zwischen Leitung, Mitarbeitern sowie Supervisor notwendig; es sollten im Vorfeld Gespräche über die Ziele der Supervision mit Mitarbeitern und Leitung geführt werden, unabhängig, von wem die Nachfrage kommt.

Auch ist es nicht die Aufgabe eines Supervisors, die Verantwortung für das professionelle Handeln der Supervisanden zu übernehmen oder ihnen den «richtigen Weg» zu zeigen, sondern er begleitet sie und gibt Hilfestellung, den eigenen Weg zu finden. Der Supervisor vermittelt Techniken der Selbstreflexion und Strategien der Problemlösung, die auch später bei der Bewältigung von Problemen ohne die Begleitung eines Supervisors anwendbar sind (Rappe-Giesecke 2003).

Intervision

Die *Intervision* ist eine berufsbegleitende Fortbildung und Qualifizierung von Personen in helfenden oder ausbildenden Berufen, die als kollegiale Beratungsform dem Anliegen der Supervision sehr nahe steht. Das Verfahren hat seinen

Ursprung in den japanischen Qualitätszirkeln, die davon ausgehen, dass eine Gruppe auf gleichem Niveau die Effizienz und Effektivität der Arbeit durch regelmäßige Besprechungen erhöhen kann. Es wird in Deutschland seit Beginn der 80er-Jahre unter verschiedenen Namen angeboten: Kooperative Beratung, Kollegiale Unterstützungsgruppe, Kollegiale Selbsthilfe, Selbstberatungsgruppe, Kollegiale Fallberatung, Fallberatungsgruppe, Kooperative Gruppenberatung. Diese Begriffe verdeutlichen, dass es sich um eine Beratung innerhalb einer Gruppe von Gleichrangigen handelt, die sich gegenseitig im Hinblick auf ihren (gemeinsamen) Beruf beraten, gemeinsam nach Klärungen und Lösungen für den jeweiligen Fall suchen. Diese Beratung erfolgt zielgerichtet und lösungsorientiert innerhalb gemeinsam festgelegter Strukturen.

Während die Supervision mehr auf Lehr- und Lernprozesse gerichtet ist, geht es bei der Intervision um eine Besprechung und einen beratenden Austausch zwischen Kollegen. Die praktische Verwendbarkeit hat oberste Priorität.

Intervision	**Supervision**
• Immer in der Gruppe (max. 10 Personen) • Aufgabenbezogen • Teilnehmer sind gleichrangig, keine Leitung • Wechselnde Gesprächsleitung • Niedrigschwellig • Kostengünstig • Auf freiwilliger Basis • Eigeninitiative • Keine Verpflichtung	• Einzel- oder Gruppenarbeit • Personenbezogen • Teilnehmer sind gleichwertig, aber nicht gleichrangig – Supervisor als Gruppenleiter • Klare Rollenverteilung zwischen Supervisor und Supervisanden • Höhere Schwelle • Teuer • Verpflichtender Anteil von Ausbildungen oder Berufen • Teil der Berufstätigkeit oder Ausbildung • Vertrag und Bewertung

Tabelle 5: Unterschiede zwischen Intervision und Supervision (in Anlehnung an Hendriksen 2002)

Voraussetzungen für die Implementierung einer Intervision sind Aufgeschlossenheit und Offenheit der Teilnehmer für neue Konzepte und die entsprechende Anpassungsbereitschaft und Assimilationsfähigkeit. In der Regel werden bis zu 10 Treffen von je zwei Stunden verabredet. Es gibt keine externe Leitung. Stattdessen ist das Verfahren sehr stark strukturiert; der Ablauf jeder Beratung ist in Phasen festgelegt. So kann die Leitung einer solchen Gruppe reihum gehen.

Bestandsaufnahme: Vorstellung und Formulierung des Problems
Analyse: Neutrale Fragen ohne Interpretationen und vorweggenommene Lösungen
Beratungsrunde: Kreatives Beraten, Feedback, Formulierung alternativer Vorgehensweisen
Aktionsplan: Hilfe und Unterstützung, Erstellung und Prüfung eines Aktionsplans
Auswertung: Kritische Betrachtung und Zusammenfassung, Bewertung der Lernerfolge

Der jeweilige Leiter ist nur für die Struktur sowie für die Einhaltung der Phasen, der Zeiten und ggf. weiterer Regeln zuständig. Das Verfahren ist leicht zu installieren, kostengünstig und nutzt die Ressourcen, die die Kollegen mitbringen. Es mangelt leider aber oft an Verbindlichkeit, und so kommt es nicht immer zu befriedigenden Ergebnissen.

7.6 Qualitätsmanagement und Evaluation

Soziale Arbeit und damit auch Klinische Sozialarbeit hat es mit einem sich stetig wandelnden Gegenstand zu tun und muss sich deshalb auch immer wieder neu an den Menschen in ihren spezifischen Lebenssituationen orientieren und dabei, um dieser Aufgabe gerecht zu werden, kontinuierlich fachliche Anforderungen und Qualitätsstandards weiterentwickeln. Die Qualitätspolitik basiert auf der Überzeugung, dass der Wettbewerb sozialer Dienstleistungsunternehmen in erster Linie ein Qualitätswettbewerb um die bestmögliche Begleitung von Menschen in bestimmten Lebenslagen sein muss. Dazu sind gemeinsame Qualitätsanforderungen als Standards zu definieren und für die Arbeitspraxis zu konkretisieren. Diese Standards sollen als Kennzeichen des Qualitätsmanagements professioneller sozialer Einrichtungen handlungsleitend sein. Den in der Praxis Tätigen bieten sie Orientierung; ihnen stehen objektive Kriterien zur Verfügung, an denen sie ihr eigenes Handeln und dessen Effekte messen und bewerten können. Die Ergebnisse dieser Evaluationsprozesse fließen dann wieder in die Definition der Qualitätsstandards ein.

Qualitätsmanagement

Die Realisierung, Erhaltung und Weiterentwicklung der Qualitätsstandards ist abhängig von den strukturellen Rahmenbedingungen. Geeignetes und angemessen vergütetes Fachpersonal, bauliche und organisatorische Voraussetzungen und finanzielle Ausstattung sind mitentscheidend; ihre Bereitstellung sollte eine Verpflichtung der sozialen Einrichtungen vor Ort sein.

Das Qualitätsmanagement in der Sozialen Arbeit basiert auf einem werte- und entwicklungsorientierten Verständnis, bei dem Qualität als Ergebnis dynamischer Prozesse betrachtet wird. Qualität setzt grundsätzlich den Dialog, die Verständigung und das Aushandeln voraus, sei es zwischen Nutzern und Dienstleistern oder auch zwischen Leistungserbringern und Kostenträgern. Die subjektiven Qualitätsanforderungen müssen von den Fachkräften bei den Klienten in Erfahrung gebracht werden. Dieser Dialog ist fundamental für die Güte der Ergebnisse und Voraussetzung für die Zufriedenheit der Nutzer. Natürlich müssen auch die den strukturellen Rahmen setzenden Kostenträger in den Dialog einbezogen werden. Qualitative Dienstleistungen erfolgen in einem komplexen Gefüge aus Struktur-, Prozess- und Ergebnisgrößen. Da Qualitätsentwicklung zielorientiert gesteuert werden muss, steht Qualität in enger Verknüpfung mit den Steuerungselementen Personal und Finanzen. Die Integration von Werteorientierung, Fachlichkeit und gesetzlichen Forderungen ermöglicht eine ganzheitliche, nachprüfbare und verlässliche Qualität der Dienstleistungen.

In Zeiten knapper öffentlicher Mittel bietet Qualitätsmanagement auch die Möglichkeit, Transparenz darüber zu schaffen, was leistbar ist, welches Qualitätsniveau unter den gegebenen Bedingungen erreichbar ist und wo die Qualitätsgrenzen verlaufen. Ein weit entwickeltes und breit umgesetztes Qualitätsmanagement könnte hier als Instrument für ein sozialpolitisches Monitoring eingesetzt werden, um auf der Basis von Zahlen, Daten, Fakten und Nachweisen sozialpolitischen Handlungsbedarf aufzuzeigen.

Die Soziale Arbeit hat ein auf die speziellen professionellen Anforderungen ausgerichtetes Qualitätsverständnis. «Qualität» wird (nach Duden) definiert als «positiv bewertete Beschaffenheit. Sinnverwandt sind Güte, Niveau und Wert.» Von dieser normativen Bedeutung des Begriffs muss man sich verabschieden, wenn im Zusammenhang mit Qualitätsentwicklung der Begriff «Qualität» gebraucht wird. Im Zusammenhang mit Qualitätsentwicklung bedeutet Qualität eine normative Aussage in «gute» oder «schlechte» Qualität. Das deutsche Normeninstitut (DIN) definiert Qualität als europäische Norm wie folgt: «Qualität ist die Gesamtheit von Eigenschaften und Merkmalen eines Produktes oder einer Dienstleistung, die sich auf deren Eignung zur Erfüllung festgelegter oder vorausgesetzter Erfordernisse beziehen.»

Die Festsetzung von Eigenschaften und Merkmalen einer Leistung können ausgehandelt werden oder vorausgesetzt werden, zum Beispiel per Gesetz.

Übertragen auf den Umgang mit dem Terminus «Qualität» in der Sozialen Arbeit, ist diese das Ergebnis eines Aushandlungsprozesses zwischen der Profession, den öffentlichen und freien Trägern, der Politik und der Gesellschaft. In diesem Prozess werden die Möglichkeiten und Grenzen, die Aufgaben und Leistungsangebote von Sozialer Arbeit, die Anforderungen an Ausbildung und Qualifikation ihrer Fachkräfte über die jeweiligen Berufs- bzw. Arbeitsfelder hinweg beschrieben und vereinbart.

Da Soziale Arbeit, eingebunden in Staat und Gesellschaft, beim Erbringen von Leistungen immer schon abhängig von externen Kräften und Faktoren war, ist auch das Aushandeln von Qualitäten der Leistungen nichts Neues. Die Qualitätsstandards sozialer Dienstleistungen drücken sich in einem offenen, dynamischen, komplexen, interessenorientierten und zielgerichteten Verhandlungsergebnis aus. Wichtig ist, optimale Qualität aus der Sicht der Profession zu formulieren, denn nur wenn die Profession eindeutige Standards für sich definiert, kann sie erfolgreich verhandeln. Soziale Arbeit muss die «Gesamtheit der für das Handeln eines Individuums tatsächlich bestimmenden objektiven Bedingungen in Zusammenhang mit der im Verlauf der biografischen Entwicklung herausgebildeten Art und Weise des Individuums, und seine Tätigkeit mit diesem Zusammenhang» berücksichtigen.

Die Qualitätsmerkmale Sozialer Arbeit lassen sich drei Handlungsebenen zuordnen:

1. Ebene der institutions- und gesellschaftsbezogenen professionellen Sozialen Arbeit (Kontextebene)
2. Ebene des Kompetenzerwerbs, der Kompetenzsicherung und der berufsethischen Selbstbindung (Kompetenzebene)
3. Ebene der klientensystembezogenen beruflichen Sozialen Arbeit (Klientenbezug) (DBSH)

In der Sozialen Arbeit gilt es, die «Lebenswelt» der Klienten zu berücksichtigen. Dies erfordert von Theorie und Praxis der Sozialen Arbeit, die Aufteilung in einzelne Praxis-, Forschungs- und Theoriesegmente zu überwinden, da sich im Alltag der Klienten diese Faktoren miteinander verbinden. Aus dieser Verbindung begründet sich die besondere Professionalität und der eigenständige Theoriebezug der sozialen Praxis. Der dort Handelnde ist zugleich «Forscher» und «Akteur» in der Lebenswelt der jeweiligen Zielgruppe. Ähnliches gilt für die Theorie der Sozialen Arbeit: Will sie tatsächliche Hilfestellungen vermitteln, bedarf es der Kommunikation und Vermittlung mit der Lebenswelt der jeweiligen Adressaten in all ihren Dimensionen.

Früher bewegte sich Soziale Arbeit in ihrer Funktion zwischen zwei Polen: Einerseits wurde sie als Hilfe zur Herstellung der Handlungsfähigkeit der Klienten gesehen (mikrosoziologische Dimension), andererseits war sie aber auch «Kontrollinstanz des Staates» (DBSH). Durch die «Theorie des kommunikativen Handelns» von Habermas (1981) werden diese unterschiedlichen Theoriepositionen im Perspektivenwechsel miteinander verbunden und entwickelt. Zentrale These ist, dass sich Lebenswelt und System (also staatliche, ökonomische, bürokratische Strukturen) immer weiter auseinanderentwickelt haben. Auf der Systemebene wird der «Erfolg» zum zentralen Kriterium, im Lebensweltbereich geht es um «Verständigung».

In diesem Sinn wird Soziale Arbeit als «intermediäre Instanz» verstanden, die zwischen Lebenswelt und System vermittelt. Sie bewegt sich dabei auf beiden Ebenen. Auf der Systemebene folgt sie dem Sozialstaatsgebot und anderen Ordnungsvorstellungen und wird entsprechend vom Staat beauftragt. Auf der anderen Seite ist sie verständigungsorientiert in der Lebenswelt der jeweiligen Zielgruppe. Neben den klassischen sozialpolitischen Maßnahmen (Versorgung, Fürsorge) umfasst der Begriff der «Sozialen Arbeit im weiteren Sinn» damit auch gesundheitliche, therapeutische, seelsorgerische, erzieherische, schulische und kulturelle Maßnahmen. Die Vermittlung zwischen Lebenswelt und System lässt sich als Integrationsauftrag der Sozialen Arbeit beschreiben.

Um diesen Auftrag erfüllen zu können, müssen Theoretiker und Praktiker der Sozialen Arbeit akzeptieren, dass angesichts sich wandelnder Lebenswelten und Bedingungen «fertige» Lösungen nicht zu erwarten sind. Um in diesem Prozess bestehen zu können, werden entsprechende Kompetenzen benötigt, wie z. B.:

- Die Auseinandersetzung mit den immanenten Widersprüchen der Berufsanforderungen.
- Die Fähigkeit des Wechsels zwischen Handlungs- und Forschungsperspektive.
- Die Berücksichtigung des «sozialen Ortes» der Klienten und der Professionellen.
- Die Berücksichtigung der ökologischen Perspektive, die danach fragt, welche Sicherheiten für die Klienten geschaffen werden können.
- Die Akzeptanz einer Dienstleistungsidentität, die sich auch an der «Nützlichkeit» und «Nachfrage» nach den jeweiligen Angeboten ausrichtet.
- Das Ermöglichen von Kontrolle durch den Klienten und damit Transparenz der Methoden gemeinsamer Vereinbarung von Zielen.

Ziel ist eine methodische und effiziente, Potenzial entwickelnde und Kompetenz steigernde Problemlösung im Kontext der Lebenswelt des Dienstleistungsempfängers. Diese Problemlösung sollte erfolgen auf der Grundlage des beruflichen Codes mit seinen ethischen Grundhaltungen und Prinzipien sowie unter Berücksichtigung politischer und gesellschaftlicher Bedingungen, persönlicher Ressourcen und lebensweltlicher Strukturen. Die Rahmenbedingungen sozialer Praxis müssen dabei, unter Nutzung wissenschaftlicher und methodischer Erkenntnisse und Fertigkeiten, eingehalten werden.

Die Einführung von Qualitätsentwicklungssystemen hat oft mehr mit politischen und ökonomischen Interessen und dem Streben nach geringem Kostenaufwand für Soziales zu tun als mit der Güte von Sozialer Arbeit. Nicht zuletzt ist die laufende Qualitätsdiskussion ein Ergebnis eines immer stärker werdenden Einflusses der Wirtschaft auf die Politik und ein Zurückgehen des Einflusses des Sozialen. Die Ursachen liegen in den dramatischen Veränderungen, die mit der Konstruktion der Globalisierung einhergehen und zu einer weltweiten Verschlechterung der sozialen Situation vieler Menschen und dem wachsenden Auseinanderklaffen der Schere zwischen Armut und Reichtum führen.

Während in privatwirtschaftlichen Zusammenhängen Qualität als die beeinflusste Einlösung eines Standards zwischen Ertragsinteresse, optimaler Leistungserstellung, Produktqualität und Kundenzufriedenheit und Nachfrage zu definieren ist, werden Qualitätsstandards in der Sozialen Arbeit wesentlich über die Macht und den Einfluss politischer und ökonomischer Interessen bestimmt. Nicht Klientelinteressen, professionelle Notwendigkeiten und Forderungen zur Einlösung des Sozialstaatsgebots sind die Maßstäbe für Qualitätssicherung in der Sozialen Arbeit, sondern die Interessen der Wirtschaft an möglichst niedrigen gesellschaftlichen Gemeinkosten. Qualität wird heute auch darüber definiert, was die von den politischen Strukturen beauftragten Kostenträger zahlen können oder zu zahlen bereit sind.

Das Ziel der Kostensenkung soll mit der Einführung des «Marktes» im sozialen Bereich erreicht werden; Konkurrenz und Wettbewerb sind hierbei die Schlüsselwörter. Anders als in der Wirtschaft dient hier der Wettbewerb lediglich als Steuerungsinstrument, um Kosten zu senken. Ein Wettbewerb, um neue Klienten als Kunden zu gewinnen, ist ausdrücklich nicht gewünscht.

Der Diskurs um die Ökonomisierung der Sozialen Arbeit und die damit verbundene Qualitätsdiskussion zielt nicht auf die Verbesserung bzw. den Erhalt von guten sozialen Rahmenbedingungen. Eine möglichst preiswerte Produktion von Lösungen, um die politische Legitimation zu bewahren, ist das

Ziel. Dies führt zu einer zunehmenden Deprofessionalisierung und letztlich zum Abbau von Qualitätsstandards, langfristig vielleicht gar zum Abbau professioneller Sozialer Arbeit insgesamt. Damit wird das «Soziale» entwertet und von einem gesellschaftlichen, werteorientierten Auftrag zu einer Markt- und Legitimationsware. Soziale Arbeit findet vor allem dort statt, wo Gewinn und Profit offensichtlich nicht zu erwirtschaften sind.

Die Profession Soziale Arbeit wehrt sich nicht grundsätzlich gegen kostenbewusstes Handeln und Denken. Das Erbringen von optimaler Sozialer Arbeit und damit auch das Erreichen von Erfolgen für die Gesellschaft wird aber immer ein Kostenfaktor bleiben. Gesellschaft, Kostenträger und Klienten der Sozialen Arbeit haben das Recht, von der Profession Transparenz zu verlangen. Diese kann und muss sich legitimieren durch den Nachweis ihres Nutzens für die Gesellschaft. Ihr Mehrwert begründet sich in den eingelösten Werten (z. B. soziale Gerechtigkeit), in den Integrationsleistungen für Betroffene und Gesellschaft (z. B. Armutsvermeidung) und in der Legitimation des staatlichen Gemeinwesens und nicht in der Legitimation der Politik.

Die Leistungen der Sozialen Arbeit und ihre Arbeitsweisen müssen transparent werden; die Grundlagen ihres Handelns, die Ziele, die Arbeitsmethoden und ihre Wirksamkeit für Nutzer und Gesellschaft sind nachzuweisen. Dies erfordert von der Profession ein Einmischen in die Diskussion um Qualität auf der Grundlage der Beschreibung der ethischen Maßstäbe und ihres Profils als «Menschenrechtsprofession».

Eine Qualitätsentwicklung allein auf der Grundlage der jeweiligen Arbeitsbzw. Tätigkeitsfelder schadet der Sozialen Arbeit, wenn nicht zugleich verbindende Maßstäbe formuliert werden. Die Aufsplitterung in Arbeits- und neue Berufsfelder und die damit verbundene tätigkeitsspezifische Definition von Sozialer Arbeit wird von manchen Fachkräften der Sozialen Arbeit auch als Gefahr für die Profession gesehen. Der DBSH legt deshalb eine Qualitätsbeschreibung Sozialer Arbeit vor, die als Richtschnur und Grundlage zur Beschreibung professioneller Sozialer Arbeit über die jeweiligen Arbeits- und Berufsfelder hinaus gedacht ist. Gleichzeitig wird eine Grundlage aus der Praxis heraus geschaffen, um professionelle Soziale Arbeit anhand praxisrelevanter Kriterien und Indikatoren bewerten und verbessern zu können.

Die Vertreter der Sozialen Arbeit brauchen zudem eine gemeinsame Grundlage für ihre Auseinandersetzungen und konkreten Aushandlungsprozesse vor Ort, in den einzelnen Diensten und Einrichtungen, mit Trägern und mit Kostenträgern. Es bedarf der Formulierung von Standards, die aus professioneller Sicht für gute Arbeit unabdingbar sind. So wie in der Industrie niemand verlangen würde, mit alten Maschinen und Arbeitsverfahren hohe Stückzahlen und gute Qualität zu produzieren, muss auch die Soziale Arbeit sicherstellen, dass Arbeitsstrukturen, -bedingungen und -verfahren professionellen Ansprüchen genügen.

Die Soziale Arbeit muss über ihre jeweiligen Arbeits- und Berufsfelder beschreiben, was sie erreichen will (Ziele), was sie leistet, wie sie arbeitet (Prozess und Programm) und welche Bedingungen für eine erfolgreiche Soziale Arbeit notwendig sind (Struktur). Dabei sind die Fragen nach der Wirtschaftlichkeit der eingesetzten Mittel (Effizienz) und größtmöglicher Wirksamkeit der eingesetzten Mittel (Effektivität) zu klären.

Ein solches Vorgehen kann die Qualitätsdiskussion als Chance nutzen, um Mindeststandards gegenüber wirtschaftlichen Interessen festzuschreiben und gleichzeitig die Arbeit selbst zu verbessern:

Qualitätsmanagement in der Sozialen Arbeit:

- Sozialarbeiterisches Handeln wird transparenter.
- Soziale Arbeit stellt sich den Fragen nach ihrer Effizienz und ihrer Effektivität und schafft Kriterien zur Überprüfung.
- Das Formulieren von Standards von Sozialer Arbeit ist solidaritätsstiftend, stärkt die Profession und verhindert Deprofessionalisierung.
- Instrumente der Qualitätssicherung können hilfreich sein, konkrete Ziele professionellen Handelns zu benennen, Ergebnisse zu überprüfen und nachzuweisen. Sie helfen, Verantwortlichkeiten und Grenzen professionellen Handelns zu verdeutlichen.
- Mit der Beschreibung professioneller Standards und professionellen Handelns unterscheidet sich die Profession Soziale Arbeit von nicht professionell erbrachten sozialen Hilfen (Ehrenamt). Dadurch wird eine Verbesserung der Zusammenarbeit möglich.

Selbstevaluation

Im alltäglichen Sprachgebrauch wird unter Evaluation verstanden, dass irgendetwas von irgendjemandem in irgendeiner Weise nach irgendwelchen Kriterien bewertet wird. Dass dieses Verständnis für wissenschaftliche oder fachliche Zwecke nicht ausreichen kann, leuchtet ein. Im wissenschaftlich-fachlichen Kontext kann man von einer Evaluation erst dann sprechen, wenn «Programme, Maßnahmen, Organisationen etc. durch Personen, die zur Bewertung besonders befähigt sind, in einem objektivierten Verfahren nach explizit auf den

Sachverhalt bezogenen und begründeten Kriterien (und ggf. Standards) bewertet (werden)» (Kromrey 2001, S. 108).

Evaluation als eine Maßnahme der Qualitätssicherung kann als eine Ausprägung des Qualitätsmanagements in sozialen Organisationen begriffen werden.

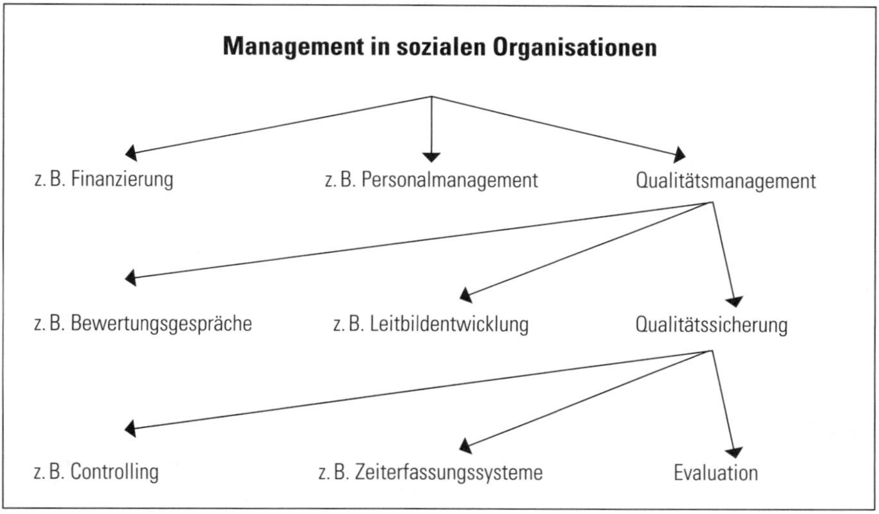

Abb. 32: Aspekte des Managements in sozialen Organisationen (König, 2000, S. 33)

Evaluation ist «eine besondere Art der wissenschaftlichen Begleitung von Praxis» (König 2000, S. 34), bei der es um die systematische Sammlung von Informationen, deren Analyse und Interpretation geht. Ziel ist es, die Qualität bestimmter Aspekte der Praxis zu bewerten, um die ermittelte Qualität entweder bestätigen zu können oder aber Hinweise auf Änderungsnotwendigkeiten und -möglichkeiten zu erhalten – allein die Beschäftigung mit Selbstevaluation verspricht aber Gewinne.

Wichtig ist, neben einer Vielzahl weiterer möglicher Unterscheidungen, die Abgrenzung zwischen interner und externer Evaluation und zwischen Selbst- und Fremdevaluation. Die folgende modifizierte Übersicht aus König (2000) kann dies veranschaulichen:

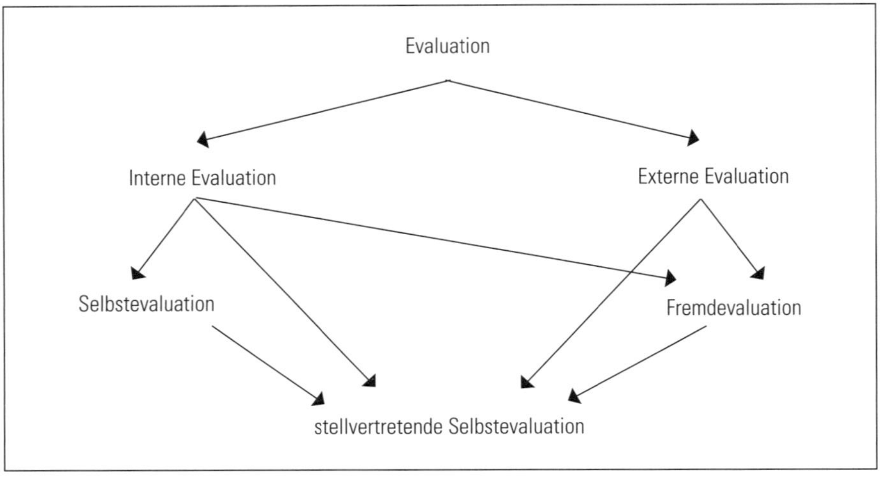

Abb. 33: Formen und Möglichkeiten der Evaluation (König, 2000, S. 37)

Die Unterscheidung zwischen interner und externer Evaluation bezieht sich auf die Stellung der Evaluatoren: Kommen diese aus der Einrichtung selbst, handelt es sich um eine interne Evaluation, kommen sie von außen, spricht man von einer externen Evaluation. Die zweite Unterscheidungsebene bezieht sich auf den Gegenstand der Evaluation. Sind die Evaluatoren selbst Gegenstand der Evaluation, handelt es sich um eine Selbstevaluation, im anderen Fall um eine interne oder externe Fremdevaluation. Eine stellvertretende Selbstevaluation liegt zum Beispiel dann vor, wenn Seminarteilnehmer für einen Sozialarbeiter in einem Sozialen Dienst, wenn möglich in Kooperation mit ihm, eine Selbstevaluation planen und durchführen. Auf dieser Basis meint Selbstevaluation «die Beschreibung und Bewertung von Ausschnitten des eigenen alltäglichen beruflichen Handelns und seiner Auswirkungen nach selbst bestimmten Kriterien» (König 2000, S. 38).

Auf der Grundlage dieser Definition (Meinhold 1998; Beywl & Bestvater 1998) ergeben sich bestimmte Anforderungen an die Selbstevaluation.

Mit Blick auf die berufliche Belastung der Mitarbeiter in Sozialen Diensten ist wichtig, dass lediglich ausgewählte Teilbereiche der beruflichen Praxis dokumentiert und bewertet werden, denn Selbstevaluation ist nur praktikabel, wenn sie in die Alltagsroutine des alltäglichen Berufslebens integriert werden kann. «Die Evaluationstätigkeit ist in den normalen Arbeitsprozess integrierbar (schlank, knapp, fachlich)» (Beywl & Bestvater 1998, S. 39). Je stärker

Abb. 34: Selbstevaluation als Bestandteil des Qualitätsmanagements (König, 2000, S. 51)

die berufliche Praxis methodisch und fachlich organisiert und ausgerichtet ist, umso eher ist die Selbstevaluation des methodischen Handelns möglich und umso eher sind methodisches Handeln und Selbstevaluation als zwei Seiten einer Medaille anzusehen.

Selbstevaluation bringt Aspekte des Qualitätsmanagements, der Qualitätssicherung und der Evaluation in das fachliche Handeln ein. In der folgenden Übersicht (König 2000) kommt zum Ausdruck, dass Selbstevaluation als eine fachliche Bemühung aufgefasst werden kann, um von unten nach oben Beiträge zur Qualitätsverbesserung zu leisten.

Die Kontrolle über Planung, Durchführung und Nutzung der Evaluation liegt bei den evaluierenden Fachkräften selbst und erfolgt freiwillig (Beywl & Bestvater 1998). Die «praxisgestaltenden Fachleute sind identisch mit den Evaluatoren. D.h. die Akteure überprüfen ihre eigene Tätigkeit» (Müller-Kohlenberg & Beywl 2002, S. 1). Dies ist einer der größten Vorteile gegenüber der externen Evaluation (Kähler 1999). Zugleich birgt die Identität von Evaluatoren und Evaluierten auch besondere Gefahren für die Qualität der Evaluation.

Es werden systematisch Informationen gesammelt und ausgewertet; die Ergebnisse haben Konsequenzen. Deshalb müssen die Fragestellungen von vornherein auf die gegebenenfalls abzuleitenden Schlussfolgerungen hin formuliert sein. Selbstevaluationen, deren Ergebnisse keine Konsequenzen haben, verfehlen ihren Sinn. Bedingungen, Prozesse und Ergebnisse werden schriftlich festgehalten. Selbstevaluationen werden so angelegt, dass Berichte entstehen, die für relevante andere zugänglich sind.

Der Nachweis der Erfolge in der Sozialen Arbeit scheint anderen Gesetzmäßigkeiten zu unterliegen als beispielsweise bei der Produktion von Gütern oder bei gewerblichen Dienstleistungen. Hierfür gibt es mehrere Gründe:

Soziale Arbeit steht zwischen unterschiedlichen Anforderungssystemen, die sich in ihren Erwartungen häufig deutlich voneinander unterscheiden. Dies gilt für das Anforderungssystem der jeweiligen Organisation, für die die Fachkräfte arbeiten, die Anforderungen, die sich aus der Zugehörigkeit zum jeweiligen Berufsstand ergeben und aus den Erwartungen, die die Klienten an die Fachkräfte herantragen (Meinhold 1988.). Der Fachkonsens über die Qualitätsmaßstäbe ist eher gering ausgeprägt (ebd.). Was von der Warte einer dieser Perspektiven als Erfolg wahrgenommen wird, kann aus der Sicht der anderen Beteiligten durchaus als Misserfolg angesehen werden. Diese Strukturvoraussetzung erschwert die eindeutige Erfolgsbestimmung.

Soziale Arbeit ist zwischen qualifizierten Berufsgruppen und Laien angesiedelt. Auf der einen Seite gibt es Teilbereiche aus dem Gesamtaufgabenfeld der Sozialen Arbeit, für die spezialisierte Fachkräfte mit einschlägiger Ausbildung besser qualifiziert sind als professionelle Mitarbeiter der Sozialen Arbeit (Psychotherapeuten, Juristen, Ärzte, Seelsorger usw.); andererseits ähnelt vieles, was Sozialarbeiter leisten, «alltäglichen Handlungen von Laien, von Nachbarn, Müttern und Freunden» (ebd.). Diese problematische Position erschwert die nähere Bestimmung von Erfolgen in der Sozialen Arbeit.

«Die Soziale Arbeit wird fälschlich für die Behebung der Ursachen sozialer Probleme verantwortlich gemacht» (ebd.). Soweit der Sozialen Arbeit angelastet wird, sie arbeite nur an den Symptomen von Erscheinungen, deren Ursachen weitgehend unbearbeitet bleiben, muss eine Erfolgsbestimmung immer defizitär erscheinen. Mit Recht argumentiert Meinhold (1988, S. 72):

> «Wenn mit ‹Ursachen› die Armut des Klientels gemeint ist und die mit der Armut verbundenen Benachteiligungen, dann wären nicht Sozialarbeiter, sondern eher Politiker, Wirtschaftsexperten oder Gewerkschaftsfunktionäre die Adressaten eines solchen Vorwurfs. Sozialarbeiter sind weder dafür ausgebildet, noch gibt es in den für sie typischen Arbeitsfeldern die Möglichkeiten, in den Verteilungskämpfen um Geld und Arbeit steuernd zu wirken. (Es werden ja auch nicht die Förster für das Waldsterben verantwortlich gemacht.)»

Natürlich sollen sich die Fachkräfte Sozialer Arbeit auch um die Bearbeitung der grundlegenden Probleme und Problemursachen kümmern, aber es sollte realistisch gesehen werden, dass die Beiträge zur Bearbeitung der Problemursachen notgedrungen eher bescheiden ausfallen müssen. Die Bestimmung von Erfolgen in der Sozialen Arbeit muss sich also mit diesem latenten und unberechtigten Vorwurf auseinandersetzen und ihm offensiv entgegentreten.

Hinzu kommt, dass der Fachkonsens über die Ursachen problematischer Lebenslagen meist gering und kontrovers ist. Bezogen auf die Bewertung des Erfolgs von Nachhilfeunterricht als pädagogischer Dienstleistung, schreiben Beywl & Bestvater (1998, S. 36):

> «Treten gewünschte Wirkungen im pädagogischen Kontext nicht auf, so gibt es meist einen breiten, intensiven und letztlich nie beendeten Streit darüber, auf welche Ursachen dies zurückzuführen ist: Spielen die Lerneingangsbedingungen des Lernenden die wichtigste Rolle, vielleicht sogar dessen frühkindliche Erfahrungen mit Lernsituationen? Welchen Anteil hat das professionelle Handeln, die Persönlichkeit der lehrenden Person? Welchen Einfluss haben Materialien und Medien? Was für eine Rolle spielt die Organisation des Prozesses, Aspekte wie Individualisierung und Differenzierung?»

Schließlich sind die Wirkungen sozialarbeiterischer Interventionen meist nicht direkt erkennbar, weil sie oft erst zeitlich verzögert eintreten oder auch nur mit anderen Faktoren zusammen wirken oder, wie zum Beispiel bei präventiven Maßnahmen, durch andere Faktoren überlagert werden.

Bezogen auf die Planung einer stellvertretenden Selbstevaluation in einer bestimmten sozialen Einrichtung, muss also geklärt werden, mit welchen besonderen Schwierigkeiten und Voraussetzungen zu rechnen ist und wie dennoch Argumente für eine Erfolgsüberprüfung und Bewertung ausgewählter Teilaspekte beruflicher Arbeit herausgearbeitet werden können.

Selbstevaluationen sind nur dann möglich, wenn bestimmte interne Voraussetzungen gegeben sind. Grundsätzlich kann ein Erfolg in der Sozialen Arbeit nur dann überzeugend nachgewiesen werden, wenn das Risiko eingegangen wird, dass sich als Ergebnis auch ein Misserfolg herausstellt. Entscheidend ist zunächst, dass die an Selbstevaluation interessierten Fachkräfte die Bereitschaft mitbringen, das Risiko des Nachweises von Misserfolgen einzugehen und sich dem zu stellen:

> «Die Bedeutung der Gefühle für die Evaluation liegt (...) darin, dass eine Selbstevaluation, die relevant ist, also ‹Knackpunkte› betrifft, nur möglich ist, wenn jemand bereit ist, auch verwundbare Stellen sichtbar zu machen. Solche Bereitschaft hat eine Reihe von Voraussetzungen:
>
> - Man muss sie sich leisten können. In einem Klima, in dem Angst und wechselseitige Bedrohung herrschen, ist Selbstevaluation unmöglich. Sie muss freiwillig sein und kann nicht erzwungen werden.
> - Sie muss davor geschützt sein, missbraucht zu werden.
> - Sie erfordert etwas Zivilcourage» (Müller 1993, S. 129)

Bei der stellvertretenden Selbstevaluation plant jemand von außen stellvertretend eine Selbstevaluation. Dies erfordert die Sicherstellung, dass unter Berücksichtigung des Datenschutzes die notwendigen Informationen eingeholt und ausgewertet werden dürfen. Mögliche ungewollte Folgen eines Selbstevaluationsprojekts gilt es ständig im Auge zu behalten. Das Projekt sollte den beteiligten Personen bekannt sein und der Prozess jederzeit transparent verlaufen, denn: «Selbstevaluation heißt Herstellen von Rahmenbedingungen, die Offenheit und ungeschützte Sachkritik ermöglichen» (ebd., S. 130).

Die Attraktivität von Selbstevaluationen kann nicht vorausgesetzt werden. Die Ambivalenz gegenüber Erfolgsnachweisen in der Sozialen Arbeit, die Probleme bei der Schaffung von Voraussetzungen für Selbstevaluationen in einer Einrichtung und die Schwierigkeiten schon bei der Entwicklung geeigneter Fragestellungen machen die Widerstände deutlich. Doch wer sich auf Selbstevaluationen einlässt, hat begründete Aussicht auf Erkenntnisgewinn.

Allein die Planung, Durchführung und Auswertung eines Selbstevaluationsprojekts trägt, völlig unabhängig von tatsächlich ermittelten Ergebnissen, mit großer Wahrscheinlichkeit zu Verbesserungen der Arbeitsqualität bei, denn schon bei der Planung einer Selbstevaluation werden bestimmte Qualitätsforderungen an systematisches Arbeiten deutlich. Unabhängig von den Ergebnissen verspricht schon das bloße Sich-Einlassen auf die Selbstevaluation attraktive Gewinne.

Patton (1998) definiert Prozessnutzen als «bezogen auf und indiziert durch individuelle Veränderungen im Denken und Verhalten, die bei denen vorkommen, die in Evaluationen einbezogen sind, und zwar als Resultat des Lernens, das während des Evaluationsprozesses stattfindet». Und er zitiert einen Evaluationsnutzer: «Es waren am Schluss nicht wirklich die Ergebnisse, die so wichtig waren, es war, dass wir durch den Prozess der Evaluation gegangen sind» (ebd., S. 56).

Stabilisierung und Fortsetzung bewährter Praxis: Über Selbstevaluationsprojekte besteht eine Chance nachzuweisen, dass die fokussierten Aspekte der Sozialen Arbeit sinnvoll sind und sich bewähren. Auf dieser Basis kann die Qualität vorhandener Arbeitsprozesse und -strukturen offensiv nach innen und außen vertreten werden. Es macht einen Unterschied, ob ich vermute, dass ich gut arbeite, oder ob ich nachweise, dass ich gut arbeite.

Praxisverbesserung durch begründete Veränderungen: Evaluationsprozesse können auch Misserfolge oder Qualitätsmängel offenlegen. In diesen Fällen besteht eine empirische Basis für die Einleitung von Änderungen mit dem Ziel der Optimierung im Bereich der Praxis Sozialer Arbeit. Ohne die Möglichkeit oder Bereitschaft, aus den ermittelten Erkenntnissen auch Konsequenzen abzuleiten, sollten Selbstevaluationsprojekte nicht initiiert werden!

8. Klassische Methoden

Der Wiederaufbau der Bundesrepublik Deutschland nach dem Zweiten Weltkrieg erforderte viele Fachkräfte im Sozialbereich. Es kam zu Novellierungen in der Sozialgesetzgebung, und es entwickelten sich Theorien und Methoden sozialer Berufsarbeit. Das Professionalisierungsverständnis der Sozialen Arbeit veränderte sich, und es folgten erste Ansätze einer Verwissenschaftlichung der sozialen Berufsausbildung.

Die klassischen Methoden entwickelten sich in dieser Zeit nach dem Vorbild des amerikanischen «Social Casework», man sprach von «vertiefter Einzelfallhilfe» und «direkter Behandlung» des Klienten. Bis Mitte der 60er-Jahre fand eine 2-jährige Ausbildung an Fachschulen für Kindergärtnerinnen und Heimerzieherinnen statt. An Höheren Fachschulen erfolgte eine 3-jährige Ausbildung zu Jugendleiterinnen und Sozialarbeiterinnen. Das stellte bereits die Grundentscheidung für die spätere Trennung der Fachbereiche Sozialarbeit und Sozialpädagogik dar.

Dabei verstand sich die Sozialarbeit (als Almosenwesen und Armenfürsorge) als Ersatz für schwindende familiäre und verwandtschaftliche Sicherungsleistungen. Die Sozialpädagogik als Jugendfürsorge und Anstaltserziehung wollte hingegen schwindende familiäre und verwandtschaftliche Erziehungsleistungen ausgleichen (Schilling 1997).

1971 wurden die Höheren Fachschulen in «Fachhochschulen für Sozialarbeit und Sozialpädagogik» umgewandelt und erziehungswissenschaftliche Fachbereiche an Pädagogischen Hochschulen, Gesamthochschulen und Universitäten mit sozialpädagogischen Schwerpunkten eingerichtet (Zeller 1994). Aus der materiellen Hilfe wurde zunehmend psychosoziale Hilfe, und Ziele der Sozialen Arbeit wurden nun die Unterstützung, Begleitung und Beratung bei der Gestaltung menschlicher Lebensumstände und Beziehungen. Angesichts der Komplexität dieser Sachverhalte war nur theoretisch fundiertes methodisches Arbeiten Erfolg versprechend und verantwortbar.

Bis Anfang der 70er-Jahre wurde auf die Fragen nach den Methoden der Sozialen Arbeit ganz selbstverständlich auf die Methodentrias aus «Sozialer Einzelfallhilfe», «Sozialer Gruppenarbeit» und «Gemeinwesenarbeit» verwiesen Diese Methoden waren zentraler Bestandteil der Ausbildung. Man hatte die Hoffnung auf einen Professionalisierungsschub durch lehrbare Methoden auf wissenschaftlicher Basis.

Methoden wurden im Wesentlichen an Fällen aus der Praxis gelehrt.

> «Eine der zentralen Leistungen der Ansätze der Einzelhilfe war es von Beginn an, dass sie den Hilfeprozess in einzelne, überschaubare und definierte Handlungsschritte zerlegte, die dem Sozialarbeiter eine Art Wegbeschreibung an die Hand gab, in welcher Abfolge eine Hilfeprozess zu erfolgen hatte» (Galuske 2005, S. 83).

Der *Methoden-Dreischritt* «Analyse-Diagnose-Behandlung» wurde vorgegeben und trainiert. Wissenschaftliche Erkenntnisse wurden für «den Fall» erarbeitet.

> «Im Rahmen der Behandlung ist das Gespräch das zentrale Instrument der Einwirkung auf Klienten. Diese Zentrierung auf das Gespräch kommt nicht von ungefähr, wird der Wert der persönlichen, helfenden Beziehung (…) von allen Ansätzen der Einzelhilfe gleichermaßen betont» (Galuske 2005, S. 84).

Die Ausbildung galt als stark personenbezogene Begegnung mit dem Ausbildungsziel der Persönlichkeitsbildung. Um die Gefahr der bloßen Arbeitstechnik abzuwenden, bekamen Werte, Haltungen und ethische Prinzipien einen hohen Stellenwert.

Die *beruflichen Grundwerte* wie
- Achtung vor der Individualität und Würde des Menschen,
- Offenheit und Verschwiegenheit,
- Vorurteilslosigkeit,
- positive Erwartungshaltung und
- Selbstkritik

sowie die *beruflichen Prinzipien* wie
- Akzeptieren und wertschätzendes Annehmen,
- Individualisieren,
- Prinzip der Selbstbestimmung und Selbstverantwortung,
- Aktivierung des Klienten und
- Beobachtung der objektiven und subjektiven Realitäten des Betroffenen

bestimmen das sozialarbeiterische Handeln mit dem Ziel der Hilfe zur Selbsthilfe.

Das Theorie-Praxis-Verständnis hatte als Hauptkriterium die praktische Anwendung, wissenschaftliche Reflexion geschah nur bedingt. Ziele der Ausbildung waren die methodische Schulung und Förderung personaler Kompetenzen. Der Praxisbezug wurde durch theoriebegleitete Praktika und entsprechenden Schulungen der Praxisanleiter sichergestellt. Die Praxisanleitung war ganz auf die Beherrschung der Methoden und Techniken abgestimmt. Der Übergang von Ausbildung in Beruf wurde als die zentrale Schlüsselsituation identifiziert, die man mit ausreichender methodischer Kompetenz bewältigen konnte. Das Anerkennungsjahr leistete hier eine Brückenfunktion.

8.1 Soziale Einzelfallhilfe

Die Entwicklung methodischer Konzepte sozialer Einzelfallhilfe war ein wesentlicher Markstein in der Professionalisierungsgeschichte der Sozialen Arbeit. Eine Profession muss über eine berufliche Methode verfügen, die durch eine Spezialausbildung erworben wird. Soziale Einzelfallhilfe (EFH) hat als Erste innerhalb der Sozialen Arbeit ein klar umrissenes und spezifisches Instrumentarium geschaffen.

Es entwickelten sich mehrere verschiedene Konzepte mit unterschiedlichen Zugängen und Grundannahmen. Der *psychosoziale Ansatz* (z. B. Florence Hollis) beruht auf Ganzheitlichkeit und bezieht die Intervention auf das «Person-in-ihrer-Situation-Gefüge». Er betrachtet den Menschen in seiner spezifischen Lebenssituation. Der Diagnoseprozess zielt darauf, die Natur des Problems zu erkennen. Der *funktionale Ansatz* (Jessie Taft, Otto Rank) als individuell therapeutische Zuwendung mit dem Ziel der Stärkung des subjektiven Wachstums betont das psychische menschliche Wachstum und dessen Bedeutung für die Konstitution von Hilfeprozessen. Der Kristallisationspunkt der Veränderung liegt nicht bei der Fachkraft der Sozialen Arbeit, sondern im Klienten. Dabei stellte die professionelle Beziehung das wesentliche Instrument dar. In ihr werden die Fähigkeiten des Klienten zum Wachstum und zur Entscheidung freigesetzt, und sie ermöglichen es ihm, entsprechende Handlungsalternativen zu entwickeln.

Der *problemlösende Ansatz* (z. B. Helen Perlman) geht von der Grundannahme aus, dass das Leben ein problematischer Prozess ist, bei dessen Bewältigung man Unterstützung braucht. Der Bedarf nach Unterstützung hängt von den individuellen Problemlösefähigkeiten und Bewältigungskompetenzen ab. Dieser Handlungsansatz bezieht auch Familien mit ein. Die zentralen Handlungsstrategien liegen in der Motivierung und Befähigung der Klienten zu einer besseren Identifizierung und Erschließung von zur Verfügung stehenden Ressourcen.

Trotz aller Unterschiedlichkeit weisen diese Konzepte auch Gemeinsamkeiten auf:

Soziale Einzelfallhilfe richtet sich immer an einzelne Individuen. Die Probleme werden *in* den Betroffenen gesehen. Es werden Probleme fokussiert, die das soziale Funktionieren beeinträchtigen. Die Soziale Einzelfallhilfe blickt auf die Schwierigkeit, sich sozial richtig oder konstruktiv zu verhalten, und auf Umwelteinflüsse, von denen der Klient sich bedrängt fühlt. Die Veränderungsabsichten richten sich auf das Individuum. Die Interventionen sollen mittels Einstellungs- oder Verhaltensänderung zu einer Verbesserung der problematischen Lebenslage beitragen. Der Klient soll in die Lage versetzt werden, seine individuellen Kräfte und die soziale Umgebung in ein ausgewogenes Verhältnis zu bringen (Sachße 1993).

Die «Helfende Beziehung» als Medium soll ermöglichen, dass der Klient die Fachkraft der Sozialen Arbeit als vertrauensvollen Gesprächspartner akzeptiert. Eine vertrauensvolle Beziehung ist Voraussetzung dafür, dass der Klient die professionelle Hilfe annehmen kann.

Eine Steigerung des Wohlbefindens des Klienten durch bessere Balance zwischen sich und seiner Umwelt kann erreicht werden durch Anpassung der Wahrnehmungs- und Interpretationsmuster und Verhaltensweisen des Individuums an die Umwelt oder durch Anpassung der Umwelt an das Individuum durch Umgestaltung des sozialen Nahraums bzw. durch die Modifizierung von Kommunikations- und Beziehungsnetzen.

Indikation für die Soziale Einzelfallhilfe

Soziale Einzelfallhilfe ist dann indiziert, wenn der Betroffene Schwierigkeiten in der Beziehung zu einem oder mehreren Menschen erkennt und benennt oder sich Probleme bei der befriedigenden Erfüllung von Rollenaufgaben aufzeigen. Die Unfähigkeit, selbst mit den Problemen fertig zu werden, beruht auf dem Fehlen oder nur schwacher Ausprägung der Fähigkeit oder Motivation zur Beschäftigung mit dem Problem oder der fehlenden Möglichkeit, Lösungswege zu finden.

Die Ansätze der Sozialen Einzelfallhilfe weisen Unterschiede auf, aber sie bewegen sich alle innerhalb eines psychologisch/psychotherapeutischen Paradigmas und beinhalten damit drei grundlegende Aspekte:

Der Methodeneinsatz findet innerhalb einer ethischen Rahmung statt. Die Beziehung ist normativen Einflüssen ausgesetzt, und so treffen Personen, Ansichten, Meinungen und Haltungen aufeinander. Soziale Arbeit bedeutet nie nur Anwendung einer Technik, sondern beruht immer, um die Gefahr der Beliebigkeit zu verhindern, auf der Auseinandersetzung mit einer ethisch-normativen Dimension.

Schon früh formulierte Maas (1966) für die Einzelfallhilfe sechs grundlegende Prinzipien:

1. Das Prinzip des Akzeptierens
2. Der Grundsatz der Kommunikation
3. Der Grundsatz der Individualisierung
4. Der Grundsatz der aktiven Beteiligung
5. Der Grundsatz der Vertraulichkeit
6. Der Grundsatz der Selbstkontrolle des Sozialarbeiters

Heute wirken die Prinzipien banal, sind oft nur noch Worthülsen. Sie sind in den Sprachschatz übergegangen und werden oft nicht mehr entsprechend reflektiert. Die Umsetzung der Prinzipien wird dem Sozialarbeiter in seiner komplexen und oft widersprüchlichen Handlungssituation überlassen. Dennoch, auch moderne Formen der sozialen Einzelfallhilfe schließen selbstverständlich und konzeptionell verankert die Frage der Wertsysteme, wie zum Beispiel in der Handlungstheorie von Staub-Bernsasconi (1995b), in das methodische Handeln mit ein.

Bei der Umsetzung der zielführenden Maßnahmen wird der Hilfeprozess in einzelne, überschaubare Handlungsschritte zerlegt, es kommt zu einer *Phasierung des Hilfeprozesses.* Sie gab anfangs den Professionellen eine Art Wegbeschreibung an die Hand, stellte aber keine Anleitung zur schematischen Intervention dar. Es gab und gibt in der Sozialen Einzelfallhilfe nicht *den* Weg, der für jeden gleich ist. Als Essenz aus den unterschiedlichen Konzepten ergab sich der *methodische Dreischritt*:

- Fallstudie/Anamnese
- Soziale Diagnose
- Behandlung

In der *Anamnese* geht es um die Sammlung relevanter Daten, Fakten, Hintergründe, die zur Bewertung des Falles notwendig sind. Zur Erstellung einer *Sozialen Diagnose* werden die gesammelten Befunde zusammenfassend gedeutet, nicht nur summiert, sondern geprüft, verglichen, bewertet und Schlüsse gezogen. Ziel ist eine ganzheitliche Erfassung der Situation, und daraus abgeleitet die Erstellung eines Hilfeplans. Die *Behandlung* ist das Kernstück der helfenden Beziehung und in ihr insbesondere das Gespräch.

Die *Gesprächsführung* im Rahmen der Behandlung gilt als zentrales Instrument bei der Einwirkung auf den Klienten. Der Wert der persönlich helfenden Beziehung zwischen der Fachkraft der Sozialen Arbeit und Klient wird gleichermaßen von allen Ansätzen betont. Sie gestaltet sich über Kommunikation und Interaktion. Bedeutsam für ein ziel- und erfolgsorientiertes Gespräch sind die Formen der Gesprächsführung, Bedeutung und Technik des Fragens, die nonverbale Unterstützung von Aussagen, Elemente der atmosphärischen Gestaltung einer Gesprächssituation sowie die Anleitung zum Zuhören und Beobachten.

Wenn also der Gesprächsführung eine so grundsätzliche Bedeutung für die Soziale Arbeit zukommt, dann muss damit auch verbunden sein die Forderung nach einer hohen *Kommunikativen Kompetenz* der Professionellen. Dieser Kompetenzbegriff bezieht sich nicht nur auf Sprache, sondern auch auf andere mögliche Arten des Verhaltens, wie Gesten, Ausdrücke, Gebärden und Handeln.

Kritik an der Sozialen Einzelfallhilfe

Die Kritik richtet sich auf mehrere Aspekte: zum einen auf die inhaltliche Ausgestaltung des methodischen Dreischritts.

Bei der Fallaufnahme sollen unter aktiver Beteiligung des Klienten die Anamnese erhoben, eine tragfähige Beziehung hergestellt und diagnoserelevante Informationen eingeholt werden. Die Faktenerhebung erhöht die Macht der Fachkraft der Sozialen Arbeit; der Klient hat selbst kaum Einfluss darauf, was mit seinen Daten geschieht. Oft werden zudem aus einer Fülle komplizierter Zusammenhänge nur Daten gefiltert werden, die Aussicht haben, durch die Methode behandelt zu werden. Es wird oft nicht ausreichend unterschieden zwischen Datenerhebung und Interpretation, deshalb kann Stigmatisierung gefördert werden.

In der Diagnosephase wird die spezifische Situation des Klienten mit ungefähren Normen verglichen. Die diagnostischen Mittel werden jedoch nicht eindeutig benannt, und es gibt keine klare Trennung zwischen Datenerhebung, Diagnose und Behandlung. Die Behandlung soll von der helfenden Beziehung getragen werden und Maßnahmen zur Linderung der Not beinhalten. Die Praxis der Sozialen Arbeit sieht sich mit hohen Fallzahlen und einer Fülle an administrativen Aufgaben konfrontiert, die eine kontinuierliche Kommunikation erschweren, wenn nicht gar verhindern. Die Professionellen sind außerdem nicht nur zur problem- oder klientenorientierten Hilfe, sondern auch zu

Kontrollen verpflichtet! Oft fehlen Hilfeprogramme, die der Lebenswirklichkeit des Klienten angemessen sind.

Kritiker bezweifeln, dass unter dieser spezifischen Situation des sozialarbeiterischen Handelns der Aufbau einer tragfähigen und vertrauensvollen Beziehung überhaupt möglich ist. Es schließt sich, konsequent weiter gedacht, die Frage an, ob therapieorientierte Verfahren überhaupt Eingang in die Soziale Einzelfallhilfe finden können.

Auch die Erwartungsstruktur des Klienten lässt den Aufbau einer solchen Beziehung nicht immer zu: Die Klienten erwarten schnelle und oft sozioökonomische Hilfe statt Beratung.

Ebenso gibt es Zweifel an der Zielsetzung der Sozialen Einzelfallhilfe. Ziel der Sozialen Einzelfallhilfe ist es, einzelnen Menschen zu helfen, eine Schwierigkeit zu bewältigen, die ihnen momentan unüberwindlich erscheint. Es soll eine Steigerung der bewussten Bemühungen und Fähigkeiten des Klienten erreicht werden, also eine Stärkung der ICH-Funktionen. Dies ist aber oft nicht hinreichend für die Bewältigung der Problemlagen, die auch psychologische, materielle und instrumentelle Unterstützung erfordern. Eine Stärkung der ICH-Funktion könnte auch zur Folge haben, dass der Klient sich an eine bestehende Lebenssituation weniger gut anpassen kann. Wieso muss jemand, der sich verändert hat, in der gleichen Lebenssituation besser funktionieren?

Auch die selbst gestellten Ansprüche an eine professionelle Soziale Arbeit werden nicht immer eingelöst. Methodisches Handeln in der Sozialen Arbeit geschieht auf der Basis eines theoretischen Bezugsrahmens, der Probleme, Ursachen und Ziele sozialarbeiterischen/sozialpädagogischen Handelns hinreichend bestimmen muss. In den individuumsorientierten Ansätzen werden aber die gesellschaftlichen Verursachungen von Notlagen weitgehend vernachlässigt. Ziel ist es, dem Einzelnen zu helfen. Es wird also Hilfebedürftigkeit des Einzelnen unterstellt, dabei nicht erwogen, ob nicht Veränderungen der Gruppe, des Gemeinwesens etc. vorrangig wären. Methoden und Zielsetzungen bestimmen also hier das Problem.

Handlungskonzepte der Sozialen Arbeit sollen problemadäquat sein und das Erreichen der definierten Ziele ermöglichen. Es stellt sich die Frage nach der Erlernbarkeit von Methode der Sozialen Arbeit. Es wird in der Literatur eher von Werthaltungen, Grundprinzipien und abstrakten Vorstellungen gesprochen. Es gibt keine systematische Darstellung von Handlungsschritten. In die Problembeschreibungen fließen individuelle Vorannahmen ein. Der Klient wird in Problemzusammenhänge eingeordnet, z. B. als Schulversager; es könnten aber auch eine versagende Schule oder unzureichende Freizeiteinrichtungen als Problem benannt werden. Die Entscheidung für eine Problemdefinition schränkt auch die Wahl möglicher Interventionsformen ein, deshalb sollte die Soziale Arbeit zu mehrdimensionalen Problemdefinitionen fähig sein.

Moderne Formen der Einzelfallhilfe berücksichtigen diese Aspekte und Einflüsse, akzeptieren die Komplexität der Problemlagen, indem sie dynamische und modifizierbare Diagnosen in ein multiprofessionelles Vorgehen einbetten und auf sich verändernde Bedingungen konstruktiv reagieren. Die lebensweltrelevanten Variablen berücksichtigend, werden in einem ausdifferenzierten und kundenorientierten Prozess gemeinsame Zielsetzungen erarbeitet und nutzbare Ressourcen identifiziert.

Eingehend auf die speziellen Problemlagen konnten sich Beratungsbereiche entwickeln und etablieren, sodass die Soziale Arbeit heute hoch spezialisierte Hilfeangebote bereithalten kann. Aktive Qualitätssicherung und -verbesserung durch gemeinsame Evaluation und Selbstevaluation sind Standard geworden. Und immer wieder steht die professionelle Beziehung auf dem Prüfstand und indiziert die Nutzung geeigneter Supervisionsverfahren, deren Notwendigkeit und Wirksamkeit zwar kaum jemand mehr bezweifelt, auf die aber leider aus «zu kurz gedachten» ökonomischen und betriebswirtschaftlichen Gründen dennoch zu oft verzichtet wird.

8.1.1 Psychosoziale Beratung

Theorie und Indikation

Beratung ist ein integraler Bestandteil jeder Kommunikation. Der Begriff «psychosoziale Beratung» (PSB) gibt mit der Verknüpfung von psychischen und sozialen Aspekten bereits einen Hinweis auf den speziellen sozialarbeiterischen Blick, der die Lebenssituation von Menschen in Notlagen immer als persönliche und soziale Herausforderung begreift (Bäuerle 1971). Eine eigenständige Beratungswissenschaft konnte sich zu keiner Zeit etablieren. Unter psychosozialer Beratung (synonym auch sozialpädagogische Beratung) verstehen Cohn und Farau (1995) eine gezielte Herbeiführung von Veränderungsprozessen. Sie beschreiben den Beratungsvorgang als Prozess lebendigen Lernens.

In den 70er-Jahren wurde versucht, die Besonderheit der psychosozialen Beratung herauszuarbeiten; mit der Erkenntnis, dass es sich dabei oft um einen Etikettenschwindel im Sinne versteckter therapeutischer Angebote handelte. Zahlreiche Methoden der Beratung entstanden aus Therapieformen, waren therapeutische und praktische Vereinfachungen mit pragmatischen Regelsätzen. Aus der Verhaltenstherapie entwickelte sich die verhaltensorientierte Beratung, aus der Gesprächstherapie die klientenzentrierte Beratung und aus der Gestalttherapie die Gestaltberatung. Wenngleich immer klar war, dass Fachkräfte der Sozialen Arbeit nicht therapieren, drohte der Unterschied zwischen Beratung und Therapie immer mehr zu verschwimmen, zumal auch die Professionellen oft sehr schnell bereit sind, die Grenzen ihrer Kompetenzbereiche zu überschreiten. Deshalb gehört es auch zur Professionalität, sich des eigenen Handwerkzeugs zu bedienen und damit die angemessenen Effekte anzustreben.

Helfen und Heilen sind dasselbe. Nach Engel et al. (2004) legitimiert Psychotherapie sich primär über einen Heilungsdiskurs, die Beratung über einen offenen Hilfediskurs, als ein «auf Inklusion verschiedenster Felder und Klientel orientiertes präventives und entwicklungsorientiertes Unterstützungsangebot – eine in Lebensweltkonzepte eingebundene offen eklektische Orientierungs,- Planungs,- Entscheidungs- und Bewältigungshilfe» (ebd., S. 37).

Gesellschafts- und Alltagsleben werden in ihrer Verschiedenheit immer komplexer und unplanbarer. Traditionelle Handlungsorientierungen verlieren an Verlässlichkeit, neue Probleme tauchen auf, bisher ungelebte Möglichkeiten und Chancen müssen genutzt werden.

> «Psychosoziale Beratung kann und muss hier hilfreich werden, wenn die entsprechenden individuellen und sozialen Ressourcen fehlen – in der Unterstützung von kognitiven, emotionalen und handlungsorientierten Risiko-, Konflikt- und Bewältigungsanstrengungen, vor allem aber in der Förderung von Chancennutzung und der Motivation und Fähigkeit zur Ausgestaltung neuer Erfahrungsräume des Einzelnen und der sozialen Gruppen» (Nestmann 2004b, S. 726).

Beratungsansätze widmen sich überwiegend dem therapieähnlichen Gespräch und der unmittelbaren Interaktion zwischen Klienten und Beratern. Im Zentrum stehen oft Konzepte, mit denen die Beratungskompetenz und die Herstellung einer hilfreichen Beziehung optimiert werden sollen (ebd.). Deshalb ist es wichtig, zwischen Beratung und Therapie klar zu trennen.

Psychosoziale Beratung hat im Wesentlichen soziale Konflikte und deren Diagnostik zum Gegenstand, während sich die Therapie mit behandelnden und starken Einfluss nehmenden Methoden mit Störungen von größerer psychischer Problemtiefe beschäftigt. Der Hilfesuchende ist in der Patientenrolle und soll mit kurativen Strategien verändert werden. Dabei kommt es zu einer Reduktion des Patienten auf individuelle Probleme, die unter Umständen eine therapeutische Isolierung nötig machen. Der Therapeut ist meist auf eine, vielleicht auch mehrere spezielle Methoden spezialisiert, die miteinander sinnvoll kombiniert die Behandlung komplexer Problemlagen ermöglichen. In der psychosozialen Beratung wird mit präventiven Mitteln oder in Kriseninterventionen auf Klienten eingegangen, die noch über eine ausreichende Selbsthilfefähigkeit verfügen sollten, damit sie den Nutzen aus einem Prozess der Hilfe zur Selbsthilfe ziehen und zu einem selbstbestimmten Leben zurückkehren können. Gegenstand der Beratung sind Probleme im Alltag und in der konkreten Lebenswelt des Klienten. Das Kompetenzprofil des Beraters definiert sich über das Wissen und die Fähigkeiten im Umgang mit speziellen Problemstellungen. Ziel der Beratung ist die Teilhabe des Klienten am Leben durch einen gelingenden Alltag. Zur Erreichung dieses Zieles stehen dem Berater problembezogene Interventionen zur Verfügung. Psychosoziale Beratung steht für Interaktion, die auf kognitive, emotionale und praktische Problemlösung und Problembewältigung gerichtet ist.

Die Beratung ist eine Interaktion zwischen mindestens zwei Personen, also zwischen dem Berater und dem Ratsuchenden, der sich in einer psychosozialen Krise befindet oder seine lebenspraktische Alltagsbewältigung nicht schafft. Mithilfe kommunikativer Mittel soll Orientierung und Lösungskompetenz geschaffen werden.

Den Hauptteil der Beratungsarbeit leisten ganz selbstverständlich die natürlichen Netzwerke (Familie, Freunde, Vereine etc.). In den vergangenen Jahren musste jedoch, als Ergebnis eines Verlusts informeller Ressourcen und Unterstützungskompetenzen, ein kontinuierlicher Zuwachs an Beratungsbedarf verzeichnet werden. Die natürlichen Netzwerke sind offenbar ihren Aufgaben immer weniger gewachsen, die Erwartungen der Menschen in schwierigen Situationen an die Hilfefähigkeiten ihrer Umgebung sind ebenso gesunken wie die Fähigkeit, Hilfe angemessen anzufordern.

Nach Thiersch (1984) ist jede Beratung durch drei Merkmale gekennzeichnet. Sie ist eine *spezifische Form der Rollenbeziehung* (ein Teilnehmer zieht Nutzen, der andere ist ein Mittel zur Veränderung), erfolgt im *Medium Sprache* (Wechselspiel von gegenseitigem Sprechen, Zuhören, Verstehen) und bezieht sich auf *Probleme mittleren Ausmaßes* (der Ratsuchende muss noch in der Lage sein, die Lösungsansätze in Handlungsschritte umzusetzen).

Weitere spezielle Merkmale der psychosozialen Beratung sind:

- *Festlegung des Kompetenzbereichs:* Dieser ist unklarer konturiert als in der therapeutischen Beratung. Psychosoziale Beratung bezieht sich auf Problemgruppen oder regionale Einheiten.
- *Allzuständigkeit der Sozialen Arbeit:* Alles, was im Alltag zum Problem werden kann, kann auch Thema der psychosozialen Beratung werden. Die Beratung muss sich pragmatisch orientieren.

- *Vielfalt* der Beratungsformen und Adressatengruppen: Sie zeigt sich in einer Offenheit für unterschiedlichste Angebotsformen und Adressatengruppen, die leider oft als Eklektizismus abgewertet wird.
- *Spezifische Handlungsintentionen:* Die Beratung bezieht sich auf alltägliche Problemlagen. Sie soll helfen, Alltagstechniken der Konflikt- und Krisenbewältigung zu verbessern, und darf deshalb den gesellschaftlichen Kontext nicht ausklammern.

Beratung in der Sozialen Arbeit agiert nach Thiersch (2004) in einem Widerspruch gesellschaftlicher Verhältnisse zwischen Kontrolle und Hilfe, unterstützt dabei Menschen bei der normgetreuen Bewältigung ihrer Aufgaben, vermittelt zwischen Ansprüchen der Gesellschaft und des Einzelnen und fokussiert auf die Möglichkeiten und Kompetenzen des Subjekts.

Die psychosoziale Beratung ist durch den Bezug auf den Klientenalltag gekennzeichnet, durch alltagsorientierte Beratung und Nähe zur konkreten Lebensrealität. Der Alltag gilt als Schnittpunkt gesellschaftlicher Strukturen und individueller Biografien. Die gesellschaftlichen Widersprüche zeigen sich unmittelbar im Alltag der Betroffenen und in ihren bio-psycho-sozialen Schwierigkeiten. Genau dieser Konflikt ist Gegenstand der Beratung. Der Alltag liefert vermehrt komplexe und widersprüchliche Strukturen. Eine am Alltag des Klienten orientierte Soziale Arbeit hat sich in der Balance zwischen Akzeptanz von Alltagsroutinen und Offenlegung, Kritik, Veränderung von problematischem Alltag zu bewähren. Das Beratungshandeln muss sich auf diese komplexen und widersprüchlichen Strukturen mittels der zentralen Dimensionen wie der Akzeptanz des Klienten, der Sachkompetenz und Partizipation einlassen.

Praxis und Anwendung

Offenheit gilt in der psychosozialen Beratung als strukturbildendes Prinzip. Psychosoziale Beratung ist nicht festgelegt auf ein gelerntes oder trainiertes therapeutisches Konzept und somit offen für eine themengerichtete Auswahl von Beratungsmethoden und Vorgehensweisen aus Beratungs-, Erziehungs- oder Therapiekonzepten.

Methoden wie aufmerksames Zuhören, Problemannäherung in zu bewältigenden Schritten, Schutz vor Überbelastung, Übung, Erprobung, Reflexion von Vergangenem, Planung von Zukünftigem, Entspannung, Konfrontation, Modelllernen, Provokation, Umstrukturierung, Aufzeigen von Alternativen, das Durchbrechen oberflächlicher Deutungen, Herstellen von Abstand zum Problem, Rollenspiele, die Problembearbeitung etc. werden in die Beratung integriert.

Daraus ergibt sich zwar die Gefahr des Eklektizismus und wahllosen Pragmatismus, aber auch die Chance einer wenig reduzierten und nicht auf Einzelaspekte gerichteten Vorgehensweise der Beratung. Dabei ist relevant, dass nicht die Methode den Verlauf der Beratung bestimmt, sondern das Problem. Die psychosoziale Beratung kann sich nicht auf ein eng begrenztes methodisches Repertoire stützen, sondern nutzt Methoden und Verfahren aus unterschiedlichen Konzepten von Veränderung und Hilfe. Dazu werden problem-, klienten- und zielspezifische Methoden zusammengestellt, integriert und eklektisch angewendet. Es geht aber nicht um ein wahlloses Zusammenstellen einzelner Elemente, sondern vielmehr um eine geplante Kombination und Integration verschiedener Verfahren.

Nach Thiersch (2004) ergeben sich daraus folgende Konsequenzen für die Gestaltung von psychosozialer Beratung:

- Die *Diagnose* ist immer eine teilnehmende. Sie erfordert also gemeinsames Handeln.
- Die *Hilfe* konkretisiert sich durch Umstrukturierung der Situation (Erschließung materieller Ressourcen, Neudefinition von Beziehungen, Schaffung neuer Räumlichkeiten wie Freundschaften, Schulwechsel etc.).
- Die Aufgabe der psychosozialen Beratung ist es auch, durch *Konfrontation* hinter die Fassade zu schauen.
- Das *Training* gehört zum Handlungsspektrum der psychosozialen Beratung. Es kann nicht davon ausgegangen werden, dass alleine sprachlich vermittelte Erkenntnisse zur Veränderung führen.
- Es müssen *alltägliche Kontexte* berücksichtigt werden. In diesen muss sich psychosoziale Beratung realisieren.

Psychosoziale Beratung als Partei nehmende Praxis zeichnet sich aus durch wenig festgelegte Kompetenzbereiche, pragmatischen Methodengebrauch, die Auswirkungen des Doppelmandats, eine Vielfalt von Beratungsformen, heterogene Klientel und Aktivierung von Selbsthilfe, Ressourcen und Techniken zur Bewältigung des Alltags.

Psychosoziale Beratung bedeutet also Reorganisation von Selbsthilfe, Rekonstruktion von Sozialer Unterstützung und Krisenhilfe.

Gesprächstechniken

Für die unterschiedlichen Beratungsformen steht den Professionellen ein breites Spektrum an Techniken der Gesprächsführung zur Verfügung. Diese berücksichtigen, dass der Hilfesuchende Ängste und Barrieren zu überwinden hat, die ihn daran hindern, die gewünschte Hilfe annehmen zu können. «Klienten wehren sich oft gegen das, wonach sie schreien» ist eine gängige Praxisbeobachtung. Und eine weitere Erfahrung aus der Praxis ist: «Wenn der Klient nicht will, nützt alles nichts.» Hinzu kommt, dass der Auftrag «Hilfe zur Selbsthilfe» lautet: Es geht nicht nur um die Bewältigung schwieriger Situationen, sondern um die Vermittlung der Kompetenzen, die der Klient braucht, um zukünftig Problemsituationen besser vermeiden oder selbst bewältigen zu können. Deshalb ist die Gestaltung einer tragfähigen und vertrauensvollen Beziehung die Basis sine qua non (unerlässliche Voraussetzung), auf der Hilfeangebote angenommen werden und konstruktiv gelingen können.[11]

Der Klient braucht die Erfahrung von ehrlicher Akzeptanz und Wertschätzung. Mag das einzelne Beratungsgespräch für den Berater eine von vielen alltäglichen Aufgabenstellungen sein, für den Klienten ist sie eine zentrale, mit Hoffnung und Ängsten verknüpfte Sondersituation, von der viel abhängt. Deshalb sind Klienten durchgängig sehr sensibel und haben ein feines Gespür für jedwede Art von Störungen und Stimmungen.

Beeindruckend spürbar wird diese Ambivalenz von Menschen mit gesundheitlichen oder psychischen Problemen in dem Text eines jungen amerikanischen Studenten, den Brocher (1977) in seinem Buch «Von der Schwierigkeit zu leben» zitiert.

> «Bitte höre, was ich nicht sage! Laß Dich nicht von mir narren. Laß Dich nicht durch das Gesicht täuschen, das ich mache. Denn ich trage tausend Masken – Masken, die ich fürchte abzulegen. Und keine davon bin ich. So tun als ob ist eine Kunst, die mir zur zweiten Natur wurde, Aber laß Dich dadurch nicht täuschen, um Gottes willen, laß Dich nicht von mir narren.
>
> Ich mache den Eindruck, als sei ich umgänglich, als sei alles sonnig und heiter in mir, innen wie außen, als sei mein Name Vertrauen und mein Spiel Kühle, als sei ich ein stilles Wasser und als könne ich über alles bestimmen, so als brauchte ich niemanden.

11 Zur Beratungsbeziehung siehe auch Nestmann, F. (2004), und Sanders, R. (2004)

Aber glaub mir nicht, bitte, glaub mir nicht! Mein Äußeres mag sicher erscheinen, aber es ist eine Maske. Darunter ist nichts Entsprechendes. Darunter bin ich, wie ich wirklich bin: verwirrt, in Furcht und alleine. Aber ich verberge das. Ich möchte nicht, dass es irgend jemand merkt. Beim bloßen Gedanken an meine Schwächen bekomme ich Panik und fürchte mich davor, mich anderen überhaupt auszusetzen. Gerade deshalb erfinde ich verzweifelt Masken, hinter denen ich mich verbergen kann: eine lässige, kluge Fassade, die mir hilft, etwas vorzutäuschen, die mich vor dem wissenden Blick sichert, der mich erkennen würde. Dabei wäre dieser Blick gerade meine Rettung. Und ich weiß es. Wenn er verbunden wäre mit Angenommenwerden, mit Liebe. Das ist das einzige, das mir die Sicherheit geben würde, die ich mir selbst nicht geben kann: daß ich wirklich etwas wert bin.

Aber das sage ich Dir nicht. Ich wage es nicht. Ich habe Angst davor. Ich habe Angst, daß Dein Blick nicht von Annahme und Liebe begleitet wird. Ich fürchte, Du wirst gering von mir denken und über mich lachen – und Dein Lachen würde mich umbringen. Ich habe Angst, daß ich tief drinnen in mir selbst nichts bin, nichts wert, und daß Du das siehst und mich abweisen wirst.

So spiele ich mein Spiel, mein verzweifeltes Spiel; eine sichere Fassade außen und ein zitterndes Kind innen.

Ich rede daher im gängigen Ton oberflächlichen Geschwätzes. Ich erzähle Dir alles, was wirklich nichts ist, und nichts von alledem, was wirklich ist, was in mir schreit; deshalb laß Dich nicht täuschen von dem, was ich aus Gewohnheit rede.

Bitte höre sorgfältig hin und versuche zu hören, was ich nicht sage, was ich gerne sagen möchte, was ich um des Überlebens willen rede und was ich nicht sagen kann.

Ich verabscheue Versteckspiel. Ehrlich! Ich verabscheue dieses oberflächliche Spiel, das ich da aufführe. Es ist ein unechtes Spiel. Ich möchte wirklich echt und spontan sein können, einfach ich selbst, aber Du mußt mir helfen. Du mußt Deine Hand ausstrecken, selbst wenn es gerade das letzte zu sein scheint, was ich mir wünsche. Nur Du kannst diesen leeren, toten Glanz von meinen Augen nehmen. Nur Du kannst mich zum Leben rufen. Jedesmal, wenn Du freundlich und sanft bist und mir Mut machst, jedesmal, wenn Du zu verstehen versuchst, weil Du Dich wirklich um mich sorgst, bekommt mein Herz Flügel – sehr kleine Flügel, sehr brüchige Schwingen, aber Flügel!

Ich möchte, daß Du weißt, wie wichtig Du für mich bist, wie sehr Du aus mir den Menschen machen kannst, der ich wirklich bin – wenn Du willst.

Bitte, ich wünschte, Du wolltest es. Du allein kannst die Wand niederreißen, hinter der ich zittere. Du allein kannst mir die Maske abnehmen. Du allein kannst mich aus meiner Schattenwelt, aus meiner Angst und Unsicherheit befreien – aus meiner Einsamkeit. Übersieh mich nicht. Bitte – bitte, übergeh mich nicht! Es wird nicht leicht für Dich sein. Die lang andauernde Überzeugung, wertlos zu sein, schafft dicke Mauern. Je näher Du mir kommst, desto blinder schlage ich zurück. Ich wehre mich gegen das, wonach ich schreie. Aber man hat mir gesagt, dass Liebe stärker sei als jeder Schutzwall, und darin liege meine Hoffnung.

Bitte versuche diese Mauern einzureißen, mit sicheren Händen, aber mit zarten Händen: ein Kind ist sehr empfindsam.

Wer ich bin, magst Du fragen? Ich bin jemand, den Du sehr gut kennst. Denn ich bin jedermann, den Du triffst, jeder Mann und jede Frau, die Dir begegnen.»

Bereits das Setting der Beratung kann entscheidend zu einer gelingenden professionellen Beziehung beitragen. Der Ort, an dem die Hilfe stattfindet, sagt bereits vieles aus über die Person des Professionellen, seine Arbeitshaltung und seinen Respekt vor dem Gegenüber. Der Klient wird eine erste Vermutung darüber bekommen, was er dem Berater wert ist und wie gut er aufgehoben ist. Überbordende Schreibtische, Gespräche unter Zeitdruck, unorganisierte und chaotische Arbeitsabläufe, hektisch agierende und unter der Arbeitsbelastung stöhnende Mitarbeiter können einen Hilfeprozess schon zum Scheitern bringen, bevor er richtig begonnen hat.

Der Beratungsraum sollte ordentlich und aufgeräumt, aber nicht steril sein, dabei angemessen groß, also weder ein enger Verschlag noch eine weitläufige, die Bedeutung des Professionellen widerspiegelnde Halle. Er sollte hell mit dezenten Farbtönen sein und funktionale Sitzgelegenheiten bieten, nicht unbequeme Hocker, aber auch nicht tiefe weiche Sessel, in denen der Klient versinkt. Accessoires sind in Ordnung, solange sie nicht durch ihre Dominanz ablenken.

Der zeitliche Rahmen sollte ein ruhiges und unaufgeregtes Gespräch zulassen: Einerseits sollte das Gespräch nicht unter Zeitdruck stattfinden, gleichzeitig ist aber eine klare Struktur, wie sie sich durch eine vereinbarte zeitliche Begrenzung ergibt, sehr hilfreich. Äußere Störungen wie Telefonate, Baulärm, hereinkommende Mitarbeiter oder Besucher müssen vermieden werden; die Zeit gehört dem Klienten und nur ihm. Er hat eine Erwartungshaltung, die es zu kommunizieren gilt. Das heißt, es werden klare Vereinbarungen über Dauer, Frequenz, Häufigkeit, Methode, Thematik, Ziele, Erfolgsvariablen und Kosten getroffen.

Durch mimischen Ausdruck, Körperhaltung und Sprache wird zu Beginn Kontakt und Beziehung hergestellt. Der Klient erfährt dadurch, wie er verstanden wird, ob Zuneigung, Zustimmung oder Ablehnung vorhanden ist:

Signale, die Ihre Bereitschaft ausdrücken, zuzuhören und zu verstehen	Signale, die ein Nichtverstehen oder Andersdenken anzeigen
• Kopfnicken • zugewandter, freundlicher Blick • den Körper jemandem zuneigen • Äußerungen: «Ja», «Hm», « Genau», «Aha» etc.	• Kopfschütteln • Blick abwenden • sich zurücksetzen • Arme verschränken • Äußerungen: «Nein», «Aber», «Ach was».

Tabelle 6: Aspekte aktiven Zuhörens (in Anlehnung an Schwäbisch & Siems 1974)

Der Klient benötigt Vertrauen, er will sich sicher fühlen. Zur Herstellung des Vertrauens sind Gestik und Mimik wichtige Medien, da sich so Einstellungen und Gefühle widerspiegeln. Der Blickkontakt ist wichtig für die Qualität der Beziehung. Blicke können fixierend, flüchtig, abgewandt, abwertend, ermutigend usw. sein. Gelegentliches Kopfnicken begünstigt die Atmosphäre ebenso wie eine entspannte, angstfreie, gelassene Körpersprache.

Die Sprache ist von zentraler Bedeutung. In der Regel sollte der Klient aussprechen können, nicht unterbrochen werden und die Möglichkeit haben, ein Thema zu entwickeln. Dabei sollte er unterstützt werden, es sei denn, die Problematik liegt gerade in seiner Weitschweifigkeit und Sprunghaftigkeit. Dann bieten sich klare Vereinbarungen über Kommunikationsstrategien auf der Ebene der Metakommunikation an, auf die sich der Berater dann auch beziehen kann. Dies alles erfordert hohe Aufmerksamkeit.

Anfang und Beendigung von Gesprächen werden oft als schwierig empfunden und sind Besonderheiten unterworfen. Der Beginn des Gesprächs ist der Anfang einer wichtigen Beziehung. Der Klient tritt mit Hoffnungen und Erwartungen dem Berater gegenüber. Oft kommt der Klient mit einem ganzen Bündel von Problemen und hat die Inanspruchnahme von Hilfe durch einen Berater hinausgezögert. Der Berater dagegen muss viele Probleme im Auge behalten und trotzdem erfolgreich beraten.

Das Schweigen ist am Anfang nichts Ungewöhnliches, da der Klient in der ungewohnten Situation vielleicht Zeit zum Überlegen braucht. Das Schweigen sollte nicht zerredet werden und der Klient auch nicht mit Fragen bombardiert werden.

Anfangsklippen können sich dadurch zeigen, dass der Klient ausweicht und eine Konversation über Banalitäten beginnt. Hier sollte die Reaktion des Beraters sein, diese Konversation nicht auszuweiten, nicht zu vertiefen oder nachzufragen.

Die Ziele des Erstgesprächs sollten sein, sich mit Besonderheiten vertraut zu machen: die Beziehung zwischen Berater und Klienten zu klären und eine emotionale Basis zu schaffen. Die professionelle Beziehung muss immer wieder neu gefestigt werden. Wichtig ist es, ein gemeinsames Thema zu finden und die Aufmerksamkeit auf das Hier und Jetzt zu lenken.

> **Gesprächstechniken am Beispiel Anna B.**
> Vorschläge für die Eröffnung von Gesprächen und Themenfindung:
> «Anna, was möchten Sie heute besprechen?»
> «Was möchten Sie verändern, Anna?»
> «Anna, Sie machen heute so ein fröhliches Gesicht!?»
> «Sie wirken so kummervoll, Anna!», «Anna, Sie machen auf mich den Eindruck, als ob ... »

Es sollte eine Gesprächsdauer vereinbart sein, um klare Strukturen und die Verlässlichkeit in der Beziehung zu demonstrieren. In der Regel dauern Gespräche 45–60 Minuten. Für die Beendigung und Abrundung sollte man sich Zeit nehmen und deshalb kein neues Thema gegen Ende einführen. Wenn der Klient ein neues Thema anspricht, empfiehlt es sich, dieses für das nächste Mal festzuhalten; es sei denn, das Problem wäre außerordentlich wichtig. Als eine Möglichkeit, ein Gespräch zu beenden, kann der Klient aufgefordert werden, noch einmal zusammenzufassen, wie er das Gespräch erlebt hat. Findet der Klient kein Ende, muss der Berater strukturieren,

> z.B. «Wir haben uns heute die Beziehung zu Ihrem Freund aus verschiedenen Perspektiven angesehen, Anna. Versuchen wir, das Wichtigste der heutigen Sitzung in den letzten 10 Minuten nochmals zusammenzufassen ... kurz und präzise!»

Benennt der Klient das Wichtigste zum Schluss, sollte das Thema beim nächsten Termin besprochen werden.

Bei der Beendigung von Erstgesprächen muss der Berater überlegen, wie es weitergehen soll. Er muss sich während des Gesprächs darüber klar werden, ob er mit seinen Mitteln die Problemstellung bearbeiten kann, weitervermitteln oder weitere Stellen einschalten muss, einen neuen Termin vereinbart oder eine offene Vereinbarung trifft.

Die Initiative für einen Beratungsprozess sollte möglichst dem Klienten überlassen werden. Der Berater sollte aber darauf hinweisen, dass schwierige Probleme nicht durch ein Gespräch gelöst werden können. Gegebenfalls kann dem Klienten das Angebot gemacht werden, ohne Schuldgefühle noch mal vorbeizukommen oder anzurufen. Suizidgefährdeten oder Menschen in starken Lebenskrisen könnte man das Angebot machen, den Kontakt locker zu halten oder in bestimmten Zeitabständen anzurufen oder kurzfristige Termine zu vereinbaren.

Zur inhaltlichen Gestaltung und für ein zielgerichtetes Vorgehen stehen dem Berater eine Vielfalt an Gesprächstechniken zur Verfügung, die den Klienten anregen, sich mit seinen Gefühlen und Gedanken auseinanderzusetzen. Dadurch ergibt sich die Gelegenheit, den Klienten kennenzulernen:

Bei der nicht festlegenden Aufforderung wird das Gespräch offen gestaltet, der Berater ist offen für alle Themen und ermuntert den Klienten, ein Thema zu finden.

> Anton: «Anna, über was möchten Sie denn heute reden?»

Beim *Paraphrasieren* wiederholt oder umschreibt der Berater wichtige Gedanken oder Gefühle; er ist um Verstehen bemüht, hört aktiv zu und setzt Empathie um.

> Anna: «Manchmal fällt es mir schon schwer, die nötige Geduld für mein Kind aufzubringen.»
> Anton: «Sie erleben also, dass die Mutterrolle auch eine große Herausforderung ist.»

Die *Reflexion von Gefühlen* bedeutet das Widerspiegeln von Gefühlen des Klienten. Das zeugt von wirklichem Verstehen und geht in Richtung Interpretation.

> Anna sitzt zusammengesunken im Stuhl.
> Anton: «Sie wirken auf mich jetzt ganz hilflos, alleingelassen. Haben Sie Angst, dass Sie in der Mutterrolle überfordert sind?»

Es besteht die Gefahr des Überinterpretierens oder zu starker Konfrontation mit Gefühlen. Es bedarf eines sehr behutsamen Vorgehens, der Berater darf nicht besserwisserisch oder hellseherisch wirken, um die eigene Kompetenz zu demonstrieren. Ein zu großer Abstand zur Identifikationsfigur bewirkt Resignation.

> Anton: «Ich weiß ganz genau, wie Sie sich fühlen, Anna. Das kenne ich schon ...».

Das löst eher Widerstand, Angst, Erschrecken aus.
Beim *Resümieren von Gefühlen* werden mehrere Gefühle zusammengefasst.

> Anna hat längere Zeit über sich und ihre Angst vor der Therapie gesprochen.
> Anton: «Lassen Sie mich sehen, ob ich alles verstanden habe.»

Eine *Bitte um Erklärung* wird ausgesprochen, wenn Äußerungen unklar oder verwirrend sind.

> Anton: «Ich bin nicht sicher, ob ich das verstanden habe.» ; «Können Sie mir das erläutern?»; «Was meinen Sie damit?»

Das *Ansprechen nonverbalen Verhaltens* kann Gestik und Mimik aufgreifen, ohne diese zu interpretieren!

> Anton: «Fühlen Sie sich angespannt, Anna?»; «Sie schauen mich so verwirrt an!»

Beim *Sondieren/Spezifizieren/Konkretisieren* geht es darum, das Gespräch auf eine überprüfbare und überschaubare Ebene zu bringen. Es sollten keine Fragen gestellt werden, auf die nur mit Ja oder Nein geantwortet werden kann. Ansonsten übernimmt der Klient keine Verantwortung. Fragen sollten mit: Was, wo, wann, wie, worüber, wozu beginnen.

> Anton: «Wie wollen Sie es denn anstellen, einen Job zu finden?», «Wann fühlen Sie sich ängstlich?»; «Anna, was haben Sie schon unternommen, um Anerkennung zu finden?», «Wie fühlen Sie sich, wenn Sie Außenseiter sind?»

Das *Akzentuieren* ist eine aus ein oder zwei Worten bestehende Wiederholung.

> Anna: «Manchmal, wenn ich ins Grübeln gerate haben ich den Eindruck, ich werde bekloppt.»
> Anton: «Bekloppt?»

Die *gezielte Frage* ist nicht angemessen, wenn der Klient veranlasst werden soll, über irgendetwas zu sprechen, aber sinnvoll, wenn der Berater ganz bestimmte Informationen haben möchte.

> Anton: «Wie alt waren Sie, als Sie das Elternhaus verlassen mussten?»; «Wie viele Geschwister haben Sie?» «Welche Medikamente nehmen Sie ein?»

Beim *Rapportherstellen* sollen unterschiedliche Wahrnehmungen und Wirklichkeiten zwischen Berater und Klienten einander angenähert werden. Es geht um den Unterschied zwischen Wahrheit und Wirklichkeit, besonders auch bei mehreren Gesprächsteilnehmern (z. B. in der Familienarbeit). Der Berater schließt sich dem Modell der Wirklichkeit des Klienten an und kann dann helfen, diese Wirklichkeit um neue Möglichkeiten zu erweitern und zu modifizieren.

> Anna: «Ich kann ohne Probleme auch auf den Alkohol verzichten.»
> Anton: «Ich habe da eine andere Einschätzung; aber lassen Sie uns doch einmal gemeinsam nachsehen, wie Sie in der Vergangenheit Abstinenzphasen gestaltet haben.»

Durch das *Spiegeln und Übersetzen* wird die Wahrnehmungsebene des Klienten betreten. Das kann verbal und nonverbal geschehen.

> Anna: «Ich halte überhaupt nichts von Selbsthilfegruppen.»
> Anton: «Sie mögen die Selbsthilfegruppen nicht?»
> Anna: «Da sitzen doch alle nur freudlos rum.»
> Anton: «Sie denken, dass Ihnen das keinen Spaß machen wird?»

Da die Beratung ein umfassendes Wissen um den Sachverhalt und die Problemlage voraussetzt, ist es wichtig, Techniken zur Informationsgewinnung zu haben. In der psychosozialen Beratung kommt deshalb den Fragetechniken eine hohe Bedeutung zu. Die Frage gilt als strukturierendes Element – effektives Fragen als beraterische und therapeutische Kunst.

Die Klienten neigen in ihren Aussagen zu

- *Generalisierungen* (Verallgemeinerungen):
  «Keiner mag mich, alle lehnen mich ab, niemand möchte mit mir zu tun haben.»
- *Verharmlosungen und Bagatellisierungen* (Abwehrmechanismen):
  «Ich habe doch nur gelegentlich ….!»
- *Leugnung* (Widerstand):
  «Nein! ich habe nie heimlich getrunken!»

- *Rationalisierungen* (kognitive Interpretation):
  «Ich habe Drogen genommen, weil …!»
- *Tilgung* (unvollständige Aussagen müssen ergänzt werden).
  «Wir haben gestritten. Ich bin Alkoholiker.»
- *Verzerrungen* (Prozesse und Ereignisse werden als unveränderbare Zustände geschildert):
  «Sie ist depressiv, leider habe ich entschieden, sie zu verlassen.»

Der Berater kann die Auseinandersetzung mit Erfahrungen und die Erweiterung der Wahrnehmung fördern durch

- Verflüssigen der Eigenschaften und Nominalisierungen,
- Zirkuläres Verknüpfen,
- Einführen zusätzlicher Variablen,
- Erfragen von Erklärungen,
- Einbeziehen Dritter,
- Einbeziehen von Kontexten,
- Differenzieren, Präzisieren, Konkretisieren und durch
- Ich-Botschaften.

Grundsätzlich stehen mehrere *Fragetypen* zur Verfügung, die sich aber zum Teil destruktiv auswirken:

Die häufigste Fehlform und ein typisches Anfängerverhalten ist die *geschlossene Frage.* Sie lässt dem Klienten wenig Spielraum (ja oder nein), veranlasst zu Meinungs- oder Überzeugungsantworten oder bietet als Selektionsfrage mehrere Möglichkeiten an, unter denen der Klient auswählen kann. Die Antwort wird so schon vorstrukturiert. Geschlossene Fragen sind als dominierende Frageform in der psychosozialen Beratung ungeeignet. Der Berater erhält auf jeden Frageimpuls nur eine Antwort und muss dann erneut ansetzen. So ist kein organisches Fortschreiten des Gesprächs möglich, und es entwickelt sich keine Eigendynamik. Schlimmstenfalls bekommt das Gespräch den Charakter eines Verhörs, und die Fragen erzeugen Verschlossenheit.

Fragetechniken am Beispiel Anna B.
Aufnahmegespräch in der Fachklinik:
Sozialarbeiter: «Anna, Sie sind jetzt drei Tage hier. Geht es Ihnen gut?»
Anna: «Ja!»
Sozialarbeiter: «Haben Sie sich freiwillig zu dem stationären Aufenthalt entschieden, oder sind Sie gezwungen worden?»
Anna: «Ich bin freiwillig hier.»

Problematisch sind auch *Suggestivfragen*, die manipulierend wirken. Sie sind ungeeignet, weil dem Klienten eine bestimmte Meinung nahegebracht werden soll, unabhängig von seiner Bereitschaft, sich dieser Meinung anzuschließen. Der Klient erkennt aber die Wünsche und Ziele des Beraters und wird unter Umständen gar einen Verlust an Zuneigung befürchten, wenn er sich der Meinung des Beraters nicht anschließt. Eine Ausnahme stellt der Gesprächsanfang dar. Hier ist es z. B. durchaus legitim zu eröffnen mit

> Sozialarbeiter: «Anna, ich nehme an, Sie haben sich in den ersten drei Tagen schon eingewöhnen können und beginnen, sich wohlzufühlen.»
> Anna: «Ja! Es geht so!»
> Sozialarbeiter: «Bei dem, was Sie mitgemacht haben, sind Sie sicher froh jetzt hier zu sein.»
> Anna: «Eigentlich schon.»

Die *Motivationsfrage*, also die Frage nach dem «Warum», sollen Klienten zur rationalen Erklärung ihres Verhaltens verleiten. Die Frage: «Warum haben Sie das getan?» ist aber ungeeignet, wenn verdrängte Gefühle im Spiel sind.

> Sozialarbeiter: «Anna, warum gelingt es Ihnen noch nicht, sich in der Gruppe wohlzufühlen?»

> Anna: «Die reden halt oft über banale Sachen.»
> Sozialarbeiter: «Warum hatten Sie in der Vergangenheit so wenig Struktur in Ihrem Alltag?»
> Anna: «Ich hatte halt sehr schwierige Bedingungen und nicht gelernt, damit umzugehen.»

Offene Fragen stellen als Frage, Bitte, Aufforderung, Impuls die wichtigste Technik der Informationsgewinnung dar: Der Klient kann sich entfalten.

> Sozialarbeiter: «Anna, bedrückt Sie etwas? Haben Sie Schwierigkeiten?»
> Anna: «Ja, ich merke in den letzten Tagen immer wieder, dass ...»
> Sozialarbeiter: «Anna, wollen Sie erzählen, was Sie hierher geführt hat?»
> Anna: «Also, das war so. Als es im vergangenen Frühjahr zu erheblichen Folgen meiner Sucht kam, wurde mir von der Dogenberatung vorgeschlagen ...»

Diese Frageform erlaubt sowohl *Akzentuierungen* als auch *indirektes Ansprechen* («Anna, wie erlebten Sie Ihre Kindheit?») oder *direktes Ansprechen* («Sie fühlen sich von den Menschen im Dorf ausgegrenzt?») des Problems sowie *zusammenfassende Fragen* («Wenn ich recht sehe, ist in allen Beziehungen etwas schiefgegangen?») und *Wiederholungen*, wenn Fragen nicht beantwortet wurden («Ich möchte die Frage zu den problematischen Beziehungen noch mal aufnehmen.»). Die offene Frage ist das Hauptmittel zur Strukturierung von Gesprächen.

Das *zirkuläre Fragen* eignet sich besonders auch in Familien und Gruppen. Die Auswirkungen und systemischen Bedingungen des Verhaltens werden erfahrbar gemacht.

«Was müssten Sie tun, Anna, damit Ihre Eltern sich wegen Ihnen streiten?», «Was denkt wohl Ihr Vater, wenn Ihre jüngere Schwester für Sie Partei ergreifen will?»

Das zirkuläre Fragen arbeitet auf der problembezogenen Ebene aufdeckend und in der Vergangenheit; auf der zielbezogenen Ebene regt das zirkuläre Fragen Entwicklungen an und ist perspektivisch ausgerichtet.

Kompetenzprofil

Die Umsetzung des anspruchsvollen Prozesses einer psychosozialen Beratung mit all den infrage kommenden Techniken erfordert ein umfassendes Kompetenzprofil des Professionellen.

Der Berater benötigt *umfassende Sachkenntnis*. Er muss Fachwissen haben, also Spezialist sein und gleichzeitig als Generalist die Gesamtproblematik überschauen. Er braucht *Teamfähigkeit* mit dem entsprechenden interdisziplinären Interesse und einer hohen Kooperationsfähigkeit. Zur konkreten Umsetzung der Methoden ist *Anwendungswissen* erforderlich, eine Handlungskompetenz, die ihm ermöglicht, zu individualisieren, Situationen monokausal als Ursache-Wirkung-Zusammenhang zu begreifen, sie aber gleichzeitig auch systemisch zu erfassen.

Empathie als Grundhaltung in der Sozialen Arbeit, ein einfühlsames Verstehen und die Berücksichtigung der psychischen Dimension des Problems sind auch hier die Basis für gelingende Beziehungen. Hinzu kommt eine klare *Wertehaltung*, die Wertschätzung und emotionale Wärme, eine normative Perspektive, ideelle, individuelle, materielle, soziale Werte, aber auch Werterhaltung und -steigerung beinhaltet. Da Beratung nicht nur Technik ist, braucht Soziale

Arbeit eine *Ethik*, die sich auch in charakterlichen Werten (Echtheit, Fairness, Korrektheit, Verlässlichkeit, Ehrlichkeit, Hilfebereitschaft) zeigt. Beratung erfolgt mit dem Medium Sprache. Erforderlich ist also *kommunikative Kompetenz*, sprachliche Qualifikation, Dialogfähigkeit, partnerschaftliches Verhalten und die Fähigkeit zur gemeinsamen Problembewältigung. Der Berater ist in der Beziehung zum Klienten Medium zur Veränderung, hat auch einen edukativen Auftrag für den er *psychologisch-pädagogische Kompetenz* benötigt. Er muss Grenzen setzen, ermutigen, bestätigen, konfrontieren, loben, leiten, geschehen lassen und sich abgrenzen. Damit das Beraterhandeln wirksam werden kann, braucht es *Selbstvertrauen*, Vertrauen sowohl in die eigenen Kompetenzen als auch grundsätzlich in die Wirksamkeit des professionellen Handelns.

Anwendungskonzepte der Beratung

Arme Menschen werden häufiger krank und sterben früher, Bildungsstand und Krankheiten korrelieren. Angehörige des Prekariats sind Stigmatisierte, haben durch ihr Außenseitertum einen krank machenden Mangel an sozialer Unterstützung, Kranke entsprechen nicht mehr den Idealbildern unserer Gesellschaft und werden ausgegrenzt und in destruktive Lebenssituationen gezwungen. Überschuldete Menschen sind besonders häufig übergewichtig oder fettleibig. Auf der anderen Seite macht Geselligkeit nicht nur Spaß und Laune, sondern sogar gesund und schützt vor Krankheiten. Humor und Freude erleben eine Renaissance als gesundheitsrelevante Variablen und werden sogar in der Therapie zur Auflösung von Blockaden genutzt. Eine positive Lebenshaltung und Heiterkeit werden nicht mehr als das Gegenteil des Lebensernsts genannt, sondern als die einzig erträgliche Weise, mit dem Ernst des Lebens umzugehen (Marquard 1976). Hermann Hesse schrieb 1924 in Berganzona, dass «Heiterkeit weder Tändelei noch Selbstgefälligkeit, sie ist höchste Erkenntnis und Liebe, ist Bejahen aller Wirklichkeit, Wachsein am Rande aller Tiefen und Abgründe. Sie ist das Geheimnis des Schönen und die eigentliche Substanz jeder Kunst». Kurzum, sie ist gesund! Aber sind die Klienten der Sozialen Arbeit heiter?

Eine moderne Soziale Arbeit muss bei ihrem Blick auf Gesundheit solche Zusammenhänge berücksichtigen; ihr Interesse muss weit über ein rein körperliches und psychisches Wohlbefinden hinausgehen. Als wesentliche Bestimmungsstücke von Gesundheit wurden lange ein körperliches, psychisches und soziales Wohlbefinden, Handlungs- und Leistungsfähigkeit sowie ein geringes Ausmaß von körperlichen und psychischen Beschwerden genannt. Neuere Konzeptionen von Gesundheit geben das unbefriedigende Alles-oder-Nichts-

Prinzip auf und machen damit auch subtile Variationen von Gesundheit erfassbar. Da alle Menschen mehr oder weniger gesund sind, kann bei allen auch Gesundheit positiv gefördert werden. Es geht in der Klinischen Sozialarbeit ganz wesentlich auch um die Motivierung von Menschen zur Veränderung von gesundheitlich relevanten Verhaltensweisen, Lebensweisen und sozialen Strukturen (Röhrle 2004). Diese Zielsetzung begründet einen Praxisansatz der Sozialen Arbeit im Gesundheitsbereich, der sich sowohl auf das Individuum als auch auf soziale Organisationen bezieht.

Nach Faltermaier (2004) muss die Klinische Sozialarbeit[12] sich auf Gesundheitsrisiken, Gesundheitsressourcen, Gesundheitsverhalten und gesunde Lebensweise ebenso beziehen wie auf die subjektiven Vorstellungen der Individuen von Gesundheit und ihre Erwartungen an die Unterstützung. Weil Gesundheitshandeln immer im Kontext der Lebenswelt und Lebensgeschichte steht, muss die biografische Orientierung mitbedacht werden. Um Nachhaltigkeit der Effekte zu sichern, muss das Alltagshandeln mit der lebensweltlichen Struktur abgestimmt werden.

Zielgruppen einer Klinischen Sozialarbeit sind neben akut erkrankten Menschen und solchen mit spezifischen Gesundheitsproblemen oder Beschwerden auch Menschen mit Gesundheitsmotivation, Menschen in spezifischen Lebensphasen, sozialen Kontexten oder spezifischen sozialen Problemsituationen, Menschen mit Risikofaktoren und Risikoverhalten und außerdem alle Multiplikatoren der Gesundheitsförderung.

Da es in diesem speziellen Bereich der Sozialen Arbeit im Wesentlichen um gesundheitsbezogene Einsichten und Einstellungen, um die Veränderung von Verhaltens- und Lebensweisen in einem lebensweltlichen und biografischen Kontext sowie um die Bearbeitung von psychischen und sozialen Problemen geht, sind «Interventionen erforderlich, die in hohem Maße auf die Motivierung, Selbstwahrnehmung und -reflexion sowie auf die Selbststeuerung von Menschen zielen, die Selbsthilfe- und Bewältigungsfähigkeit von Personen stärken und einen langfristigen Transfer der Veränderungen in ihren Alltag erreichen können» (Faltermaier 2004, S. 1075).

Dazu eignen sich im Kontext der Sozialen Arbeit am ehesten Beratungskonzepte, die sich auf psychische, physische, soziale, pädagogische und edukative Aspekte beziehen. Hier hat die Soziale Arbeit mit ihren Beratungsformen,

---

12 Faltermaier (2004) bezieht sich zwar speziell auf die Gesundheitsberatung; diese Überlegungen sind aber auf den Bereich der Klinischen Sozialarbeit übertragbar.

insbesondere der psychosozialen Beratung, wenn sie auch, wie Thiersch (2004) meint, «die in ihrem spezifischen Zugang liegenden Chancen zur Hilfe nicht wirklich befriedigend nutzen kann» (S. 120), doch schon eine lange Tradition, Erfahrung und Erfolge vorzuweisen.

8.1.2 Allgemeine Sozialberatung

Theorie und Indikation

Die allgemeine Sozialberatung (ASB) ist als eine unspezifische Beratung erste Anlaufstelle für Menschen, die sich in sozialen Problemlagen jeglicher Art befinden. Sie berät und hilft in alltäglichen sozialen Problemlagen und muss deren Komplexität gerecht werden. Gegenstand der Beratung ist die vertrauliche und professionelle Beziehung zwischen Klient und Berater mit der Absicht, anhand von Kommunikation direkt oder indirekt auf den Klienten einzuwirken.

Da es sich dabei nicht um direktive Hilfe handelt, sondern um einen Prozess, bei dem der Klient zur Selbsthilfe und Selbstverantwortung aktiviert werden soll, gehören zur Zielgruppe der allgemeinen Sozialberatung Menschen mit Problemlagen mittleren Ausmaßes. Die zu beratende Person muss zumindest noch in der Lage sein, Lösungsansätze selbstständig in Handlungsschritte umzusetzen. Die allgemeine Sozialberatung ist erste Anlauf- und Kontaktstelle bei beispielsweise persönlichen und familialen Konflikten, Arbeitslosigkeit, Armut oder finanziellen Schwierigkeiten, Sucht, Erziehungsproblemen, psychosozialen Problemen oder Wohnungslosigkeit. Den Hilfe suchenden Menschen, die oft auch mit der Komplexität des Alltags überfordert sind, soll schnell und einfach Hilfe zugänglich gemacht werden, damit sie nicht im vielfältigen Angebotsspektrum von sozialen Diensten die Orientierung verlieren. Die allgemeine Sozialberatung hat dort ihre Grenzen, wo schwerwiegende psychische Störungen bei Klienten zu erkennen sind. In diesem Fall sollte an (psycho-)therapeutische Hilfen weitervermittelt werden.

Um die individuellen und Netwerkressourcen optimal zu nutzen, wird stets das soziale Umfeld des Klienten in die Arbeit mit einbezogen und eine enge Kooperation mit anderen Disziplinen und dem Gemeinwesen und informellen Netzwerken angestrebt. Ziel jeder Interventions- und Hilfemaßnahme ist die Förderung und Erhaltung der gesellschaftlichen Teilhabe der Klienten. Berater müssen die komplexen Problemlagen der Klienten erkennen, um dann gegebenenfalls an spezialisierte Fachdienste zu vermitteln. Um diesem Auftrag nachkommen zu können, muss der Berater Wissen um infrage kommende Hilfeangebote, deren Indikationen, Ziele und Vorgehen haben und natürlich auch über die entsprechenden Kontakte verfügen.

Die allgemeine Sozialberatung ist eine Unterstützungsmaßnahme, die sich an der Selbstbestimmung des Klienten orientiert und zur Selbsthilfe aktivieren soll. Sie berät Menschen in den unterschiedlichsten sozialen Problemlagen. Grundlage der allgemeinen Sozialberatung ist eine vertrauensvolle, vor allem akzeptierende Beziehung zwischen Berater und Klient, die dem Klienten Selbstvertrauen gibt und Selbstaktivierungskräfte mobilisiert. Auch in der allgemeinen Sozialberatung geht es um eine Interaktion zwischen zwei oder mehreren Menschen mit dem Ziel, den Klienten dabei zu unterstützen, auf Fragen und Konflikte eine Lösung zu finden. Es handelt sich um eine Art Rollenbeziehung, bei der eine Person Hilfe sucht und die andere Person Rat gibt. Anders als in den informellen Beratungen im Alltag, sind die Rollen von Beginn an festgelegt und nicht austauschbar. Die Beratung erfolgt auf der Basis einer vertraulichen und professionellen Beziehung zwischen Klient und Berater und hauptsächlich in Form von Kommunikation. Deshalb sind die Techniken und Grundsätze der Gesprächsführung wie Empathie, Echtheit, Respekt, Wertschätzung, Vertrauen in Selbsthilfe und Aktives Zuhören für eine erfolgreiche Arbeit unentbehrlich (Galuske 2009).[13]

Die allgemeine Sozialberatung als alltagsorientierte Beratung spezialisiert sich nicht auf bestimmte Problemlagen oder Anliegen – alles, was im Alltag eines Menschen zum Problem werden kann, kann auch Gegenstand der allgemeinen Sozialberatung werden. Aus diesem Grund ist hier keine Komplexitätsreduktion, wie beispielsweise in den therapeutischen Konzepten, möglich. Allgemeine Sozialberatung ist Beratungshandeln in der Komplexität alltäglicher Problemlagen und muss sich auf diese komplexe und oft auch widersprüchliche Struktur des Alltags einlassen. Der Alltag ist gekennzeichnet von Routinen und wird mit unterschiedlichen routinierten Vorgehensweisen bewältigt. Dabei hat jeder Mensch eine andere Vorgehensweise bei Konflikten, die sich für ihn persönlich als bewährte Methode ergeben mag, für andere aber ein Problem darstellen kann. Hier offenbart sich nach Galuske (2007, S. 171) «die Besonderheit der sozialen Beratung, die sich bemühen muss, die Alltagsroutinen ihrer Klienten zu akzeptieren und gleichermaßen Veränderung zu initiieren.»

13 Siehe hierzu auch Klientzentrierte Beratung, in diesem Buch Seite 245.

Praxis und Anwendung

Im Allgemeinen arbeitet die allgemeine Sozialberatung nach dem «Hausarztprinzip». Sie ist erste Anlaufstelle für Menschen, die sich in sozialen Problemlagen befinden, und vermittelt dann weiter an die entsprechenden Spezialdienste. Die Hilfe erfolgt kostenlos und anonym.

Die allgemeine Sozialberatung arbeitet nicht mit einem fest strukturierten Methodenkonzept, sondern ist offen für eine Vielfalt an Vorgehensweisen und Methoden. Grundsätzlich erfolgt die Hilfe auf der Basis der Freiwilligkeit. Beim ersten Gespräch erläutert der Klient sein Anliegen, seine Problematik. Erste Aufgabe des Beraters ist es nun, ein Clearing vorzunehmen, die Hauptbedürfnisse und -probleme und die Ressourcen müssen erkannt und transparent gemacht werden. Ebenso geht es darum, Zusammenhänge zwischen Problemen zu verstehen und zu klären, inwieweit das soziale Umfeld die Problemlagen des Hilfesuchenden bedingt und beeinflusst oder aber auch zur Lösung beitragen kann. Letztlich soll der Klient seine eigene Situation sowie seine Ressourcen begreifen, um so die Lösung für seine problematische Situation selbst zu finden. Der Berater spielt dabei die begleitende und orientierende Rolle, nicht aber den Wegweiser.

Ziele der allgemeinen Sozialberatung liegen auch in der Erschließung materieller und existenzsichernder Ressourcen sowie in der Stabilisierung, Förderung und Erweiterung des sozialen Netzwerks des Klienten. Gemeinschaft und Solidarität werden als günstige Voraussetzungen für eine gute und erfolgreiche soziale Einbindung sowie die Bekämpfung von Vorurteilen und Stigmatisierung gesehen.

Die allgemeine Sozialberatung arbeitet in enger Kooperation mit anderen Fachdiensten und Disziplinen, sie bezieht das direkte Umfeld des Klienten mit ein. Die allgemeine Sozialberatung fokussiert auf den Alltag des Klienten, damit die Problemlösung mit dem Alltag in Verbindung gebracht werden kann. Dazu müssen auch alltägliche Kontexte (soziales Umfeld, Gruppen, Gemeinschaften, in denen der Klient sich befindet, mit in Betracht gezogen werden). Es kommt in der allgemeinen Sozialberatung nicht so sehr darauf an, ein bestimmtes Methodenrepertoire zu besitzen und sich für eine Strategie zu entscheiden, sondern vielmehr darauf, aus einer Methodenvielfalt die wichtigsten Elemente auszuwählen und diese in einen durchdachten und kontrollierten Handlungsplan zu integrieren (Galuske 2009).

Die allgemeine Sozialberatung verfährt nach dem klassischen Methoden-Dreischritt. Es werden Daten und Informationen über die Biografie des Klienten gesammelt, die für das Verständnis und die Analyse seiner Problematik wichtig erscheinen *(Anamnese)*.

Die gesammelten Informationen werden wie einzelne Puzzleteile zu einer Art Gesamtbild zusammengesetzt. Gegebenheiten werden partizipativ analysiert und interpretiert. Ursachenzusammenhänge werden ausfindig gemacht und daraus Schlüsse gezogen, die nun für die Lösung der Problematik richtungweisend sind. Dabei ist es wichtig, dass die Problematik des Klienten ganzheitlich erfasst wird.

Gemeinsam mit dem Klient wird ein Hilfeplan für die folgende Zusammenarbeit erstellt *(teilnehmende Diagnose)*. Auf der Basis der helfenden Beziehung wird durch Kommunikation auf den Klienten oder auf Personen seines direkten Umfelds eingewirkt. So sollen interne und externe Ressourcen (Hilfequellen) erschlossen und genutzt werden *(Behandlung)*.

Kompetenzprofil

Der Deutsche Caritasverband beschreibt auf seiner Homepage das Anforderungsprofil für die Fachkräfte der allgemeinen Sozialberatung wie folgt:

Beraterinnen und Berater der allgemeinen Sozialberatung müssen als qualifizierte Generalisten, die komplexe Problemlage des Klienten erkennen und überschauen können. Dabei bedarf es vielfältiger und differenzierter sozialarbeiterischer und sozialpädagogischer Fachkenntnisse sowie eines breiten Spektrums an fundierten Methoden und Kenntnissen aus anderen Disziplinen, z. B. der Psychologie oder dem Recht.

- Berater müssen das soziale System sowie den Sozialraum der Klienten kennen und über die vorhandenen Hilfemöglichkeiten Bescheid wissen.
- Sie müssen Klienten unterschiedliche Problemlösungsmethoden und -wege aufzeigen oder neue Lösungswege partizipativ erarbeiten können.
- Berater benötigen ein hohes Maß an Selbstkompetenz, Selbstreflexion und müssen ihre Möglichkeiten, aber auch ihre Grenzen erkennen und akzeptieren.

8.1.3 Schuldnerberatung

Theorie und Indikation

Die Schuldnerberatung ist ein Teil der allgemeinen Sozialberatung.

Überschuldung bezeichnet die Situation, in der ein Privathaushalt nach Abzug seiner Lebenshaltungskosten nicht mehr in der Lage ist, mit seinem restlich verfügbaren Einkommen seinen Ratenverpflichtungen nachzukommen. Hier versteht sich die Schuldnerberatung als Hilfeangebot für Familien und Einzelpersonen mit dem Ziel, die verschiedenartigen, auch besonders die sozialen Folgeprobleme von Überschuldung zu beseitigen oder zu minimieren (Groth et al. 2002).

Die Schuldnerberatung hilft einzelnen Personen und Familien, die durch kritische Lebensereignisse wie beispielsweise Arbeitslosigkeit, Krankheit/Sucht, Scheidung, Überlastung von Krediten oder durch eine generelle Inkompetenz, mit Geld umzugehen, in eine Situation geraten sind, in der das verfügbare Einkommen nicht mehr für die Lebensunterhaltskosten und die finanziellen Verpflichtungen ausreicht, sodass aus den Schulden eine Überschuldung wird. Besonders schwierig ist die Situation, wenn überschuldete Personen ein allgemein niedriges Einkommen haben.

Ebli und Groth (2004) weisen auf den prozessualen Charakter der Überschuldungsproblematik hin. Diese durchlaufe typischerweise mehrere Phasen und entwickele dabei eine erhebliche Dynamik. Bereits bei der Kreditaufnahme geraten einige Kreditnehmer in eine Situation latenter Überschuldung. Bei eng kalkulierten Haushaltsbudgets führen Einkommensrückgänge oder unvorhergesehene Ereignisse zu manifesten finanziellen Problemen. Viele Schuldner versuchen, die Schwierigkeiten mit eigener Kraft durch Einkommenssteigerungen oder Kostenreduzierungen, aber auch durch Aufnahme neuer Kredite zu beheben. In dieser Phase kommt es bereits zu sozialer Isolierung, familialen und psychosomatischen Störungen. Wenn diese Selbstheilungsversuche scheitern, kommen die Betroffenen in Zahlungsverzug, das Budget wird durch neue Kosten, die etwa durch Umschuldungen oder Verzugszinsen entstehen, weiter strapaziert, und es droht, wenn nur noch Verzugszinsen, aber nicht mehr die Hauptforderung beglichen werden können, dass der Schuldenturm und die Schulden kumulieren (Reis 1992).

Da Überschuldung nicht nur finanzielle Ursachen hat, orientiert sich die Schuldnerberatung an dem Vier-Säulenmodell (Groth et al. 2002). Dieses Modell umfasst:

- Finanzielle/rechtliche Hilfe *(Sicherung der materiellen Lebensgrundlagen, rechtlichen Beistand, Entwicklung eines Entschuldungsplans …)*
- Hauswirtschaftliche/lebenspraktische Angebote *(Einsparmöglichkeiten, Einkaufsberatung, Budgetplanung …)*
- Psychosoziale Angebote *(psychische Stabilisierung …)*
- Pädagogisch-präventive Angebote *(Bewusstseinsbildung, Stärkung der Persönlichkeit, Umgang mit Konsum …)*

Erstes Ziel der Beratung ist es, die grundlegenden Lebensbedürfnisse des Hilfesuchenden und seiner Angehörigen durch die Ausschöpfung aller Möglichkeiten wieder abzusichern. Mittelfristig wird dann seine psychosoziale Stabilisierung angestrebt. Langfristiges Ziel ist eine möglichst vollständige Schuldenbefreiung. Mit dem Ziel der Sicherung des materiellen Existenzminimums und der Verhinderung weiterer Exklusionen hat die Schuldnerberatung starke Unterstützungsfunktionen. Die Versuche, das Konsumverhalten zu verändern und die haushalterischen Kompetenzen zu verbessern, weisen aber auch auf die Disziplinierungsfunktion hin. Da die Gewährungen von Leistungen der Grundsicherung oft mit der Aufforderung zur Schuldnerberatung gekoppelt sind, können auch Kontrollfunktionen nicht geleugnet werden. Diese Funktionskombination ist für die Soziale Arbeit und ihre auf der Beziehung zum Klienten basierenden Angebote nicht unproblematisch (Seibert 1987).

Praxis und Anwendung

Die Schuldnerberatung bezieht sich auf die zentralen Arbeitsprinzipien «Ganzheitlichkeit» und «Hilfe zur Selbsthilfe». Die Schuldnerberatung ist ein Beratungsprozess, der in vier Arbeitsphasen verläuft: Einstieg, Datensammlung und Dateninterpretation, Entwicklung von Handlungsperspektiven und Problembearbeitung.

Die meisten Menschen gehen freiwillig zur Schuldnerberatung. Sie wenden sich entweder direkt an die Beratungsstelle oder gelangen über die allgemeine Sozialberatung oder sonstige Behörden dorthin. In einem Erstgespräch geht es einerseits um die Erfassung der Problematik, aber auch um die anamnestische Erfassung der gesamten Lebenssituation. Da soziale Probleme häufig die Basis finanzieller Schwierigkeiten sind, ist es wichtig, neben der finanziellen Situation auch die soziale Situation und gegebenenfalls physische und psychische Auffälligkeiten einzubeziehen.

Gemeinsam werden jetzt alle Informationen und Daten gesammelt und geordnet, um einen Überblick über die finanzielle Situation zu bekommen. Hierzu sollte der Klient seine gesamte finanzielle Situation offenlegen, alle Unterlagen und Rechnungen abgeben. Sämtliche Schulden sowie Einkommensquellen werden aufgelistet. Auch Mahnungen und Pfändungsbeschlüsse werden zusammengetragen. Sinnvoll sind hier Hausbesuche, denn so kann der Berater einen Eindruck über die Lebenssituation und -verhältnisse des Klienten gewinnen und die Hintergründe der Verschuldungssituation besser ausfindig machen und einschätzen. Des Weiteren ermöglicht dieses Vorgehen dem Berater einen Überblick über das Einkommen und die Ausgaben des Klienten.

Die Schuldenregulierung ist abhängig von einer aktiven Mitarbeit des Verschuldeten. Diese muss oft mühsam, aufgrund starker Scham- und Insuffizienzgefühle, gegen die Widerstände des Klienten erarbeitet werden. Nur durch vertrauliche und offene Zusammenarbeit kann die Arbeit erfolgreich sein. Es wird Kontakt zu den Gläubigern aufgenommen, und es werden die rechtlichen Grundlagen geprüft (z. B. ob die Forderungen der Gläubiger berechtigt sind). Ebenfalls wird geprüft, ob der Klient über seine eigenen Rechte Bescheid weiß und ob er alle ihm zustehenden finanziellen Möglichkeiten, wie gesetzliche Sozialleistungen, ausschöpft. Um soziale Folgeprobleme von Überschuldung zu mildern und zu beseitigen, wird der Klient nicht nur finanziell unterstützt, sondern bekommt auch rechtliche, hauswirtschaftliche sowie psychosoziale Hilfe.

Zusammen mit dem Berater, den Gläubigern und evtl. dem Gericht wird nun ein Entschuldungsplan ausgearbeitet mit dem Ziel, alle Schulden zu tilgen oder eine gerichtlich beschlossene Restschuldbefreiung über die Privatinsolvenz zu erreichen. Bis dorthin soll erreicht werden, dass die grundlegendsten Lebensbedürfnisse der Hilfe suchenden Person durch Ausschöpfung aller Möglichkeiten wieder abgesichert sind.

Die gesetzlich geregelte Privatinsolvenz ermöglicht einem überschuldeten Haushalt, Verbraucherkonkurs anzumelden und unter ganz bestimmten und strikten Bedingungen eine sogenannte gerichtlich beschlossene Restschuldbefreiung zu erreichen. Während einer sechsjährigen Treuhandzeit muss der Schuldner dem besprochenen Entschuldungsplan klar folgen, seine komplette finanzielle Situation ehrlich offenbaren, den pfändbaren Teil seines Einkommens an die Gläubiger abgeben, über neue Vermögensquellen berichten und jede zumutbare Arbeit annehmen oder zumindest sich um Arbeit bemühen. Nach dieser «Wohlverhaltensperiode» ist eine Zahlungsentpflichtung durch Gerichtsbeschluss möglich. Die Ratsuchenden werden im Rahmen der Schuldnerberatung bei der Umsetzung des ausgewählten Handlungsentwurfs unterstützt (Ebli & Groth 2004).

8.1.4 Krisenintervention

Beratung und Krisenintervention sind eigenständige Bereiche mit vielen Überschneidungen. Beide Hilfeformen haben mit Krisen als Ausgangspunkt zu tun, beide verweisen auf Prinzipien wie Ressourcenorientierung, Interdisziplinarität, Einbezug des sozialen Umfelds, bedienen sich sozialwissenschaftlichen Wissens und kommunikativer Kompetenzen, fühlen sich der Prävention und der Entwicklungsförderung verpflichtet und sind Angebote sozialer Einrichtungen mit der Aufgabe, Menschen auf ihrem Weg aus den Krisen zu unterstützen (Schürmann 2004).

Krisenintervention ist nach Dross (2001) eine spezielle Form der psychosozialen Beratung. Sie ist eine wirksame, professionell kurzfristige Hilfe für Menschen, die sich in einer akuten psychischen Notlage befinden, also eine «psychosoziale Notfallversorgung». Boxbücher und Egidi (1996) sehen Krisenintervention zu Recht eher als Krisenbegleitung, die sich nicht in einmaligen, stark eingreifenden und Verantwortung übernehmenden Interventionen erschöpft, sondern als reflexive Hilfestellung und Orientierungshilfe.

Der Begriff Krise wird in der Alltagssprache meist mit überfordernder Belastung und dem Gefühl des Ausgeliefertseins verbunden. Durch die Perspektive der Krise als Wende und Chance verliert sie zumindest ansatzweise ihr pathologisierendes Stigma (Schürmann 2004).

Klienten haben unterschiedliche Formen von Krisen (traumatische Krisen, Entwicklungs- oder Veränderungskrisen etc.) zu bewältigen. Die Soziale Arbeit muss passend zur individuellen Problemlage aus ihrem breiten Interventionsinventar die geeignete Technik anwenden. Krisen zeigen sich nach Rauchfleisch (2001) anhand von Signalen, deren Identifizierung Aufgabe, aber auch Schwierigkeit für die Krisenberater ist, da es keine krisenspezifischen und eindeutig zuzuordnenden Symptome gibt, sondern eine breite Palette von Erscheinungsformen wie depressive Verstimmungen, Suizidgedanken, Ängste, Schlafstörungen.

Klienten der Krisenintervention sind oft Menschen, die durch bestimmte Ereignisse, Erlebnisse oder Veränderungen psychisch so umfassend und belastend in Mitleidenschaft gezogen werden, dass der Fortgang ihres bisherigen Erlebens und Handelns unterbrochen wird, das heißt, es funktionieren selbstverständliche Handlungsabläufe nicht mehr wie gewohnt. Diese Menschen empfinden den Zustand in der Regel als kaum mehr erträglich und haben das Gefühl, die aktuelle Situation mit den bisher verfügbaren Möglichkeiten nicht bewältigen zu können. Beispiele für solche Auslöser sind: Verluste von Menschen, bedrohliche Krankheiten, Trennungen, Schwierigkeiten der ökonomischen Absicherung, ungewisse Perspektiven oder das Erleben von Gewalttätigkeiten. Wie eine Person solche potenziellen Krisenanlässe empfindet und darauf reagiert, ist sehr unterschiedlich; sie müssen nicht zwangsläufig in eine Krise führen. Das Bewältigungsverhalten ist abhängig von der Persönlichkeit, den aktuellen Lebensumständen und der Bedeutung, die die Person dem Ereignis beimisst. Krisenarbeit stützt sich deshalb auf Copingkonzepte (Dross 2001; Rauchfleisch 2001).

Ziele der Krisenintervention sind die möglichst baldige Entlastung des Klienten, die Wiederherstellung eines Gleichgewichtszustands sowie die Abwendung von Selbst- und Fremdgefährdung. Ziele des Erstkontakts sind die Erfassung der Befindlichkeit des Klienten, die Klärung seiner sozialen Situation und das Kennenlernen seines Hauptproblems. Deshalb sind von Beginn an Diagnose und Intervention verschränkt. Die Diagnose besteht aus einer Abklärung z. B. der Suizidgefährdung und des Vorliegens eines medizinischen, psychiatrischen Notfalls, die sofortiges Handeln erfordern würden, Feststellen des Krisenanlasses sowie der Bedeutung der Krise für den Betroffenen und der Ermittlung von Ressourcen für eine gezielte Intervention. Techniken der Sozialen Arbeit sind zum Beispiel: Angstmanagement, Selbstsicherheitstraining, Verhaltensproben, konfrontative Methoden, antidepressive Techniken, Krisentagebuch, Entspannungstraining, Imagination, Rollenspiele (Aguilera 2000).

Kompetenzprofil

Das Konzept der Krisenintervention erfordert spezielle Kompetenzen der Krisenberater: Kenntnisse über Krisenanlässe und Erscheinungsbilder von Krisen, das Beherrschen von Techniken und entlastenden Maßnahmen, die Fähigkeit, sich in unterschiedliche Lebenslagen hineinzuversetzen, und die Fähigkeit, eine vertrauensvolle Beziehung aufzubauen. Damit Krisenintervention wirksam ist, müssen, je nach Dringlichkeit des Falles, schnell und jederzeit erforderliche psychiatrische, psychotherapeutische, soziale und sonstige Hilfen erreichbar sein. Die Wirksamkeit der Kriseninterventionsmaßnahmen ist entscheidend dafür, ob und in welchem Umfang weiterführende Therapien oder auch andere psychiatrische, juristische oder sozialarbeiterische Hilfestellungen erforderlich sind. Der Berater muss demzufolge auch gut in ein professionelles multidisziplinäres Unterstützungsnetzwerk integriert sein (Lasogga & Gasch 2007).

Beratungsstellen werden immer wieder mit Krisen konfrontiert, die nicht selten ihren Zeitrahmen und ihre Kompetenz übersteigen. Die Grenzen der Krisenberatung sind entsprechend den Grenzen der psychosozialen Beratung behandlungsbedürftige psychische oder psychiatrische Störungen oder akute Suchtprobleme der Klienten (Dross 2001). Spezielle Kriseninterventionseinrichtungen zeichnen sich in der Regel durch ihre Niedrigschwelligkeit aus; ihr Angebot stellt kein komplettes Programm an Hilfeleistungen dar, sondern bedarf der weiterführenden Hilfe anderer Institutionen (Bergold & Filsinger 1993).

Krisenintervention am Beispiel Families First

Families First (FF)-Programme sind auf maximal sechs Wochen begrenzte Kriseninterventionsprogramme, die dann eingesetzt werden können, wenn eines oder mehrere Kinder einer Familie von der Fremdunterbringung, also der Unterbringung außerhalb der eigenen Familie, bedroht sind oder eine Familie sich in einer akuten schweren Krise befindet, die aus eigener Kraft nicht überwunden werden kann (Adler 2001).

Seinen Ursprung nahm Families First in den USA, wo es 1974 unter dem Namen «Homebuilders Program» startete (Kinney, Haapala & Booth 1991). In Deutschland wird das «Families First Program» auch unter den Namen Familienaktivierungsmanagement (FAM) oder Familie im Mittelpunkt (FiM) angeboten.

Theorie und Indikation

Families First versteht sich nicht nur als spezielles Programm oder eine spezifische Methode, sondern als eigenständiger Denk- und Handlungsansatz. Das System Familie wird in den Mittelpunkt gestellt. Die Programme arbeiten klientenorientiert, da sie direkt an der Alltagswelt ansetzen und ihre Klienten als gleichwertige Partner anerkennen. Als Grundsatz gilt, dass jedes Familiensystem Potenziale und Ressourcen zur Veränderung hat, auf diese Ressourcen wird der Fokus der Arbeit gelegt. Dahinter steht die Überzeugung, dass Menschen ihr Leben aktiv selbst gestalten können (Gehrmann & Müller 2001; Blüml et al. 2001).

Nach Gehrmann und Müller (2008) folgt das Programm bestimmten Rahmenbedingungen (hier speziell: Stiftung Hospital St.Wendel 2007), die als charakteristischer Grundriss angesehen werden können:

- Innerhalb von 24 Stunden nach Auftragserteilung wird ein persönlicher Erstkontakt zur Familie garantiert.
- Die Fachkraft ist für die Familie 24 Stunden am Tag, sieben Tage die Woche in Rufbereitschaft.
- Die Fachkraft steht der Familie bis zu 20 Stunden/Woche vor Ort zur Verfügung.
- Jeder Familienarbeiter arbeitet mit maximal zwei Familien gleichzeitig.
- Die Maßnahme ist zeitlich begrenzt und dauert vier, maximal sechs Wochen, um «kontraproduktiven Abhängigkeiten» vorzubeugen und das Selbstmanagement der Familie zu fördern.
- Der Familienarbeiter interveniert in der Wohnung seiner Klienten.
- Die Ziele müssen begrenzt und realisierbar sein.
- Jeder Familienarbeiter erhält ein Verfügungsgeld von 250–300 € pro Familie, um schnell und unbürokratisch handeln zu können (z. B. bei Kauf von Hygieneartikeln, Kleidung o. Ä.).

Families First vertritt eigene Wertvorstellungen und Prinzipien, die in der Arbeit mit Familien höchsten Stellenwert besitzen. Gehrmann et al. (1997) nennen folgende Grundsätze:

- Kinder haben ein Recht auf ihre Familien, da die Familie die wichtigste Bezugsgruppe für die Entwicklung von Kindern ist.
- Erste und wichtigste Aufgabe ist die Sicherheit der Kinder.
- Die meisten Familienmitglieder fühlen sich füreinander verantwortlich.
- Familien in Schwierigkeiten wollen sich verändern.
- Jede/r tut das Beste, was er/sie kann, zu seiner/ihrer Zeit.
- Eine Krise ist eine Chance zur Veränderung.
- Eine falsche Intervention kann schaden.
- Die Kraft für Veränderungen liegt in der Familie selbst.
- Familien unterscheiden sich und haben einen Anspruch, in ihrer Individualität Respekt zu erfahren.

Galuske (2009) konstatiert, zuerst sei diese Form der Krisenintervention entwickelt worden und erst dann habe man die theoretischen Grundlagen erforscht; Familien First (FF) sei ein «Kind der Praxis» und ein nicht strikt von Theorien abgeleitetes Handlungsmodell.

Relevant ist die Social Attachment Theory (These der sozialen Zugehörigkeit), die davon ausgeht, dass Kinder sich am besten entwickeln, wenn sie in ihrem gewohnten Umfeld aufwachsen können, da sie eine enge emotionale, psychische und soziale Bindung zu ihrer Familie haben und auf diese Art ein starkes Zugehörigkeits- und Verantwortungsgefühl entwickeln. Wird ein Kind von seiner Familie getrennt, kann dies gemäß der Theorie zu großen psychischen Belastungen und langfristigen Störungen führen.

Da FF mit Familien in akuten und mitunter schweren Krisen arbeitet, wird die Krisentheorie als wichtiger Grundsatz mit einbezogen und unterscheidet zwischen entwicklungsbedingten Krisen (Krisen die durch «problematische Verarbeitung von Lebensphasen» ausgelöst wurden) und ereignisbedingten Krisen (Krisen die durch bestimmte Ereignisse wie Arbeitslosigkeit, Krankheit etc. ausgelöst werden). Als wichtige Voraussetzung zur Veränderung nennen Gehrmann und Müller (2008) das Krisenbewusstsein. Weitere theoretische Fundierungen lieferten das Stärkenassessment/Empowerment, die sozialräumlichen Konzepte, der Stärkenansatz, die Rational Emotive Therapy, das Kompetenzmodell, die personenzentrierte Gesprächsführung, die Verhaltenstherapie und die Familien- und Environment-Aktivierung (ebd).

Der Indikationsschwerpunkt von Families First in Deutschland liegt eindeutig auf Familien, in denen Kinder durch eine Fremdplatzierung bedroht sind. Die Nachfrage seitens der Jugendämter führte jedoch, so Funk und Lindemann (2000), in den vergangenen Jahren zu einer Indikationserweiterung. So kann FF ebenfalls eine geeignete Maßnahme sein, wenn Familien sich in schweren akuten Krisen befinden, aus der sich die Familie aus eigener Kraft nicht befreien kann, oder wenn die Rückführung eines oder mehrere Kinder aus einer stationären Jugendhilfeeinrichtung begleitet werden soll. Aus FF haben sich außerdem weitere Hilfeprogramme abgeleitet wie: das FF-Clearing, das Familienstabilisierungsprogramm (FSP) und Flexible Hilfen (Flex), um sich den Bedürfnissen der Klientel anzupassen (Stiftung Hospital St.Wendel 2007).

Praxis und Anwendung

Aus der Indikation von Families First leitet sich das Ziel ab, eine Fremdunterbringung der Kinder einer Familie zu vermeiden. FF geht davon aus, dass die Familie die wichtigste Bezugsgruppe für die kindliche Entwicklung darstellt; aus diesem Grund soll das Wohl des Kindes innerhalb seiner gewohnten Familie wiederhergestellt und dauerhaft gewährleistet werden. Vorrangiges Ziel ist dabei stets das Wohl und die Sicherheit des Kindes. Nach Germann und Müller (2001) geht es zu Beginn vor allem um Ziele, die sofort realisiert werden müssen, wie z. B. ein Gewalt- und/oder Missbrauchsstopp. Ziel der Arbeit ist es, nicht nur die Ursachen der Krise zu verstehen, sondern die Familie wieder in die Lage zu versetzen, ihre Erziehungsaufgaben angemessen wahrzunehmen und somit eine Fremdplatzierung zu verhindern. Deshalb wird als langfristiges Endziel die Stärkung des Selbstmanagements der Familie angesehen (Galuske 2009).

Indikation für Families First (FF) am Beispiel Anna B.
ASD der Stadt Koblenz

Sehr geehrte Fr. Anna B.
Hr. Anton B. von der psychosozialen Beratung Koblenz hat uns kontaktiert und Ihre Lebenssituation geschildert. Um Ihre Bemühungen um eine Stabilisierung Ihrer Alltagssituation im Rahmen eines Case-Management-Prozesses zu unterstützen, bieten wir Ihnen eine Teilnahme an unserem Familienaktivierungsprogramm «Families First» an.

Es geht bei diesem Programm konkret darum, Sie in der Beziehung zu Ihrer Tochter unterstützend zu begleiten, um nachhaltig Ihr Zusammenleben zu sichern. Dabei steht nicht kontrollierende Einflussnahme im Vordergrund, sondern wir möchten mit Ihnen gemeinsam, unter Berücksichtigung der gesamten Lebenssituation, Ihre Fähigkeiten und Kompetenzen stärken.
Für uns ist es dabei ein Leitgedanke, Sie und Ihre Tochter in den Mittelpunkt der Hilfe zu stellen. Das bedeutet, dass Sie selbst Ihre Situation einschätzen, Ihre Zukunftsvorstellungen entwickeln und die verfügbaren Eigenkräfte einschätzen.

In der praktischen Umsetzung würde dies bedeuten, dass eine unserer Fachkräfte Sie für die Dauer von 6 Wochen unterstützend im Haushalt Ihrer Familie begleitet und auch außerhalb dieser Anwesenheitszeiten für Sie rund um die Uhr erreichbar ist. Zusätzlich würden Sie an wöchentlichen Gruppenberatungen teilnehmen, um mit anderen Familien Ihre Erfahrungen auszutauschen.

Ich schlage vor, dass wir in einem persönlichen Gespräch die Möglichkeiten, den eventuellen Nutzen und vor allem Ihre Bereitschaft und Motivation zur Teilnahme an «Families First» erörtern, und lade Sie zu einem Gespräch am XXXX in den Räumen der ASD Koblenz ein.

Bitte teilen Sie uns mit, ob Sie dieses Gesprächsangebot wahrnehmen.

Mit freundlichen Grüßen
Rita W.
Diplomsozialpädagogin

Nach Ausführungen von Gehrmann und Müller (2008) verläuft eine FF-Maßnahme in vier Interventionsstufen:

Der Erstkontakt mit der betroffenen Familie erfolgt innerhalb von 24 Stunden und wird mit einem Übernahmeprotokoll dokumentiert. In der Familie beginnt die Phase des Umwerbens (Engaging). Der Familienarbeiter versucht, das Vertrauen der Familie zu gewinnen, Hoffnung zu vermitteln, einen Auftrag zu definieren und mit der Familie Einverständnis über die Durchführung der Hilfemaßnahme herzustellen. Das Beherrschen von Verhaltensregeln, die Respekt und Gleichberechtigung, Interesse, Sicherheit und Ruhe der Familie gegenüber signalisieren, ist ein wichtiges Hilfsmittel in diesem Prozess. Bereits hier sollen krisenhafte Situationen entspannt und Gewalt in der Familie gestoppt werden, um die Sicherheit der Kinder und anderer Familienmitglieder zu gewährleisten. Schuldzuschreibungen und Diffamierungen müssen in dieser Phase unbedingt vermieden werden.

In der zweiten Phase geht es um weitere Konfliktdämpfung und Stärkenassessment, zum Beispiel mittels spezieller Gewaltstopp-Programme. Nach dem Herausarbeiten von Problemen und dem Ordnen nach deren Dringlichkeit folgt eine Situationsanalyse mit dem Ziel, herauszufinden, in welchen Situationen die Probleme der Familie entstehen und eskalieren. Der Familienarbeiter ist in der Verantwortung, die Potenziale und Kompetenzen der Familie aufzuspüren und diese fortlaufend zu stärken.

Nach der Definition der Ziele werden entsprechende Maßnahmen geplant und durchgeführt. Die Umsetzung der Ziele basiert auf einem System von Verhaltenskontrollen mit Belohnungen und Sanktionen. Die Ziele müssen erreichbar sein und die Potenziale der Familie berücksichtigen. Es kommt ein breites Methodenrepertoire zum Einsatz: direkte Ermutigung, Zielprotokoll, Rollenarbeit, Aktives Zuhören, Genogramm, Zeitleiste, Sozialatlas, Krisenthermometer zur Depressionskontrolle und zum Wut-Management, Positives Feedback, Soziodrama, sozialtherapeutisches Rollenspiel, Video-/Medieneinsatz, direkte Unterweisung und Verhaltenstraining

Beendigung und Evaluation: Wurden die gewichtigsten Ziele erreicht und die Sicherheit der Kinder gewährleistet, wird der Abschluss eingeleitet. Die Familie sollte zum Beendigungszeitpunkt zur Selbststeuerung in der Lage sein. Mit der Familie wird ein Katalog weiterführender Hilfemaßnahmen (Hausaufgabenbetreuung, Sozialpädagogische Familienhilfe etc.) erstellt, und es werden erste Kontakte vermittelt. Eine auf die Bedürfnisse der Familie zugeschnittene Nachbetreuung ist nach Gehrmann und Müller (2008) eine ganz wesentliche Voraussetzung für Sicherung der Erfolge und Nachhaltigkeit.

Eine begleitende formative Evaluation und strukturierte Dokumentation ist bereits integriert und wird durch die FF-Arbeiter in den einzelnen Familien durchgeführt. Zur Selbstevaluation stehen verschiedene Instrumente wie Übernahmeprotokolle, Assessmentbogen, wöchentliche Planungsbogen, Wochenberichtsbogen, Abschlussinterviews mit der Familie, monatlicher Feedbackbericht, halbjährliche und jährliche Nachbefragung nach Abschluss der Maßnahme zur Verfügung (Galuske 2009). Eine wissenschaftliche Ergebnisevaluation auf regionaler und überregionaler Ebene wird für die Qualitätssicherung und Qualitätsentwicklung als unverzichtbar gesehen.

FF ist auf Kooperation angewiesen, kann kaum unabhängig arbeiten. Zur Sicherung der Nachhaltigkeit der Erfolge sind andere Hilfemaßnahmen als Nachsorge unverzichtbar. Grenzen sind dann erreicht, wenn ein oder mehrere Kinder in ihrer Familie trotz Intervention weiterhin in psychischer oder physischer Gefahr sind und ihre Sicherheit nicht durch die Fachkräfte gewährleistet werden kann. So kann nicht immer die Herausnahme eines Kindes aus der Familie verhindert werden (Funk & Lindemann 1997). Weiterhin ist das Programm abhängig von der Mitarbeit und Kooperation ihrer Klienten: Alle Maßnahmen würden fehlschlagen, wenn Krisenbewusstsein und der Wunsch nach Veränderung fehlten.

Kompetenzprofil

Aus den Rahmenbedingungen und der konkreten Umsetzung von FF lassen sich notwendige Schlüsselqualifikationen ableiten. Neben einer großen Methodenkompetenz gelten Erfahrungen und Berufspraxis in der Familien- oder Jugendhilfe als Voraussetzungen. Aus der kontinuierlichen Rufbereitschaft ergibt sich eine notwendige Flexibilität und hohe Belastbarkeit, die Familienarbeiter müssen «bereit und in der Lage sein täglich 24 Stunden … der Familie Hilfe anzubieten», verdeutlichen Gehrmann und Müller (2001, S. 103). Des Weiteren sollten sie eine gute Beobachtungsgabe besitzen, gut und deutlich instruieren und jede Familie mit ihren Normen und Werten respektieren. Da ein FF-Team in der Regel aus mehreren Familienarbeitern besteht, ist Teamfähigkeit unabdingbar.

8.1.5 Klientenzentrierte Gesprächsführung am Beispiel «Motivational Interviewing»

Das von Carl Rogers in den 40er-Jahren entwickelte Beratungs- und Therapiekonzept «Klientenzentrierte Gesprächsführung» stammt ursprünglich aus dem Bereich der psychotherapeutischen Methoden, hat aber auch außerhalb des therapeutischen Sektors Verbreitung gefunden, insbesondere bei der institutionalisierten Beratung. Aufgrund von Weiterentwicklungen und Adaptionen in der Fachliteratur werden die Begriffe «nicht direktive Beratung», «klienten- oder personenzentrierte Gesprächstherapie», «personenzentrierte Therapie» zum Teil synonym verwendet.

Die Klientenzentrierte Gesprächsführung weist eine konzeptionelle Nähe zu bestimmten Ansätzen der Sozialen Einzelfallhilfe auf. Rogers betont, dass in besonderer Weise die Selbstheilungskräfte des Individuums akzentuiert werden. Es werden die Fähigkeiten fokussiert, mit Störungen und Problemen der Anpassung und Wahrnehmung selbst fertig zu werden.

Theorie und Indikation

Grundlage für das Interventionskonzept von Rogers ist seine Persönlichkeitstheorie. Dieser liegen folgende Annahmen zugrunde:

Aktualisierungstendenz: Der Organismus hat die Tendenz, sich in Richtung Reife zu bewegen. Gleichsam besteht die Tendenz zur fortschreitenden Selbstverwirklichung. Erfahrungen sollen aktualisiert, erhalten und erhöht werden.

Selbstkonzept: Der Organismus (mit der Tendenz zur Aktualisierung) trifft auf die Umwelt mit ihren spezifischen Anforderungen. In der Auseinandersetzung zwischen Organismus und Umwelt bildet sich ein Selbstkonzept, ein wertendes Bild des Individuums von sich selbst. Das Selbstkonzept hat die Funktion eines Selektionsapparats.

Subjektive Wahrnehmung: Die Aktualisierungstendenz und das Selbstkonzept bewirken einen Filterungsprozess: Der Organismus reagiert auf die Welt, wie er sie erfährt und wahrnimmt. Dieses Wahrnehmungsfeld ist für ihn Realität. Man reagiert nicht auf absolute Realität, sondern auf die Wahrnehmung dieser Realität. Diese Wahrnehmung ist subjektive Realität.

Kongruenz zwischen Selbst und Erfahrung: Die gemachten Erfahrungen werden entweder wahrgenommen, ignoriert oder geleugnet. Können die Erfahrungen ins eigene Selbstkonzept integriert werden, dann ist die Anpassung gelungen. Wenn nicht, kommt es zu einer potenziellen Spannung. Auf die Inkongruenz zwischen Selbst und Erfahrung wird mit Ängsten oder Verteidigungsstrategien reagiert, es entstehen Probleme.

Anpassung an die lebensweltlichen Erfahrungen ist das Ziel des Beratungsprozesses. Um Angst und Verteidigungshaltung zu ändern, muss das Selbstkonzept mit den aktuellen Umwelterfahrungen kongruent werden. Die Veränderungen müssen unter Bedingungen erfolgen, in denen weder Angst noch Verteidigung herrschen. Hieraus ergeben sich hohe Anforderungen an die Person des Beraters. Die Grenzen des Selbstkonzepts müssen schrittweise flexibler gemacht werden. Es müssen Bedingungen geschaffen werden, die es dem Klienten erlauben und ermöglichen, sich zu verändern.

> «Dieses an der Person und an ihrem Veränderungspotential orientierte Vorgehen hat zu einer großen Verbreitung des Ansatzes auch außerhalb von therapeutischen Arbeitsfeldern geführt. Rogers wendet sich mit seinem Konzept an alle Fachleute, die einen großen Teil ihrer Zeit damit verbringen, durch persönlichen Vis-a-vis-Kontakt einen konstruktiven Wandel der Einstellungen bei ihren Klienten zu bewirken. (...) Doch wenn sich auch eine intensive, mehrere regelmäßig durchgeführte Gesprächskontakte umfassende Beratung nicht immer eindeutig von einer entsprechenden Psychotherapie trennen lässt, so muss doch davon ausgegangen werden, dass die in der psychosozialen Arbeit Tätigen in ihrer Berufspraxis eine Situation vorfinden, in der einerseits häufig die Notwendigkeit besteht, beim Klienten konkrete Einstellungs- und Verhaltensänderungen zu erzielen, dies jedoch andererseits zumeist unter ganz anderen Bedingungen und mit teilweise ganz anders motivierten Klienten, als dies bei der therapeutisch tätigen Psychologin der Fall ist. Der Klient zeichnet sich überwiegend dadurch aus, dass er konkrete Hilfe erwartet, die Schwierigkeiten, in denen er sich befindet, weniger in seiner Person als vielmehr durch äußere Faktoren verursacht und aufrechterhalten sieht und dass er keinen so großen Leidensdruck hat wie jemand, der sich in psychotherapeutischer Behandlung befindet» (Weinberger 1980, S. 32 f.).

Praxis und Anwendung

Ziel des beratenden Prozesses ist es, die Selbstheilungskräfte des Klienten zu fördern, indem der Berater eine unterstützende Beziehung aufbaut. Der Klient braucht in dem Prozess Raum zur Selbsterkenntnis und Selbstentfaltung. Dazu bedarf es zweier Grundprinzipien, die sich in der Beziehung zwischen Klient und Berater realisieren lassen.

- Beratung hat nicht direktiv zu erfolgen
- Der Klient braucht Raum zur Selbstexploration, um sich so mit seinen Wünschen und Zielen auseinanderzusetzen.
- Die Person steht im Zentrum, nicht das Problem
- Ziel ist es nicht, ein bestimmtes Problem zu lösen, sondern dem Klienten zu helfen, sich so zu entwickeln, dass er mit diesem oder späteren Problemen besser fertig wird.

Diese beiden grundlegenden Prinzipien lassen sich in der Beziehung zwischen Klient und Berater realisieren. Nach Rogers sind aus Sicht des Beraters drei fundamentale Haltungen wichtig:

- positive Wertschätzung und emotionale Wärme
- Echtheit
- einfühlendes Verstehen (Empathie)

Die Akzeptanz des Klienten ist nicht an Bedingungen geknüpft. Er wird akzeptiert, unabhängig davon, was er äußert und wie er sich gibt. Wertschätzung erzeugt emotionale Wärme und erlaubt dem Klienten, Verletzungen und Ängste zu verbalisieren und sich zu offenbaren. Beurteilungen, Bewertungen, Zeichen der Missbilligung oder Abneigung sind dagegen kontraindiziert.

Der Berater sollte er selbst sein, keine Fassade aufbauen und keine Rolle spielen. Nur dann ist der Klient bereit, sich zu öffnen und kongruentes Verhalten zu zeigen. Er wird als Person geschätzt, kann Vertrauen fassen und wird angeregt, auch in seinem Verhalten offener zu sein.

Der Berater soll sich in den Klienten hineinfühlen; Voraussetzung dafür ist Zuhören und Zuschauen. Der Berater als akzeptierendes «alter ego» des Klienten: Dieser kann sich in den Spiegelungen erfahren, seine Begrenzungen austesten und reflektieren.

Ziel der Klientenzentrierten Gesprächsführung ist es, eine Selbstexploration seitens des Klienten zu ermöglichen, wodurch dieser seine Probleme selbst bewältigen kann. Bevor der Klient in die Phase der Verwirklichung seiner Ziele eintritt, spricht er offen über seine Gefühle, seine Wünsche und Ziele und wird sich deren so immer bewusster (Weinberger 2004). Die Ziele sollten klar formuliert und überprüfbar und auf das Verhalten des Klienten abgestimmt werden (Gehrmann & Müller 2008).

Motivational Interviewing

Motivational Interviewing (MI) oder «Motivierende Gesprächsführung» wurde im Kontext der Beratung und Behandlung von substanzabhängigen Menschen entwickelt (Miller & Rollnick 2002). Sie baut auf den humanistischen Therapieschulen auf, ist jedoch direktiver als Gesprächspsychotherapie und integriert unterschiedliche Konzepte und Methoden verschiedener Therapierichtungen. Es ist eine Weiterführung oder feldspezifische Spezialform der Klientenzentrierten Gesprächsführung und wird definiert als ein direktiver, klientenzentrierter Beratungsstil mit dem Ziel, intrinsische Motivation zur Verhaltensänderung durch Explorieren und Auflösen von Ambivalenz aufzubauen.

Theorie und Indikation

Das Konzept wurde zur Beratung für Menschen mit Suchtproblemen entwickelt (ebd.). Die Beratungs- und Behandlungsstrategien sind spezifisch auf unterschiedliche Motivationslagen abgestimmt. Die Innovation des Verfahrens besteht in der Fokussierung von Zielgruppen, die nur eine geringe Änderungsbereitschaft aufweisen oder in hohem Maße ambivalent sind. Motivational Interviewing ist somit für Beratungssettings mit einer motivational niedrigen Zugangsschwelle sehr geeignet. Hierzu zählen z. B. psychosoziale Beratungsstellen, Einrichtungen der beruflichen und medizinischen Rehabilitation, der beruflichen Weiterbildung für spezifische Zielgruppen, in denen die Motivation zur Einstellungs- und Verhaltensänderung, zum Lernen etc. häufig nicht Voraussetzung, sondern zunächst das Ziel ist.

Einer der Vorteile dieser Methode ist es, dass der Klient nicht erst an einem Tiefpunkt angelangt sein muss, um ihn effektiv behandeln zu können. Auch beim Motivational Interviewing als einer speziellen Anwendung der Klientenzentrierten Gesprächsführung steht der Klient im Vordergrund und nicht das Problem. Seine Selbstheilungskräfte sollen auf der Basis einer vertrauensvollen und die Änderungsmotivation stärkenden Beziehung gefördert werden.

Das Motivational Interviewing baut auf der «Theorie der Selbstwahrnehmung» von Bem (1972) auf, dessen Grundpostulat annimmt, dass Attributionen und Einstellungen offenem Verhalten folgen. Menschen erkennen ihre Identität, Einstellungen und Gefühle dadurch, dass sie sich selbst unter bestimmten Umständen beobachten bzw. beim Äußern relevanter Inhalte zuhören und daraus Schlussfolgerungen ziehen.

Aufgabe des Therapeuten ist es, den Klienten so zu begleiten, dass er sich selbst besser versteht und akzeptiert. Die Beziehung wird zum Übungsfeld. «Hat eine Person mehrfach die Erfahrung gemacht, dass ihr der Umgang mit fremden Menschen leicht fällt, dann wird sie sich als kontaktfreudig und aufgeschlossen betrachten. Sie wird gerne auf andere Menschen zugehen und gemeinsame Unternehmungen planen» (Stangl o. J.).

Menschen werden in ihrem Leben mit Dingen konfrontiert, die von ihrem Selbstkonzept abweichen und die bewältigt werden müssen; manchmal durch Annahme, oft aber auch durch den Versuch, die Diskrepanz zwischen Anspruch und Wirklichkeit gering zu halten. Das Leugnen oder Ignorieren der Erfahrungen, also inkongruentes Verhalten, behebt aber nicht die Diskrepanz, sondern es entstehen hieraus Probleme. Um eine Änderung des inkongruenten Verhaltens zu bewirken, sollte die Atmosphäre während des Beratungssettings angstfrei sein. Denn nur dort wird sich der Klient vollständig öffnen können, um sein Selbstkonzept mit seinen Erfahrungen in Einklang zu bringen (ebd.).

Hinter der Idee des Motivational Interviewing steht der Grundgedanke, dass der Mensch seinen Problemen durchaus ambivalent und ambitendent gegenübersteht. Er kennt also Gründe, die für oder gegen eine Änderung seines Problems sprechen, und verhält sich entsprechend widersprüchlich. Wären Menschen sich ihres Verhaltens und dessen Auswirkungen sicher, so wären sie sehr viel früher bereit für die Bewältigung des Problems, müssten also nicht erst massiven Leidensdruck haben, einen Tiefpunkt erfahren und das Gefühl, vollständig versagt zu haben oder abgerutscht zu sein, um sich effektiv mit dem Verhalten auseinanderzusetzen. Ein so ermöglichtes früheres konstruktives Eingehen auf die Problematik würde die bekannten Folgen und Anschlussprobleme der Sucht minimieren und nicht nur dem Klienten und ihren Bezugssystemen viel «Leid», sondern den Trägern der Hilfe auch Kosten durch die somit verkürzte Behandlungszeit ersparen (Rumpf et al. 2005).

Praxis und Anwendung

Der Berater soll dem Klienten bei der Problemlösung zur Seite stehen und seine Veränderungsmotivation fördern, bis schließlich Ziele vereinbart und ein konkreter Plan für die bevorstehenden Veränderungen erarbeitet werden können. Das ganze Vorgehen ist darauf abgestimmt, dass der Klient von sich aus diesen Weg begeht und Schwächen seines bisherigen Verhaltens erkennt. Der Berater soll durch die ihm zur Verfügung stehenden Methoden lediglich die Änderungsansätze des Klienten herausheben und diese, wenn möglich, verstärken. Der Klient sollte sich nicht durch den Plan zu einer Handlung oder einem Verhalten gedrängt fühlen, vielmehr soll er dem Plan zustimmend gegenüberstehen (Rumpf et al. 2005).

Die Grundprinzipien des Motivational Interviewing sind:
1. Eine emphatische Grundhaltung des Beraters, die es dem Klienten erleichtert, seine Zurückhaltung aufzugeben und sich zu öffnen.
2. Die Förderung der Wahrnehmung von Diskrepanzen zwischen Zielen und Wünschen des Klienten und seiner Konflikte und Probleme.
3. Die Vermeidung von konfrontativen, moralisierenden und stigmatisierenden Argumentationen.
4. Die Wertung von Abwehr als Ausdruck einer Störung der Interaktion zwischen Klient und Berater, die es zu bearbeiten gilt,
5. Die Erfahrung von Selbstwirksamkeit wird als ein wichtiges Element erfolgreicher intentionaler Verhaltensänderungen angesehen und soll daher gefördert werden.

Lange Zeit wurden in der Beratung von Menschen mit Suchtproblemen eine intrinsische Motivation und eine uneingeschränkte Compliance als Voraussetzung für erfolgreiche Hilfe gesehen. Widerstand wurde gewertet als mangelnde Veränderungsbereitschaft und fehlende Reife oder Fähigkeit zur abstinenten Lebensführung. Das Zeigen der zu erwartenden Symptome einer Störung wurde quasi gleichzeitig als Aufbegehren gegen die Hilfemaßnahmen gewertet, was in konfrontativen Verfahren dazu führte, dass Klienten von der Behandlung ihrer Erkrankung ausgeschlossen wurden, weil sie deren Symptome zeigten. Eine für alle Beteiligten unbefriedigende und schwer zu vermittelnde Haltung, die in der Praxis zu großen Problemen führte: Man stelle sich vor, eine Klientin würde wegen ihrer Schmerzsymptomatik aus der Schmerztherapie entlassen.

Das Motivational Interviewing setzt dieser konfrontativen Praxis motivierende Prinzipien entgegen. Der Klient wird unterstützt bei der Selbstakzeptanz als jemand, der ein Problem hat. Die Akzeptanz der Diagnose gilt aber nicht per se als Voraussetzung für Veränderung. Berater präsentieren nicht Beweise, um Klienten von der Richtigkeit und Akzeptanz der Diagnose zu überzeugen. Widerstand wird als Verteidigung angesehen, auf die man nicht mit Konfrontation reagieren muss. Der Klient wird akzeptiert mit seinen Zweifeln, und ihm bleiben trotz seines Krankheitsbilds die Fähigkeiten zur persönlichen Entscheidung, Beurteilung und Kontrolle. Das Einbeziehen der Klienten ist notwendig. Ziele der Behandlung sind Veränderungsstrategien und werden zwischen

Klient und Berater auf der Basis objektiver Daten und Akzeptierbarkeit ausgehandelt. Das Gewicht liegt auf der persönlichen Entscheidungsfähigkeit und Verantwortung des Klienten für zukünftiges Verhalten. Der Berater führt objektive Werte an, aber mit Blick auf die Interessen der Klienten. Widerstand verlangt Reflexion, wird als interpersonelles Geschehen gesehen, das auch durch das Verhalten von Beratern beeinflusst wird.

Bei den konkreten Interventionen wird als Interventionsmöglichkeiten beim Motivational Interviewing meist auf Techniken der Gesprächsführung zurückgegriffen:

Offene Fragen sollen den Klienten ermutigen, von sich zu berichten. Es sollen Fragen vermieden werden, die lediglich ein «Ja» oder «Nein» zur Antwort erfordern.

Die Fragen sollten keine richtungweisenden Implikationen enthalten wie zum Beispiel: «`Anna, wollen Sie etwas gegen Ihr ‹Problem› unternehmen oder weiterleben wie bisher?`»

Offene Fragen sind geeignet, eine vertrauensvolle Atmosphäre zu schaffen, und erlauben es dem Klienten, Einfluss auf Richtung und Tempo der Beratung zu nehmen.

Beispiel: «`Anna, Sie sagten, Sie hätten sich schon einmal Sorgen wegen der Auswirkungen Ihrer Sucht auf Ihre Tochter gemacht. Was war denn das für eine Situation?`»

Reflektierendes Zuhören im Sinne eines einfühlenden und nicht wertenden Verstehens: «`Die damalige Reaktion Ihrer Tochter ist offensichtlich bis heute sehr schmerzhaft für Sie!`» Durch das reflektierende Zuhören erhält der Berater Zugang zu der Lebenswelt des Klienten und möglichen zentralen Inhalten und Themen seiner Problemlage. Dem Klienten wird hierbei Raum gegeben, ein differenzierteres Bewusstsein über seine jetzige Lebenssituation zu entwickeln.

Bestätigen und Unterstützen des Klienten: Positive Rückmeldungen signalisieren dem Klienten, dass er verstanden und angenommen wird. Dies geschieht in der Regel durch kurze Bemerkungen. Hat ein Klient z. B. gerade berichtet, dass es ihm sehr schwer gefallen ist, ins Krankenhaus zu gehen, weil er sich wegen seiner Problematik schämt, so könnte der Berater bestätigen: «`Das war ein sehr schwerer Schritt für Sie, Anna. Aber Sie haben es geschafft!`»

Äußerungen zur Eigenmotivation herausarbeiten bedeutet, Motive für Änderungsbereitschaft werden von den Klienten auf kognitiver, affektiver oder intentionaler Ebene erarbeitet und geäußert.

So ist die Äußerung eines Klienten: «Ich habe damals durch meine Reaktion, aber auch durch das Verhalten meiner Tochter das erste Mal direkt zu spüren bekommen, dass mir mein ‹Verhalten› auch schaden kann.» Dies ist die Anerkennung eines Problems auf kognitiver Ebene. Auf affektiver Ebene spielt der Ausdruck von Sorge oft eine große Rolle bei der Herausarbeitung von Änderungsbereitschaft. Häufig wird er nicht gleich verbalisiert, sondern ist nur aus Gestik oder Mimik zu erschließen. Auch intentionale Änderungsabsichten werden nicht immer offen geäußert, sondern indirekt, z. B. durch die Frage: «Was tun denn Ihre anderen Klienten, wenn sie solche Probleme haben und die Beziehung mit den Kindern verbessern wollen? Gelingt das denn einigen?»

Zusammenfassen zwischen zwei Gesprächsblöcken oder zum Ende der Beratung durch den Berater: Hierbei werden Gesprächsteile zusammengefasst und in einen Sinnzusammenhang gebracht. Dieses Zusammenfassen verstärkt, was besprochen wurde, zeigt dem Klienten, dass er verstanden wurde, und leitet über zu einer anderen Gesprächsphase. Diese Technik ist insbesondere hilfreich, um Ambivalenzen aufseiten des Klienten deutlich zu machen. Der Ton ist kooperativ und erlaubt den Klienten, etwas hinzuzufügen oder zu korrigieren. «Also Anna. Sehe ich das richtig? Sie haben nun festgestellt, dass durch Ihre Erkrankung einiges nicht optimal gelaufen ist, aber Sie haben nun die Entscheidung getroffen, entsprechende Veränderungen anzugehen.»

Kontraindiziert für Motivational Interviewing sind:

- direktive Anweisungen («Anna, machen Sie Ihrer Tochter klar, dass ...»),
- Warnungen oder Drohungen («Wenn Sie das nicht ändern, dann ...»),
- Ratschläge, Lösungsvorschläge («Ich an Ihrer Stelle würde ...»),
- Überredungen mit verschiedenen Argumentationen («Aber bedenken Sie, dass ...»),
- Moralisierungen («So sollten Sie nicht mit Ihrer Tochter umgehen ...»),
- Schuldzuweisungen («Da haben Sie aber bei Ihrer Tochter etwas angerichtet!») oder
- andere Vorgehensweisen, die dem Klienten bei der Bearbeitung und Interpretation seiner jetzigen Lebenssituation eine passive Rolle zuweisen.

Der Berater in der Klientenzentrierten und in der Motivierenden Gesprächsführung muss die Techniken der Gesprächsführung beherrschen und natürlich auch mit den Problemsituationen und den Facetten der Alltagswelt der Klienten vertraut sein. Er braucht Sach- und Methodenkompetenz und muss eine vertrauensvolle Beziehung aufbauen und mitgestalten können. Insbesondere aber benötigt er ein Kompetenzprofil, das, wie Riet und Wouters (2002) es für das Case Management beschreiben, auf einer Vorstellung von Hilfe basiert, in der der Klient die zentrifugale Kraft bildet und bei der alle Aktivitäten an dem Prinzip seiner Selbstbestimmung ausgerichtet sein müssen.

Die zentralen Haltungen des Beraters sind keine lehrbaren Techniken, sondern grundlegende Einstellungen im Kontakt mit Klienten. Diese können in speziellen Übungen erlernt, umgesetzt und trainiert werden. Die Klientenzentrierte Gesprächsführung gilt in der Praxis häufig als Grundlage des Gesprächs und wird durch andere, auf dem gleichen Paradigma beruhende Methoden ergänzt. Die Klientenzentrierte Gesprächsführung wirkt einer verbreiteten pädagogischen Haltung entgegen. Der Berater wurde häufig als besserwissend erlebt. Man ging davon aus, dass der Berater weiß, was für den Klienten gut ist, denn: Käme der Klient mit seinem Leben zurecht, wäre er kein Klient.

8.1.6 Empowerment

Ursprünglich entstammt der Begriff «Empowerment» aus dem Umfeld der schwarzen Bürgerrechtsbewegung in Amerika und ist, wie viele Handlungskonzepte Sozialer Arbeit, ein Importprodukt aus dem angloamerikanischen Raum. Empowerment hat sich aus den verschiedensten politischen Ansätzen entwickelt, darunter die Schwarzenbewegung, die Frauenbewegung, Paulo Freires Alphabetisierungskampagnen, der Anarchismus sowie Marxismus und die Jefferson'sche Demokratie. In Deutschland rückte das Konzept Anfang der 90er-Jahre verstärkt in den Blickpunkt und etablierte sich im Zusammenhang mit der Forderung nach Stärkung gemeinschaftlicher Potenziale als Grundlage einer solidarischeren Gesellschaft, den Erfahrungen der Selbsthilfebewegung und der neuen sozialen Bewegung sowie den Forschungen zu Bedingungen, Strukturen, Chancen und Grenzen sozialer Netzwerke und sozialer Unterstützungssysteme (social support) (Galuske 2007).

Theorie und Indikation

Empowerment kann übersetzt werden mit «Selbst-Bemächtigung», «Selbst-Ermächtigung» oder «Selbstbefähigung» und bezeichnet nach Theunissen (2009) Strategien und Maßnahmen, die geeignet sind, den Grad an Autonomie und Selbstbestimmung im Leben von Menschen oder Gemeinschaften zu erhöhen und es ihnen zu ermöglichen, ihre Interessen (wieder) eigenmächtig, selbstverantwortlich und selbst bestimmt zu vertreten und zu gestalten (ebd). Menschen sollten in der Lage sein, ihr Leben selbst zu gestalten, und deshalb sollte es das Ziel der Sozialen Arbeit sein «für Menschen die Möglichkeiten zu erweitern, ihr Leben zu bestimmen» (Rappaport 1985, S. 269). Ziel ist es daher auch, «einen Prozess der Gestaltung und Gestaltbarkeit sozialer Lebensräume zu beginnen, der die Handlungsmöglichkeiten individuell und kollektiv erweitert und potenziell soziale oder organisatorische Rahmenbedingungen verändert» (Stark 2004, S. 537).

Im Kontext der Sozialen Arbeit ist damit sowohl der Prozess der Selbstbemächtigung als auch die professionelle Unterstützung der Menschen, ihre Gestaltungsspielräume und Ressourcen wahrzunehmen und zu nutzen, gemeint und schließt den erreichten Zustand von Selbstverantwortung und Selbstbestimmung (Selbstkompetenz) mit ein. In diesem Prozess sollen Betroffene ihre Angelegenheiten selbst in die Hand nehmen, sich dabei ihrer eigenen Fähigkeiten bewusst werden, eigene Kräfte entwickeln und soziale Ressourcen nutzen. «Leitperspektive ist die selbst bestimmte Bewältigung und Gestaltung des eigenen Lebens» (Theunissen & Plaute 1995, S. 12).

Im Bereich der professionellen sozialen Hilfe bietet das Empowerment Auswege aus der Fürsorge-Falle, indem es auf eine Veränderung des Selbstverständnisses von Helfern und Hilfeinstitutionen zielt, deren Aufgabe es ist, die Stärken und Ressourcen ihrer Klienten zu ermutigen und zu fördern (Galuske 2009). Im Mittelpunkt stehen hier die Entdeckung noch ungenutzter Stärken der Klienten und die Förderung ihrer Potenziale der Selbstgestaltung. Das Konzept gehört zum Standard der Sozialen Arbeit, seine Ideen werden aber auch in anderen Anwendungsfeldern, wie z. B. in der psychologischen Beratung und in der Organisationsentwicklung, genutzt (Herriger 2002).

Empowerment kann nur über konkrete inhaltliche Ziele erreicht werden. Neben der Vermittlung bzw. Aneignung von Fähigkeiten, Fertigkeiten, Wissen und Kenntnissen ist das Erwerben von Erfahrungen über sich selbst und die eigene Lebenssituation eine wichtige Voraussetzung für das Gelingen des Empowerment-Gedankens (Theunissen & Plaute 2002). «Ziel ist es nun, die

Defizitfixierung durch eine Orientierung an den Stärken und Kompetenzen der Individuen zu ersetzen» (Galuske 2007, S. 262). Menschen in marginalen Positionen sollen ermutigt werden, ihre Selbstverfügungskräfte und Stärken anzuregen, konsultativ und kooperativ unterstützt werden und Selbstbestimmung über die eigenen Lebensumstände gewinnen, sodass eine Lebensform in Selbstorganisation stattfinden kann.

Praxis und Anwendung

Empowerment gilt nach Böhnisch (2001) als eines der zentralen Leitprinzipien in der Bewältigungsperspektive für die Strukturierung der sozialpädagogischen und sozialarbeiterischen Interventionen. Die Klienten werden durch die professionelle Haltung des Empowerment nicht als «kranke» oder «gestörte» Individuen gesehen, sondern sollen selbstverantwortlich und kompetent ihre Interessen vertreten können.

Die Fachkräfte der Sozialen Arbeit haben die Aufgabe, sie bei der Entdeckung ihrer Fähigkeiten und Stärken zu unterstützen und bei der Schaffung von Empowerment förderlichen Umweltbedingungen mitzuhelfen. Dabei steht nicht die Diagnose von Defiziten, sondern die gemeinsame Suche nach Ressourcen des Klienten im Vordergrund (Stark 1996). Als zentrale und professionelle Kompetenz im Sinne von Empowerment wird die Förderung von Partizipation und Ressourcenaktivierung beschrieben. «Partizipation bedeutet eine Beteiligung der Betroffenen an dem Hilfeprozess» (Quindel 2004, S. 191).

Empowermentprozesse verlaufen auf mehreren Ebenen, deren Wirkung aber erst durch eine Verknüpfung der verschiedenen Ebenen zustande kommt. Die Dynamik entsteht aus der wechselseitigen Abhängigkeit und Integration von Veränderung (Stark 2004):

Subjektzentrierte Ebene: Der Klient soll ein Gefühl individueller Stärke entwickeln, Selbstvertrauen und Lebenszuversicht gewinnen sowie zur Überzeugung gelangen, eigene Angelegenheiten selbst erfolgreich regeln zu können. Hier greifen Methoden wie der «Kompetenzdialog», das «Ressourceninterview» oder die «stärkeorientierte Biographiearbeit» (Theunissen 2009). Alltagsressourcen werden durch Methoden des Unterstützungsmanagements und durch Lernhilfen zur Aneignung individueller und sozialer Fähigkeiten mobilisiert.

Die Hilfe erfolgt als integrierte Unterstützung, in der individualisierte, assistierende Hilfen die Alltagsarbeit durchdringen, sowie additive Angebote, die in Form einer Beratung, psychosozialen Einzelhilfe oder Trainingseinheiten greifen. Der Klient wird im Kontext seiner Lebenswelt gesehen; durch die aktive Auseinandersetzung mit anderen Personen gewinnt der Beratungs- und Unterstützungsprozess seine Bestätigung (ebd.; Stark 1996).

> **Übung im Rahmen des Empowerment am Beispiel Anna B.**
> Gruppenübung
> «Anna, Schauen Sie auf Ihr Leben im letzten halben Jahr zurück.
> Was waren für Sie persönliche Ressourcen? Notieren Sie Ihre Ressourcen!
>
> Schätzen Sie die jeweilige Ressource nach dem Grad ihrer Ausprägung ein!
> In welchem Ausmaß könnte die Ressource vorhanden sein, wenn sie nicht vernachlässigt, blockiert oder verschüttet wäre? (1–10)
> In welchem Ausmaß war sie schon mal verfügbar? (1–10)
> Wunschausprägung: In welchem Ausmaß sollte die Ressource innerhalb eines überschaubaren Zeitraums vorhanden sein? (1–10)
>
> Führen Sie mit einem Gesprächspartner Ihrer Wahl ein Gespräch über Ihre Ressourcen.
>
> Berichten Sie im Plenum über Ihre Befindlichkeit und eventuelle Änderungen Ihrer Befindlichkeit während der Übung.»

Gruppenbezogene Ebene: Im Vordergrund steht, dass soziale Ressourcen, Unterstützung und Hilfeleistungen in den informellen Netzwerken verfügbar sein können, im nahen und weiteren Unfeld. Neben der Entdeckung und Mobilisierung familialer Unterstützung und solcher aus Freundeskreisen etc. geht es auch um den Aufbau und die Weiterentwicklung von Selbsthilfe-Initiativen, in denen Menschen mit ähnlich gelagerten Anliegen und Interessen zusammengebracht werden, um dort in der Bündelung ihre individuellen Kräfte entfalten und nutzen zu können. Empowerment darf nicht auf die Ebene von persönlichen Eigenschaften reduziert werden, sondern gemeinschaftliche Aktionen und soziale Unterstützung in der Gruppe müssen als unverzichtbar betrachtet werden (Herriger 2002; Theunissen 2009).

Institutionelle Ebene: Ein institutioneller Veränderungsbedarf soll erschlossen werden, der sich sowohl auf den Abbau von Hierarchien, Zentralinstanzen und Bürokratien zugunsten der Schaffung von demokratischen Entscheidungsstrukturen (Partizipation) als auch auf Möglichkeiten einer Deinstitutionalisierung durch bedürfnisorientierte, bedarfsgerechte und flexible gemeindeintegrierte Wohn- und Dienstleistungsangebote bezieht. Somit soll eine ressourcenorientierte institutionelle «Kultur des Helfens» gefördert und eine partizipative Entscheidungskultur möglich gemacht werden (Theunissen 2009; Brack 1980).

Sozialpolitische und gesellschaftliche Ebene: Unterstützt werden sollen Möglichkeiten und Prozesse politischer und gesellschaftlicher Einflussnahme, um den Menschen in marginaler Position Mitgestaltungsmöglichkeiten in lokalen Machtstrukturen zu eröffnen. Die Lebensqualität der Menschen in der Gemeinde soll so verbessert werden sowie soziale Verteilungsgerechtigkeit geschaffen werden (Theunissen 2009).

Auf diesen Ebenen sollen Bedingungen und eine Arbeitshaltung entwickelt werden, die es ermöglichen «soziale Kräfte bei anderen zu wecken oder sie zu entdecken. Empowerment bezieht sich daher auf die Möglichkeiten und Hilfen, die es Individuen und Gruppen erlauben, Kontrolle über ihr Leben und ihre sozialen Zusammenhänge zu gewinnen und sie darin zu unterstützen, die dazu notwendigen Ressourcen zu beschaffen» (Stark 2004, S. 539).

In der Sozialen Arbeit liegt das Hauptaugenmerk oft auf der subjektzentrierten bzw. gruppenbezogenen Ebene. Es ist im Hinblick auf bestimmte Personenkreise unerlässlich, auch auf der institutionellen sowie auf der sozialpolitischen Ebene zu arbeiten. Es geht hierbei vorrangig um die Schaffung demokratischer Strukturen und den Abbau von Hierarchien in den Institutionen und darüber hinaus um die Schaffung von Möglichkeiten zur Mitgestaltung und Einflussnahme auf politischer Ebene. Professionelle Soziale Arbeit stellt sich hierbei als koordinierende und vermittelnde Unterstützung in Zusammenwirkung mit den Betroffenen dar (Theunissen & Plaute, 2002).

Empowerment in der sozialen Praxis unterliegt immer noch einem gesellschaftlichen Kontrollauftrag, der sich widersprüchlich auf die professionelle Beziehung auswirken kann. Auch lässt das zugrunde liegende Menschenbild, welches Selbstbestimmung, Kontrolle und Stärke betont, ungern Abhängigkeiten und Schwächen zu. Die durch Empowerment angestrebten Veränderungen auf strukturellen Ebenen werden oft von Staat und Politik behindert, weil sie als «Herrschende» wenig Interesse an der Ermächtigung marginalisierter Bevölkerungsteile haben.

Partizipative und solidarische Bewegungen Gleichgesinnter verhelfen ihren Akteuren zu mehr Handlungskompetenz und einem positiveren Selbstwert. Die professionelle Hilfe durch Empowerment steht vorwiegend im subjektiven Interesse der Adressaten. Es soll soziale Kontrolle und der gesellschaftliche Ausschluss von marginalisierten Personengruppen verhindert werden, Stigmatisierungen dieser Personengruppen werden aufgehoben, und mithilfe eines positiven Blickwinkels und neuer Impulse werden soziale und psychische Ressourcen neu erschlossen. Auch eine nachteilig eingeschätzte Situation kann positiv verändert werden. Eine Schwierigkeit besteht darin, dass die Empowermentprozesse zwar angestoßen werden können, dann aber weitgehend ohne Zutun der Professionellen ablaufen und enden. Die Methode lässt sich deshalb nicht mit direkten Interventionen der psychosozialen Beratung vergleichen. Die eigentliche Kraft der Prozesse sieht Stark (2004) in der Verbindung der verschiedenen Ebenen und der so erzeugten Synergieeffekte.

Voraussetzung für eine erfolgreiche Umsetzung des Konzepts ist die grundsätzliche Bereitschaft, die Wertebasis von Empowerment, den Inklusionsgedanken, das Partizipationsprinzip sowie die Implikationen für das professionelle Handeln anzuerkennen. Je rigider und kontrollierender die institutionellen Systeme oder Strukturen sind, desto größer ist die Gefahr, dass den Professionellen ein notwendiges Maß an Autonomie und Gestaltungsmöglichkeiten fehlt, um eine Unterstützung im Sinne von Empowerment zu geben. Um handlungsfähig zu sein, ist es notwendig, die Komplexität von Machtstrukturen und Beziehungsverhältnissen zu analysieren und gegebenenfalls Veränderungen herbeizuführen. Die Fähigkeit und Bereitschaft zur reflexiven Auseinandersetzung mit dem eigenen professionellen Handeln ist somit sehr bedeutsam, um gerade die Chancen von Empowerment zu nutzen.

8.1.7 Validation

Aufgrund demografischer Entwicklung gewinnt die Validation als Methode der Sozialen Arbeit, mit alten, an einer Demenz erkrankten Menschen zu kommunizieren, zunehmend an Bedeutung und Praxisrelevanz. Validation leitet sich aus dem Lateinischen stammenden «Valid» (Wert) ab und bedeutet so viel wie Wertschätzung und Gültigkeit. Es ist ein Kommunikationsmittel, mit dem man besser auf bestimmte Äußerungen und Verhaltensweisen demenzkranker Menschen eingehen kann. Anstatt den verwirrten alten Menschen ständig zu korrigieren, akzeptiert man seine aktuelle Gefühlslage. Bestehende Sorgen, Ängste, Tränen und Probleme werden ernst genommen und nicht ausgeredet oder heruntergespielt. Das Konzept wurde von Naomi Feil als Reaktion auf die Beobachtung entwickelt, dass ein Beharren auf der Realität im Umgang mit Demenzkranken negative Effekte hatte. «Ich gab das Ziel der Orientierung auf die Realität auf, als ich bemerkte, dass die Gruppenmitglieder sich immer dann zurückzogen oder zunehmend feindselig wurden, wenn ich sie mit der unerträglichen Realität der Gegenwart zu konfrontieren versuchte» (Feil 2000, S. 9).

Theorie und Indikation

Die Validation knüpft an verschiedene, sich ergänzende Prinzipien aus der psychologischen Praxis an und gibt unter anderem die Empfehlung, Patienten zu akzeptieren, ohne sie zu beurteilen. Es wird davon ausgegangen, dass ausgedrückte Gefühle, die von einem vertrauten Zuhörer bestätigt und validiert wurden, schwächer werden. Ignorierte oder geleugnete Gefühle werden hingegen stärker. Eine weitere Vorannahme der Validation ist, dass alte Menschen danach streben, die unerledigten Aufgaben ihres Lebens noch aufzuarbeiten. Aufgabe ist es, sie dabei zu unterstützen.

Theoretischer Schwerpunkt der Validation ist die von dem Psychologen Erik Erikson (1992) entwickelte Theorie der Lebensstadien und Aufgaben, die den menschlichen Lebenszyklus in acht Entwicklungsstufen mit spezifischen Entwicklungsaufgaben oder Krisen unterteilt, wobei sich die Aufgaben mit dem Alter ändern. Ob bestimmte Lebensaufgaben gelöst werden, hängt davon ab, wie die Aufgaben in früheren Lebensabschnitten bewältigt wurden. Im letzten Lebensabschnitt «Alter» lautet die Lebensaufgabe: «Leben resümieren». Die erfolgreiche Bewältigung besteht in der Wahrung der persönlichen Integrität. «Integrität im Alter heißt, seine Stärken trotz seiner Schwächen zu erkennen.» Bestehen unbewältigte Aufgaben aus früheren Lebensabschnitten, so ist die Wahrscheinlichkeit, diese Aufgabe zu lösen, gering, und es ist keine positive Lebensbilanz möglich. Die Folge ist Verzweiflung und das Hervortreten lebenslang unterdrückter Gefühle, Niedergeschlagenheit und Depression: Das Leben wird nicht mehr als lebenswert empfunden.

Feil (2000) fügt diesem Stadienmodell einen weiteren Lebensabschnitt, das «hohe Alter» hinzu, das «Stadium jenseits der Integrität», in dem die spezifische Lebensaufgabe lautet: «Vergangenheit aufarbeiten». Personen, die im «Alter» die Lebensaufgabe «Leben resümieren» durch «Wahrung ihrer Integrität» erfolgreich lösten, haben im «Stadium jenseits der Integrität» keinen Bedarf an der Aufarbeitung ihrer Vergangenheit und damit die Voraussetzung, in Frieden zu sterben. Ist dies bei desorientierten oder verwirrten Personen nicht der Fall, so kehren sie in die Vergangenheit zurück, um ungelöste Aufgaben bzw. ungelöste Gefühle des bisherigen Lebens aufzuarbeiten. Dieser Aufarbeitungsprozess kann nur mit Unterstützung von außen, mit Validation, erfolgreich verlaufen. Erfolgt diese Stimulierung von außen nicht, so würden diese Menschen «zu den lebenden Toten in unseren Pflegeheimen» (Feil 2000, S. 21) und ziehen sich in das Stadium des Vegetierens zurück.

Feil (2000) definiert die vier Abschnitte der Aufarbeitungsphase des Lebens:

Mangelhaft/unglückliche Orientierung: Hier sind die kognitiven Fähigkeiten weitestgehend intakt, die Betroffenen sind sich ihrer gelegentlichen Verwirrung bewusst. Sie leugnen Gefühle und Erinnerungslücken und suchen die Schuld für Verluste bei anderen. Dabei projizieren sie Konflikte aus der Vergangenheit auf Personen der Gegenwart. Die Angst vor weiteren Verlusten führt zu Verhaltensweisen wie «Hamstern» und «Horten». Demenzkranke in diesem Stadium klammern sich an die Realität und halten an ihren gesellschaftlich vorgeschriebenen Rollen fest. Sie sind verletzlich, lehnen Berührungen und Blickkontakt ab und zeigen eine angespannte körperliche Haltung

Zeitverwirrtheit: Dieses Stadium ist geprägt durch die Zunahme an körperlichen und sozialen Verlusten, die nicht mehr geleugnet werden. Die Betroffenen versuchen, sich in die Vergangenheit zurückzuziehen, und orientieren sich nicht mehr an der Realität. Auf der Gefühlsebene bedeutet dies eine Rückkehr zu universellen Gefühlen wie Liebe, Hass, Trauer, Angst und den Versuch, angenehme Emotionen aus der Vergangenheit wachzurufen. Demenzkranke Menschen in diesem Stadium drücken ihre Gefühle direkt aus. Sie verlieren die Fähigkeit, ihrer gesellschaftlichen Rolle zu entsprechen, und die Fähigkeit zur verbalen Kommunikation ist eingeschränkt. Die Betroffenen zeigen eine entspannte Körperhaltung und reagieren positiv auf Körper- und Blickkontakt.

Sich wiederholende Bewegungen: Es erfolgt ein Rückzug in vorsprachliche Bewegungen und Klänge, Bewegungen ersetzen Worte. Die Sprache wird unverständlich und der Gebrauch von frühen Sprachformen und Bewegungen dient als Transportmedium in die Vergangenheit. Gegenstände, Körperteile und Personen gewinnen immer stärkeren Symbolcharakter für Vergangenes. Die Betroffenen ziehen sich in Isolation und Eigenstimulanz, z. B. in Form von sich wiederholenden Bewegungen oder Klangäußerungen, zurück und kommunizieren nur bei Blickkontakt und Körpernähe.

Vegetieren: Nun «verschließt sich der Mensch völlig vor der Außenwelt und gibt das Streben, sein Leben zu verarbeiten, auf» (Feil 2000, S. 60). Es besteht ein minimaler Eigenantrieb, der gerade zum Überleben ausreicht. Die Betroffenen zeigen kaum Gefühle, kaum wahrnehmbare Bewegungen und halten die Augen meist geschlossen.

Praxis und Anwendung

Validation hat das Ziel eines besseren und konstruktiveren Umgangs mit desorientierten alten Menschen und zeigt auf, wie diese ihre Würde erhalten bzw. wiedererlangen können. Es wird versucht, sich in die Erlebniswelt der Betroffenen einzufühlen. Einen Menschen zu validieren bedeutet, seine Gefühle anzuerkennen, sie als gültig zu sehen.

Grundsätze der Validation:

- «Alle Menschen sind einzigartig und müssen als Individuen behandelt werden.
- Alle Menschen sind wertvoll, ganz gleichgültig, in welchem Ausmaß sie verwirrt sind.
- Es gibt einen Grund für das Verhalten von verwirrten, sehr alten Menschen.
- Verhalten im sehr hohen Alter ist nicht nur eine Folge anatomischer Veränderungen des Gehirns, sondern das Ergebnis einer Kombination von körperlichen, sozialen und psychischen Veränderungen, die im Laufe eines Lebens stattgefunden haben.
- Sehr alte Menschen kann man nicht dazu zwingen, ihr Verhalten zu ändern. Verhalten kann nur dann verändert werden, wenn die betreffende Person es will.
- Sehr alte Menschen muss man akzeptieren, ohne sie zu beurteilen.
- Zu jedem Lebensabschnitt gehören bestimmte Aufgaben. Wenn man diese Aufgaben nicht im jeweiligen Lebensabschnitt schafft, kann das zu psychischen Problemen führen.
- Wenn das Kurzzeitgedächtnis nachlässt, versuchen ältere Erwachsene, ihr Leben wieder in ein Gleichgewicht zu bringen, indem sie auf frühere Erinnerungen zurückgreifen. Wenn die Sehstärke nachlässt, sehen sie mit dem «inneren Auge». Wenn ihr Gehör immer mehr nachlässt, hören sie Klänge aus der Vergangenheit.
- Schmerzliche Gefühle, die ausgedrückt, anerkannt und von einer vertrauten Pflegeperson validiert werden, werden schwächer. Schmerzliche Gefühle, die man ignoriert und unterdrückt, werden stärker.
- Einfühlung/Mitgefühl führt zu Vertrauen, verringert Angstzustände und stellt die Würde wieder her» (Feil 2004, S. 45).

Die verbalen und nonverbalen Techniken der Validation, wie «Zentrieren», «Wiederholen», «Sich das Gegenteil vorstellen», «Bevorzugte Sinnesorgane erkennen und benutzen», «Berühren» etc. können im alltäglichen Umgang mit den Klienten unterstützend eingesetzt werden. Wesentlich ist jedoch die Grundhaltung, alle Menschen – ganz gleichgültig, in welchem Ausmaß sie verwirrt sind – als wertvoll und einzigartig zu sehen. Validation ist also nicht in erster Linie ein Beherrschen von Techniken, sondern ein handlungsleitendes Prinzip, auf dessen Grundlage bei sehr alten oder demenzkranken Menschen das Selbstwertgefühl gestärkt und Stress reduziert werden. Unausgetragene Konflikte aus der Vergangenheit können gelöst werden. Die verbale und nonverbale Kommunikation wird verbessert und das körperliche Wohlbefinden gesteigert (Messer 2005).

Die Professionellen sind immer wieder damit konfrontiert, dass desorientierte Menschen schreien, kratzen, das Essen verweigern usw. Durch die Anwendung von Validation können diese Situationen für alle Beteiligten angemessener bewältigt werden. Stress, Ärger und Frustration werden reduziert, und die Arbeitszufriedenheit steigt. Angehörige sind oft überfordert, wenn ihre Verwandten sich plötzlich und unvorhergesehen verändern und desorientiert werden. Validation lehrt, wie man mit ihnen Kontakt aufnehmen und gewinnbringend kommunizieren kann. Dies vermindert Stress und Aggression, steigert das Wohlbefinden.

Die Gefühle der Menschen werden angenommen; dies ist für den Kranken sehr bedeutungsvoll, denn er spürt, dass es da noch jemanden gibt, der seine Welt und seine Vorstellung von der Realität versteht. Validation beinhaltet auch, sich einfühlsam in die Welt des Gegenübers zu begeben, das schafft Geborgenheit, Sicherheit und Wohlbefinden. Durch diesen Weg wird in der Regel das Selbstwertgefühl wiederhergestellt und Stress abgebaut, zumindest aber werden Eskalationen vermieden. Ein gelebtes Leben wird gerechtfertigt, und es können ungelöste Konflikte aus der Vergangenheit ausgetragen, verbale und nonverbale Signale der Erkrankten aufgenommen und in Worten wiedergegeben werden. Dabei kommt es zum Aufbau von Vertrauen, Sicherheit, Stärke und Selbstwertgefühl. Die Betroffenen werden dadurch ruhiger; es brauchen keine Beruhigungsmittel verabreicht oder Fixierungen angewendet werden. Kommunikation und die Körpersprache verbessern sich, und der demenzkranke Mensch fühlt sich psychisch und physisch sehr wohl (ebd).

Feil (2000) definiert die Validationstechnik und die Validationsziele als «eine Entwicklungstheorie für sehr alte, mangelhaft/unglücklich orientierte und desorientierte Menschen, eine Methode, ihr Verhalten einzuschätzen, eine spezifische Technik, die diesen Menschen hilft, durch individuelle Validation und Validationsgruppen ihre Würde wiederzugewinnen. Validationsziele sind:

- Wiederherstellen des Selbstwertgefühls und der Würde
- Reduktion von Stress
- Rechtfertigung des gelebten Lebens
- Lösen der unausgetragenen Konflikte aus der Vergangenheit
- Reduktion chemischer und physischer Zwangsmittel
- Verbesserung der verbalen und nonverbalen Kommunikation
- Verhindern eines Rückzugs in das Vegetieren
- Verbesserung des Gehvermögens und des körperlichen Wohlbefindens»

(Feil 2000, S. 11).

Es werden konkrete Techniken beschrieben, die Validationsanwender beherrschen sollten:

Zentrieren (sich auf die Mitte einstellen): Um sich auf einen demenzkranken Menschen einzustellen, muss der Professionelle seine negativen Gefühle loslassen können, dies kann z. B. durch Anwendung bestimmter Atemtechniken erreicht werden.

W-Fragen stellen, um Einzelheiten zu erfahren, ohne Gefühle zu verletzen. Ein alter Mensch, der sich in der Aufarbeitungsphase seines Lebens befindet, möchte nicht mit seinen eigenen Gefühlen konfrontiert werden. Um das Vertrauen der Pflegeperson während eines Gesprächs zu gewinnen, sollten nur Tatsachenfragen gestellt werden, die mit wer, was, wo, wann und wie beginnen. Die Frage, «warum» etwas geschehen ist, wird vermieden.

Blickkontakt herstellen: Um den Kontakt zu einem alten Menschen herzustellen, ist es von größter Bedeutung, Blickkontakt zu halten. Auch Menschen mit eingeschränkter Sehkraft spüren, wenn ihnen jemand tief in die Augen schaut.

Mit deutlicher, sanfter und liebevoller Stimme sprechen: Ein alter Mensch, der das Bedürfnis nach Liebe und Sehnsucht zeigt, muss mit einer verständnisvollen Stimme angesprochen werden. Erinnerungen an frühere Zeiten werden somit geweckt und diese Person wird sich wohlfühlen. Wenn die Betroffene aufgeregt und wütend ist, kann diese Technik den Gemütszustand auch verschlimmern.

Bewegungen und Gefühle spiegeln: Diese Technik wird bei Menschen angewandt, die durch Worte nicht mehr zu erreichen sind und in ihrer eigenen heilen Welt leben. Beim Spiegeln werden die Körperhaltung, Körperspannung und der Gemütszustand des Gegenübers aufgenommen und wiederholt. Das Spiegeln ermöglicht den Begleitenden, in die Gefühlswelt des verwirrten Menschen einzutauchen und eine Beziehung auch ohne Worte aufzubauen.

Berührungen einsetzen: Im Frühstadium der Demenz empfindet der Betroffene gut gemeinte Berührungen eher als unangenehm, dies ändert sich aber später zunehmend. Bei desorientierten und verwirrten Menschen, die andere Personen nicht mehr erkennen, werden durch sanftes Streicheln des Gesichts und der Hände tröstende Erinnerungen aus der Kindheit geweckt.

Wiederholen: Demenzkranke Menschen fühlen sich oft erst richtig verstanden, wenn der Gesprächspartner seine Aussagen noch einmal wiederholt. Es ist darauf zu achten, die gleichen Wörter und Schlüsselwörter zu benutzen; auch Lautstärke und Schnelligkeit sollten übereinstimmen.

Symbole verstehen lernen: Desorientierte Menschen suchen sich häufig Ersatzobjekte, sowohl um vergangene Erinnerungen hervorzurufen als auch ihre Bedürfnisse auszudrücken. So kann zum Beispiel eine Handtasche Ausdruck der weiblichen Identität sein, eine Hand zum Baby werden, ein Stationsgang zur Straße und ein Rollstuhl zum Auto (Feil 2004).

Das Erlernen dieser Techniken setzt die Fähigkeit zur Selbstreflexion voraus, ist aber grundsätzlich eine Möglichkeit der Beziehungsgestaltung für alle Menschen, die mit den Betroffenen in regelmäßigem Kontakt stehen. Es braucht die Gabe, den alten, auch in seiner Verwirrtheit teilweise sehr fremdartigen Menschen wertzuschätzen, eine freundliche und professionelle Distanz und Nähe zu gestalten (Messer 2005). Nach Rogers (1992) ist ein Berater, der versucht, eine Methode anzuwenden, zum Misserfolg verurteilt, solange diese Methode nicht mit seinen eigenen Grundeinstellungen übereinstimmt. Nach Feil (2004) sollen Menschen, die mit Validation arbeiten wollen, folgende Fähigkeiten besitzen: Echtheit/Authentizität, Aufrichtigkeit, Geduld und Mitgefühl, Beharrlichkeit, Fantasie, Respekt gegenüber jeder Person, Empathie/Einfühlungsvermögen, Neutralität, Vorurteilslosigkeit, Professionalität, Engagement, Zustimmung zu den Prinzipien der Validation, Aneignung von Theorie und der Prinzipen der Validation.

Die Einstellung gegenüber sehr alten oder demenzkranken Menschen ist für die Anwendung von Validation wichtiger als die konkreten Techniken. Es muss akzeptiert werden, dass der Rückzug in die Vergangenheit eine Methode des Überlebens bedeuten kann. Aufgabe des Professionellen ist die Hilfestellung bei der Erfüllung dieser letzten Lebensaufgabe. Er sollte vertrauensvoll zuhören, Gefühle bestätigen und ernst nehmen, diese aber nicht analysieren. Ein idealer Validationsanwender ist jemand, der nach Erikson (1992) eine Identität entwickeln konnte, die es ihm erlaubt, sich ohne Furcht vor Ablehnung klar und verbindlich auszudrücken.

Der Validationsprozess erfolgt in drei Schritten.

Im ersten Schritt *Sammeln von Informationen* werden über mindestens zwei Wochen Informationen über die betreffende Person, ihr vergangenes Leben, die gegenwärtige Situation und ihre Zukunftsvorstellungen gesammelt. Dies kann durch das Gespräch mit dem Betroffenen selbst, durch reflektierte Beobachtung oder das Befragen von Angehörigen geschehen. Im Gespräch soll darauf geachtet werden, dass Fragen keine Angst erzeugen, wie es z. B. bei Fragen nach Zeitspannen der Fall wäre. Im zweiten Schritt erfolgt die *Bestimmung des Stadiums* durch die Informationen, die zur Person gesammelt wurden. Da sich die Auswahl der Validationstechnik nach den einzelnen Unterstadien richtet, ist die richtige Zuordnung der desorientierten Person in das entsprechende Unterstadium von ausschlaggebender Bedeutung. Darauf baut als dritter Schritt die *Anwendung von Validationstechniken* auf, die auf das Unterstadium abgestimmt sind.

Prinzipiell kann die individuelle Validation an allen Orten mit Privatsphäre stattfinden, die ein vertrauliches Gespräch ermöglichen. «Die Putzfrau in einem Heim kann validieren, während sie das Zimmer aufräumt; die Pflegehelferin, wenn sie den alten Patienten zur Toilette bringt; die Schwester beim Austeilen der Medikamente; der Haustechniker, wenn er die Glühbirne auswechselt; der Gärtner beim Grasmähen; Angehörige bei einem Besuch» (Feil 2000, S. 68). Die Dauer der Validierung ist abhängig von der Konzentrationsfähigkeit der desorientierten Person.

Unter bestimmten Bedingungen ist für Personen im Stadium «Zeitverwirrtheit» und «Sich wiederholende Bewegungen» auch eine Validation in Gruppen indiziert. Diese haben oft wenig Energie und Konzentrationsvermögen für Gespräche unter vier Augen. Für Personen im Stadium «Mangelhafte/unglückliche Orientiertheit» ist eine Validationsgruppe weniger geeignet, da der Validationsanwender verwirrte Gruppenteilnehmer, die oft weinen, klagen oder andere Gruppenmitglieder für ihre Fehler verantwortlich machen, zu stark beeinflusst, um die Gruppensituation konstruktiv zu erhalten. Aufgrund der extrem reduzierten Kommunikationsfähigkeit kommen auch Betroffene im Stadium «Vegetieren» nicht für eine Gruppenvalidation infrage. Die Validation in Gruppen sollte mindestens einmal wöchentlich zur gleichen Zeit und am gleichen Ort in einer Atmosphäre der Geborgenheit durchgeführt werden. Ziel der Gruppenvalidation ist die Aktivierung von Fähigkeiten, die die Kommunikation und die soziale Integration verbessern. Die Betroffenen teilen in der Gruppe gleiche Probleme und können sich eventuell gegenseitig bei Konfliktlösungen unterstützen, sie validieren sich sozusagen gegenseitig.

Richard (1997) änderte die Methode der Validation ab in «Integrative Validation», achtet dabei weniger auf die «unerledigten Aufgaben», die noch aufzuarbeiten wären, und akzeptiert die Veränderungen aufgrund hirnorganischer Krankheiten und die Bedingungen der Gegenwart. Heute findet sie in

Feldern der Altenpflege, in der Gerontologie, Geriatrie, Palliativmedizin und der Gerontopsychiatrie ihren Platz.

Richard fragt als grundsätzliche Ausgangsüberlegung nach dem hinter dem Verhalten liegenden Gefühl, das es zu validieren (zulassen, akzeptieren, annehmen, wertschätzen) gilt. Dann werden das diesem Gefühl zugehörende Verhalten bestätigt und dabei die verwirrten Gefühls- und Verhaltensäußerungen weder korrigiert noch abgeschwächt. Dieses Verhalten soll nicht beseitigt und die Betroffenen nicht in die Realität zurückgeholt werden. Während für Feil (2000) die Validation eher als Therapie gilt, ist sie für Richard (1997) eher Teil der täglichen Pflege.

8.2 Soziale Gruppenarbeit

Im Alltagsleben wird häufig von Gruppen und Teams gesprochen, ohne genaue Klärung, was mit diesen Begriffen letztlich gemeint ist. Eine x-beliebige Ansammlung von Menschen ist noch keine Gruppe. Treffen sich mehrere Menschen zufällig an einem bestimmten Ort (z. B. an einer Bushaltestelle), so spricht Hofstätter (1990) von einer Menge, deren Bildung sich allein durch die räumliche Nähe der versammelten Individuen ergibt. Bei diesem bloß zufälligen Aufeinandertreffen entstehen noch keine Wechselbeziehungen, es sei denn, die Menge werde durch das Einwirken bestimmter äußerer Umstände (z. B. einer Bedrohung in Form eines Erdbebens, eines Unfalls etc.) zu gemeinschaftlichem Handeln bewegt. Ist die aktivierende Ursache beseitigt, zerfällt diese kurzzeitige Konfiguration wieder zur Menge oder geht, wenn sich aus diesem Ereignis eine dauerhafte Rollenstruktur entwickelt, in eine Gruppe über. Von einer Gruppe kann also nur dann gesprochen werden, wenn ein Kollektiv durch eine interne Rollenstruktur eine dauerhafte Ausdifferenzierung erfährt.

Für Homans (1972) ist eine Gruppe im Grunde bereits dann gegeben, wenn eine überschaubare Personenmehrheit über eine längere Zeit in Interaktion steht. Er sieht Gruppe als eine Reihe von Personen, die über einen gewissen Zeitraum interagieren. Die Anzahl der Beteiligten muss so gering sein, dass die Einzelnen von Angesicht zu Angesicht in Verbindung treten können. Die Dauerhaftigkeit von Interaktionen gilt als primäres Bestimmungsmerkmal. Der Ausformung bestimmter Strukturen und Verhaltensrichtlinien kommt dabei nur abgeleitete Bedeutung zu. Die Fülle von divergierenden Begriffsfassungen offenbart eine große Vielzahl an Möglichkeiten, sich dem Forschungsgegenstand «Gruppe» zu nähern.

Theoretische Grundlagen und Indikation

Die «Soziale Gruppenarbeit» (SAG) beruht auf den Konzepten des amerikanischen «Social Group Work» und hat ihren methodischen Ursprung in den Hilfen im Rahmen der Settlement-Bewegung. Ziel war damals die Begleitung und Integration von Einwanderern. Die Soziale Gruppenarbeit ist mittlerweile eine eigenständige Arbeitsform, in welche die Erkenntnisse aus sozialpsychologischer und soziologischer Gruppenforschung, hier insbesondere die eng mit dem Namen von Kurt Lewin verbundenen Aspekte der Gruppendynamik, einfließen (hierzu auch: Galuske).

Die Soziale Gruppenarbeit ist eine Methode der Sozialen Arbeit, die den Einzelnen durch sinnvolle Gruppenerlebnisse hilft, ihre soziale Funktionsfähigkeit zu steigern und ihren persönlichen Problemen, ihren Gruppenproblemen oder den Problemen des öffentlichen Lebens besser gewachsen zu sein (Konopka 1971). In der Sozialen Gruppenarbeit soll dem einzelnen Menschen ermöglicht werden, mithilfe einer Gruppe seine Probleme in Bezug auf die psychosoziale Funktionsfähigkeit zu bewältigen. Bestand die Soziale Gruppenarbeit anfangs eher in der Durchführung von Einzelgesprächen in der Gruppe mit dem durchaus wertvollen Effekt, dass die übrigen Gruppenmitglieder an den Bearbeitungsprozessen aktiv partizipierten, Lernerfolge und Ergebnisse auf die eigene Lebenssituation übertragen konnten, so wurde zunehmend die Chance genutzt, die Gruppendynamik, das Rollenverhalten und die Dynamik der Wechselwirkungen in die Gruppenarbeit einfließen zu lassen. Neben der Diagnose und Analyse der Störungen Einzelner und deren Transfer in die jeweiligen Lebenswelten der Gruppenmitglieder standen nun das gesamte Gruppenklima, die soziale Kompetenz, das Kommunikationsverhalten und die Wirkungen der unterschiedlichen Copingstrategien im Vordergrund.

Ab ca. 1960 fand eine weite Verbreitung der Sozialen Gruppenarbeit in sozialarbeiterischen Handlungsfeldern wie Jugendarbeit, Suchtarbeit, Straffälligenarbeit, Altenarbeit, Erwachsenenbildung etc. statt. Die Erstellung von Gruppendiagnosen, die Mittel der Gestaltung von Gruppenprozessen, die Handhabung von Leitung, der kontrollierte Umgang mit den Gruppenmitgliedern sowie die Herstellung und die Erhaltung von wirksamen Gruppenbedingungen wurden gezielt gelehrt. Die Soziale Arbeit mit Gruppen findet mittlerweile Verwendung in der präventiven und therapeutischen Arbeit unter Berücksichtigung und Integration psychologischer und soziologischer Forschungsergebnisse.

Definitionsmerkmale einer Gruppe aus Sicht der Sozialen Arbeit

Seitdem die Gruppe als soziale Einheit und als Instrument der Sozialen Arbeit entdeckt wurde, gibt es viele Definitionen für Gruppe.

In erster Linie muss die Bezugsgruppe irgendeine Attraktivität haben, die sie für das potenzielle Gruppenmitglied von anderen Gruppen unterscheidet. Gruppenbindung und die Bereitschaft der gegenseitigen Verpflichtung stellen sich ein, wenn das Eingehen von Beziehungen in dieser Gruppe lohnender eingeschätzt wird als die Mitgliedschaft in anderen Gruppen. Aus der Sicht der Gruppe betrachtet, muss die Aufnahme des Individuums in die Gruppe lohnender erscheinen als die Gewinnung anderer Personen (Thomas 1992).

Die Attraktivität einer Gruppe ergibt sich aus den vier zentralen Gruppenmerkmalen:

- *Gruppenmitglieder:* physische Attraktivität, erlebte Ähnlichkeit, beobachtete Fähigkeiten, physische Nähe, gegenseitige Beeinflussung, gemeinsames Tun
- *Gruppenaktivitäten:* Interessante und beliebte Betätigungen ermöglichen die Befriedigung elementarer Bedürfnisse
- *Gruppenziele:* die von der Gruppe als Ganzes erreicht werden können und von denen jemand persönlich profitieren kann
- *Gruppenmitgliedschaft*: Möglichkeit zum Vergleich eigener Fähigkeiten und Meinungen mit jenen der anderen Mitglieder, Unterstützung bei der Erreichung individueller Ziele, besondere Leistungsfähigkeit oder Ansehen der Gruppe im Vergleich zu anderen

Antons (1992) betont, dass Gruppe in jedem Fall mehr sei als die Summe ihrer Mitglieder. Er hält, damit man von Gruppe sprechen kann, die folgenden, sich gegenseitig beeinflussenden vier Elemente für wichtig:

1. *Gruppengröße:* Die optimale Gruppengröße hängt von der Aufgabe ab, die die Gruppe zu lösen hat. Eine Gruppe sollte zwischen 3 und 12 Mitgliedern haben. Kleinen Gruppen fehlt es oft an Gruppendynamik; werden Gruppen zu groß, werden sie unüberschaubar, und es bilden sich Untergruppen.
2. *Gruppenziel:* Ohne ein gemeinsames Gruppenziel verliert die Gruppe an Attraktivität und wird nicht dauerhaft bestehen können. Die gemeinsame Zielsetzung ist der Motor für Engagement und Identifikation.
3. *Dauer:* Eine Gruppe besteht über einen längeren Zeitraum und bietet somit den Mitgliedern die Möglichkeit, sich einzubringen und die eigene Rolle zu finden und zu stabilisieren.

4. *Wechselseitige Beziehungen:* Die Mitglieder kennen sich und bauen dynamische Beziehungen zueinander auf. Sie sind Teil eines Rollengeflechts, innerhalb dessen sie ihre Rollen übernehmen oder ablegen, einen Status erreichen, Einfluss nehmen und Werte und Normen mit entwickeln können.

Aus systemischer Sicht ist die Gruppe ein Bezugssystem und besteht aus den Beziehungen und Interaktionen ihrer Mitglieder. Gruppe ist das, was zwischen den Gruppenmitgliedern geschieht (Antons 1992).

Schneider (1985) sieht als Definitionsmerkmale der Gruppe die Elemente:

- Zugehörigkeitsgefühl (sich als Mitglied der Gruppe fühlen)
- Soziale Struktur (Rollendifferenzierung innerhalb der Gruppe)
- Geteilte Normen (bestimmte Normen werden von allen akzeptiert)
- Interaktionsmöglichkeiten (Möglichkeit der Kommunikation untereinander)

Die Soziale Gruppenarbeit hat sich in Deutschland stark aus der Praxis der Jugendhilfe entwickelt und war ein Angebot zum sozialen Lernen in Gruppen, das auf der Freiwilligkeit der Inanspruchnahme beruht und anfangs hauptsächlich neben Jugendlichen auch zunehmend Kinder einbezog. Ziel war die Überwindung von Verhaltensproblemen und Entwicklungsschwierigkeiten. Die Soziale Gruppenarbeit bekam aber bald auch eine große Bedeutung als Unterstützung für ältere Jugendliche und Erwachsene in schwierigen Lebenssituationen, z. B. nach Drogenabhängigkeit, Gefängnisaufenthalt oder anderen devianten Verhalten, wobei hier nicht immer das Prinzip der Freiwilligkeit zurunde liegt.

Ab den 70er-Jahren verlor die Soziale Gruppenarbeit als geschlossenes methodisches Konzept an Bedeutung, was nach Meinung von Galuske (2009) im Gefolge der grundsätzlichen Kritik an den klassischen Methoden der Sozialen Arbeit geschah. Gruppendynamische Erkenntnisse und Techniken blieben zwar bedeutsam, aber es traten an die Stelle der Gruppenarbeit «mehr und mehr Adaptionen aus dem Bereich der Gruppendynamik und der Gruppentherapie, wie z. B. die … Encountergruppen, Trainingsgruppen und TZI-Gruppen» (TZI = Themenzentrierte Interaktion) (Galuske 2002, S. 87).

Die Grenze zwischen der Sozialen Gruppenarbeit und Gruppentherapie verläuft fließend, ähnlich der Unterscheidung zwischen Psychosozialer Beratung und Therapie.

Gruppentherapien lassen sich, je nach ihrer Zielsetzung, unterscheiden:

- Gruppenanalytische Verfahren zielen darauf, die Persönlichkeitsstruktur der Teilnehmer zu erkennen und mit therapeutischer Hilfe bewusst zu ver-

ändern. Es wird versucht, die Ursachen der individuellen Problematiken der Gruppenmitglieder aufzudecken.
- Verhaltenstherapeutische Verfahren mit dem Ziel, das Verhalten zu verändern, wobei die Gruppe als Lern- und Übungsfeld instrumentalisiert wird.
- Gruppentherapien, bei denen die Kommunikation und Interaktion der Teilnehmer fokussiert werden (systemischer Ansatz).
- Gruppentherapien, die, basierend auf den Überlegungen der klientenzentrierten Gesprächsführung, unterstützen sollen bei der Reflexion der eigenen Existenzbedingungen.

Während die Gruppentherapie versucht, direkt auf Veränderungen hinzuwirken, gilt für die Soziale Gruppenarbeit das Prinzip der Hilfe zur Selbsthilfe. Ziel ist es, den Teilnehmern zu ermöglichen, ihre Lebenssituation zu erkennen und zu reflektieren und Veränderungen einzuleiten. Die Gruppe wird dabei als eine Art sozialer Mirkokosmos betrachtet, der als realistisches Lern- und Übungsfeld zur Verfügung steht. Man geht davon aus, dass die Probleme aus dem Alltag sich irgendwann auch im Zusammenleben der Gruppe zeigen werden und dann, im geschützten Gruppensetting, von dem Klienten Bewältigungsstrategien entsprechend entwickelt werden können. In der Sozialen Gruppenarbeit hat die Selbsterfahrung zur persönlichen Weiterentwicklung einen hohen Stellenwert.

Praxis und Anwendung

Die Soziale Gruppenarbeit bezieht sich wesentlich auf den Lebensalltag der Klienten, hat Alltagsprobleme, Soziale Konflikte und deren Diagnostik zum Gegenstand, während die Gruppentherapie mittels auf direkte Veränderung zielende Methoden auf Störungen oder Erkrankungen von größerer Problemtiefe zielt. Ziel der Sozialen Gruppenarbeit ist es, dem Klienten einen gelingenden Alltag zu ermöglichen.

Die angewandten Konzepte sind mittlerweile sehr unübersichtlich und vielfältig. Bernstein & Lowy (1982) unterscheiden folgende Kategorien Sozialer Gruppenarbeit (siehe Tab. 7, Seite 269):
- Modell der sozialen Aktion
- Modell der therapeutischen Hilfe
- Modell der gegenseitigen Hilfe und Geborgenheit
- Entwicklungsmodell

	soziale Aktion	therapeutische Hilfe	gegenseitige Hilfe und Geborgenheit	Entwicklungsmodell
Dimension	Soziale Ziele (Nähe zu Gemeinwesen)	Rehabilitierung und Behandlung	Vermittlung zwischen Ind. und Gesellschaft	Gruppe als Mikrokosmos
Ziel	Veränderung sozialer Gruppen als Mittel zur sozialen Aktion	Re-Sozialisation durch die Gruppe	Förderung zwischenmenschlicher Beziehungen	Entwicklung des Ind. und der Gruppe innerhalb eines sozialen Milieus
Schlüsselkonzept	Mündiger Bürger	Verhaltensanpassung	Gefühlserleben und Gruppenerlebnis	Entwicklung von Kompetenzen und Konfliktbewältigung
Gruppe	Möglichkeit, soziale Änderungen zu bewirken	Behandlungsraum	Gruppe als Klient und Helfer	Übungsraum für alle
Individuum	Ich-Stärkung durch gemeinsames Handeln	Problem im Mittelpunkt	Teil des Beziehungsgeflechts	Rollenflexibilität durch Beziehungen
Programm	Im Mittelpunkt, um Ziele zu verwirklichen	Nur Mittel zur Hilfe	Aktivitäten zur Förderung des Gruppenprozesses	Phasengerecht. Modellcharakter für andere Gruppen
Gruppenleiter	Rollenmodell, weckt soziales Bewusstsein, Advokat für das Ziel	«Klinisches» Handeln, Individualisieren	Vermittler, Befähiger, Teil der Gruppe	Befähiger, Vermittler, Advokat, übernimmt Rollen
Aktivitäten des Gruppenleiters	Zur Gruppe gewandt	Dem einzelnen Klienten zugewandt	In Gemeinschaft mit den Mitgliedern	In Gemeinschaft mit den Mitgliedern und der Gruppe
Einrichtung	Teil des Gemeinwesens, Mittel zum Zweck	Legitimation durch Profession und Einrichtung	Im Hintergrund, Kontakt mit der Gruppe ist wichtig	Gruppe als Modell, wie man in der Einrichtung arbeitet
Praxisprinzipien	Keine Vordiagnose, Gruppe repräsentativ für das Gemeinwesen	Einzeldiagnose und Formulierung von Behandlungszielen	Verbindendes suchen Hindernisse beseitigen, Ideen, Werte und Fakten beitragen	Gruppenprozesse nutzen, Beziehungen fördern, Aufgaben lösen helfen, Transfer in andere Lebensbereiche
Nachteile	Unterbetonung des Einzelnen	Starke Ausrichtung auf den Gruppenleiter	Gruppe sehr auf sich bezogen, wenig Außenkontakte, wenig Interesse am Einzelnen	Sehr an die Phasen gebunden.

Tabelle 7: Modelle Sozialer Gruppenarbeit (in Anlehnung an Bernstein & Lowy 1982)

Konopka (2000, S. 67) definiert Soziale Gruppenarbeit als «eine Methode der Sozialarbeit, die dem Einzelnen hilft, seine soziale Funktionsfähigkeit durch sinnvolle Gruppenerlebnisse zu erkennen und um persönlichen, Gruppen- oder gesellschaftlichen Problemen besser gewachsen zu sein. Gruppenarbeit umfasst die Arbeit von Kranken und Gesunden.»

Soziale Gruppenarbeit gewinnt an Bedeutung im Gesundheitsbereich. Sowohl im Bereich der Gesundheitsprävention als auch im Bemühen um einen verantwortungsvollen Umgang mit bestehenden chronischen Erkrankungen wird auf Gruppenkonzepte zurückgegriffen, sei es in dem Bemühen, direkt auf die Störungen Einfluss zu nehmen oder sich indirekt über veränderte Lebensführungen Schutz und Heilung zu erarbeiten. Das gemeinsame Herangehen in einer Gruppe bietet durch die gegenseitige Unterstützung, den hohen Erfahrungsschatz und oft auch allein durch die Erfahrung, nicht allein von dem Problem betroffen und verstanden zu werden, einen großen Gewinn. Aus der Sicht der Klinischen Sozialarbeit kommt hinzu, dass auch die Bearbeitung psychischer und sozialer Aspekte und der Erwerb von Bewältigungsstrategien in diesen Bereichen direkten Einfluss auf die Gesundheit haben. Auch in der Sozialen Gruppenarbeit geht es nicht mehr nur um die Frage: «Wie und mit welcher Hilfe bewältige ich Probleme?», sondern auch um die Maßnahmen zur Gestaltung und zum Erhalt eines zufriedenen und damit gesunden Lebensalltags.

Vorteile der Sozialen Gruppenarbeit

Soziale Wahrnehmung formt unser Bild von uns selbst (Selbstbild) und unser Bild vom anderen (Fremdbild). Wir erfassen und verinnerlichen Einstellungen und Erwartungen, die uns entgegengebracht wurden. Das Fremdbild wird für die alltägliche Handlungsorientierung benötigt. Wir müssen wissen, welche Motive das Verhalten des anderen begründen, um uns richtig verhalten zu können, um voraussehen zu können. Durch das Wissen um die anderen bekommen unsere Interaktionen eine gewisse Beständigkeit. Vermutungen, wie der andere uns wahrnimmt, welchen Eindruck er haben könnte, steuern zusätzlich unser Verhalten. Meine Anwesenheit kann schon Eigenheiten des anderen verändern.

Um situationsbedingte und soziale Faktoren sozial kompetent in das eigene Handeln einzubeziehen, braucht es die Fähigkeit, die Lebenssituation des anderen durch dessen Brille wahrzunehmen, also seine Perspektive zu übernehmen.

Die Art und Weise, wie ein Beobachter dem beobachteten Verhalten innere oder äußere Ursachen zuschreibt und Absichten oder Zielsetzungen vermutet, lässt Rückschlüsse auf dessen eigene Person zu. Das subjektive Bild des Menschen steht in Wechselbeziehung zu seinem Selbstbild; Rückmeldungen an andere sind Rückmeldungen an uns selbst.

Der «Blinde Fleck»

Die Soziale Gruppenarbeit bietet, insbesondere in den Selbsterfahrungsgruppen, die Möglichkeit, ein vollständigeres Bild der eigenen Person und der anderen Gruppenmitglieder zu bekommen. Informationen zu dem Verhalten, dem Umgang mit sich und anderen, Kommunikations- und Interaktionsstilen, Kompetenzen, Schwächen, Wirkungen auf andere, Einschätzungen und Bewertungen ergeben sich aus dem dynamischen Miteinander und dem kommunikativen Austausch innerhalb der Gruppe. Zur Veranschaulichung dieser Effekte wird in der Sozialen Gruppenarbeit oft das Johari-Fenster (vgl. Abb. 35) herangezogen und vor allem der sogenannte «Blinde Fleck» im Selbstbild eines Menschen illustriert.

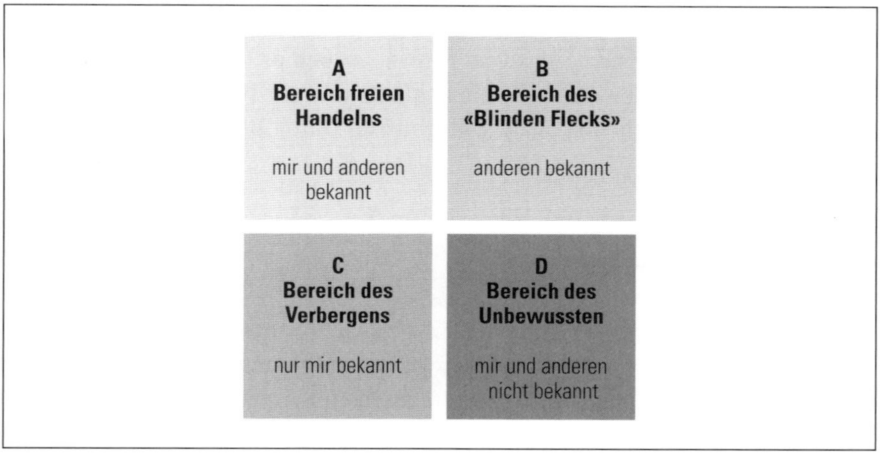

Abb. 35: Johari-Fenster (in Anlehnung an Luft & Ingham 1955)

Bereich A umfasst den Teil des gemeinsamen Wissens, also jene Aspekte unseres Verhaltens, die uns selbst und den anderen Mitgliedern der Gruppe bekannt sind. Hier erscheint unser Handeln frei, unbeeinträchtigt von Ängsten.

Bereich B stellt den «Blinden Fleck» dar. Damit ist der Anteil unseres Verhaltens gemeint, den wir selbst nicht oder kaum, die anderen Mitglieder der Gruppe aber deutlich wahrnehmen (unbewusste Gewohnheiten und Verhaltensweisen, Vorurteile, Affinitäten, Widerstände etc.). Hier spielen nonverbale Aspekte wie Gestik, Mimik, Kleidung, Sprache, Auftreten etc. eine große Rolle. Andere können uns Hinweise auf uns selbst geben.

Bereich C beinhaltet die private Person, also die Aspekte unseres Denkens und Handelns, die wir vor anderen bewusst verbergen, unsere geheimen Wünsche und peinlichen Schwächen.

Bereich D umfasst den unbewussten Bereich, der weder uns noch anderen unmittelbar zugänglich ist.

Luft (1971) beschreibt als ein Ziel von Lernen in der Gruppendynamik, den gemeinsamen Handlungsspielraum transparenter und weiter zu gestalten. Im Johari-Fenster wird dabei das linke obere Feld immer größer, die anderen drei werden zunehmend kleiner. Durch das Mitteilen und Teilen von persönlichen Geheimnissen mit Dritten verringert sich der Aufwand, der für die Geheimhaltung betrieben werden muss, und es vergrößern sich die Freiheit und der Handlungsspielraum in der Öffentlichkeit. Durch Mitteilen von Beobachtungen über «Blinde Flecken» direkt an den Betroffenen (Feedback), gewinnt dieser Erkenntnisse über sich selbst und kann so seinen privaten und öffentlichen Handlungsspielraum bewusster wahrnehmen und ausfüllen. Beide Wege ergänzen einander und helfen auch, Unbewusstes durch Bewusstmachung handhabbar zu machen.

Lösungen in der Gruppe

Klienten der Sozialen Arbeit suchen in den Gruppen nach neuen Erfahrungen. Nach den Prinzipien der Sozialen Arbeit sollte dieses neue Erleben den Klienten nicht passiv betreffen und ihn nicht in eine Abhängigkeit bringen. Das *Vertrauen in die Problemlösungsfähigkeit* der Gruppe gehört zum wichtigsten Handwerkszeug der Gruppenarbeit. Die Gruppen verfügen meist über die notwendigen Ressourcen zur Problemlösung und finden in schwierigen Situationen Auswege. Die Gruppe bringt bessere Leistungen als der fähigste Einzelne der Gruppe.

Jedes einzelne Gruppenmitglied bringt seine Lebenserfahrung mit. So ergibt sich in Gruppen ein insgesamt hohes *Potenzial an Fähigkeit* zur Lösung mitmenschlicher Konflikte, wie es im Verlauf einer an Mitmenschlichkeit orientierten Evolution des Homo sapiens entwickelt wurde.

Die *Fähigkeit zur Empathie* ermöglicht es, dass die Mitglieder füreinander zum Spiegel des eigenen Ichs werden. Das wechselseitige Einüben von Empathie führt zur differenzierten Wahrnehmung der Gefühle, Bedürfnisse und Wünsche anderer. Die eigenen Bedürfnisse werden differenzierter wahrgenommen, und so lernt der Einzelne, mit sich so umzugehen, wie er es in der Gruppe als hilfreich für einen anderen erlebt hat.

Die Gruppenmitglieder bieten einander Orientierung. Einerseits können Schwächere von den Fortgeschrittenen lernen; im Gegenzug haben diese die Möglichkeit, Lösungen aufzuzeigen, die eigenen Kompetenzen zur Verfügung zu stellen und dadurch das eigene Selbstvertrauen zu stärken. Menschen neigen jedoch dazu, resigniert aufzugeben, wenn das angestrebte Ziel nicht erreichbar scheint. Der *Abstand zu dem nachzuahmenden Vorbild* darf nicht unüberbrückbar sein. Ideale sind verlockend, aber oft abweisend (Problem des charismatischen Leiters oder des Einzeltherapeuten). Wer einen kleinen Schritt voraus ist, dem anderen aber in seiner Schwäche ähnlich (Gruppenmitglied), der wird eher ermutigen.

Durch rasche verbale und nonverbale Rückmeldungen und Reaktionen entsteht die Möglichkeit der *unmittelbaren Belohnung und Bestätigung*. Durch Vertrautheit und Einfühlung entsteht die Erfahrung der positiven Wirksamkeit der Gruppe und dadurch eigene, den Gruppenzusammenhalt erhaltende Gesetze. Zunehmend wachsen das Wissen und die Überzeugung, dass Probleme lösbar sind. Fluchtreaktionen werden seltener; sie können als Appelle um mehr Aufmerksamkeit interpretiert werden. Auch auf der kognitiven Ebene, als Pendant zum emotionalen Aspekt, regt die Gruppe ständig Interesse und Einsicht an, woraus sich der Wunsch nach Orientierung und Ausweiten der eigenen Wissens- und Erfahrungsbereiche entwickeln kann. Wegen der unterschiedlichen Persönlichkeitsstrukturen kommt es zu unterschiedlichem Engagement der Mitglieder; das erleichtert Problemlösungen. Es gibt Protagonisten und Zuschauer, emotional und rational orientierte Mitglieder.

In einem *dynamischen Zusammenhang*, der sich am Kräftegleichgewicht (Einfühlung und Gegeneinfühlung) in der Gruppe und der wechselnden Betroffenheit der Einzelnen orientiert, kommt es zu dauernden Wechsel der Standpunkte und Perspektiven.

Phasenmodelle

Gruppen sind also durch die sich kontinuierlich verändernden Beziehungen zwischen den Mitgliedern und durch den ständigen Austausch und die Auseinandersetzung mit Umwelten lebendige Systeme und durch morphogenetische Kräfte stetigen Veränderungen unterworfen. Gruppen nehmen einen prozessualen Verlauf. Verschiedene Phasenmodelle dienten der Orientierung, Diagnose und abgeleiteten Interventionen.

Bernstein und Lowy (1982) unterscheiden zum Beispiel in:

- *Voranschlussphase:* Kennenlernen, Abbau von Ängsten, Erste Orientierung, Aufbau von Vertrauen, erste Kontakte
- *Machtkampfphase:* Rollenfindung, Auseinandersetzungen, Aushandeln von Normen und Zielen, erste Zielkonflikte
- *Intimitätsphase:* Finden einer gemeinsamen Linie, Wertekonsens, Zielkonsens, Gemeinsame Strategieentwicklung, Beziehungstiefe, Polarisierung nimmt ab
- *Differenzierungsphase:* Arbeitsfähigkeit, ergebnisorientierte Zusammenarbeit, konstruktive Auseinandersetzungen
- *Abschlussphase:* Beendigung der Zusammenarbeit, Transfer der Ergebnisse in den Alltag, Abschied und emotionale Lösung

Ähnliche Phasenmodelle finden sich auch bei Antons (1992), Langmaack (2000) und anderen.

Stahl (2002) sieht die Gruppe als ein sich selbst organisierendes System, das nach bestimmten selbst entwickelten Regeln verläuft und dessen Strukturen und mit diesen auch die Zielsetzungen sich fortlaufend verändern. Er unterscheidet, ähnlich wie Tuckman (1965), in die Phasen:

- *Forming* (Kontaktphase): Einstiegs- und Findungsphase
- *Storming* (Konfliktphase): Auseinandersetzungs- und Streitphase
- *Norming* (Kontakt): Regelungs- und Übereinkommensphase
- *Performing* (Kooperation): Arbeits- und Leistungsphase, ergänzt den Prozess aber um eine fünfte Phase
- *Re-Forming* (Orientierung): Bilanz- und Veränderungsphase

Kompetenzprofil

Wesentliche Techniken der Sozialen Gruppenarbeit sind natürlich das Gespräch, das Spiel und die methodische Vermittlung von Bildungsinhalten. Rhetorische

Vorträge stehen nachrangig zu interaktiven Elementen. Es gilt das Motto «So viel wie nötig, so wenig wie möglich!»

Die Professionellen müssen über Techniken und Herangehensweisen verfügen, die verschiedenen Problemlagen und die Wirkungen interaktiver Prozesse kennen. Dem Gruppenleiter kommt meist eine moderierende Rolle zu. Ganz wesentlich wird es bei einem nach den Prinzipien der Sozialen Arbeit ausgerichteten Angebot darum gehen, Bedingungen herzustellen und zu erhalten, die eine konstruktive Basis für die Problembewältigungen darstellen. Dem Gruppenleiter kommt also die anspruchsvolle Aufgabe zu, eine für die Zielerreichung günstige Gruppenkultur zu schaffen, die auch die Sicherung der Nachhaltigkeit der Effekte und Qualitätssicherung beinhaltet. Angebote Sozialer Gruppenarbeit sollten daher auch immer Evaluationselemente enthalten.

Die Soziale Gruppenarbeit bedarf einer systematischen Einbeziehung von Gruppenprozessen, damit eine Gruppe arbeitsfähig ist und jeder Teilnehmer seine Ziele anstreben kann. Voraussetzung dafür sind nach Grawe (1980) die instrumentellen Gruppenbedingungen:

- Kohäsion
- Offenheit und Vertrauen
- Kooperative Arbeitshaltung

Sie werden als instrumentell bezeichnet, da sie als Hilfsmittel zur Lösung der individuellen Probleme dienen; sie beruhen auf dem Interaktionsverhalten aller Beteiligten, also auch dem des Gruppenleiters oder Therapeuten.

In der Anfangsphase einer Gruppe stecken die Mitglieder in einem Dilemma: Sie müssen über ein differenziertes Verhaltensrepertoire verfügen, um Beziehungen zu den anderen Gruppenmitgliedern aufbauen zu können. Gerade ihre mangelnde soziale Kompetenz hat jedoch dazu geführt, dass sie hilfebedürftig wurden. Daher ist zu Beginn ein unterstützendes Intervenieren des Gruppenleiters erforderlich, anschließend wird es dem Teilnehmer zunehmend selbst gelingen, die eigenen (sich verbessernden) Möglichkeiten und Fähigkeiten einzubringen. Der Gruppenleiter muss darauf achten und dafür sorgen, dass die Gruppenbedingungen in genügendem Ausmaß verwirklicht sind, und entsprechend intervenieren, wenn dies nicht der Fall ist (Das «Wie» wird an späterer Stelle erklärt).

Kohäsion beschreibt die Resultate aller Kräfte, die auf die Mitglieder einwirken, in der Gruppe zu bleiben (Festinger 1968): zwischenmenschliches Vertrauen, Attraktivität, Aufeinander-Bezogensein.

Aus lerntheoretischer Sicht beschreibt Gruppenkohäsion das Ausmaß, in dem Mitglieder, Therapeut und die Gruppenaktivitäten Verstärkungswert für den Klienten haben: die Attraktivität jedes Teilnehmers und die Attraktivität der gesamten Gruppe für jeden Einzelnen. Die Attraktivität der eigenen Gruppe kann durch die Attraktivität alternativer Gruppen geschwächt werden. Das Ausmaß der Kohäsion ist nicht konstant. Sinkt die Kohäsion, so sind Schritte zur Erhöhung erforderlich.

Die Kohäsion steht in Zusammenhang mit Gruppenprozessvariablen wie Interaktion, sozialem Einfluss, Zufriedenheit und Produktivität. Die Mitglieder einer kohäsiven Gruppe fehlen selten und engagieren sich. Die Art der Interaktion korreliert mit der Kohäsion: Gering kohäsive Gruppen sind wenig kommunikativ und nehmen wenig Bezug auf andere, während hoch kohäsive Gruppen vielfältiger und häufiger kommunizieren und auch freundlicher und kooperativer sind. Kohäsion erleichtert Interaktion und umgekehrt. Freundlichkeit, Kooperation und Sympathieäußerungen stehen als Indikatoren für große Kohäsion. Die Mitglieder hoch kohäsiver Gruppen sind zufriedener, sowohl mit der Gruppe als auch mit Teilaspekten. Hoch kohäsive Gruppen sind produktiver, die Teilnehmer bemühen sich mehr, die gemeinsamen Ziele zu erreichen. Allerdings kann die Gruppe aber auch ihr gemeinsames Ziel darin sehen, Widerstand zu leisten, und erlangt dann eine hohe Effektivität bei der Auflehnung. Gerät ein Gruppenmitglied mit hoher Abwehr in Führungsposition und vertritt die Gruppe die infrage gestellten Normen, kann das die Arbeitshaltung aller schwächen.

Vor- und Nachteile der Gruppenkohäsion

Eine hohe Gruppenkohäsion bietet ein Klima von Vertrauen, Wertschätzung und Verständnis füreinander. Die Mitglieder gehen aufeinander ein, respektieren Bedürfnisse anderer und haben eine große Bereitschaft, sich zu engagieren. Es kann jedoch auch zu Konformitätsdruck und Loyalitätsforderungen kommen; dadurch kann die Vielfalt der Reaktionen eingeschränkt werden. Die Einmütigkeit wird oft auch überschätzt und korrektive Kritik erschwert.

Bei geringer Gruppenkohäsion werden die Mitglieder nicht zu stark in den Gruppenprozess gezogen, sind weniger zur Loyalität und Normenübernahme verpflichtet und können leichter eine unabhängige Meinung entwickeln. Der Mangel an Kohäsion führt aber auch zur kontinuierlichen Reflexion der Gruppenstrukturen, zur Beschäftigung der Mitglieder mit dem Ausbau des eigenen Status und letztlich zu einer geringen Zufriedenheit.

Eine ideale Gruppenkohäsion geht mit wohlwollendem, unterstützendem und relativ freiem Klima einher, sodass die Teilnehmer an ihren individuellen Zielen arbeiten können, wobei sie schrittweise Ängste, Schuld- und Schamgefühle überwinden müssen. Es wird ihnen möglich, sich zu öffnen und mitzuteilen und eigenes Verhalten zu problematisieren, nach Verhaltensalternativen zu suchen und neue Verhaltensweisen zu erproben.

Leitungsaufgaben

Das Ausmaß der Kohäsion wird bereits weitgehend im Vorfeld bestimmt: Der Teilnehmer empfindet die Gruppe nur dann als attraktiv, wenn er erwarten kann, dass in der Gruppe realistische Aussichten zur Verbesserung seiner Situation oder zur Erreichung seiner Ziele bestehen. Die Teilnehmer müssen auf bestimmte Art und Weise zueinander passen. Deshalb sollten in der Vorbereitungsphase bereits die Erwartungen hinsichtlich der eigenen Rolle/Funktion, der Rolle/Funktion der anderen Teilnehmer und der des Leiters/Therapeuten strukturiert werden.

Die Beziehung des Gruppenleiters besteht zu jedem einzelnen Teilnehmer. Gegenüber ideal motivierten Teilnehmern ist es meist keine Schwierigkeit, sich empathisch-verstehend, akzeptierend und unterstützend zu verhalten. Teilnehmer, die sich abweisend, kritisch abwertend, verschlossen, distanziert, passiv, depressiv verhalten, können auch die Beziehung zum Leiter/Therapeuten belasten. Erste Aufgabe wäre es, ein Verständnis der Funktion des problematischen Interaktionsverhaltens zu gewinnen (Hypothese zur Psychodynamik), um daraus angemessen konstruktiv, auf der Grundlage eines durchgängigen interaktionellen Planes reagieren zu können.

Wir-Äußerungen, Ausdruck von Sympathie, freundliche Kooperation, offene Interaktion sind Hinweise auf hohe Kohäsion. Bedeutsam ist es, auch auf das eigene Gefühl zu achten. Interventionen sind dann notwendig, wenn das Ausmaß der Kohäsion absinkt oder wenn Verhaltensweisen auftreten, die die Gruppenkohäsion mindern oder bedrohen, wie häufiges Zuspätkommen, Fehlen, Entwicklung problematischer Gruppenstrukturen wie Untergruppenbildung oder Sündenbocksuche.

Es ist ratsam, die Gruppenmitglieder in die Interventionen mit einzubeziehen, die Aufmerksamkeit auf die Problemsituation zu lenken und gemeinsame Ziele und Lösungsschritte zu erarbeiten.

Offenheit und Vertrauen sind die grundlegenden Voraussetzungen für Kommunikation von Personen. Es wäre sonst keine Verständigung über Probleme möglich. *Offenheit* beschreibt das Ausmaß, in dem ein Mensch bereit ist, anderen über sich selbst zu berichten, freiwillige Informationen über sich, seine Einstellungen, Gefühle, Werte und Erwartungen mitzuteilen. Es gibt in Gruppen kein objektives Maß für Offenheit, sie ergibt sich aus den Einschätzungen, der Selbstexploration und Fremdeinschätzungen. In erfolgreichen Gruppen werden andere Gruppenmitglieder offener erlebt. In erfolglosen Gruppen wurden andere als zunehmend unoffen erlebt. Angemessene Offenheit fördert Kohäsion, rückhaltlose Offenheit kann verletzend und provozierend wirken, in Außenseiterpositionen drängen, andere überfordern und belasten und dadurch Kohäsion mindern. *Vertrauen* erzeugt Vertrauen, Misstrauen erzeugt Misstrauen. Vertrauen hat eine fundamentale Bedeutung für zwischenmenschliche Beziehungen. Es beeinflusst entscheidend das Verhalten der Gruppenmitglieder. Es dient als Grundlage für viele Faktoren der Interaktion: Fähigkeit, voneinander zu lernen, kommunizieren, kooperieren, Freundschaften schließen, enge Beziehungen entwickeln und gestalten.

Wer vertraut, verhält sich freundlich, zugewandt, wohlwollend, nicht defensiv oder ängstlich, drückt spontan Meinungen aus, fühlt sich geborgen, zuversichtlich, entspannt. Der wichtigste Schritt zu Selbsterkenntnis und Selbstvertrauen liegt darin, einer anderen hilfreichen Person zu vertrauen. Ein Mindestmaß an Vertrauen ist die Voraussetzung für konstruktive Verhaltensänderungen. Deutsch (1976) differenziert Vertrauen in angemessenes Vertrauen (Flexibilität und angemessenes Reagieren auf situationsspezifische Bedingungen) und pathologisches Vertrauen (Neigung zu Risikosituationen, Leichtgläubigkeit, Unbekümmertheit, Impulsivität). Vertrauen schließt einen gewissen Grad von Unsicherheit ein, es ist immer mit einem interpersonalen Risiko verknüpft. Zunehmendes Vertrauen führt zur Bereitschaft, größere interpersonale Risiken einzugehen. Vertrauen und Riskieren verstärken sich bzw. können sich bei gegenläufigen Prozessen auch abschwächen.

Offenheit und Vertrauen korrelieren. Wird jemand, der sich anderen offen mitteilt, von den anderen akzeptiert, so wird zwischen ihm und den anderen das Vertrauen zunehmen. Die Wahrscheinlichkeit wird größer, dass auch die anderen offener werden. Reagieren die anderen mit Zurückweisung oder Abwertung, so wird das Vertrauen sinken; die Wahrscheinlichkeit, dass andere sich öffnen, sinkt. Die Aufgabe des Leiters in der Gruppe besteht darin, aus mehreren ängstlichen, unsicheren, misstrauischen und gespannten Menschen eine arbeitsfähige Gruppe aufzubauen. Die Gruppenzusammenstellung kann hier entscheidend sein. Die Intensität des Vertrauensklimas ist abhängig von der Fähigkeit zur Offenheit und dem Vertrauen des Einzelnen. Der Anteil der misstrauischen und verschlossenen Gruppenmitglieder muss beachtet werden. Aber: Auch die Aufnahme eines einzigen, äußerst feindselig reagierenden Gruppenmitglieds kann sich destruktiv auf Vertrauen und Offenheit der Gruppe auswirken. Der Gruppenleiter soll zu jedem Gruppenmitglied eine gute Beziehung aufbauen, jedem den Zugang zur Gruppe eröffnen und so erste Erfahrungen mit Vertrauen ermöglichen. Zunehmende Kenntnis der anderen führt bei den Gruppenmitgliedern zu einer differenzierteren Einschätzung von Vertrauen und Akzeptanz.

Die Vorbereitung sollte sorgfältig und gezielt erfolgen. Es sollten klare Vorstellungen zum Gruppenprozess vermittelt werden. Dadurch wird Unsicherheit und Angst reduziert, destruktive und feindselige Prozesse werden weitgehend verhindert. Konstruktive Normen, wie z. B. Vertraulichkeit, Verschwiegenheit, Kommunikationsregeln, sollen den unterschiedlichen Voraussetzungen der Mitglieder Rechnung tragen. Damit soll ermöglicht werden, den anderen in seiner Fähigkeit zu Offenheit und Vertrauen zu akzeptieren und damit verhindern, dass zu großer Druck auf ängstliche Gruppenmitglieder ausgeübt wird. Ein zu frühzeitiges, bedingungsloses Offenlegen kann die anderen ängstigen, überfordern und belasten. Diese werden dann eher ablehnend und abwertend reagieren.

Haltungen des Gruppenleiters:

- vertrauendes und offenes Verhalten unmittelbar fördern
- Gruppenleiter als Modell für vertrauendes, permissives und offenes Verhalten verstärken, wenn sich die Gruppenmitglieder füreinander interessieren
- Ermutigung bei Problemanalyse und Unterstützung
- Aufmerksamkeit auf angemessenen Ausdruck von Ärger und Kritik richten und damit Verhaltensweisen aufbauen, die der Konfliktklärung dienen
- Spannungen offen austragen
- herablassende, abwertende und kränkende Bemerkungen nicht zulassen

Kooperative Arbeitshaltung in Gruppen liegt vor, wenn die Mitglieder sich bei der Lösung von Problemen helfen (Feger et al. 1982) und wenn die Ziele der Teilnehmer so miteinander verflochten sind, dass jeder Teilnehmer sein Ziel dann – und nur dann – erreichen kann, wenn die anderen Gruppenmitglieder ebenfalls ihre Ziele erreichen (Deutsch 1976). Der kooperativen Situation steht die Konkurrenzsituation gegenüber, in der ein Mitglied sein Ziel nur erreichen kann, wenn die anderen ihr Ziel nicht erreichen.

Aufgabenbezogene Kooperation ist eine wichtige Grundbedingung für Arbeitsfähigkeit. Eine Gruppe funktioniert, wenn kontinuierliche Arbeit an der Lösung der Probleme (Gesamtgruppenprobleme, Beziehungsprobleme, individuelle Probleme, Wissenserwerb, Erprobung etc.) geschieht. Hierzu ist eine an den Zielen orientierte Zusammenarbeit, die Wettbewerb nicht ausschließt, erforderlich. Verhaltensweisen, die auf kooperative Arbeitshaltung hinweisen, sind gegenseitiges Interesse, Unterstützung, Angebote zu helfen, Bitten um Hilfe, Beratung und Trösten. Nach frühen empirischen Untersuchungen von Deutsch (1976) entwickelt sich in kooperativen Gruppen eine wirksamere Kommunikation und Interaktion. Eigene Überlegungen werden mehr verbalisiert, das Verhalten zueinander ist aufmerksamer und aufgeschlossener, freundlicher und hilfsbereiter. Die Ziele werden koordinierter, disziplinierter und effektiver angestrebt. Die Gruppenmitglieder vertrauen in die eigenen Ideen und haben ein ausgeprägtes Empfinden für Übereinstimmungen. Es gibt aber auch problematische Aspekte der kooperativen Arbeitshaltung wie wachsendes Interesse an spezialisierten Funktionen, Festlegung der Spezialisten auf bestimmte Funktionen, übermäßige Anpassung und Unterdrückung von Unstimmigkeiten und Differenzen, wodurch Innovationen verhindert werden können.

Kooperative und konkurrierende Prozesse tendieren zur Selbstverstärkung, sodass die Erfahrung der Kooperation eine Spirale wachsender Kooperation erzeugt, während Wettbewerb zu einer Spirale sich verschärfender Konkurrenz führt.

Leitungsaufgaben

Das Ziel einer kooperativen Arbeitshaltung erlaubt nur einen kleinen Anteil Teilnehmende, die inaktiv, passiv und bei der Überwindung schwieriger Situationen initiativlos sind. Die Gruppe sollte von vorneherein als kooperative Arbeitsgruppe definiert werden, welche die aktive Haltung der Mitglieder erfordert. Dazu muss das Konzept erläutert und verständlich gemacht werden. Bei passiven und inaktiven Mitgliedern müssen die Verhaltensprobleme mit einbezogen und die Passivität als Schwierigkeit benannt werden, damit die anderen Verständnis für sie aufbringen. Dadurch wird durch die Betroffenen nicht ständig die Gruppennorm «Kooperativität» infrage gestellt. Um die Arbeitshaltung nachhaltig zu sichern, sollten Belohnungen für Leistungen der Gesamtgruppe und nicht für Einzelleistungen in Aussicht gestellt und alle an der Festsetzung der Ziele beteiligt werden. In einem demokratischen Führungsstil sollte der Leiter die Gruppenmitglieder Funktionen übernehmen lassen und aufgabenbezogene Ziele und Befriedigung interpersonaler Bedürfnisse ermöglichen (Argyle 1972).

Alle Mitglieder sollen sich in jeder Gruppensitzung äußern, um so eine ausgewogene Beteiligung (nicht immer möglich) zu schaffen; problematische

Interaktions- und Kommunikationsverhalten können so thematisiert werden. Es ist sinnvoll, möglichst früh mit dem Aufbau kooperativer Verhaltensweisen zu beginnen. Dazu gehören: Interesse zeigen, zuhören, aufeinander eingehen, sich loben, ermutigen, konstruktive Kritik, Hilfe anbieten und erbitten, Unterstützung geben und erfragen und annehmen etc. Gleichzeitig ist es bedeutsam, möglichst früh auch die Wahrnehmung für Verhaltensweisen zu schärfen, welche die Kooperation gefährden, und gemeinsam Maßnahmen zu entwickeln, die solche Reaktionen unterbinden. Hilfreich kann eine Vereinbarung sein, sich gegenseitig auf destruktives Verhalten (Abwertung, Kränkung, Einengung etc.) aufmerksam zu machen.

Aufgabenbezogene Funktionen sollen den Gruppenmitgliedern überlassen bleiben. Gruppenmitglieder haben oft mehr Informationen und Beobachtungen als der Gruppenleiter. Therapeutische Zurückhaltung kann als Anerkennung der Fähigkeiten der Gruppe (soziale Verstärkung) dienen; eine zu große Aktivität des Leiters kann als Abwertung erlebt werden.

Der Leiter der Gruppe soll aber nicht nur an dem Ziel orientiert sein, sondern auch die interpersonellen Wünsche berücksichtigen und dafür genügend Raum geben. Daher ist immer wieder zu prüfen, was den Einzelnen daran hindert, an seinen Zielen zu arbeiten, und darauf inhaltlich einzugehen. Dabei ergibt sich oft ein komplexer Zusammenhang von Gruppen-, interaktionellen und individuellen Problemen.

Techniken individuell orientierter Gruppenarbeit, spezielle Konzepte und Anwendungen

Die Konzepte der Arbeit mit Gruppen, die sich an dem Individuum orientieren, basieren meist auf lerntheoretischen Annahmen und den daraus abgeleiteten verhaltenstherapeutischen Erklärungs- und Behandlungsmodellen. Sie nutzen die Gruppensituation in erster Linie als Übungs- und Erprobungsfeld, das dem Einzelnen Wachstum, Entwicklung und Veränderung ermöglichen soll.

Im Gegensatz hierzu steht die Systemische Gruppenarbeit, bei der die Gruppe als System betrachtet wird und folglich die Kommunikation und Interaktionen der Gruppenmitglieder untereinander im Fokus der Aufmerksamkeit stehen. Der Leiter als Teil der Gruppe (Systemteilnehmer) ist in die Dynamik der Wechselwirkungen im Sinne Kybernetik 2. Ordnung einbezogen. Tendenzen zur Systemstabilisierung als Sinn jedweden Verhaltens und die Auswirkungen dieses Strebens in bestehende Strukturen, die sich als fehlende Veränderungsbereitschaft äußern, werden auf dem Hintergrund der Beziehungen in der

Gruppe hinterfragt und die vorhandenen Potenziale als Ressourcen für Veränderungen identifiziert.

Die verhaltenstherapeutisch orientierte Gruppenarbeit ist Arbeit mit Einzelnen in der Gruppe. Prinzipiell entscheiden die Teilnehmer selbst, ob, wann und wie sie mitarbeiten. Der Gruppenleiter unterstützt und motiviert z. B. ängstliche Teilnehmer. Teilnehmer unter emotionalem Druck haben Vorrang; Interessensunterschiede sind erwünscht, es gibt keine Mehrheitsentscheidungen; das Thema jedes Einzelnen ist wichtig. Interpersonelle Konflikte in der Gruppe stehen nicht im Mittelpunkt der Arbeit (Fiedler 1996). Es können die Rekonstruktion und Bearbeitung schwieriger individueller Interaktionsprobleme und Konflikte optimiert werden. Durch das Lernen am Modell und durch eine konstruktive Zusammenarbeit, wie sie sich zum Beispiel im Feedback aus der Gruppe zeigt, können individuelle Verhaltensänderungen effektiv und effizient herbeigeführt werden.

Es wird unterschieden in:

- Präventive Konzepte: Klientenschulung, Selbstsicherheitstraining, Entspannungsverfahren, Gesundheitstrainings, Nichtrauchertraining etc.
- Störungsspezifische Konzepte:
  - psychologische oder psychiatrische Störungen (Angst, Depression, Schizophrenie etc.)
  - psychosomatische Störungen (Essstörungen, Schmerz, Tinnitus, Sucht etc.)
- Zieloffene Konzepte: Selbststeuerung, Kommunikation, Problemlösen etc.

Aufbau und Stabilisierung der Gruppe

Die Gruppe wird in ihrem prozessualen Verlauf konsequent geleitet. Der Leiter muss die Gruppe zusammenstellen, aufbauen und gemeinsam mit ihr das Thema finden, formulieren und einführen (Langmaack & Braune-Krickau 1989). Gefordert sind durchgängig Maßnahmen zum Aufbau und zur Stabilisierung einer konstruktiven Gruppensituation. Es müssen die Qualitäten der instrumentellen Gruppenbedingungen Vertrauen, Offenheit, Kohäsion und Kooperation beachtet werden (siehe Kompetenzprofil). Dazu ist die Befindlichkeit der Teilnehmer immer wieder zu befragen, und es sollte Raum zum Artikulieren der Bedürfnisse gegeben werden. Oft bieten sich Arbeiten in Kleingruppen, klare Auftragserteilungen und bewusste Veränderungen der Sitzordnung an, um die Teilnehmer beim Kennenlernen und Finden ihrer Position zu unterstützen (ebd.).

Von besonderer Bedeutung sind auch die Vereinbarung und Verpflichtung gemeinsamer Regeln wie Schweigepflicht, Gewaltlosigkeit, Ich-Botschaften, Vorrang starker Betroffenheit, ausreden lassen, Qualität des Feedbacks, ausreichend Raum für den Protagonisten, Rituale etc., wie sie zum Beispiel auch in der Themenzentrierten Interaktion (siehe 8.2.1) beschrieben werden. Die Grundregeln werden innerhalb der Gruppe erarbeitet, teilweise aber auch vom Leiter vorgegeben und dann als gewachsene «Traditionen» durch die Gruppenmitglieder weitergegeben.

Als besonders günstige Wirkfaktoren der Gruppenarbeit werden neben den Techniken und den instrumentellen Gruppenbedingungen das Gefühl der Gemeinsamkeit im Hinblick auf die Problemebene, das Vermitteln von Hoffnung und die Akzeptanz von Gefühlen genannt. Der Klient erlebt sich im Mittelpunkt des Geschehens in einem Wachstumsprozess, erfährt soziale Kompetenzvermittlung, alternative Sichtweisen und Einschätzungen und die Erfahrungen anderer mit den Problemlösungsstrategien. Er kann dabei Distanz zur eigenen Problematik aufbauen und zu einer realistischeren Selbsteinschätzung kommen.

Für den Umgang mit Störungen oder für die Wiederherstellung der Gruppenbedingungen gibt es zahlreiche Techniken wie Soziogramm, Skulptur, Fantasie- und Vertrauensübungen, Ausflug, Beratung, Arbeit in Zweiergruppen, kontrollierter Dialog, Rollentausch und viele mehr, die im Wesentlichen dazu dienen, eine günstige Balance zwischen Sachebene und psychosozialer Ebene zu finden.

Der Leiter in diesen Gruppen ist in der Expertenfunktion. Dass er nicht als ein Gruppenmitglied eine Art Eigenbehandlung oder Selbsterfahrung anstrebt, wenngleich sich natürlich die Gruppendynamik auch auf ihn auswirken wird, ist selbstverständlich. Dennoch sollte er personelle Kompetenzen wie selbstsichere Ausstrahlung (verbal und nonverbal), qualifizierte Fragen, Klarheit, Authentizität und Souveränität mitbringen, um seine steuernden, regulatorischen, diagnostischen und manchmal auch therapeutischen Aufgaben erfüllen zu können. Im Mittelpunkt steht der Klient, auf ihn bezogen, werden Interventionen in einer sozialarbeiterischen Tradition moderierend, beratend und einwirkend angewendet. Um dies hilfreich zu tun, braucht er spezielle Basiskompetenzen:

- Akzeptanz
- Empathie
- Kongruenz/Aufrichtigkeit
- Anerkennung der Schwierigkeiten der TN

- Interesse
- Fähigkeit zur Abgrenzung
- Kommunikations- und Interaktionsfähigkeit
- Führungskompetenz (direktiv oder non-direktiv)

Der Leiter hat einige Möglichkeiten, auf die Gruppe einzuwirken. Er kann helfen, Angst zu reduzieren, sich als Modell zur Verfügung stellen, verstärken, kognitiv umstrukturieren, Distanz zum Problem schaffen, konnotieren, ordnen.

Auch Gruppenarbeit erfolgt geplant und zielgerichtet. Der Leiter muss wissen, was er tut, weshalb und mit welchem Ziel. Um Ziele begründet verfolgen zu können, bedarf es neben der Fähigkeit, Techniken anzuwenden, auch eines Wissens um deren theoretische Begründung und Wirksamkeit. Da in der individuell orientierten Gruppenarbeit die Gruppe als Sozialer Mikrokosmos die Lebenswelt des Einzelnen widerspiegelnd instrumentalisiert wird, sind auch Kenntnisse gruppendynamischer Übungen erforderlich.

Beispiele für Techniken:

- Leerer Stuhl
- Doppeln
- Selbst-, Fremdwahrnehmung
- Rollentausch
- Themenzentrierte Kleingruppen
- Blitzlicht (Varianten)
- Skulptur
- Sozialtherapeutisches Rollenspiel
- Provokation
- Verschreibung
- Arbeit mit zwei oder mehreren Stühlen etc.

Beispiele für gruppendynamische Übungen:

- Schiffsreise
- 10 Jahre später
- Märchen
- Vornamen (Erwartungen)
- Rucksack
- Marktplatz
- Tauschgeschäft
- Dachboden
- Soziales Atom
- gute Fee
- Koffer packen
- Geschwisterstellung
- Fotoalbum
- Sorgenbaum
- Haus der Kindheit
- Kontrollierter Dialog etc.

Gravierende Leitungsfehler, die die Gruppenkohäsion, das Vertrauen der Teilnehmenden in Gruppe, Leitung und Gruppenarbeit und die Bereitschaft zur Selbstöffnung besonders verletzen, sind:

- die Thematisierung der Interaktionsprobleme einzelner Teilnehmenden direkt und ohne vorherige Absprache,
- die Überforderung der Teilnehmenden z. B. durch Rollenspiele, Feedback, Konfrontation etc.
- mangelnde Solidarität (z. B. mit Außenseitern)
- die Annahme einer Rolle des Geheimnisträgers
- fehlende Abgrenzung

Umgang mit schwierigen Gruppensituationen

Wo Menschen miteinander umgehen, kann es auf Dauer nicht reibungsfrei zugehen. Auch in der Gruppenarbeit sind schwierige Gruppensituationen nicht zu vermeiden. Sie können entstehen durch Partnerschaftsbildungen, Systemveränderungen wie Abbruch oder Neuaufnahmen, Motivationsmangel, fehlende Veränderungsbereitschaft, Aggression, Widerstand, psychotische Störungen, Suizidalität. Yalom (1989) nennt einige «typische Problemteilnehmer» und ihre Rollen in der Gruppe.

Besonders häufig auftretende schwierige Gruppensituationen sind das *Schweigen*, der Widerstand und die Überforderung. Wenn die Gruppe schweigt, kann das seine Ursache in einer erlebten Verletzung der Schweigepflicht haben. Dann wären als Interventionen eine Situationsanalyse, Wiederherstellung der Gruppenbedingungen, Reintegration aller Teilnehmer und die Neuvereinbarung von Regeln wichtig. Ursache des Schweigens könnte aber auch sein, dass der Leiter noch nicht etabliert ist oder dass er Fehler gemacht hat. Dann müsste das Vertrauen neu gewonnen und über den Expertenstatus Sicherheit vermittelt werden. Sind überdurchschnittlich belastende Themen der letzten Gruppentreffen Ursache des Schweigens, können Fantasiereisen und Entspannungsübungen hilfreich sein.

Im Umgang mit *Widerstand* ist erst nach der Form des Widerstands zu fragen: Handelt es sich um offenen Widerstand oder Rationalisierungen, Verharmlosungen, Leugnungen, Bagatellisierungen oder fehlende Kooperation?

Entsprechend der Einschätzung ist es möglich, aus einem umfangreichen Katalog an Maßnahmen begründet ein Vorgehen zu wählen, z. B.:

- In die Lücke fragen
- Verflüssigen
- Umdeuten
- Ablenken
- Erlaubnis geben
- Entscheiden lassen
- Provozieren
- Spiegeln (emotional und kognitiv)
- Hoffnung aufbauen
- Widerstandskonzept erklären
- Methodenwechsel
- Resignation benennen (Provokation)
- Vor dem Widerstand bleiben
- Mit dem Widerstand gehen
- Im Widerstand bleiben
- «Pushen»
- Vertrauen aufbauen
- Ziel definieren
- Gelegenheit zum Ablehnen geben
- Situation des Teilnehmers als die seinige darstellen und behandeln

Bei *Überforderungen* ist eine Evaluation der Gruppenprozesse zum Beispiel im Rahmen von interner oder externer Supervision erforderlich mit dem Ziel, Hintergründe und Art der Überforderung zu erkennen. Anschließend können dann die entsprechenden Fertigkeiten vermittelt werden.

Das Rollenspiel ist eine der zentralen Interventionen in der Arbeit mit Gruppen. Es gibt einige ganz typische Rollen wie z. B Anführer, Mitläufer, Spezialisten, Außenseiter oder Sündenbock. In den Rollenspielen ist es möglich, diese

Funktionen sanktionsfrei zu übernehmen oder andere Rollen auszuprobieren. Mehrere Formen des Rollenspiels stehen zur Verfügung: gruppendynamische Übungen, Selbsterfahrungsspiele, Spiele zum Kennenlernen, Gruppentraining, Spielen realistischer Situationen, Fantasieübungen, Methapern (Schwäbisch & Siems 1980). Dabei kann es oft zu massiven, manchmal auch schmerzhaften Selbsterfahrungen kommen, die sich auch in einer Angst vieler Teilnehmer vor Rollenspielen äußern. Die Angst vor dem Rollenspiel wird verstärkt, wenn

- die Beziehung zum Gruppenleiter nicht stabil ist,
- unbekannte Leiter oder neue Teilnehmer dabei sind,
- der Leiter in der Durchführung unsicher wirkt,
- die Instruktionen für das Rollenspiel unklar sind,
- das Rollenspiel den Protagonisten überfordert,
- das Rollenspiel zu umfangreich ist oder
- das Rollenspiel auf Video aufgenommen wird.

Der Gruppenleiter sollte selbst gut motiviert sein, klar instruieren, engagiert sein, Blickkontakt halten und sich bei Bedarf selbst als Modell vorgeben. Durch gezieltes Fragen sollte das Rollenspiel unterstützt und die Gruppe durch Aufgaben (Rollenübernahme, Verhaltensbeobachtung etc.) gezielt eingebunden werden.

Der typische Verlauf eines Rollenspiels (siehe zur Technik auch Schwäbisch & Siems 1980) durchläuft folgende Phasen:

- Problemschilderung
- Herausarbeiten einer spielbaren Situation
- Diagnostisches Rollenspiel
- Feedback
- Verarbeitung des Feedbacks
- Anbieten von Alternativen durch die Gruppe
- Zweites Rollenspiel
- Feedback
- Verarbeitung des Feedbacks
- Weitere Phasen (Rollenspiel à Feedback-Verarbeitung)
- Schlussdiskussion

Als günstig haben sich möglichst kurze Sequenzen mit genauen Anweisungen erwiesen. Der Protagonist bleibt im Vordergrund; eventuell wird ein Gruppenmitglied als Coach ausgewählt. Andere Gruppenteilnehmer sollten als Modelle einbezogen werden. Ziel der Auswertung des Rollenspiels ist die Verstärkung des Protagonisten (Antons 1992) durch verschiedene Nachfragen, wie es ihm ergangen ist und wie es den anderen Teilnehmern in ihren Rollen ging. Der Protagonist sollte explizit gefragt werden, ob er Rückmeldung der anderen Mitwirkenden des Rollenspiels oder Rückmeldung aus der gesamten Gruppe möchte. Bei Bedarf kann das Angebot zu einem veränderten Rollenspiel gemacht werden. Mit einem «Blitzlicht» schließt die Übung ab. Das Blitzlicht ist eine Technik, die in verschiedenen Varianten (direkte Sprache, Bilder, Metaphern, Synonyme, Stimmungsbilder) gezielt eingesetzt wird, um die Stimmung der Gruppenmitglieder in Form einer kurzen, präzisen Gefühlsbenennung zu erfahren. Gruppenmitglieder sollen nicht nur sagen, was sie denken, sondern auch differenziert ihre Gefühle wahrnehmen.

Als Abschluss wird mit der Evaluation der gesamte Gruppenprozess ausgewertet. Mögliche Strategien und Techniken sind Prozessbeobachtung, Befragung über Zufriedenheit und Bewertung der Lösungen, Selbsteinschätzung, Fremdeinschätzung, Verlaufsprotokoll, Auswertung von optischen und akustischen Aufzeichnungen. Gelegentlich werden auch qualitative oder quantitative Fragebögen eingesetzt.

Die Integration der Sozialen Gruppenarbeit in das Methodenrepertoire der Sozialen Arbeit bedeutete eine wichtige Erweiterung des Handlungsspektrums der Profession, die wegen der Vielfalt der Handlungsfelder auch notwendig war. Die Soziale Arbeit griff damit eine Entwicklung auf, die sich in den Institutionen und Einrichtungen bereits etabliert hatte. «Die Spannbreite zwischen einer … nicht defizitorientierten pädagogischen Arbeit mit Gruppen im Kontext von Jugendarbeit, Freizeitpädagogik, Erwachsenenbildung und Stadtteilarbeit auf der einen Seite und einer explizit ‹heilenden›, fürsorgerischen Hilfe für benachteiligte, desintegrierte, hilfsbedürftige Individuen, im Rahmen deren die Gruppe zum Ort und Medium der Hilfe und Unterstützung wird, auf der anderen Seite, kennzeichnet bis zum heutigen Tag das Verständnis von Gruppenarbeit» (Galuske 2001, S. 94).

Die Therapeutisierung der Konzepte und die damit verbundene therapeutisch-fürsorgerische Akzentuierung führte zu einer Heterogenität der Konzepte, Methoden und Techniken, die bei aller Unterschiedlichkeit sich dennoch das Sozialarbeiterische bewahrt haben und als Soziale Gruppenarbeit das methodisch spezifische der Sozialen Arbeit kennzeichnen.

In den folgenden Unterkapiteln werden die Konzepte der Themenzentrierten Interaktion (TZI), des Sozialtherapeutischen Rollenspiels (STR), der Erlebnispädagogik und Selbsthilfegruppen (SHG) differenzierter vorgestellt.

8.2.1 Themenzentrierte Interaktion

Die Themenzentrierte Interaktion (TZI) wurde von Ruth C. Cohn (2009) aus den Erkenntnissen der Psychoanalyse und den Einflüssen der Gruppentherapie initiiert und hat als Gruppenarbeitsverfahren große Bedeutung gewonnen. Themenzentrierte Interaktion bezeichnet ein Gruppenkonzept, das auf aktives, schöpferisches und entdeckendes Lernen – «Lebendiges Lernen» – und Arbeiten ausgerichtet ist.

Themenzentrierte Interaktion bietet einen Rahmen, der durch Gesprächs- und Verhaltensregeln gesteckt ist und der es ermöglicht, in einer Gruppe thematisch orientiert über ein Thema zu diskutieren. Besonders wichtig ist es dabei, einerseits die persönlichen Anteile, eigene Gefühle und Empfindungen mit ins Gespräch einzubeziehen und andererseits die Dynamik der Gruppe bewusst zu machen und zu halten. Gesprächsregeln dienen als Gerüst, an dem sich die Gruppe – oder der Leiter der Gruppe – orientieren und so einem zu verkopften, therapeutischen oder gruppendynamischen Verlauf der Gruppe wirksam entgegentreten kann. Es gilt, in diesem Dreieck die Balance zwischen dem ICH (der einzelnen Person mit ihren Anliegen und Befindlichkeiten), dem WIR (der Gruppe als das Miteinander der Personen) und dem ES (der Aufgabe und dem Ziel der Gruppe) zu halten und dabei auch das engere und weitere Umfeld (Globe) zu berücksichtigen.

Theoretische Grundlagen und Indikation

Themenzentrierte Interaktion wird als Methode oder Interaktionsmodell dort eingesetzt, wo es um die Verbesserung des Kooperations- und Kommunikationsstils geht. Eine Gruppe besteht immer aus verschiedenen Individuen, die alle ihre Geschichte, ihre Stärken und Schwächen – oder einfacher gesagt – ihre ganze Persönlichkeit mitbringen. Unterschiedliche Personen treffen aufeinander, und es entwickeln sich Sympathien und Antipathien, Zuneigung und Spannung, Freude und Konflikte. Auf diesem Hintergrund soll diese Gruppe von Menschen nun ein Arbeitsziel verfolgen und möglichst schnell und effektiv zu Ergebnissen kommen. Für eine wirklich effektive Zusammenarbeit ist es nach Cohn (2009) zunächst wichtig, die natürlichen Interaktionsprozesse zu erkennen und entsprechende Regeln aufzustellen, die eine gute Zusammenarbeit aller ermöglichen. Themenzentrierte Interaktion wendet sich daher vor allem an Pädagogen, Fachkräfte der Sozialen Arbeit und Psychotherapeuten, denen humanisierende Selbsterziehung anderer am Herzen liegt.

Struktur und Zielsetzung

Im Mittelpunkt der Themenzentrierten Interaktion steht das lebendige Miteinander-Lernen. Ziel dieses ganzheitlichen Lernens ist es, sich selbst und andere so zu leiten, dass persönliches Wachstum und Kreativität angeregt und gefördert werden.

Dabei geht es um Kooperationsbereitschaft, um Anerkennen und Sichauseinandersetzen mit Rivalität, um Realitätssinn anstelle von Illusionen über sich selbst oder die Gesellschaft und um Verantwortlichkeit anstelle von unreflektiert angepasstem Verhalten. Dazu braucht es die Fähigkeit, Grundmuster menschlichen Verhaltens zu erkennen, Erkenntnisse über Gruppen und Leitungsprozesse zu gewinnen und adäquate Strukturen zu setzen. Das bedeutet, ein dynamisches Gleichgewicht zwischen der Gruppe als System, den Einzelnen mit ihren persönlichen Anliegen und dem Thema als Aufgabe herauszustellen. Themenzentrierte Interaktion vermittelt die Haltung und das «Handwerkszeug», um jedwedes Fachthema lebendig bearbeiten und immer wieder neue Lernprozesse initiieren zu können.

Themenzentrierte Interaktion ermöglicht:

- sich und andere in der Gruppe, aber auch im privaten und beruflichen Bereich aufmerksam wahrzunehmen
- Selbstständigkeit und Eigenverantwortung in Kontakt mit anderen zu stärken
- Wissensvermittlung lebendig und in Beziehung zu den beteiligten Personen zu gestalten
- die Arbeitsnotwendigkeiten mit Achtung vor der Person und der zwischenmenschlichen Beziehung zu verbinden
- Problem- oder Arbeitsbesprechungen im Sinne lebendiger Kommunikation zu führen und Rivalitäten zugunsten von Kooperation zu nutzen

Themenzentrierte Interaktion setzt Strukturen im Gruppenprozess, die dynamisches Gleichgewicht zwischen den verschiedenartigen Bedürfnissen des Einzelnen, der Interaktion der Gruppe und deren Aufgabe anstreben (Ich-Wir-Es-Balance) und das Umfeld («globe») – im engsten und weitesten Sinn – stets mitberücksichtigen. Es wird von der Grundvoraussetzung ausgegangen, dass die Autonomie des Menschen umso größer ist, je bewusster er seine soziale und universelle Interdependenz anerkennt und aktiviert. Wertentscheidungen sind unabdingbar und im Geiste der Achtung vor dem Lebendigen und seiner Entfaltung zu treffen. Entscheidungen sind bedingt durch innere und äußere Grenzen – eine Erweiterung dieser Grenzen ist möglich.

Die drei Ebenen der Gruppenarbeit

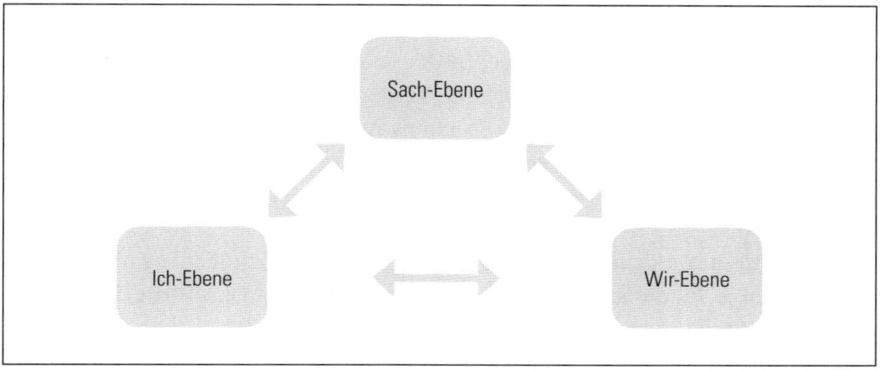

Abb. 36: Drei Ebenen der Gruppenarbeit (in Anlehung an Cohn 2009)

Gespräche und Interaktionen in Gruppen finden, je nach Situation unterschiedlich stark fokussiert, immer auf drei verschiedenen Ebenen statt: auf der Sach-Ebene, der Ich-Ebene und der Wir-Ebene.

Ausgangspunkt dieser Struktur ist für die Gruppe das Thema, das für alle Teilnehmer von Bedeutung sein sollte. Da neben inhaltlichen Aspekten auch der Titel wichtig ist, sollten negative Formulierungen im Titel vermieden werden.

Innerhalb der Lernsituation steht das Thema (ES) in enger Beziehung mit jeder einzelnen Person (ICH) und mit der Gruppe (WIR). Diese drei für die Gruppeninteraktion bedingten Faktoren sind ebenfalls von der Umgebung, in der sich die Gruppe trifft, abhängig.

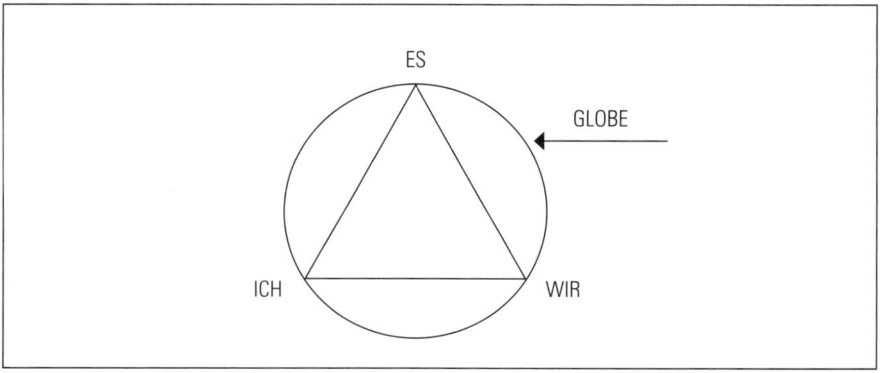

Abb. 37: Drei Ebenen der Gruppenarbeit in der Lernsituation (in Anlehnung an Cohn 2009)

ICH meint die Person, die ich in der Gruppe vertrete. Ich entscheide, was ich in die Gruppe gebe und was nicht. Ich bin verantwortlich für meine Beiträge, meine Aktionen und Reaktionen. Meine Störungen haben Vorrang.

WIR kennzeichnet die Gruppe, in der jedes Mitglied auch immer die Aufgabe hat, sich selbst vorzustehen und dabei zu versuchen, andere möglichst vorurteilsfrei wahrzunehmen, ihnen ebenso wie sich selbst Gefühle, Empfindungen etc. zuzugestehen, auch dann, wenn diese sich von den eigenen Gefühlen und Empfindungen unterscheiden.

ES ist das Thema. Schon die Themenstellung vermag eine vorhandene Ambivalenz, unterschiedliche Werthaltungen, gegensätzliche Empfindungen anzusprechen. Jede/r in der Gruppe achtet selbst darauf, dass die Themenformulierung auch die eigene persönliche Komponente nicht ausschließt.

Der Gruppenleiter hat die Aufgabe, diese drei Aspekte in einer relativen, dynamischen Balance zu halten. Hierzu stehen dem Gruppenleiter Techniken zur Verfügung. Ebenso wichtig sind die Persönlichkeit und ihre Haltungen: Toleranz, persönliche Wertschätzung und eine grundsätzlich positive Einstellung zum Mitmenschen.

Die drei Axiome der Themenzentrierten Interaktion

Gedanklicher Ansatz war die Frage, wie die Ich-stärkenden Faktoren therapeutischer Arbeitmethoden auch im alltäglichen Umgang miteinander wirksam werden können, um zu ganzheitlichen Lern- und Arbeitssituationen zu kommen (Langmaack 2000).

Drei Axiome stehen als Werte betonende Grundvoraussetzungen hinter dem Menschenbild der Themenzentrierten Interaktion. Es handelt sich um eine Ganzheitstheorie, die eine Einheit von Psyche, Körper und Umwelt zu denken versucht, und ist damit sehr nahe bei der Sicht der Klinischen Sozialarbeit.

Anthropologisches Axiom:
Der Mensch ist eine psycho-biologische Einheit, mit physischen, emotionalen, intelektuellen und spirituellen Bedürfnissen, die alle Facetten derselben Persönlichkeit repräsentieren und nicht separiert werden können.

Pragmatisch-politisches Axiom:
Der Mensch ist als Teil des Universums autonom und interdependent. Er ist immer im Prozess mit anderen, weder völlig auf sich selbst gestellt noch völ-

lig abhängig. Autonomie (Eigenständigkeit) wächst mit dem Bewusstsein der Interdependenz (Allverbundenheit).

Freie Entscheidung geschieht innerhalb bedingender innerer und äußerer Grenzen. Eine Erweiterung dieser Grenzen ist möglich. Unser Maß an Freiheit ist, wenn wir gesund, intelligent, materiell gesichert und geistig gereift sind, größer, als wenn wir krank, beschränkt oder arm sind und unter Gewalt und mangelnder Reife leiden. Bewusstsein unserer universellen Interdependenz ist die Grundlage humaner Verantwortung.

Ethisch-religiöses Axiom:
Ehrfurcht gebührt allem Lebendigen und seinem Wachstum. Respekt vor dem Wachstum bedingt bewertende Entscheidung. Das Humane ist wertvoll; Inhumanes ist Werte bedrohend.

Praxis und Anwendung

In der Gruppenarbeit finden diese Axiome ihren Ausdruck
- im Suchen nach Balance zwischen ES, WIR und ICH
- im Beachten und Einbeziehen des Umfelds der Gruppe und ihrer Mitglieder
- in einer deutlich wahrnehmbaren Leitung
- im konsequent durchgehaltenen Themenprinzip
- in klaren Postulaten und Regeln für Kommunikation und Zusammenarbeit

Diese Regeln sollen Gruppen und Teams zu einer effektiveren und für alle Beteiligten angenehmeren Arbeitsweise führen können. Sie sollen die Verantwortung der einzelnen Teilnehmer in der Gruppe verdeutlichen und unterstreichen. Wichtig ist, dass die Hilfsregeln taktvoll und nicht diktatorisch angewandt werden.

Es geht nicht darum, alle Regeln einfach zu übernehmen, sondern im Team zu entscheiden, welche Regeln Sinn für die Beteiligten machen und welche nicht. Gegebenenfalls können die Regeln auch verändert und angepasst werden.

1. *«Sei dein eigener Chairman!»*

   Chairman (Vorsitzender) ist einerseits der «Leiter meiner selbst» und andererseits ein «Vertreter der Interessen aller in der Gruppe». Chairman seiner selbst sein bedeutet also, die eigenen körperlichen Empfindungen, Wahrnehmungen, Fantasien, Urteile, Wertungen und wechselnden Gefühle bewusst wahrzunehmen und als eigene Anteile zu akzeptieren.

Chairman der Gruppe sein bedeutet, zu versuchen, andere möglichst ohne Vorurteile wahrzunehmen, ihnen ebenso wie sich selbst Gefühle, Empfindungen zuzugestehen, auch dann, wenn diese sich von den eigenen unterscheiden.

2. *«Störungen haben Vorrang!»*

   Die Gruppe wird nur dann als voll funktionsfähig angesehen, wenn alle Mitglieder teilnehmen können, «anwesend» sind. Angemeldete Störungen können oft symptomatisch für eine Störung der Gruppe sein. Oft werden Störungen aber nicht formuliert, aus Angst davor, Verantwortung für sich selbst zu übernehmen oder für das gezeigte Verhalten sanktioniert zu werden. In diesen Fällen steigt das Unbehagen der Gruppe bis hin zu Unfähigkeit der Teilnehmer, sich aufeinander oder das Thema zu beziehen.

3. *«Vertritt dich selbst in deinen Aussagen; sprich per ‹Ich› und nicht per ‹Wir› oder per ‹Man›!»*

   Es ist für viele viel schwerer, zu der eigenen Aussage oder Meinung zu stehen, wenn es darum geht, sie als persönliche Meinung zu kennzeichnen. Es geht bei dieser Regel darum, dass der Sprechende in der Ich-Form redet, die volle Verantwortung für das Gesagte übernimmt, sich nicht hinter der Allgemeinheit oder der Gruppe versteckt.

4. *«Wenn du eine Frage stellst, sage, warum du fragst und was deine Frage für dich bedeutet. Sage dich selbst aus und vermeide das Interview!»*

   Echte Fragen verlangen Informationen, die nötig sind, um etwas zu verstehen oder Prozesse weiterzuführen, deshalb sollen Motivation und Hintergrund von eigenen Fragen transparent sein. Diese Regel entstand aus der Überlegung, dass es «echte» und «unechte» Fragen gibt. Während echte Fragen Ausdruck eines Informationsbedürfnisses sind, werden unechte Fragen z. B. für Machtspiele eingesetzt. Aus Sicht der Themenzentrierten Interaktion ist es wesentlich, dass die Teammitglieder immer etwas von sich selbst in den Teamprozess einbringen.

5. *«Sei authentisch und selektiv in deinen Kommunikationen. Mach dir bewusst, was du denkst und fühlst, und wähle, was du sagst und tust!»*

   Die Teilnehmer sollen ein Bewusstsein über die eigenen Beiträge und Befindlichkeiten haben. Wenn ich etwas sage oder tue, weil ich es soll, dann fehlt dieser Handlung meine eigene bewährte Überprüfung, und ich handle nicht eigenständig.

Um ein faires und vertrauensvolles Miteinander im Team zu erreichen, ist eine gewisse Filterung der eigenen Aussagen notwendig. Es kann nicht jeder immer spontan alles sagen. Je besser die Gruppe zusammenarbeitet, desto offener können Dinge gesagt werden, weil die anderen die Äußerungen besser einschätzen können.

6. *«Halte dich mit Interpretationen von anderen so lange wie möglich zurück. Sprich stattdessen deine persönlichen Reaktionen aus!»*

Möglichst nicht interpretieren. Manche Menschen neigen dazu, die Redebeiträge anderer Personen zu interpretieren. Oft haben Interpretationsversuche vor allem etwas mit dem Sprechenden selbst zu tun und führen oft zu Abwehrreaktionen desjenigen, der die Ursprungsaussage gemacht hat. Kaum jemand wird gerne interpretiert – und möglicherweise falsch gedeutet. Solche Vorgänge verlangsamen die Arbeitsprozesse. Statt zu erklären, was andere gesagt oder gedacht haben, ist es angemessener, für sich selbst zu sprechen. Die einfache Grundregel lautet deshalb: Jeder spricht für sich selbst! Wenn wir nicht sicher sind, was der andere gesagt hat, können wir nachfragen.

7. *«Sei zurückhaltend mit Verallgemeinerungen!»*

«Immer kommst du zu spät.» – «Du lässt mich nie ausreden.» Solche Verallgemeinerungen unterbrechen den Gruppenprozess. Sie sind am Platz, wenn ein Unterthema ausreichend diskutiert worden und ein Wechsel des Gesprächsgegenstands angezeigt ist.

8. *«Kennzeichne deine persönlichen Eindrücke deutlich!»*

«Wenn du etwas über das Benehmen oder die Charakteristik eines anderen Teilnehmers aussagst, sage auch, was es dir bedeutet, dass er so ist, wie du ihn siehst.» Diese Regel, wie die Regel Nr. 2, verhindert das Phänomen des Prügelknaben. Ziel ist ein offener Dialog. Wenn jedes Teammitglied seine Äußerungen als persönliche Meinung kennzeichnet, können die Aussagen nicht auf eine allgemeingültige Ebene gehoben werden, sondern es kann direkt zwischen den beiden Personen besprochen werden.

9. *«Seitengespräche haben Vorrang. Sie stören und sind meist wichtig. Sie würden nicht geschehen, wenn sie nicht wichtig wären!»*

Hier geht es um Störungen, wie z. B. ein Nebengespräch zwischen zwei Gruppenmitgliedern. Ein solches Seitengespräch stört die Gruppe, kann aber auch ein Hinweis darauf sein, dass die Personen oder ein Thema nicht genug Raum in der Gruppe finden. Die Betroffenen können gefragt werden, ob das Ganze in der Gruppe besprochen werden soll. Dies aber sollte nur als ein Angebot, nicht als Zwang formuliert sein.

10. «Nur einer zur gleichen Zeit bitte!»

Niemand kann mehr als einer Äußerung zur gleichen Zeit folgen, deshalb sollte immer nur einer reden. Oft reden gerade in wichtigen oder emotionalen Phasen der Teamarbeit alle durcheinander. Wichtig wäre aber, dass jeder jedem zuhört, und vor allem, dass alle einander verstehen. Nur so ist eine Verständigung möglich, und nur so können Entscheidungen getroffen werden, in denen sich alle Beteiligten wiederfinden. Deshalb ist es bei Überschneidungen von Redebeiträgen wichtig, sich kurz in Stichworten über die Redebeiträge zu verständigen (Cohn 2009).

Die schrittweise Anwendung des Themenzentrierte Interaktion-Modells

Information
Die Gruppe lernt das Modell gemeinsam kennen. Die Methode wird vorgestellt und diskutiert. Wenn alle das Modell kennen, kann man sich darüber einigen, ob eine Arbeit nach diesen Regeln sinnvoll ist. Dabei ist es durchaus möglich, einzelne Regeln auszuwählen, abzuändern und andere aufzunehmen.

Das Problem von Theorie und Praxis
Wenn alle Teammitglieder die Regeln verinnerlicht haben, geht es nun darum, sie tatsächlich auch im Team anzuwenden. In der praktischen Teamarbeit ist das oft schwierig, da in der konkreten Arbeitssituation die Regeln oft vergessen werden.

Die Bedeutung eines Moderators
Der Moderator ist eine neutrale Person, deren Aufgabe es ist, die Teamarbeit zu steuern. Ein Moderator achtet auf die Einhaltung der Regeln, ordnet z. B. die Redebeiträge der einzelnen Gruppenmitglieder, notiert wichtige Stichpunkte oder Bemerkungen und steuert den Prozess mit Fragen. Er ist auch verantwortlich dafür, immer wieder das Gleichgewicht der drei Ebenen herzustellen.

Regeln für alle sichtbar aufschreiben
Wenn sich eine Gruppe entscheidet, die Zusammenarbeit nach der Themenzentrierten Interaktion oder nach einigen Regeln daraus weiterzuführen, dann sollten die festgelegten Regeln für alle deutlich lesbar aufgeschrieben sein. Während der eigentlichen Arbeit werden solche Regeln sonst schnell vergessen.

Checktermine einführen und überprüfen
Es ist sinnvoll, in regelmäßigen Abständen die Qualität der Teamarbeit zu überprüfen und sich darüber auszutauschen, ob die Regeln eingehalten werden und ob das Modell der Themenzentrierten Interaktion für den Beteiligten Sinn macht. Ziel ist es immer, einen konstruktiven Austausch aller Beteiligten und eine Verständigung zu ermöglichen. Gleichzeitig dient diese Reflexion der Evaluation und Qualitätssicherung.

Die Themenzentrierte Interaktion wurde konzipiert für das Lernen und Arbeiten in Gruppen. Cohns Idee, wesentliche Erkenntnisse und Erfahrungen aus der tiefenpsychologisch orientierten therapeutischen Einzelarbeit auf nicht therapeutische Gruppen zu übertragen, ist durch den zusätzlichen Einfluss verschiedener Strömungen aus der humanistischen Psychologie zu einem eigenständigen Modell für das Lernen und Arbeiten in Gruppen geworden. Dennoch ist die Themenzentrierte Interaktion keine neue Form der Gruppentherapie, obwohl therapeutische Effekte durchaus auftreten können. Therapeutische Interventionen dienen primär zur Wiederherstellung bzw. zum Erhalt der Arbeitsfähigkeit; denn im Unterschied zur Therapie ist das Anliegen einer mithilfe der Themenzentrierten Interaktion geleiteten Gruppe das Wachsen und Arbeiten an einer gemeinsamen Sachaufgabe.

8.2.2 Sozialtherapeutisches Rollenspiel

Das Sozialtherapeutische Rollenspiel (STR) ist eine eigenständige Methode für die Arbeit mit Gruppen. Mithilfe strukturierter Gespräche und Rollenspiele können sowohl Gruppensituationen als auch Probleme aus dem Lebensumfeld der Teilnehmenden reflektiert und bearbeitet werden. Es ist eine professionelle, kreative Methode für die Arbeit mit Gruppen im psychosozialen, im Bildungs- und Gesundheitsbereich. Es beinhaltet eine eigene methodische Vorgehensweise, die die Besonderheit der Klienten in individuellen und sozialen Notlagen, in Krisen und extremen Lebenssituationen berücksichtigt, und orientiert sich dabei an den Handlungsstrategien der Sozialen Arbeit und deren beruflicher Haltung.

Das Sozialtherapeutische Rollenspiel entstand aus dem Bedarf der Fachkräfte nach professionellen Arbeitshilfen für die Leitung und inhaltliche Gestaltung verschiedener Arten von Gruppen. Es werden die gesunden Anteile der Klienten genutzt, um deren Selbshilfe- und Selbstheilungskräfte zu mobilisieren.

Theoretische Grundlagen und Indikation

Bezugspunkte für das Entstehen des Sozialtherapeutischen Rollenspiels waren die Sozialarbeit, die Sozialtherapie und das Rollenspiel (Stein 2009).

Sozialarbeit und Sozialpädagogik, und hier insbesondere die Soziale Gruppenarbeit mit ihren gruppendynamischen Konzepten, helfen den Einzelnen durch sinnvolle Gruppenerlebnisse, ihre soziale Funktionsfähigkeit zu steigern und ihren persönlichen Problemen und denen des öffentlichen Lebens besser gewachsen zu sein (Konopka 2000). Nach der Einteilung von Bernstein & Lowy (1982) korrespondiert das Sozialtherapeutische Rollenspiel am ehesten mit dem Modell der therapeutischen Hilfe, bei dem die Gruppe als Behandlungsraum und -instrument den Einzelnen in den Mittelpunkt stellt.

Die Sozialtherapie sieht den Menschen durchgängig im Kontext seiner Umwelt und bezieht diese deshalb mit ihren förderlichen Aspekten in die Diagnose und in die Bewältigungsstrategien mit ein. Die Gruppenleitung sieht sich als Teil der Gruppe, leitet diese an, nutzt aber auch das eigene Verhalten als Modell.

Das Rollenspiel ist ein phasenorientiertes, angeleitetes und regelgeleitetes Konzept, bei dem die Gruppe und ihre Ressourcen für den Einzelnen nutzbar gemacht werden sollen (Schwäbisch & Siems 1980).

Das Sozialtherapeutische Rollenspiel stimmt mit vielen dieser Grundannahmen überein. Es wird von einem Professionellen angeleitet, der diagnostische, behandelnde, modellgebende, sichernde und strukturierende Funktionen hat und deutlich als Leitung wahrgenommen wird. Auch gilt die Gruppe als Hilfemittel und Raum für persönliche Entwicklung. Schließlich gibt es auch Übereinstimmung in der Sicht der Gruppenmitglieder, die zentraler Bezugspunkt sind und denen Hilfe zur Selbsthilfe bei der Verbesserung ihrer sozialen Kompetenzen gegeben werden soll (Stein 2009).

Das Sozialtherapeutische Rollenspiel vermittelt sowohl diagnostische Hinweise, um eine psychosoziale Behandlung einzuleiten, wie es auch die Selbstwahrnehmung und den Reifungsprozess des Klienten und der Fachkraft der Sozialen Arbeit mit beeinflusst. Es ist in der Lage, Selbsterfahrung zu vermitteln und berufliche Situationen in der Supervision zu klären. Durch das Sozialtherapeutische Rollenspiel wird eine Erweiterung des Verhaltensrepertoires und eine zunehmende soziale Kompetenz erreicht. Erreicht wird dies mit imaginären Bildern sowie Austausch- und Feedbackrunden. Mithilfe strukturierter Gespräche und Rollenspiele können sowohl Gruppensituationen als auch Probleme aus dem Lebensumfeld der Teilnehmenden analysiert und bearbeitet werden.

Das Sozialtherapeutische Rollenspiel wurde von Stein (2009) an der Katholischen Stiftungsfachhochschule für Soziale Arbeit in München entwickelt; als Reaktion auf eine von ihr beschriebene zunehmende Vereinsamung und Individualisierung in unserer Gesellschaft. Stein sieht das Sozialtherapeutische Rollenspiel als Gruppenarbeitsmethode, die den Bedürfnissen unserer gesellschaftlichen Wirklichkeit in besonderem Maße Rechnung trägt. «Im Mikrokosmos der Gruppe kann der Einzelne sich seiner selbst bewusster werden. Gleichgelagerte Erfahrungen schaffen Verbundenheit unter den Gruppenmitgliedern, können jedoch auch zum Ausgangspunkt für das Innewerden der gemeinsamen gesellschaftlichen Lage … werden» (Huber & Schild 1996, S. 15).

Ursprünglich für die Arbeit mit suchtkranken Menschen gedacht, hat das Sozialtherapeutische Rollenspiel mittlerweile längst den sozial-therapeutischen Anwendungsbereich überschritten. Es wird inzwischen in vielen Feldern der psychosozialen Arbeit mit Erfolg eingesetzt. Bewährt hat sich das unter anderem in der Jugend- und Familienhilfe, in der sozialtherapeutischen Arbeit, in der Erwachsenenbildung, an Schulen und in beruflichen Ausbildungen, in der kollegialen Beratung und Supervision und ganz besonders auch im Gesundheitsbereich, wodurch es für die Anwendung in der Klinischen Sozialarbeit prädestiniert ist.

Praxis und Anwendung

Das Sozialtherapeutische Rollenspiel folgt erlernbaren festen Regeln: Es werden hauptsächlich über verschiedene Spielformen Einzelaspekte der Lebensgeschichte bewusst gemacht und behandelt. Die erinnerten Bilder und Situationen werden nicht interpretiert, sondern es bleibt den Klienten überlassen, dem, was sie sehen und finden, selbst eine Bedeutung zu geben. Probleme werden strukturiert und in kleinen Schritten mit überschaubaren Zielsetzungen bearbeitet, wobei die Kompetenzen und Fähigkeiten der Klienten im Vordergrund stehen. Die Gruppenmitglieder lernen sich solidarisieren, leisten sich gegenseitig Hilfe, indem sie sich stützen und gegenseitig mit ihren Erfahrungen helfen. Die Gruppenleitung hat Modellfunktion. Sie spielt immer mit, zeigt ihre

Erlebnisse auf und stützt die Schwachen. Die Gruppenleitung steuert den Spielprozess durch eigene Beiträge und ist dabei immer echt, immer am anderen interessiert.

Unter Berücksichtigung der Voraussetzungen, die die Entstehung der Problemsituationen bedingen, werden gemeinsam mit den Klienten solche Verhaltensweisen herausgearbeitet, die Veränderungen einleiten und helfende Beziehungen ermöglichen.

Den Teilnehmenden bietet das Sozialtherapeutische Rollenspiel Anregungen zu ganzheitlichem und persönlichem Lernen. Sie werden in ihrer Selbstwahrnehmung und in ihren sozialen Kompetenzen gefördert. Von Klienten wird als besonderer Vorteil dieser Methode oft erwähnt, dass das Spielen einfach Spaß macht, die Veränderungsmotivation spielerisch fördert.

Das Sozialtherapeutische Rollenspiel bietet verschiedene Spielformen zur Verbesserung

- der Selbst- und Fremdwahrnehmung (Wahrnehmungszentrierte Spiele),
- des Sozialverhaltens in Gruppen (Gruppenzentrierte Spiele),
- sowie der Wahrnehmung, Strukturierung und Lösung aktueller Probleme (Problemzentrierte Spiele).

In den *Wahrnehmungszentrierten Spielen* werden Szenen aus den Lebensgeschichten «verlebendigt» und so bearbeitbar. Sie werden unterschieden in:

Erlebnisspiele, die durch die Konfrontation mit Aspekten der eigenen Geschichte der Verdeutlichung und Korrektur der Selbstwahrnehmung, der Akzeptanz der Annahme der eigenen Lebensgeschichte und der Sinngebung dienen.

Einfühlungsspiele führen zur Differenzierung der Wahrnehmung, zur Rollendistanz und zur Identitätsdarstellung.

Fantasiebilder spiegeln Wünsche und Bedürfnisse, erlauben stellvertretende Wunscherfüllung, führen aber gleichzeitig immer wieder in die Realität.

Die Gruppenzentrierten Spiele thematisieren Erfahrungen, Konflikte und Rollen der Teilnehmenden aus früheren Familien- und Gruppenerlebnissen und aus der Rollenspielgruppe selbst.

Problemzentrierte Spiele bearbeiten konkrete Alltags- und Lebenssituationen der Gruppenteilnehmenden, beziehen dabei das subjektive Erleben der kritischen Situationen bewusst ein und versuchen, die individuellen Handlungskompetenzen zu stärken.

«Im Rahmen des Veränderungsprozesses werden folgende Ziele angesteuert:
- wiederherstellen des Vertrauens in die eigene Kraft;
- wecken schöpferischer Fantasie;
- Mut machen zum Fehler, der Lernen möglich macht;
- erfahren von Eigenmacht durch Handlung;
- schulen der Wahrnehmung, der körperlichen und sprachlichen Ausdrucksmöglichkeiten;
- differenzieren der Sensibilität Konflikten gegenüber und der Einfühlungsfähigkeiten in andere;
- einüben von Rollen, die wir in unserer Gesellschaft zu spielen haben;
- ermutigen zu nonkonformem Verhalten und die Zunahme der Fähigkeit, die damit verbundenen Konsequenzen richtig einzuschätzen und die eigene Belastbarkeit abzuwägen;
- erwerben von Rollendistanz und die gleichzeitige Zunahme der Fähigkeit, divergente Spannungen auszuhalten;
- kennenlernen zweckmäßiger Konfliktlösungsstrategien und der Fähigkeit, mit anderen zu kooperieren;
- eine Zunahme der Fähigkeit zur Selbstdarstellung, zur Selbstbehauptung und, wenn notwendig, zur Selbstbegrenzung» (Stein 1993, S. 13).

Das Erreichen der Ziele stellt an das Kompetenzprofil der Spielleitungen große Anforderungen. Komplexe Anwendungsverhältnisse lassen eine reine Technikanwendung nicht zu. «Es erleidet Schiffbruch, wer Methoden umstandslos und situationsunabhängig anwenden will» (Geißler & Hege 1978, S. 24).

Es geht im Sozialtherapeutischen Rollenspiel darum, die Teilnehmer einer Gruppe unter Einbeziehung der gruppendynamischen Abläufe, der Themengestaltung und der Umweltverknüpfungen umfassend zu fördern. Diese Zusammenhänge müssen im Blick behalten werden. Es gilt also, die Situation umfassend wahrzunehmen, auf ihre Erfordernisse und Ziele hin einzuschätzen, Interventionen zu entwerfen und umzusetzen und die Ergebnisse dieses Handelns auszuwerten (Malcher 1977). Neben den Grundhaltungen der Sozialen Arbeit sollten Gruppenleitungen im Sozialtherapeutischen Rollenspiel vertraut sein mit der Gesellschafts-, Menschen- und Problemsicht der Sozialen Arbeit, über Kenntnisse und Erfahrungen in der Arbeit mit Gruppen verfügen, die speziellen Techniken der Methode beherrschen und deren Möglichkeiten und Wirkungen an sich selbst erfahren haben (Huber & Schild 1996).

8.2.3 Erlebnispädagogik

Erlebnispädagogik gilt heute als integrativer Bestandteil ganzheitlicher Erziehungs- und Bildungskonzepte. Ursprünglich in der Reformpädagogik verwurzelt, erlebt sie seit Mitte der 80er-Jahre als Methode der Sozialen Arbeit in Deutschland einen wahren Boom, da Schlüsselqualifikationen wie soziale Kompetenz und Persönlichkeit eine zunehmende Rolle in der Gesellschaft spielen. Die Wurzeln dieser Methode reichen bis ins 18. Jahrhundert und sind eng verbunden mit den Namen Jean-Jacques Rousseau, David Henry Thoreau und Kurt Hahn.

Rousseau, der erstmals von der «Lebenswelt» des Kindes sprach und das Aufwachsen in unterschiedliche Phasen gliederte, war davon überzeugt, dass eine gute Erziehung nur über Erlebnis, Erfahrung und Abenteuer zu erlangen sei. Aus dem Umstand, dass jeder Mensch mit den Sinnesorganen Hände, Augen, Ohren, Nase und Zunge geboren sei, erschloss sich für ihn die einfache Logik, dass jedes Kind durch die Konsequenzen, die sein Handeln verursacht, lernt (Heckmair & Michl 2008).

Thoureau, der unter schweren Depressionen litt, versuchte seine Überlegungen in einem Selbstversuch zu belegen und zog für zweieinhalb Jahre in eine selbstgebaute Hütte am Waldensee in der Nähe seiner Heimatstadt. Dieser Selbstversuch, bekannt als «Walden-Experiment», diente einerseits der Selbstmedikation, aber auch dem wissenschaftlichen Interesse, zu belegen, dass eine «Selbstverwilderung», bei der der Mensch sich in Einklang mit der Natur, die ja Grundlage und Ursprung von allem sei, befindet, heilsam sei (ebd.).

Hahn als eigentlicher Begründer der modernen Erlebnispädagogik versuchte in seiner Gegenwartsdiagnose den Verfall der Gesellschaft zu analysieren und geeignete Gegenmaßnahmen zu konzeptualisieren. Nach seiner Auffassung war der Verfall der Gesellschaft durch vier «Krankheiten» gekennzeichnet (Hahn 1998):

1. Mangel an menschlicher Anteilnahme
2. Mangel an Sorgsamkeit
3. Verfall der körperlichen Leistungsfähigkeit und Tauglichkeit
4. Mangel an Initiative und Spontaneität

Um diesen Missständen zu begegnen, entwickelt er eine Erlebnistherapie für Jugendliche, welche auf den zwei Grundprinzipien beruhte, dass *Erleben besser sei als Belehren* und das *Erziehung durch Gemeinschaft* am wirksamsten sei (Galuske 2009).

Als effektive Strategien sah er

- sozial nützliche Tätigkeiten mit einer ernsthaften Aufgabe und in Verbindung mit einer erlebnisreichen Erfahrung (z. B. Seenotrettung),
- körperliches Training in Form von natursportlichen Übungen (z. B. Klettern),
- Planung und Realisierung von mehrtägigen Touren in Naturlandschaften,
- Bewältigung von Projekten, bei denen ein Ziel vorgegeben ist.

Die Erkenntnisse dieser «Pioniere der Erlebnispädagogik» sind bis heute relevant in ihrem Plädoyer für:

- Inspiration und Leitung durch die Natur,
- bewusste Nutzung der Sinnesorgane und
- Lernen durch Erleben.

«Wer handelt, lernt besser und mehr, und wer gut handelt, wird ein guter Mensch.»

«Nicht reden über Handeln, sondern reden und handeln.» (Heckmair & Michl 2008, S. 22)

Theoretische Grundlagen und Indikation

Die *Erlebnispädagogik* nutzt Gruppenerfahrungen in der Natur, um die Persönlichkeit und soziale Kompetenzen zu entwickeln. Zahlreiche Natursportarten bieten dabei ein breites Spektrum an Erlebnismöglichkeiten, ergänzt mit Methoden aus Theater-, Abenteuer- und Spielpädagogik, der Gruppendynamik und der Sozialpädagogik.

Erlebnispädagogik kann als handlungsorientierte, ganzheitliche Methode mit Outdoororientierung, welche in Kurzzeit- und Langzeitprojekten vollzogen wird, beschrieben werden. Handlungsorientiert, weil dem Teilnehmenden einer erlebnispädagogischen Maßnahme eine Aufgabe gestellt wird, die ihn zu einem Handeln zwingt. Ganzheitlichkeit ergibt sich daraus, dass während des Lernprozesses der Maßnahme alle Sinne angesprochen werden sollen. Damit sind die physischen, psychischen und kognitiven Fähigkeiten gemeint, die man auch kurz mit «Körper, Seele und Geist» (Hufenus 1993, S. 86) umschreiben kann. In der modernen Erlebnispädagogik wird die Methode meist in Gruppen durchgeführt, um die Fähigkeit der sozialen Kompetenzen der Teilnehmer zu fördern.

Mit Galuske (2009) lassen sich weitere charakteristische Merkmale der Erlebnispädagogik aufzählen:

Lernen in Situationen mit Ernstcharakter: Obwohl zur Erlebnispädagogik viele Aktivitäten mit spielerischem Charakter gehören, geschehen sie auf der Basis eines seriösen Anliegens. Wenn z. B. im Rahmen eines «Wettkletterns» an einem Felsen zwei Gruppen in einen Wettkampf zueinander treten, so ist das Bedürfnis nach physischer Sicherheit des Kletterers, dem der Sichernde vertrauen muss, eine ebenso ernste Variable, wie die bei dem Sichernden liegende Verantwortung, die er gegenüber dem Kletternden hat. Es geht um das körperliche und psychische Wohl der Beteiligten.

Gruppe als Lerngemeinschaft: Erlebnispädagogik wird meist im Gruppenrahmen durchgeführt. Es geht um die Schaffung eines Umfelds, welches zum einen die Möglichkeit bietet, das Erlebte gemeinsam zu diskutieren und zu reflektieren, und zum anderen werden gruppendynamische Prozesse eingeleitet, die sich auch auf den Alltag beziehen lassen, wie z. B. die Rollenverteilung und Positionierung innerhalb einer Gruppe.

Erlebnischarakter: Um eine Unterscheidung zum Alltag zu haben, bedient sich die Erlebnispädagogik Praktiken, die Grenzerfahrungen ermöglichen. Gerade diese Grenzerfahrungen sind es, die die Chance bieten, «aus einem Ereignis ein inneres, bewegendes und nachhaltig wirkendes Erlebnis» (Galuske 2007, S. 245) zu machen.

Pädagogisches Arrangement: Um einen pädagogischen Nutzen aus einer «erlebnisträchtigen Situation» zu ziehen, muss diese entsprechend «pädagogisch instrumentalisiert» werden. Es werden pädagogische Ziele definiert und gemeinsam mit den Klienten Wege zu deren Realisierung geplant.

Praxis und Anwendung

Zentraler Begriff bei allen erlebnispädagogischen Ansätzen ist das Erlebnis. Mit diesem Begriff verbindet man gewöhnlich Aktivität, Unmittelbarkeit, Spannung, Emotionalität, Abwechslung und Authentizität. Erlebnisse bringen das Besondere, das nicht Alltägliche zum Ausdruck. Dementsprechend sehen Heckmair & Michl (2008) das Erlebnis und den Alltag als «zwei schlecht verträgliche Dinge».

Ein Erlebnis ist also nicht etwas Alltägliches, sondern ein besonderes Ereignis. Inhalte des Erlebten, die als bedeutungsvoll angesehen werden, werden zu Eindrücken verarbeitet, die positive oder negative Gefühle oder Erinnerungen hervorbringen können. Für den Menschen stellt das Erleben etwas Persönliches und Subjektives dar, das unmittelbar wahrgenommen wird. Wichtig für die Erlebnispädagogik ist, dass nur die Qualität der Wirkungen von Erlebnissen subjektiv und unmittelbar ist, nicht aber die Herkunft. Während erlebnispädagogischer Maßnahmen sind die größten Teile der gemachten Erlebnisse durch ein Konzept und ein künstliches Setting sozial konstruiert bzw. beeinflusst.

Folgende drei Handlungsmodelle der Erlebnispädagogik lassen sich nach Heckmair & Michl (2008) unterscheiden:

- *The Mountains Speak for Themselves:* Der Erlebnispädagoge stellt den Teilnehmenden der Maßnahme eine Aufgabe, erklärt die Regeln zur Aufgabenbewältigung und überlässt die Teilnehmenden dann der zu bewältigenden Aufgabe. Es wird davon ausgegangen, dass die erlebten Ereignisse von den Teilnehmern untereinander aufgearbeitet werden und die Erlebnisse automatisch in den Alltag transferiert werden.
- *Outward Bound Plus:* Hier findet im Anschluss an die Aufgabe gemeinsam mit dem Erlebnispädagogen ein Feedback und eine Reflexion des Erlebten statt.

Erlebnispädagogik am Beispiel Anna B.

Erlebnispädagoge: «Anna, wie haben Sie die Situation erlebt, als Sie während der Kanufahrt kenterten und vorübergehend ganz auf sich selbst gestellt waren?»

Anna: «Ich habe geflucht und geweint und gedacht, dass schaffe ich nicht. Und dann bin ich unheimlich wütend geworden.»

Erlebnispädagoge: «Auf wen waren Sie wütend?»

Anna: «Auf mich, weil ich mich auf diesen Mist eingelassen hatte. Aber mehr noch auf Sie, weil Sie mich erst in diese Situation gebracht haben und mir nun nicht helfen konnten!»

Erlebnispädagoge: «Und wie sind Sie dann mit Ihrer Wut umgegangen?»

Anna: «Ich habe dann plötzlich gedacht, dass ich es Ihnen zeigen werde und dass Sie mich nicht klein kriegen!»

Erlebnispädagoge: «Aha! Und das hat Ihnen Kraft gegeben?»

Anna: «Ja, ich habe plötzlich meine ganze Kraft nur noch darauf konzentriert, ans Ufer zu kommen.»

Erlebnispädagoge: «Und wie ist das jetzt für Sie?»

Anna: «Jetzt bin ich richtig stolz, es geschafft zu haben. Und ich habe gemerkt, dass ich im Notfall sehr viel Power habe.»

- *Metaphorisches Modell:* Auch bei diesem Modell wird eine bestimmte Aufgabe vorgegeben, gleichzeitig werden bestimmte Bedingungen gestellt, wie die bevorstehende Aufgabe zu lösen bzw. nicht zu lösen ist. Der erwartete Effekt hierbei ist, dass die Teilnehmenden sich schon während der Aufgabe

> mit sich selbst, den Gruppenmitgliedern und der für sie unerwarteten Situation auseinandersetzen müssen. Das Metaphorische Modell wurde entwickelt, um Reflexion zu fördern, aber gleichzeitig die Erfahrungen und Erlebnisse nicht zu zerreden bzw. zu überfrachten. Die Lernsituation soll möglichst ähnlich zur Lebensrealität der Teilnehmer ausgestaltet werden.

Gemeinsam ist den Modellen, dass immer nur Aufgaben gestellt werden, bei denen das Ziel auch erreichbar ist. Dadurch ist ein Erfolgserlebnis gewährleistet.

Die Einsatzmöglichkeiten erlebnispädagogischer Angebote sind breit gestreut und reichen von dem Training sozialer Kompetenzen für Kinder aus sozialen Brennpunkten über erlebnisorientierten Urlaub für Familien und Jugendgruppen bis hin zu Seminaren für Manager, die ihre Leitungskompetenz oder ihre Teamfähigkeit innerhalb einer Firma verbessern wollen. In der Sozialen Arbeit hat sich Erlebnispädagogik bewährt für Schulklassen, Familien, alte Menschen, verhaltensauffällige Kinder und Jugendliche, Suchtkranke, straffällige Jugendliche und Erwachsene, benachteiligte Jugendliche, Opfer von Gewalt und sexuellem Missbrauch, rechtsextremistische Gruppierungen. Häufige Themen sind soziale Kompetenz, soziale Unterstützung und Rückhalt, Bindung, Beziehungskompetenz, physische und psychische Gesundheit, Selbstwert, Vertrauen und Selbstvertrauen, Alltagsbewältigung, Umgang mit Gefühlen, Frustrationen, Gewalt und Aggression, Toleranz, Perspektiven, materielle Situation und andere zentrale Indikationen der Sozialen Arbeit und der Klinischen Sozialarbeit.

Wesentliche Ziele der Erlebnispädagogik sind der Erwerb sozialer Kompetenzen und das Erlernen eines vertrauensvollen Umgangs mit sich und den Mitmenschen. Es ist zu unterscheiden zwischen Gruppenzielen und Individualzielen, wobei man sich Individualzielen auch innerhalb einer erlebnispädagogischen Maßnahme mit einer Gruppe nähern kann. Gruppenziele sind die durch gemeinsame Maßnahmen erreichten gruppendynamischen Prozesse, an denen jeder Teilnehmende Anteil hat und die einen Transfer in den Lebensalltag ermöglichen. Der Transfer meint die Übertragung von Lernerfahrungen in Lebenszusammenhänge und Alltagssituationen der Teilnehmenden. Es werden verschiedene Formen des Transfers unterschieden:

Beim *fachspezifischen Transfer* werden konkrete Verhaltensweisen und Lerninhalte so weit verinnerlicht, dass sie auch in anderen Lernsituationen verfügbar sind (z. B. kann das Sichern beim Klettern auf das Sichern beim Abseilen übertragen werden). Diese Erfahrungen haben in der Regel kaum Bedeutung für den Alltag.

Der *fachübergreifende Transfer* verallgemeinert spezifische Lernerfahrungen zu künftigen Einstellungen, Prinzipien oder Verhaltensweisen. Es werden keine Fertigkeiten, sondern grundlegende Muster übertragen. Beispielsweise werden Problemlösungs- und Konfliktbewältigungsstrategien von einer erlebnispädagogischen Herausforderung in den Alltag transferiert.

Ein *metaphorischer Transfer* findet statt, wenn in einer zum Alltag analogen erlebnispädagogischen Situation Lernerfahrungen gemacht werden, die zu Verhaltensänderungen führen können. Der Transfer findet hier entweder während der Aktivität anhand ähnlicher Strukturen oder nach der Aktivität mithilfe von Reflexion statt.

Der Transfer stellt ein zentrales Problem der Erlebnispädagogik dar. Die Alltagssituation ist häufig viel komplexer gestaltet als die Lernsituation. Insbesondere bei kurzzeitpädagogischen Maßnahmen können keine langfristigen Lernprozesse initiiert werden. Nach Abschluss der Maßnahme, die oft als Freizeit und eben nicht als Alltag wahrgenommen wird, werden die Teilnehmer häufig mit dem Transferprozess allein gelassen und sind überfordert. Klare Ziel- und Erwartungsabsprachen, eine bewusste Zusammensetzung der Teilnehmergruppen, längerfristige Vor- und Nacharbeit und die bewusste Anwendung von Transfertechniken können dieser Problematik entgegenwirken.

Individualziele, die den Mittelpunkt der Erlebnispädagogik bilden, können z. B. sein:

- Verbesserung von Selbstständigkeit und Entscheidungsfähigkeit
- Erleben eigener Grenzen und Ressourcen
- Steigerung des Selbstbewusstseins
- Wiedergewinnung des Vertrauens in die Mitmenschen
- Verbesserung der Beziehungsfähigkeit
- Aufbau von Selbstkontrolle und Disziplin
- Steigerung des Durchhaltevermögens

Bei all den genannten Zielen kommt noch ein positiver ökologischer Nebeneffekt hinzu: Da die erlebnispädagogischen Maßnahmen fast ausschließlich in der freien Natur stattfinden, lernen die Teilnehmer auch einen verantwortungsvollen Umgang mit der Natur sowie die Vielfalt der Natur kennen und schätzen.

Die Methoden der Erlebnispädagogik werden nach Galuske (2009) mit folgenden Techniken und Verfahren umgesetzt:

- Bergwandern
- Klettern und Abseilen
- Skitouren

- Höhlenbegehungen
- Kajakfahren oder Kanutouren
- Schlauchbootfahrten/Rafting
- Fahrradtouren
- (Kutter-)Segeln
- Solo (Einzelbetreuung)
- Flying Fox
- City Bound
- Nachtwanderungen

Der Begriff Erlebnispädagogik ist kein geschützter Begriff; die Zusatzqualifikation zum Erlebnispädagogen wird weitestgehend von Erziehern, Fachkräften der Sozialen Arbeit und Psychologen in Anspruch genommen. Eine dringend benötigte Voraussetzung zur Durchführung erlebnispädagogischer Maßnahmen ist das Erlernen von Techniken zur Sicherung, wie z. B. das Sichern mit Seilen und Haken am Fels oder im Gebirge.

> «Einerseits soll er (der Erlebnispädagoge) pädagogische und psychologische Kompetenz, andererseits fachlich-sportliche Fähigkeiten mitbringen. Eine wesentliche Voraussetzung ist darüber hinaus ein hohes Maß an Reflexionsvermögen sowie die Bereitschaft, sich zurücknehmen zu können.» (Heckmair & Michl 2008, S. 274)

8.2.4 Selbsthilfegruppen

«Selbsthilfegruppen sind ein uraltes Phänomen, denn Not schweißt zusammen. In der Gemeinschaft kann besser eine Lösung gefunden werden» (Wohlfahrt & Breitkopf 1995, S. 44). Ganz offensichtlich dem Ziel der Hilfe zur Selbsthilfe verpflichtet sind die Selbsthilfegruppen als selbst organisierte Zusammenschlüsse von Menschen, die ein gleiches Problem oder Anliegen haben und gemeinsam etwas dagegen bzw. dafür unternehmen möchten. Typische Probleme sind etwa der Umgang mit chronischen oder seltenen Krankheiten, mit Lebenskrisen und/oder belastenden sozialen Situationen.

Aus der Frauen- und Jugendbewegung kommend waren diese Gruppen seit Ende der 60er-Jahre anfangs erst im Wesentlichen Unterstützung für Alkoholabhängige; mittlerweile aber stellen sie Hilfe und Unterstützung bei einer Fülle unterschiedlichster Indikationsstellungen. Sie dienen dem Informations- und Erfahrungsaustausch von Betroffenen und Angehörigen, der praktischen

Lebenshilfe, der gegenseitigen emotionalen Unterstützung und Motivation sowie einer auf Solidarität und Gemeinschaft beruhenden Interessenvertretung gegenüber der Gesellschaft. In Kooperation mit den professionellen Hilfeangeboten werden sie meist als Ergänzung einer Behandlung, deren Fortführung auf pragmatischem Niveau oder als ausgesprochen effektive und effiziente Möglichkeit zur Sicherung der Nachhaltigkeit der Behandlungs- oder Beratungsergebnisse genutzt. Für viele stellen sie aber auch eine eigene niedrigschwellige, professionelle Angebote ersetzende Maßnahme dar.

Die Umsetzung geeigneter Bewältigungsmaßnahmen eines Klienten der Sozialen Arbeit scheitert häufig an der Verfügbarkeit oder einem ausreichendem Maß hilfreicher, natürlicher Ressourcen. Deshalb ist der Aufbau künstlicher Stützsysteme und Netzwerke für Menschen mit spezifischen Problemen oder typischen Lebenskrisen, deren Bedürfnisse durch ihr alltägliches soziales Netzwerk nicht gedeckt werden können, wichtig. Hier kommt den Selbsthilfegruppen, die nahezu störungsfrei in den Lebensalltag der Klienten integriert werden können, eine bedeutsame Rolle zu.

Theoretische Grundlagen und Indikation

Selbsthilfegruppen gibt es inzwischen für fast jedes Problem und jede Krankheit. In Deutschland besuchen rund drei Millionen Menschen eine der mehr als 70 000 Vereinigungen. Nicht nur Betroffene, auch Angehörige finden dort Hilfe (Förderpool: Partner der Selbsthilfe). Die gemeinsame Bewältigung von Problemen, Krankheiten, Behinderungen oder psychosozialen Störungen steht in Selbsthilfegruppen, neben der praktischen Lebenshilfe, im Vordergrund. «Es geht darum, sich mit anderen auszutauschen und so Rat und Hilfe zu finden, die weder Familie, Freunde oder Ärzte geben können. Die Selbsthilfe soll eine wichtige Brückenfunktion zwischen Unterstützung, Eigeninitiative und professioneller medizinischer Versorgung» (ebd., 2004, S. 27) übernehmen. Eine derartige Betreuung fügt sich oft am Ende der therapeutischen Kette an, um die Nachhaltigkeit der vorausgegangenen Behandlungsmethoden zu sichern.

Selbsthilfegruppen arbeiten nach drei Prinzipien: Dem *Kontinuitätsprinzip*, das eine fortdauernde Auseinandersetzung in einer Konfliktarbeit voraussetzt, um eine Veränderung oder Erkenntnis zu erlangen. Damit diese Wirkung erzielt wird, werden Treffen über einen längeren Zeitraum regelmäßig, meist wöchentlich, angeboten. Das *Selbsthilfeprinzip* stellt eine Förderung der eigenen Kräfte dar. Ohne die Hilfe von professionellen Fachleuten werden die vorhandenen Ressourcen genutzt, um die eigenen Probleme zu lösen. Bei der Behebung der gesellschaftlichen Isolation setzt das *Gruppenprinzip* an. Eine «therapeutische» Wirkung wird durch die Möglichkeit der vielfältigen Beziehungen geschaffen. Nach dem Motto der Selbsthilfebewegung *«Nur du allein kannst es, aber du kannst es nicht allein»* versucht die Selbsthilfe, die Gruppe als Anreiz des Einzelnen einzusetzen, um ihn auf den Weg der Problemlösung zu leiten (NAKOS 2006).

Meist haben sich Selbsthilfegruppen als Gesprächsgemeinschaften etabliert, die «sich möglichst wohnortnah auf informeller Ebene» (NAKOS) bilden und deren Treffen regelmäßig über eine längere Zeitspanne stattfinden mit der Motivation, Probleme selbst bewältigen zu wollen, um in eigener Sache handeln zu können. Die Mitglieder einer Gruppe sind gleichgestellt, es gibt keine professionelle Leitung. Die eigene Person steht an erster Stelle, sodass der Nutzen der Gruppenarbeit und auch der Hilfe für andere vorrangig einem persönlich und nicht den anderen Betroffenen zugutekommt. Ob eine positive Wirkung erzielt wird, hängt von der Offenheit, dem Engagement und den individuellen Fähigkeiten der Gruppenmitglieder ab.

Moeller (1979) sieht in den Umgangsformen in Selbsthilfegruppen therapeutisches Verhalten und Behandlungstechniken:

- Sie entlasten von Schuldgefühlen,
- sie wirken einer narzisstischen Überbewertung der eigenen Person entgegen,
- sie bieten inneren Halt durch die Geborgenheit und Solidarität in einer Gemeinschaft von Schicksalsgenossen, also in einer Gruppe von denkbar höchster Einfühlung und Anteilnahme,
- zugleich aber fördern und fordern sie die Selbstkonfrontation, vor allem mit bisher verleugneten Gefühlen.

Bereits die den Selbsthilfegruppen zugrunde liegenden Wertvorstellungen haben persönlichkeitsverändernde Wirkung. Sie stellen Ziele und Entwicklungsmöglichkeiten dar und fördern den Aufbau eines neuen Bezugssystems. Solche Werte sind nach Möller (1978):

- *Selbstbestimmung,* die sich positiv auf die Autonomie der Gruppe und die Eigenverantwortlichkeit des Einzelnen auswirkt und gegen Fremdbestimmungen oder Rollenvorschriften richtet, die die persönliche Entwicklung des Individuums verhindern.
- *Echtheit,* als «die Wahrhaftigkeit sich selbst und anderen gegenüber» (ebd., S. 56); diese ermöglicht die Aufgabe der Abwehr, die als destruktives Symptom einer Gesundung entgegensteht.

- *Hoffnung,* die aus dem Gefühl des Selbstvertrauens und Vertrauens in andere resultiert und eine emotionale Grundtendenz der Selbstheilungskräfte darstellt.
- *Solidarisierung,* die zur Gruppenbildung führt, Geborgenheit vermittelt und so den Abbau von Schuld-, Schamgefühlen, Ängsten usw. ermöglicht.

Diese Wertvorstellungen zeigen sich in ihrer praktischen Umsetzung in Selbsthilfegruppen in einem besonderen Arbeitsbündnis, das durch folgende Prinzipien gekennzeichnet ist:

- *Gruppenselbsthilfeprinzip,* das zu Autonomie, Selbstbestimmung und der Möglichkeit führt, am eigenen Erfolg zu lernen;
- *Integration,* die wechselseitige Hilfe ermöglicht und die Trennung der Funktionen von Helfer und Hilfesuchenden aufhebt;
- *gemeinsame Selbstbetroffenheit,* die nicht zwischen gesunden und kranken Menschen unterscheidet und Grenzen abbaut;
- *demokratisches Arbeitsbündnis,* wodurch Machtkämpfe und Hierarchiebildungen verhindert werden;
- *direkte Wechselseitigkeit,* die die Möglichkeit eröffnet, Menschlichkeit, Wärme und Nähe durch Tauschbeziehung von Leistung und Gegenleistung zu erhalten, wobei die Hilfe für den anderen dem Gebenden wieder zugutekommt;
- *Kontinuität* als Voraussetzung für eine konstruktive und effektive Arbeitsfähigkeit der Gruppe (kontinuierliche Arbeit wird dabei gesehen als Gegenkraft und seelischer Halt gegen narzisstische Schädigungen);
- *Gruppenprinzip,* das die Erfahrung vielfältiger unterstützender Beziehungen ermöglicht (Ningel 1992b).

Moeller (1979) sieht in der «Hilfe durch Kommunikation» eine sensationelle Methode. Er hält dies für eine außerordentliche Möglichkeit, menschliche Beziehungen zu entwickeln. Diese Beziehungsformen sind in ihrer Dualität dem üblicherweise vorherrschenden Partnerschaftsverhalten überlegen und gekennzeichnet durch eine innere Offenheit eigenen Problemen und den Problemen anderer gegenüber, einer Sprache, die sich in konkreten Szenen auszudrücken versteht, der Fertigkeit des Zuhörenkönnens und dem Vermeiden aller Übergriffe auf die Wirklichkeit des anderen.

Die Variablen Empathie, Echtheit und Wertschätzung (Rogers 1992) sind in den Selbsthilfegruppen bereits als Grundhaltungen vereinbart, als Werte integriert und schaffen ein positives Klima durch gelungene Kommunikation:

- empathische Grundhaltung, die es erleichtert, Zurückhaltung aufzugeben
- Förderung der Wahrnehmung von Diskrepanzen zwischen Zielen und Problemen
- Vermeidung von Konfrontation
- Vermeidung moralisierender und stigmatisierender Argumentation
- Erfahrung von Selbstwirksamkeit als wichtiges Element erfolgreicher Verhaltensänderung
- Wertung von Abwehr als Ausdruck einer Störung zwischen Helfendem und Hilfesuchendem
- Frage der Schuld wird irrelevant

Die Selbsthilfegruppen sind nahe am Lebensalltag, wirken in ihn hinein, teilweise ersetzen und bereichern sie ihn dauerhaft. Die Umwelt wird auf mehreren Ebenen einbezogen. Die Rolle des Einzelnen oder der Betroffenengruppe und die Stigmatisierungen mit den daraus resultierenden Strategien oder Forderungen sind das Grundthema. Je nach Störung werden aber auch die Situation der Umwelt und die Auswirkungen auf die Umwelt als eigenständige Problemsituation gesehen, die die Etablierung einer Selbsthilfegruppe rechtfertigt. Die ist zum Beispiel der Fall bei den Angehörigengruppen von suchtkranken Menschen. Hier ist sowohl die eigene Betroffenheit als Angehöriger in all ihren Facetten als auch der Umgang mit dem suchtkranken Partner Thema der Gruppe.

Ablon (1974) sieht bei diesen Angehörigengruppen drei grundlegende und hilfreiche Prinzipien:

- liebevoller Gleichmut gegenüber dem Betroffenen; der Angehörige akzeptiert, dass er nur sein eigenes Verhalten beeinflussen kann und dem Partner eine eigene Lösung seiner Probleme zugestehen muss,
- die Wiederherstellung von Selbstachtung und Unabhängigkeit,
- das Vertrauen in eine höhere Macht.

Steinglass (1983) sieht in den Selbsthilfegruppen für Erwachsene ein eigenes Behandlungsprogramm, das Familienmitglieder mit einbezieht und das auf der Grundhaltung, dass positive Veränderungen in der Familie nur über eine Akzeptanz der Eigenständigkeit des anderen und der Verantwortlichkeit für die eigene Lebensgestaltung zu erreichen sind, familientherapeutische Gesichtspunkte berücksichtigt.

Jeder Mensch braucht nach Weiss (1975) eine enge Bindung an einen anderen Menschen, soziale Integration im Zusammensein mit Menschen, das

Gefühl, von anderen Menschen gebraucht zu werden, Selbstwertbestätigung, das Eingebundensein in eine Gemeinschaft und Orientierungsfähigkeit an anderen Menschen. Grundlegendes Ziel der Selbsthilfegruppe ist direkte Hilfe und Unterstützung für den Einzelnen. Gleichzeitig wirken sich aber auch die Erfahrungen, die der Einzelne macht, wenn er für andere hilfreich ist, auf seine Persönlichkeit aus. Helfer und Hilfesuchender gehen eine Beziehung ein, an der auch der Helfer wächst.

Hinzu kommen die Effekte, die sich aus dem Erleben einer gemeinsamen Problembewältigung in der Gruppe ergeben, hier wird positive soziale Unterstützung direkt erlebt und das Wissen um die Verfügbarkeit von Ressourcen verinnerlicht. Alle Kategorien sozialer Unterstützung (Röhrle & Stark 1985) werden bedient:

- emotional unterstützendes Verhalten
- Hilfe bei der Lösung von Problemen
- indirekte persönliche Hilfe (Geborgenheit)
- Hilfe, die direkt auf die Umwelt wirkt

Die Selbsthilfe ist auch eine wichtige Leistung für die Gesellschaft, da stigmatisierte Personen in anderen konstruktiven Kontexten wahrgenommen werden und Vorurteile oder verallgemeinernde Zuordnungen von Persönlichkeitsvariablen abgebaut werden können. Aus diesen Effekten gemeinsam erwachsen Synergieeffekte, die sich dann auf die Gesellschaft und die Situation des Einzelnen auswirken.

Praxis und Anwendung

Die Selbsthilfegruppen erfüllen mehrere Funktionen. Sie sind Anlaufstelle, ermöglichen (Selbst-)Diagnose, dienen der Motivationsförderung und Begleitung. Sie stellen oft eine Schnittstelle zwischen Behandlung und Alltag dar, bieten Unterstützung, Hilfe und fungieren letztlich als eigenständiges soziales Netzwerk.

So sind Selbsthilfegruppen eine sinnvolle Ergänzung der Therapie als professionelle Hilfe mit dem Ziel der direkten Persönlichkeitsveränderung und psychosozialer Beratung mit ihrer Hilfe zur Alltagsgestaltung. Während Therapie oft einen grundsätzlichen Systemwechsel erfordert, deshalb oft mit Schmerzen, Verlust, Ängsten, Trauer und Abschied einhergeht, ist die Selbsthilfegruppe niedrigschwellig, baut auf dem Fundament der Therapie auf und «darf Spaß machen». Es erfolgt «Hilfe zur Selbsthilfe» in einer gleichberechtigten Beziehung, die sich auf Alltagsgestaltung und Hilfe in konkreten Lebenssituationen bezieht.

Die Selbsthilfegruppen verfügen über ein jeweils spezielles Ressourcenpotenzial, das sie von professionellen Hilfen und anderen Netzwerken, denen sie teilweise überlegen sind, unterscheidet. Der Umgang ist gekennzeichnet durch Empathie und Respekt vor der Meinung anderer. Persönliche Netzwerke haben oft nicht genügend Distanz, sind durch die gemeinsam erlebte Vergangenheit belastet, empfinden den Umgang mit Betroffenen als bedrohlich oder werden konfrontiert mit der eigenen Verletzlichkeit. Oft neigen nahe Bezugspersonen zu stereotypen Reaktionen, die durch tradiertes Rollenverhalten geprägt wurden, und so leiden sie in Krisensituationen unter Selbstzweifeln (Schmidbauer 1977).

Die Vorteile der Unterstützungsqualitäten in Selbsthilfegruppen sind:

- Ähnlichkeit zwischen Helfer und Hilfesuchendem
- Erreichbarkeit der Vorbilder
- Identifizierung mit der Problematik des anderen
- Verständnis und Verstehen
- angemessene Distanz (Fähigkeit zum eigenverantwortlichen Handeln bleibt erhalten)
- geringe Perspektivenunterschiede (angemessene Kommunikation)
- Neudeutung, Umdeutung, Neueinschätzung
- Beziehung als Arbeitsbündnis
- Kommunikation durch aktives Zuhören

Rückmeldung in einer Selbsthilfegruppe am Beispiel Anna B.

Ich heiße Hans und ich bin Alkoholiker. Als ich Dich, Anna, gerade über Deine Rückfallängste reden hörte, hat mich das daran erinnert, wie es mir vor einiger Zeit ging, nachdem ich mich beruflich übernommen und meine Freizeit vernachlässigt hatte. Ich habe mir damals kaum die Zeit genommen, in die Selbsthilfegruppe zu gehen. Meine Gedanken kreisten dann immer stärker um den Alkohol. Ein Glück, dass ein Freund angerufen hat und fragte, ob ich abends mit ins Meeting komme. Damals ist mir klar geworden: Abstinenz hat oberste Priorität. Auf sie muss ich mein Leben einrichten und nicht umgekehrt. DAS WICHTIGSTE ZUERST!

Bisweilen entsteht der Eindruck, dass es für einige professionelle Helfer enttäuschend ist, dass ihre Kritik an einer Gruppe, die ihre Professionalität ausschließlich aus den Erfahrungen mit dem eigenen Problemverhalten schöpft, nicht aufgenommen wird und der Erfolg dennoch daran keinen Schaden nimmt – im Gegenteil. Vielleicht sollte sich die Gesellschaft den Vorwurf gefallen lassen, es nicht ertragen zu können, dass eine Gruppe von Ausgegrenzten es schafft, ihre Position zur Ideologie zu entwickeln und zu beweisen, dass sie mit ihren Problemen selbst fertig werden kann und dies ohne Hilfe aus der «Etablierten-Gruppe» sogar erfolgreicher tut.

Im Umgang mit Selbsthilfegruppen sollte die Profession dafür sorgen, dass die benötigten Strukturen vorhanden sind, und wenn nötig, sich dafür einsetzen, dass diese Strukturen geschaffen werden. Dies kann geschehen durch direkte Hilfe, aber auch durch politische Einflussnahme. Ansonsten sollte sich die Funktion reduzieren auf die Motivierung von Klienten, Selbsthilfegruppen zu besuchen, und auf die Vermittlung von ersten Kontakten oder auf das Aufzeigen der Zugänge. Unterstützung durch Supervision, Praxisberatung oder Schulung sollte bei Bedarf und auf Nachfrage erfolgen, aber dann auch gleichberechtigt und nicht im Kontext einer komplementären Beziehung. Zwar wirken auch oder besonders in Selbsthilfegruppen starke morphostatische Kräfte, die Veränderungen oder Anpassungen nicht zuzulassen scheinen, was aber wegen der Sicherheit vermittelnden Funktion auch nicht verwundert. Die Mitglieder haben sich auf ein Konzept eingelassen, dass für sie und ihr Leben von zentraler Bedeutung ist; da lässt man sich nicht vorschnell auf Änderungen oder Innovationen ein. Und doch kommt es immer wieder zu Anpassungsleistungen und Aktualisierungen durch neu hinzukommende Mitglieder, die ihr aus der professionellen Behandlung erworbenes Wissen in die Gruppen hineintragen und so auch immer wieder neue Impulse setzen.

Stellvertretend und exemplarisch sei hier auf das Konzept der *Anonymen Alkoholiker* (AA) eingegangen, einer Selbsthilfegruppe für Alkoholabhängige, die neben mehreren anderen Gruppen wie Kreuzbund, Blaukreuz, Guttempler, Freundeskreise u. a. seit vielen Jahren erfolgreiche Unterstützungsarbeit leistet.

In den zwölf Traditionen der AA, eine Art konzeptuelles Leitbild, steht das gemeinsame Wohlbefinden an erster Stelle. Auf den ersten Blick scheint damit die Individualität des Einzelnen in Frage gestellt und ein Kollektivismus propagiert zu werden. Die AA selbst sehen jedoch in der Gemeinschaft die Chance dafür, die eigenen Besonderheiten, die Einzigartigkeit und die individuellen Eigenarten und Fähigkeiten zu erfassen. Die Gruppe wäre somit unerlässlich für das Bewusstmachen und Herausbilden von Individualität. In der Gemeinschaft erlebt sich der «Einzelne in seiner individuellen Eigenart als unersetzlich für das Ganze» (Ningel 1991, S. 54).

Mit der Einbeziehung von Gott in die Traditionen der AA, wird der Forderung nach einem bio-psycho-sozial-spirituellen Ansatz nachgekommen. Hierbei betonen die AA-Gruppen ihre Abstinenz bezüglich religiöser Meinungsäußerung. Gott wird verstanden als Macht größer als wir selbst. «Das kann die menschliche Liebe sein, eine Kraft zum Guten, die Gruppe, die Natur, das Universum, der traditionelle Gott» (ebd., S. 54). Es handelt sich ausdrücklich nicht um ein religiöses Programm, wohl aber um ein spirituell-geistiges. Die Voraussetzung für die Zugehörigkeit zu den AA ist der aufrichtige Wunsch, mit dem Trinken aufzuhören. Der Vorteil dieser klar formulierten Bedingung ist das dahinter stehende, klar definierte Ziel, welches konsequent verfolgt wird.

Ein Zwölf-Schritte-Programm definiert eindeutig die Anreize, die zur Erreichung dieses Zieles zur Verfügung gestellt werden. Als die geistige Grundlage aller Traditionen sehen die AA ihre Anonymität. Diese verhindere die Profilierung Einzelner; Leistungen seien grundsätzlich Gruppenleistungen und entstünden aus einem «kombinierten Geflecht aller wechselseitigen und vor allem unbewussten Beziehungen» (ebd., S. 54).

Speziell für die Angehörigen von Alkoholikern sind die *Al-Anon-Gruppen* entstanden, die sich ähnlichen Traditionen und Prinzipien wie AA-Gruppen verpflichtet sehen und die Alkoholabhängigkeit grundsätzlich als eine Krankheit wie jede andere verstehen. Diese Akzeptanz ist bedeutsam für die Bewältigung der eigenen Erfahrungen der Angehörigen, da sie, konsequent durchgeführt, die Qualität der Beziehungen nicht durch moralische Beurteilung von krankheitsbedingten Erfahrungen und Störungen belastet. Sie erlaubt den Angehörigen eine realistischere Einschätzung der Partnerschaft, einen Abbau von Schuld- und Schamgefühlen und eine veränderte Einschätzung der eigenen Verantwortlichkeit.

Als besonders hilfreich wird das Al-Anon-Programm als Handlungskonzept für den Umgang sowohl mit dem Abhängigen als auch mit der eigenen Betroffenheit und den eigenen Störungen empfunden.

8.3 Gemeinwesensarbeit

Gemeinwesensarbeit (GWA) ist neben Einzelfallhilfe und Sozialer Gruppenarbeit das dritte Element des Methodentrias und damit eine der klassischen Methoden der Sozialen Arbeit. Die Gemeinwesensarbeit geht aber über die Zielgruppe der Klienten hinaus: Gegenstand der sozialen Interventionen in der sozialpädagogischen Stadtteilarbeit sind sogenannte Sozialräume; dazu gehören Bevölkerungsbereiche, Nachbarschaften, Stadtteile und Gemeinden und übergreifende Projekte (Galuske 2007).

Gemeinwesensarbeit wehrt sich bewusst gegen eine isolierte methodische Praxis, die in Klienten einerseits und Formen der Verursachung andererseits trennt. Sie integriert handlungspraktische Methoden, Sozialforschung und politisches Handeln. Durch Anleitung und Befähigung der Bewohner zielt sie auf Veränderungen der ökonomischen, sozialen und soziokulturellen Bedingungen, die diese Menschen nachteilig beinträchtigen.

Die Herausforderung für die Soziale Arbeit in der Gemeinwesensarbeit besteht darin, die Lebenswelten der Adressaten vor Ort zu erfassen, um deren Möglichkeiten und ihr Selbsthilfepotenzial zu erweitern:

> «Mit ihren Analysen und Strategien bezieht sich Gemeinwesensarbeit auf ein Gemeinwesen, das heißt, auf den Ort, wo die Menschen samt ihren Problemen aufzufinden sind. Wesentlich ist dabei die ganzheitliche Betrachtungsweise. Es geht um Lebensformen und -zusammenhänge der Menschen, vor allem so, wie diese selbst sie sehen (Lebensweltorientierung)» (Oelschlägel 1996, S. 208).

Es ist nicht das vorrangige Ziel, pädagogisierend oder edukativ auf die Adressaten einzuwirken, sondern die Professionellen sollen den Status eines Mediators oder Moderators einnehmen und sich an der Situation aus Sicht der Betroffenen, ihren Erfahrungen und ihren Kompetenzen orientieren. Ziele sollen nicht für, sondern mit den Menschen entwickelt werden. In der Gemeinwesensarbeit soll deutlich werden, dass gesellschaftliche Verhältnisse das soziale Umfeld nicht ausschließlich determinieren, sondern dass die Verhältnisse produziert, reproduziert und verändert werden können (Hinte et al. 2007).

Bevorzugt wird Gemeinwesensarbeit in bestimmten sozialen Milieus mit vielfältigen Problemen und einem entsprechenden Konfliktpotenzial eingesetzt, z. B. in Stadtteilen mit hoher Arbeitslosigkeit, erhöhter Drogenkriminalität und starker Suchtgefährdung. Über die Vernetzung mit örtlichen Institutionen, Initiativen und durch die Aktivierung von Einzelpersonen zielt professionelle Gemeinwesensarbeit auf soziale Veränderungsprozesse mit nachhaltiger Wirkung.

Theoretische Grundlagen und Indikation

Die Wurzeln der Gemeinwesensarbeit reichen ins 19. Jahrhundert zurück. Ihre Entstehung resultiert vor allem aus den problematischen Auswirkungen des Frühkapitalismus und der industriellen Revolution, die sich in Form von Landflucht und damit verbundener Herausbildung von Armenvierteln in den Städten mit ihren menschenverachtenden Arbeits- und Lebensbedingungen zeigten.

Das Pfarrerehepaar Barnett gründete 1884 in London die erste «Settlement-Niederlassung» mit Wohnbereich, die sie «Toynbee Hall» nannten. Sie rekrutierten Universitätsstudenten und -absolventen, um unter den Armen und der Arbeiterklasse zu wohnen. Die Strategie, als Zugehöriger einer anderen Gesellschaftsschicht mitten unter den Armen zu leben, ermöglichte es, einen besseren Einblick in die Lebenssituation der jeweils anderen zu gewinnen, und wurde als soziales Experiment von Sozialreformern aus der ganzen Welt besucht. «Toynbee Hall» war die Antwort auf das entstandene Massenelend und setzte als Hilfesystem auf zwei Ebenen an: Das *Selbsthilfepotenzial* der Betroffenen wurde durch Nachbarschaftshilfe und Bildungsangebote aktiviert, und es wurden Forderungen nach dem *Erlass von Sozialgesetzen* an die Regierung gestellt.

Im Jahr 1889 gründete Jane Adams in einem westlichen Chicagoer Viertel das Settlement «Hull House», eine Universitätsniederlassung inmitten des Slums, wo sowohl unmittelbare Hilfe als auch soziale und kulturelle Bildung angeboten und gleichzeitig Forschungsarbeiten als Grundlage für sozialpolitische Vorstöße betrieben wurden. Durch die Integration nachbarschaftlicher Hilfe mit politischem Engagement konnte eine konsequente Umsetzung aller stadtteilbezogenen Aktivitäten erwirkt werden, und die gewonnenen Forschungsergebnisse führten zu zahlreichen sozialpolitischen Reformaktivitäten auf städtischem, nationalem und internationalem Niveau (Schnee 2004).

In Lateinamerika entwickelte der brasilianische Pädagoge Paulo Freire ab 1947 ein pädagogisches Konzept, in dessen Mittelpunkt die Entwicklung eines kritischen Bewusstseins bei den machtlosen und unterdrückten Individuen steht. Mithilfe verschiedener Alphabetisierungsmethoden versuchte er die Voraussetzungen für eine Befreiung aller Menschen zu realisieren. Durch Erziehung zur Selbstbefreiung sollen Menschen zu bewusst planenden und handelnden Akteuren ihrer eigenen Lebenspraxis werden (Freire 1980).

In Deutschland gilt die Gründung der ersten Nachbarschaftsheime um die Jahrhundertwende (ins 20. Jhd.) als Anfang der Gemeinwesensarbeit (Schnee 2004). Charakteristisch für diese Bewegung ist Bildungsarbeit, etwa in Form von Volkshochschulkursen für Arbeitslose. Gemeinwesensarbeit etablierte sich als politisches Instrument nach dem Vorbild des amerikanischen *Community Organizing* und erlebte ihre Blütezeit in den Sanierungsgebieten. Neben der Sanierung im Altbau und dem Aufbau von Kommunikationsstrukturen in den neuen großen Stadtrandsiedlungen war die Reduzierung von Wohnungslosigkeit das dritte wichtige Arbeitsfeld. Durch den Einsatz für menschlichere Unterkunftsmöglichkeiten, die Einrichtung von Spielplätzen, Aufgabenhilfen oder Therapieangeboten wurde versucht, die vorhandenen Defizite zu verbessern oder zu beseitigen. Der damalige Leitgedanke der Gemeinwesensarbeit bestand darin, die Betroffenen mit ihren Interessen und Bedürfnissen an den Prozessen zu beteiligen und deren Ressourcen im Sinne einer Hilfe zur Selbsthilfe zu mobilisieren (ebd.).

Im Verlaufe ihrer Entwicklung verstand sich die Gemeinwesensarbeit zunehmend nicht mehr als methodische Arbeitsform, sondern als handlungsleitendes Prinzip, das bei allen Maßnahmen Sozialer Arbeit berücksichtigt werden soll. Der Prinzipienbegriff weist zwar auf Handlungsweisung hin, ist aber aufgrund der Theoriebildung die Grundlage, auf die sich Verfahrensweisen und Methoden zurück beziehen müssen. Gemeinwesensarbeit als Arbeitsprinzip meint eine professionelle Grundhaltung und eine grundsätzliche Herangehensweise an soziale Probleme. Die Aktivierung der Menschen, für ihre Interessen einzutreten, bildet den zentralen Aspekt. Gemeinwesensarbeit arbeitet daher in vielen Bereichen parteilich mit den Menschen in ihren Lebenswelten. «Lebensweltorientierung» lautet das wichtige Arbeitsprinzip.

Grundsätzlich kann man die Aufgaben und Ziele der Gemeinwesensarbeit nach Oelschlägel (1996) wie folgt zusammenfassen:

- Lernen öffentlicher Interessenwahrnehmung durch solidarische Aktionen
- Veränderung von Entscheidungsstrukturen – Demokratisierung
- Politisches Lernen durch kollektive Erfahrung an aktuellen Konflikten
- Angehen struktureller Problemlösungen statt privatistischer Strategien
- Einsicht in Problemzusammenhänge statt Stigmatisierung
- Vernetzung (von Betroffenen und Professionellen), Kooperation und Koordination
- Einwirkung auf Institutionen

8.3.1 Konzepte der Gemeinwesensarbeit

Fachkräfte der Gemeinwesensarbeit sind Prozessbegleiter, welche die Menschen in der Selbstorganisation und Eigeninitiative ermutigen, fördern und unterstützen. Sie orientieren sich an deren Bedürfnissen und Interessen und nehmen besonders auch die alltäglichen Themen ernst. Gemeinwesensarbeit aktiviert, nutzt und stärkt vorhandene persönliche, soziale und infrastrukturelle Ressourcen im Stadtteil, definiert die sozialen Probleme im gesellschaftlichen Kontext, sieht also die Probleme des Einzelnen im Zusammenhang mit gesellschaftlichen Strukturen und Rahmenbedingungen. Ungerechte Strukturen sollen abgebaut werden mit dem Ziel, die Lebensqualität benachteiligter

Menschen und Gruppen zu verbessern. Die sozialen Konflikte werden mit Beteiligung der benachteiligten Menschen und Gruppen im Stadtteil bearbeitet. Die Gemeinwesensarbeit hilft und ermutigt die Betroffenen, ihre Anliegen und Interessen öffentlich zu machen und umzusetzen. Dabei stehen unterschiedliche Methoden und Techniken zur Verfügung, die je nach den Bedürfnissen und Konflikten im Gemeinwesen angepasst und erweitert werden müssen. Klassische Methoden sind die Beobachtung, die aktivierende Befragung, Experteninterview, Gruppenarbeit, Projektmanagement und Öffentlichkeitsarbeit.

Die von der britischen Studiengruppe CGF (**C**alouste **G**ulbenkain **F**oundation) entwickelte *wohlfahrtsstaatliche Gemeinwesensarbeit* richtet ihr Augenmerk weniger auf eine Aktivierung der Betroffenen, sondern vielmehr auf eine Verbesserung des Dienstleistungsangebots der im Wohnviertel tätigen Institutionen. Sie akzeptiert die vorgegebenen Strukturen, in die ein Gemeinwesen eingebettet ist, als grundsätzlich gerecht und geht davon aus, dass Chancengleichheit für alle Bürger vorhanden ist. Die Aufgabe der wohlfahrtsstaatlichen Gemeinwesensarbeit besteht vorzugsweise in einer Abstimmung verschiedener Aktivitäten der Wohlfahrtsträger, um diese, etwa durch Vermeidung von Überschneidungen, effizienter zu machen. Der Gemeinwesensarbeiter übernimmt hierbei die Rolle eines «Dienstleistungsmanagers», der eine Optimierung des Angebot-und-Nachfrage-Prinzips anstrebt (Stoik 1992).

Die *Integrative Gemeinwesensarbeit* vertritt ebenfalls die Grundannahme, dass die gesellschaftlichen Rahmenbedingungen zufriedenstellend und die Verteilung von Macht gerecht geregelt seien. Allerdings würden, wegen fehlender Kompetenzen der Individuen, vorhandene Spielräume nicht adäquat genutzt (Ross 1971). Die Interventionsstrategien bestehen deshalb vorwiegend darin, mithilfe kooperativer Taktiken, sachlicher Kompromisse und vernünftiger Gespräche aller Beteiligten, Problembereiche ausfindig zu machen und mithilfe der vorhandenen Ressourcen möglichst konfliktfreie Lösungen zu finden. Integrative Gemeinwesensarbeit zielt nicht nur auf eine Verbesserung des Dienstleistungsangebots, sondern auch auf die Stärkung der Bedürfnisartikulation bei den Betroffenen ab. Der Professionelle übernimmt die Rolle eines neutralen und ausgleichenden Moderators (Wegner 2002). Das Ziel einer harmonischen «Anpassung verschiedener Interessen an ein abstraktes Gemeinwohl» wird aber von vielen Fachvertretern als unrealistisch kritisiert (Hinte et al. 2007; Oelschlägel 1996).

Anfang der 70er-Jahre entwickelte sich die *Aggressive Gemeinwesensarbeit* als Reaktion auf die verschlechterten Lebensbedingungen nach der ersten Ölkrise und parallel zur Studentenrevolte (Schnee & Stoik 2002). In marxistischer Tradition übte sie Fundamentalkritik an der kapitalistischen Gesellschaftsordnung mit dem Ziel, die vorhandenen Machtstrukturen auch mithilfe von Aktionsformen wie Streik, Demonstration oder Besetzung zugunsten benachteiligter Bevölkerungsgruppen zu verändern (Müller 1971; Specht 1971; Alinsky 1973). Dem Gemeinwesensarbeiter kam hierbei die Aufgabe eines Aktivators zu, der die Betroffenen animieren, organisieren und so zu einem solchen solidarischen Widerstand befähigen sollte (Wegner 2002).

Den Defiziten der bisher dargestellten Gemeinwesensarbeit-Ansätze versuchen Hinte et al. (2007) durch eine *katalytisch-aktivierende Gemeinwesensarbeit* zu begegnen. Eine aktivierende Gemeinwesensarbeit, mit dem Gedanken der Gruppenselbsthilfe, sollte die fürsorgliche Gemeinwesensarbeit ablösen. Die Förderung einer «demokratischen Kultur» wird dabei durch die Bildung von Initiativgruppen gewährleistet, in der die Individuen zunächst gegenseitige Unterstützung erhalten und im kleinräumigen Lebensweltbezug positive Lernerfahrungen machen können, die sie in einem zweiten Schritt dazu ermutigen, sich auch in anderen gesellschaftlichen Bereichen zu emanzipieren. Die beiden wesentlichen Voraussetzungen für eine solche Gemeinwesensarbeit, nämlich die Bereitschaft Einzelner, sich zunächst in Gruppen mit ähnlichen Problemen zusammenzuschließen (Vernetzung) und sich anschließend im bestehenden gesellschaftlichen System aktiv einzusetzen, werden als grundsätzliche Bedarfe und Ressourcen vorausgesetzt. Es wird auch der Frage nachgegangen, wo Menschen bereits aktiv geworden sind und welche Themen sie in ihrem Wohngebiet bewegen. Ziel ist die Befähigung der Bewohner, sozialraumnahe Lebensbedingungen, die als unbefriedigend erlebt werden, selbstständig zu verbessern. Da die maßgebliche Entwicklungsarbeit von den Betroffenen selbst geleistet wird, kommt der Fachkraft lediglich die Aufgabe eines Katalysators zu, der sich, orientierend an den Ressourcen, für die Vernetzung und Vermittlung im Gemeinwesen einsetzt, indem er Prozesse anregt und bei Bedarf Unterstützung leistet (Wegner 2002).

8.3.2 Aktuelle Entwicklungen

Die genannten Grundkonzepte der Gemeinwesensarbeit wurden im Laufe der Zeit weiterentwickelt, ergänzt oder sind teilweise miteinander verschmolzen. Ausgangspunkt für diesen Prozess war vor allem die immer lauter werdende harsche Kritik an der Gemeinwesensarbeit und ihr zunehmend schlechtes Image, das sich vor allem aus dem Vorwurf der fehlenden theoretischen Fundierung und praktisch-methodischer Schwächen und Versäumnisse herleiten lässt (ebd.). Infolge dieses Dilemmas wandte man sich neuen, weniger verbrauchten Begriffen wie etwa der «Stadtteilbezogenen Arbeit» oder der «Sozialraumorientierung» zu, die von ihren Inhalten her mit der Gemeinwesensarbeit eng in Verbindung stehen (Hinte et al. 2007). Das Arbeitsprinzip sieht seinen zentralen Aspekt in der Aktivierung der Menschen in ihrer Lebenswelt; es will sie zu Subjekten politisch aktiven Lernens und Handelns machen.

In dieser Tradition der Gemeinwesensarbeit stehen unter anderem auch die aus Dänemark kommende *Milieuarbeit* und die aus Deutschland stammende *Netzwerkarbeit,* bei der man die Ressourcen nutzbar machen will, indem man sie vernetzt. Die so geschaffenen sozialen Netzwerke werden gestärkt, indem man Bewohner aktiviert und Vertreter aus Politik und Verwaltung animiert, um in Kooperation mit den Betroffenen in Aushandlungsprozessen zufriedenstellende Lösungen zu entwickeln (Stoik 1992).

Bei der *Stadtteilbezogenen Arbeit* (oder «aktivierender Stadtteilarbeit») wird ein breites Repertoire von Aktivierungsmethoden zu Hilfe genommen, z. B. die aktivierende Befragung, bei der gemeinwesensbezogene Probleme erst durch Beobachtung erhoben und dann thematisiert werden mit dem Ziel, das Engagement von Betroffenen zu fördern. Bei der Aktivierung der Bevölkerung wird z. B. auf Expertengespräche, öffentliche Anhörungen, aktivierende Versammlungen, Veranstaltungen, Feste und Öffentlichkeitsarbeit wie Stadtteilzeitungen gesetzt. Vorrangiges Ziel ist es, eine Initiativgruppe zu finden, die gemeinsam mit dem Gemeinwesensarbeiter die weiteren Arbeitsschritte entwickelt (Schnee 2004).

Auch das *Quartier- oder Stadtteilmanagement,* welches in Deutschland zur Entgegenwirkung von Segregation und Verarmung benachteiligter Gruppen und Regionen entwickelt wurde, kann in diese Linie eingereiht werden (Schnee & Stoik 2002). Es entspringt dem Bund-Länder-Programm «Stadtteile mit besonderem Entwicklungsbedarf – Soziale Stadt».[14]

Bei den neueren Formen der Gemeinwesensarbeit geht es immer weniger um die genaue Etikettierung und Beschreibung eines Handlungskonzepts als vielmehr um eine effiziente Zielerreichung. Grundaussagen der Gemeinwesensarbeit finden sich daher auch in den unterschiedlichsten Arbeitsfeldern und Methodenkonzepten, wie im *Empowerment,* in den Konzepten *Sozialer Unterstützung und Sozialer Netzwerke* (Ningel & Funke 1995) oder in der *Lokalen Agenda 21,* die die nachhaltige Entwicklung im ökologischen Bereich fördern soll und davon ausgeht, dass Nachhaltigkeit nur durch die Beteiligung

14 Siehe auch unter www.sozialestadt.de.

lokaler und regionaler Akteure an den Prozessen erreicht werden kann. Der Fokus dieses Demokratisierungsprozesses liegt auf der Entwicklung von Beteiligungs- und Partizipationsstrukturen (Hinte et al. 2007; Schnee & Stoik 2002).

Insbesondere in der *Gesundheitsförderung* spielt der Stadtteil als unmittelbarer und erfahrbarer Lebensraum eine doppelte Rolle: Die Lebenswelt in einem Gemeinwesen birgt Ressourcen, aber auch Risiken für die Gesundheit der Bewohner. Dieser These entsprechend werden Schutz und Risikofaktoren für die Entwicklung gesundheitsbezogener Probleme oftmals auf die Ebene der Gemeinde bzw. des Stadtteils zurückgeführt. Ein Beispiel dafür ist die Verfügbarkeit von Drogen in bestimmten Stadtteilen. Einen besonders hohen Stellenwert erhält die stadtteilbezogene Soziale Arbeit in der Suchtprävention. Die institutionelle Infrastruktur einer Gemeinde bzw. eines Stadtteils bildet für präventive Aktivitäten wichtige Ressourcen. Hier können Kooperationspartner gewonnen und elementare Netzwerke geknüpft werden (Sting & Blum 2003).

Die Wohnumgebung wirkt auf Menschen identitätsstiftend, vermittelt ihnen Geborgenheit und bietet ihnen die Struktur, sich in der Vielfalt der gesellschaftlichen Anforderungen zurechtzufinden. Zwischen dem Individuum und der Gemeinde findet ein dynamischer interaktiver Prozess statt. Der einzelne Bewohner wird nicht nur durch die Gemeinde geprägt, sondern er geht aktiv und selbstbestimmt mit seiner Umwelt um und verändert stetig seine Lebensbedingungen. Um gesundheitsförderliches Verhalten möglich zu machen, zielt die *gemeindebezogene Suchtprävention* auf eine entsprechende Umgestaltung des sozialen Nahraums. Wohngebiete mit defizitären Freizeit-, Gesundheits- und Kulturangeboten führen bei den Bewohnern zu einer geringen sozialen und emotionalen Identifikation mit ihrem Stadtteil oder ihrer Gemeinde, mit eindeutigen Korrelationen zu Drogenmissbrauchsverhalten. Eine suchtpräventive Wirkung kann nur dann erreicht werden, wenn freizeitpädagogische Angebote mit Maßnahmen zur Hilfe und Unterstützung bei sozialen Problemen verknüpft werden. Die Angebote sollten stets stadtteilorientiert sein und auch für Randgruppen zugänglich gemacht werden (ebd.).

Der ausschließliche Blick auf die Gemeinde erfasst aber nur einen beschränkten gesellschaftlichen Ausschnitt; die Perspektive auf die gesamtgesellschaftlichen Rahmenbedingungen geht verloren. Gesellschaftliche Probleme sind zwar auf der Gemeindeebene sichtbar und erlebbar, jedoch allein auf dieser Ebene nicht lösbar. Hier ist politisches Engagement der Sozialen Arbeit gefragt.

Auch Dörfer befinden sich in Umbruchsituationen, müssen ihre Position als offene und zugleich integrierende Gemeinschaft in einer globalisierten Welt neu definieren und entsprechende Integrationspotenziale entwickeln. Zur professionellen Begleitung dieses Prozesses wurde die *Dorfmoderation* entwickelt. Diese wird eingesetzt, wenn sich eine Dorfgemeinschaft für die Entwicklung eines neuen Leitbilds und einer darauf aufbauenden Planung der zukünftigen Entwicklung entscheidet. Die Dorfmoderation soll helfen, die Lebensqualität zu verbessern und zu sichern. Dabei wird von Beginn an von einer grundsätzlichen Beteiligung der Bürger als Experten ihrer Lebenssituation ausgegangen. Sie werden in Entscheidungen einbezogen, an deren Nutzen sie später auch teilhaben werden; so soll nachhaltig Akzeptanz eines Prozesses gesichert werden, der ja nicht reibungsfrei verläuft und immer auch kritisch begleitet wird. Ziel ist es, möglichst viele Bürger aller Altersgruppen in einen interaktiven Austausch- und Aushandlungsprozess einzubinden, in dem die jeweils eigenen Interessen und Bedürfnisse eingebracht werden können. Es geht um die Vermittlung von Interessen und Bedürfnislagen, das Erfassen vorhandener Ressourcen, die Vernetzung der interessierten Beteiligten und die Initiierung von Diskursen.

8.3.3 Streetwork

Streetwork ist eine Methode der Sozialen Arbeit, die darauf abzielt, benachteiligte und von der gesellschaftlichen Teilhabe ausgegrenzte Menschen (BAG-Standards Streetwork) aufzusuchen, die von institutionsgebundenen Einrichtungen nicht erreicht werden. Ziel ist es, diese zu kontaktieren, bei Bedarf zu begleiten und bestehende Benachteiligungen im Sinne der Betroffenen zu bearbeiten. Mit der Konzeptdebatte um eine alltags- und lebensweltorientierte Soziale Arbeit wurde offensichtlich ein methodischer Ansatz entwickelt, der «in besonderem Maße den Kriterien einer an den alltäglichen Lebenszusammenhängen der Klienten orientierten Sozialen Arbeit entsprach» (Galuske 2007, S. 269).

Streetwork lässt sich nicht ganz eindeutig einer Methode zuordnen. Neben Aspekten der Einzelfallhilfe spielen auch Gruppen- und Clubarbeit in der Jugendhilfe und in besonderem Maße die Gemeinwesensarbeit in Projekten eine bedeutende Rolle (Gref 1995). Streetwork und Mobile Jugendarbeit werden oft parallel genannt. Die Konzepte stimmen weitgehend überein, in der praktischen Umsetzung ergeben sich jedoch Unterschiede: Mobile Jugendarbeit betrifft geografisch am Gemeinwesen orientierte Arbeit mit Jugendlichen, während Streetwork tendenziell stark city-, szenen- oder cliquenbezogen arbeitet.

Theoretische Grundlagen und Indikation

Auf der Basis der garantierten Menschenwürde und der Einhaltung von Sozialstaatsprinzipien orientiert sich das Menschenbild der Sozialen Arbeit «am ethischen Grundsatz der Chancengleichheit aller Menschen. Basierend auf der Erkenntnis, dass die gesellschaftliche Realität diesem Anspruch nicht gerecht wird, ist Streetwork/Mobile Jugendarbeit im Sinne einer parteilichen Interessenvertretung für Benachteiligte und von der gesellschaftlichen Teilhabe ausgegrenzte Menschen tätig» (BAG Streetwork 2007).

Streetwork bezieht sich schwerpunktmäßig auf den «lebensweltorientierten Ansatz», der den Klienten in seinem räumlichen, zeitlichen und sozialen Erfahrungsraum und seiner Lebenswelt sieht. Er erkennt die gegebenen Verhältnisse an und respektiert diese, so wie sie sind, zielt aber auf eine Veränderung und Verbesserung der Wertungen ab. Soziale Arbeit muss in einem Aushandlungsprozess Lösungen anstreben, die den tatsächlichen Bedürfnissen und Wünschen entsprechen und die Erfahrungen der Adressaten berücksichtigen. Schwierig ist dabei, eine Balance zwischen Respekt und Veränderung zu finden, ohne dabei die Autonomie zu verletzen und Normen- und Wertevorstellungen einer anderen gesellschaftlichen Auffassung überzustülpen (Schilling 2005).

Zielgruppe von Streetwork sind sozial benachteiligte Personen und von der gesellschaftlichen Teilhabe ausgegrenzte Menschen (BAG Standards 2007), für die der öffentliche Raum zum überwiegenden Lebensort geworden ist (Gillich 2007). Sie nehmen aus unterschiedlichen Gründen, aus freier Entscheidung oder aufgrund direkter oder indirekter Ausgrenzung, bestehende einrichtungsgebundene Angebote nicht in Anspruch. Solche Gruppen sind z. B.: Drogenkonsumenten, jugendliche Cliquen und Gangs, Fußballfans, Wohnungslose, Homosexuelle, Stricher oder Prostituierte (Gref 1995).

Methoden und Ziele

Streetwork orientiert sich an klar definierten Handlungsmaximen. Die Angebote von Streetwork müssen niedrigschwellig sein, also je nach Bedürfnissen und Möglichkeiten der Adressaten zeitlich und räumlich gut zu erreichen und an keine Vorbedingungen geknüpft sein. Mit der Bedürfnis- und Lebensweltorientierung nimmt Streetwork ihre Adressaten mit all ihren Stärken und Problemen im Kontext ihrer Lebenswelten und sozialen Bezüge wahr und ist Ansprechpartner für die gesamte Breite auftretender Fragen.

Da die Kontaktaufnahme auf Freiwilligkeit beruht, wird von den Adressaten entschieden, ob, in welchem Umfang und in welcher Intensität Kontakte entstehen und weitergeführt werden. Natürlich kann in begründeten Fällen der Kontakt auch von der Profession beendet werden. Ein Streetworker kann nur tätig werden, wenn Klienten dies auch wünschen. Auch bei offensichtlicher Hilfebedürftigkeit muss der Streetworker es akzeptieren, wenn keine Unterstützung in Anspruch genommen werden möchte. So sterben z. B. im Winter Obdachlose, da sie bestehende Übernachtungsangebote nicht wahrnehmen. Streetwork geschieht auf der Basis einer funktionierenden professionellen Beziehung, die Empathie und Akzeptanz voraussetzt. Die Adressaten werden als Personen in ihrer Gesamtheit ohne Wertungen, möglichst vorurteilsfrei, angenommen, unabhängig davon, ob sie etwas an ihrer Situation ändern wollen.

Streetworker verhalten sich parteilich und vertreten die Interessen der benachteiligten Adressaten, ohne aber deshalb deren Ansichten und Überzeugungen teilen zu müssen. Vertrauensschutz ist obere Priorität, denn ohne Erlaubnis der Adressaten geben Streetworker keine personenbezogenen Informationen an andere weiter. Anonymität wird gewährleistet, indem keine personenbezogenen Akten und auch in ihren Tätigkeitsberichten keine personenbezogenen Fallverläufe dokumentiert werden.

Absprachen, Zusagen und Vereinbarungen müssen für den Streetworker Verbindlichkeit haben. Regelmäßige Anwesenheit in dem Lebensraum muss gewährleistet sein, um durch Kontinuität Vertrauen für eine erfolgreiche Beziehungsarbeit und Handlungsbasis zu schaffen.

Die Klienten werden aus einer ganzheitlichen Perspektive gesehen. Die Lebenswelt wird in die Arbeit mit einbezogen. Ressourcenorientierung statt Defizitorientierung fokussiert die vorhandenen Stärken, von denen die Veränderungen ausgehen sollen. Menschen werden nicht auf ihre Problemlagen reduziert. Streetwork muss über interkulturelle Dialogfähigkeit verfügen und die Handlungsweisen und Deutungsmuster ihrer Adressaten auch vor dem Hintergrund ihrer jeweiligen kulturellen Prägung verstehen. Geschlechtsdifferenzierende Ansätze, Gender-Aspekte, Diversitäten, Rollenverhalten werden reflektiert und berücksichtigt (BAG Standards Streetwork 2007; Gillich 2007).

Ziel von Streetworkern ist es, strukturelle Grundlagen zu schaffen, um auf dieser Basis die nötige Arbeit leisten zu können. Dazu betreiben sie Öffentlichkeitsarbeit, um eine größere Akzeptanz für die eigene Arbeit und auch für die Problemlagen ihrer Adressaten zu erreichen. Streetworker versuchen fehlende und unzureichende Angebote zu ermitteln und öffentlich zu machen, sozialpolitische Einmischungsstrategien zu entwickeln und damit Einfluss auf Sozial- und Jugendhilfeplanung zu nehmen. Es wird versucht, das Selbsthilfepotenzial der Adressaten zu stärken und gegebenenfalls Fremdhilfepotenzial zu aktivieren, um möglichst deren Handlungsmöglichkeiten zu erweitern. Ressourcen werden erschlossen und zur Verfügung gestellt. Dabei beraten Streetworker bei Fragen zu individuellen Hürden des Alltags (z. B. Arbeitssuche, Familienprobleme, Sucht) und unterstützen ihre Adressaten bei der Entwicklung und Umsetzung ihrer Zukunftsperspektiven. Mit den Zielen soll eine gesellschaftliche Teilhabe ermöglicht oder wiederhergestellt und die Lebensbedingungen verbessert werden (BAG Standards Streetwork 2007). Die Hilfeangebote stellen eine Gratwanderung dar zwischen «Sich-nicht-Aufdrängen und dem Näherbringen-konkreter-Hilfeangebote» (Gillich 2006, S. 59).

Die Aufgabenbereiche im Streetwork lassen sich in drei Bereiche aufteilen:

- *Unmittelbare personenbezogene soziale Angebote:* Beziehungsarbeit, Beratung, Begleitung und Vermittlung, Gruppen- und Projektarbeit, Moderation und Konfliktbearbeitung.
- *Infrastrukturelle Tätigkeiten:* Öffnung von Räumen, Verbesserung der Infrastruktur und Vernetzung.
- *Querschnittsfunktion:* Öffentlichkeitsarbeit, Qualitätssicherung, Organisation und Verwaltung (BAG Standards Streetwork 2007).

Die Kontaktaufnahme kann defensiv-abwartend, offensiv-direkt oder indirekt erfolgen. Bei der defensiv-abwartenden Kontaktierung hält sich der Streetworker in dem Lebensraum der Adressaten auf, beobachtet und versucht, Bedingungen zu schaffen, um angesprochen zu werden. Dabei wartet er ab, signalisiert Gesprächsbereitschaft und achtet auf Verhaltensweisen und nonverbale Signale, die auf verborgene Kontaktwünsche hindeuten. Er handelt reaktiv und lässt den Klienten über den Umfang des Kontakts entscheiden.

Bei der offensiv-direkten Kontaktaufnahme wird eine Begegnung initiiert, indem der Streetworker die Zielgruppe aufsucht, seine Funktion erklärt und die potenziellen Unterstützungsangebote erläutert. Zu beachten ist hier, dass die Angebote klar formuliert und die Vorteile einer Zusammenarbeit direkt ersichtlich sein müssen.

Der indirekte Kontakt entsteht über Dritte, die schon einen Zugang zu den Adressaten haben, oder über Einladungen zu Veranstaltungen auf Flyern und Plakaten.

Welche Kontaktform gewählt wird, ergibt sich aus der Situation, ist abhängig vom Klientel und der Persönlichkeit des Streetworkers. Wichtig ist, dass die

Situationen authentisch sind, nur dann kann ein Kontakt dauerhaft zustande kommen (Gillich 2006).

Kompetenzprofil

Da sich Streetworker in das unmittelbare Lebensumfeld ihrer Adressaten begeben, bestimmen auch diese die Regeln. Die Professionalität besteht darin, unbedingte Parteilichkeit mit kritischer Distanz zu betrachten, um die Lebensverhältnisse für alle zufriedenstellend beeinflussen zu können. Authentizität und Glaubwürdigkeit sind unabdingbare Voraussetzungen für den Aufbau einer vertrauensvollen Beziehung. Die Nützlichkeit der Unterstützungsangebote für die Zielgruppe muss klar benannt und die professionelle Rolle klar definiert und vertreten werden. *Politische Zusammenhänge* müssen verstanden und in das Engagement einbezogen werden. Darüber hinaus bedarf es der Kenntnisse über die Zielgruppe, deren soziale Hintergründe und Lebenssituation sowie über die regionalen und sozialräumlichen Verhältnisse und die zur Verfügung stehenden formellen und informellen Hilfeangebote. Rechtswissen, administrative Kenntnisse und ein Überblick über Institutionen gehören ebenfalls dazu wie eine institutionelle Handlungskompetenz. Zur fachlichen Kompetenz ist ein vielfältiges *Methodenwissen* notwendig. Arbeitsabläufe müssen geplant und organisiert, Konzepte erarbeitet und weitergeführt werden. Kooperations- und Kommunikationsfähigkeit ist in Bezug auf Klientel und Netzwerkarbeit sowie Öffentlichkeitsarbeit und Management wichtig. Ein Balanceakt ist das Verhältnis von Nähe und Distanz zum Klienten, da Parteilichkeit oft sozial abweichendem Verhalten gegenübersteht. Die Identifikation mit der Zielgruppe und die nötige Abgrenzung dazu können zu inneren Konflikten, aber auch zu Interessenskonflikten führen (Becker & Simon 1995)

8.3.4 Dorfakademie

Die Konzepte der Gemeinwesensarbeit zielen als ressourcenorientierte Unterstützungsangebote darauf ab, Bürger in die Gestaltung ihrer Lebensbedingungen aktiv und kreativ einzubinden. Dies auf dem Hintergrund einer, wenn möglich zeitlich begrenzten, sich zunehmend selbst überflüssig machenden professionellen Begleitung, die als Hilfe zur Selbsthilfe sich irgendwann aus dem Lebensraum der Adressaten oder den bestehenden Problematiken herausziehen und die Weiterführung der implementierten Konzepte in deren Hände legen kann.

Eine der vorhandenen Ressourcen ist das Ehrenamt, als bürgerschaftlich freiwilliges und unentgeltliches Engagement in Vereinen, Verbänden, Projekten, Selbsthilfegruppe, Kommunikationsplattformen und anderen Bereichen, über das Kompetenzen und Fähigkeiten hocheffizient und effektiv in die Gemeinwesen eingebracht werden können (Rosenkranz & Weber 2002). Motive für das ehrenamtliche Engagement sind in erster Linie das Bedürfnis der Bürger zur gesellschaftlichen Mitgestaltung, der Wunsch nach angenehmen sozialen Kontakten und sozialer Einbindung sowie die Erwartung, Spaß und Freude an dieser Tätigkeit zu haben. Für viele Menschen geht es aber auch darum, eigene Kenntnisse und Erfahrungen vermitteln zu können oder selbst neue Kompetenzen zu erwerben (Schüll 2004). Ohne den Beitrag Ehrenamtlicher bekäme unser Sozialwesen arge Probleme. Zahlreiche Institutionen der Sozialen Arbeit haben die Leitungen der ehrenamtlichen Helfer fest in ihre Konzepte eingeplant (Heimgartner 2004; Beher et al. 2000). Damit hat das Ehrenamt eine besondere Attraktivität speziell auch für die Gemeinwesensarbeit und kann als soziale Unterstützung in informellen Netzwerken nutzbringend bei der Gestaltung von Projekten instrumentalisiert werden.

Theoretische Grundlagen und Indikation

Gemeinwesensarbeit wird meist als eine spezielle Form der Sozialen Arbeit im urbanen Umfeld verortet. Sei es, weil die Lebensumstände in den Ballungszentren besonders problemträchtig sind oder vermutet werden oder weil mit den Gedanken an den ländlichen Raum eher die Vorstellung einer vielleicht wenig spektakulären, aber doch heilen, zumindest durch enge Wertekorsette geschützte Lebenswelt assoziiert wird. Aber wenn auch Bevölkerungs- und Problemdichte, zumindest was bestimmte gemeinwesensarbeitsrelevante Themen wie Drogenabhängigkeit, Armut, Obdachlosigkeit usw. betrifft, miteinander korrelieren, so sind doch auch die Lebensbedingungen und -strukturen der Landbevölkerung vor schwierige und komplexe Herausforderungen und Aufgaben gestellt, die teilweise bis hin zu Maßnahmen zur Sicherung und zum Erhalt der bloßen Existenz dienen (siehe auch: Henkel 2004). Damit wird auch das dörfliche und kleinstädtische Umfeld zu einem Gegenstand der Gemeinwesensarbeit, ohne dass allerdings die benötigten formellen Hilfen vorhanden oder auch nur angedacht wären.

Auf dem Hintergrund dieser Bedingungen spielen die Selbsthilfe, das Ehrenamt, die effiziente Nutzung vorhandener Ressourcen, bürgerschaftliches Engagement und die Vernetzung der meist vorhandenen, aber unkoordinierten

Bemühungen (Vereine, Initiativen, Jugendräume usw.) eine besonders große Rolle. Hier soll exemplarisch für ehrenamtliches Engagement als Unterstützung, oder nach erfolgreicher Implementierung auch als Ersatz für Gemeinwesensarbeit, die Dorfakademie Hambuch dargestellt werden[15]:

Die Welt wird kleiner. Globalisierungstendenzen stellen die Menschen vor besondere Herausforderungen. Sozialräume und Lebensräume prallen aufeinander, sind zu Anpassungsleistungen und Veränderungen gezwungen. Durch die Schnelllebigkeit unserer Zeit verändern sich Werte, Normen, Anforderungen, Wissensansprüche, kulturelle Affinitäten (hierzu auch Brill 2009). Für viele Menschen spiegelt das Leben im ländlichen Raum nicht mehr die Vielfalt der kulturellen Möglichkeiten wider. Man erlebt sich als abgeschnitten von den Ereignissen und Angeboten der Städte, hat nicht den raschen Zugang. Die Verfügbarkeit und Qualität der Angebote werden als nicht genügend attraktiv und spektakulär eingeschätzt. Soziologen prognostizieren bereits eine Landflucht, in deren Folge leere Dörfer, und daraus resultiert ein weiteres Streben in die Städte; ein Teufelskreis.

Die Dorfakademie hat das Ziel, im Rahmen der eigenen Möglichkeiten in der Gemeinde, das Leben im ländlichen Raum attraktiver zu gestalten, die Lebensbedingungen aufzuwerten, ein Bewusstsein für die unzähligen Ressourcen, Kompetenzen und Möglichkeiten zu schaffen und damit auch Urbanisierungstendenzen vorzubeugen. Es geht um die Erhöhung der Lebensqualität durch Förderung und Verbesserung der soziokulturellen Bedingungen. Darunter werden alle Formen des konstruktiven Miteinanderumgehens verstanden, die dazu dienen, die Befindlichkeiten und Fähigkeiten von Einzelnen, Gruppen oder der Dorfgemeinschaft im Innen- und Außenverhältnis zu verbessern. Die Sichtweise der Dorfakademie ist ausdrücklich nicht defizit-, sondern ressourcenorientiert. Es sollen nicht Missstände und Mängel ausgeglichen, sondern durch Nutzung vorhandener Potenziale eine weitere Verbesserung der Lebenssituation erreicht werden.

Diese Fokussierung auf die vorhandenen Potenziale hat aus systemischer Sichtweise auch eine präventive Funktion. Die Stärkung der Kompetenzen und die Schaffung eines entsprechenden Bewusstseins für die eigenen Fähigkeiten kann eine Eigendynamik entwickeln. Es werden kommunikative und interaktive Entwicklungsprozesse in Gang gesetzt, deren Effekte sich dann wieder auf die Lebenswelt auswirken und neue Initiativen generieren. So entsteht langfris-

15 Siehe auch unter www.dorfakademie-hambuch.de.

tig eine Lebenssituation, die einen gewissen Schutz vor der Ausprägung destruktiver struktureller Bedingungen bietet und gleichzeitig die Fähigkeiten der Bürger zu einer positiven Mitgestaltung ihrer Lebenswelt kontinuierlich erhöht. Es wird von einem System aus, das alle Fähigkeiten zur Entwicklung gesundmachender Strukturen bereits in sich trägt, ein «gesunder» und salutogenetisch bedeutsamer Lebensraum geschaffen, der soziales Miteinander ermöglicht und den Menschen eine Plattform zur Selbstverwirklichung und Entwicklung bietet.

Die Dorfakademie setzt sich mit ihrer Umwelt auseinander und passt sich mit ihren Angeboten den Bedarfen an, sorgt damit für eine Verträglichkeit, damit das System in Einklang mit seiner Umwelt leben kann. Gleichzeitig werden aber auch Impulse nach außen gesandt, die die Region «befruchten»; die Dorfakademie übernimmt Vorbildfunktion und regt zur Nachahmung und Weiterentwicklung ähnlicher Initiativen an, die dem gesamten ländlichen Raum zugutekommen. Diese Mechanismen wirken dann wieder als Impulse in die Dorfakademie zurück und regen dort Modifikationen und Innovationen an.

Menschen wollen nicht nur Kultur konsumieren, sondern kreativ mitgestaltend Kultur erleben. Daraus ergibt sich ein Reservoir an Eigenpotenzialen, das sich im Sinne einer Hilfe zur Selbsthilfe nutzen lässt.

Durch die erklärte politische und konfessionelle Ungebundenheit ergibt sich eine Chance für die Entwicklung eines eigenen Werte- und Normensystems, das sich, wegen der Umweltbeziehungen, auch nicht grenzenlos frei entwickeln kann, aber es fallen zumindest einige einengende Vorgaben und Strukturen weg und ein «Mehr» an Freiheit ist möglich. Dadurch erhöht sich die Attraktivität des Systems und es kann eine eigene, unverwechselbare Identität entwickeln.

Die Profession der Sozialen Arbeit soll nur die Impulse aus der Bürgerschaft aufnehmen und helfen, die strukturellen Rahmenbedingungen zu schaffen, anregen, Ideen kommunizieren, aufklären und vielleicht im Sinne einer Ermutigung motivieren, ohne dabei eine Compliance zu eigenen Angeboten einzufordern. Nur auf explizite Anforderung steht sie beratend und unterstützend zur Verfügung, immer mit dem erklärten Ziel, das System so kurz und so wenig wie möglich zu beeinflussen.

Adressaten sind Menschen aller Altersgruppen der Gemeinde, deren Gäste, Besucher, Freunde und an den speziellen Angeboten Interessierte. Durch das Schaffen eines leichten Zugangs zu schnell verfügbaren, vielfältigen, attraktiven und niedrigschwelligen Aktivitäten wird die Möglichkeit einer Teilhabe aller an den kulturellen Angeboten angestrebt. Heterogenität und Vielfalt der Adressaten wird als Chance gesehen, Verständnis füreinander zu fördern, Ängste abzubauen, Barrieren wegzuräumen, Integration zu leisten und soziale Kompetenzen zu erhöhen. Das Ziel einer generations- und kulturübergreifenden Verbesserung der soziokulturellen Bedingungen für alle bezieht sich auf Menschen aller Altersgruppen, verschiedener Kulturen und Sozialisationen (Beher et al. 2000; Ningel 2006). Die Dorfakademie will nicht mit bereits bestehenden Angeboten konkurrieren, sondern sie

- strebt eine kooperative Zusammenarbeit an,
- wirbt für Hilfe bei der Verfolgung eigener Ziele,
- unterstützt andere Bemühungen, die dem Gemeinwohl dienen,
- möchte Versorgungslücken bzw. Bedürfnisse der Bewohner durch eigene Angebote auffüllen,
- Angebote anderer ergänzen und
- bemüht sich um Synergieeffekte.

Die Dorfakademie verfolgt vier grundsätzliche Ziele:

- Entdeckung, Förderung und Vernetzung vorhandener Ressourcen und Kompetenzen.
- Schaffung einer Plattform für interne und externe Künstler, Fachreferenten, Wissenschaftler, Professionen usw., die zunehmend an Attraktivität gewinnen und sich langfristig als ausgewiesenes Forum etablieren soll.
- Organisation von speziellen Exkursionen, themenspezifischen Aktivitäten und Teilnahme an künstlerischen und kulturellen Veranstaltungen.
- Initiierung, Förderung und Unterstützung von Angeboten zur aktiven Freizeitgestaltung.

Methoden

Als eingetragener Verein will die Dorfakademie nicht nur selbst aktiv werden und eigene Angebote machen, sondern auch bereits vorhandene Möglichkeiten auf vielfältige Weise einbeziehen. In der praktischen Umsetzung ihrer Ziele bedient sie sich folgender Methoden: Aktivieren, anregen, Wissen vermitteln, Erkenntnisprozesse in Gang setzen, gesellschaftliches Engagement fördern, Impulse geben, initiieren, Informationszugänge schaffen, Informationen bereitstellen, konstruktive Freizeitgestaltung fördern, koordinieren, unterhalten, vernetzen, weiterbilden, beraten, Interessen vertreten, politisch Einfluss nehmen usw. (Ningel 2006).

Die Dorfakademie ordnet ihre Aktivitäten sieben Themenbereichen zu.

Kultur: Eigenen Akteuren, Künstlern und Fachleuten soll ein Forum geschaffen werden. Zudem sollen etablierte Künstler für Auftritte (Kleinkunst, Kabarett, Musik, Vernissagen usw.) gewonnen werden.

Wissen: Ein heterogenes Angebot an Referaten und Informationsveranstaltungen interner und externer Fachleute unterschiedlicher Bereiche, Diskussionsforen, Exkursionen sollen bereitgestellt und eine Bibliothek unterhalten werden.

Erlebnis: Freizeitangebote, Wanderungen, Ausflüge, Besichtigungen, Städtetouren, sportliche Aktivitäten, Besuch von Veranstaltungen, Exkursionen usw. sollen organisiert werden.

Aktivitätsankündigung der Dorfakademie am Beispiel Anna B.

Ankündigung der «**Dorfakademie Kleinort**»

Die Freizeitgestaltung unserer Kinder hat sich verändert. Man hat gelegentlich den Eindruck, dass Spielen und Bewegung in freier Natur «out» sind und durch Computerspiele, Medienkonsum usw. ersetzt wurden. Vieles findet «drinnen» statt. Die gesundheitlichen, psychischen und sozialen Folgen sind hinlänglich bekannt; dennoch gelingt es den oft besorgten Eltern nur begrenzt, die Kinder für sportliche Betätigung oder Spielen im Freien zu begeistern.

Die «**Dorfakademie Kleinort**» möchte mit ihrem Gruppenangebot

«**Mobile Kids**»

– Bewegung und Tanz mit Kindern –

Impulse setzen für eine aktive Freizeitgestaltung drinnen und draußen. Unser neues Mitglied Anna B. bietet in Zusammenarbeit mit dem SV Kleinort ein abwechslungsreiches Spiel-, Tanz- und Bewegungstraining speziell für Kinder im Alter von 8 bis etwa 14 Jahren an. Die Gruppe trifft sich während der Sommerferien jeden Dienstagabend von 17.00–19.00 h auf dem Spiel- und Begegnungsplatz.
Die Teilnehmerzahl ist auf 15 begrenzt.
Voranmeldung ist erforderlich.
Die Teilnahme ist kostenfrei.

Kreativität: Es wird die Wiederentdeckung früherer Fähigkeiten und Fertigkeiten (handwerkliches Können, Umgang mit Werkzeugen, Umgang mit der Natur, frühere Formen der Freizeitgestaltung) sowie aktuelle (künstlerische, handwerkliche usw.) Kompetenzen angeregt. Fähigkeiten sollen gefördert und vermittelt (Arbeitsgruppen, Projekte, Kurse, Workshops, Gespräche) werden.

Kommunikation und Interaktion: Ziel ist die Unterstützung von Festen, Freizeitangeboten, Geselligkeit und die Förderung von Initiativen sowie die Wiederbelebung von Brauchtum und Pflege der Sprache (Dialekt).

Tradition/Geschichte: Der Austausch zwischen den Generationen und die Teilhabe an und Verständnis für die Interessen der jeweils anderen Generation sollen gefördert werden (Brill 2009).

Das noch vorhandene Wissen um die Geschichte und das frühere Leben im Dorf wird somit bewahrt. Der Austausch zwischen den Generationen kann das Verständnis der Generationen füreinander fördern. Älteren Menschen sollte die Möglichkeit gegeben werden, teilzuhaben oder Verständnis zu erwerben für die Aktivitäten und Interessen der Jugendlichen. Gleichzeitig sollen sie aber nicht passiv die Angebote der Dorfakademie konsumieren, sondern grundsätzlich in die Gestaltung aktiv eingebunden werden und ihr Wissen und ihre Erinnerungen zur Verfügung stellen. Menschen in der letzten Lebensphase wollen nicht nur versorgt, sondern gebraucht werden. Sie sind meist motiviert, ihr Wissen zu teilen, und möchten selbst Beiträge leisten. Passive Hilfe wird von ihnen oft assoziiert mit einem Mangel an familiärer oder sozialer Bindung. Wichtig wäre aber auch, dass die Jugendlichen den älteren Menschen ihre Fähigkeiten zur Verfügung stellen, z. B. durch Unterstützung bei der Nutzung neuer Medien und Technologien.

Auch der Pflege von Traditionen und Brauchtum im positiven Sinne sollte ausreichend Raum gegeben werden. Das Wissen um die eigenen Wurzeln bedeutet, das eigene Leben besser zu verstehen und eine gesunde Identität entwickeln und bewahren zu können. Das noch vorhandene und gelebte Wissen um die Geschichte des Ortes und das frühere Leben im Dorf sollte nicht verloren gehen. Es bieten sich dazu unendlich viele Möglichkeiten: Informationsaustausch, Führungen, Gesprächsrunden, Sammeln von Anekdoten, Erlebnissen und Gepflogenheiten, Führung durchs Dorf, Dia-Abende, Filmvorführungen, Fotoausstellung, Theater-Arbeitsgemeinschaft, gemeinsames Essen und Kochen, Vorführung früherer Arbeitstechniken, Erstellen einer Dorfchronik usw. Die Fülle der interessanten Themen ist unüberschaubar: alte Kochrezepte, Schülerleben, Sprichwörter, Familie im vorigen Jahrhundert, das Dorf in den Wirren des Krieges, Schule, Kirche, Flurbezeichnungen, bedeutende Personen, relevante Ereignisse, Berufsbilder, Heimatkunde, Rolle von Lehrer und Pfarrer, Freizeitverhalten in früherer Zeit, der Dorfgarten, Bäume veredeln und schneiden, alte Fähigkeiten und unzählige Themen mehr, die fortgeschrieben werden könnten (Ningel 2006).

Integration: Hoch bedeutsam für ein harmonisches Gemeinwohl ist die konstruktive Gestaltung des Zusammenlebens mit den Menschen, die aus anderen Kulturkreisen kommen. Das Fremde ängstigt und irritiert zunächst einmal. Lässt man sich aber auf den anderen ein, wird man die Möglichkeiten erkennen, die sich aus dem Zusammenfügen einzelner Wissens- und Erfahrungswerte für das Gesamte und damit auch wieder für den Einzelnen ergeben. Hier möchte die Dorfakademie ihre Möglichkeiten für die Bildung stabiler und tragfähiger Beziehungen einsetzen und kann auch positive Effekte bewirken.

Die gemeinsame Zielsetzung macht die Integrationsbemühungen zu einer verantwortlichen Aufgabe aller Beteiligten, die nicht als gönnerhafte Signale innerhalb einer komplementären Beziehung erlebt werden. Wenn die neuen Mitbürger die eigenen Kompetenzen einbringen und auf Augenhöhe mitgestalten können, dann ist das für sie attraktiv und ein Gewinn für das Gemeinwesen.

Evaluation und Qualitätssicherung

Als eingetragener Verein mit einem Anspruch auf professionelles Handeln und stetige Verbesserung der Angebote spielen Dokumentation, Qualitätssicherung und Öffentlichkeitsarbeit eine große Rolle.

Alle Veranstaltungen werden von dem Vorstand der Dorfakademie kritisch hinterfragt und evaluiert. Die Durchführung der einzelnen Aktivitäten erfolgt jeweils nach einem festgelegten Ablaufplan. Es wird ein Bedarf festgestellt, ermittelt oder dem Vereinsvorstand zur Kenntnis gebracht. Dieser überprüft die Realisierbarkeit der Maßnahme, benennt die Ziele und definiert eindeutige Kriterien, an denen sich die Zielerreichungen später messen lassen.

Nach der sich anschließenden konkreten Planung wird das Projekt umgesetzt und nach der Durchführung mit allen Beteiligten ausgewertet. In die Evaluation fließen neben den harten Daten (Teilnehmerzahl, Ökonomie usw.) auch die subjektiven Einschätzungen aller Beteiligten ein, die dann in eine Entscheidung über Fortführung, Wiederholung, Veränderung oder Streichung einzelner Aktivitäten münden.

Grundsätzliche Leitgedanken bei allen Angeboten sind das Bemühen um

- aktivierendes Einbeziehen der Teilnehmer/Bevölkerung,
- weitestgehende Nutzung orts-/gebietseigener Ressourcen,
- einen effizienten und effektiven Einsatz des personellen, materiellen und ideellen Engagements des Vereins.

Die Erfahrungen zeigen, das für die Arbeit im Vorstand durchaus Erkenntnisse der Netzwerktheorie hilfreich sein können: Der Verein fungiert nicht einfach als Informations-, sondern als Produktionsnetzwerk, da gemeinsam Projekte geplant und durchgeführt werden. Entscheidend für das Funktionieren sind nicht nur die beteiligten Personen, sondern auch die Struktur und insbesondere die Idee des «verbindenden Dritten», d. h. die Vergewisserung, an einer gemeinsamen Idee, einem gemeinsamen Nutzen zu arbeiten. Die «Steuerungsmedien» basieren auf Kooperation, Vertrauen, Selbstverpflichtung der Akteure, Verlässlichkeit, Verhandlung, expliziten oder impliziten Kontrakten bzw. Absprachen. Aufgaben des Netzwerkmanagements umfassen daher:

- Koordinationsfunktion (Repräsentation nach innen und außen)
- Zielorientierung sichern und überprüfen
- auf Kommunikation und Kultur achten
- Instrumente der Zusammenarbeit entwickeln
- Verlauf dokumentieren
- Effektivität und Effizienz regelmäßig evaluieren
- unterstützende Maßnahmen für das Netzwerk initiieren (gegebenenfalls externe, zumindest interne Prozessbegleitung)

Der letzte Punkt verweist auf die Notwendigkeit, das Netzwerk (den Verein) nach der erfolgreichen Startphase (Implementierung von vielen Projekten) periodisch durch ein Netzwerkmanagement zu begleiten: Erfolgreiche Projekte können nicht beliebig oft wiederholt werden, die Angebote müssen angepasst werden, neuen Kooperationsformen (z. B. mit umliegenden Gemeinden) sollte man sich nicht verschließen. Die Gefahr besteht sonst, dass sich das Netzwerk nicht weiter entwickelt und die Dynamik durch ein Festhalten am «Bewährten» ersetzt wird. Der Nutzen ist dann für die Akteure nicht mehr ersichtlich, das «verbindende Dritte» ist nicht mehr spürbar. Eine Konsolidierung ist notwendig und gegebenenfalls steht eine Neuausrichtung an. Dies verhindert, dass das Netzwerk «erstarrt» oder seine Funktionsfähigkeit einbüßt.

Diese, für einen Verein vielleicht ungewöhnlich professionelle Handhabung hat sich nicht nur bezüglich der Qualität der Angebote der Dorfakademie als sehr hilfreich gezeigt, sondern auch zu einem starken Interesse der Medien, der Kommunalpolitik und der sozialen Professionen geführt. Als Ergebnis der Zusammenarbeit mit dem Fachbereich Soziale Arbeit der Fachhochschule Koblenz zeichnet sich ab, dass die Konzeption der Dorfakademie auch als Präventionskonzept in der Sozialen Arbeit bedeutsam werden könnte (Ningel 2006).

9. Relevanz der therapeutischen Methoden

In den 70er-Jahren gewannen die psychologisch-therapeutischen Verfahren an Bedeutung. Diese stützten sich anfangs in erster Linie auf die traditionellen Methoden der Einzel- und Gruppentherapie. Dabei war jedoch immer klar: Soziale Arbeit ist nicht Therapie; sie darf nicht ihre auf Alltag und Lebenswelt strukturierte Hilfe aufgeben. Der Fokus Sozialer Arbeit zielt nicht primär auf die Problemdefinition und Behandlung individueller psychischer Leiden; dieser Bereich ist nur **ein** Bestandteil der Sozialen Arbeit, aber ein unverzichtbarer, denn: Soziale Arbeit ist weitgehend kommunikatives Handeln mit der eigenen Person als Medium.

Der «Therapieboom» war zurückzuführen auf

- den Wunsch nach Erlernen neuer Techniken,
- die Suche nach dem Erwerb methodischer Kompetenzen und
- ein Bedürfnis nach Handlungssicherheit.

Aber weder die ausschließliche Orientierung auf die innerpsychische noch die vorangegangene Orientierung auf die gesellschaftlich bedingte Situation ergaben ein ausreichendes Handlungsmodell Sozialer Arbeit. Immerhin konnten Methoden aus den therapeutischen Schulen sinnvoll übertragen und arbeitsfeldspezifisch für die Soziale Arbeit weiterentwickelt werden. Die Vielfalt der Angebote war und ist also nicht grundsätzlich von Nachteil, zumal auch die Grundmuster von Ganzheitlichkeit, Offenheit und Allzuständigkeit für die Soziale Arbeit immer noch konstitutiv sind. Die Kriterien, nach denen therapeutische Konzepte oder einzelne Interventionsformen in das methodische Handeln der Sozialen Arbeit zu übertragen sind, müssen jedoch erfüllt sein.

In schwierigen Lebenssituationen von Klienten, in denen das Prinzip der «Hilfe zur Selbsthilfe» wegen einer ausgeprägten Problemtiefe nicht wirken kann und der Einzelne erst in die Lage versetzt werden soll, die Resultate der sozialarbeiterischen Interventionen mittel- und langfristig selber umsetzen zu können, bedarf es einer vorübergehend stärkeren Einflussnahme auf den Alltag und die entsprechenden Bewältigungskompetenzen. Das ist zum Beispiel der Fall, wenn soziale Ausschließungsmechanismen dem Einzelnen zur existenziellen Gefahr werden können, wenn er nicht über ein gesundes Fundament ökonomischer, personeller und handlungsmechanischer Kompetenzen für das adäquate Durchleben dieser Mechanismen verfügt.

Hier steht der Sozialen Arbeit als «Handwerkszeug» ein Handlungsrepertoire zur Verfügung, dass aus den therapeutischen Schulen übernommen und für die Soziale Arbeit modifiziert wurde (Galuske 2009). Diese «Anleihen» aus der Therapie stellen insbesondere für die Klinische Sozialarbeit eine enorme Bereicherung, Vertiefung und Erweiterung der Methoden dar, da sie einen behandelnden Zugang in die Lebenswelt des Klienten ermöglichen, ohne den Alltagsbezug, die beruflichen Prinzipien und das Ziel der Hilfe zur Selbsthilfe aufzugeben. Wichtig ist die Frage der sozialarbeiterischen Indikation, denn nur nach eindeutiger Klärung der Indikation können die Therapieziele sinnvoll aufgestellt werden und zu einer effektiven Behandlung beitragen. «Die Indikation ist so viel Wert wie die Therapie, auf die man sich einigt.» (Uchtenhagen 2004, S. 20)

Gruppentherapie und Einzeltherapie

Innerhalb der *Gruppentherapie* geht es darum, die sozialen Kompetenzen, insbesondere der Interaktion und Kommunikation, zu analysieren und alternative Handlungsweisen zu entwickeln, zu erproben und einzuüben, um so bestehende Probleme besser bearbeiten zu können. Wertemaßstäbe sollen erkannt, überprüft und eventuell erweitert werden, um sich dann möglichst für die Ausrichtung des weiteren Lebens zu entscheiden.

Yalom (1989) sieht therapeutische Veränderung als hochkomplexen Vorgang, in dem elf elementare Wirkfaktoren eine positive Entfaltung der Gruppentherapie ermöglichen:

1. Hoffnung-Einflößen
2. Universalität des Leidens
3. Mitteilung von Informationen
4. Altruismus
5. Korrigierende Rekapitulation der primären Familiengruppe
6. Entwicklung von Techniken des mitmenschlichen Umgangs
7. Nachahmendes Verhalten
8. Interpersonelles Lernen
9. Gruppenkohäsion
10. Katharsis
11. Existenzielle Faktoren

Die Gruppentherapie ermöglicht einen Austausch von Erfahrungen unter den Betroffenen, hilft so zu einer Neueinschätzung und Bewertung der eigenen Lebenssituation, erlaubt Partizipation an den Lösungsbemühungen und

-erfahrungen der übrigen Gruppenmitglieder, die sich mit ihren Problemen nicht allein gelassen sehen und die, für die realistische Einschätzung der Situation, nötige Distanz aufbauen können. Mit zunehmender Vertrautheit und kohäsiven Entwicklungen können sehr intensive und tiefe Beziehungen aufgebaut werden, die denen aus den informellen Netzwerken oft überlegen sind und sich als «machtvolle» Wirkmechanismen auf die individuellen Situationen und Persönlichkeiten der Klienten auswirken. Diese Öffnung hin zur Gruppe erfordert von den Teilnehmern ein hohes Maß an Offenheit, Motivation und Veränderungsbereitschaft. Daher ist es von enormer Bedeutung, dass eine gewisse Stabilität, bei den Teilnehmern selbst und untereinander, besteht. Die Gewährleistung dieser Bedingungen, der Schutz des Einzelnen, die Intensität der Einflussnahme und die Wahl und das Management der Veränderungsimpulse sind zentrale Aufgaben des Gruppentherapeuten.

Für bestimmte Klienten kann die Gruppentherapie eine Überforderung und manche Themen zu schambesetzt sein. Deshalb sollten individuell auf die Person und auf die Problematik abgestimmte Gespräche als Ergänzung zur Gruppentherapie eingesetzt werden. Innerhalb dieser Gespräche können die Klienten unter anderem Themen besprechen, die ihnen innerhalb der Gruppe unangenehm sind, oder auch entstandene Missverständnisse klären. Sie können aber auch helfen, für die Klienten den Weg in die Gemeinschaft der therapeutischen Gruppe zu ebnen und zu erleichtern. In diesem Fall arbeiten sie als Einzelgespräche der Gruppentherapie zu. Dort, wo der Fokus auf den Einzelkontakten zu den Klienten liegt, ist auch die Situation denkbar, dass Erfahrungen aus den Einzelkontakten durch gruppentherapeutische Maßnahmen verstärkt oder unterstützt werden.

Bericht aus der Gruppentherapie am Beispiel Anna B.

Anna B.
Therapiegruppe 2
Tagesbericht

Was war das wichtigste Ereignis des Tages? Die heutige GT (Gruppentherapie)

Warum war es wichtig?

Weil ich mich heute sehr intensiv mit den Folgen meiner Sucht auseinandersetzen konnte.

Unser Gruppentherapeut R. hat mich heute gefragt, ob ich der Gruppe etwas über die Auswirkungen meines Drogen- und Alkoholkonsum berichten wolle. Als ich dann erzählte, wie sich mein Leben nach und nach verändert hat, wurde ich sehr traurig. R. fragte, ob ich ein konkretes Beispiel schildern könne, wie ich unter der Sucht gelitten habe. Ich habe dann berichtet, wie ich eines Morgens schon vollkommen betrunken war und auf der Couch lag, als meine Tochter vom Kindergarten nach Hause kam und tränenüberströmt an mir rüttelte und «Mutti wach doch auf» rief.

R. wollte, dass ich mich genau an diese Situation erinnere. Ich sah die Situation sehr deutlich vor mir, das schmerzverzerrte und verängstigte Gesicht meiner Tochter; bis hin zu der Farbe der Tränen in ihren traurigen Augen, an die ich mich plötzlich erinnern konnte. Aber besonders gut erinnerte ich mich an die Abscheu und den Ekel vor mir selbst.

Das Schlimmste war, dass die Situation so unerträglich schmerzhaft und demütigend war, dass ich mich gar nicht um meine Tochter kümmern konnte und sie nur mit oberflächlichen Erklärungen abspeiste und in ihr Zimmer schickte, um anschließend schnell wieder heimlich zu trinken. Dabei liebe ich sie doch so sehr.

Die ganze Verzweiflung von damals kam in der heutigen GT wieder hoch. Die Gruppenmitglieder waren sehr betroffen, aber auch nett zu mir. Sie haben mich aufgefangen und getröstet und mir die Rückmeldung gegeben, dass sie sich mir alle sehr nahe fühlen und von meinem Vertrauen beeindruckt seien.

Aber ich habe für mich erkannt, dass die Sucht sogar stärker ist als die Liebe und dass es nicht eine Willensfrage ist, sondern dass ich krank bin und nicht ein schlechter Mensch. Ich glaube, ich akzeptiere meine Krankheit nun auch gefühlsmäßig. Und jetzt werde ich lernen, mit dieser Krankheit zu leben.

Die *Einzeltherapie,* als geplantes und methodisches Vorgehen, das auf der Grundlage klarer Indikationen den Konzepten, Erklärungsansätzen, Methodenanweisungen und manchmal auch paradigmatischen Besonderheiten ausgewählter therapeutischer Schulen folgt, stellt die allerdings mit einer erheblichen Grauzone umgebene Grenze zur Einzelarbeit der Sozialen Arbeit dar. Sie sollte nicht, wie oft in der Praxis beobachtbar, als Eklektizismus nach Belieben Module und Elemente verschiedener therapeutischer Konzepte beliebig kombinieren, sondern als begründetes, zielgerichtetes und in ein Gesamtkonzept eingebettetes Handeln auf dem Hintergrund der entsprechenden Zusatzqualifikationen und Ausbildungen erfolgen.

Kreativ-, Gestalt-, Kunsttherapie

Die gestalterischen Therapieformen, sei es unter Einbeziehung von Musik, künstlerischen Gestaltungsmitteln, Tanz und anderen kreativen Möglichkeiten, dienen der Erweiterung des Wahrnehmungsspektrums, bieten zusätzliche Alternativen zur Freizeitgestaltung und fungieren als Ausgleichsfunktion, um die Konzentration von der jeweiligen Problemsituation wegzulenken (Antons 1992).

Die Nutzung nonverbaler Methoden, Techniken und kreativer Medien ermöglichen es, Themen bewusst, erfahrbar und damit verarbeitbar zu machen. Sie steigern die Ausdrucksmöglichkeiten und verbessern und unterstützen damit die Verarbeitung von Problemen und Situationen. Der Fokus richtet sich nicht nur auf die krankmachenden und problematischen Erfahrungen, sondern auch auf die vorhandenen Potenziale und Möglichkeiten. Auf diese Art und Weise können bestehende Ressourcen gestärkt und Selbsthilfepotenzial entwickelt werden. Durch die Selbstgestaltung neuer Produkte gelingt es, gerade zu Beginn der Therapie, das Selbstwertgefühl der Klienten zu steigern und somit neue Motivation zu schaffen (ebd.).

Die *Kunsttherapie* ist eine relativ junge therapeutische Disziplin, die auf Impulse in den USA und Europa Anfang bis Mitte des 20. Jahrhunderts zurückgeht. Verbunden ist sie mit der Kunstwissenschaft, der Psychologie sowie der Pädagogik und hat sich in klinischen, pädagogischen und sozialen Praxisfeldern und in der psychiatrischen und psychosozialen Therapiepraxis etabliert. In der Kunsttherapie spielt der Ausdruck des Unbewussten, z. B. der Traum als Quelle bildnerischen Schaffens, eine zentrale Rolle. Andere Ursprünge der Kunsttherapie liegen in der Pädagogik und Heilpädagogik, der Kunstpädagogik und der Ästhetischen Bildung. Man unterscheidet in der Kunsttherapie zwischen verschiedenen Ansätzen aus der Psychoanalyse, der Humanistischen Psychologie, der Verhaltenstherapie, der Anthroposophie und der systemischen Therapie. Eine einheitliche Theorie gibt es nicht.

In der *Kunsttherapie* wird hauptsächlich mit Medien der bildenden Kunst gearbeitet: malerische, zeichnerische, plastisch-skulpturale oder fotografische Gestaltung. Zu der Beziehung Klient-Therapeut kommt das künstlerische Medium als dritter Beziehungspunkt hinzu («kunsttherapeutische Triade»). Drei Ebenen spielen hier eine wichtige Rolle: das künstlerische Gestalten am Werk, die Beziehung zwischen Therapeut und Klient sowie die Betrachtung des Werkes und seiner Wirkung.

Die Kunsttherapie wird als Einzel- oder Gruppentherapie sowie als Einzeltherapie in Gruppen angeboten und findet demnach in offenen Ateliers, geschlossenen Gruppen oder im geschützten Rahmen statt. Im Vordergrund steht die individuelle Selbsterfahrung am Werk, die Wirkung der sozialen Interaktion oder die sinnliche Erfahrung. Wichtig ist die Bereitstellung der Materialien, die möglichst unkompliziert sein sollten und wenig technische Fähigkeiten abverlangen dürfen, damit sich der Klient voll auf die Gestaltung konzentrieren kann (Schuster 1993). Ebenso bedeutsam ist aber auch die Schaffung einer positiven Atmosphäre, die den Gestaltungsprozess unterstützend begleitet, und eine auf gegenseitigem Respekt und Vertrauen basierende Beziehung, die den Heilungsprozess durch das kreative Gestalten untermauert (Schottenloher 1983).

Die Kunsttherapie wird in klinischen, pädagogischen, heilpädagogischen oder soziokulturellen Bereichen ausgeübt, also in Krankenhäusern, Schulen, Einrichtungen der Behindertenhilfe, Museen, Gefängnissen, Altersheimen und freier Praxis und ist zunehmend in das psycho-soziale Angebot im stationären und ambulanten sowie im präventiven, akutmedizinischen und rehabilitativen Bereich integriert. Ihr Anwendungsbereich erstreckt sich von der Psychiatrie über die Psychosomatik, Onkologie/Hämatologie, (Sozial-)Pädiatrie bis hin zur Neurologie und Geriatrie. Adressaten sind Menschen aller Altersklassen und (fast) aller Krankheitsbilder in schwierigen Lebenssituationen. Bewährt hat sie sich als Möglichkeit intensiver Selbsterfahrung sowie als eigene Psychotherapieform (Landschaftsverband Rheinland).

Sie dient u. a. der Förderung der Entwicklung verhaltensgestörter Kinder und Kinder/Jugendlicher im Allgemeinen, bei Behinderungen und körperlichen Leiden, bei psychiatrischen Störungen, Sprachstörungen, Störungen aus der Kindheit, allgemeinen Konfliktsituationen, in der Arbeit mit Drogenabhängigen und Gefängnisinsassen.

Da die Kunsttherapie ein zunächst nonverbales Therapieangebot darstellt, eignet sie sich besonders für Klienten, die Hemmungen haben, über ihre Problematik zu sprechen oder dies ganz verweigern. Weniger geeignet ist die Kunsttherapie für Klienten, deren Symptomatik durch die gestalterische Auseinandersetzung mit einer Thematik noch verstärkt wird, die sich für wenig künstlerisch begabt halten und somit unter einen kontraproduktiven Leistungsdruck geraten könnten oder die einen Rückschritt auf ein «kindliches Malniveau» fürchten (Schuster 1993).

Ziele sind die Entwicklung neuer Fähigkeiten und Handlungsspielräume und die Entdeckung von Ressourcen und Lösungsmöglichkeiten. Der Klient soll über die Kunst in einen Dialog mit sich selbst treten und seine Selbstheilungspotenziale entdecken. Diese Ziele werden durch verschiedene Verfahren wie Messpainting, Formenzeichnen, Arbeit am Tonfeld, dialogisches Malen, Untersuchung von Kinderzeichnungen, Scribbletechnik, Bibliotherapie oder Poesietherapie in der kunsttherapeutischen Praxis erreicht:

Vorteile der Kunsttherapie in Gruppen sind, dass der Klient merkt, dass auch andere Menschen ähnliche Probleme haben und er diese in der Gemeinschaft mit der Unterstützung der Mitklienten lösen kann. Gruppendynamische Prozesse können eine starke Wirkung ausüben; der Klient kann seine sozialen Kompetenzen und seine Kommunikationsfähigkeit verbessern. Natürlich ist diese Therapieform aber nicht für jeden geeignet und es können sich auch durchaus destruktive Strukturen innerhalb einer Gruppe entwickeln (ebd.).

Musik- und Tanztherapie

Die Diskussion erkenntnistheoretischer Gesichtspunkte des Phänomens Musik sowie die psychologischen und soziologischen Wirkungsfaktoren der Musikbetätigung, Musikverarbeitung sowie Wirkung und Aussage der Musik bilden die theoretische Grundlage der musiktherapeutischen Konzepte. Die Frage nach dem Wesen der Musik und somit dem gesellschaftlichen Charakter dieser Kunstgattung impliziert die Frage nach der Besonderheit eines solchen Phänomens sowie dessen Bedeutung für die Praxis. Musik wird, wie jede künstlerische Äußerung, als ästhetische Kommunikationsform bezeichnet, die Träger und Übermittler einer bestimmten Idee beziehungsweise eines bestimmten Gefühls sein kann (Schwabe 1984).

Musik kann facettenreiche Emotionen und Impressionen in den Menschen hervorrufen, jedoch stellen auch physiologische Fakten eine bedeutsame Grundlage der Musiktherapie dar: Viereinhalb Monate nach der Befruchtung ist beim menschlichen Embryo das eigentliche Hörorgan komplett ausgebildet, und die Sterbeforschung hat gezeigt, dass der Hörsinn als letzter erlischt. Von allen Organen ermöglicht das Innenohr die größte Konzentration und Differenzierung von Nervenendungen und im direkten Vergleich zum Auge lässt sich feststellen: Der Mensch hört in einem zehnmal größeren Spielraum, als das Auge sieht. Der Naturphilosoph Lorenz Oken formuliert in diesem Zusammenhang:

> «Das Auge führt den Menschen in die Welt, das Ohr führt die Welt in den Menschen. Hören ermöglicht eine Dimension des Erlebens, ein seelisch-harmonisches Gleichgewicht zur Umwelt. Musik ist dazu in der Lage, in die tieferen ‹Seelenschichten› des Menschen vorzudringen und eignet sich deshalb besonders gut, Zugang zum Unterbewusstsein zu finden» (Kraus 2002).

> «Die Musik drückt das aus, was nicht gesagt werden kann und *worüber zu schweigen unmöglich ist*» (Victor Hugo, 1802–1850).

Musiktherapie ist eine praxisorientierte Wissenschaftsdisziplin, die den gezielten Einsatz von Musik im Rahmen der therapeutischen Beziehung zur Wiederherstellung, Erhaltung und Förderung seelischer, körperlicher und geistiger Gesundheit impliziert. Grundsätzlich wird zwischen *aktiver* und *rezeptiver* Musiktherapie differenziert, die beide sowohl zur Einzel- als auch zur Gruppentherapie geeignet sind. Aktive Musiktherapie meint das produktive, instrumentale und verbale Improvisieren bzw. ein instrumentales Spielen oder Singen nach vorgegebenen Mustern. Rezeptive Musiktherapie hingegen umfasst die Kombination von Musik und Atemtraining, Muskelspannung und -entspannung, Hypnose, Bewegung und Tanz usw.

Eine besondere Form der rezeptiven Musiktherapie ist die *Eurythmie.* Für den Menschen sind Tanz und Bewegung wichtige Bestandteile des *«In-der-Welt-Seins»* (Heuermann 2001). Als Mittel zur aktiven Kontaktaufnahme und Erschließung bzw. Gestaltung der Umwelt ist Bewegung unverzichtbar. Zunächst versteht sich die Eurythmie als eine Bühnenkunst in Form von rhythmischen Körperbewegungen auf künstlerischem Niveau. Der Anthroposoph Rudolf Steiner entwickelte aus diesen Lautgebärden prägnante «Heil-Eurythmie-Übungen». Diese werden gezielt bei der Bewegungstherapie eingesetzt und unterstützen beispielsweise bettlägerige Patienten mithilfe von Rhythmen und Klängen bei der Rehabilitation und Wiederherstellung der motorischen Fähigkeiten. Bei dieser Therapie ist es von großer Bedeutung, auf die individuellen Voraussetzungen des Menschen einzugehen und seine Bewegungen als Ausdruck seiner individuellen Ganzheit wahrzunehmen (Siegloch 1997).

Die Musiktherapie steht in enger Wechselwirkung mit der Medizin, der Pädagogik und Psychologie sowie den Musikwissenschaften; sie ist dem Bereich der Psychotherapie zuzuordnen und findet ihre Anwendung in unterschiedlichen musiktherapeutischen Konzepten, mit beispielsweise systemischen, anthroposophischen, tiefenpsychologischen Ansätzen. Sie wird in sehr unterschiedlichen Bereichen eingesetzt und findet ihre Anwendung gleichermaßen bei Erwachsenen, Jugendlichen und Kindern in der Psychiatrie, Psychotherapie, Heilpädagogik, somatischen Medizin, Pädiatrie, Geriatrie, Familientherapie, Rehabilitation und im Strafvollzug. Sie hat sich als hilfreich bewährt bei Verhaltensauffälligkeiten wie Hyperaktivität, Konzentrations- oder Kommunikationsstörungen, in der Arbeit mit Suchtkranken, bei der Betreuung körperlich und geistig Behinderter, in der Begleitung von Blinden, aber auch in akuten Krisensituationen oder Formen von Sprachlosigkeit.

Aufgrund einer Störung der emotionalen Verarbeitung fällt es autistischen Menschen sehr schwer, Beziehungen und Stimmungen zu verdeutlichen oder zu realisieren. Sie wirken sehr introvertiert und kontaktscheu. Da Musik Ängste verringern und Entspannung herbeiführen kann, wird sie hier eingesetzt, um ein stressfreies Verhältnis von Therapeut und Klient zu ermöglichen, sodass weiteres therapeutisches oder psychiatrisches Vorgehen erleichtert werden. Ähnliches Unterstützungspotenzial hat die Musiktherapie in der Behandlung depressiver Menschen (van Deest 1994). In der Geriatrie soll Alzheimerpatienten durch ein gezieltes musiktherapeutisches Training geholfen werden, indem der Abbau von Hirnsubstanz durch Musizieren verlangsamt und die noch vorhandenen körperlichen und geistigen Fähigkeiten der Patienten gestärkt werden. In der Neurologie unterstützt die Musiktherapie die Rehabilitation von *Schlaganfallpatienten* beim Trainieren ihrer motorischen Fähigkeiten und Fertigkeiten. Durch eine direkte Rückmeldung ans Ohr nehmen die Patienten ihre Bewegungen durch das Musizieren bewusst wahr – dies steigert auch deutlich ihre Leistungsbereitschaft während der Trainingseinheiten (vgl. ebd.).

Die Ziele der Musiktherapie und die entsprechenden Interventionen richten sich grundsätzlich nach den individuellen Bedürfnissen sowie der gesamten Lebenssituation des Klienten, die sorgfältig anamnestisch erfasst und analysiert werden müssen. Die Zielsetzung sollte sich an drei Kriterien orientieren:

1. das subjektive Wohlbefinden des Patienten,
2. seine Umwelt und die Auswirkungen der Behandlung auf die Bezugspersonen und seine soziale Integration,
3. die objektiven psychopathologischen Befunde und die Beurteilung im Rahmen einer wissenschaftlich qualifizierten Persönlichkeitstheorie.

So könnte das Ziel eines rezeptiven musiktherapeutischen Einsatzes bei einem Phobiker der Abbau von Ängsten und Spannungen sein, bei einem depressiven Klienten hingegen die gezielte Entfaltung von Wahrnehmungs- und Erlebnisfähigkeit. Bei einer aktiven musiktherapeutischen Anwendung bei einem Schizophrenen könnte die Manifestation der Persönlichkeit und bei einem hyperaktivem Kind ein Trainieren der Konzentrationsfähigkeit im Vordergrund stehen (Kraus 2002). Die Musiktherapie arbeitet grundsätzlich nicht defizitorientiert, sondern bezieht sich auf vorhandene Kompetenzen und Ressourcen. Es ist nicht primäres Ziel, ein Problem zu beseitigen, sondern zu lernen, damit umzugehen (Decker-Voigt 2000). Beim frei improvisierenden Instrumentenspiel soll der Klient mit Unterstützung seines Therapeuten seiner Seele Ausdruck geben, d. h., er soll im Gegensatz zur verbalen Kommunikation beim Musizieren die Möglichkeit haben, seine «Maske» abzulegen und ohne Umwege nonverbal zu kommunizieren (ebd.). «Die Brücke zwischen unseren seelischen Kräften und ihrem musikalischen Ausdruck in der Improvisation ist unser aktives Spiel am Instrument» (ebd., S. 234). Diese musiktherapeutische Vorgehensweise ist die Basis einer dann folgenden Analyse in Form eines therapeutischen Gesprächs, das den Zusammenhang zwischen dem Spiel des Klienten und seinem Lebenskonzept thematisiert.

Musiktherapeuten benötigen vielseitige Kompetenzen, um diesen Beruf effizient und effektiv ausüben zu können. Neben den grundlegenden personellen Voraussetzungen sind spezifische musiktherapeutische Fähig- und Fertigkeiten und Interventionsmöglichkeiten unabdingbar sowie Kenntnisse in Medizin, Psychologie, Entwicklungspsychologie, Psychotherapie und ein Wissen über die jeweiligen Praxisfelder.

Sport- und Bewegungstherapie

Der Einsatz von Sporttherapie erfolgt auf ärztliche Indikation, wird von den Therapeuten einzeln oder in Gruppen durchgeführt und ärztlich kontrolliert. Sie dient der Rehabilitation und Vorbeugung von vorliegenden körperlichen Schädigungen und Beeinträchtigungen im psychosozialen Bereich. Die Therapieform basiert auf medizinischen, trainings- und bewegungswissenschaftlichen, pädagogischen, psychologischen und soziotherapeutischen Gebieten. Das Element der Trainingswissenschaft zielt auf die Regeneration und Förderung der Funktionalität des Körpers. Der psychosoziale Bereich impliziert die Herstellung der Handlungs- und Sozialkompetenz mit dem Ziel der Verhaltensstabilisation und Verhaltensänderung, um eine gesteigerte Lebensqualität zu erlangen. Es handelt sich hierbei nicht um einen Leistungssport, sondern um eine Aktivtherapie. Diese wird vielseitig eingesetzt, aufgrund des umfangreichen Spaßpotenzials und den vielfältigen aktiven Entspannungsmöglichkeiten. Sportliche Aktivitäten beinhalten einen starken Aufforderungscharakter für jegliche Altersklassen (Deutscher Verband für Gesundheitssport und Sporttherapie e.V.).

Die Unterstützung einer Behandlung durch Sport und Bewegung hat unter anderem zum Ziel, die körperliche Leistungsfähigkeit zu verbessern bzw. zu stabilisieren oder auch positive Erfahrungen mit dem eigenen Körper zu machen. Des Weiteren soll sie aber dazu dienen, ein positives Körpererlebnis zu entwickeln, um sich später auch auf diese Erfahrungen beziehen zu können. Die Klienten sollen ihren Körper kennenlernen und im Weiteren dazu befähigt werden, Ausdauer, Kraft und Fitness aufzubauen, um so insgesamt belastbarer zu werden und sich ein besseres Allgemeinbefinden zu erarbeiten. Es geht allerdings nicht nur um physische Aspekte, sondern auch um die bio-psycho-sozialen Wechselwirkungen. So werden eine Steigerung des Wohlbefindens, Verbesserung des Selbstwertgefühls, Sicherheit, Optimismus und Konzentrationsfähigkeit angestrebt. Den Klienten wird eine Möglichkeit geboten, Stress zu bewältigen sowie Spannungen abzubauen. Es wird von ihnen gefordert, sich sowohl körperlich als auch sozial ausdauernd zu verhalten und ihre eigenen Grenzen und Fähigkeiten einzuschätzen und sich daran auszurichten. So wie bei den oben genannten künstlerischen Therapieformen dient auch die Sporttherapie als eine Möglichkeit zur Förderung einer aktiven und gesundheitsorientierten Freizeitgestaltung. Die körperlichen und psychischen Aspekte wirken sich auch auf die soziale Situation aus, sollen einer positiven Beziehungsdynamik, sozialer Integration und dem Aufbau neuer sozialer Netzwerke dienen.

So konnte zum Beispiel sehr eindrucksvoll nachgewiesen werden, dass aerobes Lauftraining das seelische Befinden von Depressiven oder auch Suchtkranken deutlich verbessert, zu Ausgeglichenheit, Stabilität und Kreativität beiträgt und so psychischen Problemen vorbeugt (Bartmann 2005), dass aber auch die Bereiche Familie und Beruf deutlich von diesem Angebot profitieren. Es werden deutliche Verbesserungen depressiver Zustände, eine verbesserte Fähigkeit im Umgang mit Stimmungstiefs und psychischen Problemen, eine Abnahme von handlungsorientiertem Denken und Handeln, ein Zuwachs an Gelassenheit und Entspannung, eine realistischere Einschätzung der Lebenssituation und eine deutlich bessere Fähigkeit zu sozialen Kontakten beschrieben (Stiensmeier-Pelster et al. 1989; Petzold & Müller 2003).

Anmeldung zur Indikativen Gruppe am Beispiel Anna B.

PatientIn: Anna B **Gruppe: 2**

Indikative Gruppe: Sport und Bewegung

Hiermit melde ich mich verbindlich für die Gruppe Sport und Bewegung an und verpflichte mich zur kontinuierlichen Teilnahme:

Anna B.

Unbedenklichkeitsbescheinigung

Fr. Anna B. (Therapiegruppe 2) kann an der indikativen Gruppe Sport und Bewegung,

- ☑ ***uneingeschränkt teilnehmen***
- ☐ ***nicht teilnehmen***
- ☐ mit Einschränkungen teilnehmen

Dr. Saluto (Stationsarzt)

Welche Effekte erwarte ich vom Sport für mich selbst?
(von den Patienten vor Beginn der Veranstaltung auszufüllen)

körperliche Effekte:
Körper besser kennen lernen, Körper beherrschen, Ausdauer, Kraft, Muskeln, Fitness, Belastbarkeit, Allgemeinbefinden,
psychische Effekte:
Wohlbefinden, Selbstwert, Selbstbewusstsein, Stressabbau, Konzentration, Entspannung, Sicherheit, Mut, Optimismus,
soziale Effekte:
positive Beziehungsdynamik, neue Menschen kennenlernen, Freundschaften, Konkurrenz aushalten, Vertrauen, positives Tun, Freizeitverhalten, soziale Integration, Soziale Unterstützung

Bemerkungen:
Ich möchte so gerne, dass es mir besser geht, und hoffe, dass ich durchhalte und den anderen nicht zur Last falle.
Anna B.

....
Unterschrift der Patientin

Ergotherapie und Arbeitstherapie

Der Begriff **Ergotherapie** stammt aus dem Griechischen und heißt übersetzt «Dienst», «Arbeit» und «Behandlung». Sie ist in Deutschland seit 1947 eine aktive Behandlungsmethode, bei der die Patienten unter Anleitung eines Therapeuten überwiegend eigenständig handeln. Ergotherapie gehört neben Physiotherapie und Logopädie zu den wichtigsten Heilmaßnahmen der Rehabilitation von Kranken und Behinderten. Sie beruht auf den Erkenntnissen medizinischer, sozialwissenschaftlicher und handlungsorientierter Grundlagen.

Die Ergotherapie ist ein Konzept der ganzheitlichen Gesundheitsförderung aller Altersgruppen. Mit gezielt und individuell ausgewählten Aktivitäten und Beschäftigungen werden psychische, soziale und körperliche Beeinträchtigungen behandelt, welche Folge von Entwicklungsstörungen, Behinderungen und Krankheiten sind. Die Behandlung umfasst kreative, handwerkliche und spielerische Übungen sowie das Trainieren lebenspraktischer Fähigkeiten (Scheepers et al. 2007).

Die Ergotherapie wird als Überbegriff für die Beschäftigungs- und die Arbeitstherapie verwendet. Dabei fokussiert die Beschäftigungstherapie die Förderung der Grundfunktionen beim Kranken und Behinderten mit dem Ziel der Teilhabe am Alltagsleben. Der Klient soll weitestgehend Selbstständigkeit erlangen, indem er Kompensationsmöglichkeiten erarbeitet, die funktionalen Fähigkeiten durch Trainingseinheiten verbessert oder sich durch Hilfsmittel und Adaption der Umgebung einen erweiterten Handlungsspielraum schafft (ebd.). Die Arbeitstherapie zielt auf die Wiederherstellung der Arbeitsfähigkeit nach einem Unfall oder nach einer Krankheit. Ein weiteres Handlungsfeld der Ergotherapie ist die Gartentherapie, die dem Bereich der Gesundheitsvorsorge zugeordnet wird. Sie soll die Gestaltungskraft der Klienten fördern und ihnen helfen, eigene Pläne und Vorstellungen zur realisieren, ihnen aber auch gleichzeitig die Grenzen der eigenen Schöpfungskraft aufzeigen (Berting-Hüneke et al. 2007).

Ergotherapie wird in den Bereichen Neurologie, Pädiatrie, Geriatrie, Orthopädie und (Kinder- und Jugend-)Psychiatrie angewandt. Da die Ergotherapie eine sehr umfassende Bandbreite an Krankheiten und Störungen behandelt, müssen individuelle Ziele angestrebt werden. Grundsätzlich wird das Ziel verfolgt, die Menschen bei der Wiederherstellung und Erreichung von verlorenen oder nicht vorhandenen Handlungsfähigkeiten zu unterstützen. Vor allem in der Pädiatrie wird die Unterstützung der Entwicklung bei den Kindern angestrebt, deren Entwicklung nicht dem Alter entsprechend verläuft und die multiple Störungen zeigen. Die Verbesserung und der Erhalt motorischer, sensorischer, psychischer und kognitiver Funktionen und Fähigkeiten ist unter anderem bei Unfallpatienten oder Menschen nach schwerer Krankheit wie Schlaganfallpatienten ein angestrebtes Ziel. Die Krankheits- und Alltagsbewältigung ist vor allem für Patienten, die körperlich eingeschränkt sind, eine hohe Herausforderung. Sie müssen lernen, Vorrichtungen oder Methoden so einzusetzen, dass sie ihren Alltag größtmöglich alleine bewältigen können und somit an Selbstständigkeit und Eigenverantwortung wiedergewinnen.

Exemplarisch sollen die Therapieansätze des häufig in der Pädiatrie auftretenden Aufmerksamkeitsdefizitsyndroms (ADHS) aufgezeigt werden.

Die Aufklärung und Beratung der Eltern des Kindes/Jugendlichen ist die erste Etappe der Intervention. Ängste und Schuldgefühle sowie Unsicherheit sollen den Eltern durch zahlreiche Informationen zum Störungsbild genommen werden. Ihnen wird zum einen eine aktive Rolle bei der Bewältigung der Störung zugewiesen, gleichzeitig werden ihnen aber auch Handlungsmöglichkeiten, an denen sie selbst teilhaben können, vermittelt (Kahl et al. 2007). Ergotherapie bei ADHS erfolgt meist auf einem verhaltenstherapeutischen Paradigma und zielt auf die Veränderung von gegenwärtigem Verhalten ab (Winkelmann 2009). Die Grundlage dieser Therapie ist die Lerntheorie, welche besagt, dass Verhaltensweisen bereits vom ersten Tag an nach der Geburt erlernt werden und diese wiederum verlernt, umgelernt oder neu gelernt werden können.

Zu Beginn der verhaltenstherapeutischen Maßnahme wird eine Analyse des Verhaltens erstellt: Im Mittelpunkt steht hierbei eine Reiz auslösende Situation und die darauf erfolgende Reaktion. Erst nachdem die Verhaltensanalyse durchgeführt und im Gespräch der Ist- und der Sollzustand festgelegt wurden, wird der Behandlungsplan determiniert. Der Einsatz von kognitiven Methoden ist für Kinder sehr lebensnah gestaltet und eignet sich vor allem für jüngere Kinder. Sie erfolgen häufig durch Rollenspiele. Dabei werden vorher erwünschte Handlungsschritte demonstriert und beschrieben, anschließend werden diese im Spiel mit Gleichaltrigen erprobt und reflektiert. Die Eltern können mithilfe von Videoanalysen die Reiz-Reaktions-Zusammenhänge wahrnehmen, um daraufhin mithilfe des Therapeuten positiv steuerndes Verhalten zu erlernen. Ein wichtiger Punkt ist das Einbeziehen von Eltern oder Angehörigen in die Therapie; Beziehungen und die damit verbundenen Wirkungen haben einen hohen Stellenwert (ebd.).

Die **Arbeitstherapie** dient grundsätzlich der Verbesserung der Leistungsfähigkeit (DSM IV, GAF[16]), die sich dann auch auf andere Lebensbereiche auswirkt. Der Klient kann aber durch die reflektierten Erfahrungen auch zu einer realistischen Selbsteinschätzung kommen oder in der Akzeptanz nicht mehr behebbarer Einschränkungen unterstützt werden oder auch Motivation erfahren, durch die Entwicklung neuen Vertrauens in verloren geglaubte Fähigkeiten. Die erbrachten Leistungen bilden daher eine wichtige Grundlage zur Steigerung des Selbstvertrauens. Erfahrungen aus den Arbeitsprozessen mit ihren vielfältigen Problemstellungen können die Kreativität und Eigeninitiative fördern. Für andere Klienten können auch redundante Tätigkeiten positive Effekte für eine Steigerung der Konzentrationsfähigkeit und des Durchhaltevermögens zeigen. Durch immer komplexer werdende Handlungsabläufe, differenziertere Aufgabenstellungen und Ausweitung der Belastungsphasen werden die Klienten an realistische Arbeitsbedingungen herangeführt. Die Ziele der Arbeitstherapie liegen unter anderem darin, eine berufliche Wiedereingliederung und Rehabilitation zu ermöglichen und eine Möglichkeit zu schaffen, typische Lebenskonflikte zu bewältigen. Dies erfordert eine Zusammenarbeit im Kollektiv (Antons 1992).

Therapeutisches Reiten

Immer häufiger werden in die sozialarbeiterischen und therapeutischen Prozesse Tiere einbezogen, sei es, um niedrigschwellig soziale Kompetenzen zu fördern, Verantwortung zu übertragen oder um direkt die speziellen Möglichkeiten der jeweiligen Tierart zu nutzen. So wird in stationären Einrichtungen gezielt der Umgang mit Tieren in die Konzepte integriert. Hier sei exemplarisch auf den Nutzen des Therapeutischen Reitens, also des Umgangs mit Pferden, hingewiesen.

Die **Hippotherapie** ist eine Form des Therapeutischen Reitens, eine physiotherapeutische Einzelbehandlung auf neurophysiologischer Grundlage mit und auf dem Pferd» (Deutsches Kuratorium für Therapeutisches Reiten e.V. 2008). Ein Physiotherapeut mit entsprechender Zusatzausbildung führt die krankengymnastische Behandlung auf speziell ausgebildeten Pferden durch. Diese werden als Medium verwendet, um Bewegungsimpulse auf das Becken des Men-

16 Global Assessment of Functioning (Globale Beurteilung des Funktionsniveaus) ist die 5. Achse auf dem DSM IV.

schen zu übertragen. Dabei sitzt oder liegt der Patient meist in der Gangart Schritt auf dem Pferderücken. Ebenfalls unter den Begriff des Therapeutischen Reitens fallen das Heilpädagogische Reiten und das Heilpädagogische Voltigieren. Bei der ersten Variante steht die persönliche und soziale Entwicklung im Vordergrund, bei Letzterem die Besserung von Behinderungen oder Störungen durch gymnastische Übungen auf dem Pferd.

Ende der 50er-Jahre entdeckten Ärzte und Physiotherapeuten die ausgleichende Wirkung des rhythmischen Bewegtwerdens auf dem Pferd bei verschiedenen neurologischen und orthopädischen Krankheitsbildern; hieraus entstand dann die Hippotherapie. In den 60ern wurden zunehmend Pferde im Bereich pädagogischer Maßnahmen mit Kindern und Jugendlichen eingesetzt. Zeitgleich entwickelte sich die Arbeit mit geistig und körperlich Behinderten im Pferdesport. Neu hinzugekommen ist 2005 der Bereich der ergotherapeutischen Behandlung mit dem Pferd. Seit 1970 gibt es in Deutschland das Kuratorium für Therapeutisches Reiten und inzwischen gilt die «neurophysiologische Ganzbehandlung» auf dem Pferd als weltweit etabliert und gut erforscht. Es setzt sich langsam die Einsicht durch, dass das Therapeutische Reiten eine neue Perspektive darstellt, die sonst unerreichbare Räume erschließen kann (Deutsches Kuratorium für Therapeutisches Reiten, 2008).

In der Hippotherapie werden Bewegungsimpulse in Form von dreidimensionalen Schwingungen des Pferdes auf Becken und Wirbelsäule des Menschen übertragen. Der gesamte Bewegungsapparat muss sich aufgrund der durch das Pferd gesendeten Impulse neu einpendeln, hierauf basiert der heilende Prozess. Dabei werden alle Bewegungsachsen und Torsionsbewegungen genutzt. Die Muskelspannung, die gesamte Haltung und das Balancegefühl werden positiv beeinflusst. Das Therapiepferd ist speziell ausgebildet und zeichnet sich durch einen ruhigen, kontaktfreudigen, geduldigen und sensiblen Charakter aus. Die positiven Wirkungen der Hippotherapie sind Harmonisierung, Vorbeugung und Linderung der Symptome bei Menschen mit Schädigungen oder Funktionsstörungen des Zentralnervensystems und des Stütz- und Bewegungsapparats. «Der Umgang mit Pferden schenkt zusätzlich neue Lebensfreude, entwickelt die Persönlichkeit und hilft, das Vertrauen in sich und andere zu stärken» (ebd.). Konkrete Ziele der Therapie sind die Harmonisierung des Muskeltonus (Spannung), der durch die Bewegungssimulation im Schritt normalisiert wird, d. h., erhöhte Spannung (Spastik) lässt sich reduzieren, verminderte Spannung (Hypotonie) lässt sich wieder aufbauen. Das Gleichgewicht, die Koordinationsfähigkeit und die Reaktionsfähigkeit werden durch die permanente Vorwärtsbewegung geschult. Die vom Pferd implizierten Bewegungsimpulse ermöglichen eine bestmögliche Aufrichtung, die Voraussetzung für die Entwicklung funktionsgerechter Bewegungen des Kopfes und der Extremitäten. Durch die symmetrischen Schwingungsimpulse kann der bewegungsgestörte Patient das Gefühl für die Körpermitte schulen (Deutsches Kuratorium für Therapeutisches Reiten e.V. 2008). Die rhythmische Bewegung des Körpers fördert die Stabilisierung und Automatisierung wiedererlangter Bewegungsmuster.

Beim Heilpädagogischen Reiten soll der Mensch über die Arbeit mit dem Pferd ganzheitlich, also körperlich, geistig, emotional und sozial, angesprochen werden. Die Beziehung zum Pferd steht dabei im Vordergrund, persönliche und soziale Entwicklung sind das Ziel. Dies umfasst den direkten Kontakt im Umgang mit dem Pferd, die Pflege, Übungen am und auf dem Pferd, Arbeit im Stall mit einem Menschen oder in der Gruppe, für Fortgeschrittene Reiten und Projektarbeit.

Beim Heilpädagogischen Voltigieren werden auf dem Pferd an der Longe gymnastische Übungen ausgeführt. Der Bewegungsrhythmus des Pferdes hat eine lockernde, ausgleichende und Angst lösende Wirkung und spricht auf vielfältige Weise die Wahrnehmung des Reiters an, wodurch gezielt auf spezielle Behinderungen und Störungen positiv eingewirkt werden kann.

10. Systemisch orientierte Verfahren

Bei den Versuchen, die Welt zu erkennen und zu beschreiben, hat sich, ausgehend von den Naturwissenschaften, zu Beginn des vergangenen Jahrhunderts ein Wechsel vom reduktionistischen hin zum systemischen Paradigma vollzogen. Auf den Denkmodellen von Descartes und Newton beruhend, ist das reduktionistische Paradigma durch ein eindimensionales, monokausales Denken gekennzeichnet. Die beobachtbaren Phänomene werden auf einen einzigen Faktor reduziert, mit der Absicht, die Welt durch die Benennung einfacher Ursache-Wirkungs-Zusammenhänge begreifbar zu machen. Das systemische Paradigma geht von einer mehrdimensionalen, multikausalen Sichtweise aus und interpretiert beobachtbare Phänomene aufgrund der Struktur eines komplexen, transaktionellen Feldes (Guntern 1980).

Die Systemtheorien haben die klassische, auf den Alltag und die Lebenswelt der Klienten bezogene, Soziale Arbeit stark beeinflusst, und es hat sich eine Kultur der Systemischen Sozialarbeit herausgebildet. Gleichzeitig ist aber durch die Methodenkonzepte der Systemischen Beratung auch eine Interventionsform entstanden, die sich eng an die Erkenntnisse der systemischen Familientherapie anlehnt und sich in der sozialarbeiterischen Modifikation dieser Therapieformen zu einer eigenständigen Beratungsform entwickelt hat.

10.1 Systemische Sozialarbeit

Soziale Arbeit hat an der Schnittstelle von Klienten, deren Systemen, Professionen und Institutionen mit den unterschiedlichsten Not- und Zwangslagen zu tun. Sie berät, kontrolliert, begleitet, interveniert und handelt zuweilen stellvertretend. In diesem Methodenkanon haben sich systemische Konzepte nicht nur als kompatibel, sondern als besonders gut geeignet für den Umgang mit den komplexen Problemstellungen der Sozialen Arbeit erwiesen.

Theoretische Grundlagen und Indikation

Die Systemtheorie stellt sich die Welt als ein mehr oder weniger «geordnetes Ganzes» (Oswald & Müllensiefen 1985, S. 21) vor, welches aus zahlreichen, sich miteinander austauschenden Systemen und Subsystemen besteht, die wiederum aus kleineren Einheiten zusammengesetzt sind. Die Systeme sind füreinander Umwelten. «Die Merkmale eines Systems ergeben sich nicht aus den Eigenschaften seiner isolierten Subsysteme, sondern sind Ergebnisse der dynamischen Wechselwirkung zwischen System und Umwelt. Durch die spezifischen Relationen der Subsysteme zueinander sowie zur jeweiligen Umwelt des Systems entsteht also eine neue Qualität» (Heiner 1995b, S. 533).

Nach Staub-Bernasconi (1995a, S. 127) ist ein System «etwas, das aus einer Anzahl von Komponenten besteht, die untereinander eine Menge von Beziehungen unterhalten (interne Struktur), die sie untereinander mehr binden als gegenüber anderen ‹Dingen›, sodass sie sich gegenüber dem Rest der Welt abgrenzen (Umwelt)».

Willke (2001) beschreibt Systeme als ganzheitliche Zusammenhänge von Teilen, die in Beziehungen zueinander stehen. Diese Beziehungen sind quantitativ intensiver und qualitativ produktiver als ihre Beziehungen zu anderen Elementen. Sie konstituieren die Systemgrenzen und trennen so das jeweilige System von seiner Umwelt.

Innerhalb des metatheoretischen Rahmens der Systemtheorie kann man unterscheiden zwischen erkenntnistheoretischen und evolutionstheoretischen Aspekten: Während die Erkenntnistheorien danach fragen, wie Menschen die Wirklichkeit betrachten bzw. wie sie aufgrund ihrer Beobachtungen und Erfahrungen zu bestimmten Erkenntnissen gelangen, beschäftigen sich die Evolutionstheorien mit den Entwicklungsbedingungen sozialer Systeme (Heiner et al. 1998). Eine Konkretisierung des metatheoretischen Gedankenguts findet sich in den sogenannten Theorien mittlerer Reichweite, die als Vermittlungsebene zwischen der Metatheorie und ihrer Umsetzung in der (sozialarbeiterischen) Praxis bezeichnet werden.

Eine bedeutende Theorie mittlerer Reichweite für die Soziale Arbeit stellt die ***Kommunikationstheorie*** (Watzlawick 2000) dar. Es haben sich gerade in den Sozialwissenschaften ganz unterschiedliche systemische Konzepte entwickelt, sodass Pfeifer-Schaupp (1995) zu Recht darauf hinweist, dass es «die Systemtheorie gar nicht gibt» und man besser von «Systemtheorien» sprechen sollte (S. 23). Das Wort «systemisch» ist sogar mittlerweile zu einem «projektiven Test» für psychosoziale Professionen geworden: «Alle führen es im Munde und meist tun zwei, die darüber reden, als meinten sie damit das gleiche» (Schlippe & Schweitzer 1997, S. 49). Insbesondere vier neuere Theorietraditionen gelten nach Schlippe & Schweitzer (ebd.) als Weiterentwicklung der klassischen Systemtheorie:

- der radikale Konstruktivismus nach Ernst von Glaserfeld (1985),
- das Autopoiese-Konzept der Biologen Maturana und Varela (1987),
- die soziologische Systemtheorie nach Luhmann (1993),
- die Kybernetik zweiter Ordnung nach Heinz von Foerster (1985).

Die Inhalte dieser Theorietraditionen insgesamt haben neben dem therapeutischen auch das sozialarbeiterische Denken und Handeln maßgeblich beeinflusst, wenngleich immer wieder auch Kritik an einigen Grundideen geäußert wurde (Heiner 1995a).

Erkenntnistheoretische Aspekte der Systemtheorie

Einige systemtheoretische Ansätze berufen sich auf den Konstruktivismus als Erkenntnistheorie, wobei hier inhaltlich zwischen dem radikalen und dem relativen Konstruktivismus zu unterscheiden ist. Der *radikale Konstruktivismus* geht davon aus, dass es keine objektive Wirklichkeit gibt und somit jede Realität vom Bewusstsein des jeweiligen Beobachters «konstruiert» wird. Dies geht zum Teil so weit, dass selbst die Existenz einer vom menschlichen Bewusstsein unabhängigen materiellen Welt verneint wird. Foerster (1985) betont, dass die wahrgenommene Umwelt von uns erfunden wurde. Im sogenannten *relativen* (bzw. kritischen) *Konstruktivismus* wird die Auffassung vertreten, dass die materielle Welt um uns herum sehr wohl existiert, wenngleich «wir sie (…) immer nur mehr oder minder gut erkennen können» (Heiner 1995a, S. 431).

Unsere Wahrnehmungen spiegeln die uns umgebende Realität nicht originalgetreu wider, sondern sie werden in hohem Maße beeinflusst von unseren eigenen Vorerfahrungen und Erwartungen sowie von den kontextuellen Bedingungen, in denen wir uns befinden. Für die Soziale Arbeit relevant ist die Behauptung, dass unsere Konstruktionen der Wirklichkeit vor allem sozial vermittelt sind (Heiner et al. 1998).

Im Zuge zwischenmenschlicher Kommunikation und Interaktion bildet sich eine gewisse intersubjektive Wirklichkeitsauffassung heraus, die erst durch die Bestätigung von anderen zur ‹objektiven› Gegebenheit und sozialen Realität wird, die wieder auf die Handelnden zurückwirkt. Hierbei spielt Sprache als wesentliches Element sozialer Vermittlung von Wirklichkeit eine wichtige Rolle. Mit ihr bilden wir unsere Wirklichkeitsauffassung nach außen hin ab und schaffen uns dadurch zugleich unsere eigene Welt. Für die sozialarbeiterische Praxis ergibt sich daraus die Forderung nach einem erweiterten Verständnis von Diagnose und Intervention. Die Problemerfassung und die daraus resultierenden Interventionen können sich nicht nur auf die Sichtweise einer der beteiligten Personen beschränken. Die unterschiedlichen Perspektiven aller Problembeteiligten und deren wechselseitige Abhängigkeiten müssen berücksichtigt werden.

Evolutionstheoretische Aspekte der Systemtheorie

In diesem Zusammenhang ist die Kybernetik zweiter Ordnung von Foerster (1985) zu nennen. In diesem Konzept findet sich eine Abkehr vom Mythos der Trennbarkeit zwischen (objektivem) Beobachter und System: Der Beobachter eines Systems steht diesem nicht als neutrales Objekt gegenüber, er konstituiert vielmehr mit dem System ein neues System, als dessen Teil (Subsystem) er dann gesehen wird. Interventionen werden also nicht von außen in ein System hineingetragen, sondern der Professionelle ist als «Veränderer» des Systems an der Problemerzeugung wie auch an der Problemlösung aktiv beteiligt. Daraus ergibt sich zwangsläufig die evolutionstheoretische Frage nach der Rolle des Systems im Prozess der Entstehung und Veränderung. Insbesondere die Frage nach den Ursache-Wirkungs-Zusammenhängen wird neu interpretiert. Grundsätzlich geht systemtheoretisches Verständnis davon aus, dass soziale Systeme sich selbst organisieren. Der Gedanke der Selbstorganisation ist jedoch in ganz verschiedenen konzeptionellen Ausprägungen anzutreffen (Heiner et al. 1998).

Hauptthese der *Kognitionstheorie* von Maturana und Varela (1987) ist, dass lebende Systeme sich selber erzeugen und «sich im Prozess der Aufrechterhaltung und Erzeugung ihrer Organisation und der Selbsterhaltung ihrer Komponenten operativ wie informational ausschließlich auf sich selber» beziehen. Maturana und Varela führen in diesem Zusammenhang die Begriffe operationale Geschlossenheit, Autopoiese (Selbsterzeugung) und Selbstreferenzialität (Selbstbezogenheit) ein. Aufgrund ihrer Selbstbezogenheit nehmen soziale Systeme nur bedingt Informationen aus ihrer Umwelt auf und verarbeiten sie nur in einer Weise, die ihren systemimmanenten Gesetzen entspricht. «Die kognitive und informationelle Geschlossenheit von Systemen schließt jede Beeinflussung oder Belehrung aus» (Maturana & Varela 1987).

Im Rahmen seiner *soziologischen Systemtheorie* hat Luhmann (1993) die Erkenntnisse Maturanas und Varelas auf soziale Systeme übertragen. Die soziologische Systemtheorie von Niklas Luhmann gilt bis heute als bedeutendste Weiterführung des systemtheoretischen Ansatzes von Talcott Parsons im deutschen Sprachraum und wird von vielen Autoren als metatheoretische Grundlage verwendet (Pfeifer-Schaupp 1995). Gleichzeitig wehren sich gerade Praktiker der Sozialen Arbeit immer mehr gegen die «Dominanz» (Heiner 1995b, S. 531) des Luhmannschen Gedankenguts, welches als zu abstrakt und realitätsfern bezeichnet wird (Staub-Bernasconi 1991).[17]

Für die sozialarbeiterische Praxis bedeutet dies, dass im Grunde eine gezielte Intervention im Sinne eines geplanten methodischen Handelns nicht möglich bzw. nicht steuerbar und damit willkürlich wäre (Löcherbach 1992). Das Autopoiese-Konzept würde demnach möglicherweise den Sinn Sozialer Arbeit völlig infrage stellen. Angesichts dieser Tatsache plädiert Heiner (1995b) für die Übernahme eines «weniger radikalen Verständnisses von Autopoiesis» (S. 541), das die grundlegende Idee der Eigendynamik und Selbstbezogenheit sozialer Systeme zwar beibehält, Letzteren jedoch gleichzeitig eine gewisse Umweltoffenheit und Beeinflussbarkeit zubilligt. Menschen werden nach diesem relativierten Autopoiese-Konzept «als Mitglieder sich selbst regulierender sozialer Systeme» verstanden, «die im Austausch miteinander zwischen Selbstreferenz und Fremdreferenz pendeln» (ebd.).

Weiterführung des Ansatzes im Hinblick auf eine systemische Sozialarbeit

In der Sozialen Arbeit hat u. a. Miller (1999) die (Luhmannsche) Systemtheorie als Metatheorie für eine Sozialarbeitstheorie genutzt, in der Praxis hat systemisches Gedankengut in erster Linie auf dem Wege der Übernahme verschiedener kommunikations- und systemtheoretisch fundierter Konzepte der Familientherapie Eingang gefunden. Der hohe Anteil von Sozialarbeitern, die sich im Bereich systemischer Familientherapie weiterqualifizieren, weist auf die Popularität dieser Konzepte hin.

Familientherapie konzentriert sich in der Hauptsache auf innerfamiliäre Beziehungs- resp. Kommunikationsstörungen und geht dabei vom Idealbild einer «Normalfamilie» aus, bei der eine optimale Entfaltung der einzelnen Mitglieder möglich ist. Da die Soziale Arbeit es aber oft mit problematischen Familien zu tun, ist eine Abkehr vom Idealbild der «Normalfamilie» hin zur Arbeit mit den unterschiedlichsten Familienformen (Alleinerziehende, Stieffamilien usw.) erforderlich. Häufig beruht der Kontakt zwischen Sozialarbeitern und Klienten

17 Zur Vertiefung einzelner Inhalte der soziologischen Systemtheorie und ihrer Kritikpunkte sei hier verwiesen auf Miller (1999), Heiner (1995a, 1995b) und Staub-Bernasconi (1995a).

nicht auf Freiwilligkeit, sondern entsteht eher gezwungenermaßen. Die sozialarbeiterischen Problemlagen lassen sich oft nicht auf reine Beziehungs- oder Kommunikationsprobleme reduzieren. Wegen der Verknüpfung sich gegenseitig verstärkender, psychosozialer und sozioökonomischer Problemfaktoren erweitert sich der Auftrag der Sozialen Arbeit um eine gesellschaftsgestaltende, politische Dimension (Staub-Bernasconi 1994). Heiner (1995b) fordert für die Soziale Arbeit eine Verknüpfung kommunikationstheoretischen und sozialökologischen Gedankenguts. Ein aktuelles Beispiel für ein solches systemtheoretisch begründetes Handlungskonzept Sozialer Arbeit bietet die prozessual-systemische Denkfigur von Staub-Bernasconi (1986). Sie berücksichtigt gleichermaßen die Mikro-, Mezo- und Makroebene sozialer Strukturen und Prozesse.

Ein weiteres Konzept für den Einsatz systemischer Sozialarbeit wird in dem «ökologischen Ansatz» von Wendt (1994) und in dem von Mühlum (1994) beschriebenen «ökosozialen Paradigma» dargestellt.

In der Fachliteratur wird wiederholt darauf hingewiesen, dass der systemische Ansatz in der Sozialen Arbeit im Grunde gar nichts revolutionär Neues beschreibt; Denken und Handeln in ganzheitlichen Zusammenhängen gehört vielmehr zu den Wurzeln eines sozialarbeiterischen Selbstverständnisses, die bis in die Anfänge des letzten Jahrhunderts – also noch lange vor der «ökologischen Wende» – zurückzuverfolgen sind (Staub-Bernasconi 1986 und 1991; Heiner 1995b).

Löcherbach (2002) nimmt einen Begriffswechsel von «systemtheoretisch» zu «systemisch» vor und bezieht sich dabei auf Miller (1999). «Systemtheorien beschreiben und erklären die Eigenschaften, Funktionsweisen und Mechanismen von Systemen und deren Umwelt. Wir erhalten so Kriterien und Kategorien, um Systeme in ihren Operationen zu verstehen und nachzuvollziehen. Systemtheorien sind Modelle, um Wirklichkeit zu erklären» (ebd., S. 17). Systemtheorien beziehen sich vorwiegend auf Gegenstands- und Erklärungswissen und enthalten Aspekte des Verfahrens- und Evaluationswissens. Sie enthalten keine Aussagen zum Wertwissen.

> «Systemisches Vorgehen zielt auf die Praxis, ihm liegt die Annahme zugrunde, dass Systemmodelle auch in der Praxis konkret beobachtbar sind. Auf der Basis systemtheoretischer Modelle werden konkrete Systemanalysen vorgenommen, um spezifische Merkmale ausfindig zu machen. Systemisches Vorgehen setzt handelnde Personen und deren Systeme in den Mittelpunkt der Betrachtung und versucht Handlungsmuster und Systemmuster, Regeln und Strukturbildung zu erkennen, offenzulegen und zusammen mit den Betroffenen zu verändern … Der Schwerpunkt liegt also … auf dem Handeln» (ebd.).

Systemisches Operieren (Verfahrenswissen) ist wertbezogen (Wertewissen) und fragt nach den Veränderungsdimensionen und den Auswirkungen von Interventionen mit ihren Folgewirkungen (Evaluationswissen) (Löcherbach 2002).

Die Erweiterung des Systembegriffs

Der spezifische Handlungskontext Sozialer Arbeit erfordert eine Entwicklung weg vom einfachen Familiensystem-Modell hin zu einem Modell multipler Systeme, welches die Interaktion zwischen den verschiedenen Systemen zu verstehen versucht. Staub-Bernasconi (1986) spricht von unterschiedlichen Systemniveaus, die die (mehrdimensionale!) soziale Wirklichkeit ausmachen und daraus folgernd von unterschiedlichen sozialarbeiterischen Interventionsebenen, die sich nach Bronfenbrenner (1981) in vier Hauptkategorien einteilen lassen:

- das Mikrosystem: Individuen in ihrem unmittelbaren, z. B. familialen, Lebenszusammenhang;
- das Mesosystem: System bestehend aus einzelnen Mikrosystemen, z. B. Schulklasse, Arbeitsumfeld, Gemeinwesen;
- das Exosystem: System, an dem der Einzelne zwar nicht direkt beteiligt ist, das jedoch indirekt sein Leben beeinflusst, z. B. staatliche Institutionen;
- das Makrosystem: die gesamtgesellschaftlichen Verhältnisse.

Diese Systemebenen stehen nicht unverbunden neben- bzw. übereinander. Für die sozialarbeiterische Praxis empfiehlt es sich also, den Fokus zu erweitern von den Klientsystemen (z. B. problematische Familien) zu den sogenannten Problemsystemen bzw. problemdeterminierten Systemen also zu solchen, die für die Erzeugung und Erhaltung von Problemen bedeutsam sind (Staub-Bernasconi 1986), und dies können neben den «problematischen» Familienmitgliedern auch Personen der anderen Systemebenen und sogar Personen aus dem professionellen Helfersystem sein.

Statt eine Familie bzw. ein definiertes System als Behandlungseinheit und als relevante Größe bei der Entstehung und für die Lösung von Problemen anzusehen, stellen sich nun die Fragen danach, wer das Problem definiert und welche unterschiedlichen Problemdefinitionen es gibt. *Nicht mehr ein System hat ein Problem! Ein Problem kreiert ein System!* Dieses organisiert sich um das Problem und wird davon zusammengehalten. Verschwindet das Problem, dann verschwindet auch das Problemsystem (Löcherbach 2002; Schmidt-Keller & Klein 1990; Klein 2002).

Praxis und Methoden

Gegenstand Sozialer Arbeit sind nach Staub-Bernasconi soziale Probleme und deren Lösungen: Soziale Arbeit ist sozial gebündelte, reflexive wie tätige Antwort auf bestimmte Realitäten, die als sozial und kulturell problematisch bewertet werden. Soziale Probleme und die Antworten darauf sind gemeinsamer Gegenstand der wissenschaftlichen Reflexion und der Praxis der «SozialarbeiterInnen» (Staub-Bernasconi 1991; vgl. auch Staub-Bernasconi 1986, Puhl 1996).

Staub-Bernasconi (1986) klassifiziert soziale Probleme oder Systemprobleme nach folgenden, gegenseitig verschränkten Kategorien:

1. *Ausstattungsprobleme:* Probleme der unterschiedlichen Teilhabe von Individuen an gesundheitsbezogenen, medizinischen, psychischen, sozialen und kulturellen Ressourcen oder Errungenschaften einer Gesellschaft.
2. *Austauschprobleme:* Asymmetrische Austauschbeziehungen zwischen Individuen oder Systemen, d. h. mangelnde Reziprozität im Austausch von Ausstattungsmerkmalen und Ressourcen (Tauschmedien).
3. *Machtprobleme:* Manifestieren sich als Behinderungsmacht, d. h. als Missbrauch von Machtquellen, aufgrund dessen andere in ihrer Freiheit, Entfaltung usw. behindert werden. Eine solche «illegitime Macht» (Staub-Bernasconi 1994, S. 27) ist jedoch zu unterscheiden von der «legitimen» Begrenzungsmacht, die eine willkürliche Machtausübung berechtigterweise begrenzt.
4. *Wert- oder Kriterienprobleme:* Nichtvorhandensein, mangelhafte bzw. willkürliche Anwendung oder gar «aktive Dekonstruktion» allgemein anerkannter zwischenmenschlicher Werte und Normen.

> «Praktische Sozialarbeit wird sich aufgrund knapper Ressourcen entscheiden müssen, wo sie ihren Schwerpunkt setzen will. Bleibt sie ihrer historischen Funktion treu, so wird sie sich in einer Zeit, wo nationale und vor allem internationale materielle Verteilungs- und Machtproblematiken durch ökologische und kultur- bzw. kommunikationsbezogene Problemartikulationen in den Hintergrund gedrängt werden, denjenigen annehmen, die vom schrumpfenden Sozialstaat als auch von den neuen sozialen Bewegungen zurückgelassen werden. Es handelt sich um den gesellschaftlichen Bereich, wo sich alle vorhin dargestellten Probleme überlagern und verstärken, den Bereich kumulativer sozialer Probleme» (Staub-Bernasconi 1986, S. 51).

Die Auswahl der jeweiligen problembezogenen Arbeitsweisen erfolgt auf der Grundlage der systemischen Problemerfassung, einer Diagnose unter Zuhilfenahme verschiedener wissenschaftlicher Disziplinen und einer wertorientierten Zielbestimmung. Dabei gewinnt die Einschätzung der Klienten in Bezug auf ihre Problemlage und auf Lösungsmöglichkeiten zunehmend an Bedeutung. Denn, nimmt man die Theorien der Autopoiese, des (relativen) Konstruktivismus und der Kybernetik zweiter Ordnung ernst, so können Planung und Durchführung der Hilfe kein einseitiges Geschehen sein, sondern müssen vielmehr als co-kreativer Prozess konzipiert werden. In diesem Prozess ist das Problemsystem nur dann vollständig beschrieben, wenn neben den Klienten und der Person des methodisch Handelnden auch institutionelle Bedingungen (z. B. die Konzeption der Einrichtung, in der der Sozialarbeiter arbeitet, seine Kollegen u. a.) mit einbezogen werden (Löcherbach 2002). Die durch konkrete Intervention erzielten Haupt- und Nebeneffekte werden schließlich im Rahmen einer Evaluation erfasst und ausgewertet.

Staub-Bernasconi (1986) entwickelt auch Lösungsstrategien zur Bewältigung der Problemlagen und bietet folgende handlungsrelevanten Vorgehensweisen an:

Lösung der Ausstattungsprobleme durch Ressourcenmobilisierung, Bewusstseinsbildung, Modell-, Identitäts- und Kulturveränderung und Handlungstraining sowie Sozialkompetenz-Training

Ressourcenmobilisierung: Ausgehend von Problemen der körperlichen, sozioökonomischen bzw. sozialökologischen Ausstattung zielt diese Arbeitsweise auf eine «ressourcenmäßige Besserstellung von Individuen, Familien, gesellschaftlichen Gruppen als auch von territorialen und organisationalen Gemeinwesen» hin (Staub-Bernasconi 1994, S. 61). Durch materielle und immaterielle Hilfeleistungen durch Methoden der Gemeinwesensarbeit und der territorial bezogenen Sozialplanung sollen insbesondere vorhandene Ressourcen erschlossen und das systemeigene Selbsthilfepotenzial geweckt werden; wo erforderlich, sollen Zugangsmöglichkeiten zu Ressourcen eröffnet bzw. neue Ressourcen geschaffen werden.

Bewusstseinsbildung befasst sich «mit Problemen der sozial und kulturell bedingten Beeinträchtigungen der emotional-ästhetischen, normativen und kognitiven Erkenntniskompetenzen. Ziel ist die Erweiterung, Differenzierung und Integration von Begriffen, Aussagen, Bildern und Codes (Theorien) zur persönlichen Situation, miteingeschlossen den sozialen und kulturellen Kontext als auch die Erhöhung von privaten und öffentlichen Artikulationschancen» (Staub-Bernasconi 1994, S. 63). Der Dialog mit der Fachkraft der Sozialen Arbeit soll den Klienten einen Raum bieten, innerhalb dessen sie ihre derzeitige (Problem-)Situation und damit verbunden ihre Vergangenheit und Zukunft, bestimmte Werte und Normen, aber auch ihre persönlichen Gefühle reflektieren bzw. verbalisieren und dadurch zu neuen Einsichten kommen können.

Modell-, Identitäts- und Kulturveränderung
Während sich die Bewusstseinsbildung auf Probleme der Bildung von Begriffen, Bildern, Theorien bezieht, geht es bei dieser Arbeitsform um Probleme der Verfügung über die oben genannten Erkenntniskompetenzen. Einengende Selbst-, Fremd-, Gesellschaftsbilder usw. sollen den Klienten ins Bewusstsein gerufen werden und in der Folge erweitert, korrigiert und gegebenenfalls ersetzt werden.

Handlungstraining und Training der Sozialkompetenz: Aktives Verhaltenstraining und auch Rollenspiele sollen Probleme abweichenden Verhaltens vermindern, die Handlungs- und Sozialkompetenz der Klienten stärken und ihre Partizipation und Mitbestimmung in sozialen Systemen erhöhen. Die Einübung neuer, konstruktiver Verhaltensweisen kann sich auf die verschiedensten Bereiche, von der Kindererziehung über das Arbeitsverhalten bis hin zur Organisierung und Durchsetzung eigener politischer Interessen im Stadtteil, erstrecken.

Lösung der Austauschprobleme durch Soziale Vernetzung
Mit dem Ziel einer größeren Austauschgerechtigkeit in der Familie oder im Gemeinwesen werden asymmetrische Austauschbeziehungen aufgedeckt und durch symmetrische Austauschbeziehungen ersetzt. Dies kann in der Familie mithilfe der klassischen Methoden der Familienberatung geschehen, im außerfamiliären Bereich z. B. durch den Aufbau sozialer Austauschnetze in Nachbarschaft, Organisationen und Gemeinwesen.

Lösung der Machtprobleme durch Neuorganisation der sozialen Anordnung
Es geht um «die Suche nach Verfahrensweisen, die im Rahmen sozialer Teil-Systeme Macht neu, gerechter verteilen, worauf diese auch immer beruht» (Staub-Bernasconi 1986, S. 54). Eine ausschließliche Fokussierung auf die Änderung gesamtgesellschaftlicher Verhältnisse wäre ein völlig überzogener Anspruch an die Soziale Arbeit. Da gesellschaftliche Machtstrukturen sich aber in hohem Maße auf die Lebensverhältnisse der verschiedensten gesellschaftlichen Subsysteme (Familie, soziale Institutionen, Gemeinwesen) auswirken, ist es ein

nahe liegender Auftrag Sozialer Arbeit, diese Behinderungsmacht aufzudecken und dagegen anzukämpfen.

Methodisch kann dies beispielsweise durch Machtquellen- und Machtstrukturanalysen, durch Ermächtigungsstrategien bzw. durch Hilfe bei der Durchsetzung von Begrenzungsregeln sowie durch Ermöglichung eines Zugangs zu bestimmten Machtquellen geschehen (Löcherbach 2002).

Lösung der Wert- oder Kriterienprobleme durch Öffentlichkeits- und Kriterienarbeit

Die Verwirklichung allgemein anerkannter Wertprinzipien und Normen und die Suche nach neuen handlungsleitenden Kriterien werden als Basis für einen gesellschaftlichen Wandel verstanden. Diese grundsätzlichen Anliegen der Sozialen Arbeit und ihrer Klienten sollen mithilfe politischer Arbeit, Pressearbeit, Veröffentlichungen usw. ins Bewusstsein der Allgemeinheit gerückt werden.

Lösung institutioneller Probleme durch Sozialmanagement

Institutionelle Rahmenbedingungen üben einen wesentlichen Einfluss auf die Problemlösung, möglicherweise aber auch auf die Problemverstärkung oder -erhaltung aus. Daher gehören Aufgaben wie Organisationsplanung, Personalführung und -qualifikation sowie Effizienzkontrolle unverzichtbar zu einem professionellen sozialarbeiterischen Handlungsverständnis. Auch hier sind die einzelnen Arbeitsweisen nicht als unabhängig voneinander zu verstehen, und es kann angenommen werden, dass «sich Einflussnahmen auf eine Problemkonfiguration auch auf ‹benachbarte›, d. h. mit dem erfassten Problem relativ eng zusammenhängende Merkmale und Sachverhalte auswirken» (Staub-Bernasconi 1994, S. 59). So kann zum Beispiel eine Optimierung der Ressourcenausstattung eine positive Veränderung von Einstellungen (Gefühl der Selbstwirksamkeit) und somit auch eine Verhaltensänderung des Individuums nach sich ziehen. Fachkräfte der Sozialen Arbeit sollten, um solche Zusammenhänge optimal nutzen zu können, über ein breites Methodenrepertoire und entsprechende «Schlüsselqualifikationen» verfügen. Neben der Fähigkeit zur Methodenintegration (Methodenpluralismus) ist für professionelles sozialarbeiterisches Handeln außerdem die Bereitschaft zur konstruktiven Zusammenarbeit mit anderen beteiligten Hilfsorganisationen im Sinne einer fachlichen Vernetzung unverzichtbar (Heiner et al. 1998).

10.2 Systemische Beratung

Die systemische Beratung hat sich aus der systemischen Familientherapie entwickelt und zielt darauf, basierend auf dem systemischen Paradigma, unterschiedliche Systeme beraterisch zu unterstützen. Theoretisch fundiert ist diese sozialarbeiterische Interventionsform durch die Systemtheorien, Kommunikationstheorien und die Erkenntnisse verschiedener familientherapeutischer Schulen.

Die klassische Unterscheidung zwischen Beratung und Therapie wirft im Zusammenhang mit der systemischen Beratung insofern Probleme auf, als die familientherapeutischen Interventionen, ähnlich wie die Beratung, eine gezielte Behandlung oder Beeinflussung des Systems vermeiden, grundsätzlich auf die Ressourcenstärkung und Verbesserung der Selbsthilfefähigkeit setzen und Veränderungen nur anstoßen, die weiteren Veränderungen dann aber vertrauensvoll in die Verantwortung der Systeme zurückgeben. In den lösungsorientierten Kurzzeittherapien geht das so weit, dass ohne jegliches anamnestisches Bemühen lediglich Veränderungsimpulse in eine vom System gewünschte Richtung gegeben werden (De Shazer 2004); der Rest, also die Beibehaltung dieser Richtung, ist Aufgabe der Systemteilnehmer.

Auch die Beziehung des Therapeuten zu und seine Rolle im System ist nicht die typisch «therapeutisch» behandelnde. Mit seinem Hineingehen in das System wird er zu einem Teil davon und bringt sich selbst mit ein; er hat nicht die Lösung, sondern ist ein Teil des Problems und berät sich im Sinne der Kybernetik 2. Ordnung quasi selbst mit (Boscolo & Bertrando 2000).

Die Grenzen zwischen Beratung und Therapie sind in der systemischen Sozialarbeit also sehr fließend, und die Unterschiede ergeben sich im Wesentlichen aus der Problemtiefe und der Methodenspezialisierung. Paradoxe Interventionen, Problemverschreibungen, provokative Ansätze oder hochkomplexe Problemsysteme sollten nach wie vor der Therapie vorbehalten bleiben. Aber grundlegende Methoden und Techniken wie zirkuläres Fragen, Genogrammarbeit, positive Konnotation, Reframing, Familienskulptur usw. stellen eine bedeutsame Bereicherung des Methodenrepertoires der Sozialen Arbeit dar (Schlippe & Schweitzer 1997).

Theoretische Grundlagen und Indikation

Systeme grenzen sich von der Umwelt ab, sind aber auch auf sie ausgerichtet und strukturell bezogen. Jedes System hat eine eigene relevante Umwelt, mit der es kommunikative Austauschprozesse vollzieht. Umwelt ist kein eigenes System, sondern die Summe von Subsystemen, Ereignissen und Handlungen, die außerhalb des Referenzsystems liegen. Sie ist deshalb konstitutiv für die Herausbildung einer Systemidentität. Die Bestimmung eines Systems erfolgt im Sinne einer System-Umwelt-Differenz. Systeme sind immer auch Umwelt für die Systeme ihrer Umwelt und damit mögliches Objekt von deren Systemoperationen. System und Umwelt befinden sich in ständigen Wechselbeziehungen, der Austausch erfolgt über Kommunikation (Miller 1999).

Systeme, die füreinander Umwelt sind, versuchen jeweils, im Sinne ihrer Selbsterhaltung und Stabilität, gegenseitige Anpassungsleistungen zu erwirken. Wer wen mehr anpasst, ist einerseits eine Frage von Macht und Machtquellen, aber es spielt auch die Anpassung an sich verändernde Umweltanforderungen eine große Rolle. Auf eine veränderte Umwelt muss auch innerhalb der Systeme reagiert werden, es kommt zu internen Anpassungsleistungen, um systeminterne Probleme zu bereinigen. Systeme haben das Merkmal, im Rahmen von Austauschprozessen mit ihrer Umwelt Anpassungsleistungen zu vollbringen (Morphogenese) und im Gegenzug auch zum Versuch, die Umwelt an die eigene Systemrationalität anzupassen (Morphostase), um sich nicht verändern zu müssen (Bertalanffy 1968; Luhmann 1993). Da fortlaufend Austausch zwischen Systemen stattfindet, finden auch kontinuierlich Veränderungen statt. Wenngleich Systeme also bleiben wollen, wie sie sind, sind sie doch nie konstant. So wie man nicht zweimal in denselben Fluss steigen kann, begegnet man nie zweimal demselben System.

Dieser Austausch erfolgt über Kommunikation. Bei kongruenter Kommunikation passen verbale und nonverbale Signale zusammen, bilden eine Einheit, in der alle sprachlichen und körpersprachlichen Botschaften übereinstimmen. Menschliche Kommunikation umfasst eine Inhalts- und eine Beziehungsebene. In der Regel ist die Inhaltsebene geprägt durch die Sprache und die Beziehungsebene durch die Körpersprache. Wenn man genau wahrnimmt, kann man inkongruente Kommunikation sehr gut von kongruenter unterscheiden. Jemand sagt: «Ich freue mich, Sie hier zu begrüßen», und dreht sich dabei mit seinem Körper leicht weg: ein Anzeichen von inkongruenter Kommunikation (Satir et al. 2007).

Die Umwelt der Systeme ist stets komplexer (vielschichtiger) als das System selbst; es können nur Teile dieser Umweltkomplexität verarbeitet werden. Die Reaktion auf Umweltkomplexität ist bei einer hohen Eigenkomplexität des Systems besser. Diese Eigenkomplexität zeigt sich am Grad der Ausdifferenzierung eines Systems besser. Systeme reagieren auf Umweltkomplexität durch Vergrößern der Eigenkomplexität, sie differenzieren sich, als Antwort auf Komplexität, aus. Diese Systemdifferenzierung verläuft nach funktionalen Sinnkriterien, und es wird der Teil bearbeitet, der als besonders relevant gilt (Luhmann 1993).

Nicht die Summe der Teile, sondern deren Verknüpfungen machen das System aus. Wenn nicht mehr jedes Element verknüpft ist, nennt Luhmann das komplex (unübersichtlich). Komplexität ist die Summe aller Handlungen und Ereignisse in der Welt. Akteure können nur Ausschnitte der Wirklichkeit wahrnehmen, vieles bleibt kontingent (unbestimmt). Es werden die Ausschnitte wahrgenommen, die relevant erscheinen. Es ist unmöglich, die gesamte Welt zu erfassen, um in sicheren «Wenn-Dann-Kategorien» denken zu können. Komplexität erzeugt Kontingenz. Es ist eine Funktion der Systeme, Komplexität zu reduzieren und in eine funktional sinnhafte Ordnung zu bringen. Die Komplexität von Systemen wird auf ihre funktionalen Belange reduziert. Dadurch werden einige Handlungsmöglichkeiten ein- und andere ausgeschlossen. Das schafft Strukturen, Regeln, definiert Werte und gibt den Systemteilnehmern Orientierung. Durch die Systembildung entstehen «Inseln geringerer Komplexität» (Luhmann 1991, S. 116), die einzigartig sind.

Systeme streben nach Stabilität und Selbsterhalt. Zielt ein Verhalten darauf ab, Stabilität zu bewahren, wiederzugewinnen oder zu optimieren, dann ist es sinnvolles Verhalten, im Sinne der Rationalität des Systems. Entscheidend ist dabei nicht, ob der Effekt tatsächlich erreicht wurde. Sinn bekommt also eine funktionale Bedeutung und ist aus systemischer Sicht keine ethische Kategorie. Auch Normabweichungen können in sozialen Systemen einen funktionalen Sinn haben und werden von Luhmann (1993) funktionsanalytisch im Kontext der System-Umwelt-Relation gesehen. Es geht dabei nicht um die Legitimierung von Normabweichungen, sondern um Erklärungen des rationalen Systemverhaltens hinsichtlich dessen Anpassungsleistungen gegenüber der Umwelt.

Systeme sind auf bestimmte Zwecke hin ausgerichtet; daraus lassen sich systemrationale und sinnhafte Kommunikation und Handlungen ableiten. Zwecke sind auf die System-Umwelt-Differenzen angelegt und damit die eigentliche Basis für das innere Operieren von Systemen. Gelingt es einem System nicht, den Systemerhalt durch Zweckerfüllung zu sichern, müssen Zwecke umdefiniert werden, und es kommt zu Veränderungsprozessen (Luhmann 1991). Da der strukturelle Aufbau eines Systems nicht a priori harmonisch angelegt ist, sondern funktional arbeitsteilig, kann es zu Konflikten über Austausch und Anpassung kommen; dadurch werden Veränderungen erforderlich und möglich.

Systeme erhalten, steuern und reproduzieren sich selbst (Autopoiesis). Nach Maturana & Varela (1987) und Varela (1994) ist dies nur auf Lebewesen bezogen und nicht auf soziale Systeme übertragbar. Luhmann (1993) hat das Konzept soziologisch nutzbar gemacht: Durch interne Prozesse werden die Komponenten erzeugt, die zur Erhaltung des Systems wichtig sind. Die Systemstruktur bietet den Rahmen für die jeweiligen Operationen. Der Austausch zwischen System und Umwelt wird nicht durch die Umwelt festgelegt, sondern durch die Organisationsweise des Systems. Autopoietische Systeme sind autonom, aber wegen ihrer Abhängigkeit von Austauschbeziehungen zur Umwelt nicht autark. Umweltinformationen werden nach eigener Systemlogik aufgenommen und verarbeitet. Wirklichkeit wird nicht durch eine allgemeine, sondern durch eine subjektiv-kognitive, systemimmanente Logik bestimmt. Systeme reproduzieren sich durch fortlaufende Kommunikation (Selbstreferentalität) und sind deshalb fähig zu Selbstbestimmung, Eigeninitiative, Eigenverantwortung und Kreativität (Miller 1999).

Es gibt also nicht die Wahrheit, sondern nur eine, durch das jeweilige System produzierte und konstruierte Wirklichkeit. Die Kernaussage des Konstruktivismus ist, dass menschliches Erleben und Lernen Konstruktionsprozessen unterworfen sind, die durch emotionale, kognitive und soziale Prozesse beeinflusst werden. Beobachter und Beobachtetes sind untrennbar verknüpft. Im Mittelpunkt steht die Beobachtung; sie verläuft nicht isoliert von individuellen oder kulturellen Sinnkontexten, sondern es werden Symbole zu einem sinnhaften Gesamtzusammenhang verknüpft. Subjekt-Objekt-Trennung wird aufgelöst, auch wissenschaftliche Ergebnisse gelten als subjektiv und kulturell ermittelt. Die Wahrnehmung wird in eine Passung gebracht und ist nicht in Übereinstimmung mit dem Äußeren. Es gibt natürlich Übereinstimmungen in den Wahrnehmungen und Einschätzungen und daraus ergibt sich eine gewisse Allgemeingültigkeit, die, wenn sie dauerhaft ist, zur Konstruktion einer kohärenten Wirklichkeit wird (Foerster 1985).

Der *radikale Konstruktivismus* geht davon aus, dass die Wahrnehmung einer objektiven Wirklichkeit unmöglich ist. Aus dieser Sicht liefert eine Wahrnehmung niemals ein Abbild der Realität, sondern ist immer eine Konstruktion aus Sinnesreizen und Gedächtnisleistung eines Individuums oder eines Systems. Wirklichkeit wird konstruiert; es gibt nichts objektiv Vorfindbares und keine objektiv vorhandene Wirklichkeit.

Aus der Sicht des *sozialen Konstruktivismus* konstruieren soziale Systeme Wirklichkeiten. Luhmann hat den radikalen Konstruktivismus für die soziologische Systemtheorie adaptiert und beschreibt Systeme als operierende Einheiten, die Beobachtungen vornehmen und nach interner Logik verarbeiten. Soziale Realität wird so zu einer Konstruktion, die von einer Mehrheit von Beobachtern übereinstimmend gestützt wird. Erkenntnisse sind nicht Produkte von Einzelpersonen, sondern von Gesellschaft. Der Streit um die Gültigkeit bestimmter Erklärungsmodelle und -konstrukte wird zur Auseinandersetzung über Wirklichkeitskonstruktionen (Foerster 1985; Glasersfeld 1996; Maturana & Varela 1987).

Die Soziale Arbeit als Anbieter der Dienstleistungen und Klienten haben je eigene Konstruktionen der Wirklichkeit, die in Passung gebracht werden müssen. Da es nicht **die** Wirklichkeit gibt, ist ein Akt gegenseitiger Verständigung nötig. Probleme sind nicht objektiv vorhanden, sondern konstruiert; aber es gibt sie. Es gibt nicht Armut an sich, sondern Deutungen und Definitionen, was Armut ist.

Zusammenfassend kann festgehalten werden:
- Systeme bestehen aus Beziehungen.
- Die Anzahl der relevanten Beziehungen und damit auch die Anzahl der Systeme sind unüberschaubar groß.
- Um Systeme erfassen zu können, müssen sie definiert/umrahmt werden.
- Systeme stehen in ständigem Austausch mit ihrer Umwelt.
- Systeme wollen sich nicht verändern und streben nach Homöostase, sind aber ständig in Veränderung und nie konstant.
- Die Beziehungen in den Systemen werden durch Kommunikation gestaltet. Alle Systemzustände sind Ergebnis kommunikativen Austauschs.
- Körperliche und sprachliche Botschaften können übereinstimmen oder nicht übereinstimmen, sie können kongruent oder inkongruent sein.
- Systeme streben nach Selbsterhalt.
- Alles (auch pathologisches) Verhalten in den Systemen dient diesem Zweck und ist aus der Perspektive des Systems «sinnvoll». Symptome sind nicht Eigenschaften, sondern gezeigtes «sinnvolles» Interaktionsverhalten.
- Systeme besitzen alle Ressourcen und Eigenschaften zur Erreichung ihrer Ziele und Zwecke.
- Professionelles Verhalten unterstützt Systeme in ihrer Kompetenz, diese Ressourcen zu nutzen.
- Interventionen, die sich gegen das System wenden und Veränderungen entgegen der Systemlogik erreichen wollen, werden (auch pathologische) Gegenreaktionen hervorrufen und scheitern.

Systemtherapeutische Modelle

Auf der Basis systemtheoretischer Überlegungen hat sich seit der zweiten Hälfte des vergangenen Jahrhunderts eine Vielzahl therapeutischer Schulen entwickelt. Die Grundlagenforschung für die Konzeptentwicklungen lieferten in den 50er- und 60er-Jahren vor allem Institute in Yale, Washington und Palo Alto, die sich mit psychischen Erkrankungen, insbesondere Schizophrenie-Erkrankungen, beschäftigten.

Am Mental Research Institute (MRI) in Palo Alto haben bekannte Systemiker wie Bateson et al. (1969a und b) oder Watzlawick (1981) psychische Notlagen als Ergebnis falscher Verarbeitung von Lebenskrisen definiert und die Bewältigungsmechanismen fokussiert. Sie definierten das Problem um, sahen Symptome nicht mehr nur als Einschränkung, sondern auch als Hinweis auf die Lösung einer Problemsituation. Ziel war die Veränderung der Handlungsweise und des Miteinanders von Systemmitgliedern. Es wurde angenommen, dass durch die Veränderung der Interaktionsmuster Probleme überflüssig werden und verschwinden.

In der *strukturellen Familientherapie* (Minuchin 1977) wurden insbesondere die Grenzen und Strukturen in Systemen thematisiert. Ausgehend von einem normativen Modell einer funktionierenden Familie wurde in diffuse, rigide und klare Grenzen unterteilt.

Das *Mehrgenerationenmodell* von Borszomenyi-Nagy (1981), das später von Stierlin et al. (1985) weiterentwickelt wurde, thematisierte die «Vermächtnisse früherer Generationen», und es entwickelte sich daraus ein Konzept von Delegation und bezogener Individuation.

Die *erlebnisorientierte Familientherapie* von Satir (1979) ist ein generationenübergreifender Ansatz, bei dem die Bedeutung des Selbstwerts einer Person für eine stimmige Kommunikation betont wird. Im Rahmen dieses Ansatzes wurde die Familienskulptur entwickelt, die mittlerweile zur Standardmethode der systemischen Arbeit geworden ist.[18]

In der *strategischen Familientherapie* (Haley 1977) wird die Position des Therapeuten im Familiengewirr thematisiert und besonders auf die Klarheit seiner Position geachtet.

---

18 Nicht zu verwechseln mit den «unsäglichen» (Anmerkung des Autors) Familienaufstellungen nach Hellinger, die trotz erstaunlicher Anhängerschaft in keiner Weise den Kriterien professionellen Handelns grundsätzlich und dem systemischen Handeln im Besonderen gerecht werden (zur Vertiefung: www.AGPF.de/Hellinger.htm).

Es schlossen sich dann zahlreiche Schulen zu der systemisch-kybernetischen Familientherapie der *Mailänder Schule* (Selvini Palazzoli et al. 1977) zusammen, die große Bedeutung für die Familientherapie bekam. Hier wurde darauf hingewiesen, dass Stabilität nur eine Illusion ist, weil sich Systeme ständig verändern. Die Familie wird als regelgeleitetes System betrachtet, dessen Regeln und Strukturen Verhaltensspielräume beschreiben und begrenzen; «die Macht liegt in den Spielregeln» (Selvini Palazzoli et al. 1981, S. 15). Nicht Personen, sondern Information und Kommunikation zwischen den Personen stehen im Blickpunkt. Klinische Probleme sind Probleme der ganzen Familie und nicht des Einzelnen. Verstörung und Verschreibung sind wichtige methodische Prinzipien. Zirkularität, Neutralität und paradoxe Intervention sind feste Bestandteile dieser systemischen Arbeit. Ende der 70er-Jahre verließen einige Therapeuten die Mailänder Schule und entwickelten modifizierte Konzepte.

Die *Kybernetik-Modelle 2. Ordnung* (Boscolo et al. 1988) sind eine systemisch-konstruktivistische Therapieform, welche das Mailänder Modell als Rahmen nutzte, aber Grundpositionen hinterfragte. Kritik am Mailänder Modell richtete sich vor allem auf die Betrachtung des Klienten als eines Gegners.

Die *Kybernetik 1. Ordnung* ist ein wissenschaftliches Programm zur Beschreibung der Regelung und Steuerung komplexer Systeme und geht von der Vorstellung aus, es könnten konkrete Aussagen darüber gemacht werden, wie ein System sei. Daraus ergäben sich Möglichkeiten, Macht, Kontrolle, Einflussnahme und Steuerung auszuüben.

Die *Kybernetik 2. Ordnung* bezieht die kybernetischen Prinzipien auf die Kybernetik selbst und geht davon aus, dass es keine objektiv erkennbaren Systeme gibt. Der Beobachter oder Therapeut muss als Teil des Kontexts mit konzeptualisiert werden. Die Zusammenarbeit zwischen dem Therapeuten und dem Klientensystem kann also nur kooperativ erfolgen, und es muss auf die Fähigkeiten zur Selbstorganisation gesetzt werden.

Das *reflektierende Team* (Andersen & Goolishian 1990a) spricht und diskutiert in Gegenwart des Klientensystems, tauscht sich aus, macht die eigenen Überlegungen transparent und arbeitet so eng mit der Familie zusammen. In einer abgeschwächten Form nimmt der Therapeut oder das Therapeutenteam während einer Sitzungsunterbrechung Kontakt zu der Familie bekannten, kollegialen Supervisoren außerhalb der Therapiesitzung auf, bespricht sich mit diesen und stellt die Überlegungen der «externen» Kollegen und die Besprechungsergebnisse in der Familie vor.

In den *narrativen Ansätzen* (Andersen 1990; White & Epston 1990) lautet die Grundfrage: «Welche Geschichte regiert dein Leben?» Statt auf Systemkonflikte zu achten, gilt das Interesse der Sprache, den Geschichten und den Bedeutungsmustern.

Die *lösungsorientierte Kurztherapie* (De Shazer 1990) geht davon aus, dass das Symptom nicht die einzige und beste Lösung darstellt. Der Beginn eines Lösungswegs sei bereits da, müsse aber noch gefunden werden. Von Beginn an steht die Lösung im Vordergrund, nicht das Problem. Nach dem Motto «Problem talk creates problems, solution talk creates solutions» (ebd.) werden Ressourcen als vorhanden vorausgesetzt; daher sei Veränderung möglich. Ziel ist es, die Therapie baldmöglichst zu beenden. Es werden von Beginn an Fragen nach Veränderungen und Visionen gestellt: Was soll so bleiben wie bisher? Was wollen Sie ändern? Wie wollen Sie es machen? Bis wann wollen Sie es schaffen? Wer kann Ihnen dabei helfen? (Berg & Reuss 1999; De Jong & Berg 2003).

> *Wunderfrage:*
> *«Anna, stellen Sie sich vor, Sie gehen abends ins Bett und nachts geschieht ein Wunder. Ihr Problem ist gelöst. Woran würden Sie merken, dass das Wunder geschehen ist?»*

In der *Familientherapie ohne Familie* (Weiss & Haertel-Weiss 1991) wird auch in Einzeltherapie, ohne Kontakt zu den restlichen Systemteilnehmern, das aktuelle Bezugssystem zur Basis des Verständnisses gemacht. Durch Arbeit mit Stühlen und Vertreterpersonen, Genogrammarbeit, Familienrekonstruktion werden familiäre Bindungen oder personeninterne Subpersönlichkeiten identifiziert und berücksichtigt.

Praxis und Anwendung

Primäres Ziel systemischer Beratung ist die Stärkung der vorhandenen Ressourcen und Kompetenzen des jeweiligen, zu beratenden sozialen Systems; diese Intention wird terminologisch sichtbar in den synonym verwendeten Begriffen «ressourcenorientierte» und «lösungsorientierte» Beratung. Wie bereits in Kapitel 2.2 dieses Buches dargestellt, werden in der Systemischen Beratung Symptome als Störungen in der Kommunikation gewertet, die das Streben des Systems nach Selbsterhalt und Homöostase unterstützen. Damit sind sie nicht Eigenschaften, sondern Verhaltensweisen, die als Nähe und Distanz regulierende Mittler der Beziehungsgestaltung dienen. Sie machen Sinn!

Die diagnostischen Unterschiede zwischen einer monokausalen und einer systemischen Einschätzung am Beispiel Anna B.

Verhaltenstherapeutische Einschätzung:

Diagnostische Ebene

1. Bestimmung des problematischen Verhaltens (PV)
   Psychosozial verfestigte Devianz durch polytoxikomanes/ -valentes Suchtverhalten mit Borderline-Symptomatik
2. Bestimmung des PV als Exzess (nach Intensität, Frequenz, Dauer)
   Seit dem 13. Lj. Suchtmittelkonsum; ab 14. Lj. Abhängigkeitssymptome durch polyvalentes Suchtverhalten mit Steigerung bis zum 19. Lj.
3. Beschreibung des PV auf der Handlungs-, verbalkognitiven-, physiologischen Ebene

- Mit 13 Jahren erster Suchtmittelkonsum (Alkohol, Cannabis), um in der Clique dazuzugehören, wollte Selbstwertproblematik überspielen; erhielt wenig Anerkennung durch Bezugspersonen. Suchtmittelkonsum als Kompensation fehlender Anerkennung durch die Familie und andere relevante Bezugspersonen.
- Rebellion und Auflehnung innerhalb der Familie; sie sei zunehmend in ihrem sozialen Umfeld aggressiver geworden. Für die Gruppe sei sie durch dieses Verhalten attraktiv gewesen.
- Ab 14 Jahre: regelmäßiger, teilweise exzessiver Alkoholkonsum (anfangs Bier und Wein, bald aber Schnäpse, Steigerung der Trinkmenge bis zu 5 Flaschen Bier und eine halbe Flasche Wodka am Tag) hauptsächlich am Wochenende. Anfangs um dazuzugehören, später weil sie den Alkohol brauchte. In den letzten 2 Jahren wurde der Alkoholkonsum reduziert.
- Mit 15 Jahren begonnen, Haschisch zu rauchen, später zusätzlich auch als Tee. Sie sei neugierig gewesen auf das Suchtmittel und habe damit auch Beziehungen gestaltet. Der Konsum hat sich in dieser Phase auf täglich 2–3 g gesteigert.
- Mit 16 oraler Konsum von Ecstasy am Wochenende. Neugier und Wunsch nach Spaß als Motiv. Insgesamt jedoch nur ca. 15-mal konsumiert, dann jeweils 2–3 Pillen.
- Alternativ habe sie zu dieser Zeit auch Amphetamine nasal konsumiert, vor allem um in Partystimmung zu

kommen, bis 2 g täglich. Auf Partys habe sie gelegentlich auch Pilze mit psychotroper Wirkung konsumiert.

- Ab 17 (nach der Geburt der Tochter) Heroinkonsum, anfangs nasal, später i.V., anfangs neugierig, später um wegzutauchen, zuletzt bis 1g täglich.
- Ab 19 oraler Konsum von Benzodiazepinen, zur Beruhigung, auch wegen ihrer aus der Beschaffungskriminalität resultierenden Folgen der Sucht.
- Seit Ende des 18. Lj. Kokainkonsum (nasal), um den Kick zu haben, habe sie sehr fasziniert, bis zu 2g täglich.

4. Beschreibung der emotionalen Reaktionen

- Bindungsproblematik in der Kindheit verfestigt (Modell-Lernen und operantes Konditionieren). Symptomatisch: keine Anerkennung in Beziehungen zu Eltern und Geschwistern.
- Kennzeichnend in der Pubertät: sehr viele wechselnde Freundschaften und Beziehungen, die entsprechend scheiterten.

  Weiter kennzeichnend:
- Viele Streitereien mit Gleichaltrigen als «Außenseiterin», in der Folge mit Verletzungen, Demütigungen, Selbstverletzungen (auch physisch).
- Traumata: Vergewaltigung und daraus resultierend eine Schwangerschaft mit Abbruch.
- Insgesamt problematisches Kommunikations- und Interaktionsverhalten mit Kurzschlusshandlungen mit testpsychologisch bestätigter Fremdbild-Selbstbild-Diskrepanz.

<u>Suizidalität:</u>
Gelegentliche Suizidgedanken. Bei autoaggressiven Handlungen «Ritzen» musste Notarzt gerufen werden; wurde als Suizidversuch gewertet.

5. Beschreibung der kognitiven Regelsysteme
   Konnten durch Eltern nicht adäquat vermittelt werden (zur Bindungsproblematik parallel psychosoziale Migrationsproblematik; Dynamik vice versa). Reaktionsmuster: Einhaltung von Regeln/Normen durch direkte Strafdrohung/Strafe mit der Folge der Verhaltensunterdrückung.
6. Beschreibung der dem PV zugrunde liegenden Verhaltensketten
   (Siehe ausführliche Suchtanamnese).
7. Klärung der PV auslösenden Bedingungen

- Ausgangslage Bindungsproblematik mit familial ungesicherter Genese: Defizitausgleich durch emotionale Verstärkungsprozesse in einer devianten Peergroup;
- in der Folge direktes Feedback mit Selbstwertverstärkung durch «erfolgreiches» deviantes Verhalten bis hin zur Verfestigung einer devianten Identität bis zum 17. Lj. (Verstärkungsprozess im Sinne «self-fulfilling-prophecy»).

8. Klärung der Konsequenzen

- Einsicht in PV, persönliche Konsequenzen (Motivation), noch undifferenziert.
- Durch Geburt der Tochter und starke Beeinträchtigungen in physischen, psychischen und sozialen Bereichen zunächst gescheiterte Versuche der radikalen Verhaltensänderung. Aktuell neuer «Anlauf» der Verhaltensänderung.

Erstellung des Therapieplans

1. Anlass/Behandlungsvorgeschichte
   (Siehe ausführliche Anamnese).
2. Selbsthilfeversuche
   Inadäquat durch polyvalentes Suchtverhalten und Suizidversuch sowie Entgiftung in RMFK (siehe Anamnese).
3. Therapiemotivation (Unterstützung/Belastung durch Dritte)
   Compliance noch schwach ausgeprägt; Verstärkung durch Bindung an Tochter?
4. Erstellung des Verstärkerplans (einschließlich Organismusvariablen)
   - Lernfeld für tragfähige Verstärkung der Bindung an Tochter;
   - Lernziele aus Analyse der Stärken (Ressourcenanalyse) im Bereich Bildung;
   - Ausbildung, berufliche Orientierung durch Ergotherapie.
5. Abklärung des Bezugsrahmens
   Erfolgt nach Auswahl der Fachklinik.
6. Abklärung der Therapieziele
   (Siehe Ausarbeitung der differenzierten Reha-Ziele).

Systemische Hypothesen zur Psychodynamik

Anna wächst unter schwierigen familiären Bedingungen auf.

Der Vater kommt aus Italien mit der Hoffnung auf ein besseres Leben nach Deutschland, mit Versagensängsten, der Sorge, die Familie nicht ausreichend versorgen und seiner Rolle als Familienoberhaupt nicht gerecht werden zu können. Das Leben in Deutschland ist ihm fremd, er hat Probleme, sich an die neue Umwelt anzupassen, reagiert mit angepasstem Verhalten und findet bald zu systemimmanentem Verhalten in seiner neuen Heimat, dass er aber emotional nicht mitträgt. Er kann sich weitgehend integrieren, weil er die Normen seines neuen Umfelds akzeptiert, nimmt dabei auch Ausgrenzungen, Stigmatisierungen und Verletzungen in Kauf und zum Anlass, sich noch stärker an die Umwelt anzupassen.

Erleben eines Identitätsverlusts und Entwurzelungssyndrom. In der Familie möchte er aber die traditionelle Rolle des Familienoberhaupts einer italienischen Familie weiter aufrechterhalten. Er zwingt die Familie «auf seinen Anpassungskurs» und zu seiner Strategie, die System-Umwelt-Konflikte durch demonstrative Anpassung und das Signalisieren von Veränderungsbereitschaft und Wohlverhalten zu lösen. Diese Strategie ist «Mittel zum Zweck», wird innerlich aber nicht mitgetragen und hat die bewusst wahrgenommene Aufgabe eigener Werte und einen Verlust von Selbstachtung zur Folge.

Die strenge Erziehung und das patriarchalische Verhalten stellen eine Form der Kompensation dieser Erfahrungen dar; scheinen oberflächlich auch die angestrebte Rolle des omnipotenten Familienvaters zu bedienen, Annas Vater merkt aber selbst, dass er von seiner Familie aus taktischen Überlegungen heraus Verhaltensweisen vehement einfordert, die seinem eigenen Wertesystem widersprechen.

Die Mutter passt sich dieser Situation an, zeigt Wohlverhalten dem Ehemann und auch der neuen Umgebung gegenüber. Sie versucht, ihren Auftrag zu erfüllen, das Miteinander des Familienlebens zu gestalten und die Familie zusammenzuhalten, ist aber überfordert, kommt selbst emotional mit der neuen Lebenssituation nicht zurecht und bemerkt zudem, dass aufgrund immer stärkerer Konflikte innerhalb der Familie ihr nicht nur die neue Lebenswelt des kleinen Dorfes, sondern auch das Familiensystem (von dem sie sich Schutz und Sicherheit inmitten fremder Umgebung erwartet hatte) entgleiten und fremd werden. Diese Unsicherheit zeigt sich auch in immer unklareren Strukturen und Erziehungsbemühungen.

Während der ältere Bruder die Familienhierarchie akzeptiert, sich den Strategien des Vaters anschließt und der Mutter gegenüber beschützendes Verhalten zeigt, erlebt Anna ihre Mutter als bedauernswert und schwach, untauglich als Vorbild für eine eigene Lebensgestaltung.

Sie kann kein Vertrauen in die Mutter aufbauen, weil sie merkt, dass diese nicht für ihre Ideale eintritt.

Der Strategie des Vaters kann sie nur kurzfristig folgen, denn sie erlebt, dass die Bewohner des Dorfes ihre Bemühungen nicht wirklich honorieren und dass ihre Versuche, sich anzupassen, nicht wirkliche Integration zur Folge haben, sondern weitere Demütigungen und Ansprüche provozieren.

Der Vater, der einerseits den Anspruch hat, das Familienoberhaupt zu sein, und Respekt und Gehorsam einfordert, kann andererseits Anna nicht schützen und verlangt von ihr zudem, dass sie (wie er) weitere Erniedrigungen in Kauf nimmt in der Hoffnung, dass es irgendwann besser werde. Sie beginnt, ihn wegen seiner Schwäche zu verachten, und demonstriert durch rebellisches Verhalten, dass sie sich nicht mehr unterordnen wird.

Von dem Bruder ist sie enttäuscht, wehrt sich gegen seine Versuche einer Bevormundung und distanziert sich.

Die jüngere Schwester leidet ebenso wie Anna, orientiert sich an dieser. Anna kann jedoch eine Rolle als Bezugsperson nicht einnehmen, weil sie zu sehr mit den eigenen Problemen belastet ist und davon überfordert wäre.

Zu keinem Mitglied der Ursprungsfamilie und auch zu niemandem in ihrer Umgebung kann sie Vertrauen aufbauen. Eine gute Beziehungsfähigkeit kann sie nicht einüben; andere Menschen sind entweder für oder gegen sie.

Um sie diesen einfachen Kategorien zuteilen zu können, beginnt Anna, Menschen zu testen und auszuprobieren, wieweit sie ihre Beziehungspartner belasten kann, bevor diese sich von ihr abwenden. In der Folge gerät sie in so zahlreiche Beziehungen, dass sie von ihrer Umwelt als unmoralisch und sexuell hemmungslos bewertet wird.

Ihr rebellisches Verhalten macht sie zur Außenseiterin in der eigenen Familie, für eine Position in der Hierarchie einer Clique delinquenter Jugendlicher ist ihr Verhalten eher integrationsförderlich, da hier andere Normen und Werte maßgebend sind. Hier findet Anna zwar ein vermeintliches Zuhause, da sie aber auf der Suche nach stabilen Beziehungen ist, die sie in dieser Gruppe auch nicht finden kann, gerät sie auch hier immer wieder und stärker in Schwierigkeiten.

Im Suchtmittelkonsum sieht sie eine Möglichkeit, sich in der Clique normgerecht zu verhalten und ihre Beziehungen zu gestalten. Sexuelle Offenheit ermöglicht es ihr, viele Beziehungen einzugehen, die dann aber nicht ihrer

«Prüfung standhalten». So erlebt sie weitere destruktive Beziehungen, Demütigungen und Verletzungen bis hin zur Vergewaltigung.

Die Geburt des Kindes wird von Anna zuerst als Chance betrachtet. Hier erlebt sie ansatzweise eine feste Beziehung, merkt aber bald, dass sie mit der Erziehung und Versorgung des Kindes vollkommen überfordert ist, zumal sie auch die hierfür nötigen Kompetenzen nie erwerben konnte. Sie erlebt das Kind zunehmend als Last, was erhebliche Schuld- und Schamgefühle bei ihr auslöst, zu deren Kompensation sie die Verantwortung für die problematische Gesamtsituation anderen zuschreibt und sich selbst in weiteren Suchtmittelkonsum und neue Beziehungsversuche rettet. Ein circulus vitiosus.

Komplexitätsreduzierung

Jeder Mensch ist Teil unendlich vieler Beziehungen und Systemkombinationen. Da die Systeme sehr komplex und nicht überschaubar sind, ist eine konsequente Lösungsorientierung das Ziel der Systemischen Beratung. Alle für die Situation relevanten Informationen sind nicht erfassbar. Deshalb gilt das «Dietrichprinzip»: Um ein Schloss öffnen zu können, muss man nicht den genauen Aufbau eines Schlosses kennen und auch nicht wissen, wie lange eine Tür verschlossen war. Es reicht ein einfaches Werkzeug, das man in das Schloss einführt. Über einen Dietrich zu verfügen, bedeutet etwas anderes, als über das gesamte System (Tür, Haus usw.) zu verfügen. Dieser Zugang hat etwas von Dienstleistungsmentalität: Der Schlüsseldienst schließt uns auf, käme aber nicht auf die Idee, uns ins Haus zu begleiten, Tipps zu Einrichtung, Zusammenleben, Partnerschaftsgestaltung usw. zu geben.

Lösungsorientierung

Nicht die Ziele des Beraters sind gefragt, sondern er orientiert sich an den Zielen und Anliegen des Systems. De Shazer (2004) meint, dass die Lösung nichts mit dem Problem zu tun habe. Das Problem sei nicht beeinflussbar, wohl aber die Lösung und die Gestaltung des Lebens. Er berichtet von der erfolgreichen Therapie einer Patientin, die sich bis zuletzt weigerte, ihr Problem überhaupt zu benennen: **«The solution has nothing to do with the problem.»**

In guter sozialarbeiterischer Tradition lautet die Frage: Wie kann sich der Berater möglichst schnell überflüssig machen?

Bleibt er bei den Anliegen der Klienten, fühlen sich diese ernst genommen und respektiert. Hinter den Anliegen des Klienten steht die meist motivationale Energie, die es zu erfassen gilt, danach geht es «nur noch» um Hilfe beim Strukturieren und Kanalisieren der Inhalte. Die Lösungen sind im System bereits vorhanden. Unterschiede und Widersprüche können deutlich gemacht und kommuniziert werden. Zielkontradiktionen sind an der Tagesordnung und können herausgearbeitet werden. Dissens unter den Systemteilnehmern (und der Berater ist einer von ihnen) hält Diskurse am Laufen; eine schnelle Übereinstimmung bringt soziale Prozesse eher zum Erliegen. Intervention und Steuerung heißt in der Systemischen Beratung also nicht, die Fäden in der Hand zu halten, sondern das Schaffen von Bedingungen dafür, dass ein System sich entwickeln, entfalten und seine eigenen Ziele erreichen kann (Kontextsteuerung).

Die Orientierung an Zielen setzt aber voraus, dass es Ziele gibt. Klienten kommen oft nur mit dem Anliegen, von Leid befreit zu werden, und nicht mit dem Wunsch, ein bestimmtes Ziel zu erreichen. Was der Gegenentwurf zu dem aversiven Zustand sein könnte, ist oft nicht klar, und damit ist auch nicht klar, wofür man sich einsetzen könnte. Die gemeinsame Entwicklung von Zielen ist nützlich, um die motivationale Eigendynamik zu fördern. Die Entwicklung eines Lösungsszenarios kann eine Art «Lösungstrance» (Selbstsuggestion) bewirken. Parallel dazu kann man sich fragen, ob Teile des Lösungsszenarios nicht bereits realisiert wurden. Wie wurde das geschafft? Kleine Fortschritte werden fokussiert und bewirken Zuversicht.

Lösungsorientierung am Fall Anna B.

«Anna, welche Wünsche haben Sie, wenn Sie an Ihre Eltern und Geschwister denken? Stellen Sie sich vor, eine gute Fee würde Sie im kommenden Jahr begleiten und Ihnen alle Wünsche erfüllen! Wie würde sich die Beziehung zu Ihrer Ursprungsfamilie dann ganz konkret darstellen? Wo wohnen Sie? Was machen Sie? Schildern Sie einen Tag im kommenden Jahr vom Aufstehen bis zum Schlafengehen.»

Berater: «Anna, Sie sagen, es geht ihnen ganz schlecht. Wo würden sie Ihre Befindlichkeit denn auf einer Skala von 0–10 einordnen?»
Anna: «So etwa auf 2.»
Berater: «Wie ist es Ihnen denn gelungen, von 0 auf 2 zu kommen?»
Anna: «…!?»

```
Berater: «Waren Sie auch schon mal auf 3 oder 4? Wie
          haben Sie das gemacht?»
Anna:    «…!?»
Berater: «Überlegen Sie doch bitte bis zu unserem
          nächsten Gespräch, was sich in Ihrem Leben
          nicht ändern soll!»
```

Ressourcenorientierung

Ressourcen sind Potenziale, Kompetenzen und gesunde Anteile. Die meisten Menschen suchen nach Fehlern oder Störfaktoren, die dafür verantwortlich gemacht werden, dass das gewünschte Ergebnis nicht erreicht wurde.

Ressourcenorientierung am Fall Anna B.

```
Berater: «Anna, haben Sie eine Idee, warum Sie zu Sucht-
         mitteln gegriffen haben?»
   Systemische Alternative:
Berater: «Wie haben Sie es so lange mit Ihrer Sucht aus-
         gehalten?»

Berater: «Anna, wie war das mit Ihrem Suchtmittelkonsum?
         Was haben Sie denn konsumiert? Wie oft und mit
         welchen Folgen?»
   Systemische Alternative:
Berater: «Anna, wie haben Sie denn ihre Abstinenzphasen
         gestaltet?»

Berater: «Anna, wie konnte Ihnen damals dieser Rückfall
         geschehen? Was ist da passiert? Auf was haben
         Sie nicht geachtet?»
   Systemische Alternative:
Berater: «Wie ist es Ihnen gelungen, den Rückfall zu
         beenden?»
```

Systemische Beratung fokussiert auf das, was Menschen als wertvoll, lustvoll, bedeutsam, schön, Identität stiftend erleben. Das sind die *individuellen* Ressourcen. Würde man versuchen, daraus etwas Allgemeingültiges oder Objektivierbares zu machen, erhielte man ein Rezept oder eine Ideologie oder eine Trivialität.

Ressourcen sind spezifisch, vielfältig und verweisen auf die Verantwortung für das, was mit ihrer Hilfe möglich ist. Die Auseinandersetzung mit den Ressourcen wirkt einer Opferhaltung oder dem Zustand der «erlernten Hilflosigkeit» entgegen. Ressourcen sind Kraftquellen, aus denen man schöpfen kann, was man zur Gestaltung eines zufriedenstellenden Lebens braucht. Aufgabe des Beraters ist es deshalb, dem Klienten zu helfen, die Ressourcen zu entdecken, zu entwickeln und anzuwenden.

> Berater: «Welchen relevanten Systemen gehören Sie an, Anna? Was haben diese Systeme Ihnen zu bieten? Weshalb sind Sie für diese Systeme wertvoll?»

Oft haben Klienten durch zahlreiche gescheiterte Bewältigungsversuche resigniert aufgegeben, sich fatalistisch in ihr Schicksal ergeben und den Blick auf die zur Verfügung stehenden Ressourcen und Kompetenzen verloren. Nachdringliche Hinweise auf vorhandene Potenziale von außen werden oft nicht angenommen und äußern sich als Widerstand in der professionellen Beziehung.

> Sozialarbeiter: «Anna; Sie haben doch schon einiges erreicht und haben doch viel Kraft. Ich traue Ihnen zu, dass es Ihnen gelingen kann, Abstinenz zu gestalten.»
>
> Anna: «Nein. Ich kriege meine Sucht einfach nicht geregelt. Mir fehlt es ganz einfach an Willensstärke. Der Wunsch nach Drogen kommt einfach über mich, ohne dass ich etwas dagegen tun könnte. Wenn ich es merke, ist es schon zu spät. Ich kann nur hoffen und mich anstrengen; aber Spaß macht dieses Leben nicht!»

Auch hier gilt: Wertvoll sind die «Schätze», die der Klient selbst hebt. Aufgabe des Professionellen ist es, ihn bei dieser Suche zu begleiten. Zum Beispiel indem er ihm hilft, das Problem zu *personifizieren.* Personifizieren beinhaltet, dem Problem einen Namen und eine Gestalt zu geben. Dadurch wird das Problem zu einem Gegenüber, dem der Klient kommunikativ begegnen und mit dem er Dinge und Positionen besprechen, diskutieren und aushandeln kann. Diese künstliche Trennung führt zu einer Verdeutlichung der Ambivalenzen und Ambitendenzen des Klienten. Aus der Distanz zum Problem, die sich durch die Rollenverteilung ergibt, kann der Patient zu einer realistischeren Einschätzung des Problems kommen und im kommunikativen Austausch Hinweise auf dessen Funktion erhalten. Auf einer sehr pragmatischen Beziehungsebene kann er im Dialog mit seinem Problem auch die eigenen Ressourcen erkennen, argumentativ einbringen und bei der Problembewältigung instrumentalisieren.

```
Anna hat ihrem Problem einen Namen gegeben: «Siegfried»,
2 Stühle stehen gegenüber. Einer für Anna/Anna und einer
für Anna/Siegfried.
Anna und Siegfried unterhalten sich über ihre Beziehung.

Anna:       «Warum quälst Du mich so?»
Siegfried:  «Du bist ja auch so zimperlich und unbelastbar.
            Du kriegst ja überhaupt nichts auf die Reihe.»
Anna:       «Nun mach mal einen Punkt, Siegfried. Ich kann
            sehr wohl was. Immerhin habe ich mir erfolg-
            reich die Therapie erkämpft.»
Siegfried:  «Ach Anna, das hat doch alles der Anton für
            Dich gemacht.»
Anna:       «Von wegen! Ich musste die Anträge alleine
            stellen und habe die super hingekriegt!»
Siegfried:  «Na wenn schon, aber …»
Anna:       «Außerdem kann ich auch …!»
```

Techniken

Die Effekte sozialarbeiterischer Interventionen sind grundsätzlich abhängig von der *Motivationslage* der Klienten. Dies stellt für die Systemische Beratung eine besondere Herausforderung dar, da auf konfrontative oder direkt auf Veränderung zielende Interventionen verzichtet wird und es nicht nur um Beziehungsaufbau und Motivationsarbeit bezogen auf einen Klienten geht, vielmehr muss die Motivationslage aller oder mehrerer beteiligter Systemteilnehmer berücksichtigt werden. Doch auch hier kann auf die vorhandenen Ressourcen zurückgegriffen werden.

Die Motivation, die sich bei einzelnen Familienmitgliedern darin zeigt, dass Schritte zur Inanspruchnahme professioneller Hilfe unternommen wurden und dass zumindest mit Blick auf den Indexpatienten Veränderungsbereitschaft einiger Teilnehmer vorliegt, kann genutzt werden, indem das System selbst den Auftrag erhält, die Motivationslage zu klären und die Bedingungen für das Zustandekommen einer Systemischen Beratung zu schaffen. Daher ist bereits der erste, oft nur telefonische Kontakt wichtig, zentral und entscheidend für den Motivationsaufbau, die Herstellung einer professionellen Beziehung und das Erfassen erster Informationen über die Interaktionsstrukturen. Hier kann bereits der Nutzen der Systemischen Beratung für die spezielle Problematik erklärt, erste Strategien für die Motivierung skeptischer Systemteilnehmer besprochen und die Kontaktperson im systemischen Sinne instrumentalisiert werden. Die Frage über die personelle Zusammensetzung der Teilnehmer einer Systemischen Beratung wurde bis in die 80er-Jahre von den familientherapeutischen Schulen ganz eindeutig so beantwortet, dass grundsätzlich alle Teilnehmer innerhalb des umrahmenden Systems unverzichtbar seien; die Teilnahme aller war eine Bedingung für die Zusammenarbeit. Diese rigide Haltung hat sich durch die Erfahrungen der Praxis und die daraus resultierenden konzeptionellen Modifizierungen verändert; es ist heute im Einzelfall über die Zusammensetzung des relevanten Systems zu entscheiden.

An den Ort der Systemischen Beratung sind spezielle Ansprüche zu stellen. Das Setting sollte den grundsätzlichen Anforderungen psychosozialer Beratung genügen, darüber hinaus aber sollte der Raum auch so groß sein, dass sich die Familie frei bewegen kann und die einzelnen Mitglieder die Möglichkeit haben, sich einen angemessenen Platz, unter Berücksichtigung ihrer Wüsche nach Nähe und Distanz, zu suchen.

Wünschenswert wäre sicherlich, dass wegen der diagnostischen Aufgabenstellung zumindest beim ersten Gespräch alle Familienmitglieder, auch die Kinder, dabei sind. Nur so lassen sich die Rollenaufteilungen, Koalitionen, Machtverhältnisse, Instrumentalisierungen und Opferleistung der Kinder usw. erfassen. Oft scheuen Familienberater vor dem Einbeziehen der Kinder zurück. Aber: Kinder kennen den Familienkonflikt schon lange und sind mit der Situation vertraut. Das Familiengespräch kann für die Kinder eine Chance für Entlastung sein, und der Berater, der eine Überbelastung der Kinder befürchtet, sollte sich auch fragen, ob er nicht selbst die Sorge hat, durch die Kinder belastet zu werden. Es sollte für die Kinder Spielzeug ausreichend, aber nicht überreichlich bereitliegen. Das Spiel sollte die Kinder nicht ganz absorbieren, sodass sie nicht mehr am Gespräch teilhaben können; das Verhalten der Kinder ist diagnostisch wertvoll.

Audiovisuelle Hilfsmittel wie Tonband, Video, Einwegscheibe sollten offen und nur nach Absprache und mit Einverständnis der Familie verwendet werden. Sie dienen einerseits der Selbstkontrolle des Beraters, lassen sich aber auch therapeutisch einsetzen. Und natürlich sind sie als Hilfsmittel für Fallbesprechungen, Supervisionen und Fortbildungen geeignet.

Die systemische Beratung verläuft als *Prozess*. Dies gilt für den gesamten Beratungsverlauf und für die einzelnen Treffen. Richtung weisend ist das erste Gespräch mit der Familie, dessen Verlauf von Stierlin et al. (1985) exemplarisch beschrieben wird:

In der *Anfangsphase* ist die spannende Frage, wer erschienen ist. Hier sollte der Berater sich vorher überlegt haben, was geschieht, wenn die Familie nicht vollständig erschienen ist. Informationen ergeben auch Beobachtungen darüber, wie die Familienmitglieder den Beratungsraum betreten, welche Sitzordnung sie wählen und wie sie mit der unbekannten Situation umgehen. Nach der Begrüßung und vielleicht einem kurzen, unverbindlichen Smalltalk stellen sich der Berater und dann die Teilnehmer vor. Dann eröffnet der Berater das Gespräch und berichtet, was er schon über die Familie weiß, erklärt das Konzept der Familientherapie und beginnt mit der Erfassung der Lebenssituation. Es geht um Systemdiagnostik und Problemerfassung, wobei das Problem des Indexpatienten nicht unbedingt in den Vordergrund gestellt werden muss. Der Berater übernimmt die Führung und beobachtet.

> «Prima, dass Sie gekommen sind, um sich mit den Möglichkeiten Ihres zukünftigen Familienlebens zu beschäftigen. Ihr Vater hat es ja nun doch nicht geschafft, heute teilzunehmen. Können Sie das verstehen? Wie ist das für Sie? Möchten Sie, dass wir darüber reden, wie wir ihm die Teilnahme an den Gesprächen einfacher machen können? Anna, Ihre Mutter sitzt ja hier neben Ihnen. Haben Sie eine Vermutung, wie sich die Abwesenheit ihres Mannes erklärt?»

In der *Mittelphase* können die Familienmitglieder die Bedürfnisse, Erwartungen und Gefühle von denen der anderen abgrenzen. Es zeigt sich die Qualität der Systemkohäsion: Wie sehr sind die Familienmitglieder aneinander interessiert? Welche Koalitionen werden gebildet? Gibt es Sinn gebende und Richtung weisende Aufträge auf der Grundlage von Loyalität (Delegation)? Wie ist die Dialogbereitschaft der Familie? Bestehen Machtkämpfe? Wie weit wird versucht, den Therapeuten mit hineinzuziehen? Hier ergeben sich Themen für Supervision und Teamsupervision! Interventionen sind Fragetechniken, Skulptur, Verschreibung, Hausaufgaben, Konnotation.

In der *Endphase* und Verabschiedung stellen sich die Fragen, ob es gelungen ist, eine beziehungsdynamische Hypothese zu erstellen, die Familie zu motivieren und die Weichen für die weitere Beratung zu stellen. Die Informationen des Gesprächs werden vom Berater zusammengefasst und die positiven Systemkräfte hervorgehoben. Das Problem des Indexpatienten sollte nun als Folge und Ausdruck eines gemeinsamen Problems gesehen werden. Falls sich Berater und Familie auf eine Zusammenarbeit einigen, sollten die Ziele definiert und eine zeitliche Begrenzung mit einer Option der Fortführung des Prozesses vereinbart werden. Außerdem sollten Regeln und der Beratungsrahmen geklärt werden.

Gammer (2007) betont ebenfalls die Bedeutung der ersten Sitzung und unterscheidet diese und die weiteren Sitzungen in fünf Phasen der Arbeit:

1. Kennenlernen
2. Zielbestimmung
3. Zielexploration
4. Veränderungsarbeit
5. Abschluss

Der systemischen Beratung stehen zahlreiche Beratungstechniken zur Verfügung:

Das *Genogramm* bezeichnet die piktografische Darstellung von Familienbeziehungen, wiederkehrende Konstellationen und anamnestische Daten. Ähnlich wie beim Familienstammbaum werden Daten von Klient und Berater gemeinsam gesammelt und visualisiert. So werden Verhaltensmuster, Beziehungskonstellationen und -qualitäten und sich wiederholende Familienmuster innerhalb einer Familie visualisiert und analysiert.

Genogramme bestehen aus einfachen Symbolen, die wie ein Familienstammbaum angeordnet sind. Ein Symbol steht dabei für ein Familienmitglied. Symbole und Linien bezeichnen das Geschlecht, die Rollen und die Beziehungen der Systemteilnehmer über Generationen hinweg. Der Berater erhält so eine überschaubare und jederzeit erweiterbare Darstellung der Familiengeschichte und einen ganzheitlichen Blick auf die Lebenswelt.

Genogramm am Beispiel Anna B.

Vater: Pedro
Mutter: Graciella
Bruder: Raoul
IP: Anna
Schwester: Christina
Tochter: Manuela
Kindsvater: Helmut
ehemaliger Freund: Paul
neuer Partner: Dirk
Großeltern mütterlich: Francesca, Paolo
Großeltern väterlich: Senta, Ramon

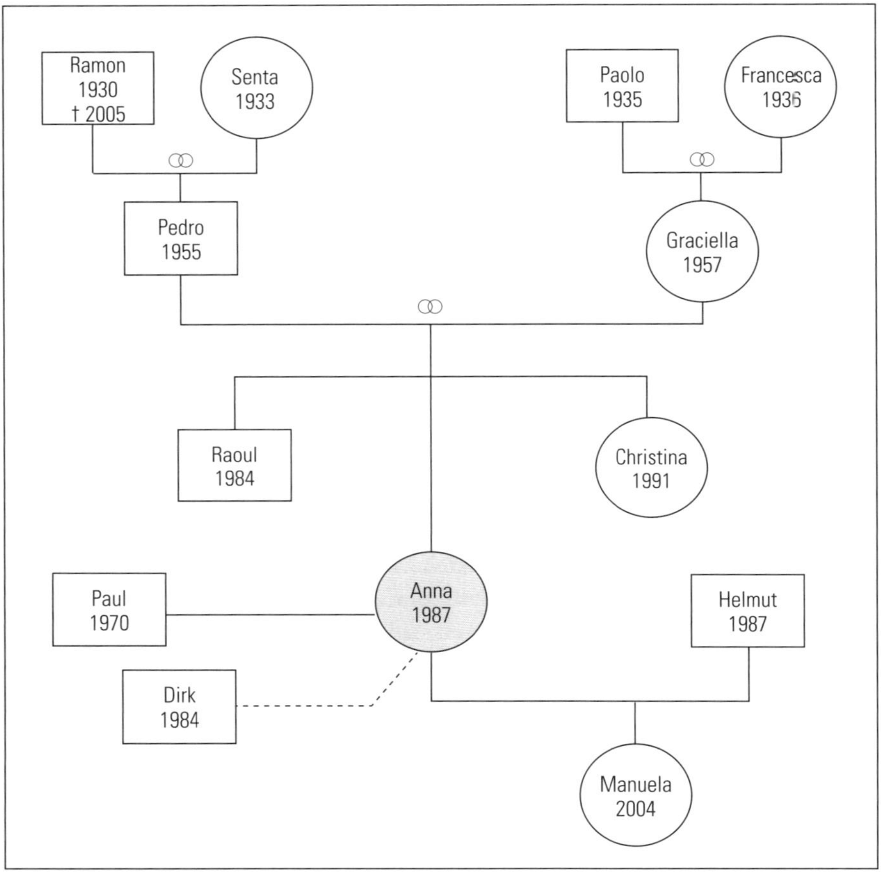

Abb. 38: Genogramm von Anna B.

Das *zirkuläre Fragen* dient der Informationsgewinnung, Diagnostik, aber auch als Möglichkeit eines therapeutischen Inputs. Thesen über Beziehungsdynamiken werden durch entsprechende Fragestellungen in die Familie gegeben.

Diese Fragetechnik zielt auf Unterscheidungen ab; Dinge werden unterschiedlich beurteilt und bewertet. Die Informationen werden nicht direkt von dem betroffenen Familienmitglied erfragt, sondern es werden jeweils Dritte aus der Familie zu Aussagen über andere im System ermuntert. Ziel ist es, Sequenzen herauszuarbeiten, welche die Koalitionen, Funktionen und Entwicklungen von Verhalten klarmachen. Wenn zum Beispiel der Sohn gefragt wird, wie er die Reaktionen seiner Schwester auf einen Streit der Eltern einschätzt, dann ergeben sich für alle Systemteilnehmer Informationen über die Sicht der anderen, deren Vermutungen, Fremdeinschätzungen, Selbsteinschätzungen, Rückmeldungen, Wüsche und diagnostische Hinweise.

> Therapeut: «Anna, Ihre Mutter ist ja offensichtlich sehr in Sorge um Sie. Glauben Sie, dass Ihr Bruder diese Sorge teilt? Wie sieht er wohl Ihre Zukunft?»

Symptome besitzen Funktionen innerhalb der Familie. Sie machen im Rahmen der Problemlösungsmuster «Sinn»; folglich werden Symptome nicht kritisiert.

Durch eine *positive Symptombewertung* werden die Haltungen, Einstellungen und Verhaltensweisen der Systemteilnehmer ausdrücklich beachtet und wohlwollend anerkannt. Sie werden positiv kommentiert. In der Logik der Ressourcenorientierung sollen neue Sichtweisen von Situationen und Verhalten ermöglicht werden. Das *Umdeuten* bezieht sich dabei auf einen größeren Rahmen und das *positive Bewerten* auf ein einzelnes Verhalten. Die *positive Konnotation* ist auf ein spezielles Verhalten im Umgang mit den übrigen Familienmitgliedern ausgerichtet. Stierlin et al. (2004) vermuten, dass letztlich der Erfolg aller psychotherapeutischen Verfahren in einer gelungenen Umdeutung des inneren Bezugsrahmens besteht. Es kommt zu einem Perspektivenwandel, bei dem die Schuldzuweisungen an andere von der Übernahme der Verantwortung für das eigene Leben abgelöst werden.

> Bruder: «Das hat doch alles keinen Sinn! Du, Anna, hältst Dich nie an Regeln. Auf Dich konnte man sich ja noch nie verlassen.»
> Therapeut: «Werte und Normen sind für Sie sehr wichtig und Sie achten sehr auf Zuverlässigkeit; die hat einen hohen Stellenwert.»
> Anna (schimpft): «Der bildet sich ein, er wüsste alles immer besser, und merkt gar nicht, wie er sich nur nach anderen Menschen richtet.»
> (An Bruder gewandt): «Du hast doch gar keine eigene Meinung mehr!»
>
> Therapeut: «Anna, Sie haben sich mit der Haltung ihres Bruders beschäftigt. Die scheint Ihnen wichtig zu sein. Schön, dass Sie ihn auch direkt ansprechen.»

Die positive Symptombewertung ist die Grundlage für die *Symptomverschreibung*, bei der Familienmitglieder (z. B. im Rahmen einer Hausaufgabe) ausdrücklich aufgefordert werden, ein bestimmtes symptomatisches Verhalten an den Tag zu legen. Diese Technik stellt die Familie vor die Wahl zwischen zwei alternativen Möglichkeiten des Verhaltens. Es ist dabei unmöglich, sich nicht zu verändern, unabhängig davon, welche Möglichkeit gewählt wird. Folgt die Familie der Anweisung, wird also das Symptom weiterhin produziert, das Verhalten erfolgt nicht mehr spontan, sondern wird nur kontrolliert geäußert. Widersetzt sich die Familie der Anweisung, produziert sie das Symptom nicht mehr.

Entdeckt der Berater bestimmte wiederkehrende Muster von Konflikten, hat er also bestimmte Spielregeln hypothetisch rekonstruiert, er legt diese offen, indem er sie als Familienrituale verschreibt. Der Effekt ist dann wie bei der Symptomverschreibung.

> Therapeut an Anna und ihren Bruder:
> «Sie bemühen sich ja sehr um eine harmonische Beziehung und ein konstruktives Miteinander. Aber irgendwie enden Ihre Gespräche immer wieder im Streit. Dieses IRGENDWIE sollten wir besser verstehen. Ich schlage Ihnen vor, dass Sie in der kommenden Woche, bis zu unserem nächsten Treffen, ganz gezielt Konfliktthemen aufgreifen und sich miteinander streiten. Beobachten Sie dabei, wie sich die Streitigkeiten entwickeln.»
>
> Mutter: «Ich möchte diese Probleme am liebsten vergessen.»
> Therapeut: «Und, kann Ihnen das gelingen?»
> Mutter: «Ich muss mich halt anstrengen.»
> Therapeut: «Dann versuchen Sie doch bitte mal bis nächste Woche, eine Zahl, die Sie entbehren können – sagen wir mal 23454 – zu vergessen.»

Die *Familienskulptur* wurde von Virginia Satir (1979) entwickelt, um Klienten zu ermöglichen, zu einem systemischen Verständnis über sich selbst und ihre Beziehungen zu anderen Menschen und über ihre Familienkonstellation zu kommen. Die Beziehungen der Systemteilnehmer zueinander werden symbolisch dargestellt, wobei auf sprachliche Darstellungen verzichtet werden kann, was von besonderem Vorteil für diejenigen Klienten ist, die Probleme haben, sich mittels Sprache zu vertreten. Es können auch Beziehungen zu früheren

Generationen oder zur Herkunftsfamilie Gegenstand der Skulptur (Familienrekonstruktion) sein. Hier werden auch Erkenntnisse aus dem Psychodrama (Moreno 1959) und der Gestalttherapie (Perls 1951) genutzt. Bindungen, Kommunikationsabläufe können erkannt und gelöst werden.

> Therapeut zur Tochter
> Tochter: «Manuela, Du hast ja nun gehört, wie die anderen Eure Familie erleben. Mich würde Deine Meinung interessieren. Könntest Du einmal Deine Familie, so wie Du sie siehst, als Skulptur darstellen, als ein lebendiges Bild? Dir steht der ganze Raum zur Verfügung. Nimm doch mal Deine Mutter an die Hand, stelle sie in den Raum und gib ihr eine typische Körperhaltung.
> …
> Danke, das hast Du sehr schön gemacht. Jetzt geh bitte zu Deinem Onkel und bringe ihn zu dem Platz im Raum, an dem Du ihn siehst. Stelle ihn in Position zu Deiner Mutter.
> …
> Das hast Du gut gemacht. Jetzt gehe zu ….»

Kompetenzprofil

Systemische Berater benötigen für ihre Tätigkeit neben systemischem Basis- und Theoriewissen methodische und diagnostische Kompetenzen. Über die theoretischen Grundlagen und das methodische Handwerkszeug hinaus braucht der systemische Berater eine innere Orientierung für familiendynamische Prozesse, die er zunehmend auch intuitiv in der praktischen Arbeit umsetzen soll.

Die systemische Beratung ist, da sie sich nie gegen die Systeme richtet, eine eher entspannte Vorgehensweise. Ein als entspannt wahrgenommenes Beratungsgespräch wird von den Beratern oft als gelungen gewertet. Sobald eine Beratung als anstrengend erlebt wird, sollte die akzeptierende Haltung gegenüber dem System überprüft werden. Der Berater sollte sich eine unabhängige Position zwischen verschiedenen familiären Polen erarbeiten können, Übertragungs- und Gegenübertragungsprozesse wahrnehmen, sie in der Arbeit nutzen und sich der eigenen Abwehrmechanismen bewusst sein, um nicht die Bewältigung der Konflikte der Klienten zu behindern.

Eigene familiäre Beziehungs-, Familien- und Konfliktbewältigungsmuster müssen reflektiert und verstanden sein, damit sie nicht auf die Klientenfamilie übertragen werden. Deshalb kommt der Selbsterfahrung eine ganz besondere Bedeutung zu.

11. Aspekte einer ökologisch-orientierten Klinischen Sozialarbeit

Eine ökologische Orientierung in der Sozialen Arbeit bedeutet, dass sich ihre Methoden und ihr Handeln auf den Alltag und die gewöhnliche Lebenswelt der Klienten und weniger auf die therapeutische Behandlung beziehen sollen. Thiersch (2004) postuliert, dass die Sozialarbeit als Handeln im Alltag nicht durch Therapien ersetzt werden könne. Ziel der Sozialen Arbeit ist es, den Klienten einen gelungenen Alltag zu ermöglichen; das sozialarbeiterisch-pädagogische Handeln soll nach dem alltagstheoretischen Ansatz zu einem funktionierenden und gelingenden Alltag beitragen. Dies bedeutet, den Alltag ernst zu nehmen, sich diesem zu stellen, andere daran teilhaben zu lassen und mittels eigenen Kräften und Möglichkeiten Lern- und Entwicklungsprozesse ins Rollen zu bringen.

Frietsch & Löcherbach (1995, S. 42) stellen der Alltagsorientierung einen kritischen Einwand gegenüber:

> «Der Alltagsbegriff kaschiert längst bekannte Sachverhalte und Konzepte der klassischen Fürsorge wie z. B. Lebensmilieu bzw. Lebenslage. Die Alltagsorientierung ist wissenschaftstheoretisch, aber praktisch auch sehr unpräzise: Wo beginnt der Alltag, wo hört er auf? Lässt sich Soziale Arbeit/Klinische Sozialarbeit (KlinSA) auf kleinräumige Alltagsarbeit reduzieren; dies vor dem Hintergrund der regionalen und internationalen systemübergreifenden Abhängigkeit wie Konjunkturlagen oder Gesetzgebung?»

Die *Lebenswelt* stellt die jeweils subjektiv wahrgenommene Welt eines Menschen dar, die *Lebenslage* hingegen beschreibt dessen tatsächliche Lebensbedingungen. Kraus (2006) geht in diesem Sinne davon aus, dass der Mensch seine Lebenswelt unter den jeweiligen Bedingungen seiner Lebenslage konstruiert. Konkret gehören nach Kraus zur Lebenslage eines Menschen dessen materielle und immaterielle Lebensbedingungen. Hierzu gehören die Arbeitssituation, die Verfügungsgewalt über materielle Ressourcen, der Wohnraum, das soziale Umfeld (informelle Netzwerke), aber auch die eigene körperliche Verfassung (Gesundheit, Geschlecht, Aussehen usw.). Die Lebenswelt hingegen ist das Ergebnis der subjektiven Wahrnehmung der zur Verfügung stehenden Lebenslage. So gehört u. a. der Körper eines Menschen ebenso wie der genutzte

Wohnraum zu seiner Lebenslage, die subjektive Wahrnehmung dieses Körpers und Wohnraums jedoch zur Lebenswelt. Zur Verdeutlichung greift Kraus auf die im konstruktivistischen Sprachgebrauch empfohlene Unterscheidung zwischen der subjektiven Erlebenswelt als «Wirklichkeit» und der physikalischen Welt als «Realität».

Diese Voraussetzungen weitergedacht, erscheint die Forderung nach der Orientierung an der Lebenswelt der Klienten zunächst widersprüchlich; wird damit doch gefordert, man solle sich an der unumgänglich subjektiven und deshalb nicht direkt zugänglichen Wirklichkeitskonstruktion eines Menschen orientieren. Doch gerade diese Forderung scheint Kraus (2006) für eine systemisch-konstruktivistische Soziale Arbeit gewinnbringend. Es macht Sinn, die Lebenslage der Klienten in den Blick zu nehmen: Menschen konstruieren ihre Lebenswelt nicht im luftleeren Raum, sondern vielmehr unter den Bedingungen ihrer Lebenslagen. Und gerade auf diese Lebenslage können die Fachkräfte der Klinischen Sozialarbeit gestaltenden Einfluss nehmen, so etwa im Sinne der klassischen Netzwerk- und Unterstützungsarbeit mit Blick auf soziale Beziehungen oder schlicht durch das Bereitstellen materieller Ressourcen.

Lebensweltorientierung fokussiert das soziale Eingebundensein eines Menschen; relevant ist aber auch, dass alle Kenntnis über die Lebenslage eines Menschen keine gesicherten Informationen über dessen Lebenswelt ermöglicht.

Selbst die detaillierte Kenntnis der Lebenslage eines Menschen, die ja dem Beobachter auch nur durch den Filter der eigenen Wahrnehmungsbedingungen zugänglich ist, liefert keineswegs gesicherte und objektive Erkenntnisse über dessen Lebenswelt. Wie soll er wissen können, wie ein anderer Mensch seinen Körper, seine sozialen Verflechtungen, seinen Wohnraum, kurz seine Lebensbedingungen wahrnimmt? Die Lebenswelt eines Menschen ist in letzter Konsequenz so unhintergehbar wie unerreichbar subjektiv. Deswegen reicht es nicht aus, darauf zu achten, unter welchen Rahmenbedingungen ein Mensch lebt, sondern von besonderem Interesse muss die Frage sein, wie er diese wahrnimmt.

Die Profession muss sich von dem Anspruch verabschieden, erkennen zu können, welche Beziehungsgefüge für den Klienten gut oder schlecht sind. Ansonsten läge die Annahme nahe, man könne, gleich einem «Netzwerkmechaniker», die sozialen Beziehungen eines Menschen bedarfsgerecht «reparieren», «korrigieren» oder «ergänzen». Damit würde aber nicht nur der Mensch selbst als eine «triviale Maschine» (Foerster 1996, S. 206–208) betrachtet und behandelt, sondern auch dessen gesamtes systemisches Eingebundensein. Eine solche Perspektive würde nicht nur alle konstruktivistischen Annahmen darüber, wie Menschen ihre Lebenswelt/Wirklichkeit konstruieren, ignorieren, sondern gleichfalls ein Systemverständnis bemühen, welches einer seit Anfang der 70er überwundenen «Kybernetik erster Ordnung» (Kraus 2002) entspricht.

Es ist also für die Klinische Sozialarbeit angebracht und sinnvoll, den Lebensbedingungen (Lebenslagen) eines Menschen Beachtung zu schenken, sind diese doch die Rahmenbedingungen seiner Lebenswelt.

Die Lebenswelt eines Menschen ist dessen individuelle Wirklichkeitskonstruktion, dessen subjektive Sicht seiner Lebenslage. Lebensweltorientierung bedeutet also nicht, dass man die Lebenswelt eines anderen Menschen tatsächlich erfassen kann, sondern vielmehr, dass man der grundsätzlichen Subjektivität der Lebenswelt Rechnung trägt.

Das Konzept der Alltags- und Lebensweltorientierung beschreibt als Auftrag an die Soziale Arbeit/Klinische Sozialarbeit, dass sie

- sich auf die Vielfältigkeit und Komplexität gegenüber Lebenserfahrungen und Lebensprobleme beziehen soll,
- kompensatorisch wirken soll, um gegebene Ungleichheiten, Schwächen, Benachteiligungen zu beheben, und
- zur Bewältigung von Belastungen beitragen soll.

Lebenswelt ist mehr als die natürliche Umwelt von Menschen. Sie ist ein Horizont der Selbstverständlichkeiten, von denen Menschen ausgehen und in denen sie sich bewegen. Die Lebenswelt ist kulturell bestimmt und sozial: in der Familie, am Arbeitsplatz und in anderen Lebensfeldern und durch Zeitgenossenschaft. Begeben sich «Außenstehende» in einen solchen Horizont, treten sie in einen Verständigungsprozess ein, ohne dabei ihren eigenen Erfahrungshintergrund aufzugeben. Der Professionelle im sozialen Beruf zeichnet sich durch die Fähigkeit aus, diese Verständigung einzuleiten, zu strukturieren und zu unterhalten und dabei zielwirksam voranzukommen.
Bei ihrer Hilfe zur Lebensbewältigung orientiert sich die Soziale Arbeit am Alltag der Menschen und begibt sich in den Horizont ihres Denkens und Handelns. Alltäglichkeit versteht Thiersch (2004) als einen Handlungsmodus in den konkreten Konstellationen der Familie, der Arbeitswelt und Freizeit. Dabei hält sich der professionell Handelnde an die Erfahrungen der Menschen in ihren alltäglichen Bezügen und verbindet sie mit seinen Wahrnehmungen der Zustände, in denen gelebt wird und in denen die praktischen Aufgaben sich stellen.

In den vergangenen Jahrzehnten hat die Soziale Arbeit in vielen Beratungsdiensten und Therapieeinrichtungen nicht unverschuldet an Profil verloren und andere Berufsgruppen, wie Psychologen, Lehrer und Psychiater, haben sich in ihren fachlichen Bezügen der Klientel der Sozialen Arbeit angenommen.

Der Sozialen Arbeit blieben die weniger geschätzte Vor- und Nacharbeit sowie die «aussichtslosen» Fälle. Die Alltags- und Lebensfeldorientierung stellt auch einen Versuch dar, dem Spezialistentum der benachbarten Professionen etwas entgegenzusetzen und aus der Not der Zuständigkeit eine Tugend zu machen. Soziale Arbeit zeichnet sich dadurch aus, die Situation von Menschen ganzheitlich und in ihrer ganzen Komplexität wahrzunehmen.
Alltagsbegleitung heißt, sich mit der Lebenslage und Lebensweise eines Menschen oder einer Familie vertraut zu machen und in Absprachen mit den Betroffenen konkrete Hilfe in dieser Situation zu leisten. Dabei werden das Versorgungssystem und die informellen und formellen Ressourcen erschlossen und nutzbar gemacht. Die Alltagsbegleitung kann in dieser Beschränkung von freiwilligen Mitarbeitern und von Angehörigen verschiedener Berufe übernommen werden (Schroeder & Storz 1994). Die Soziale Arbeit wahrt jedoch in einem ökologischen Verständnis- und Handlungsansatz ihre Kompetenz mit einer fundierten ökologischen Rundumorientierung: im Mikro-, Meso- und Makrosystem gesellschaftlicher Lebensgestaltung und im individuellen und familiären Haushalt der Lebensführung (Germain & Gitterman 1983; Wendt 1982).

Bei der Gestaltung der Lebenslagen geht es einerseits darum, Fehlentwicklungen zu verhindern und salutogenetisch bedeutsame Lebensräume, also günstige familiäre und berufliche Ausgangslagen, zu schaffen. Ziel kann aber auch die Vermittlung entsprechender sozialer Kompetenzen zur Schaffung konstruktiver Lebensräume im Sinne einer Hilfe zur Selbsthilfe sein, die bei der Bewältigung bereits bestehender oder drohender Problemsituationen unabdingbar sind. Und letztlich dient die professionelle Bereitstellung günstiger Umwelten auch der Sicherung der Nachhaltigkeit vorangegangener Behandlungs- und Unterstützungsangebote.

11.1 Wohnformen

Das **Betreute Wohnen** bezeichnet eine Wohnform, in der Menschen unter Gewährleistung größtmöglicher Autonomie bei der Bewältigung ihrer individuellen Probleme unterstützt werden. Das Angebot richtet sich an alte, psychisch kranke, suchtkranke, behinderte und obdachlose Menschen, denen je nach individuellem Bedarf verschiedene Formen der Betreuung angeboten werden (Baer & Frick-Baer 2005a). Den Klienten werden Unterstützung, Hilfe und Anregungen angeboten, um dauerhaft unabhängig zu leben und dabei persönliche

Ziele erreichen zu können (Johannsen 2008). Als Grundformen gibt es das Betreute Einzelwohnen sowie die Therapeutische Wohngemeinschaft.

Die Voraussetzungen des *Betreuten Einzelwohnens* für einen Klienten sind das Vorhandensein einer eigenen Wohnung sowie eine gewisse aktive Verantwortung im Bereich der Lebenspraxis. Da der Betreuer gemeinsam mit dem Klienten eine individuelle Begleitung vereinbart, ist es wichtig, dass diese sich an die bisherige Lebensgestaltung des Klienten anpasst. Bei regelmäßigen Hausbesuchen unterstützen Fachkräfte der Sozialen Arbeit je nach persönlichem Bedarf z. B. bei der Bewältigung des Alltags und der Krankheitsfolgen, bei Behördenangelegenheiten, beim Erwerb und der Gestaltung von sozialen Kontakten, bei der ambulanten medizinischen Versorgung. Es gibt zwei Sonderformen des Betreuten Einzelwohnens: das Appartementwohnen und das Betreute Einzelwohnen für Suchtkranke.

Nähe- und Distanzprobleme, die häufig bei psychisch kranken Menschen zu beobachten sind, können beim Appartementwohnen individuell geregelt und behoben werden. Oft bedeutet das Leben in einer Wohngruppe für die Klienten zu viel Nähe, das Leben im Betreuten Einzelwohnen dagegen zu viel Distanz. Daher bietet das *Appartementwohnen* eine günstigere und vorteilhaftere Alternative für diese Menschen. Je Standort gibt es neben den Zimmern der Klienten ein Gemeinschaftsappartement mit einer Wohnküche für Aktivitäten, gemeinsame Mahlzeiten und Gruppenangebote. Außerdem können die Bewohner dieser Wohnform Ärzte ihrer Wahl aussuchen und sollten nach Möglichkeit auch ihre Medikamente eigenverantwortlich einnehmen. Hauptangebote der Fachkräfte sind die Betreuung, sozialtherapeutische Begleitung und das Herstellen von Strukturen, die Sicherheit und Geborgenheit vermitteln. Ziel sind der Ausbau und die Förderung der gesunden Anteile, die Stärkung eigenverantwortlichen Handelns und die Unterstützung der sozialen Eingliederung (Schlichte 2006).

Das *Betreute Einzelwohnen für Suchtkranke* ist eine Wohnform für Klienten, die durch ihre Suchterkrankung eine seelische Störung erlitten haben und Unterstützung bei der Erprobung und Stabilisierung eines suchtmittelfreien Lebens brauchen.

Ziele des Betreuten Einzelwohnens für Suchtkranke sind die Linderung der durch die Suchterkrankung hervorgerufenen Beeinträchtigungen sowie die Sicherung der sozialen Existenz in der Gesellschaft. Darüber hinaus gibt es weitere Schwerpunktziele:

- Verhinderung einer Suchtentwicklung,
- Vermeidung von Chronifizierung der Suchterkrankung,
- Verlängerung suchtmittelfreier Zeiten,

- Motivation zur Annahme von Behandlungsmöglichkeiten,
- Förderung der Ressourcen und sozialen Integration (Heckmann et al. 1979).

Perspektive für die Bewohner beider Formen des Betreuten Einzelwohnens ist, je nach individuellen Bedürfnissen und Fähigkeiten, der Wechsel in andere, autonomere Lebens- und Wohnbedingungen (Steingass 2004; Breitling 2008).

Die zweite Grundform des Betreuten Wohnens, die **Therapeutische Wohngruppe**, kann für einige Betroffene eine Alternative zum Klinik- oder Heimaufenthalt darstellen. Abhängige oder psychisch kranke Menschen sollen hier die soziale Isolation überwinden und sich in gegenseitiger Akzeptanz und Unterstützung üben.

Eine solche Wohngemeinschaft hat regulär etwa vier bis fünf Bewohner, wobei jedes Mitglied sein eigenes Zimmer hat, das es nach Belieben einrichten und gestalten kann. Sie wird aber auch als Ergänzung oder zur Stabilisierung vorangegangener Maßnahmen angeboten und stellt dann einen Zwischenschritt auf dem Weg in eine selbstbestimmte Lebensform dar. In der **Intensiv Betreuten Wohngemeinschaft** werden «chronisch psychisch-kranke Menschen» betreut, die zum Teil schon sehr lange Klinik- oder Heimaufenthalte hinter sich und daraus resultierend starke Beeinträchtigungen in ihrer selbstständigen Lebensgestaltung erlitten haben. Es werden regelmäßig Gruppengespräche und gemeinsame Aktivitäten, Einzelgespräche und auf den Einzelnen abgestimmte Unterstützungsmaßnahmen in den verschiedenen Lebensbereichen angeboten (Denger 1995).

Aufgabe einer Therapeutischen Wohngruppe ist es, den Klienten einen Betreuungsrahmen zu bieten, der ihren Bedürfnissen und Eignungen entspricht. Das Leben in einer überschaubaren Wohnform mit klaren und konsequenten Strukturen im Behandlungs- und Tagesablauf soll die Chancen für eine spätere, möglichst eigenständige Lebensform erhöhen. Die Wohngruppe bietet den Bewohner/Innen ein sozialtherapeutisches Setting, das gekennzeichnet ist durch:

- ein Leben in der Gemeinschaft der Gruppe mit Regeln, Grenzen und personaler Begegnung,
- die schrittweise Übernahme von Verantwortung für sich und andere,
- die Möglichkeit zur individuellen Nähe-Distanz-Regulierung und
- die Annäherung an eine selbstständige Alltagsbewältigung.

Die Gruppe versorgt sich in Zusammenarbeit zwischen den professionellen Helfern und den Bewohnern selbst. Die Abwicklung der gesamten Haushaltsführung, der gemeinsamen und individuellen Aufgaben werden zur Tagesstrukturierung und als Übungsfeld für die notwendige Verselbstständigung gesehen und als solche auch im Rahmen der sozialtherapeutischen Strukturpläne und Zielplanungsgespräche immer weiter verfeinert. Durch die Erweiterung der eigenen Kompetenzen soll es zu einer Stabilisierung und zunehmenden Verselbstständigung kommen. Dadurch wird auf ein weitgehend eigenständiges Leben vorbereitet. Die therapeutische Wohngruppe stellt eine pädagogisch-therapeutisch begleitete Wohnform dar, die nach dem Prinzip der Selbstversorgung funktioniert und den Klienten die Möglichkeit bietet, sich in der Polarität zwischen Gruppenleben und individuellem Rückzug bewegen zu können. Psychotherapie, Familientherapie und psychosoziales Lernen werden dabei systemisch integriert. Partizipation und Mitbestimmung im Alltag werden durch Gesprächsrunden und Bewohnerversammlung sichergestellt.

Soziotherapie schafft einen abstinenten und stabilisierenden Rahmen, in dem psychotherapeutische Methoden und andere Maßnahmen wie Gruppentherapie, Arbeits- und Beschäftigungstherapie, Freizeitgestaltung, Sport- und Bewegungstherapie zur Anwendung gelangen. Soziotherapie unterstützt Menschen, die aufgrund körperlicher, psychischer und sozialer Beeinträchtigungen vorübergehend oder dauerhaft nicht in der Lage sind, selbstständig, eigenverantwortlich und abstinent ihr Leben zu bewältigen.

Das Alltägliche, die «nicht kranken» und gesunden Anteile des Patienten sollen durch «Normalisierung» und Teilhabe an der Gemeinschaft gefördert werden, sodass die Betroffenen Teil der Gemeinschaft bleiben und nicht in soziale Isolation geraten. Im alltäglichen Zusammenleben werden verloren gegangene Fähigkeiten und Fertigkeiten trainiert, die den Bewohnern eine soziale Integration und größere Selbstständigkeit erlauben (Frieboes 2005).

Die wichtigsten Behandlungsziele in der Soziotherapie sind die

- Stabilisierung des Abstinenzwunsches,
- Förderung der Verantwortung für die eigene Gesundheit,
- Verbesserung von Alltagsfähigkeiten,
- Verbesserung von Gedächtnisleistungen, Konzentration und Aufmerksamkeit,
- Entwicklung von planvollem, zielgerichtetem Handeln und von Durchhaltevermögen,
- Entdecken persönlicher Interessen und Vorlieben,

- Erlangen von mehr Genuss und Lebensfreude,
- Stärkung von Selbstvertrauen und Sicherheit,
- Entwicklung von Sicherheit und Kompetenz im Kontakt mit anderen,
- Förderung der Verantwortung und Eigeninitiative,
- Verbesserung der Arbeitsfähigkeit sowie beruflicher und sozialer Wiedereingliederungschancen (vgl. Baer & Frick-Baer 2005b).

Ganz gezielt auf die Verbesserung der beruflichen Ausgangssituation auf dem Hintergrund eines Eingebundenseins in das soziale Umfeld zielt die **Adaption.**

Basis für die Entwicklung adaptiver Maßnahmen waren die klassischen Übergangseinrichtungen zur beruflichen und sozialen Wiedereingliederung, die auch Patienten nach einer Entwöhnungsbehandlung im Sinne stationärer Nachsorge aufnahmen. Adaption ist die Behandlung von Abhängigkeitskranken im Anschluss an die Entwöhnungsphase in der Fachklinik. Sie ist ein Teil der medizinischen stationären Rehabilitation und hat die berufliche und gesellschaftliche Wiedereingliederung zum Ziel. Die Erwerbsfähigkeit von Suchtkranken soll möglichst nachhaltig wiederhergestellt werden (Treeck 2008). Die Adaption ist eine besonders intensive Form der Hilfe für suchtkranke Menschen, orientiert sich an deren persönlichem Bedarf und vermittelt Kompetenzen zu einem selbstständigen Leben, ohne Suchmittelmissbrauch zu vermitteln. Dabei steht die Hilfe zur Selbsthilfe im Mittelpunkt des therapeutischen Vorgehens (Heide 2001).

Die Behandlungsdauer für eine Adaption beträgt drei Monate und kann in seltenen Ausnahmefällen auf bis zu sechs Monate verlängert werden. Zu den Indikationskriterien für die Adaption zählen neben anderen die langjährige Suchtkrankheit und die damit einhergehenden körperlichen oder psychischen Begleiterscheinungen, schwere soziale Folgeschäden, Störungen der Persönlichkeit sowie wiederholte Suizidbehandlungen. Die Klienten sind demnach nicht in der Lage, eigenverantwortlich und selbstständig im Erwerbs- und Alltagsleben zu entscheiden und zu handeln. Voraussetzung für eine wirksame Adaption ist die Rehabilitationswilligkeit und -fähigkeit.

Viele Klienten der Adaption leiden unter einer «Doppeldiagnose», sind also komorbide und leiden zusätzlich zur Sucht noch an einer krankhaften seelischen Störung wie Depressionen, neurotischen Problemen oder Persönlichkeitsstörungen. Hinzu kommen körperliche und soziale Probleme. Mehr als die Hälfte der Klienten ist verschuldet, vorbestraft oder war schon häufiger inhaftiert. Viele der Betroffenen sind ledig, getrennt lebend oder geschieden und entscheiden sich meist für einen radikalen Ortswechsel statt für eine Rückkehr in das gewohnte soziale Umfeld (Fachverband Sucht e.V. 1996).

Oft fehlt eine berufliche Ausbildung, 15 % haben keinen schulischen Abschluss. Bei den meisten Betroffenen ist demnach eine komplett neue Erarbeitung der beruflichen Zukunft notwendig (Fachverband Sucht e.V. 2001). Auch ist die Wohnsituation in den meisten Fällen schwierig. Oft haben die Betroffenen gar keine Wohnung oder wohnen unzumutbar in Obdachlosenunterkünften oder -heimen. Erschwerend kommt meist hinzu, dass die chronisch suchtkranken Klienten häufig auf einen sehr langen und intensiven Suchtverlauf zurückblicken. Mehrfache Entgiftungen, Entwöhnungen und die Abhängigkeit von mehreren Suchtmittelgruppen (Polytoxikomanie) sind daher keine Seltenheit. Aber nicht einzelne Merkmale wie z. B. Wohnungslosigkeit oder Arbeitslosigkeit stellen die Indikation für eine Adaption dar, sondern die Unfähigkeit, mit diesen Problemen ohne stationäre Behandlung umzugehen (ebd.).

Entsprechende Abhilfe- oder Unterstützungsmaßnahmen können nur greifen, wenn die Fähigkeit und Bereitschaft zur eigenen Mitwirkung vorhanden sind. Durch gezielte Motivationsarbeit können diese dann gestärkt oder gefördert werden.

Ziel der Adaption ist der Transfer der in der Fachklinik gewonnenen Erkenntnisse und Erfahrungen in den sozialen Alltag. Die Klienten sollen wieder in der Lage sein, selbstständig für einen gelingenden Alltag zu sorgen und sich beruflich und sozial wieder in die Gesellschaft einzugliedern.

Die Wiederherstellung oder Verbesserung der Erwerbsfähigkeit und die Vermittlung von grundlegenden lebenspraktischen Fertigkeiten sollen die gesellschaftliche Integration erleichtern. Die Klienten können selbstständig soziale Kontakte aufnehmen, eigenständig ihre Finanzen regulieren sowie eventuell noch vorhandene Schulden abbauen. Des Weiteren sollen sie in die Lage versetzt werden, ihren Haushalt angemessen zu führen, einem regelmäßigen Arbeitsverhältnis nachzugehen oder an beruflichen Qualifizierungsmaßnahmen teilzunehmen (Heide 2001).

Die Stabilisierung der Suchtmittelabstinenz, die individuell selbstbestimmte Lebensführung, aber auch die soziale Einbindung nach den individuellen Bedürfnissen und Möglichkeiten des Einzelnen und die Stärkung der Fähigkeiten zur sinnvollen Freizeitgestaltung sind dabei grundlegende Ziele der Adaption.

Auszug aus einem Abschlussbericht am Beispiel Anna B.

Auszug aus dem Abschlussbericht der Klinik Waldfrieden an die LVA Hessen

- Cc DROBS K, z. Hd. Diplomsozialarbeiter Anton A. (Case Manager)

Sehr geehrte Damen und Herren,

wir berichten über unsere gemeinsame Klientin, Fr. Anna B., die vom … bis … zu einem stationären Aufenthalt in unserem Hause war. Die Aufnahmebefunde liegen Ihnen durch den Zwischenbericht vor.

…

Bei Aufnahme wurde Fr. Anna B. eingehend exploriert und untersucht.

Fr. B. befand sich zuerst in der Eingangsphase der Behandlung. Sie nahm hier am täglichen Frühsport, am dreimal wöchentlichen Gruppensport und auch dreimal wöchentlich an therapeutisch geleiteten Gruppen, von zunächst soziotherapeutischer, später verhaltenstherapeutischer Zielsetzung, teil. Einmal wöchentlich besuchte sie zur Einübung von Selbsthilfemechanismen eine Gruppe ohne therapeutische Leitung. Das Angebot wurde durch medizinische Behandlungsmaßnahmen, regelmäßig stattfindende ärztliche Visiten und medizinische Vorträge zu suchtrelevanten Themen ergänzt. Hinzu kamen arbeitstherapeutische Maßnahmen, Indikativgruppen, Sozialberatung und pädagogische Angebote.

Die Integration in das Behandlungssetting verlief bei Fr. Anna B. problematisch. Sie schaffte es anfangs kaum, zu einem Tagesrhythmus zu finden, und hatte Probleme, adäquaten Kontakt zu den Mitpatientinnen zu finden. Häufig zog sie sich zurück, wirkte ungeordnet, hatte Angst, Fehler zu machen, reagierte gleichzeitig auf Kritik aggressiv. Sie konnte ihre Schwierigkeiten im Umgang mit anderen reflektieren und mied deshalb zum Selbstschutz anfangs Kontakte. Es gelang in Einzelgesprächen, diese Probleme zu thematisieren, mit Anna B. gemeinsam an der Gestaltung ihres Klinikalltages zu arbeiten, verlässliche Verabredungen zu treffen, Struktur zu schaffen und so die Klientin langsam zu stabilisieren.

In der Gruppentherapie setzte sich Fr. B. anfangs mit ihren Ängsten und ihrer gelegentlich fehlenden Impulskontrolle auseinander. Sie wurde von den Gruppenmitgliedern mit ihrem Verhalten konfrontiert, gleichzeitig aber wurden auch Hilfeangebote unterbreitet, die sie annehmen konnte. Es gelang Fr. Anna B., anfangs zögerlich, später jedoch zunehmend mutiger, Vertrauen in unsere Klinik aufzubauen. Sie war bald in der Lage, sich mit ihrer Suchterkrankung auseinanderzusetzen, konnte eine klare Krankheitseinsicht aufbauen und sich mit den Folgen ihrer Suchtmittelabhängigkeit auseinandersetzen. Schuld- und Schamgefühle, insbesondere gegenüber ihrer Tochter, konnte sie abbauen und Verantwortung für die Vergangenheit übernehmen. Wir hatten zuletzt den Eindruck, dass Fr. B. ihre Krankheitseinsicht emotional fundiert und eine klare Abstinenzentscheidung getroffen hat.

Dies führte zu einer erheblichen Selbstwertverbesserung, die sich auch auf den Umgang von Fr. B. mit den anderen Klienten auswirkte. Sie konnte ihre Durchsetzungsfähigkeit, Konfliktfähigkeit und die kommunikative Kompetenz deutlich erhöhen und im Rahmen der Gruppentherapie einüben. Ihre Fähigkeit, Bedürfnisse zu erkennen, zuzuordnen und auszudrücken, verbesserte sich. Zum Ende ihres stationären Aufenthaltes war Fr. B in der Lage, ihre Wünsche anzumelden, für diese einzutreten und dabei konstruktiv zu argumentieren. Diese Fähigkeiten machten sie zu einer gesuchten Ansprechpartnerin; sie wurde um Rat gefragt und diente anderen als Vorbild.

In Einzelgesprächen wurde Fr. B. anfangs bei der Integration in unser Haus begleitet. Sie äußerte bald den Wunsch, häufiger Kontakt zu ihrer Tochter Manuela zu haben, die während der Zeit des Aufenthaltes von dem Partner der Klientin in der gemeinsamen Wohnung betreut wurde. Wir ermöglichten der Klientin ab der 4. Woche mehrere Wochenendheimfahrten, bei denen sie sich intensiv mit ihrer Tochter besprechen konnte, und boten dann an, dass ihre Tochter sie auch über mehrere Tage in unserer Klinik «besuchen» könne. Fr. Anna B. nahm dieses Angebot an, merkte jedoch schon nach kurzer Zeit, dass die Anwesenheit ihrer Tochter sich störend auf den Behandlungsprozess auswirkte, und bemühte sich nicht um eine Verlängerung der Besuchszeit.

Ebenfalls in Einzelgesprächen thematisierte Fr. B. die Beziehung zu ihrer Ursprungsfamilie und äußerte den Wunsch, den Kontakt wieder aufzunehmen, um eine Versöhnung, insbesondere mit dem Vater, zu erreichen. Sie entschied, sich erst in einem Brief an die Familie zu wenden und dann, nach einer ermunternden Reaktion auf ihr Schreiben, auch telefonisch Kontakt aufzunehmen. Sie konnte die Familie motivieren, sie mehrfach zu besuchen und während dieser Besuche sogar an insgesamt drei Familienberatungen teilzunehmen. In diesen Beratungen konnten einige Verletzungen aufgearbeitet und vor allem eine Motivation zur Durchführung einer ambulanten Familientherapie nach Beendigung des stationären Aufenthaltes erarbeitet werden. Die Ursprungsfamilie steht der Klientin als System sozialer Unterstützung nun wieder zur Verfügung.

In einer hochfrequenten Einzeltherapie setzte sich Fr. B. mit ihrer Borderline-Persönlichkeitsstörung auseinander. Sie konnte ihr Schwarz-Weiß-Denken etwas reduzieren, Optimismus entwickeln, ihre soziale Kompetenz und ihre Beziehungsfähigkeit deutlich verbessern. Es wurden verhaltenstherapeutische Übungen vereinbart, die sie in der Gruppe erproben konnte. Mittlerweile ist sie gut in der Lage, ihr Verhalten aus der Distanz zu reflektieren.

Ihr Selbstwertgefühl steigerte sich erheblich, sie wurde lockerer im Umgang mit anderen und freute sich über ihre Erfolge. Sie war in der Lage, die Abstinenz als positive Erfahrung einzuordnen und sich mit einer differenzierten Zukunftsplanung zu beschäftigen, in die sie ihre Bedürfnisse einfließen lassen konnte. Sie war zunehmend weniger auf Bestätigung durch andere angewiesen, vertraute der eigenen Einschätzung und war dennoch bereit, auch kritische Rückmeldungen anzunehmen. Sie erkannte, dass sie in der Vergangenheit Fähigkeiten oft bewusst nicht eingesetzt hatte, um keine Verantwortung übernehmen zu müssen. Die negativen Auswirkungen auf alle Lebensbereiche wurden ihr bewusst.

Neben einer guten Beziehung zur Tochter, beruflicher Integration und einer guten Beziehung zur Ursprungsfamilie war für Fr. Anna B. auch die gemeinsame Zukunft mit einem «soliden», nicht abhängigen Partner wichtig. In dem Zusammenhang setzte sie sich mit den Erfahrungen mit ihren bisherigen Partnerschaften auseinander, sah diese durchweg problematisch und erkannte, dass ihre Beziehungen in der Vergangenheit wesentlich der Stabilisierung ihres Selbstwertes dienen sollten. Mit ihrem jetzigen Partner sieht Fr. B. die Chance für eine gelingende und konstruktive Partnerschaft, hat sich aber doch damit einverstanden erklärt, diese Partnerschaft in «kleinen Schritten» aufzubauen. Das bedeutet konkret, dass sie eine endgültige gemeinsame Wohnsituation erst anstreben möchte, nachdem sie sich genügend Zeit gelassen hat, den

Partner auch aus ihrer abstinenten Lebenssituation heraus besser kennenzulernen. Die Paarsituation möchte sie in der ambulanten Nachbetreuung durch die DROBS ansprechen.

Fr. B. nahm an der Arbeitstherapie teil. Erst arbeitete sie in der Hauswirtschaft, wirkte anfangs dabei unstrukturiert. Durch klare Zuordnung einzelner Arbeitsfelder gelang es ihr, die Arbeitsleistung deutlich zu steigern und ihre Konzentration und Belastbarkeit zu erhöhen. Besonders nach einem Wechsel in den Küchenbereich konnte sie die ihr aufgetragenen Herausforderungen gut meistern und wurde selbstständiger und gewissenhafter. Zuletzt arbeitete sie präzise, ausdauernd und zuverlässig. In den letzten Wochen machte sie ein hausinternes Praktikum, dass sie zur großen Zufriedenheit ihrer Bezugstherapeutin durchführte.

Am Frühsport und der Sporttherapie nahm Fr. Anna B. regelmäßig teil, zeigte in den Mannschaftsportarten und bei dem aeroben Lauftraining überdurchschnittliche Fähigkeiten und erhielt dadurch Anerkennung durch die anderen Klienten. Über das reguläre Sportprogramm hinaus betrieb sie regelmäßig Ausdauersport und plant, auch in Zukunft dem Sport, insbesondere dem Laufen, einen festen Platz in ihren Freizeitaktivitäten zu geben.

Während des gesamten Aufenthaltes stand Fr. B. in Kontakt zu unserer Sozialberatung. Sie konnte ihre soziale Situation sichten und die Finanzen teilweise regeln. Wir schlagen für die Zeit nach dem Aufenthalt eine Schuldnerberatung vor; Fr. B. ist damit einverstanden und zur Mitarbeit bereit.

Fr. B. nahm an den indikativen Gruppen «Rückfallprophylaxe», «Lernen zu lernen» und an einem «Bewerbertraining» teil. So konnte sie die Basis für eine berufliche Wiedereingliederung und abstinente Lebensgestaltung verbessern. Auf dieser positiven Grundlage sind die nun noch anstehenden Themen für die Klientin die Klärung der zukünftigen Wohnsituation, die Integration in ein neues Lebensumfeld (Freizeit, Vereine, soziale Kontakte usw.) und die berufliche Wiedereingliederung. Wir empfehlen daher für die Nachsorge einen dreimonatigen Aufenthalt in einer Adaptionseinrichtung. Da Fr. Anna B. wieder in die Nähe ihrer Ursprungsfamilie ziehen möchte, was wir wegen der dort verfügbaren Unterstützungsressourcen sehr befürworten, haben wir den Kontakt zu einer Adaptionseinrichtung in der Nähe des Kleinorts hergestellt. Bei geregelter Kostenübernahme ist diese Einrichtung bereit, Fr.

Anna B. aufzunehmen. Sie selbst hat sich die Einrichtung angesehen und ist für einen Aufenthalt dort gut motiviert.

Fr. B. selbst hat an ihrem künftigen Wohnort auch schon Kontakt zu Vereinen (Sportverein, Dorfakademie) aufgenommen und sich vor Ort bereits mit einer Selbsthilfegruppe für Suchtkranke in Verbindung gesetzt.

Die Behandlung von Fr. Anna B. kann als erfolgreich angesehen werden. Sie konnte ihre sozialen Kompetenzen und insbesondere ihre Beziehungsfähigkeit verbessern. Voraussetzung hierfür war die emotionale Fundierung ihrer Einsicht in die Suchterkrankung und die daraus resultierende Verbesserung des Selbstwertgefühls. Ihre Bereitschaft, Verantwortung zu übernehmen, hat sich gesteigert. Mit der Tochter, dem Partner, der Ursprungsfamilie und der Infrastruktur ihres zukünftigen Lebensraumes stehen Quellen sozialer Unterstützung zur Verfügung. Ihre soziale Situation ist zumindest vorübergehend geklärt, es bestehen langfristige Perspektiven. Die Prognose für eine dauerhafte Abstinenz kann als eher günstig bezeichnet werden.

Fr. B. wird arbeits-, berufs-, und erwerbsfähig entlassen. Es ergeben sich keine Einschränkungen zur beruflichen Verwendbarkeit.

Wir danken für die gute Zusammenarbeit und für die Vermittlung der Klientin Anna B., der wir alles Gute für ihren weiteren Lebensweg wünschen.

Mit freundlichen Grüßen
K. Sorglos
Sozialarbeiter, Bezugstherapeut

11.2 Betriebliche Sozialarbeit

Auf einen ständigen Wandel wirtschaftlicher und gesellschaftlicher Prozesse müssen sich Arbeitgeber wie Arbeitnehmer einstellen. Die Betriebliche Sozialarbeit trägt einen wesentlichen Teil dazu bei, die Wirtschaftlichkeit eines Unternehmens mit humanitären Grundsätzen zu verbinden (Badura 2001).

Die gesundheitliche Konstitution eines jeden Menschen wird vom Umgang der Menschen miteinander und ihrer sozialen Realität beeinflusst. Arbeit in angenehmer Atmosphäre beflügelt die Lebensenergie, beschert Erfolg und Selbstbestätigung. In einem unerfreulichen Umfeld zu arbeiten, kann zu belastendem Stress führen, der auf Dauer auch einen völlig gesunden Menschen krank machen kann. Das gilt auch für Menschen, die sich beispielsweise davor scheuen, Konflikte mit Arbeitskollegen auszutragen, und dadurch unter einer ständig schwelenden Spannung leiden. Sie schaffen möglicherweise durch ihre Unfähigkeit oder ihren Unwillen zur Aussprache beste Voraussetzungen für ernsthafte chronische Erkrankungen. So wird Gesundheit sehr viel häufiger durch soziale Umstände gefährdet als durch Krankheitserreger oder organische Defekte (Eskamed AG 2002).

Es sollten also die Rahmenbedingungen der Lebenswelt für die Menschen positiv beeinflusst werden. Da im menschlichen Leben, neben dem Alltag und der Freizeit, auch der Arbeitsplatz eine wesentliche Rolle für die Gesundheit spielt, ist es wichtig, dass der Arbeitsplatz ein «Ort der Gesundheit» ist. Nur so kann dem Menschen ein ganzheitliches körperliches, seelisches und soziales Wohlbefinden ermöglicht werden. Im Rahmen der Gesundheitsförderung nimmt das Setting «Arbeitsplatz» eine wichtige Stellung ein (Biallas et al. 2008). Gesundheitsförderung und damit Klinische Sozialarbeit ist also eine Aufgabe auch für Betriebe.

> «Unter **Betrieblichem Gesundheitsmanagement** verstehen wir die Entwicklung betrieblicher Rahmenbedingungen, betrieblicher Strukturen und Prozesse, die die gesundheitsförderliche Gestaltung von Arbeit und Organisation und die Befähigung zum gesundheitsförderlichen Verhalten der Mitarbeiterinnen und Mitarbeiter zum Ziel haben» (Badura & Hehlmann 2003, S. 19).

Theoretische Grundlagen und Indikation

In der Ottawa-Charta lautet eine Kernaussage: «Gesundheitsförderung zielt auf einen Prozess, allen Menschen ein höheres Maß an Selbstbestimmung über ihre Lebensumstände und Umwelt zu ermöglichen und sie damit zur Stärkung ihrer Gesundheit zu befähigen» (Bamberg et al. 1998, S. 17).

Im Zuge neuer Unternehmensphilosophien, moderner Unternehmensstrukturen und immer komplexer werdender Arbeitsprozesse rückt der Mensch stärker in den Fokus der Unternehmenspolitik. Körperliche, psychische und soziale Prozesse stehen in Wechselwirkung zu Arbeitsbedingungen, Leistungsfähigkeit und Leistungsbereitschaft. Leistungsdruck, Bangen um die Sicherheit des Arbeitsplatzes, Konkurrenzdruck, Rivalitäten, Konflikte, aber auch Probleme im persönlichen Umfeld der Beschäftigten wirken sich auf Motivation, Leistung, Krankenstand und damit auf die Qualität der Arbeit aus (Wenchel 2001). Mitarbeiterpotenziale sind damit gebunden. Manifestieren sich Probleme und stehen den Betroffenen keine ausreichenden Hilfen und Bewältigungsstrategien zur Verfügung, ist die Wahrscheinlichkeit groß, dass vorhandene Belastungen psychosomatische und psychische Erkrankungen auslösen können. Missbrauch und Abhängigkeit von Suchtmitteln können hieraus resultieren.

Immer mehr Menschen benötigen deshalb Unterstützung in ihrer Lebens- und Arbeitssituation. Betriebliche Sozialarbeit als integraler Bestandteil einer Unternehmenskonzeption stellt ein bedeutsames Bindeglied zwischen den verschiedenen Organisationsebenen innerhalb eines Unternehmens und dessen Mitarbeitern dar (Engler 1994; Hoyer 1998; Jancik 2002).

Betriebliche Sozialarbeit ist Anlaufstelle für Klientel aus allen Hierarchiestufen mit unterschiedlichsten Problemstellungen und Charakterzügen. Die Anliegen und Probleme sind oft komplex und erstrecken sich auf verschiedene Lebensbereiche. Nach Laubscher (2006) beinhalten Problemkomplexe meistens Kernanliegen, die sich hauptsächlich vier Beratungsschwerpunkten zuordnen lassen:

Persönliches/Familiales

- Trennung, Scheidung
- Probleme in der Partnerschaft oder Familie
- Trauer/Verlust von Angehörigen
- Kindererziehung und Kinderbetreuung
- Wohnsituation
- Einsamkeit und Orientierungslosigkeit u. a.

Finanzen

- Budgetberatung/Finanzplanung
- Schuldenberatung

- Sozialversicherungen und berufliche Vorsorge
- Unfall- und Krankenversicherung
- Triage zu diversen sozialen Ämtern (Sozialhilfe) u. a.

Gesundheit
- Unfälle und Langzeiterkrankung
- Psychische und physische Belastung (Stress, Burnout)
- Sucht (Reintegration Suchtkranker)
- Gesundheitsprävention u. a.

Arbeitswelt
- Entlassungen
- Verletzung der Persönlichkeitssphäre (Mobbing, sexuelle Belästigung, Diskriminierung)
- Konflikte am Arbeitsplatz
- Psychosozialer Notfall am Arbeitsplatz
- Pensionierung
- Behinderungen und Einschränkungen u. a.

Praxis und Anwendung

Work-Life-Balance ist als eine neue, intelligente Verzahnung von Arbeits- und Privatleben vor dem Hintergrund einer veränderten und sich dynamisch verändernden Arbeits- und Lebenswelt zu verstehen. Für viele Menschen sind nicht mehr Geld und Karriere oberstes Ziel ihres Berufslebens. Wichtiger ist es, private Interessen bzw. das Verständnis von Familienleben mit den Anforderungen in der Arbeitswelt in Einklang zu bringen. Außerdem kommt dem Wohlfühlen am Arbeitsplatz, der Freude an der beruflichen Aufgabe und einem guten Verhältnis mit Vorgesetzten und Kollegen eine immer größere Bedeutung zu (Peplinski 2007).

Ist das Verhältnis von Arbeit und Privatleben gestört, werden Wohlbefinden und Leistungsfähigkeit in beiden Lebensbereichen beeinträchtigt. Arbeitszufriedenheit, Gesundheit und Produktivität der Beschäftigten sind abhängig von einer gelungenen Balance zwischen Arbeit und Privatleben und somit entscheidend für den Unternehmenserfolg (Badura & Vetter 2004; Thiele 2009).

Unternehmen sind auf die Innovationsfähigkeit, Kreativität, Qualifikation und vor allem auf die Flexibilität der Beschäftigten angewiesen, um wirtschaftlich erfolgreich sein zu können. Eine verbesserte Abstimmung zwischen Arbeit und Privatleben ist die Richtschnur für moderne Personalpolitik und Arbeitsorganisation, die aktive Gestaltung dynamischer und flexibler Arbeits- und Lebensverhältnisse ermöglicht (BMFSFJ 2005).

Betriebliche Maßnahmen zur Work-Life-Balance verfolgen das Ziel, erfolgreiche Berufsbiografien unter Rücksichtnahme auf private, soziale, kulturelle und gesundheitliche Erfordernisse zu ermöglichen. Insbesondere wird versucht, den unterschiedlichen Bedürfnissen in einzelnen Lebensphasen gerecht zu werden, sodass Phasen der Qualifizierung, der Familiengründung, gegebenenfalls karitative und ehrenamtliche Tätigkeiten, Auslandsaufenthalte usw. mit einer kontinuierlichen Erwerbsarbeit vereinbar bleiben (Badura et al. 2003).

Bestandteile integrierter Work-Life-Balance-Konzepte sind:

- bedarfsspezifische Arbeitszeitmodelle,
- eine unter Mitarbeiterbeteiligung angepasste Arbeitsorganisation,
- Modelle zur Flexibilisierung des Arbeitseinsatzes,
- Führungsrichtlinien sowie weitere unterstützende und gesundheitspräventive Leistungen für die Beschäftigten,
- Maßnahmen, die die Bindung der Beschäftigten zum Ziel haben (Wiedereinstiegsprogramme, Sozialberatung, Unterstützung von Eltern bei der Kinderbetreuung, Angebote bezüglich Unterstützungsformen bei zu pflegenden Angehörigen, Psychologische Betreuungsmöglichkeiten).

Work-Life-Balance schafft eine dreifache Win-Situation: *1.)* Vorteile für die einzelnen Beschäftigten, *2.)* die Unternehmen sowie *3.)* einen gesamtgesellschaftlichen und volkswirtschaftlichen Nutzen

Zwei methodische Schwerpunkte Betrieblicher Sozialarbeit sind *Beratung* und *Fortbildung*. Die Beratung bezieht sich auf Einzelne, Gruppen sowie auf Prozesse im Rahmen von Organisations- und Personalentwicklung und greift Fragen der Finanzen, Gesundheit, Arbeitswelt und der persönlichen Lebenssituationen der Mitarbeiter auf. Fortbildungen und Informationsvermittlung werden im Rahmen von Workshops, Informationsveranstaltungen und Seminaren angeboten. Potenzielle Themen sind:

- Schulung von Führungskräften (zu fachbezogenen Themen),
- Gesundheitsmanagement (z. B. Suchtprävention),
- Seminare (z. B. Stressbewältigung),
- Coaching von Führungskräften (Mitarbeiterführung).

Hinzu kommt als Aufgabenstellung für die Betriebliche Sozialarbeit noch die Durchführung oder Begleitung *organisationsbezogener Maßnahmen,* wie der

Aufbau einer innerbetrieblichen Hilfestruktur, die Initiierung und Durchführung gesundheitspräventiver Maßnahmen, Prozessbegleitung hinsichtlich sozialer Aspekte (z. B. bei der Einführung neuer Technologien), Beteiligung an Teamentwicklungen (kooperative, kommunikative Aspekte) oder die Moderation von betriebsinternen Arbeitsgruppen.

Schließlich als wichtige Aufgabe die Öffentlichkeitsarbeit. Betriebsintern erfolgt sie als Darstellung der eigenen Konzepte Betrieblicher Sozialarbeit, dient den Mitarbeitern zur Orientierung und unterstützt so die Entwicklung einer eigenen, akzeptierten Unternehmenskultur. In der externen Öffentlichkeitsarbeit wird durch Vorträge, Pressearbeit, Fachveröffentlichungen die Kooperation mit externen Stellen und die Akzeptanz der Außenwelt gesichert (Engler 1994).

Betriebliche Sozialarbeit vermittelt zwischen Führungsebene und Angestellten, fördert durch Beziehungsarbeit das Arbeitsklima und trägt so auf ihre Weise zur Sicherung und Wirtschaftlichkeit des Unternehmens bei. Im Rahmen ihres Arbeitsauftrags initiiert, fördert und begleitet sie Entwicklungs- und Problemlösungsprozesse. Betriebliche Sozialarbeiter können konkret Veränderungen im betrieblichen Umfeld wahrnehmen und unter dem Motto «Helfen statt kündigen!» daraufhin agieren.
Konkrete Zielsetzungen der Betrieblichen Sozialarbeit sind:

- Klärung der persönlichen und beruflichen Situation,
- Erweiterung und Verbesserung der Handlungs-, Kommunikations- und Konfliktfähigkeit bei Einzelnen und Gruppen,
- Förderung der sozialen Kompetenz,
- Steigerung der Motivation und Arbeitszufriedenheit,
- Pflege und Förderung der körperlichen und seelischen Gesundheit,
- Unterstützung der Arbeitssicherheit und des Gesundheitsschutzes.

Betriebliche Sozialarbeit leistet einen wertvollen Beitrag zur Work-Life-Balance (Badura & Vetter 2004).

Ziel der *einzelfallbezogenen Beratung* ist es, in einem Hilfeprozess die Fähigkeiten des Klienten herauszuarbeiten und ihn zu unterstützen, seine Ressourcen zu erkennen und wieder für sich nutzbar zu machen. Hier kommen folgende Interventionen zur Anwendung:

- *Diagnostik* zur Identifikation des Problems und der Ressourcen.
- *Empowerment* als professionelle Unterstützung des Klienten, seine Gestaltungsspielräume und Ressourcen wahrzunehmen und zu nutzen.

- *Krisenintervention* als kurzfristige Einflussnahme, in einer für den Klienten bedrohlich zugespitzten Situation.
- *Case Management* als organisatorischer und koordinatorischer Einsatz von Ressourcen über die beraterische Funktion hinaus, um gemeinsam vereinbarte Ziele und Wirkungen mit hoher Qualität effizient zu erreichen.
- *Coaching* als personenorientierte Beratung von Führungskräften (Möglichkeit der Reflexion verschiedener Verhaltens- und Vorgehensweisen in Bezug auf Vorgesetzte, Mitarbeiter, Kunden usw.).

Ziel der **gruppenbezogenen Arbeit** ist die Beziehungsgestaltung (Kommunikation, Kooperation) zwischen dem Unternehmen und seinen Beschäftigten. Hier hat Betriebliche Sozialarbeit den Auftrag, zu initiieren und integrativ zu wirken (Stoll 2001):

- *Diagnostik* zur Feststellung des Informationsbedarfs.
- *Moderation* mit dem Ziel der Gestaltung eines gemeinsamen Lernprozesses mit den Gruppenmitgliedern.
- *Themenorientierte Gruppenarbeit* in Bezug auf Problemfelder wie Drogen, Alkohol; aber auch zur Integration externer Angebote (z. B. Meditationskurse).
- *Zielgruppenorientierte Gruppenarbeit,* um der Individualität differenter Zielgruppen im Betrieb gerecht zu werden (z. B. Reintegration Suchtkranker).
- *Initiierung von Selbsthilfegruppen* für gezielte Problemstellungen (z. B. chronisch Kranke, Migranten).
- *Fallberatung/Supervision* zur Reflexion und Verbesserung des Handelns.

Als *organisationsbezogene Arbeit* beschäftigt sich Betriebliche Sozialarbeit mit dem Erforschen des betrieblichen und sozialen Umfelds und der Initiierung, Platzierung und Unterstützung neuer Ideen und Dienstleistungen (Skolamed 2005).

Die Qualität der Kommunikation am Arbeitsplatz ist ein zentraler Einflussfaktor auf Wohlbefinden, Kreativität und Produktivität. Durch eine gesunde Kommunikation wird Transparenz und gegenseitiges Verständnis gefördert. Dazu gehört u. a. gegenseitiges Zuhören, die Akzeptanz von Meinungsverschiedenheiten sowie das Ansprechenkönnen persönlicher Konflikte. Vor allem in Konfliktsituationen spielt das Kommunikationsverhalten eine erhebliche Rolle. Schlechtes Konfliktmanagement beginnt meistens mit mangelnder gegenseitiger Akzeptanz und der fehlenden Bereitschaft gegenseitigen Zuhörens. Hier muss die Betriebliche Sozialarbeit einen Beitrag zur Kommunikationskultur innerhalb der Betriebe leisten (Biallas et al. 2008; Skolamed 2006).

Um diesen vielfältigen und anspruchsvollen Aufgabenstellungen gerecht zu werden und angesichts der heterogenen Klientel benötigt der Betriebliche Sozialarbeiter eine gute Gesprächskompetenz und die Fähigkeit zur inhaltlichen und strukturellen Gestaltung eines lösungsorientierten Beratungsgesprächs. Zudem sollte er über eine besondere Fähigkeit verfügen, Beziehungen zu Kollegen, Kunden und Kooperationspartnern aufzubauen und so zu gestalten, dass Hilfe- und Beratungsprozesse optimal unterstützt werden. Außerdem muss er Entscheidungen treffen, begründen und mögliche Alternativen benennen können.

Betriebliche Sozialarbeit gilt als integraler Bestandteil einer Unternehmenskonzeption und ist ein wichtiges Bindeglied zwischen Personal- und Sozialpolitik eines Unternehmens. Mit ihren Einzel-, Gruppen- und organisationsbezogenen Maßnahmen und Angeboten und ihren Beiträgen zur Unternehmenskultur leistet Betriebliche Sozialarbeit einen wichtigen Beitrag in Bezug auf Organisationsentwicklung und Personalpflege, trägt zur Humanisierung der Arbeitswelt bei und versucht, menschliche Bedürfnisse mit betrieblichen Arbeitsprozessen und deren Anforderungen in Einklang zu bringen. Betriebliche Sozialarbeit fördert und aktiviert persönliche, soziale und betriebliche Ressourcen und optimiert die Erschließung von Mitarbeiterpotenzialen. Gesunderhaltung, Wohlbefinden und Zufriedenheit im Arbeitsumfeld sind wichtige Grundbedürfnisse von Beschäftigten. Werden diese Bedürfnisse erfüllt, hat dies eine unmittelbare Auswirkung auf Arbeitsleistung und Engagement und trägt somit auch der Produktivität und Wirtschaftlichkeit eines Unternehmens Rechnung. Eine gut positionierte Betriebliche Sozialarbeit ist eine Win-Win-Situation für Unternehmen und Beschäftigte und sollte daher nach Möglichkeit im Fokus einer Unternehmenspolitik stehen.

12. Perspektiven

Bereits Heraklits «Alles fließt» ist veränderlich und unbeständig. Von Heraklits Werk sind nur noch einige Fragmente erhalten; davon begründen drei Zitate Heraklits Lehre vom Fluss aller Dinge. Mit den gesellschaftlichen Veränderungen und einem stetigen sozialen Wandel haben sich auch die Konzepte der Sozialen Arbeit verändert. Seit den Zeiten Alice Salomons mit ihrer auf den Tugenden der Mütterlichkeit beruhenden und einem weiblichen Berufsethos verpflichteten «Sozialarbeit des großen Herzens» hat die Profession eine große Wegstrecke hinter sich gebracht. Intuitives Vorgehen, wohl gemeint und in bester Absicht als Hilfe angeboten, wurde zunehmend von professionellem Handeln abgelöst. Auch die frühen, rein administrativen Anteile der Sozialarbeit wurden durch die Vorstellung von Hilfeleistungen, auf der Basis funktionierender persönlicher Beziehungen abgelöst.

Bewahrt hat sich die Soziale Arbeit weitgehend ihre Allzuständigkeit, wenngleich es auch hier Tendenzen zu einer gestuften Fachlichkeit und notwendigen Spezialisierung gibt, wie sie zum Beispiel von einer Klinischen Sozialarbeit gefordert wird, die ihre grundsätzliche Zuständigkeit für Gesundheitsanliegen behaupten und eine deutlich höhere Kompetenz in Fragen der Gesundung und Heilung entwickeln will. Diese Anforderungen erfordern Anstrengungen in Ausbildung, Praxis, Theorie- und Methodenentwicklung. Die Entwicklung könnte aber die Voraussetzung werden für eine höhere Anerkennung der Leistungen der Sozialen Arbeit in einer Leistungsgesellschaft, in der Spezialisierung noch immer vor Ganzheitlichkeit rangiert.

Die Spezialisierung der Sozialen Arbeit ergibt sich durch den speziellen, ganzheitlichen, bio-psycho-sozialen Blick auf die Lebenswelt der Klienten. Mit dieser Sicht, die nur die Soziale Arbeit hat, bleibt sie zwar angewiesen auf die Zusammenarbeit mit den Bezugswissenschaften, kann aber auf ihre einzigartige Weise deren Erkenntnisse verbinden, hat also auch etwas zu bieten und könnte auf Augenhöhe und als gleichberechtigte Partnerin auftreten. Diese Position muss allerdings noch eingenommen und verteidigt werden. Oder sie kann, durch ihren weiten Blick dafür prädestiniert, Hilfen koordinieren, überwachen und die Fallführung übernehmen, wie es z. B. im Case Management geschieht. Eine selbstverständliche Akzeptanz dieser Rolle ist ebenfalls ein Ziel, zu dem sich die Soziale Arbeit aufmachen muss. Die Perspektiven sind entwickelt, nun muss die Profession handeln.

Eine Besonderheit und Stärke der Klinischen Sozialarbeit ist der ganzheitliche Blick und in dessen Folge breitere Erklärungsansätze für Problemstellungen, die der komplexen Lebenswelt des Klienten gerecht werden. Angemessene Erklärungen führen zu angemessenen und wirksameren Reaktionen und Methodenanwendungen und, wenn es dann noch gelingt, die Professionen in dem Bemühen um das Wohl des Klienten zu vereinen, zu Synergieeffekten.

Paradigmatisch konnte sich die Soziale Arbeit befreien aus der «Zwickmühle», die Probleme der Menschen entweder als individuell verschuldet oder als Resultat gesellschaftlicher Missstände zu sehen. Kommunikationsabläufe, Interaktionen und Beziehungen sind zentrale Themen; der Blick hat sich geöffnet für systemische Erklärungsansätze, ohne auf die Erkenntnisse reduktionistischer Handlungskonzepte verzichten zu müssen.

Die Entwicklung ging auch von der Defizitorientierung zur Ressourcenorientierung: «Was fehlt?» wurde abgelöst von «Was ist vorhanden?». Der Klient steht konsequent im Vordergrund, um ihn dreht sich alles. Die Unterstützungsangebote sind kundenorientiert. Nicht die Methode bestimmt das Geschehen, sondern der Bedarf. In einer «Hilfe zur Selbsthilfe» werden die Kompetenzen des Klienten gestärkt und die Unterstützungspotenziale seiner Netzwerke identifiziert und nutzbar gemacht. Der Klient wird aktiv als Partner in die Prozesse mit einbezogen, gefördert und gefordert auf der Basis einer professionellen Beziehung und mit kommunikativer Kompetenz. Er wird im Kontext seiner Lebensbezüge gesehen und entsprechend unterstützt, begleitet, beraten und vertreten.

Lange waren ökonomische oder marktwirtschaftliche Aspekte mit sozialarbeiterischen Idealen nicht vereinbar. Mittlerweile haben ökonomische Verträglichkeit und Effizienz der Angebote als Maßnahmen zur optimalen Ressourcennutzung einen hohen Stellenwert, ohne die Soziale Arbeit dadurch billig zu machen. Ziele sind die Angemessenheit der zur Verfügung gestellten Leistungen und die Nachhaltigkeit ihrer Effekte.

Die Methoden der Klinischen Sozialarbeit erfüllen professionelle Kriterien. Ein differenziertes, genau beschriebenes, breites Repertoire mit theoretisch fundierten und überprüfbaren Methoden ermöglicht planvolles und zielgerichtetes Handeln auf der Grundlage klarer Auftragslagen und verbindlich beschriebener Vorgehensweisen, die, eingebettet in Hilfeprozesse, genau auf die Bedarfslage abgestimmt sind. Die ökologische Ausrichtung sorgt dafür, dass auch die konkreten Lebensbezüge in die Verfahren einbezogen und strukturelle Bedingungen ebenfalls auch politisch beeinflusst werden, damit Soziale Arbeit nicht zum «Kabinenputz auf der Titanic» (Bahro 1991, S. 66) wird. Die

Methodenvielfalt unterstützt aber auch die Individualität der Professionellen und erlaubt ihnen, sich und ihre Stärken durch methodische Spezialisierungen zu verwirklichen.

Weiterbildungen, Supervisionen oder Intervisionen gelten mittlerweile als fachliche Standards. Durch Erfolgskontrollen, Evaluation und Reflexion der jeweiligen Prozesse werden Struktur-, Prozess- und Ergebnisqualität kontinuierlich gesichert und verbessert und die Soziale Arbeit zukunftsfähig gemacht.

Die Soziale Arbeit im 21. Jahrhundert steht vor neuen Herausforderungen und hat die Chance zu innovativen Entwicklungen. Voraussetzung für eine Weiterentwicklung der Methodenlehre ist es, neuere Zugänge zu ihr zu finden und die Methoden konsequent abzusichern. Dazu braucht Soziale Arbeit eigene Forschungsstrategien,

- zur Unterstützung der Methodenlehre,
- zur eigenen wissenschaftlichen Absicherung und
- zur Erhöhung ihrer praktischen Bedeutung.

Die ***Forschung*** interpretiert Lebenslagen und -welten, erfasst subjektive und soziale Wirklichkeiten und erweitert diese um Handlungskompetenzen. In der Sozialen Arbeit kommen vorwiegend hermeneutische Verfahren zur Anwendung.

Die ***Evaluation*** stellt die praxisbezogene und die Praxis auswertende Forschung dar. Große Bedeutung kommt der Selbstevaluation zu, der Forschung in eigener Sache, als Auswertung und Bewertung des eigenen methodischen Handelns durch systematische Informationserhebung. Es soll der Nachweis der Wirksamkeit des eigenen Handelns erbracht werden.

Die ***Rechenschaftslegung*** ist die differenzierte und ausführliche Dokumentation des eigenen Handelns und damit Basis für Evaluation, Argumentationshilfe im Kontakt mit dem Auftraggeber, Nachweis über Qualität und Quantität erbrachter Leistungen.

Die ***Supervision*** gilt als eine Beratungsmethode, die zur Sicherung und Verbesserung der Qualität beruflicher Arbeit und auch zur Erhöhung der Arbeitszufriedenheit eingesetzt wird, quasi als «emotionale Schwester» der Evaluation.

Das ***Sozialmanagement*** gewinnt zunehmend an Bedeutung. Als betriebswirtschaftlicher und ökonomischer Ansatz trägt es dem stärker werdenden Wettbewerb in der Sozialen Arbeit Rechnung. Es werden Fragen gestellt nach Organisation, Leitungsqualitäten, Zeitmanagement, Qualitätskontrolle usw. Dies führt in der Sozialen Arbeit natürlich zu Kontroversen. Übereinstimmung herrscht darüber, dass Soziale Arbeit durch fachliche Standards bestimmt werden muss und nicht durch Kostendenken.

Netzwerkkonzepte und Empowerment-Strategien dienen der Wahrnehmung und Analyse der unmittelbar alltäglichen Umwelt, mit dem Ziel, die Selbstorganisation zu fördern und Ressourcen zu entdecken. Defizite werden als Resultat mangelnder Ressourcen und sozialer Strukturen definiert. Neben der Schaffung neuer sozialer Netzwerke geht es aber in erster Linie um die Aktivierung vorhandener Beziehungen. Es wird davon ausgegangen, dass im Individuum und im sozialen Umfeld ausreichend Ressourcen vorhanden sind, die zugänglich gemacht werden können.

Immer wieder hat es gegen die Veränderungen und damit gegen die Weiterentwicklungen der Sozialen Arbeit Widerstand gegeben. Bereits Ilse von Arlt hatte erhebliche Probleme, ihre sozialempirischen und kritisch-rationalen Forschungsmethoden zu etablieren, weil ihre Forderungen nicht dem beruflichen Selbstverständnis der Sozialarbeiter entsprachen. Den systemischen Ansätzen wurde über Jahre hinweg vorgeworfen, nicht überprüfbar zu sein, keinen erkennbaren Handlungsrahmen zu haben und sich jeglicher Evaluation zu entziehen. Die Vernetzungsbemühungen wurden als modernistischer Trend gesehen, als Versuch der Professionellen, sich ein eigenes Forum zu schaffen, zum Austausch ihrer Ideen, welche die Lebenswelt der Betroffenen doch nie erreichten. Als in der Gemeinwesensarbeit versucht wurde, die Betroffenen an der Konzeptualisierung der Projekte zu beteiligen, wurden viele Kritiker nicht müde, darauf hinzuweisen, dass die Betroffenen selbst solche Beteiligung entweder gar nicht wünschen oder sich in den angebotenen Beteiligungssettings vollkommen fehl am Platze fühlten. Dem Case Management, mit seiner betriebswirtschaftlich anmutenden Terminologie, die sich für viele Professionelle «kalt anfühlt», mit seinen Überlegungen zur Effizienz und Effektivität, wurde Distanz zum Klienten und eine überwiegend marktwirtschaftliche Orientierung unterstellt.

Veränderungen in der Sozialen Arbeit wurden oft als Krisen erlebt und als Kritik an dem Gewesenen und Bestehenden. Sie sorgten aber auch dafür, dass ein gewisser Spannungsbogen erhalten blieb, eine konstruktive Konkurrenz, ein Ringen um Voranschreiten und Anpassung an aktuelle Lebenswelten. Die meisten Professionellen hörten, wenn sie die den Veränderungen innewohnenden Chancen und Möglichkeiten erkannten, irgendwann die Hufschläge der apokalyptischen Reiter in der Ferne verklingen. Anderen, denen es nie gelang, ideologische Pfade zu verlassen, büßten viel von ihrer Begeisterung ein, fühlten sich dauerhaft verletzt, ausgebrannt und depressiv verstimmt.

Die Soziale Arbeit benötigt eine Strategie des Bewahrens und Veränderns. Es sollten nicht vorschnell oder in zu großen Schritten Wissensbestände und

Handlungskonzepte aufgegeben werden, aber gleichzeitig sollte sich eine Kultur der Neugierde und Offenheit entwickeln für die Innovationen, die nicht den Werten, Prinzipien und Normen der Sozialen Arbeit widersprechen und zur Professionalisierung beitragen. Das dient den Klienten, der Profession und der Befindlichkeit der Professionellen, mit welcher diese sich in die Beziehung zu ihren Klienten einbringen müssen. Und wie sagt ein nigerianisches Sprichwort: «Der Mensch ist die Medizin des Menschen.»

13. Literatur

Ablon, J. (1974): Al-Anon family groups. Impetus for Change Through the Presentation of Alternatives. American Journal of Psychotherapy, 28,1,30.

Adler, H. (2001): Formen der Eltern- und Familienarbeit in der Jugendhilfe (2) – Elterntraining und Familieninterventionen. In: Unsere Jugend, 2001, Heft 5, S. 194–204. Online unter: Becker-Textor, I., Textor, M. R. (Hrsg.): SGB VIII - Online-Handbuch. www.sgbviii.de/S83.html.

Aguilera, D. C. (2000): Krisenintervention: Grundlagen – Methoden – Anwendung. Bern.

Alinsky, S. (1973): Die Stunde der Radikalen. Gelnhausen.

Altenthan et al. (2003): In: Hobmaier, H. (Hrsg.): Psychologie. 3. Auflage. Troisdorf.

Ammann, I. et al. (1990): Erfahrungen lebendigen Lernens. Grundlagen und Arbeitsfelder der Themenzentrierten Interaktion. 2. Auflage. Mainz.

Amini, F. et al. (1996): Affect, attachment, memory. Contributions toward psychobiologic integration. In: Psychiatrie, 59, S. 213–239.

Andersen, T. (1990) (Hrsg.): Das Reflektierende Team. Dialoge und Dialoge über Dialoge. Dortmund

Andersen, T., Goolishian, H. (1990a): Menschliche Systeme als sprachliche Systeme. In: Familiendynamik 15 (3), S. 212–243.

Andersen, T., Goolishian, H. (1990b): Der Klient ist Experte: Ein therapeutischer Ansatz des Nicht-Wissens. In: Zeitschrift für systemische Therapie 10 (3), S. 176–189.

Angermaier, M. (1994): Gruppenpsychotherapie. Weinheim.

Ansen, H. (2000): Klinische Sozialarbeit und methodisches Handeln. In: Sozialmagazin (25), 2/2000. S. 16–26.

Ansen, H. (2002): Theoretische Grundlagen der Klinischen Sozialarbeit im Gesundheitswesen. In: Gödecker-Geenen, N., Nau, H. (Hrsg.): Klinische Sozialarbeit – eine Positionsbestimmung. Münster. S. 83–125.

Antonovsky, A. (1997): Salutogenese – Zur Entmystifizierung der Gesundheit. Forum für Verhaltenstherapie und psychosoziale Praxis, Bd. 36. Tübingen.

Antons, K. (1992): Praxis der Gruppendynamik. Göttingen.

Arbeitsgemeinschaft Sozialarbeit in der Dialyse ASD e.V. (2006) (Hrsg.): Lebenswelt und Lebensweltorientierung – eine begriffliche Revision als Angebot an eine systemisch-konstruktivistische Sozialarbeitswissenschaft. Kontext. Zeitschrift für Systemische Therapie und Familientherapie. Göttingen.

Argyle, M. (1972): Soziale Interaktion. Köln.

Bachmair, S. et al. (1995): Beraten will gelernt sein. Weinheim.

Bachmann W., Flothow, K. (1990): NLP und Themenzentrierten Interaktion – Zwei Konzepte des Kommunikationstrainings. Wirtschafts- und berufspädagogische Schriften, Bd. 9. Bergisch Gladbach.

Bacon, St. (2003): Die Macht der Metaphern – The Conscious Use of Metaphor in Outward Bound. 2., überarbeitete Auflage. Augsburg.

Badura, B. (2001): Betriebliches Gesundheitsmanagement. Was ist das, und wie lässt es sich erfolgreich praktizieren? Bundesgesundheitsblatt – Gesundheitsforschung – Gesundheitsschutz 44.

Badura, B. et al. (Hrsg.) (2003): Fehlzeiten-Report 2003. Zahlen, Daten, Analysen aus allen Branchen der Wirtschaft. Wettbewerbsfaktor Work-Life-Balance. Betriebliche Strategien zur Vereinbarkeit von Beruf, Familie und Privatleben. Berlin. S. 5–17.

Badura, B., Hehlmann, Th. (2003): Betriebliche Gesundheitspolitik. Der Weg zur gesunden Organisation. Berlin.

Badura, B., Vetter, Ch. (2004): «Work-Life-Balance» – Herausforderung für die betriebliche Gesundheitspolitik und den Staat. In: Badura, B. & Schellschmidt, H. & Vetter, Ch. (Hrsg.): Fehlzeiten-Report 2003. Berlin. S. 1–15.

Baer v., U., Frick-Baer, G. (2005a): Wohnen im Alter – Wohnformen und Maßnahmen zur Optimierung des Wohnumfeldes. Akademische Schriftenreihe, Bd. V91635. Neukirchen-Vluyn.

Baer v., U., Frick-Baer, G. (2005b): Bausteine einer kreativen Sozio- und Psychotherapie. Ausgewählte Beiträge 1991 bis 2005. Summaries, Anregungen, Folgerungen. Neukirchen-Vluyn.

Bahro, R. (1991): Erzwingt die ökologische Krise eine neue soziale Perspektive? In: M. Lewkowicz (Hrsg.): Neues Denken in der Sozialen Arbeit. Freiburg i. Br.

Balloff, R. (o. J.): Methoden der Verhaltensbeobachtung in praktischer Anwendung. Online unter www.uni-koeln.de/ew-fak/paedagogik/fruehekindheit/texte/BeobachtenUndDokumentierenAlsAufgabeDerBildungsvereinbarung.pdf

Bamberg, E. et al. (Hrsg.) (1998): Handbuch Betriebliche Gesundheitsförderung. Göttingen.

Bandler, R., Grinder, J. (1992): Neue Wege der Kurzzeit-Therapie – Neurolinguistische Programme. Paderborn.

Bartens, W. (2003): Was hab ich bloß? Die besten Krankheiten der Welt. München.

Barthelmess, M. (2001): Systemische Beratung – Eine Einführung für psychosoziale Berufe. Weinheim.

Bartmann, U. (2005): Laufen und Joggen für die Psyche. 4., erw. Auflage. Tübingen.

Bateson, G. et al. (1969a): Auf dem Weg zu einer Schizophrenie-Theorie. In: Bateson, G. (Hrsg.): Schizophrenie und Familie. Frankfurt.

Bateson, G. et al. (1969b): Schizophrenie und Familie. Frankfurt a. M.

Bäuerle, W. (1971): Progressive Konzepte und die sozialpädagogische Praxis. In: NB, 122 ff.

Baumann, U., Pfingstmann, G. (1986): Soziales Netzwerk und soziale Unterstützung. Ein kritischer Überblick. In: Nervenarzt, 57. Jg., S. 686–691.

Becker, G., Simon, T. (1995): Handbuch Aufsuchende Jugend- und Sozialarbeit. Theoretische Grundlagen, Arbeitsfelder, Praxishilfen. Weinheim.

Beher, K. et al. (2000): Strukturwandel des Ehrenamts. Gemeinwohlorientierung im Modernisierungsprozess. Weinheim.

Belardi, N. (2006): Supervision und Praxisberatung. In: Steinebach, Ch. (Hrsg.): Handbuch Psychologische Beratung. Stuttgart.

Bem, D. J. (1972): Self-perception theory. In: Berkowitz, L. (ed.): Advances in experimental social psychology. Vol. 6. New York, London, Toronto.

Berg, I. K., Reuss, N. H. (1999): Lösungen – Schritt für Schritt: Handbuch zur Behandlung von Drogenmissbrauch. Dortmund.

Bergold, J., Filsinger, D. (1993): Vernetzung psychosozialer Dienste. Theoretische und empirische Studien über stadtteilbezogene Krisenintervention und ambulante Psychiatrie. Weinheim.

Bernhardt, J. (1985): Humor in der Psychotherapie. Eine Einführung für Therapeuten und Klienten. Weinheim.

Bernstein, S., Lowy, L. (1982): Untersuchungen zur Sozialen Gruppenarbeit in Theorie und Praxis. Freiburg.

Bertalanffy, L. (1968): General System Theory. New York.

Bertelsmann Stiftung/Hans-Böckler-Stiftung (Hrsg.) (2004): Zukunftsfähige betriebliche Gesundheitspolitik. Vorschläge der Expertenkommission. Gütersloh.

Berting-Hüneke, Ch. et al. (2007): Gartentherapie. Idstein.

Beywl, W., Bestvater, H. (1998): Selbst-Evaluation in pädagogischen und sozialen Arbeitsfeldern. Ergänzung und Alternative zur Fremdevaluation. In: Bundesvereinigung Kulturelle Jugendbildung (Hrsg.): Qualitätssicherung durch Evaluation. S. 33–43. Remscheid.

Biallas et al. (2008): Qualitätssicherung. In: Froböse, I. et al.: Betriebliche Gesundheitsförderung. Möglichkeiten der betriebswirtschaftlichen Bewertung. Wiesbaden, S. 200–224.

Bickel, T. et al. (2007): Gesundheitsligen, Selbsthilfegruppen und weitere soziale Organisationen. In: Gesundheitswesen Schweiz 2007–2009. Bern.

Biestek, F. (1970): Wesen und Grundsätze der helfenden Beziehung in der sozialen Einzelhilfe. 3. Auflage. Freiburg i. Br.

Birnthaler, M. (2008): Erlebnispädagogik und Waldorfschulen. Eine Grundlegung. Stuttgart.

Blätter der Wohlfahrtspflege: Themenheft Klinische Sozialarbeit. In: Blätter der Wohlfahrtspflege 9, 10/1998.

Blüml, H. et al. (2001): Bundesministerium für Familie, Senioren, Frauen und Jugend – Handbuch Sozialpädagogische Familienhilfe. München.

BMFSFJ – Bundesministerium für Familie, Senioren, Frauen und Jugend (Hrsg.) (2005): Work Life Balance. Motor für wirtschaftliches Wachstum und gesellschaftliche Stabilität. Analyse der volkswirtschaftlichen Effekte – Zusammenfassung der Ergebnisse. Berlin.

Böhnisch, L. (2001): Lebensbewältigung. In: Otto, H.-U., Thiersch, H. (Hrsg.): Hanbuch Sozialarbeit, Sozialpädagogik. 2. Auflage. Neuwied.

Booth, C. et al. (1991): Keeping Families Together-The Homebuilders Model. New York.

Borszomenyi-Nagy, I. (1981): Contextual family therapy. In: Gurman; A. S. (Hrsg.): Handbook of family therapy. New York.

Boscolo, L. et al. (1988): Familientherapie – Systemtherapie. Das Mailänder Modell. Dortmund.

Boscolo, L., Bertrando, P. (2000): Systemische Einzeltherapie. Heidelberg.

Bottenberg, E. H. (1995): Neuer Umgang mit Gefühlen – ein anthropologisch-integrativer Ansatz der Psychologie. Originäres Gefühl, Affektkonzept, MetaEmotion und Authentizierung der Gefühle. In: Petzold, H. (Hrsg.): Die Wiederentdeckung des Gefühls. Emotionen in der Psychotherapie und der menschlichen Entwicklung. Paderborn.

Bowlby, J. (1995): Historische Wurzeln, theoretische Konzepte und klinische Relevanz. In: Spangler, G., Zimmermann, P. (Hrsg.): Die Bindungstheorie. Grundlagen, Forschung und Anwendung. Stuttgart.

Boxbücher, K., Egidi, M. (1996): Systemische Krisenintervention. Tübingen.

Brack, R. (1980): Methoden in der Sozialarbeit. In: Deutscher Verein für öffentliche und private Fürsorge (Hrsg.): Fachlexikon der sozialen Arbeit. Frankfurt a. M.

Brack, R. (1995): Qualitätssicherung in der Sozialarbeit. In: Badelt, Ch. (Hrsg.): Qualitätssicherung in den Sozialen Diensten. Beiträge zur Interdisziplinären Fachtagung, 26. Jänner 1995. Krems: Wissenschaftliche Landesakademie für Niederösterreich, S. 5–40.

Brack, R., Geiser, K. (1996): Aktenführung in der Sozialarbeit. Vorschläge für die klientenbezogene Dokumentation als Beitrag zur Qualitätssicherung. Bern.

Bräuer, W., Klawe, W. (2001): Erlebnispädagogik zwischen Alltag und Alaska – Praxis und Perspektiven der Erlebnispädagogik in den Hilfen zur Erziehung. München.

Braun, J. et al. (1997): Selbsthilfe und Selbsthilfeunterstützung in der Bundesrepublik Deutschland. Schriftenreihe des Bundesministeriums für Familie, Senioren, Frauen und Jugend, Bd. 136. Stuttgart.

Breitling v., C. (2008): Sozialtherapie und ambulante Nachsorge. Kriminalprävention durch qualifizierte Nachbetreuung von Straftätern – Ein Nachsorgemodell. Saarbrücken.

Bremm, M. (1990): Coping von Alltagsproblemen. Eine Pilotstudie über den Zusammenhang zwischen Bewältigungsverhalten und Persönlichkeitseigenschaften. Koblenz.

Brill, K. (2009): Deutsche Eiche made in China – Die Globalisierung am Beispiel eines deutschen Dorfes. München.

Brinkmann, R. (2002): Intervision – Ein Trainingsbuch der kollegialen Beratung für die betriebliche Praxis. Heidelberg.

Brocher, T. (1977): Von der Schwierigkeit zu lieben. Stuttgart.

Bronfenbrenner, U. (1981): Die Ökologie der menschlichen Entwicklung. Stuttgart.

Brückner, M. (2004): Der gesellschaftliche Umgang mit menschlicher Hilfsbedürftigkeit: Fürsorge und Pflege in westlichen Wohfahrtsregimen. In: Österreichische Zeitschrift für Soziologie, 29. Jg., H. 2, S. 7–23.

Buchinger, K., Klinkhammer, M. (2007): Beratungskompetenz. Supervision, Coaching, Organisationsberatung. Stuttgart.

Bumham, J. B. (1995): Systemische Familienberatung. Eine Lern- und Praxisanleitung für soziale Berufe. Weinheim.

Bundesarbeitsgemeinschaft Selbsthilfe. Online unter www.bag-selbsthilfe.de

Bundesarbeitsgemeinschaft Streetwork/Mobile Jugendarbeit e. V. (2007): Fachliche Standards für Streetwork und Mobile Jugendarbeit. Online unter: www.bundesarbeitsgemeinschaft-streetwork-mobile-jugendarbeit.de/homepage/standards.htm

Bundesärztekammer (Arbeitsgemeinschaft der deutschen Ärztekammern) und Kassenärztliche Bundesvereinigung (Hrsg): Deutsches Ärzteblatt 2007, 104. Köln.

Bundesministerium für Gesundheit (2006): Wenn das Gedächtnis nachlässt – Ratgeber für die häusliche Betreuung demenzkranker älterer Menschen. Berlin.

Bundesregierung (Hrsg.) (2001): Lebenslagen in Deutschland. Berlin.

Bundeszentrale für gesundheitliche Aufklärung (BZgA) (2001): Was erhält Menschen gesund? Antonovskys Modell der Salutogenese. Diskussionsstand und Stellenwert. Köln.

Burkitt M. J. (1994): The shifting concept of the self. History of Human Sciences, 7, S. 7-28. In: Milne, D. L. (1999): Social Therapy. A Guide to Social Support Interventions for Mental Health Practitioners. New York.

Calouste Gulbenkian Fondation (Hrsg.) (1972): Gemeinwesenarbeit und sozialer Wandel. Freiburg.

Cohen, S., Willis, T. A. (1985): Stress, social support, and the buffering hypothesis. Psychological Bulletin, 98, S. 310–357.

Cohn, R. (2009): Von der Psychoanalyse zur themenzentrierten Interaktion: Von der Behandlung einzelner zu einer Pädagogik für alle. 16. Auflage. Stuttgart.

Cohn, R., Farau, A. (1995): Gelebte Geschichte der Psychotherapie. 1. Aufl. in der Reihe Konzepte der Humanwissenschaften. Stuttgart.

Conradi, E. (2001): Take Care. Grundlagen einer Ethik der Achtsamkeit. Frankfurt a. M.

Crefeld, W. (2000): Beratung in der Sozialpsychiatrie. In: Blätter der Wohlfahrtspflege 5+6/2000, S. 119–122.

Culley, S. (1996): Beratung als Prozeß. Weinheim.

Decker-Voigt, H. (2000) (Hrsg.): Schulen der Musiktherapie. München.

Deest, v. H. (1994): Heilen mit Musik – Musiktherapie in der Praxis. Stuttgart.

De Jong, P., Berg I. K. (2003): Lösungen (er-)finden: das Werkstattbuch der lösungsorientierten Kurztherapie Systemische Studien, Bd. 17. Dortmund.

Denger, J. (Hrsg.) (1995): Lebensformen in der sozialtherapeutischen Arbeit. Stuttgart.

De Shazer, St. (1990): Wege der erfolgreichen Kurztherapie. 2. Auflage. Stuttgart.

De Shazer, St. (2004): Das Spiel mit Unterschieden. Wie therapeutische Lösungen lösen. Heidelberg.

Deutsch, M. (1976): Konfliktregelung. München.

Deutscher Berufsverband für Soziale Arbeit e.V. (DBSH). Online unter www.dbsh.de

Deutsches Kuratorium für Therapeutisches Reiten e.V. 2008. Online unter www.dkthr.de

Deutscher Verband für Gesundheitssport und Sporttherapie e.V. Online unter www.dvgs.de/

DGS, Deutsche Gesellschaft für Sozialarbeit. Arbeitskreis Sozialarbeit & Gesundheit (2001): Plädoyer für klinische Sozialarbeit – Klinische Sozialarbeit – als Fachgebiet der Sozialen Arbeit. In: Forum Krankenhaussozialarbeit 1/2001, S. 17–19.

DGSv, Deutsche Gesellschaft für Supervision e.V. (1992) (Hrsg.): Gruppendynamik & Organisationsberatung, 23. Jahrgang, Heft 3, 1992, S. 315–325.

DGSv, Deutsche Gesellschaft für Supervision e.V. (2003): Supervision – ein Beitrag zur Qualifizierung beruflicher Arbeit. Köln.

DGSv, Deutsche Gesellschaft für Supervision e.V. (2009): Standards für die Ausbildung zum Supervisor. Online unter www.dgsv.de/pdf/Standards.pdf

Diebäcker, M. (Hrsg.) (2004): Partizipative Stadtentwicklung und Agenda 21. Diskurse – Methoden – Praxis. Wien.

Dorfman, R. (1996): Clinical Social Work. New York.

Dörr, M. (2002): Klinische Sozialarbeit – eine notwendige Kontroverse. In: Grundlagen der Sozialen Arbeit. Bd. 7, IV. Baltmannsweiler.

Dross, M. (2001): Krisenintervention. Göttingen.

Dungs, S. et al. (2006): Soziale Arbeit und Ethik im 21. Jahrhundert. Leipzig.

Ebli, H., Groth, U. (2004): Schuldnerberatung. In: Nestmann, F. et al. (Hrsg.): Das Handbuch der Beratung; Bd. 1. Disziplinen und Zugänge. Tübingen.

Egan, G. (1993): Helfen durch Gespräch. Weinheim.

Effinger, H. (2005): Mit Humor durch schwere Zeiten. In: Sozialmagazin 2/05, S. 13–20.

Effinger, H. (2006): Lachen erlaubt! Witz und Humor in der Sozialen Arbeit. Regensburg.

Effinger, H., Märtens, M. (Hrsg.) (2003): Professionell kommunizieren. Elementare Handlungskompetenz in der Sozialen Arbeit. Leipzig.

Elias, N., Scotson, J. (1965): The Established and the Outsiders. A Sociological Enquiry into Community Problems. London.

Elias, N., Scotson, J. L. (2002): Etablierte und Außenseiter. Frankfurt a. M.

Engel, F. et al. (2004): Beratung – Ein Selbstverständnis in Bewegung. In: Nestmann, F. et al. (Hrsg.): Das Handbuch der Beratung; Bd. 1. Disziplinen und Zugänge. Tübingen.

Engel, G. L. (1977): The need for a new medical model. A challenge for bio-medicine. Science, 8. April 1977. Vol. 196, Number 4286, S. 129–136.

Engelke, E. (1992): Soziale Arbeit als Wissenschaft. Eine Orientierung. Freiburg i. Br.

Engelke, E. (1999): Soziale Arbeit als Wissenschaft. Eine Orientierung. Freiburg i. Br.

Engler, R. (1994): Rahmenkonzeption für das Arbeitsfeld Betriebliche Sozialarbeit. Online unter www.bbs-ev.de/rahmenkonzeption_3040101.php

Erikson, E. (1950): Childhood and Society. New York.

Erikson, E. (1980): Identität und Lebenskrise. 6. Auflage. Frankfurt a. M.

Erikson, E. (1992): Der vollständige Lebenszyklus. Frankfurt a. M.

Eskamed AG (2002): Praxisatlas Gesundheit. Das große Standardwerk zu Diagnose und Therapie. Gütersloh.

Ewers, M. & Schaeffer, D. (2000): Case Management in Theorie und Praxis. Bern.

Fachverband Sucht e.V. (1996): Sucht und Erwerbsfähigkeit – Wie erfüllen Rehabilitationseinrichtungen ihren Auftrag? Geesthacht.

Fachverband Sucht e.V. (2001): Rehabilitation Suchtkranker – mehr als Psychotherapie. Geesthacht.

Fachverband Sucht e.V. (2007): Wirksame Therapie – Wissenschaftlich fundierte Suchtbehandlung. Geesthacht.

Faltermaier, T. (2004): Gesundheitsberatung. In: Nestmann, F. et al. (Hrsg.): Das Handbuch der Beratung; Bd. 2. Ansätze, Methoden und Felder. Tübingen.

Farrelly, F., Brandsma, J. (1986): Provokative Therapie. Heidelberg.

Fassnacht, G. (1995): Systematische Verhaltensbeobachtung – Eine Einführung in die Methodologie und Praxis. München.

Feger, H. et al. (1982): Gruppenprozesse. Wiesbaden.

Fehren, O. (2008): Wer organisiert das Gemeinwesen? Zivilgesellschaftliche Perspektiven Sozialer Arbeit als intermediärer Instanz. Berlin.

Feil, N. (2000): Validation. Ein Weg zum Verständnis verwirrter alter Menschen. München.

Feil, N. (2004): Validation in Anwendung und Beispielen. München.

Feinbier, R. J. (1997): Klinische Sozialarbeit: ein Prolog. Sankt Augustin.

Festinger, L. (1968): A Theory of Cognitive Dissonance. Stanford.

Feustel, A. (Hrsg.) (1997): Salomon, A. (1908): Zur Eröffnung der Sozialen Frauenschule. In: Salomon, A.: Frauenemanzipation und soziale Verantwortung. Ausgewählte Schriften, Band I: 1886–1908. Neuwied.

Fiedler, P. (1996): Verhaltenstherapie in und mit Gruppen. Weinheim.

Fillip, S. (1995): Kritische Lebensereignisse. 3. Auflage. Weinheim.

Flick, U. et al. (1991): Handbuch Qualitative Sozialforschung. München.

Foerster v., H. (1985): Sicht und Einsicht: Versuche zu einer operativen Erkenntnistheorie. Braunschweig (Neuauflage: Heidelberg 1999).

Foerster v., H. (1996): Das Konstruieren einer Wirklichkeit. In: Watzlawick P. (Hrsg.): Die erfundene Wirklichkeit – Wie wissen wir, was wir zu wissen glauben. Beiträge zum Konstruktivismus. 16. Auflage. München.

Förderpool «Partner der Selbsthilfe» (2004)(Hrsg.): Fördern und Fordern. Berlin.

Forum SOZIAL (2001): Themenheft zur Klinischen Sozialarbeit.

Frieboes, R. M. (2005): Grundlagen und Praxis der Soziotherapie. Richtlinien, Begutachtung, Behandlungskonzepte, Fallbeispiele, Antragsformulare. Stuttgart.

Frietsch, R., Löcherbach, P. (1995): Soziale Unterstützung als Handlungsansatz in der Sozialen Arbeit. In: Ningel, R., Funke, W. (Hrsg.): Soziale Netze in der Praxis. Göttingen.

Freire, P. (1980): Pädagogik der Unterdrückten. Bildung als Praxis der Freiheit. 3. Auflage. Reinbek.

Frings, W. (1996): Humor in der Psychoanalyse. Eine Einführung in die Möglichkeiten humorvoller Interventionen. Stuttgart.

Funk, G., Lindemann, K.-H. (1997): «Families First» (FF) als neue Methode der Sozialarbeit – eine kritische Replik. In: Unsere Jugend. München. Nr. 10, S. 413–425.

Funk, G., Lindemann, K.-H. (2000): Families First – ein Kriseninterventionsprogramm mit guten Ergebnissen, aber schlechten Realisierungschancen. In: Forum Erziehungshilfen. Votum; 6 (2000); Nr. 3. Münster, S. 174–183.

Gammer, C. (2007): Die Stimme des Kindes in der Familientherapie. Heidelberg.

Gairing, F. (2008): Organisationsentwicklung als Lernprozess von Menschen und Systemen. Weinheim.

Galuske, M. (2001): Methoden der Sozialen Arbeit. Eine Einführung. 3. Auflage. Weinheim.

Galuske, M. (2002): Methoden in der Sozialen Arbeit. Eine Einführung. 4. Auflage. Weinheim.

Galuske, M. (2005): Methoden der Sozialen Arbeit. Eine Einführung. 6. Auflage Weinheim.

Galuske, M. (2007): Methoden der Sozialen Arbeit. Eine Einführung. 7. Auflage. Weinheim.

Galuske, M. (2009): Methoden der Sozialen Arbeit. Eine Einführung. 8. Auflage. Weinheim.

Gehrmann, G., Müller, K. D. (2001): Praxis Sozialer Arbeit – Familie im Mittelpunkt. Regensburg.

Gehrmann, G., Müller, K. D. (2008): Praxis Sozialer Arbeit – Familie im Mittelpunkt. 3. Auflage. Regensburg.

Gehrmann, G. et al. (1997): «Familie im Mittelpunkt» – Ein Hilfeprogramm für Familien in der Krise. Jugendhilfe. Regensburg.

Geißler, K.-H., Hege, M. (1978): Konzepte sozialpädagogischen Handelns. München.

Geißler, K.-H., Hege, M. (2001): Konzepte sozialpädagogischen Handelns. 10. Auflage. Weinheim.

Geißler-Piltz, P. et al. (2005): Klinische Sozialarbeit. Soziale Arbeit im Gesundheitswesen. Bd. 7. München.

Germain, C., Gitterman, A. (1983): Praktische Sozialarbeit – Das «Life-Model» der Sozialen Arbeit. Stuttgart.

Geyer, S. (2003): Forschungsmethoden in den Gesundheitswissenschaften. Eine Einführung in die empirischen Grundlagen. Weinheim.

Gildemeister, R. (1992). Neuere Aspekte der Professionalisierungsdebatte. In: neue praxis 22, S. 207–219.

Gillich, St. (2006): Formen und Grundsätze der Kontaktaufnahme in den Arbeitsfeldern Streetwork und Mobile Jugendarbeit. In: Gillich, St. (Hrsg.): Professionelles Handeln auf der Straße. Praxisbuch Streetwork und Mobile Jugendarbeit. Gelnhausen.

Gillich, St. (2007) (Hrsg.): Streetwork konkret. Standards und Qualitätsentwicklung. Gelnhausen.

Gilsdorf, R. (2004): Von der Erlebnispädagogik zur Erlebnistherapie. Perspektiven erfahrungsorientierten Lernens auf der Grundlage systemischer und prozessdirektiver Ansätze. Bergisch Gladbach.

Gilsdorf, R., Kistner, G. (1995): Kooperative Abenteuerspiele. Bd. 1. Seelze.

Glasersfeld v., E. (1985): Einführung in den radikalen Konstruktivismus. In: Watzlawick, P. (Hrsg): Die erfundene Wirklichkeit. München.

Glasersfeld v., E. (1996): Radikaler Konstruktivismus. 1. Auflage. Frankfurt a. M.

Gödecker-Geenen, N. (2003): Fachsozialarbeit und Berufsstand. Eine Chance zur Positionierung Sozialer Arbeit in Zeiten des Wandels. In: Wohlfahrtswerk für Baden-Württemberg (Hrsg.): Blätter der Wohlfahrtspflege. Deutsche Zeitschrift für Soziale Arbeit. 4/2003, S. 129–133.

Gödecker-Geenen, N. et al. (2003): Der Patient im Krankenhaus und sein Bedarf an psychosozialer Beratung. Eine empirische Bestandsaufnahme. Münster.

Gödecker-Geenen N., Nau, H. (2002): Klinische Sozialarbeit. Eine Positionsbestimmung. Münster.

Gödecker-Geenen, N., Weis, I. (2002). Klinische Sozialarbeit in der Praxis. Soziale Arbeit in Krankenhäusern und Rehabilitationskliniken. In: Gödecker-Geenen, N., Nau, H. (Hrsg.). Klinische Sozialarbeit – eine Positionsbestimmung. Münster, S. 8–17.

Grawe, K. (1980): Verhaltenstherapie in Gruppen. München.

Gref, K. (1995): Was macht Streetwork aus? Inhalte – Methoden – Kompetenzen. In: Becker, G., Simon, T.: Handbuch Aufsuchende Jugend- und Sozialarbeit. Theoretische Grundlagen, Arbeitsfelder, Praxishilfen. Weinheim.

Greve, W., Wentura, D. (1997) Wissenschaftliche Beobachtung. Eine Einführung. Weinheim.

Grossmann, K. E. et al. (1997): Die Bindungstheorie. Modell, entwicklungspsychologische Forschung und Ergebnisse. In: Keller, H. (Hrsg.): Handbuch der Kleinkindforschung. Bern. S. 51–95.

Groth, U. et al. (2002): Schuldnerberatung – Das Praxishandbuch. Neuwied.

Guntern, G. (1980): Die kopernikanische Revolution in der Psychotherapie. Der Wandel vom psychoanalytischen zum systemischen Paradigma. In: Duss von Werdt, J., Welter-Enderlein, R. (Hrsg.): Der Familienmensch: Systemisches Denken und Handeln in der Therapie. Stuttgart. S. 74–96.

Habermas, J. (1981): Theorie des kommunikativen Handelns. Frankfurt a. M.

Habermas, J. (2001): Glauben und Wissen. Rede zur Verleihung des Friedenspreises des deutschen Buchhandels. Frankfurter Allgemeine Zeitung vom 13.10.2001, S. 9.

Hahn, K. (1930): Die sieben Salemer Gesetze. In: Knoll, M. (Hrsg.) (1998): Kurt Hahn. Reform mit Augenmaß. Ausgewählte Schriften eines Politikers und Pädagogen. Stuttgart. S. 151–153.

Haley, J. (1977): Drektive Familientherapie. Strategien für die Lösung von Problemen. München.

Havighurst, R. J. (1982): Developmental tasks and education (first ed. 1948). New York.

Hawkins, P., Shohet, R. (1989; 2000): Supervision in the helping Professions. An individual, group and organizational approach. Milton Keynes, Open University Press.

Heckmann, W. et al. (Hrsg.) (1979): Zur Therapie junger Drogenabhängiger. Erfahrungen und Ergebnisse aus Therapeutischen Wohngemeinschaften. Freiburg i. Br.

Heckmair, B., Michl, W. (2008): Erleben und Lernen – Einführung in die Erlebnispädagogik. 6., überarbeitete und erweiterte Auflage. München.

Heide, M. (2001) (Hrsg.): «Wenn ich erst wieder Arbeit habe … » – Adaptionsbehandlung als zweite Phase der medizinischen Rehabilitation Suchtkranker. Geesthacht.

Heimgartner, A. (2004): Ehrenamtliche bzw. freiwillige Arbeit in Einrichtungen Sozialer Arbeit. Wien.

Heiner, M. (1995a): Nutzen und Grenzen systemtheoretischer Modelle für eine Theorie professionellen Handelns (Teil 1). In: Neue Praxis, 25. Jg., S. 426–441.

Heiner, M. (1995b): Nutzen und Grenzen systemtheoretischer Modelle für eine Theorie professionellen Handelns (Teil 2). In: Ansätze zu einer handlungstheoretischen Fundierung der Sozialen Arbeit. Neue Praxis, 25. Jg., S. 524–546.

Heiner, M. et al. (1994): Methodisches Handeln in der Sozialen Arbeit. Freiburg i. Br.

Heiner, M. et al. (1995): Methodisches Handeln in der Sozialen Arbeit. Freiburg i. Br.

Heiner, M. et al. (1998): Methodisches Handeln in der Sozialen Arbeit. Freiburg i. Br.

Heller, K. et al. (1986): Component social support process. Comments & Integration. Journal of Consulting & Clinical Psychology, 54.

Hendriksen, J. (2002): Intervision – Kollegiale Beratung in Sozialer Arbeit und Schule. Weinheim.

Henkel, G. (2004): Der ländliche Raum, Gegenwart und Wandlungsprozesse seit dem 19. Jahrhundert in Deutschland. Berlin/Stuttgart.

Herriger, N. (2002): Empowerment in der Sozialen Arbeit. Stuttgart.

Herriger, N. (2007): Empowerment. In: Deutscher Verein für Öffentliche und Private Fürsorge: Fachlexikon der sozialen Arbeit. Frankfurt a. M.

Herwig-Lempp, J., Schwabe, M. (2002): Soziale Arbeit. In: Wirsching, M., Scheib, P. (Hrsg.): Lehrbuch für Paar- und Familientherapie. Berlin.

Hesse, J. (2002): Ressourcen- und Lösungsorientierung. In: Fengler, J. : Handbuch der Suchtbehandlung: Beratung – Therapie – Prävention. Landsberg.

Hesse, H. (1924): Heiterkeit. Berganzona.

Heuermann, M. (2001): Tatjana Gsovsky und das «Dramatische Ballett»: der «Berliner Stil» zwischen Der Idiot und Tristan. Bremen, Dissertation.

Hinte, W. (1989): Studienbuch Gruppen- und Gemeinwesenarbeit. Eine Einführung für Ausbildung und Praxis. Neuwied.

Hinte, W., Karas, F. (1989): Studienbuch Gruppen- und Gemeinwesenarbeit. Neuwied.

Hinte, W. et al. (Hrsg.) (2007): Grundlagen und Standards der Gemeinwesenarbeit. Ein Reader zu Entwicklungslinien und Perspektiven. 2., aktualisierte Auflage. Weinheim.

Hirschhausen v., E. (2005): Sich selbst nicht immer «todernst» nehmen – rät der Arzt. In: Hamburger Abendblatt, 29.10.2005. Online unter www.abendblatt.de/daten/2005/10/29/4975111.html

Höfner, E., Schachtner, U. (2006): Das wäre doch gelacht! Humor und Provokation in der Therapie. 5. Auflage. Reinbek.

Hofstätter, P. R. (1990): Gruppendynamik: Kritik der Massenpsychologie. 2. Auflage. Reinbek.

Hollis, F. (1974): Die psychosoziale Arbeitsweise als Grundlage Sozialer Einzelhilfe-Praxis. In: Roberts W. R., Nee, R. H. (Hrsg.): Konzepte der Sozialen Einzelhilfe. Freiburg i. Br.

Hollingshead, A., Redlich, F. (1958): Social Class and Mental Illness: A Community Study. New York.

Hollstein-Brinkmann, H. (1993): Soziale Arbeit und Systemtheorien. Freiburg i. Br.

Homans, G. C. (1972): Theorie der sozialen Gruppe. 6. Auflage. Opladen.

Hoyer, K. (1998): Soziale Beratung im Unternehmen. Online unter www.bbs-ev.domainfactory-kunde.de/literaturliste/autoren/H.html

Huber, H., Schild, W. (1996): Praxis des sozialtherapeutischen Rollenspiels. München.

Hufenus, H.-P. (1993): Erlebnispädagogik – Grundlagen. In: Herzog, F. (Hrsg.): Erlebnispädagogik. Schlagwort oder Konzept? Luzern.

Hurrelmann, K. (2000): Gesundheitssoziologie. Weinheim.

Jancik, J. M. (2002): Betriebliches Gesundheitsmanagement. Produktivität fördern, Mitarbeiter binden, Kosten senken. 1. Auflage. Wiesbaden.

Johannsen, M. J. (2008): Betreutes Wohnen – Grundlagen und Selbstverständnis sozialpädagogischer Arbeit in der Gemeindepsychiatrie. Saarbrücken.

Jungnitsch, G. (1999): Klinische Psychologie. Stuttgart.

Kähler, H. D. (1999): Fachhochschule Düsseldorf. Fachbereich Sozial- und Kulturwissenschaften. Online unter www.selbstevaluation.de/fachbeitraege/erstesverstaendnis01.html#abschnitt1

Kahl, K. et al. (2007): Praxishandbuch ADHS. Stuttgart.

Kaplan, B. H. et al. (1977): Social Support and Health. Medical Care, 15, S. 47–58.

Karas, F., Hinte, W. (1978): Grundprogramm Gemeinwesenarbeit. Wuppertal.

Keller, H. (Hrsg.) (2002): Handbuch der Kleinkindforschung. 2. Auflage. Bern.

Kinney, J. et al. (1991): Keeping families together. The Homebuilders model. New York.

Kirchgraber, St. (2007): Was kann gemeinwesenorientierte Sozialarbeit zur Generationenfrage beitragen? Rubigen. Online unter www.soziothek.ch

Klein, R. (2002): Berauschte Sehnsucht – zur ambulanten systemischen Therapie süchtigen Trinkens. Heidelberg.

Kleve, H., Ortmann, K. (2000): Sozialarbeitswissenschaft und Sozialmedizin – Ein bezugswissenschaftliches Verhältnis. In: Theorie und Praxis der Sozialen Arbeit, Jg. 51, Heft 3, S. 114–117.

Köck, P. (1997): Praxis der Beobachtung. Donauwörth.

Koelsch, H. et al. (2004): Erlebnispädagogik in der Natur. Ein Praxisbuch für Einsteiger. München.

König, J. (2000): Einführung in die Selbstevaluation. Ein Leitfaden zur Bewertung der Praxis Sozialer Arbeit. Freiburg i. Br.

Konopka, G. (1971): Heime – Lückenbüßer oder Lebens-Chance? Soziale Gruppenarbeit in offenen und geschlossenen Einrichtungen. Wiesbaden.

Konopka, G. (2000): Soziale Gruppenarbeit – Ein helfender Prozess. Weinheim.

Korczak, D., Pfefferkorn, G. (1992): Überschuldungssituation und Schuldnerberatung in der BRD. Studie im Auftrag des Bundesministeriums für Familie, Senioren, Frauen und Jugend. Stuttgart.

Kraus, B. (2002): Konstruktivismus – Kommunikation – Soziale Arbeit. Radikalkonstruktivistische Betrachtungen zu den Bedingungen des sozialpädagogischen Interaktionsverhältnisses. Heidelberg.

Kraus, B. (2006): Lebenswelt und Lebensweltorientierung – eine begriffliche Revision als Angebot an eine systemisch-konstruktivistische Sozialarbeitswissenschaft. In: Kontext 37(2), S. 116–129.

Kraus, W. (2002). Die Heilkraft der Musik. Einführung in die Musiktherapie. München.

Kreszmeier, A., Hufenus, H.-P. (2000): Wagnisse des Lernens. Aus der Praxis der kreativ-rituellen Prozessgestaltung. Bern.

Kromrey, H. (2001): Evaluation – ein vielschichtiges Konzept. Begriff und Methodik von Evaluierung und Evaluationsforschung. Empfehlungen für die Praxis. In: Sozialwissenschaften und Berufspraxis, Jg. 24(2): 2001, S. 105–131.

Kubie, L. (1971): The destructive potential of humor in psychotherapy. The American Journal of Psychiatry, 127, 37–42. In: Frings, W. (1996): Humor in der Psychoanalyse: Eine Einführung in die Möglichkeiten humorvoller Intervention. Stuttgart.

Kurlemann, U. (2000). Klinische Sozialarbeit im System Krankenhaus. Kapitel 6. S. 1–27. In: Der Krankenhausmanager. Berlin.

Landschaftsverband Rheinland. Online unter www.kreativtherapien.lvr.de/Kunst/

Langmaack, B. (2000): Themenzentrierte Interaktion. Einführende Texte rund ums Dreieck. 4. Auflage. Weinheim.

Langmaack, B., Braune-Krickau, M. (1989): Wie die Gruppe laufen lernt. Weinheim.

Lantermann, E. D. (1983): Kognitive und emotionale Prozesse beim Handeln. Bern.

Lasogga, F., Gasch, B. (2007): Notfallpsychologie. Lehrbuch für die Praxis. Berlin.

Lattke, H. (1961): Gegenwartsanforderungen an Methodik und Organisation der Sozialarbeit. In: Caritas 12/1961, S. 315–334.

Laubscher, R. (2006): Betriebliche Sozialberatung Unterstützung in sozialen Fragen In: HRM-Dossier Nr. 32/2006. Zürich.

Lauer, W. (1974): Humor als Ethos. Eine moralpsychologische Untersuchung. Bern.

Leist-Villist, A. (2004): Zweisprachigkeit im Kontext sozialer Netzwerke. Unterstützende Rahmenbedingungen zweisprachiger Entwicklung und Erziehung am Beispiel griechisch-deutsch. Münster.

Lewy, A., Weitz, L. (Hrsg.) (2003): Praxis Bürgerbeteiligung. Ein Methodenhandbuch. Bonn.

Lippmann, E. (2003): Intervision – Kollegiales Coaching professionell gestalten. Berlin.

Löcherbach, P. (1992): Der Mythos Suchtprävention. Koblenz.

Löcherbach, P. (1996): Soziale Unterstützungsarbeit – Neues zum Case Management. Socialmanagement, 5/96, S. 16–21.

Löcherbach, P. (2002): Qualität im Case Management – Bedarf und Angebote. Online unter www.casemanager.de

Löcherbach, P. (2004): Assessment im Case Management und sozialpädagogische Diagnostik. In: Schrapper, Ch. (Hrsg.): Sozialpädagogische Diagnostik und Fallverstehen in der Jugendhilfe. Anforderungen, Konzepte, Perspektiven. Weinheim.

Löcherbach, P. (2005): Innovation in und durch Case Management. In: Wendt, W. R. (Hrsg.): Innovation in der Sozialen Arbeit. Freiburg i. Br.

Löcherbach, P., Ningel, R. (2001): Case Management im Team. Sozialmagazin, Heft 2, 26. Jg., S. 12–21.

Löcherbach, P., Puhl, R. (2002): Systemtheorien und Soziale Arbeit. Ein Zwischenstand. In: Sozialmagazin (27), 10/2002, S. 33–41.

Löcherbach, P. et al. (2002): Case Management – Fall- und Systemsteuerung in Theorie und Praxis. Neuwied.

Löcherbach, P. et al. (2009): Evaluationsstudie zur Patientenbegleitung der Bosch BKK. Unveröffentlichter Abschlussbericht. KFH-Mainz. Mainz.

Löhmer, C., Standhardt, R. (2006): Themenzentrierten Interaktion – Die Kunst, sich selbst und eine Gruppe zu leiten. Einführung in die Themenzentrierte Interaktion. Stuttgart.

Luft, J., Ingham, H. (1955): The Johari Window. A graphic model for interpersonal relations. Western Training Laboratory in Group Development. University of California at Los Angeles.

Luft, J. (1971): Einführung in die Gruppendynamik. Stuttgart.

Luhmann, N. (1991): Zweckbegriff und Systemrationalität. Frankfurt a. M.

Luhmann, N. (1993): Soziale Systeme. Grundriss einer allgemeinen Theorie. Frankfurt a. M.

Lüttringhaus, M., Richers, H. (2003): Handbuch Aktivierende Befragung. Bonn.

Maas, H. S. (1966): Für die soziale Einzelfallhilfe grundlegende Begriffe. In: Friedländer, W. A., Pfaffenberger, H.: Grundbegriffe und Methoden der Sozialarbeit. Neuwied. S. 55–56.

Mahr, A. (1979): Die Störungsprioritätsregeln in TZI-Gruppen. Psychoanalytische und empirische Studien. Göttingen.

Malcher, J. (1977): Gruppen nicht ohne Dynamik. München.

Marburger, H. (1979): Entwicklung und Konzepte der Sozialpädagogik. Weinheim.

Martin E. & Wawrinowski, U. (2000): Beobachtungslehre – Theorie und Praxis reflektierter Beobachtung und Beurteilung. Weinheim.

Marquard, O. (1976): Exile der Heiterkeit. In: Preisendanz, W., Warning, R. (Hrsg.): Poetik und Hermeneutik. Bd. 7 «Das Komische». München.

Maturana, H., Varela, F. (1987): Der Baum der Erkenntnis. München.

Maus, F., Beilmann, M. (2000): Mythos Qualität. Erfahrungsberichte aus der Sozialen Arbeit. Stuttgart.

McGoldrick, M. et al. (2009): Genogramme in der Familienberatung. Bern.

Meinhold, M. (1988): Intervention in der Sozialarbeit. In: Hörmann, G., Nestmann, F. (Hrsg.): Handbuch der psychosozialen Intervention. Opladen. S. 70–80.

Meinhold, M. (1998): Qualitätssicherung als soziales Steuerungsinstrument. Blätter der Wohlfahrtskunde 145, S. 241–248.

Mennemann, H. (2010): Editorial. Case Management 6, 2, 2010. S. 1–2.

Merton, R. (1968): Nach Weber. Die unterwarteten Konsequenzen in der Analyse Robert Mertons. In: Bonazzi, G. (2008, S. 180): Geschichte des organisatorischen Denkens. Wiesbaden.

Messer, B. (2005): 100 Tipps für die Validation. Hannover.

Michel, W. (1968): Personality and Assessment, New York.

Miller, W., Rollnick, S. (2002): Motivierende Gesprächsführung. Freiburg i. Br.

Miller, von T. (1999): Systemtheorie und Soziale Arbeit. Ein Lehr- und Arbeitsbuch. Stuttgart.

Minuchin, S. (1977): Familien und Familientherapie. Freiburg i. Br.

Moeller, M. L. (1978): Selbsthilfegruppen – Selbstbehandlung und Selbsterkenntnis in eigenverantwortlichen Kleingruppen. Reinbek.

Moeller, M. L. (1979): Das demokratische Arbeitsbündnis in Selbsthilfegruppen. In: Psychosozial 1979/2, S. 36–66.

Mohrlock, M. et al. (1993): Let's Organize! Gemeinwesenarbeit und Community Organizing im Vergleich. München.

Montada, l. (1995): Fragen, Konzepte, Perspektiven. In: Oerter, R., Montada, L. (Hrsg.): Entwicklungspsychologie. Ein Lehrbuch. 3. Auflage. Weinheim.

Moreno, J. L. (1934): Who shall survive? (dt.: Die Grundlagen der Soziometrie – Wege zur Neuordnung der Gesellschaft 1953). 4. Auflage 1996. Opladen.

Moreno, J. L. (1959): Gruppenpsychotherapie und Psychodrama. Stuttgart.

Moreno, J. L. (1989): Psychodrama und Soziometrie. Essentielle Schriften. In: Fox, J. (Hrsg.): Edition Humanistische Psychologie. Köln.

Möller, H. (2003): Was ist gute Supervision. Grundlagen–Merkmale–Methoden. Stuttgart.

Möller, H. (2008): Der integrative Supervisionsansatz. In: Deutsche Gesellschaft für Supervision e.V. (Hrsg.): Konzepte für Supervision. Neun theoretische und methodische Ansätze. Online unter www.dgsv.de/pdf/Konzepte.pdf

Möller, M. (1978): Selbsthilfegruppen. Reinbek.

Mühlum, A. (1994): Zur Notwendigkeit und Programmatik einer Sozialarbeitswissenschaft. In: Wendt, W. R. (Hrsg.): Sozial und wissenschaftlich arbeiten. Status und Position der Sozialarbeitswissenschaften, Freiburg i. Br.

Mühlum, A. (2000): Quo vadis klinische Sozialarbeit? Clinical Social Work als Entwicklungsperspektive. In: Forum Krankenhaussozialarbeit, 3, S. 11–14.

Mühlum, A. (2001a): Wie viel Spezialisierung braucht – und verträgt – die Soziale Arbeit? In: Forum Sozial 2/2001, S. 12–15.

Mühlum, A. (2002): Klinische Sozialarbeit – Stationen einer Kontroverse. In: Gödecker-Geenen, N., Nau, H. (Hrsg.): Klinische Sozialarbeit – eine Positionsbestimmung. Münster, S. 18–56.

Mühlum, A. (2003): Fachlichkeit Sozialer Arbeit im Gesundheitswesen. Argumente für eine gestufte Spezialisierung. Blätter der Wohlfahrtspflege, 4, S. 134–137.

Müller, B. (1993): Sozialpädagogisches Können. Freiburg i. Br.

Müller, B. (2006): Sozialpädagogisches Können. Ein Lehrbuch zur multiperspektivischen Fallarbeit. 4. Auflage. Freiburg i. Br.

Müller, C. W. (1971): Die Rezeption der Gemeinwesenarbeit in der Bundesrepublik Deutschland. In: Müller, C. W., Nimmermann, P. (Hrsg.): Stadtplanung und Gemeinwesenarbeit. Texte und Dokumente. München.

Müller, K. D., Gehrmann, G. (2001): Familie im Mittelpunkt. Regensburg.

Müller-Kohlenberg, H., Beywl, W. (2003): Standards der Selbstevaluation – Begründung und aktueller Diskussionsstand. In: Zeitschrift für Evaluation, Nr. 1, 2003, S. 65–75.

Müller-Scholl, A., Priepke, M. (1983): Sozialmanagement. Zur Förderung systematischen Entscheidens, Planens, Organisierens, Führens und Kontrollierens in Gruppen. Braunschweig.

NAKOS (2006): Selbsthilfe unterstützen. Berlin.

Nationale Kontakt- und Informationsstelle zur Anregung und Unterstützung von Selbsthilfegruppen. Online unter www.nakos.de

Natorp, P. (1920): Sozialidealismus. Neue Richtlinien sozialer Erziehung. Berlin.

Nau, H. (1999): Casemanagement zu stationären Hilfen bei Pflegebedürftigkeit/Case-Management in der Beratung zu Rehabilitationen im Anschluss an den Krankenhausaufenthalt. Krankenhaussozialarbeit Forum 4/99, S. 36–42.

Nau, H. (2002): Perspektiven für die Klinische Sozialarbeit im Gesundheitswesen – Ein Ausblick. In: Gödecker-Geenen, N., Nau, H. (Hrsg.): Klinische Sozialarbeit. Eine Positionsbestimmung. Münster.

Nestmann, F. (2004): Beratungsmethoden und Beratungsbeziehung. In: Nestmann, F. et al. (Hrsg.): Das Handbuch der Beratung. Bd. 2: Ansätze, Methoden und Felder. Tübingen. S. 783–796.

Nestmann, F. et al. (2004a): Das Handbuch der Beratung; Bd. 1: Disziplinen und Zugänge. Tübingen.

Nestmann, F. et al. (2004b): Das Handbuch der Beratung. Bd. 2: Ansätze, Methoden und Felder. Tübingen.

Nestmann, F. et al. (2004c): Statt einer «Einführung»: Offene Fragen «guter Beratung». In: Nestmann, F. et al. (Hrsg.): Das Handbuch der Beratung. Bd. 2: Ansätze, Methoden und Felder. Tübingen. S. 599–607.

Nestmann, F., Sieckendick, U. (2004): Offene Fragen «guter Beratung». Beratung. In: Nestmann, F. et al. (Hrsg.): Das Handbuch der Beratung; Bd. 2 Ansätze, Methoden und Felder. Tübingen.

Neuffer, M. (1998): Fallarbeit in einer Hand. Case Management in Sozialen Diensten. Sozialmagazin. 7–8/98, S. 16–27.

Neuffer, M. (2005): Case Management. Soziale Arbeit mit Einzelnen und Familien. 2. Auflage. Weinheim.

Niehoff, U. (2005): Care Ethics oder Ethik der Achtsamkeit. In: Fachdienst der Lebenshilfe 1/05. Online unter www.lebenshilfe.de/wDeutsch/aus_fachlicher_sicht/downloads/care.pdf

Ningel, R. (1991): Soziale Unterstützung und Alkoholabhängigkeit – Veränderung der Erwartung im Verlauf einer stationären Entwöhnungsbehandlung. Bad Tönissteiner Blätter 2/91.

Ningel, R. (1992a): Ein Netz sozialer Unterstützung: Beratungsstellen und Selbsthilfegruppen in der Nachsorge. In: Lambertz (Hrsg.): Alkohol- und Medikamentenabhängigkeit. Eupen/Belgien.

Ningel, R. (1992b): Selbsthilfegruppen und Ambulanz: Gegensatz oder Ergänzung? In: Fachverband Sucht e.V. (Hrsg.): Ambulante und stationäre Suchttherapie – Möglichkeiten und Grenzen. Beiträge des 5. Heidelberger Kongresses, S. 161–171, Geesthacht.

Ningel, R. (1995): Soziale Unterstützung und Alkoholabhängigkeit. In: Ningel, R. und Funke, W. (Hrsg.): Soziale Netzwerke in der Praxis. Göttingen.

Ningel, R. (2006): Die Dorfakademie in Hambuch. In: KV Cochem. Heimatjahrbuch Cochem-Zell.

Ningel, R., Funke W. (1995): Soziale Netze in der Praxis. Göttingen.

Nohl, H. (1928): Die pädagogische Bewegung in Deutschland und ihre Theorie. Frankfurt a. M.

Nothdurft, W. (2000a): Ausbildung zur Gesprächsfähigkeit – kritische Betrachtungen und konstruktive Vorschläge. In: Witte, H. et al. (Hrsg.): Deutschunterricht zwischen Kompetenzerwerb und Persönlichkeitsbildung. Diskussionsforum Deutsch. Hohengehren. S. 251–269.

o. A. (1989): Verändern Anabolika die Psyche? In: Suchtreport. Europäische Zeitschrift für Suchtprobleme. Heft 6, S. 36–45.

Oelschlägel, D. (1996): Gemeinwesenarbeit im Wandel. Unveröffentlichte Expertise für das Institut für soziale und kulturelle Arbeit (ISKA) in Nürnberg. Dinslaken.

Oerter, R., Montada, L. (1995): Entwicklungspsychologie. Vollständig überarbeitete Auflage. Weinheim.

Ortmann, K., Schaub, H.-A. (2002): Klinische Sozialarbeit – Eine kritische Sicht auf ein neues Fachgebiet. In: Theorie und Praxis der Sozialen Arbeit, Jg. 53, Heft 1, S. 66–72.

Oswald, G., Müllensiefen, D. (1985): Psychosoziale Familienberatung. Freiburg i. Br.

Pantucek, P. (1998): Lebensweltorientierte Individualhilfe. Eine Einführung für soziale Berufe. Freiburg.

Paprotta, S. (2006): Humor in der sozialen Arbeit. Online unter www.humorcare.vom.printable.informationen.texte.humorsozialearbeit.html

Patton, M. Q. (1998): Die Entdeckung des Prozessnutzens. Erwünschtes und unerwünschtes Lernen durch Evaluation. In: Heiner, M. (Hrsg.): Experimentierende Evaluation. Ansätze zur Entwicklung lernender Organisationen. Weinheim.

Pauls, H. (2001a): Klinische Sozialarbeit konkret – Gegenstand und Perspektiven. Vortrag auf dem Bundeskongress der Deutschen Vereinigung für den Sozialdienst im Krankenhaus. In: Deutsche Vereinigung für den Sozialdienst im Krankenhaus (Hrsg.): 75 Jahre DVSK – Jubiläumskongress 2001 in Berlin. Von der Krankenhausfürsorge zur klinischen Sozialarbeit, der Mensch im Mittelpunkt (S. 62–69). Mainz.

Pauls, H. (2001b): Anmerkungen zu Kompetenzen und Ausbildung in Klinischer Sozialarbeit. Forum Sozial, 2, S. 23–25.

Pauls, H. (2004): Klinische Sozialarbeit, Grundlagen und Methoden psycho-sozialer Behandlung. Weinheim.

Peplinski, K. (2007): Arbeitszeitflexibilisierung – Das Fundament jeglicher Work-Life-Balance Maßnahmen. In: Esslinger, A., Schobert, D. (Hrsg.): Erfolgreiche Umsetzung von Work-Life-Balance in Organisationen. Strategien, Konzepte, Maßnahmen. Wiesbaden.

Perls, F. et al. (1951): Gestalttherapie – Grundlagen. New York. He, Goodman: Grundlagen, New York 1951.

Perlman, H. H. (1973): Soziale Einzelhilfe als problemlösender Prozess. Freiburg i. Br.

Petzold, R., Müller, C. (2003): Was kann bewegte Grundschule wirklich bewegen? In: Sportunterricht 52 (2003) 4, S. 101–107.

Pfannendörfer, G. (1998): Editorial. Blätter der Wohlfahrtspflege Themenheft Klinische Sozialarbeit (1998) S. 172.

Pfeifer-Schaupp, H.-U. (1995): Jenseits der Familientherapie. Systemische Konzepte in der sozialen Arbeit. Freiburg i. Br.

Phillips, J. (2007): Care. Cambridge.

Pöhm, M. (2007): Methaphern-Datenbank. Online unter www.rhetorik-seminar.ch/metaphern-datenbank.html

Puhl, R. (1996): Sozialarbeitswissenschaft. Neue Chancen für theoriegeleitete Soziale Arbeit. Weinheim.

Putensen, St. (2000): Chancen und Grenzen von Erlebnispädagogik als Methode Sozialer Arbeit. Hamburg.

Quindel, R. (2004): Zwischen Empowerment und Sozialer Kontrolle. Das Selbstverständnis der Professionellen in der Sozialpsychiatrie. Bonn.

Raiff, N. R., Shore, B. K. (1997): Fortschritte im Case Management. Freiburg i. Br.

Rappaport, J. (1985): Ein Plädoyer für die Widersprüchlichkeit. Ein sozialpolitisches Konzept des «Empowerment» anstelle präventiver Ansätze. In: Verhaltenstherapie und psychosoziale Praxis, 2, S. 257–278. Tübingen.

Rappe-Giesecke, K. (2003): Supervision für Gruppen und Teams. Berlin.

Rauchfleisch, U. (2001): Arbeit im psychosozialen Feld. Beratung, Begleitung, Psychotherapie, Seelsorge. Göttingen.

Reiners, A. (2000): Praktische Erlebnispädagogik. Bd. 1. Augsburg.

Reis, C. (1992): Konsum, Kredit und Überschuldung. Zur Soziologie und Ökonomie des Konsumentenkredits. Frankfurt a. M.

Remmel-Faßbender, R. (2002): Case Management – Chancen im Fallmanagement nach SGB IX. In: Tagesdokumentation der Arbeitsgemeinschaft Deutscher Berufsförderungswerke: Sozialarbeiter vs. Reha Berater – Case Manager. Hamm/Westfalen.

Richard, N. (1997): Validation – ein neuer Weg bei der Begleitung dementer alter Menschen? Wien.

Riet, van N., Wouters, H. (2002): Case Management. Ein Lehr- und Arbeitsbuch über die Organisation und Koordination von sozialen Dienstleistungen. Luzern.

Robert-Bosch-Stiftung (Hsrg.) (2000): Pflege neu denken. Zur Zukunft der Pflegeausbildung. Stuttgart.

Rogers, C. (1992): Die nicht-direktive Beratung. Frankfurt a. M.

Röhrle, B. (2004): Beratung im Kontext von Prävention. In: Nestmann, F. et al. (Hrsg.): Das Handbuch der Beratung; Bd. 1 Disziplinen und Zugänge. Tübingen.

Röhrle, B., Stark, W. (1978): Soziale Netzwerke und Stützsysteme. Perspektiven für die klinisch-psychologische und gemeindepsychologische Praxis. Tübingen.

Röhrle, B., Stark, W. (1985): Soziale Stützsysteme und Netzwerke im Kontext klinisch psychologischer Praxis. In: Röhrle, B., Stark, W. (Hrsg.): Soziale Netzwerke und Stützsysteme. Perspektiven für die klinisch psychologische Praxis, Tübinger Reihe 6. Tübingen. S. 29–40.

Römisch, K. (2000): FamilienAktivierungsManagement beim Hospital St. Wendel. Projektbericht und Perspektiven. In: Unsere Jugend 11/2000. München. S. 467–476.

Rosenkranz, D., Weber, A. (Hrsg.) (2002): Freiwilligenarbeit. Einführung in das Management von Ehrenamtlichen in die Soziale Arbeit. Weinheim.

Ross, M. (1971): Gemeinwesenarbeit – Theorie, Prinzipien, Praxis. Freiburg i. Br.

Rülke, F. (2007): Familienleben mit Humor. Online unter www.humorcare.com./informationen/texte/humorinderfamilie.html

Rumpf, H.-J. et al. (2005): Motivierende Gesprächsführung (Motivational Interviewing). Universität zu Lübeck, Klinik für Psychiatrie und Psychotherapie. Lübeck.

Sachße, Ch. (1993): Berufsgeschichte und Berufsidentität. Methoden in der Konstitutionsphase Soziale Arbeit. In: Rauschenbach, Th. et al. (Hrsg.): Der sozialpädagogische Blick. Lebensweltorientierte Methoden in der Sozialen Arbeit. Weinheim.

Sacks, O. (1996): Der Mann, der seine Frau mit einem Hut verwechselte. Hamburg.

Salameh, W. (1986): The Effective Use of Humor in Psychotherapy. In: Keller, P. et al. (Hrsg.): Innovations in Clincal Practice 5. Sarasota, Florida. Professional Resource Exchange. S. 157–175.

Salameh, W. (2007): Humor in der Integrativen Kurzzeittherapie. Ein interaktives Übungsbuch. Stuttgart.

Salomon, A. (1927): Die Ausbildung zum sozialen Beruf. Leipzig.

Sanders, R. (2004): Die Beziehung zwischen Ratsuchendem und Berater. In: Nestmann, F. et al. (Hrsg.): Das Handbuch der Beratung; Bd. 2 Ansätze, Methoden und Felder. Tübingen.

Sartre, J. P. (1962): Das Sein und das Nichts. Versuch einer phänomenologischen Ontologie. Hamburg.

Satir, V. (1979): Familienbehandlung. Freiburg i. Br.

Satir, V. et al. (2007): Das Satir-Modell. Paderborn.

Satir, V., Baldwin, M. (1999): Familientherapie in Aktion. Die Konzepte von Virginia Satir in Theorie und Praxis. Paderborn.

Scheepers, C. et al. (2007): Ergotherapie. Vom Behandeln zum Handeln. Lehrbuch für die theoretische und praktische Ausbildung (Ergotherapie-Lehrbuch). Stuttgart.

Schiffer, E. (2001): Wie Gesundheit entsteht. Salutogenese: Schatzsuche statt Fehlerfahndung. Weinheim.

Schilling, J. (1997): Soziale Arbeit. Entwicklungslinien der Sozialpädagogik/Sozialarbeit. Neuwied.

Schilling, J. (2005): Soziale Arbeit. Geschichte – Theorie – Profession. 2. Auflage. München.

Schleuning, G., Welscheholdt, M. (2001): Modellprojekt psychiatrisches Case Management. Schriftenreihe des BMG. Bd. 133. Baden-Baden.

Schlichte, G. (2006): Betreutes Wohnen – Hilfen zur Alltagsbewältigung. Bonn.

Schlippe v., A., Schweitzer, J. (1997): Lehrbuch der systemischen Therapie und Beratung. Göttingen.

Schmidbauer, W. (1977): Die hilflosen Helfer. Reinbek.

Schmidt, B. (1998): Suchtprävention bei konsumierenden Jugendlichen. Sekundärpräventive Ansätze in der Geschlechtsbezogenen Jugendarbeit. Weinheim.

Schmidt, U. (2001): Grußwort zum Bundeskongress der DVSK.

Schmidt-Grunert, M. (1998): Soziale Arbeit mit Gruppen. Freiburg i. Br.

Schmidt-Keller, B., Klein, R. (1990): Erfahrungen in der ambulanten systemischen Therapie des «Alkoholismus». Anregungen zum Erzeugen von Unterschieden – ein Blick über den Gartenzaun. In: Zeitschrift für systemische Therapie, 8. Jg. (2), S. 81–93.

Schnee, R. (2004): Vorlesungsbegleitendes Skriptum Gemeinwesenarbeit. Online unter www.telesozial.net/cms/uploads/tx_kdcaseengine/Skriptum_Gemeinwesenarbeit_Renate_Schnee_102004.pdf (Stand: 20. Oktober 2009).

Schnee, R., Stoik, C. (2002): Skriptum Gemeinwesenarbeit – Definitionen und Begriffe. Online unter www.telesozial.net/cms/uploads/tx_kdcaseengine/Skriptum_Gemeinwesenarbeit_Definitionen_und_Begriffe_01.pdf (Stand: 20. Oktober 2009).

Schneider, H. D. (1985): Kleingruppenforschung. In: Studienskripten zur Soziologie. Stuttgart.

Schottenloher, G. (1983): Kunst- und Gestaltungstherapie in der Praxis. München.

Schreyögg, A. (1991): Supervision – ein integratives Modell. Paderborn.

Schreyögg, A. (2004): Supervision. Ein integratives Modell. Lehrbuch zu Theorie und Praxis. Wiesbaden.

Schroeder, J., Storz, M. (1994): Einmischungen – Alltagsbegleitung junger Menschen in riskanten Lebenslagen. Langenau-Ulm.

Schulze-Steinmann (1996): Der lange Atem. Case-Management in der Sozialpsychiatrie – Ein Arbeitsgruppenbericht. Soziale Psychiatrie 3, 1996, S. 18–20. In: Schwendtner, R. (2000): Einführung in die Soziale Therapie. Tübingen.

Schüll, P. (2004): Motive Ehrenamtlicher. Eine soziologische Studie zum freiwilligen Engagement in ausgewählten Ehrenamtsbereichen. Berlin.

Schulz-Nieswandt, F. (2009): Ethik der Achtsamkeit. Vortrag 30.08.2009 an der Philosophisch-Theologischen Hochschule Vallendar.

Schulz von Thun, F. (1992): Miteinander Reden (Bde. 1–3), Weinheim.

Schürmann, I. (2004): Beratung in der Krisenintervention. In: Nestmann, F. et al. (Hrsg.): Das Handbuch der Beratung; Bd. 1 Disziplinen und Zugänge. Tübingen.

Schuster, M. (1993): Kunsttherapie. Die heilende Kraft des Gestaltens. Köln.

Schwabe, Ch. (1984): Entspannungstraining mit Musik. Regulatives Musiktraining. Anleitung zur gezielten Selbstentspannung. Leipzig.

Schwäbisch, L., Siems, M. (1974): Anleitung zum sozialen Lernen. 1. Auflage Hamburg.

Schwäbisch, L., Siems, M. (1980): Anleitung zum sozialen Lernen. 11. Auflage Hamburg.

Schwarz, R. C. (1995): Systemische Therapie mit der inneren Familie. Donauwörth.

Schwarz, R. (2009): Supervision und Professionelles Handeln Pflegender. Wiesbaden.

Schwoon, D. (1992): Motivation – ein kritischer Begriff in der Behandlung Suchtkranker. In: Wienberg, G. (Hrsg.): Die vergessene Mehrheit. Bonn.

Schwoon, D. et al. (1996): Hierarchie der Interventionsziele. In: Fachverband Drogen und Rauschmittel. Hannover.

Seibert, U. (1987): Soziale Arbeit als Beratung. Ansätze und Methoden für eine nicht stigmatisierende Praxis. Weinheim.

Seligman, M. (1979): Erlernte Hilflosigkeit. München.

Selvini Palazzoli, M. et al. (1977): Paradoxon und Gegenparadoxon. Stuttgart.

Selvini Palazzoli, M. et al. (1981): Paradoxon und Gegenparadoxen. 3. Auflage. Stuttgart.

Senftleben, H. U. (2001): Gesundheitswesen, Krankenhaussozialarbeit und «Clinical Social Work». In: Forum Sozial, 2/2001, S. 18-22.

Sennett, R. (1998): Der flexible Mensch. Die Kultur des neuen Kapitalismus. Berlin.

Siegloch, M. (1997): Eurythmie. Eine Einführung. Freies Geistesleben, Stuttgart.

Siegrist, K. (1987): Soziologische Überlegungen zu sozialem Rückhalt. Zeitschrift für Klinische Psychologie, 16, S. 368–382.

Simon, F. B. (1992): Meine Psychose, mein Fahrrad und ich. Heidelberg.

Skolamed (2005): 10 Leitgedanken zur betrieblichen Gesundheitsförderung – Teil 1. Online unter www.skolamed.de/news/news04-2005.pdf

Skolamed (2006): 10 Leitgedanken zur betrieblichen Gesundheitsförderung – Teil 2. Online unter: www.skolamed.de/news/news01-2006.pdf

Spangler, G. (2005): Kollegiale Beratung – Das Heilbronner Modell. Nürnberg.

Specht, H. (1971): Disruptive Taktiken in der Gemeinwesenarbeit. In: Müller, C. W., Nimmermann, P. (Hrsg.): Stadtplanung und Gemeinwesenarbeit. Texte und Dokumente. München.

Spiegel, v. H. (2008): Methodisches Handeln in der Sozialen Arbeit. Grundlagen und Arbeitshilfen für die Praxis. München.

Stahl, E. (2002): Dynamik in Gruppen. Handbuch der Gruppenleitung. Weinheim.

Stangl, W. (o. J.): Online unter www.arbeitsblaetter.stangl-taller.at/MOTIVATION/Lernmotivation.shtml

Stark, W. (1996): Empowerment. Neue Handlungskompetenzen in der psychosozialen Praxis. Freiburg i. Br.

Stark, W. (2004): Beratung und Empowerment. In: Nestmann, F. et al. (Hrsg.): Das Handbuch der Beratung; Bd. 1 Disziplinen und Zugänge. Tübingen.

Staub-Bernasconi, S. (1986): Soziale Arbeit als eine besondere Art des Umgangs mit Menschen, Dingen und Ideen. Zur Entwicklung einer handlungstheoretischen Wissensbasis Sozialer Arbeit. In: Sozialarbeit 10 (18), S. 2–71.

Staub-Bernasconi, S. (1991): Systemische Sozialarbeit und Familientherapie. In: Zeitschrift für systemische Therapie, 9. Jg. (4), S. 276–280.

Staub-Bernasconi, S. (1994): Soziale Probleme – Soziale Berufe – Soziale Praxis. In: Heiner, M. et al. (Hrsg.): Methodisches Handeln in der Sozialen Arbeit. Freiburg i. Br.

Staub-Bernasconi, S. (1995a): Systemtheorie, soziale Probleme und Soziale Arbeit: lokal, national, international oder: vom Ende der Bescheidenheit. Bern.

Staub-Bernasconi, S. (1995b): Problembezogene Arbeitsweisen Sozialer Arbeit – eine Übersicht, ein Entwicklungs- und ein Forschungsprogramm. In: Staub-Bernasconi, S.: Systemtheorie. Soziale Probleme und Soziale Arbeit: lokal, national, international oder: vom Ende der Bescheidenheit. Bern.

Staub-Bernasconi, S. (2007): Soziale Arbeit als Handlungswissenschaft. Systemische Grundlagen und professionelle Praxis – Ein Lehrbuch. Bern.

Stein, A. (1993): Das Sozialtherapeutische Rollenspiel. Eine Methode in der Sozialen Arbeit. Neuwied.

Stein, A. (2009): Das Sozialtherapeutische Rollenspiel. Eine Methode in der Sozialen Arbeit. 4. Auflage. München.

Steinglass, P. (1983): Familientherapie mit Alkoholabhängigen: Ein Überblick. In: Kaufmann, E., Kaufmann, P. N. (Hrsg.): Familientherapie bei Alkohol und Drogenabhängigkeit. Freiburg i. Br.

Steingass, H. P. (2004): Geht doch! Soziotherapie chronisch mehrfach beeinträchtigter Abhängiger. Remscheider Gespräche Bd. 2. Geesthacht.

Stemmer, R. (2009): Aufgabenneuverteilung im deutschen Gesundheitswesen. Herausforderungen für die Pflege. In: Padua Heft 4/2009, S. 6–11.

Stiensmeier-Pelster, J. et al. (1989): Die Wahl von Entscheidungsstrategien: Der Einfluß von Handlungs- und Lageorientierung und die Bedeutung psychologischer Kosten. In: Zeitschrift für experimentelle und angewandte Psychologie. Band XXXVI, 2, S. 292–310.

Stierlin, H. et al. (1985): Das erste Familiengespräch. Stuttgart.

Stierlin, H. et al. (2004): Die Sprache der Familientherapie – Ein Vokabular. 6. Auflage. Stuttgart.

Stiftung Hospital St. Wendel (2007): Zehn Jahre Familienaktivierung in der Jugendhilfe der Stiftung Hospital – Von der Kritik zur Akzeptanz. St. Wendel.

Stimmer, F. (2000): Grundlagen des Methodischen Handelns in der Sozialen Arbeit. Stuttgart.

Sting, S., Blum, C. (2003): Soziale Arbeit in der Suchtprävention. München/Basel.

Stoik, C. (1992): Politisches Bewußtsein als Bestandteil der Sozialarbeit. Beispiele aus der Stadtteilbezogenen Sozialarbeit in Wien. Diplomarbeit. Bundesakademie für Sozialarbeit. Wien.

Stoik, C. (1998): Empowerment ist eine Haltung. In: Sozialarbeit in Österreich 3/98, Nr. 118. Österreichischer Berufsverband Diplomierter SozialarbeiterInnen. Wien.

Stoll, B. (2001): Betriebliche Sozialarbeit. Aufgaben und Bedeutung, praktische Umsetzung. Regensburg.

Stüwe, G. (2005): Stichwort Erlebnispädagogik. In: Kreft, D., Mielenz, I. (Hrsg.): Wörterbuch Soziale Arbeit. 5. Auflage. Weinheim.

Theunissen, G. (2009): Empowerment behinderter Menschen. Inklusion – Bildung – Heilpädagogik – Soziale Arbeit. Freiburg i. Br.

Theunissen, G., Plaute, W. (1995): Empowerment und Heilpädagogik. Freiburg i. Br.

Theunissen, G., Plaute, W. (2002): Handbuch Empowerment und Heilpädagogik. Freiburg i. Br.

Thiele, S. (2009): Work-Life-Balance zur Mitarbeiterbindung. Eine Strategie gegen den Fachkräftemangel. Hamburg.

Thiersch, H. (2004): Sozialarbeit/Sozialpädgogik und Beratung. In: Nestmann, F. et al. (Hrsg.): Das Handbuch der Beratung; Bd. 1 Disziplinen und Zugänge. Tübingen.

Thomae, H. (1968): Das Individuum und seine Welt. Göttingen.

Thomas, A. (1992): Grundriss der Sozialpsychologie. Göttingen.

Tietze, K. O. (2003): Kollegiale Beratung – Problemlösungen gemeinsam entwickeln. Reinbek.

Titze, M. (1995): Die heilende Kraft des Lachens. Mit Therapeutischem Humor frühe Beschämungen heilen. München.

Titze, M. (2007a): Alpha-Forum-extra – der Bildungskanal des Bayrischen Rundfunks: Was gibt's denn da zu lachen? Humor in der Krise. Sendetag: 30.07.2003, 20.15 Uhr. Online unter www.humor.ch/index/indexpresse_5.html

Titze, M. (2007b): Fragen und Antworten. Online unter www.humorcare.com/informationen/faq/index.html

Titze, M., Patsch, I. (2006): Die Humorstrategie. Auf verblüffende Art Konflikte lösen. München.

Titze, M., Eschenröder, Chr. (2007): Therapeutischer Humor. Grundlagen und Anwendungen. 5. Auflage. Frankfurt a. M.

Treeck, v. B. (2008): Adaptionsphase keine Leistung der gesetzlichen Krankenversicherung. In: Deutsche Hauptstelle für Suchtfragen (DHS) und Deutsche Gesellschaft für Suchtforschung und Suchttherapie (DG-Sucht) (Hrsg): SUCHT. Zeitschrift für Wissenschaft und Praxis. Heft 1, S. 43.

Tuckman, B. (1965): Developmental Sequence in Small Groups. Psychological Bulletin, 63, S. 384–399.

Uchtenhagen, A. (2004): Kontrollverlust und Verhaltenskontrolle. In: Rink, J. (Hrsg.): Die Suche nach der Kontrolle. Von der Abstinenzabhängigkeit zur Kontrollabhängigkeit. Geesthacht. S. 14–23.

Varela, F. (1994): Autonomie und Autopoiese. In: Schmidt, S. (Hrsg.): Der Diskurs des radikalen Konstruktivismus. Frankfurt a. M.

Veiel, H. O. F. (1985): Dimensions of social support: a conceptual framework for research. Social Psychiatry, 20, S. 156–162.

Veiel, H. O. F. (1987): Buffer effects and threshold effects: An alternative interpretaion of nonlinearities in the relationship between social support, stress and depression. American J. of Community Psychology, 15. S. 717–740.

Viefhues, H. (1969): Methodische Sozialarbeit und Medizin. In: Nachrichtendienst des Deutschen Vereins, S. 49.

Waller, H. (2001): Sozialepidemiologie und Sozialarbeit. Zur Bedeutung und zu den Umsetzungsmöglichkeiten sozialepidemiologischer Forschungsergebnisse in der Sozialen Arbeit. In: Mielck, A., Bloomfield, K. (Hrsg.): Sozial-Epidemiologie. Eine Einführung in die Grundlagen, Ergebnisse und Umsetzungsmöglichkeiten. Weinheim.

Walter, I. (2000): Historischer Rückblick. Perspektiven für Morgen. Tradition und Wandel in der Pflege. In: Konzon, V., Fortner, N. (Hrsg.): Gegenwart und Perspektive in der Pflege. Österreichische Gesellschaft für vaskuläre Pflege. Wien, S. 7–17. Online unter www.oegvp.at/2000b.pdf

Watzlawick, P. (1981): Die erfundene Wirklichkeit. München.

Watzlawick, P. (2000): Menschliche Kommunikation. 10. Auflage. Bern.

Weber, W. (1996): Wege zum helfenden Gespräch. Gesprächspsychotherapie in der Praxis. München.

Wegner, G. (2002): Neue Ansätze Sozialer Arbeit in der Kommune. Online unter www.webnetwork-nordwest.de/dokumente/wegner_gesamt.pdf

Weigand, W. (1994): Zur Integration von Wirtschafts-, Verwaltungs- und Sozialmanagement. Ein Modellprojekt der Fortbildung. In: Groddeck, N., Schumann, M. (Hrsg.): Modernisierung Sozialer Arbeit durch Methodenentwicklung und -reflexion. Freiburg i. Br.

Weinberger, S. (1980): Klientenzentrierte Gesprächsführung. Eine Lern- und Praxisanleitung für helfende Berufe. Weinheim.

Weinberger, S. (2004): Klientenzentrierte Gesprächsführung. Eine Lern- und Praxisanleitung für helfende Berufe. 9., vollständig überarbeitete Auflage. Weinheim.

Weiss R. S. (1975): The provision of social relationships. In: Rubin, Z. (Ed.): Doing unto others. Englewood Cliffs.

Weiss, Th., Haertel-Weiss, G. (1991): Familientherapie ohne Familie. Kurztherapie mit Einzelpatienten. München.

Wenchel, K. (2001): Psychische Belastungen am Arbeitsplatz. Berlin.

Wendt, W. R. (1982): Ökologie und soziale Arbeit, Stuttgart.

Wendt, W. R. (1994): Sozial und wissenschaftlich arbeiten. Status und Position der Sozialarbeitswissenschaften. Freiburg i. Br.

Wendt, W. R. (1997): Case Management im Sozial- und Gesundheitswesen: eine Einführung, Freiburg i. Br.

Wendt, W. R. (1999): Stellungnahme zum Weiterbildungsstudiengang Klinische Sozialarbeit an der Fachhochschule Coburg. In: Pauls, H. (2000): Berufsbegleitender Weiterbildungsstudiengang mit Master Abschluss Klinische Sozialarbeit. Unveröffentlichtes Manuskript. Fachhochschule Coburg.

Wendt, W. R. (2000): Klinische Sozialarbeit. In: Stimmer, F.: Lexikon der Sozialpädagogik und der Sozialarbeit. München.

Wendt W. R. (2008): Case Management im Sozial- und Gesundheitswesen. 4., überarbeitete Auflage. Freiburg i. Br.

Wendt, W. R. (2009): Wo stehen wir im Case Management und wie entwickelt es sich weiter? In: Wendt, W. R., Löcherbach, P. (Hrsg.): Standards und Fachlichkeit im Case Management. Heidelberg. S. 1–52.

White, M., Epston, D. (1990): Die Zähmung der Monster. Der narrative Ansatz in der Familientherapie. Heidelberg.

Willke, H. (1993): Systemtheorie. 4. Auflage. Stuttgart.

Willke, H. (2001): Systemtheorie, I. Grundlagen, II. Interventionstheorie, III. Steuerungstheorie. Stuttgart.

Winkelmann, I. (2009): Handbuch der Ergotherapie. Stuttgart.

Wohlfahrt N., Breitkopf, H. (1995): Selbsthilfegruppen und Soziale Arbeit. Freiburg i. Br.

World Health Organisation (WHO) (1946): Verfassung der Weltgesundheitsorganisation vom 22. Juli 1946. New York.

Wydler, H. et al. (2000): Salutogenese und Kohärenzgefühl. Grundlagen, Empirie und Praxis eines gesundheitswissenschaftlichen Konzepts. Weinheim.

Yalom, I.-D. (1989): Theorie und Praxis in der Gruppenpsychotherapie. München.

Zeller, S. (1994): Geschichte der Sozialarbeit als Beruf. Bilder und Dokumente (1893–1939). Pfaffenweiler.

Zentrum für Hippotherapie. Online unter www.zentrum-hippotherapie.de/

Bitte beachten Sie auch die folgenden Seiten!

Hauptthema: Sozialpädagogik

René Simmen / Gabriele Buss /
Astrid Hassler / Stephan Immoos

Systemorientierte Sozialpädagogik

Uni-Taschenbücher (UTB) – mittlere Reihe. Band 2996
3., korrigierte Auflage 2010. 247 Seiten, 24 Abbildungen, kartoniert
ISBN 978-3-8252-2996-2

Die vier AutorInnen legen eine Einführung in das systemorientierte Arbeiten vor, die aus langjähriger Erfahrung im sozialpädagogischen Alltag und im Unterricht gewachsen ist. Dargestellt wird ein systemorientiertes Handlungskonzept, das zwar den Umgang mit den KlientInnen und ihren Angehörigen in den Mittelpunkt stellt, aber die mitbeteiligten Hilfssysteme aus dem stationären und ambulanten Umfeld gleichwertig mit einbezieht.
Eine systemorientierte Sicht- und Arbeitsweise macht sozialpädagogische Interventionen wirksamer und nachhaltiger – vor allem, wenn sie auch die beteiligten professionellen Helfer in ihre vernetzte Sicht einbezieht. Die systemorientierte Arbeitsweise stellt deshalb auch eine sinnvolle Ergänzung und Erweiterung zur herkömmlichen Sozialpädagogik dar.

UTB

Haupt **Haupt Verlag** Bern • Stuttgart • Wien
verlag@haupt.ch • www.haupt.ch